U0143157

INSTITUTIONS, DISCOURSE, MENTALITY:
A STUDY OF THE LITERATI-OFFICIALS DURING
THE MING-QING TRANSITION II

制度·言论·心态

赵园 著

《明清之际士大夫研究》续编

北京大学出版社
PEKING UNIVERSITY PRESS

图书在版编目(CIP)数据

制度·言论·心态:《明清之际士大夫研究》续编/赵园著.—2版.—北京:北京大学出版社,2015.7

(博雅英华)

ISBN 978-7-301-26101-9

Ⅰ.①制… Ⅱ.①赵… Ⅲ.①知识分子—研究—中国—明清时代 Ⅳ.①D691.71

中国版本图书馆 CIP 数据核字(2015)第 157783 号

书　　　名	制度·言论·心态——《明清之际士大夫研究》续编
著作责任者	赵　园　著
责 任 编 辑	艾　英
标 准 书 号	ISBN 978-7-301-26101-9
出 版 发 行	北京大学出版社
地　　　址	北京市海淀区成府路 205 号　100871
网　　　址	http://www.pup.cn　新浪微博:@北京大学出版社
电 子 邮 箱	编辑部 wsz@pup.cn　　总编室 zpup@pup.cn
电　　　话	邮购部 62752015　发行部 62750672　编辑部 62756467
印 刷 者	北京中科印刷有限公司
经 销 者	新华书店
	965 毫米 × 1300 毫米　16 开本　32.75 印张　472 千字
	2006 年 11 月第 1 版
	2015 年 7 月第 2 版　2024 年 4 月第 5 次印刷
定　　　价	109.00 元

目　录

上　编
明清之际文化现象研究

下　编

明清之际士人话题研究（续）

上　编

明清之际文化现象研究

第一章　经世·任事

任道与任事

梁启超说明代"士习甚嚣"(《中国近三百年学术史》第410页),此"嚣"即应当表现在"诸生干政"一类场合。[1] 明人未尝不自以为士习之"嚣",批评诸生干政的,就不乏其人。明清之际,顾炎武一再谈到"诸生政治"的阴暗面,即如"出入公门以挠官府之政","官府一拂其意,则群起而哄",且"前者噪,后者和;前者奔,后者随;上之人欲治之而不可治也,欲锄之而不可锄也,小有所加,则曰是杀士也,坑儒也",甚至以为"百年以来,以此为大患"(《生员论中》,《顾亭林诗文集》第22页)。还说生员"聚徒合党,以横行于国中"(《生员论下》,同书第24页)。《日知录》"生员数额"条,也说生员之"劣恶"者,"一为诸生,即思把持上官,侵噬百姓,聚党成群,投牒呼噪。至崇祯之末,开门迎贼者生员,缚官投伪者生员"(卷一七)。其实大有相反之例——顾氏所说的崇祯之末,"举义"者中就尽有生员。

明代士习之嚣,自不限于诸生干政的场合。此"嚣"除了见之于言论(朝堂建言及处士横议),也表现在政治地位的谋取上。"嚣"缘于"竞"(即其时所谓的"嚣竞")。下文还将谈到,明清易代之际,此种

---

[1] 明代生员人数众多,据顾炎武说,"遐陬下邑,亦有生员百人"(《日知录》卷一七"生员额数"条。顾氏在该条中主张限制生员数额以为抑制),确也蓄有足够的政治能量。

"奔竞"近乎无耻,以致在清初一段时间,成为人们讥嘲的话题。① 好义与热中,界限本难以分明。且"热中"与"勇于任事",有可能不过是同一事的正面与背面;喜事与热中的,或许正是同一人。无论下文将要谈到的士人的热心任官、勇于任事,还是热中、奔竞,都可以由制度、朝廷律令得到部分解释。

王夫之曾于明亡之后,分析明代士风的躁竞,以致"昭代无隐逸",归因于"经义取士","安车蒲轮之典旷废不行",及本之于《大诰》的"寰中士大夫不为君用充军之例"(参看《搔首问》,《船山全书》第十二册第 626 页)。将有关士风归结为制度性后果,以上无疑是一些较易于想到的原因。实则"制度"本身也不无矛盾。即如既有"军民人等""臣民"均可上奏本陈情、建言、申诉的许诺(参看《大明会典》卷七六、叶盛《水东日记》卷一〇),又有禁生员"出位妄言""军国政事"的律令(见之于洪武十五年颁布的《学校禁例十二条》,即所谓"卧碑")。②《明史》卷一三九门克新传:"初,教官给由至京,帝询民疾苦。岢岚吴从权、山阴张桓皆言臣职在训士,民事无所与。帝怒曰:'宋胡瑗为苏、湖教授,其教兼经义治事。汉贾谊、董仲舒皆起田里,敷陈时务。唐马周不得亲见太宗,且教武臣言事。今既集朝堂,朕亲询问,俱无以对,志

<hr />

① 刘宗周所拟《证人会约·约诫》,即戒"干进""要结当途""钻刺衙门"(《刘子全书》卷一三)。范景文天启间曾任文选郎中,奏疏中说到其时"举国若狂,嗜进如鹜"(《矢心人告严杜请托疏》,《范文忠公文集》卷一)。熊开元记南明朝臣对官爵的热中及名器之滥:"侯一人则群耻为伯,相一人则耻为卿,甚有竖儒厮养,得五六品官,夷然不屑者"(《感事赘言一》,《鱼山剩稿》卷二第 165 页)。于此士习的"嚣"与民风的"嚣"正相呼应。此种风气至清初仍在延续;据黄宗羲说,南明朝覆亡,曾争先入仕的举人"皆复会试于本朝,人谓之'还魂举人'"(《思旧录·董守谕》,《黄宗羲全集》第一册第 383 页。按"本朝"指清朝)。稗史野乘与其他私家著述,颇有关于士人于明亡之际"乘时"猎取官爵的记述;不但向南明小朝廷、向清,且不惜向"贼",如恐不及。有关记述所刻画的,是普遍的投机心理,以易代、鼎革为一大赌局,甚至视"建义"为利市,危幕复舟,在所不辞。

② 《续文献通考》卷五〇《学校四》:洪武十五年五月颁禁例于天下学校,镌勒卧碑,置明伦堂左,不遵者以违制论。禁例中有"一切军民利病,农、工、商贾皆可言之,惟生员不许建言"云云。尽管顾炎武曾引黄宗羲为同道,说其《日知录》中所论,同于《明夷待访录》者"十之六七"(《黄宗羲全集》第十一册第 392 页),他关于生员的上引议论,与黄氏该书的《学校》一篇,旨趣却大为不同。不妨认为,顾氏的主张更与有明"祖制"精神相近。

圣贤之道者固如是乎？'命窜之边方，且榜谕天下学校，使为鉴戒。"①由后世看去，此种"榜谕"与禁止诸生干政的律令，传达的是互有扞格的信息，其后果之复杂不难想见。

上述明太祖训谕中提到的胡瑗（安定）任教苏州、湖州，设"经义""治事"两斋②，到了本书所论的时期，已被作为制度想象的重要资源。天启二年刘宗周上《修举中兴第一要义疏》，建议"略仿胡瑗经义、治事之意，令士子朝夕学舍，以明经为主，兼通世事。如兵屯、水利、盐法、天文、地理、算数之类，就其质之所近，各习一事，渐以类通。官师以时考讯，又以其暇行射礼及雅歌琴瑟……"（《刘子全书》卷一四）张履祥一再提到"安定先生之教"，以两科之设为圭臬（如《与严颖生二》，《杨园先生全集》卷四第 93 页）。陆世仪亦以为学校之制当"仿安定《湖学教法》而更损益之"，"'治事'则宜分为天文、地理、河渠、兵法诸科，各聘请专家名士以为之长"（《思辨录辑要》卷二〇）。颜元则以为胡瑗"主教太学，立经义、治事斋，可谓深契孔子之心"（《存学编》卷三，《颜元集》第 75 页）。直至梁启超清末任湖南时务学堂教习，订立学约，尚有"远法安定经义治事之规，近采西人政治学院之意"云云（《湖南时务学堂学约》，《饮冰室合集》文集第二册第 28 页）。由下文可知，在本书所论的这一时期，胡瑗的创制被强调的非"经义""治事"的二分，而是其间的关联：以经义治事、通经兼能治事。儒者以此自期，也以此为长养人才的标准。

一些年后的回忆文字中，黄宗羲说到当明末坊社盛时，他的一班同

---

① 《续文献通考》卷四七《学校一》："有明开国之初，即振起学校……其入国学者，通谓之监生……并令习射、习吏事，以寓政教相通之意，成材之士辈出。"太祖曾遣国子生分行天下，定鱼鳞图册、督修水利、清理军籍，甚至任用为言官。他表失望于科举所取士，以"能以所学措诸行事者寡"（转引自孟森《明清史讲义》第 50 页）。

② 《宋元学案》卷一《安定学案》："立经义、治事两斋；经义则选择其心性疏通有器局可任大事者，使之讲明《六经》；治事则一人各治一事，又兼摄一事，如治民以安其生，讲武以御其寇，堰水以利田，算历以明数是也。"（《黄宗羲全集》第三册第 56 页）关于胡瑗苏湖设教，分立经义、治事两斋，钱穆说："经义即所以治事，治事必本于经义。"（《朱子学提纲》第 10 页）

道都有志于功名，"直望天子赫然震动、问以此政从何处下手"（《寿徐掖青六十序》，《黄宗羲全集》第十一册第 64 页）。黄氏在另一处也说，其时会社中人，"俱务佐王之学"（《诸硕庵六十寿序》，同书第 65 页）。由有关的文献看，那些参与造成"复几风流"而为后人艳羡的名士，并不即以"咕哗"为有妨于"佐王"，一时蔚兴的会社中，时文兴趣与经世热情同其高涨。明末社事，又往往与朝局相表里，朝端朝外，打成一片；士人无论身处朝野，实施干预的热情，都不可遏抑。① 明亡之际做绝望的抵抗，期非常之人出而救世，朝野也均有此种期待。钱谦益主张轨外用人，说"范仲淹在政府，收天下之士，不考其素，苟可用者，虽狂猾无行之徒，亦自效于下风。而仲淹亦躬为诡特之行以振起之"（《向言》下，《牧斋初学集》卷二四第 784 页）。即崇祯也主张用人不拘一格。黄宗羲所撰董守谕墓志铭，记南明鲁王语，曰"得孟轲百，不如得商鞅一，得谈仁讲义之徒百，不如得鸡鸣狗盗之雄一"（《黄宗羲全集》第十册第 301 页），正应和了其时士人的普遍渴求。

即使这种呼唤不足以造就奇才，也鼓励了一种不无夸张的用世热情。正如上述黄宗羲所形容，其时的青年志士无不自负经济，以"医国手"自期，好言王霸大略，斯人不出如苍生何，"视天下事以为数著可了"（《陆文虎先生墓志铭》，《黄宗羲全集》第十册第 339 页）。吴应箕《拟进策》（《楼山堂集》卷九）自比贾谊，说恨无贾谊之遇，狂态十足。陈子龙的《求自试表》也语气狂妄，曰"陛下诚能用臣，以待伊、吕之流，臣必脱屣风云，推引轮毂，敢如今人久窃贤路！"（《陈忠裕全集》卷二四）到清中叶，全祖望撰写《刘继庄传》，对于这旧时人物于倾倒之余，也发现了某种讽刺性。全氏说刘献廷关涉经世的撰著，"虽言之甚殷，而难于毕业，是亦其好大之疵"（《鲒埼亭集》卷二八）。好大，也是其时通病。但如上文已经说到的，明清之际诸多可歌可泣之事，确也赖喜事

---

① 谢国桢《明清之际党社运动考》由正面评价上述士人的干政运动，说"明崇祯间的宰相可以由民意去更换，这时候一般读书人的势力有这样的伟大"（第 8 页）；朱倓比较复社、应社与杭州之读书社，却说张溥、吴昌时辈，不能如读书社诸子之"职思其居，言不出位"（钱谦益语），"不特三府辟召，常出其口，且身居草野，隐然有易置宰相之权"（《明季杭州读书社考》，《明季社党研究》第 232 页）：近人对同一历史现象的评价，竟也有如许之不同！

的书生及其"一往之意气"。唯有此意气,也才有危机时刻不惜一掷的绝望的抗争。承有明一代的流风余韵,直至清初,刘献廷、王源、梁份等一批豪杰之士,犹不屑于为词章之学;即使以文章为时所重如魏禧者,也自命"志士",不欲以"文人"自限。这些人相互激赏、激发,尽管已不可能再如当年的复社中人,发挥实际影响于当代政治。

　　无论由正面所见士人政治参与、政治议论的活跃,还是由负面看到的奔竞、热中,无疑是在同一政治环境中发生的。即顾炎武所痛疾的诸生干政,也自有其负面与正面。把持官府、关说公事固然是"干政",如傅山所倡首的晋中诸生为袁继咸伏阙讼冤、陈确的率诸生攻逐贪吏也是"干政"——原不可一概而论。更何况如上文所说,参与"最后之抵抗"的,尽有诸生。黄道周隆武朝率领出关迎战清军的,多为诸生所招募,黄氏称之为"君子之军"(《将出关疏》,《黄漳浦集》卷五)。无论正面或是负面,有一点却是无疑的,即士的政治能量的扩张,自信的增长,在一个长时期中积蓄而成。有明一代,士人(以至"草民")的尚气任侠,笃于风义,不唯亡国之际为然。天启朝党祸中东南士民自发的反阉活动,即是突出之例。北方何尝不然!孙奇逢《乙丙记事》(《夏峰先生集》卷八)所记畿辅士民尤其鹿太公等人的义举,确可谓"古色照人"。时论、士论乐道义行义举,无疑鼓励了上述风气。只不过到了亡国的危机迫在眼前,那种道义承当愈加具有悲壮色彩罢了。

　　"士"原有"任事"一义。① 勇于任事,可以看作返回"士"的原初语义、原始职能。尽管在经历了漫长的时间之后,无论"士"抑"事"以及"任事",内涵都大大地复杂化了。吕坤曾说"任有七难",分别论说"繁任""重任""急任""密任""独任""兼任""疑任"对于人才的要求(《呻吟语》卷四之四《品藻》,《吕新吾先生遗集》)。到本书所论的时期,方以智撰《任论》阐发"任"之义,说:"六行之教,任居一焉。""任而义也,见义不为,孔子耻之。"(《曼寓草》中,《浮山文集前编》

---

① 《白虎通义·爵》:"士者,事也,任事之称也。"《说文解字》:"事,职也。"关于"士"这一称谓的"任事"者的意味,参看阎步克《士大夫政治演生史稿》第二章第三节。

卷五。按"六行"指孝、友、睦、姻、任、恤）该文肯定了"任侠"。当明清之际的"任事"，却未能如任侠的洒脱，而不能不是更为沉重的担当。

"任"的通俗化的表达，尚有近人沿用至今的如下说法，即挑担子。被清人许为粹儒的陆世仪，说："学道贵能自任，盖既自任，便有一条担子轻易脱卸不得。"（《思辨录辑要》卷一）陆氏本人属于勇于任道也勇于任事者，相信有"轻易脱卸不得"的担子，方能为人生增重，也应属经验之谈。张岱引湛若水说"仁以为己任"，曰："今人只为一切担子累得此身重了，故不能任。"他于此说"担荷""仔肩宇宙"，口吻与其时自命"志士"者无异（《四书遇·论语·弘毅章》第196页）。前此唐顺之就说过"且向前担却一条担子"（《与杨朋石祠祭》，《唐荆川文集》补遗卷四）。无论唐顺之的时代还是张岱的时代，"担荷"都有可能以支付生命为代价。

当此际士人的用世热情为"救亡"所激发，"开物成务"与"弘济时艰"，后者被认为更有直接的功利性，也有更紧迫的时间性。不止方以智以任侠、任事为世倡，其时切实地担当事任的孙承宗，也好用此一"任"字。"任"被孙承宗赋予了某种庄严性——对斯世斯民的庄严承当。孙承宗说："夫天下不敢任而豪杰能任，故称'权'。'权'非有形之物也，以豪杰所敢任合天下所不敢任而成权。故豪杰见为冒天下之患、任天下之事，而细人见为握天下之权。"（《毕白阳先生督饷疏草序》，《高阳诗文集》卷一一）至于他本人任事的动机，或许可以由下面的说法得一证明，即"天下事得言之，不若其得为之"（《贺嗣龙周邑主擢贰云中》，同书卷一二）。他不满足于言说，力求亲力亲为，切实地施加影响于时局。

回到本章的题目上，应当说任事之勇，原非为明末士人所特有；这里我感兴趣的，毋宁说是有关的记述文字对此的复杂态度，以及此种"任"与其时的士风、学风的关联。

"任"本是居官者的常态。凡居官即有职事。此处所谓"任事"的"事"，当不限于（或曰主要非指）职事。到了本书所论的危机时刻，更特指士夫通常所不任、不足以任之事，如孙承宗、卢象昇、鹿善继所任的兵事。本书下编还将谈到,士夫所任,尚有素所不屑之事。如钱谷刑名簿书之类,由此扩大了他们的政治实践的范围。任非所任(如兵事)、任大、任难、任繁剧、任艰危,固然意味着承担严重的道义责任;任鄙琐的地方政务,任有赖于行政技能、专门知识的事务,也挑战了士类中流行已久的偏见。前者有助于提升他们的道德境界,后者则丰富了他们的政治经验。①

王充说,"儒生所学者,道也;文吏所学者,事也";"儒生治本,文吏理末,道本与事末比,定尊卑之高下,可得程矣"(《论衡·程材》)。在漫长时期"士大夫政治"的发展演变中,任道者任事,儒者与官僚一身而二任,已不适用于王充的描述。本书所论的时期即使没有形成更具有整合性的观念架构,以二者并重,也是一种适应时势的言论姿态。顾炎武说,"君子之为学,以明道也,以救世也"(《与人书二十五》,《顾亭林诗文集》第98页),不以"明道"与"救世"作对立观。刘宗周则径说:"夫匡国翊运拯溺亨屯,孰非吾道中事任?"(《与王右仲问答》,《刘子全书》卷九)值得注意的倒是,明清之际严重的社会政治危机,引发了对于不任事(道义缺失)、不足以任事(能力缺失)的反省。

隆、万时赵用贤就说过,"今不患无材,而患无实下手做事之材耳"(《与周元孚》,《明经世文编》卷三九七)。"实下手做事",实膺民社之寄、任民物之责,当明亡之际,较之平世,不消说更要胆识与气魄。明末有关于"喜事"的批评。其时固然有"喜事"者,却也更有避事者。只要官,不要"任",尤其逃避军事责任。因而一方面是不任此事的文人侈谈兵事(参看本编"谈兵"一章),一方面是当事者相戒以谢责,也算得当时的一种怪现状。更有"以无官为幸"者(《总催大僚考选疏》,《范文忠公文集》卷一)。当着事已不可为,对事任的恐惧,亦人情之常;避祸全生,即号称忠臣者也不免有此一念。士人的心理隐微,由家书中往往能得一点真消息。即如刘宗周、黄道周于出处间的游移。吴麟徵也

---

① 后一种"任"有复杂的意味。在一种排斥"专门化"的传统中,兵事较之钱谷、刑名、簿书,不但被认为更具严重性、紧迫性,也更有可能寄寓浪漫情怀。因而士人所乐"任"的,不能不首先是此"事"。这一点本书下编还要谈到。

曾在致伯兄的书札中，说"干戈云扰时，万一粘手，急难脱身，蹈不测之险，不如今日早卸为安"；"以此时尚可抽身，过此则不可知矣"（《寄禀伯兄秋圃》，《吴忠节公遗集》卷二）。于"万万难为"（吴氏语）之时，为人所不敢为、不能为，的确不宜责之于常人。却也正因此，黄道周、吴麟徵的挺身担当，终于身殉，正有所谓的"不容已"。

上文谈到了有关制度的内在矛盾，这里却应当说，后世所以为"矛盾"者，未必不出于有意的安排。即如朝廷政治中"任事""议事"的区分——体现于使"建言"专职化的台省设置；而"议"与"任"间某种对抗态势的造成，又直接系于位卑权重的"言官"在朝廷政治中的地位、作用。由章疏一类文字看，以"任事"自居的，通常是任职户、工、兵诸部的官员。卢象昇自说"任事者也，非议事者也"（《剿荡三大机宜疏》，《卢忠肃公集》卷四）。鹿善继也区分"议臣""任臣"（《采集廷议敬效折衷疏》，《认真草》卷一一）；因其本人曾切实任事，对言论的牵制，体验殊深。明亡之际，任事者每为议论所牵制，为此不免喷有烦言。卢象昇就曾说到"长安口舌如锋"（《明史》卷二六一本传）。针对士人的"侈谈边事"，凌义渠愤愤地说"任不必议，议不必任"；"议之非难，任之则难"（《兵饷议》，《凌忠介公文集》卷一）。孙承宗解释"任之议与议之议"之不同，以医为譬，曰："夫任之议与议之议异，议之议指发诟病，不必自辨方术，抑口授方术，令主者自辨；而任之议如病家属病于国手"，此"国手""势必自酌自剂，无得更以病呼而反乞方于主人"（《毕白阳先生督饷疏草序》，《高阳诗文集》卷一一）。① 有意地以"秩—事""事—权"的非统一为控驭手段，这种诡谲的制度安排，出于雄猜之主的政治设计，不能不深刻影响于有明一代政治以至士人风貌。②

---

① 前于此，王锡爵就说，"将士以力击贼于外，议论者以舌击任事之臣于内"，他以那些议论为"中朝梦语"（《与宋桐冈论撤兵》，《明经世文编》卷三九五）。

② 吕坤《呻吟语》卷五《治道》："官之所居曰任，此意最可玩，不惟取责任负荷之义。任者任也，听其便宜、信任而责成也。若牵制束缚，非任矣。"关文发、颜广文《明代政治制度研究》引用王夫之针对科道秩卑权重的批评："贱妨贵，新间旧，小加大，逆也"，说王氏"认为这是一种违反行政原则的现象，是明代最高统治者故意贱爵秩、重事权，使任事者无权，有权者不任事造成的"（第174页）。

卢象昇说，"从来任事之人，即任罪之人"（《密陈边计疏》，《卢忠肃公集》卷五），语意沉痛。任其时之事者，也承担了那个混乱时代的种种乖谬；在激烈的政争中因任事而任罪，成了他们无可逃避的命运。嘉靖间王维桢就说过："夫有非常之功者，必有非常之议；有非常之议者，必有非常之谤。"（《赠东谷先生考绩序》，《明经世文编》卷二六二）孙承宗自说其任事受谤，"几令天下以任为戒"（《督理事宜序》，《高阳诗文集》卷一一）。金声也叹息着"从来任事之难如此"（《复李□□年兄》，《金忠节公文集》卷四）。任事之难，确也要在事局中才能深知。① 明清之际的历史，部分地也就在任事者的具体处境中，在他们所任之"事"中，在诸多个人的政治经历、经验中。而这一时期的历史，确也经由上述个人经验，而现出了饱满与丰盈。

吕留良解"自任以天下之重"，曰"任天下之重，全在一'自'字"，"只完全一个自己，便是任天下之重"。还说因"此句最易说入豪士急功名、英雄试经济"，故有上述强调（《吕晚村先生四书讲义》卷三八）。"正己乃所以正天下，天下是己分内事"，此亦其时的讲学家语。在此，"任"的必要性是由人格完成的方面论说的：不止缘于道义责任，也缘于（或者说更缘于）内在要求；"任事"不止是时势之于个体的吁求，也是不懈地追求人格提升的士人的内在要求。由上文可知，当明亡之际以救亡自任者，强调多在一"任"字，儒家之徒却不将"任"与"自"作对立观，于是而有王夫之等人一再申说的"自靖""自尽"："君子之自靖以忠于所事，亦为其所可为而已矣"（《读通鉴论》卷一二，《船山全书》第十册第448页）；"忠也者，发己自尽之谓。

① 万历朝徐光启奉旨练兵，说自己"受事以来，百不应手，叩阍不闻，将伯无助，特欲以重任见委便为了事，事之成败不我顾矣"，他本人竟"以此愤懑成疾"（《复黄宪副谷城先生》，《徐光启集》卷一〇第464页）。卢象昇自说"万死一生，为朝廷受任讨贼之事，海内竟无一人同心应手者。惟见虚谈横议之徒，坐啸画诺之辈，望恩修怨，挟忿忌功，胸鲜隙明，喙长三尺，动辄含沙而射，不杀不休"（《寄外舅王带溪先生九首》之七，《卢忠肃公集》卷一一）。处境之凶险，又非徐氏所能想见。由任事者的文字（如范景文崇祯朝的奏疏），也才更能了解其时之为绝境，以及明末"忠臣"知不可而为的强毅。

尽己之所可为,尽己之所宜为,尽己之所不为而弗为……"(同书卷二〇第779页)。自靖,语出《尚书·微子》:"自靖,人自献于先王";"自尽"即尽其在我。① "自靖""自尽"的非功利指向,所强调的,亦承当者的内在需求,他们提升精神、完成人格的渴望。不以功效为主要目标,追求自我道德人格的完成,尽其在我,不知有他——我们在这里又遇到了"正义不谋利""明道不计功",与下文将要说到的事功、功利追求,是同一时期士人的不同面向,或许也是同一人的不同"精神侧面",并不被认为不相容,甚至未见得不互为补充。也要这样,才更足以应对复杂情势。

当其时确有一些人物,当着狂澜既倒,毅然担当,即令到了数百年之后,那一种气概也仍然令人神旺。即如上文谈到的卢象昇,说"时至今日,到处皆以封疆为陷阱"(《卢忠肃公集》卷一一《与少成吴葵庵书八首》之八),却表示自己"于封疆之事,有任无让"(卷八《西阅晋边摘陈切要事宜疏》)。② 另如辅佐孙承宗处理辽左军事、以"认真"著称的鹿善继。鹿氏说自己每每想到罗洪先答唐顺之的话:"此生若活得千人命,便甘心不向世外走",感叹着"有味哉其言之也"(《答范景龙

---

① 罗洪先说,"圣人岂必大用而后足以自尽哉"!(《奉黄久庵公》,《念庵文集》卷四)顾宪成也说过,"勿谓今人不如古人,自立而已;勿谓人心不如我心,自尽而已"(《小心斋箚记》,《明儒学案》卷五八第1382页)。王夫之释程颢所谓"发己自尽",说"即'尽己'之谓也"(《读四书大全说》卷一,《船山全书》第六册第445页)。王氏由孔子的"知不可而为之",说到"忠臣孝子,一往自靖,不恤死亡之极,亦有圣人之一体"(《周易内传》卷一上,《船山全书》第一册第73页)。还说"宗国沦亡,孤臣远处,而求自靖之道,岂有他哉?直致之而已矣。可为者为之,为之而成,天成之也;为之而败,吾之志初不避败也"(《读通鉴论》卷一三第466页)。与金声同死的江天一也说过:"苟有一节可以自靖于天,即碎首捐躯亦将含笑地下。"(《吁天录》,《江止庵遗集》卷二)无论在明亡前夕还是明亡之后,上述表达都不能不有悲怆意味。

② 卢氏自说"所处极危,所当极苦,所任极难"(同书卷九《云兵不宜再调疏》);说"今日封疆之吏,万苦万难,冷雨凄风之下,红尘赤日之中,铁马金戈,时时寄性命于锋镝,岂特鲜居官之荣,抑且无有生之乐"(卷四《剿荡三大机宜疏》);说"大凡任事者,必有利害、是非、得失、毁誉隐伏于其内,交伺于其旁,此任劳任怨之难"(卷一〇《回奏兴屯疏》)。明末军事,如卢氏所说,委实是"极重大极艰难之任"(卷四《剿寇第三要策疏》)。

书》,《认真草》卷八)。罗洪先此语,鹿氏一再引用(另见同书卷三《定兴县籽粒折征记》)。"此生"即当世,这里有价值指向,也有信念;淑世救人,鹿氏精神贯注在此一事,作为王学中人,践履切实处亦在此一事。当他人避事唯恐不及,鹿氏却一反常谈,说"天下事未坏不必为,小坏不可为,可为者独大坏耳"①。还说:"大要吾辈犯得一分难,便干得一分事;拼得一分官,便做得一分人。"(卷八《回潘怀鲁书》)"山东司谓事求其可,功求其成;本司则谓事可做者,决意去做,成败利钝,非能逆睹"(卷一一《回户部咨》)——无论事是否可为。不计成败得失利害,不惜为不可为,与"明道不计功"的思路,又不无相通。我在那本《明清之际士大夫研究》中谈到了士人在明亡之际的抵抗中"可不死的死"。"可不死的死"或部分地出于被动,"知不可而为"则出诸主动的选择,与儒者的非唯"功利""成效"的思路确有其一致。②

　　下文将要谈到士人追求"政—学""仕—学"之"一"。这里也有"任道"与"任事"的统一,承当事任与承担道义的统一。"为政"一向是士夫重要的实践活动,儒者重要的践履。在明亡前的特殊情境中,为政而救亡、抵抗,尤被作为了德行的淬炼之地,非但无妨于成德,而且被视为达成这一目标的条件。孙奇逢终生未仕,却劝导他人,说:"从古英人志士,当可有为之时,用以摅一朝之意气,发千古之悲凉,切莫当面错过。一瞬失之,终身莫赎,悔何及矣!"(《夏峰先生集》卷一三《语录》)关心的也非止成败,而是上述"摅""发",即某种精神的张扬。对

---

① 鹿氏对此的解释却又不出于常谈,如曰"国家不能百年无事,气运每以多难兴邦。事变交迫,斯英雄措手时耳";还说"况事理事势相乘相薄,必至不可为而后可为"(《送李元素提督操江序》,同书卷一六)。

② 鹿善继何尝不明悉利害。他的说法是:"利害二字,几为世局司命,中智以下皆知之,而痴人不知也。顽如石,直如矢,处处认真,人以为大家者事,偏见为自己事;大家事则利害之见自起,自己则趋避之念尽除。"(《豳议序》,同书卷一二)由传记看,确也要"认真"二字,才足以为其人写照。鹿氏即不但勇于任事,且强毅坚忍,能"粘"能"耐"。鹿氏曾于书札中说他人的"肝胆风神","能使死物都活,盖偏得造化生气,无微不入"(卷一〇《答王崑壁书》)。鹿氏本人何尝不如此。由此看来,明末不可谓无人。

于"任"的意义,孙氏确乎不唯由事功的方面估量。①

参与了最后的抵抗且也以身殉的金声,本谢事家居(参看其《上徐元扈相公》一札),没有非任不可之责,却在乙酉致书刘宗周,说"不敢自度其身之不能为,不敢料天下事之不可为,为一郡倡明大义,力疾支持,方画岭而守,愿效死勿去"(《与刘念台》,《金忠节公文集》卷五)。前此他可以"谢"朝廷职事,至此却不能不任抵抗之一事,也因此事已超出寻常"出处",被视为士人不容推卸的道义责任。金氏说:"无天下万世之深情者,不可以与深言天下之事。""故有天下万世之深情者,必不听其命于天地,而以为天下之事存乎其人。"(同书卷一《一人元良万邦以贞论》)他的于万难措手之时,挺身担当,也应基于此种信念。挟了道义的人格的力量,如鹿善继、金声一流人物,追求的更是此种"担当",由此而开发出了各自的人性深度。② 本书中我将一再谈到我由其时的文字间读出的那个时代士大夫的"严肃",这"严肃"确也尤见之于危机时刻的担当。

有明一代,权力机构之外的士大夫的政治参与,异常活跃。本章开头谈到的诸生干政,只是一端。即如荐绅所从事的赈济一类的"民间政治",固然系"不容已",也出于对自身才干的自信。刘宗周记沈祖诚崇祯十三年的赈灾:"岁庚辰,吾越告饥。沈子独率其乡之人行赈里

① 明亡之际,孙奇逢曾力阻他人退、处,说"今日之事,尽的一分职业,便是报的一分朝廷"(《与鹿太公成宇》,《夏峰先生集》卷一);说"国家多事,需才正殷,恐东山不得高枕卧也。弃世入山,虽是英雄回首,而时局世变,分明利害切身。安石不出,其如苍生何!"(同卷《复陶稚圭》)由此可知他本人的"处",出于不得已,确系必不可出。清初颜元不曾入仕,境界微有不同。其人对于事功,较孙氏更有一份关切。颜元驳朱子,说"然则必欲人不仕宦,不作事,终身只在书室中,方可得道乎?"(《存学编》卷二《性理评》,《颜元集》第63页)他叹息别人的不见用,未能"扬眉秉笏,献替殿陛"(《祭耆德宋赓休文》,《习斋记馀》卷八,同书第549页),自己未见得没有此种遗憾。

② 孙奇逢说过:"仗节殉义之臣,须具一知中之愚,仁中之过,方得淋漓足色。彼仁柔者悠忽不断,知巧者规避多端,一瞬失之,终身莫赎。从来坐此咎者,正自不少。"(《贺公景瞻传》,《夏峰先生集》卷五)魏禧也说:"凡做好人,自大贤以下,皆带两分愚字,至于忠臣孝子贞女义士,尤非乖巧人做得。"(《魏叔子日录》卷一《里言》,《宁都三魏文集》)卢象昇就曾自说"愚心任事,谊不避难"(杨廷麟《宫保大司马忠烈卢公事实侯传》,《卢忠肃公集》卷首)。在他们看来,力图撑持世道,挽回气运,知不可而为,正赖此"愚"。

中,全活者甚众。明年饥益甚,上官廉知沈子贤,遂委以一乡之政,而沈子征发期会,井井如也。至措置粥厂事宜,纤悉皆周,远近就粥者,归之如投怀。"(《文学沈本人传》,《刘子全书》卷二三)沈氏不过一诸生,却"隐然为一方中正,有达官贵人所不及者"(同上)。冒襄自记其明末以诸生而破产佐赈,"得活数十万众"事,足以令人想见其政治才具(参看《巢民文集》卷二《寿汤惕庵先生暨太公同岁六十八十序》等文)。祁熊佳撰祁彪佳《行实》,记祁彪佳"虽家食,凡施济事,知无不为。一赈剡饥,再赈全越饥,先生力为担荷。虚礼下士,感物以诚,富家大室,闻风乐施,所全活不可计"(《祁彪佳集》卷一〇第 237 页)。[①] 上文所谓的"民间政治",赈济只是一端。陆世仪的友人陈瑚避地蔚村,曾用"兵家束伍法","导乡人筑岸御水"(《清史稿》卷四八〇陈瑚传)。黄宗羲说查遗(逸远)"以经济自期许",洞悉政治利病,无所施为,也仍然能以沟渠保甲社仓诸法行之一方(《查逸远墓志铭》,《黄宗羲全集》第十册第367 页)。陆世仪对局外的谋划若有成算,其《桑梓五防》曰:"鄙谚有言:'当局而任之,不如旁观而议之;纷纭而理之,不如闲暇而谋之。'"他本人的佐幕,也应出于这种效用方面的估量。钱谦益《梅长公传》也记有"失势家居"的梅之焕代行官府职能,捕盗缉贼,捍御地方——却也干预词讼(《牧斋初学集》卷七三)。明代的"朝外政治""缙绅政治",其复杂性即在同一事例中;也如诸生干政,不宜做一概之论。[②]

　　士人的应世能力,未始不也养成在此种风气中。有明一代大规模的党社运动,对士人的自组织能力即无疑是一挑战。无论上述"民间

---

① 祁彪佳撰有《施药缘起》,激励同志者从事施药这一善举,曰:"然则吾辈今日尚得盘白石、啸清风,坐而视彼颠连以死耶?""未必尽如九转丹便能生死人,而获尽吾辈不忍死生人一念,庶不至推同胞于膜外耳。"(同书卷二第 32 页)

② 对上述"民间政治"似不宜估价过当。我在《明清之际士大夫研究》上编第二章第二节,对于缙绅所从事的"民间政治"、缙绅在地方事务中的参与已有讨论。依据我所掌握的"言论"材料,尚不足以估量此种参与的规模与成效。在本书所论的这一时期,"民间"并不存在足供此种政治展开的广阔舞台,士人也不曾被提供不经由权力机构直接作用于社会的更有效的途径。事实上,所谓的"民间政治"往往由致仕、居乡的官员(赖有其仕宦背景,即赖有其曾经据有的政治资源)主持,"民间政治家"通常不过代行官府之事;"民间"与"官方"的界限于此未见得分明。

政治",还是会讲活动、文人社集,都要有人具体操办;后者如馆舍、厨传,即现代人也未必能从容应付。据记述,其时确有"咄嗟立办"者。吕公忠撰其父吕留良《行略》,也说吕氏"遇事盘错疑难,迎刃立解,精神过人";"丁酉倡社邑中,数郡毕至,敦盘裙屐,猴乐纷沓",吕氏"指挥部署之,终会不失一匕箸,人服其综理之密"(《吕晚村先生文集》附录)。我注意到有关文字对于"能力"的评价态度——无论官员处理行政事务的能力,还是民间领袖人物处理民间事务的能力。明清之际轰轰烈烈的党社、讲学活动,也要赖上述人物方能推动。其时士人所称道的"干办""干局",何尝只表现在官方政治中!

儒者处理政务未必就迂,文人、名士也未见得无能。即一时以通脱、狂狷著称的文人、名士,也不妨为能员干吏。儒家之徒中,从来不乏注重实践(包括道德实践与政治实践)者;以"开物成务"为"儒效",有明一代,也未尝乏人。贺钦号称名儒而通达治理,其奏疏中的主张,被认为可见诸施行。读吕坤《忧危疏》等,令人不能不感慨于其时士人对世情民隐的洞悉,以及"苍生"在其人心目中的分量。在明清易代之际的政治舞台上,"理学名臣""王学名臣"如范景文、李邦华、施邦曜、蔡懋德等,各有其令人印象深刻的表演。虽朝廷建言时的刘宗周曾被讥为迂远不切事情,却无妨这同一人在京兆尹、左都御史任上现身为干练的官员。王夫之即称道刘宗周为"匡济之才"(《搔首问》,《船山全书》第十二册第 645 页)。[①] 陆世仪谙练世故,洞悉官邪民隐,言及政事,无不切实,若老于官场者,绝少道学的迂陋。张履祥的政治才能尤见于《保聚事宜》《赁耕末议》《授田额》一类文字,不唯示人以儒家之徒"民胞物与"的情怀,且显示出面对深刻的社会危机的清醒反应,与关涉具体事务设想的周严缜密。至于孙奇逢崇祯十一年的率众避地,尤堪为蕴藏于士人中的政治能量作证(参看《孙夏峰先生年谱》)。

---

① 刘宗周将"师儒"与"臣"的角色做了区分,力图"格君心"而并不即废"臣"的职掌,不但表现出对政情、民情的熟稔,且绝不缺乏处理实际政务的能力。即家居的刘宗周,也仍然随时显示了其施政才能。读刘宗周、祁彪佳等人文集中有关赈济的文字,即可感其人任事之勇,谋划之周。

"喜事"在其时的表述中通常为贬义。未尝非针对时人的"喜事"，孙奇逢说："任当其才，则千钧可加；任违其常，则一毫亦乖。士当自量，不得轻借口。"（《夏峰先生集》卷一四《语录》）黄宗羲以冯京第为"喜事"，说其"为人夸大自喜"，"心雄气豪"，"以霸业自许"（《御史中丞冯公墓志铭》，《黄宗羲全集》第十一册第88页）。黄氏本人所撰写的冯氏墓志铭却使人相信，当其时也要冯京第这种人，才能"屡起屡蹶"、至死方休。而文人的"喜于任事"，或也出于"好奇"（奇谋奇计奇行奇节）。明亡之际士人的任侠尚义以及略成风气的谈兵游幕，与有明一代士人活跃的政治干预与发达的名士文化，均不无关系。从事于坛坫的，未必即迂执书生；耽嗜于声色征逐者，或也热衷于谈兵，甚至不惜亲历战阵。当明亡之际，柳车复壁，以至慷慨赴义者，无非此辈。在一种眼光下，二百余年间活跃的民间政治、布衣政治，正可以视为明亡之际发动于民间的抵抗运动的准备。明儒的注重"践履"，名士的不甘寂寞、寻求自我表现，以至为铨选、科举制度刺激了的功名欲，都或隐或显地"参与"了士人在此一特殊历史关头的选择。

清初关于明亡的追论，往往以"有君无臣"为说，不过袭用明人当绝望之时的话头。"袖手谈心性"一类说法，不足以概"明儒"，何况其余！明人决不较其他任何朝代的士人缺少政治才能与行政能力——即使所处乃"理学时代"。明必不亡在士人的无能上。在此题目上，正无须拣拾前人的唾余。魏源说明代士人"自成进士释褐以后，则不复以声律点画为重，士得以讲求有用之学。故中材之士，往往磨厉奋发，危言危行，无所瞻顾。凡本兵、吏部文武之任，往往有非常豪杰出乎其间，虽佚君乱政屡作，相与维持匡救而不遽亡"（《明代食兵二政录序》，《魏源集》第161—162页），未始非平情之论。在我看来，清初的"经世思潮"，不必是对于晚明士习的反拨，而更可能是明代士风的延伸。

战乱灾荒，在使士人备受摧折的同时，也提供了他们政治参与的机会，拓宽了他们用世的渠道；而幕业于明中叶以降的发展，则使得无缘于仕途的士人另有了参政的机会（参看本书下编关于易堂的分析）。明清之际士人的游幕固然背景、动机不一，至少在明亡前后的一段时间，有关选择仍然基于"为政"（此"政"首先即官方政治）被认为的优先性。游幕之外,更有士人组织、参与了地方性的抵抗,如吴应箕、金声、陈子龙等人——为此支付了沉重的代价。

有用之学,有用道学

士人明亡之际的政治参与,或可认为构成了明清之际"经世思潮"的一部分背景。当然只是"一部分"背景。明清之际士人的经世取向,未必即由上文所涉及的人物表征,与他们的挣扎、奋斗却未必无干。这一思潮的根据,自然也在有明一代的思想、学术中,无论远缘抑近缘,都不便轻易归结。

任事固然使所学得有所用,也使学之不足有了证明的机会。这也应当是下文将要谈到的士人竞相为"有用之学"的动力。殉明的左懋第生前曾为韩城令,说"只恨读书时草草,不曾确有经济,临时无可措手"(《答杨茂才书》,《左忠贞公文集》卷二),是很实在的话。其所谓"经济",仍然得之于"读书",问题在读何种书。可以相信的是,紧迫而直接的"用",推动了被认为"适用"的知识的传播,以至当失却了"救亡"这一目标之后,惯性仍足以使得对"功效"的主张较之此前此后都显得不但必要而且正大。这是后话。

在明将亡、既亡的背景上,"有用"这一尺度,确也被一些士人格外地强调了。李颙的门人记李氏"尝谓自太公武侯而后,儒者之中惟王文成通变不迂,文武兼资,肃皇称为有用道学。诚哉,其为有用道学也!故道学而无用,乃木石而衣冠耳,乌睹所谓'道'所谓'学'耶!"(《二曲集》卷四五《历年纪略》)李氏还说,"道不虚谈,学贵实效。学而不足以开物成务,康济时艰,真拥衾之妇女耳,亦可羞已"(《体用全学》,同书卷七)。刘宗周说,"见得是非后,又当计成败,如此方是有用学问"(《应事说》,《刘子全书》卷八)。黄宗羲《姜定庵先生小传》:"道无定体,学贵适用……"(《黄宗羲全集》第十册第607页)张履祥也以为"处今之世,自非实学、实才不足有济"(《答吴文生》,《杨园先生全集》卷九)。其所谓"实学",应泛指实有用之学。颜元尤好以有用无用论人。他以许三礼(酉山)为"有用道学"(《上张束岩通政书》,《颜元集》第

437 页），说吕坤是"有用杰才"（《习斋记馀》卷一《通俗劝世集序》，同书第 400 页），以王安石为"宋朝第一有用宰相"（《朱子语类评》，同书第 288 页）。不消说，"无用之用"这一种思路，是颜元所不具备的。在不免极端化了的"实用"眼界中，其时所谓"学术"的价值，也被由其适用于时务的程度衡量。王猷定将此表达为"学必有术，其大者在于拯世抚化，乱则戡之，解纠纷应卒，易如承蜩，是谓学术"（《澹台讲疏序》，《四照堂集》卷二）。王汎森所说其时"去形上化"的倾向，于此亦可以得一证明。①

"有用"作为尺度原有模糊性，但其时的士人仍然有关于知识有用与否的大致相近的判断。钱谦益撰郭正域墓志铭，说其"生平好有用之学，于朝章国故，河漕盐屯，兵食大计，四方风土人物，利弊兴革，储峙胸中，倒箧而出之，裕如也"（《牧斋初学集》卷五一第 1296 页）。可知其所谓"有用之学"所包括的门类。王源《刘处士墓表》曰刘献廷"于礼乐、象纬、医药、书数、法律、农桑、火攻、器制，傍通博考，浩浩无涯涘"（《居业堂文集》卷一八）。前于此吕坤就说过："夫用世之人，明习世故，练达朝章，大之而政体之低昂，纪纲之张弛，风俗之美恶，边防之废修，夷情之向背，钱谷之盈缩，河漕之通滞，盐法之调停，宗室之操纵，吏治之污隆，人才之邪正，民情之苦乐，宦戚之盛衰，君子小人之机括；细之而古今名物，礼乐刑名，等威器数，弭盗防奸，文移簿书之简繁，文武官吏士卒之增损，征解清勾赋役保甲之利弊，此非不忘天下者之所留心乎？"（《别尔瞻书》，《去伪斋集》卷四）将其所谓"有用"的范围划得很清楚。吕坤于此未标"经世之学"或"有用之学"一类名目，以上所说，无疑是他以为的"经世"所关，其内容涵括了近世"社会科学"以至"自然科学"的诸多门类。通常被认为关涉"经世"者，原是内容庞杂、边界模糊的知识体系，举凡礼乐刑政、天文律历、朝章国纪、赋税水利，以至古今成败兴废之故，天地阴阳之变，伯王大略，兵机利害，壬奇风角，韬钤阴符，几于无所不包。明代有志于经世的士人，也即以此"无所不

---

① "去形上化"，参看王汎森《清初思想中形上玄远之学的没落》，台湾"中央研究院"《历史语言研究所集刊》第六十九本第三分，1998 年。

包"为知识追求。《明史》卷二〇五唐顺之传,曰"顺之于学无所不窥。自天文、乐律、地理、兵法、弧矢、勾股、壬奇、禽乙,莫不究极原委"。其中天文、地理、兵法、弧矢、壬奇、禽乙,是其时认为与兵事有关的知识。明人之学以"杂"而为清人诟病,本书所论这一时期的士人,学正不避"杂"。李颙的门人记李氏所学,曰其"上自天文河图九流百技,下至稗官野史壬奇遁甲,靡不究极",顺治十二年"究心经济",顺治十三年"究心兵法"(《二曲集·历年纪略》)。刘宗周的挚友刘永澄官不过七品,却"于国朝掌故,兵屯漕储之类,靡不谙练,有条贯,思以见诸行事"(姚名达《刘宗周年谱》第47页)。黄宗羲撰徐石麒神道碑铭,说徐氏曾告诫自己"学不可杂,杂则无成。无以将兵农礼乐以至天时地利人情物理,凡可佐庙谟裨掌故者,随其性之所近,并当一路,以为用世张本"(《光禄大夫太子太保吏部尚书谥忠襄徐公神道碑铭》,《黄宗羲全集》第十册第241页)——徐氏显然不以自己所说之学为"杂"。① 凡此,均可资考其时以"用世"为目标的士人的知识准备。即使上述文字不免夸张,也仍然可以作为了解其时士人的知识状况(包括知识门类的划分,某些专门知识的普及情况)的材料。由知识社会学的角度看,被其时士人目为"经世之学"者,不但包括了已成专门之学的如天文、历算、舆地等门类,也包括了其他有关生民福祉、社会利病的实用性知识。"经世"于此已不只是一种笼统的取向,而与诸种专门与非专门的知识以至技术发生了关系。

上引文字所涉及的,就其性质而言,既有"学"(学问),又有"术"(政术、君人南面之术);有近代眼界中的专门知识,亦有方术。在那一时期通常的表述中,"有用之学"首先不是由学术门类而是以主体的目标意识(即"举而措之天下")为标识的,因而归入此"学"者通常不具有同质性。论者却无不以当世为指向,强调其所谓"学"的实践品格,

---

① 陆世仪自说所读之书,即包括"国家礼文制度,法律条例"(朱子《纲目》《文献通考》《大学衍义》《衍义补》)、天文、地理(尤其"险要")、农田水利、兵法。参看其《思辨录辑要》卷四。黄宗羲记其友魏学濂"务为佐王之学,兵书、战策、农政、天官、治河、城守、律吕、盐铁之类,无不讲求,将以见之行事。逆知天下大乱,访剑客奇才而与之习射角艺,不尽其能不止"(《翰林院庶吉士子一魏先生墓志铭》,《黄宗羲全集》第十册第402页)。

以"见诸施行"为期待。正是"应用"之为目标,使不同的知识门类得以并置,尽管某些门类(如历算、舆地等),"专业化"程度已相当高,那些"专业知识"却作为实现经世目标的知识准备,依实用指向被组织在某种网络中(如舆地学被作为军事学或实用军事的附庸)。这有可能限制了其作为"专业"的自身发展;同时又因其服务于"经世"目标,在另一系统中地位得以提升。[①]

有明一代,学求有用,向不乏人;演成"士风",就我所读到的明人传记文字看,应以嘉、隆之际的抗倭为契机。处明末清初的士人,对嘉、隆人物不胜倾倒。黄宗羲记周述学(云渊),说其人"自历以外,图书、皇极、律吕、山经、水志、分野、算法、太乙、壬遁、演禽、风角、鸟占、兵符、阵法、卦影、禄命、建除、埋术、五运、六气、海道、针经,莫不各有成书,发前人所未发"(《周云渊先生传》,《黄宗羲全集》第十册第547页)。王锡爵则称赞归有光不徒以文章而负海内之望,且"明习古今成败,即令召公、毕公为方岳,必且参与谋议,不令北面受事而已"(《明太仆寺寺丞归公墓志铭》,《震川先生集》别集附录第981页)。归氏本人也自负其经世之学,认为自己的《水利论后篇》及《禹贡三江图叙说》"前人有不及者"(《与沈敬甫十八首》,同书卷七第868页)。

明清之际颜元、陆世仪等人所乐道的"六艺",嘉、隆之际士人先已言之;在这一话题上,颜、陆不过是在接着说。归有光就说过:"夫天下学者,欲明道德性命之精微,亦未有舍《六艺》而可以空言讲论者也。"(《送计博士序》,《震川先生集》卷九第213页)唐顺之批评其时儒者治象数之学,"往往以儒者范围天地之虚谈,而欲盖过畴人布算积分之实用","后世儒生所论六艺,往往而然,不特历也"(《答万思节主事书》,《唐荆川文集》卷四),是切中肯綮的批评。但唐氏同时也强调"六艺"

① 由于对"实用性"的极度关心,以直接功利为目标,经世之学特定视野中的舆地之学,被强调的是其军事意义而非独立品格。陆世仪以为"地理书宜详险要",说自己"尝读二十一史战争之事,其有关于险要者,分省分郡,各以类注"(《思辨录辑要》卷四)。彭士望序顾祖禹《读史方舆纪要》,引顾氏语,说其此书,"以史为主,以志证之;形势为主,以理通之"。河渠、沟洫外,尤重关隘,曰"山川设险所以守国,游观诗赋何与人事,则汰去之"(《树庐文钞》卷六)——旨趣可知。

的道德功能,曰"即此而鼓舞凝聚其精神,坚忍操炼其筋骨,沈潜缜密其心思","非特以实用之不可缺而姑从事云耳"(同卷《答俞训导书》)。在另一场合他也说:"窃意六艺之学,皆先王所以寄精神心术之妙,非特以资实用而已。"(同卷《与顾箬溪中丞书》)尽管不妨认为唐氏于此得了"儒先"的正传①,明清之际的颜元、陆世仪,关于"六艺",关心却正在其实用价值。这一点区分不可小视。下文还将谈到,明末清初士人注重功用的倾向,他们对于"技术性"的关心以至躬亲制器的行为,提供了改变关于"艺"的传统偏见的契机。

下文将要谈到其时的儒者欲"广"儒学("广"即扩充,包括经由经典释读,为某些概念扩容)。这里应当说,其时士人的学术眼界与知识视野,受制于"明清易代"这一具体历史情境,不免"广"而又有其"狭",且广与狭互为因果,并存共生。陆世仪说读书应当"识货",方不致错用工夫,"如四书五经性理纲目,此所当终身诵读者也;水利农政天文兵法诸书,亦要一一寻究,得其要领;其于子史百家,不过观其大意而已,如欲一一记诵,便是玩物丧志"(《思辨录辑要》卷四),岂不太过功利?在明亡之后的语境中,如唐甄一流批判者,更不免将功利之为价值绝对化了。即使如此,"有用"仍然未见得是被普遍认可的价值;你甚至无从估计持有这一价值尺度者在士类中的比例。同一时期不但有对无用之用的继续坚持,也大有非功利论者,不断重申"正义不谋利""明道不计功"。至于勇于任事而不"取必于功能"——这一点区分更非同小可。近世学人所乐道的明清之际的"经世思潮",其思想根柢原非一致,也宜于由差异处看取。

"经世"取向并非到了明清之际,才获取了伸张的空间。从来有不同的儒者,不同的儒学取向。注重义理而不废事功,儒学中原有此一脉——其深因在士的生存方式、士的精神传统中。特殊情势,或特定的

① 唐顺之斤斤于"数—义"之辨,强调"义"之为上位(参看其《与顾箬溪中丞书》),甚至说"六艺皆古人养性而理心,自此便可上达天德。今人学射、学书、学数,则不过武人之粗材,与胥史之末技。是以戴记分为德艺上下之说,而子夏亦讥其不能致远"(同卷《与田柜山提学书》)。

学术派别,不过加强或削弱了上述取向而已。① 且如史华慈所说,儒学内部对立双方均未放弃"修身"与"平天下"这两个目标中的任一个,只不过对其关系提供了各自的解释;然而考虑到"在顾炎武以后的一个世纪里,知识的获得在某些方面被提高到几乎成为了目的本身,而不再涉及修身的目标,也不涉及平天下的目标"(《儒家思想中的几个极点》,《学术思想评论》第四辑),上文所谈到的士人的知识兴趣尤其目标意识,才是值得特别关注的。②

至于有明一代士人的"经世"取向,其近缘无疑在宋代,即如宋的永嘉(薛季宣、陈傅良)、永康(陈亮)之学。③ 宋儒风采对于有明一代士人,有持久的吸引力。明初大儒方孝孺以陈亮为"俊杰丈夫"(《读陈同甫上宋孝宗四书》,《逊志斋集》卷四)。到明清之际,对陈亮的倾倒凭借了更具说服力的背景。全祖望《阳曲傅先生事略》记傅山:"或强以宋诸儒之学问,则曰:'必不得已,吾取同甫先生。'"(《鲒埼亭集》卷二六)王馀佑(五公山人)《乾坤大略·总序》自说"独慕陈同甫之好谈霸王大略,又悦其倚天而号、提剑而舞,为有真英雄风度也"。另有被他人发现的精神联系。陆世仪说归庄"多经济大略,人以为陈同甫"(《赠昆山归元恭序》,《桴亭先生遗书》卷四)。张自烈(芑山)由文字

① 王畿就说过:"圣人之学,主于经世,原与世界不相离。"(《三山丽泽录》,《龙溪先生全集》卷一)黄绾也说:"儒则经世之学也。"(《明道编》卷三第 37 页)侯外庐等人《中国思想史》认为,"黄绾敢于否认宋儒的'心传'的道统论,而宣布'经世之学'的另一种道统,从伏羲、尧、舜开其端,传至颜渊、曾子、子思,至'孟子而绝',这是'正脉'。他力辩宋儒所继承的,并非以伏羲开其端的'经世之学',而是'禅学',禅学即'异端'"(第四卷第939 页)。到本书所论的时期,北方儒者王馀佑,也"以为真正理学须真实经济以充之"(《与严佩之》,《五公山人集》卷一一)。

② 史华慈所指出的顾炎武与王安石在"经世"这一题目上的思路差异,有进一步辨析的必要;由此或可寻绎坚持"经世"这一目标的明儒,与王安石、陈亮等宋儒间的异同,以此作为探究明清之际儒者及儒学路向的线索。

③ 《宋元学案》卷五二《艮斋学案》"宗羲案:永嘉之学,教人就事上理会,步步著实,言之必使可行,足以开物成务。盖亦鉴一种闭眉合眼,朦瞳精神,自附道学者,于古今事物之变,不知为何等也"(《黄宗羲全集》第五册第 56 页)。同书说薛季宣"自井田、王制、司马法、八阵图之属,该通委曲,真可施之实用",陈傅良得之于薛氏,"而又解剥于《周官》《左史》,变通当世之治具条画,本末粲如也"(卷五三《止斋学案》,同书第 74 页)。

间发现吴应箕"之人之文,大都似昔陈同甫"(《贵池二妙集》附录二张自烈序)。朱彝尊《书吴次尾先生遗集》也提到张自烈的上述说法,以为"是诚知言"(《贵池先哲遗书》吴应箕《启祯两朝剥复录》)。① 朱熹曾说陈亮"血气粗豪"(《朱子大全集·文集》卷三六《答陈同甫》),上述诸人所取,或正是陈亮的"血气"以至"粗豪"。

不唯陈亮,前代名臣如诸葛亮、陆贽,当代权相张居正,都由此一时期的士人那里获得了敬意。金声说:"江陵(按即张居正)佐神庙定四十年太平,一时相业,近代希遘。"(《寿明之黄太翁六秩序》,《金忠节公文集》卷七)——可感士人思路之转。在一个急剧衰落的过程中怀念"强势政治",也正是人情之常。黄宗羲论"从祀",说:"上下千古,如汉之诸葛亮,唐之陆贽,宋之韩琦、范仲淹、李纲、文天祥,明之方孝孺,此七公者,至公血诚,任天下之重,矻然砥柱于疾风狂涛之中,世界以之为轻重有无,此能行孔子之道者也。"周、程、张、朱,虽由其言可以信其行,毕竟"不当事任";黄氏愤然于议从祀者,"凡古今震动之豪杰,一概沟而出之"(《破邪论·从祀》,《黄宗羲全集》第一册第193页)。② 唐代始建的从祀制度,使得后世的议从祀,往往成为不同取向的儒者间的思想演练场,不同的儒学尺度得以展示的平台;此儒与彼儒间的观念差异,在此种场合往往有对比鲜明的呈现。黄氏于此强调的,是当否"事任",有无功业,是否切实"行孔子之道"。由上文可知,这也正是易代之际曾经任事者的思路。陆世仪以为《论语》四科(即德行、言语、政事、文学)是关于人才的基本分类,四科中的杰出人物均应与于

① 清初儒学批判中态度激切的颜元,称道陈亮最少保留。在他看来,陈氏本人事后有所修正的"经世大略,合金、银、铜、铁熔成一器"一句"最精,最真,是大圣贤、大英雄炉锤乾坤绝顶手段"(《朱子语类评》,《颜元集》第269页);以为程、朱、陆、陈虽"皆非周、孔旧道",然使陈氏之学行,"虽不免杂霸,而三代苍生或少有幸"(《习斋记馀》卷六《读刁文孝用六集十二卷评语》,同书第508页)。宁取"杂霸"(不粹的王道)、豪杰(偏胜的圣贤)——明末士人尚少用此种口吻。

② 《碑传集补》卷三五《朱张二先生传》附邓实所述日本支那杂志载日下宽撰朱舜水传,曰朱"尚友古人,尤推重诸葛亮、陆贽"。关于明末士人之于张居正,尚可参看黄淳耀《自监录》(《陶庵文集》卷一〇)。

从祀之列。以"言语""政事""文学"与"德行"并列（其所谓"德行"，也不以是否儒者为取舍），"政事"即以"孔明、房、杜、韩、范、司马"为例，以为不应排摈"功业彪炳、志行卓荦"的"奇伟英雄之士"（《思辨录辑要》卷二一），与黄宗羲所见略同，只是黄氏之论有更强烈的论辩色彩而已。①

陈亮为明清之际的士人所倾倒，固然因了其人的事功追求与豪杰气概，也应因其以"中兴""复仇"为事业——即使在鼎革之后，这种目标仍然足以激动士人尤其遗民的心。只不过他们不免于贵远而贱近，对于自己所处时代的人物疏于辨认罢了。全祖望于清中叶回望清初人物，所见即有不同。在他看来明清之际如顾炎武者，已非陈亮以至薛季宣、叶适等人所能比拟。其《亭林先生神道表》曰："予观宋乾淳诸老以经世自命者，莫如薛艮斋，而王道夫、倪石林继之，叶水心尤精悍。然当南北分裂，闻而得之者多于见，若陈同甫，则皆欺人无实之大言。故永嘉、永康之学皆未甚粹，未有若先生（按即顾氏）之探原竟委，言言可以见之施行，又一禀乎王道，而不少参以功利之说者也。"（《鲒埼亭集》卷一二）当然清人所见也互有不同，四库馆臣就说："惟炎武生于明末，喜谈经世之务，激于时事，慨然以复古为志。其说或迂而难行，或愎而过锐。观所作《音学五书后序》，至谓圣人复起，必举今日之音而还之淳古。是岂可行之事乎？潘耒作是书序，乃盛称其经济。而以考据精详为末务，殆非笃论矣。"（《四库全书总目提要》子部杂家类）

就明清之际的士人而言，更直接的刺激，仍然来自明亡过程中士大夫深切的无力感，他们对于儒者、书生无能的痛切感受。在明清之际儒学内部反省的语境中，激于时势，有关的言说往往情绪激切而无暇顾及分寸，以致成为清人讥嘲明儒的口实。即如据传施邦曜殉国之际绝命诗所云"惭无半策匡时难，惟有一死报君恩"（《弘光实录钞》，《黄宗羲

---

① 《颜习斋先生言行录》卷上《言卜第四》："后世专尚空谈，故学孔子之言者，皆入孔子庙廷。儒者不学作事，故作孔子之事者，皆不得入孔子庙廷。"（《颜元集》第633页）关于后者，即以傅奕、李泌、陆贽等为例。

全集》第二册第 39 页）。前于此顾泾凡就曾批评讲学者"恁是天崩地陷，他也不管，只管讲学"（《明儒学案》卷六〇第 1469 页）。① 黄宗羲也说其时"自附于所谓道学者"，"天崩地解，落然无与吾事"，假儒者之名以欺世者，"当报国之日，则蒙然张口，如坐云雾"（《留别海昌同学序》《赠编修弁玉吴君墓志铭》，分别见《黄宗羲全集》第十册第 627、421 页）；顾炎武则有"置四海之困穷不言，而终日讲危微精一之说"云云（《与友人论学书》，《顾亭林诗文集》第 40 页）②，为世变中的儒者画像，固不无生动，却也便于引为一概之论。凡此，未必非袭用陈亮的形容。陈亮《上孝宗皇帝第一书》，说"今世之儒士自以为得正心诚意之学者，皆风痹不知痛痒之人也。举一世安于君父之雠，而方低头拱手以谈性命……"（《陈亮集［增订本］》卷一第 9 页）

从来有儒学内部的批评与反省；只不过到明清之际，上述方向上的批评尤为集中罢了。上文所引黄宗羲的《赠编修弁玉吴君墓志铭》，将其所见琐琐小儒的"僻固狭陋"刻画得淋漓尽致："儒者之学，经纬天地。而后世乃以语录为究竟，仅附答问一二条于伊、洛门下，便厕儒者之列，假其名以欺世。治财赋者则目为聚敛，开阃扦边者则目为粗材，读书作文者则目为玩物丧志，留心政事者则目为俗吏，徒以'生民立极、天地立心、万世开太平'之阔论铃束天下。一旦有大夫之忧，当报国之日，则蒙然张口，如坐云雾，世道以是潦倒泥腐，遂使尚论者以为立功建业别是法门，而非儒者之所与也。"他另在《七怪》中说今之学者好骂，其中就有骂有志于经世者为功利，留心政事者为俗吏（《黄宗羲全集》第十册第 632 页）。曾从学于黄氏的万斯同也提到其时为"圣贤之

---

① 李贽有类似刻画："平居无事，只解打恭作揖，终日匡坐，同于泥塑，以为杂念不起，便是真实大圣大贤人矣。其稍学奸诈者，又搀入良知讲席，以阴博高官。一旦有警，则面面相觑，绝无人色，甚至互相推委，以为能明哲。"（《因记往事》，《焚书》卷四第 156 页）
② 他自序其《天下郡国利病书》，说己卯（崇祯十二年）著此书的直接背景，乃有感于"四国之多虞，耻经生之寡术"（同书第 131 页）。颜元也说："吾读《甲申殉难录》，至'愧无半策匡时难，惟余一死报君恩'，未尝不凄然泣下也！"（《存学编》卷二《性理评》，《颜元集》第 62 页）

学"者,以经世为"粗迹"(《与从子贞一书》,《石园文集》卷七)。① 被"儒学内部反省"作为前提的,即"儒"的原始职能。在明清之际"反经"的空气中,有批判精神的儒者,以"广"儒学为诉求("广"的反面即"僻固狭陋"),力图由此开出新境界;而所以"广"之之途,就包括了重新引入"事功"这一价值目标。他们意欲由此而重新界定所谓"儒",重申"儒学"的基本观念。其时有诸种与"分/合"有关的论说,即如文武分合、兵民分合(参看下一章"谈兵")。论者也由分合的角度论"儒""儒学",如黄宗羲所批评的"仁义""事功"之分,"学道""事功"之分②,万斯同所谓"学术与经济遂判然分为两途"(《与从子贞一书》),以使分者复合(在此种论述中,复合亦复古)为救弊之途。稍后的唐甄说得更明白,他以为到了宋,"则儒大兴而实大裂。文学为一途,事功为一途;有能诵法孔孟之言者别为一途,号之曰'道学'"(《潜书》上篇上《劝学》第46页)。唐氏批评"内外分"导致"仲尼之道裂";他所谓"外"即事功、"治功"(同书上篇下《良功》第52页)。此外尚有道、术之裂,"修""功"之裂等等。使裂者(即分者)复合,也是唐氏开出的改造儒学的方案。也有欲"广"儒学而反"狭"的例子,如颜元所谓"习行

---

① 万斯同《与从子贞一书》说"为圣贤之学者"每"疏于经世,见以为粗迹,而不欲为",以致"学术与经济遂判然分为两途",天下"始无真儒",也"始无善治"(《石园文集》卷七)。王猷定批评明末书生不知时务,"宰相以迄百执事,问以礼乐、刑狱、军蠹、管库诸大政,懵若髹漆"(《贺督学李公石台考绩序》,《四照堂集》卷三)。前于此,吕坤就说过,"儒者惟有建业立功是难事。自古儒者成名,多是讲学著述人,未尝尽试所言。恐试后纵不邪气,其实成个事功,不狼狈以败者,定不多人"(《呻吟语》卷四之四《品藻》)。海瑞也说:"伯以速道误天下,儒以迟道误天下,其害一而已矣。诈术犹可支持目前,腐儒目前日久俱无用。""儒者迂远而阔于事情,无所用之。有贼临城行冠礼者,有一筹不展,抱守忠义,俯首就戮者。圣人原无此等道理,原无此等忠义也"(《复欧阳柏庵掌科》,《海瑞集》第443页)。口吻竟与明亡之际的批评不殊。

② 黄氏说:"自仁义与事功分途,于是言仁义者陆沉泥腐,天下无可通之志;矜事功者纵横捭阖,龌舌忠孝之言;两者交讥,岂知古今无无事功之仁义,亦无不本仁义之事功。"(《国勋倪君墓志铭》,《黄宗羲全集》第十册第485页)还说:"道无定体,学贵适用,奈何今之人执一以为道,使学道与事功判为两途。事功而不出于道,则机智用事而流于伪;道不能达之事功,论其学则有,适于用则无,讲一身之行为则似是,救国家之急难则非也:岂真儒哉!"(《姜定庵先生小传》,同书第607页)

经济之儒"①。即使同有对有用之学与事功的追求,也令人不难分辨其时论者价值立场、文化态度、经验背景的诸多差异。

理学常谈的"必有事焉"(《孟子》),固非实有其事(不必是政事或任何具体之事);有关的论说所取,乃"事"的抽象义。在此抽象的层面上,即有刘宗周所说"有是心不患无是事,亦不必遂有是事"(《刘子全书》卷二一《刘氏义田小记》);即有张履祥一再称引的陈献章诗"廊庙山林俱有事"(如《训门人语二》,《杨园先生全集》卷五三)。王夫之之子王敔《大行府君行述》记王夫之尝自署其榱,曰"吾生有事"(《船山全书》第十六册第 74 页),亦无非此种"事"。孙奇逢更以"行所无事"为"必有事焉"的进境,曰:"我辈不能'行所无事',先自'必有事焉'始,久之当省事,而渐进于无事矣。"(孙奇逢《日谱》,顺治六年答门人问)无论"必有事焉"还是"行所无事",均被作为对于儒者精神状态的要求,儒者既被要求保有为进德修业所必要的紧张感("必有事焉"),又要非有意、刻意("行所无事"),微妙处在二者间的平衡,至于实所从事,则属于另一层面。而这一时期欲引入事功以"广"儒学者,言述策略即包括了赋予"事"以实义——果有是事。② 上文所引黄宗羲《姜定庵先生小传》记姜希辙,说其人"以事悟道,久之以道合事,从人情物理之恰好处,体当受用"。这里的"事",即政事;在这样的

---

① 颜元自说读《论语》"见得句句是经济"(《四书正误》卷四,《颜元集》第 229 页)。他将儒划出一类"习行经济之儒"(或曰"经济之儒",有时也作"干济豪杰"),将"儒"之一名推广至唐、虞、三代的臣工百职,以为唐、虞之世"莫道五臣、十六相、四岳、群牧,是大人之学、君子之儒,虽司空之一吏,后稷之一掾,九州牧下之一倅,凡与于三事之中者,皆大人学、君子儒也。夏、商、周之世,莫道伯益、靡、仍、伊、莱、傅说、十乱诸公,是大人学、君子儒,虽其一吏、一掾、一倅,凡与于三物之中者,皆大人学、君子儒也……"(《习斋记馀》卷三《寄桐乡钱生晓城》,《颜元集》第 440 页)将"儒"以职事界定,岂非欲"广"儒、"广"儒学而得狭之一例?

② 有"心—事""理—事"二分,即有对此的质疑。湛若水说"理无内外本末心事之间",说"吾儒学要有用,自综理家务,至于兵农钱谷水利马政之类,无一不是性分内事,皆有至理,处处皆是格物工夫。以此涵养成就,他日用世,凿凿可行"(《甘泉文集》卷六,转引自容肇祖《明代思想史》第 67、68 页)。所说诸"事",无不具体。陈第不以"岐内外而为二,判心事而为两"为然(参看容氏同书第 275 页)。薛应旂也反对"外事言学"(参看同书第 286 页)。

表述中,任事被作为了"学道""悟道"的条件。李颙所谓"在朝在野,皆有事也"(《答魏环溪先生》,《二曲集》卷一六),由上下文看,也指实事。①

主张学为经世者,其所谓"事"仍不妨有轻重大小之别。潘平格以为"未有舍家国天下见在事使交从之实地,而悬空致我一体之知者"(《求仁录辑要》卷一《辨清学脉》),黄宗羲针锋相对,说"孔、孟之周流历说,欲以得君行道,亦是经生私意以窥圣人";"使举一世之人,舍其时位,而皆汲汲皇皇以治平为事,又何异于中风狂走"(《与友人论学书》,《黄宗羲全集》第十册第145页。按《求仁录辑要·辨清学脉》,有"汲汲皇皇,忧世忧民"等语)。"汲汲皇皇以治平为事",正是明代士人中常见的情态。方祖猷《黄宗羲与甬上弟子的学术分歧——兼论蕺山之学的传播和没落》一文论及黄宗羲与潘平格之争,说"这使人想起了泰州学派创始人王艮初见王阳明时,王阳明以'君子思不出其位'来责难他的事。黄氏这种说法与他同时代顾炎武所说'天下兴亡,匹夫有责'的论点相比,是大大不如了;也与自己抗清时那种'濒于十死'的行动相矛盾",只能认为黄氏"意气用事"(香港中文大学《中国文化研究所学报》第二十二卷)。由理学的逻辑看,黄氏的说法本无弊。由本文所设角度看,潘平格"将宋明理学以来思想概念倒转过来"(王汎森《明末清初儒学的宗教化——以许三礼的告天之学为例》),说不能治国平天下即不能明心见性,固然在其时的经世思潮中,黄宗羲的驳论也未必即在那思潮之外。潘、黄之争,在我看来,仍然以黄氏的思路更有启发性。士人以天下为己任,所任本不限于"治""平"。将"治""平"之为价值绝对化,亦一种"隘";黄宗羲欲破此"隘",无疑有助于广儒学,也广了认知空间,令人隐约可感"转型"期的学术氛围。黄氏批评的是"皆汲汲皇皇",并非即否定了对"家国天下见在事"的承当。当清定鼎后提示"时位",更是意味深长。到这个时期,士大夫对于"经世"的理

---

① 余英时曾谈到"'因事见理'是当时的共同见解;王船山、颜习斋、李恕谷、戴东原等大抵皆持论相似。但深一层去分析,诸家对'事'的理解又不尽同"(《论戴震与章学诚》第58页)。余氏的有关分析见该书第58—59页。

解已相当广阔，原不以"治平"为限。前此王艮已有以"身"为本而以"天地万物""天下国家"为末的思路；其所谓"出""见"非即指"仕"，毋宁说更指一种积极的人生姿态、生存方式。他就说过"经世之业，莫先于讲学以兴起人才者"（《王心斋先生遗集》卷一《语录》）。① 为孙奇逢所仪型的宋儒邵雍，则有"唐、虞揖让三杯酒，汤、武征诛一局棋"的说法，还说"尧、舜事业，一点浮云过目"。将"治""平"的价值相对化，便于校正极端经世论者的偏至；到本书所论的时期，也注释了黄宗羲、孙奇逢一流遗民所取姿态。

盐屯茶马，事关军国。除屯政似乎人人可议外，其他更是任事者的话题。《皇明经世文编》除边务外，盐政、马政、漕运、水利，均被认为经世之大端，亦对于士人从政能力的切实检验。盐、屯以及矿税，向为利薮，司其政者不能不言利。因而在其位、任其事者与无此职任者，有关"功利"的态度自有不同。主持政务者，委任责成，必求实效，也不能不言功。到了明亡，扶危定倾，是经世最要之务，也是最要谋的功利。但也仍然应当说，即任事者也不至于将"事功""功利"之为价值绝对化。② 如上文已经说到的，无论孙承宗、鹿善继还是徐光启在崇祯末年的奋斗，由后世看去，正如鲁阳挥戈，是绝望的抗争，岂是惟功利论者所屑于为的！至于刘宗周这样的儒者，鼓励任事而不"取必于功能"，更是至死也不忘将自己与惟功利论者区分开来。③

---

① 针对认为致知穷理应以"家国天下见在事"为标的，黄宗羲说"夫吾心之知，规矩也，以之齐家治国平天下，犹规矩以为方圆也，必欲从家国天下以致知，是犹以方圆求规矩也。学者将从事于规矩乎？抑从事于方圆乎？可以不再计矣"（《与友人论学书》），是基于心学申明致知的逻辑顺序，并不即以"家国天下"事为不当致力。

② 李贽驳"正其谊不谋其利，明其道不计其功"，说"正义"即"利"，"明道"即"功"（《德业儒臣后论》，《藏书》卷三二第 544 页），不惜将功利论推向极端，将功利原则普遍化——偏蔽是显而易见的；关涉"士风"，意义则更有其复杂。明亡前后，论者在同一题目上，却已不见有如此直截痛快的表达。

③ 张履祥自述初见刘宗周时，刘氏"即以'事无求可，功无求成'二语为教，且云'求可'、'求成功'，利之本根也"（《答周鸣皋》，《杨园先生全集》卷二四）。据黄宗羲的记述，刘氏临终前还说："语曰：'正其谊不谋其利，明其道不计其功。'功利之说倡，此国事所以不竞也。"（《子刘子行状》卷下，《黄宗羲全集》第一册第 248 页）

所谓"经世思想""经世潮流"均有待别析。无论嘉、隆之际还是明末清初，并未出现过内部一致的经世"思想运动"。上文涉及的论者间有诸多差异；只不过由后世看去，有关的思想与言说像是流在同一条河道中罢了。繁复的取向、多向的思考，正为一个士风生动、言论活跃的时代所宜有。关于差异，下文还将一再提到。我不认为在本章所涉及的范围，出现了思想重大变动的契机或迹象、征兆。因为我所看到的，确也更是诸种言说的延续。有关的"批判思想"经历了漫长的积累过程。"批判思想"通常被联系于有明"商业文明"的发展、"资本主义的萌芽"来解释，而忽略了思想史之为积累，思想衍变的脉络线索。之所以不认为当其时出现了思想重大变动的契机或迹象、征兆，也因了方法上的不自信：且不说上文中对有关言论的搜集远未充分，即使更有增补，也仍不足以概其余；所引用的言论材料仍不免于偶然与个别。如上文所说，我的兴趣更在思想与经验之间——即使难以诉诸明晰的判断。我由那一时期的杰出的人物那里，总能察觉他们的思想、言说与"易代之际"的政治经验间的关联。特殊历史情境中的个人经验即使不具有思想史的意义（更不消说引发思想史上的"革命"），仍可能别有价值——即如对于丰富"士的历史"。那些人物将其生命刻写在了"历史"上，只是这些刻痕因深浅的不同，有待于细心地辨认罢了。

　　有清一代学术分途，乾嘉考据之学的兴盛，学人的职业独立（参看艾尔曼《从理学到朴学》），使明清之际士人的经世取向与经世之学，由回溯而具有了"士风"的意味；晚清"经世学派"与明末清初士人的经世取向遥相呼应——顾炎武和他的同代人自然不可能逆料二百年后有此回声。士大夫的经世热情与有关的价值态度，至今仍活在知识者的灵魂中，但这已不在本章的论述范围之内。至于上文谈到的明清之际的儒学批评，是儒学内部的批评。批评者中最称激烈者如颜元与其高弟李塨，所接续的更是明代士人的思考——"颜李之学"的规模、气象，正承自他们所批评过的朝代。至于此学在颜、李身后的不昌，固然可以象征"经世之学"在清代的命运，而清代诸种实用知识的积累，"有用之学"的发展，又提示了问题的复杂性。"式微"的或只是明人式的目标意识、注入其中的明人的精神意气以及明人以其精神意气所营造的意境。经世之学在有清一代，仍流在那河道中，且在清末随着"科学世界观"的输入、洋务运动的展开，接通了新的以"实用"为目标的运动。

政、学之"一"，仕、学之"一"

尽管"任"不必"仕"，"仕"的优先性，在这一时期仍然得到了强调。刘宗周曾对其婿说："既为儒者，若定要弃去举业为圣学，便是异端。"（《刘子全书》卷一三《会录》）王夫之以"仕"为士的道德义务、道义责任，不以严光、周党的选择为然，说："故君子者，以仕为道者也，非夷狄盗贼，未有以匹夫而抗天子者也。"（《读通鉴论》卷六第 231 页）他对时文之士"讥康斋之欲入内阁、白沙之应召拜官"，不以为然（《搔首问》第 647 页）。他的有关议论，可用以自注其永历朝的出，尽管他本人事后对那一"出"也正心情复杂。当其时即令处士，也未必不承认"仕"的优先性；为清人所讥诮的明代"征君""处士""山人"朝外政治的活跃，置诸当时的情境中，确也顺理成章。

"四书"中的《大学》，一向被认为最与经世相关。① 清初与同门友激辩，指《大学》为"伪"的陈确，说"《学》《庸》二书，纯言经济，而世不察，谓是言道之文，真可哑然一笑"（《与吴仲木书》，《陈确集》第 74页）。颜元则由正面，说他以为"经济""次第在《大学》一篇，施为在《孟子》井田、王道诸篇"（《习斋记馀》卷三《答五公山人王介祺》，《颜元集》第 429 页）。到本书讨论的这一时期，修齐治平，内圣外王，已被士人作为共同目标。甚至通经致用、经术经世，也不再为儒家之徒所专，而成为士人的普遍追求。基于"正、诚、修、齐、治、平"的所谓的"《大学》之道"，明儒强调"政""学"之"一"。吕坤以为不应以格致诚

---

① 《明实录》附录五《皇明宝训·明太祖宝训》："戊戌十二月癸巳，辟儒士范祖干、叶仪。既至，祖干持《大学》以进。太祖问：'治道何先？'对曰：'不出乎此书。'"（卷一。按戊戌乃元至正十八年）太祖本人也说："《大学》平治天下之本，其可舍此而他求哉！"（同上卷二）

正与治平为"两截学问"(《答姜养冲》,《去伪斋集》卷五)。何瑭《儒学管见》则曰"学与政非二道也,学以政为大……本之以《大学》之道而行之以国家之法,为政之道,思过半矣。此儒者之正学也"(《明儒学案》卷四九第 1164 页)。贺钦说"政事学问原自一贯"(同书卷六第 99 页)。王艮则说"学外无政,政外无学"(《王心斋先生遗集》卷二《尺牍论议补遗·与林子仁》)。

　　士人由更切身的经验出发,又将政学之一表述为仕学之一。王阳明曾对其属官说:"我何尝教尔离了簿书讼狱,悬空去讲学?尔既有官司之事,便从官司的事上为学,才是真格物。"(《传习录》下,《王阳明全集》卷三第 95 页)吕坤说:"自《大学》之教不明,而仕与学分为两段。"(《别尔瞻书》)邹元标以为"仕学一道"(《讲义》,《明儒学案》卷二三第 544 页)。李贽也说"仕、学,一也"(《道古录》卷上第三章,《李贽文集》卷七第 350 页)。明末范景文说:"夫学,以学所仕,则古人之学;仕,以仕所学,则古人之仕。"(《贺韩霈霖学博擢令柏乡序》,《范文忠公文集》卷六)孙奇逢所说,更有其具体:"对簿书则学在簿书也,对狱讼则学在狱讼也。"(《答姜二宾》,《夏峰先生集》卷二)①颜元每不免将儒学固有的逻辑推向极致,在这一题目上,即说"吾儒原是学为君相、为百职"(《四书正误》卷一,《颜元集》第 158 页),"学,正是学作有司耳"(《存学编》卷一《学辨一》,同书第 50 页)。前此归有光的说法更有意味,他将"学"与"仕"之不一,归结为科举作为制度的后果,说:"自科举之学兴,而学与仕为二事。故以得第为士之终,而以服官为学之始。士无贤不肖,由科目而进者,终其身可以无营,而显荣可立望。士亦曰吾事毕矣。故曰士之终。占毕之事,不可以莅官也;偶俪之词,不可以临民也。士之仕也,犹始入学也。故曰学之始。"(《送王汝康会试序》,《震川先生集》卷九第 192 页)因学非所用,直至仕始学为政,的确是一种奇怪的制度安排。至于以得第为"士之终",更有妙义,值得大大发

---

① 阎步克《士大夫政治演生史稿》引《白虎通义·爵》"故《传》曰:通古今、辨然否,谓之士",曰:"故'士'与'学'有必然联系。'士'可通'仕'。《说文解字》:'仕,学也。''仕'可训'学',这当是一个渊源古老的义项。"(第 50 页)

挥,可惜的是此一思路并未展开。刘宗周将自己体验到的求道于政事的不相妨,做了如下描述:"湛然寂静中,常见诸缘就摄,诸事就理。虽簿书鞅掌,金革倥偬,一齐俱了。此静中真消息……"(《刘子全书》卷一〇《学言上》)明亡在即,刘宗周犹向祁彪佳说:"道只在事君当官,莫于此外更求道,此外求道妄也。"(刘汋撰刘宗周年谱,崇祯十五年,《刘子全书》卷四〇)以为政任事践行其道,如刘宗周这样的儒者对于意义之境的追求,无疑提升了政治行为的境界。

士人的经世取向,与此取向有关的价值态度,本来就依据于对"政—学""仕—学"关系的传统理解。追求政与学之"一"、仕与学之"一"、学术与经济之"一"(亦其时被认为完整意义上的"学术"),即学即治,学而致用,明清易代之际的论者,未出上述思路。在有关明亡的追论中,士人议政中认识的混乱,往往被归结为"不学"。认识到学术荒陋的后果,士之有识者辨析名实,讨论义理,欲以"学术"校正的,正是以道德论为政论,道德价值的绝对化。在此意义上,又可认为有关"学术—政事"的检讨,参与构成了经学复兴以至"学术转型"的契机。

上文说到一些士人务为"有用之学"。这里应当说,其时关于有用与否的判断,仍然受制于"政"之为"制",且基于"仕"的经验,首取"政务"所关。士人与朝廷政治有关的经历,非但影响了为学境界,且影响于人格塑造——政治实践作用于古代中国知识人的品性,较之影响于他们的知识状况,或更有其深刻。这一点下文还将讨论。

有是职掌即有是学。朝廷关于"政事""事权"的划分,无疑潜在地影响着士人有关知识的类型意识。朝廷的六部之设,关于"职事"的划分,与其时被认为"实学"诸门类,确也隐隐对应。士人所论"政"与"学",即多少基于此种结构性的对应。① 而政事也对某些知

---

① 陆粲曾说过:"比来士大夫选华择要,不喜亲考牧之职,在内则太仆长贰,迁转不常,既难望其诚心经理,在外则苑马等官,类取资格稍下、声望不扬者为之,间有能自振拔者,盖亦鲜矣。"(《拟上备边状》,《明经世文编》卷二九〇)归有光供职太仆寺(任马政通判),却有《马政志》之撰,亦有是政即有是学,任是事即有是学。归氏文集中尚有《水利论》《水利后论》《马政议》《备倭事略》等,谈论时政世务而多所引据,正所谓元元本本,谈经济而不失古文家、学人面目。

识门类的发展有直接的推动。如工、兵等部所处理的政事,确也赖有"实学"("有用之学")的支持。士人为适应"经世"取向的知识准备,与上述政治需求不无相关。其中就有被认为对于"专才"需求尤殷的水利。有关"经世"的著述中,多兵书与有关水利之书,后者被认为最与生民利害相关。由潘季驯《宸断大工录》(《明经世文编》卷三七五—三七八)不但可知"河臣"的职掌,且可知潘氏之于水利所达到的"专业化"的程度,以及"能臣"之于职守,其所遵循的"职业伦理"。四库馆臣以为张国维《吴中水利书》所记,"皆其阅历之言,与儒者纸上空谈固迥不侔矣"(《四库全书总目提要》史部地理类)。

尽管归有光所说服官乃士人"学之始"非无根据,也仍然应当看到,即使在这一时期之前,诸种实用的知识始终在积累中,对于士人的知识状况不便仅据其"致身"的途径而做一概之论。以善理财、"钩校"著称的能吏周忱、王琼一流人物,无不是科甲出身;与我将在下文谈到的明习兵事的文官一样,他们有关的知识、能力,得之于自我训练或历练,与其为"进身"的训练或并行不悖。① 无论有是学而任是事,还是任是事然后为是学,任事的经历有助于成其学,却是可以相信的。当然,有其学而无其任,任此事而无是学,则是更为常见的情况。陆世仪批评其时缺少专才,又用违其才,任官者似吏、户、兵、刑无所不可(《思辨录辑要》卷一二),此种问题,不可能在其时的制度框架内解决。

至于政与学孰为先后,也的确格于科举制度,当其时不可能有合理的安排。王艮以为宜先学而后入政,而非以政为学,说倘欲"自试",可"于师友处试之","若于人民社稷处试,恐不及救也"(《王心斋先生遗集》卷一《语录》);还说"社稷民人固莫非学。但以政为学最难。吾人

---

① 阎步克《士大夫政治演生史稿》引美国学者赖文逊语:"学者的人文修养,是一种与官员任务略不相及的学问,但它却赋予了学者以承担政务的资格。"(见该书第5页)这种说法至少不够全面。到本书所论的这一时期,官员、候补官员、有用世之志的书生的"人文修养"、知识准备,已包括了与政事有关的方面。

莫若且做学,而后入政"(同上)。这意思无疑很要紧。《左传》襄公三十一年记子产曰"侨闻学而后入政,未闻以政学者也"。但在事实上,"以政为学"始终更是常态。徐孚远为《皇明经世文编》撰序,说:"余尝闻诸长者云,新都杨文忠公、江陵张文忠公自释褐以后,即弃去向所业文词,尽取国朝典故诵之,手指心忆,得其条理。及其当国,沛然施之,无不如意。"但到了明将亡、既亡,已不可能有"学而后入政"的从容,且其时论者说政学之一,重心无不在前(即在"政"),强调学的目标意识;颜元甚至不惜将此目标唯一化,说其所谓学,即学"经济本领"(《四书正误》卷四,《颜元集》第 214 页)。

"经世"之为人生目标,原即组织在儒者的人格建构中,即"内圣外王"中的"外王"。此"内""外"落实于"出—处"这一组更具体的生存情境,即出为帝王师,处为天下万世师。上文已说到其时注重事功者,也不就以"见诸施行"为仅有的期待,何况如黄宗羲、顾炎武所说,"施行"尚可期之于将来!此外上文还谈到,其时的士人更相信,即不出,也无妨其从事于"治""平"的"尧、舜事业"。"经世"于此而具有了精神性,已非止于直接具体的"事功"指标所能限囿与衡度。

同处此时,遗民中的敏感者有意将其所谓"政",与官方政治区分开来。如上文所说,王夫之一向强调仕作为士的选择的优先性。苏轼曾说过,"古之君子,不必仕,不必不仕。……譬之饮食,适于饥饱而已"(《灵璧张氏园亭记》,《苏轼文集》卷一一第 369 页);王夫之正不取此"无适而不可"。[①] 释《周易》"观"卦,他说:"君子之学修,虽耕钓而有天下之志,然必上宾于廷,乃见宗庙之美,百官之富,以先王经世之大法,广其见闻之不逮,故虽衰世之朝廷,犹贤于平世之草野,非窥关者

---

① 王艮说:"君子之欲仕,仁也;可以仕则仕,义也。居仁由义,大人之义毕矣。"(《语录》,《王心斋先生遗集》卷一)在王艮看来,仕不仕是时机问题,仕与隐则是立身处世的根本态度问题;仕须有原则,隐则断不可。他以陶渊明为"丧心失志",引周敦颐语,说其人"为隐者之流,不得为中正之道"(同书卷二《与薛中离》)。

所能测也。"(《周易内传》卷二上,《船山全书》第一册第 205 页)①却又说,倘"礼乐刑政之精意具于一室之中",即不"出而图君"也是"为政";即不仕,也大不同于隐逸之士(《四书训义》卷六第 311 页)。江右魏礼也以为"仕"非必有待于"受官服政",他说:"四十曰'强而仕'。夫'仕'者,非必受官服政也,有仕之道者皆是也。""仕也者,必能有施设于世,有补于生民,有济于君,夫然,虽未仕,有仕之道矣。""有仕之道而未仕,是吾既具乎仕也。具乎仕,仕焉仕也,未仕焉仕也,迟速仕焉仕也。故曰:士者事也,仕也者士也。"(《赠涂生尚崒四十序》,《魏季子文集》卷七)说得有点绕,但大意不难理会。事实上,无论孙奇逢、李颙的向"有司"论道讲学②,顾炎武欲在关中"略仿横渠蓝田之意,以礼为教"(《与毛锦衔》,《顾亭林诗文集》第 141 页。按横渠,张载;蓝田,即北宋吕大钧、吕大临等),更无论易堂魏际瑞、魏礼、曾灿等人的作幕或充当策士,在一个较大的视野中,均关涉"为政",属于魏礼所谓的"未仕"之仕。

儒学中原自有这一种思路。儒家之徒以"为政"原则为普适性的

---

① 儒者论证政治参与的必要性,除了仕之为士的伦理义务外,士的道德完善,也被作为了理由。鹿善继说:"近利则'善'杂,绝利则'善'枯。君子之学,固与生人之趣相御而行。谁不知一意官下绝去荣进之为纯忠,然不到此地,无以见英雄本色;而必使到此地,为善者沮矣。"(《赠恒山徐君擢守永平序》,《认真草》卷一三)思理别致。经世不止为了"世",亦为了士自身,为了不桔亡了自身生机;于此对"闇然"之义也别有阐发,使之不绝对化,丰富了对此一义的理解。在鹿氏看来,人固应"不求人知",若"果无人知",何益于世!于此综合了不同角度的思考——责之于己,与施之于世;人的个人道德修养,与生命需求;士之于世(不见知而不愠),与世之于士(不令人才没世而不见知,以致意气暗销)。而由人的生机立论,亦可自注孙奇逢、鹿善继等人的不取独善,注重"豪杰作用"。

② 魏裔介《夏峰先生本传》:"……上自公卿大夫,以暨田氓野老,有就公相质者,公披衷相告,无所吝也。中州直指藩臬诸台使者尝过夏峰,修式庐之礼。公田家鸡黍惓惓以民彝为念。尝云:'匹夫为善,康济一身;公卿为善,康济一世。某力不能及民,愿公减一分害,民受一分之利。'至负笈北面,有千里百里者,卿贰布帛,不作岐观;即悍夫武弁,闻之倾心悦服,自勉于善。"(《夏峰先生集》)孙氏此姿态,易代前后一贯。此处所记,为鼎革后事。李颙以遗民而有《司牧宝鉴》之辑,"以备牧民者寓目"(《司牧宝鉴·小引》,《二曲集》卷二八。该书初名《牧民须知》)。李氏有教无类,训诲当道,教及满族官、将(参看同书卷四五《历年纪略》康熙十年)。

伦理;《大学》之道,齐、治一揆,其间的区别,被认为更在士人所处的位置。① 据此,陆世仪说:"古之为治者,治心、治身、治家、治国、治天下,一而已矣。"(《思辨录辑要》卷一八)张履祥推广"王政"于家族,于日用常行,说:"尝读《孟子》,曰:'诸侯之宝三:土地、人民、政事。'士庶之家亦如此。家法,政事也;田产,土地也;雇工人及佃户,人民也。"(《补农书下》,《杨园先生全集》卷五〇)以齐家为政治实践,在清初这一特殊时期,儒学中上述固有的逻辑,无疑向遗民或有遗民倾向的士人许诺了践行"《大学》之道"的广泛可能性。② "为政"不过狭义的"经世","经世"则是广义的"为政";不以"为政"作特殊观,在一种宽泛的"经世"视野中,孔子的"学""教"非但与"尧、舜事业"等值,而且并不被认为有性质的不同。官方政治外的"经世"努力,无论平世还是乱世,都由上述理解获致了支持。而同一时期"仕"之外用世渠道的进一步开通(如游幕),无疑也有利于"经世"概念的扩展与丰富。

"经世"乃士人处当世的一种人生选择、学术取向。宋徵璧所拟《皇明经世文编·凡例》,说"兹编义在救时"。该书编辑者相信"高论百王,不如宪章当代"(徐孚远序)。明亡之际鹿善继说"天下事……只论不可错过之今日,岂论或有变态之异日"(《豢议序》,《认真草》卷一二)。着眼在当下、"今日",亦志在经世者的姿态。本书所论的这一时期,士人所谓"涉世""经世""持世""转世""济世"的"世",无非斯世。尽管经世的目标不必限于当代,但作为士夫的人生实践,不能不作用于

① 王艮从其所谓"百姓日用之学"出发,曰:"圣人经世,只是家常事。"说"只是学不厌,教不倦,便是致中和,位天地,育万物,便做了尧、舜事业。此至简至易之道,视天下为家常事,随时随处无歇手地"(《王心斋先生遗集》卷一《语录》)。

② 魏礼以为"孝友"亦有合于"仕之道"(《赠涂生尚絷四十序》)。颜元将他所谓"习行经济"贯彻于日用常行,以为即使不为官行政,也不妨习行夫子"'为邦'之训",比如"每正月振起自新,调气和平,是即行建寅之时矣;凡所御器物,皆取朴素浑坚,而等威有辨,是即'乘殷之辂'矣;凡冠必端正整齐,洁秀文雅,是即'服周之冕'矣;凡歌吟必止正,'乐而不淫',是即舞舜之韶矣"(《颜习斋先生言行录》卷上《法乾第六》,《颜元集》第644—645页)。凭借了想象,颜元将礼乐制度及有关的政治行为规范世俗化也普泛化了。却也可以由另一方面,认为对"为政"的理解,在未获官方身份的民间人士如颜元这里,经由比拟、象征得到了表达——拟诸官方政治,是颜元对"为政"的价值的特殊强调。

当代，往往预期效应也更在当代。所谓"经世之学"，也以实践性及"作用于当世"为基本品性。如上文所说，被笼统地划归"经世之学"者，未必不具备近代意义上的"学科"性质，但当其与其他知识门类并置时，是以实践性、实用性、可作用于当世等为理由的。

上述取向体现于学术，即注重当代典章制度，以及其他与当代政治、制度相关的知识。陆世仪引薛瑄所说"凡国家礼文制度、法律条例之类，皆当熟读深考"，不满于后儒学孔子，"动称周家法度，而于昭代之制，则废而不讲"(《思辨录辑要》卷四)。"时王之制度"以至名贤议论，从来被作为"经世"之资。黄宗羲说徐石麒其人"尤熟于朝章国纪"(《光禄大夫太子太保吏部尚书谥忠襄徐公神道碑铭》)。关于《大明会典》，李颙以为"明已亡矣，典则在也。虽时异世殊，然朝政之所关，故事之所详，学者安可不知?"(《体用全学》)陆世仪为学圣贤之学者开列书目，以为"本朝事实""本朝典礼""本朝律令"，尽管国家不以之入功令，又无"钦定之成书"，却"最为知今之要"(《思辨录辑要》卷四)。《明儒学案》记鹿善继:"首善书院之会，先生将入，闻其相戒不言朝政，不谈职掌，曰:'离职掌言学，则学为无用之物，圣贤为无用之人矣。'遂不往。"(卷五四第1305页)鹿氏还说:"看来为学只在当下，学术事功亦分不得也。"(《论学书》，同上第1306页)

经世取向者对当世的注重，表现在对当代思想学术的吸纳。陆世仪不但引徐光启关于"区田"的说法，且介绍《农政全书》中所记农具(《思辨录辑要》卷一一)。刘献廷也论及徐光启的《农政全书》(《广阳杂记》卷三)。王源《平书》关于农田水利，引述了徐光启的主张，论治河，则引潘季驯。《日知录》更是显例。顾炎武以"抄书"的方式示人以诸种具体方向上认识的演进，"批判思想"的积累，令人可考明清之际的制度论者对已有思想资源的利用。由王源《平书》、李塨的《平书订》对陆世仪、顾炎武的一再援引(《平书订》一再引述陆氏的《思辨录》)，其他如《天工开物》引《本草纲目》，及《天工开物》的被同时著作引用，均可资考当时著述流布、知识传播、思想推衍，同一时期士人间相互启发、资源共享的情况。那一时期士人的议论往往有不谋之合，由此也可以得一解释。

经世取向无疑基于对当世的乐观。积极入世、用世，从来可以视为一种文化性格，这种被认为"积极"的人生姿态，通常是以"尚有可为"的判断为基本前提的。然而对于处清初之世的遗民，上述取向的正当性决非自明、不待论证的。"经世"的此岸性、现世性以至当代性，与遗民处境不无矛盾，遗民所遭遇的伦理难题也缘此而发生。

在经历了"易代"这一重大事件的士人，"明亡"划出了一条至关重要的时间界限，因了这一界限，诸多事物、行为的意义都被改变了。即如本章开头所说的"任"，更何况"仕"！有了"明亡前后"，就有了如下的追问：仕何朝，"经"何"世"，提供给谁的制度设计，以谁为期待的制度批评，等等。① 李颙称许梁份"所筹边陲情形，可谓天下之大有心人"（《答梁质人》，《二曲集》卷一七）。刘献廷也说梁氏的《西陲今略》乃"有用之奇书"，"虽止西北一隅，然今日之要务，孰有更过于此者"（《广阳杂记》卷二第 65—66 页）。然而当明亡之后，该书有何用，系何种"要务"，即问刘氏本人，也未必能问出个究竟的吧。② 黄宗羲送万斯同赴明史馆，有诗曰："不放河汾声价倒，太平有策莫轻题"（《送万季野贞一北上》），岂不也出于遗民对其伦理处境的警觉？说治道、治术于明亡之际，以至明既亡之余，总难以免于疑论。经世确乎是积极的人生姿态，争奈学者所处，是一个如此特殊的历史时刻！

遗民之为遗民，是由一系列行为规范界定的。对规范的逾越意味着身份的变更。骆钟麟为李颙《匡时要务》作序，说李氏曾著有《帝学宏纲》《经筵僭拟》《经世蠡测》《时务急著》诸书，"既而雅意林泉，无复世念，原稿尽付祖龙，绝口不道"（《二曲集》卷一二）。李颙记吴野翁

---

① 侯外庐等《中国思想通史》："前人研究清初大师的思想，多以'经世之学'为其特点，这是不错的。然而问题更重要的地方，在于经其何世，世系何经？世如变世，所变者安在？经非常经，应经者安指？""近代初期经世之学的'经'，复有种种复杂的形式。"（第五卷第145 页）

② 姜宸英序梁份的《怀葛堂集》，说梁氏不同于寻常"智谋之士"的为己、利己，其人"于世无所求，于己无不足"——那么其人著述的动力何来？一些遗民对时务的经画区处，是在新朝格局中进行的；所谓"时务"即新朝政务。此种政治实践与其人的遗民身份的冲突，显而易见。

"究心经济,务为有用之学",甲申闻变,即"取平日所拟时务并杂撰付火"(《吴野翁传》,《二曲集》卷二〇)。自焚其关涉"时务"之书,是申明遗民身份的动作。不与当道合作,不介入当世政务,亦遗民自律。当其时遗民中流行"俭德避难"的说法,易堂的魏礼不以朱子训"俭"为"敛"为然(《朱容斋八十一岁赠言序》,《魏季子文集》卷七)。但某种敛抑(往往意味着主动放弃),确也是遗民处乱世而保全节操的即使是不得已的选择。守身、洁身的道德要求与用世热情于此冲撞,冲撞中的痛苦,由当时士人文字间不难察知。

有意味的是,尽管发生了目标的紊乱,由后世看去,明末清初,却是"经世之学"大放异彩的时期。一时并出的("出"谓写出,未必即面世),就有黄宗羲的《待访录》,顾炎武的《日知录》《郡县论》《钱粮论》,王夫之的《黄书》《噩梦》,陆世仪的《思辨录》等。也是由后世看去,有意味的尚有诸人对于自己著述动机的申述。黄宗羲自序其文字,说:"古之君子著书,不惟其言之,惟其行之也",自己却只能"留之空言而已",却仍然冀后之人"有因吾言而行之"(《留书·自序》,《黄宗羲全集》第十一册第1页)。顾炎武自说"待一治于后王"(《与杨雪臣》《与友人书》,《顾亭林诗文集》第139、190页),待"王者起"(《与人书二十五》,同书第98页),"待一治于天行"(《答王茂衍》,同书第196页)。[①]陆世仪有类似的表述,说"一旦天心若回,拨乱反正,皆出诸胸中素学,此便是为天地立心,为生民立命"(《思辨录辑要》卷一)。《黄书》编成于顺治十二年、永历十年(1656),时南明朝的抵抗已近尾声,王夫之"变姓名,为猺人",避地漂泊(刘毓崧《王船山先生年谱》,《船山全书》第十六册第202—204页),谁是其政治设计的期待中的实施者?该书《后序》,毋宁读作自辩,语意曲折隐晦,说自己"言之当时,世莫我知。聊忾痗而陈之,且亦以劝进于来兹也"(《船山全书》第十二册第539页)——以为必待申辩,与黄宗羲、顾炎武没有什么不同。王氏另在其

---

① 顾炎武的思路,由《日知录》卷一九"立言不为一时"条,也约略可知。他说:"天下之事,有言在一时,而其效见于数十百年之后者。""天下之事,有其识者,不必遭其时,而当其时者,或无其识。然则开物之功,立言之用,其可少哉!"

《噩梦·叙》中说:"吾老矣,惟此心在天壤间,谁为授此者?"(同书第549页。按《噩梦》编成在康熙二十二年)"谁为授此者",这确实是难以回避的一问。钱穆比较顾炎武、黄宗羲、王夫之与乾嘉学者,说:"不忘种姓,有志经世,皆确乎成其为故国之遗老,与乾嘉之学,精气夐绝焉。"(《中国近三百年学术史·自序》)同书还说,乾嘉诸人,"其意气远非梨洲亭林船山习斋之比"(第六章第257页)。这是后人的见识,与顾、黄、王当时的状态、心事,已不大相干。

在清初遗民,辩护其经世冲动的最有力的根据,在儒者的当世承当。倘是真正的儒者,对于生民利病,即不能膜外置之。李颙虽处"土室",自说"世道人心,未尝一日忘怀"(《司牧宝鉴·小引》,《二曲集》卷二八)。顾炎武也说"不忘百姓之病"(《答王茂衍》)。且因有遗民的身份自觉,愈见出不容已。王夫之以其史论,表达了对于民生的严重关切。张履祥以为讲求"先王经世之实政",正乃今之学者"隐居求志之务",目标则在"成就一种人才,为天地间见小大功用,使斯世斯民有所赖藉"(《与严颖生二》,《杨园先生全集》卷四)。在他看来,这目标并不因易代而失去了正当性。魏禧也说,"士时位有不同,天下民生则自唐虞三代以迄于今,一也"(《赠宋员外榷关赣州叙》,《魏叔子文集》卷一〇)。

系念"生民""民生",在此时刻无疑加剧了选择的艰难,却也使遗民中的儒者有可能面对当世保持其积极姿态。甚至对于遗民"选择的艰难"也不宜夸大。很可能上述诸人的痛苦并不如我们设想的那样深切。上文已经提到,训诲清初当道,李颙、孙奇逢都很坦然。陆世仪甚至以为易代之后遗民不妨任"学校之职",说"昔武王访道于箕子,而箕子为之陈《洪范》,盖道乃天下后世公共之物,不以兴废存亡而有异也"(《思辨录辑要》卷二〇)。按此,他本人的陈说治道,也未始非待当道之访,且对此并不像有怎样的道义负担。陆氏以为"聘遗黎故老为学校之师,于新朝有益,而于故老无损"(同上)。"有益"固然,有损与否的判断,却不免有因人之异。李颙应聘主持关中书院,终于抽身而去,也因不能坚信无损。书院尚且如此,何况"学校"!陆氏的主张不大可能得到遗民一族的普遍支持,是可以相信的。陆氏被清人目为"粹儒"，由《思辨录》看，却每有越轨的思致；被奉为朱学大儒，对陆、王却并无怎样的门派之见，与其人其学的经世取向，其人思想的切于实际、时务，都应不无关系。对斯世的承当，亦儒之为儒，儒者生存价值所系；一部分遗民处清初之世的姿态，由此得到了意义支撑。

儒者的经世实践从来包括推行教化、兴起人才。宋元以降的理学之士，也以善俗以至基层社会生活的组织作为自己的责任。或许应当说，正是上述困境有助于儒者澄清其目标，恢复其品性。在本书所论明清之际，无论所从事者为敬族收宗、整顿宗法，还是讲学授徒、从事教化，无不可以归结意义于践道救世。拒绝与清初当道合作的士大夫，由此为自己的用世冲动找到了出路。上文已提到顾炎武曾有意在西北仿张载、蓝田吕氏从事教化，对此他说，"值此人心陷溺之秋，苟不以礼，其何以拨乱而返之正乎？"（《答汪苕文》，《顾亭林诗文集》第195页）那在顾氏，无疑是经世之首务，而且只能由儒者承当。儒者借诸同一时期的经学复兴，重建儒的社会文化地位，也还原了儒的原始职能。

发生在时间中的变化——时世迁转，目标暗移，其间轨迹，几无端倪可寻。至于上文说到的梁份留心边事、撰《西陲今略》，更像是明中后期士人的一种关怀在清初的延续。当时世变易之后，士习未即随之易移。如《读史方舆纪要》这样的皇皇巨著，掩蔽其间的那一段精神，与清代博雅之士的"为学问而学问"，相去确也不止一间。这距离却又是纯粹学术史的眼光所不能测度的。易堂彭士望、魏禧以"志士之文"自负，当其时也有志士的学术，非置诸其时的情境，即不能充分估量。具有讽刺意味的是，当时以经世为目标者，被后世认定的意义，却在"学术史"上，也非顾祖禹、梁份辈始料所能及。尽管"心事""精神"本是易于销磨的东西，却仍不妨力图经由学术而读人，将"人"读入其文字其学术——那"人"那"心事"，确也在文字间，有待于后人辨认。

专门知识、技术之为用

由遥远的后世看去，"学"与"政"的功能分化，本应是学术发展的必要条件。其实分化之为趋向，与追求政学之"一"、仕学之"一"，从来同时存在。也是在本书所论的这一时期，钱谦益说有"儒者之学"与"帝王之学"①，固然不无文人对于儒者的成见，所言区分却大有道理。方以智以"物理""宰理""通几"为三个学术门类（《通雅》卷首之三《文章薪火》)②，也无非在确认事实上的分化——这也应当是清学兴起的一部分条件。如上文所说遗民适应时势的选择，无疑有助于推进政/学、仕/学的功能分化。一种专业化、知识专门化的倾向，可能由风气中得到了诱导与鼓励。

上文已说到了明清之际的士人欲"广"儒学。所谓"广"，非指知识范围。但由本章所设的角度看去，正不难注意到知识范围在其时的扩张。学求"有用"这一目标意识，为接纳新知预做了准备。此外，输入自西洋的新的资源，鼓励了对于精确性（亦可曰精密性）的追求，刺激了与"技术性"有关的兴趣，甚至引发了制器的热情。此中的确埋伏了新的机运——尽管终于不过"机运"而已。

我所读到的文字，记录了那一时期的士人当遭遇新知时的兴奋。即使僻处赣南，也无妨于易堂的邱维屏、彭士望对于泰西学术文化，表现出某种开放心态。彭士望《书欧阳子十交赞后》记他的友人欧阳斌元（宪万)"尝师事西洋士，学铳、天文、日月食测量数诸法"，为此不惜"易名就坛事耶苏，随村市人后瞻礼诵经，忍饥竟日。人或讥议之，笑谢不为止"（《树庐文钞》卷九）。王源读刘献廷《家藏墨苑》，说自己"披览自晨至夜漏三下"，其中包括"欧逻巴"利玛窦文字，"多生平所未见，于是掩卷惝恍，心荡慕，忽忽不知所至，而嗒焉自丧也"（《刘氏家藏墨苑序》，《居业堂文集》卷一二）。张尔岐以利玛窦所谓的"耶苏教"为"荒唐悠谬"（《蒿庵闲话》四三第 299 页），言及利氏所传播的"历象器算"（尤其仪器、方法，如质测之法），却兴味盎然。陈子龙以"泰西"的"水法"为"考工之亚"，甚至以徐光启的传播西学为"礼失而求诸

① 钱氏说："帝王之学，学为圣王而已矣。""人主不可以不知学。然而人主学圣王之学则可，学儒者之学则不可。夫儒者之学，函雅故，通文章，逢衣博带，摄齐升堂，以为博士官文学掌故，优矣。使之任三公九卿，然且不可，而况可以献于人主乎？"（《向言》上，《牧斋初学集》卷二三第 764 页）

② 方氏批评"宋儒惟守宰理，至于考索物理时制，不达其实，半依前人"（《通雅》卷首之一）。

夷"（《农政全书凡例》，《陈忠裕全集》卷三〇。按《农政全书》曾经陈子龙修订）。

最足以表征上述取向的人物，自然要推徐光启其人。《明史》徐光启传曰其"从西洋人利玛窦学天文、历算、火器，尽其术。遂遍习兵机、屯田、盐筴、水利诸书"（卷二五一）。阮元则注意到了为明史馆臣所忽略的一个重要方面，即徐氏所表现出的与天下共享新知的态度。以西学为天下公器，徐氏的态度，未必不得之于西人的启示。无论他们对于西人的观察有怎样的误差，上述伦理方面的敏感都有意义。[①]

传统的"经世"视野势必因士大夫知识范围而有扩张，甚至暗中扩张着"经世"的义涵。于此徐光启确也最足以表征。其时西学引起最大关注的，自然是天文历算，徐光启却力图唤起对于"算学"（曰"度数""数学""算数之学""算术"）的应用价值更广泛的兴趣。[②] 徐氏在其家书中说，其所为"历算之学"，"渐次推广，更有百千有用之学出焉"

---

① 阮元《徐光启传》："自利氏东来，得其天文数学之传者光启为最深，洎乎督修新法殚其心思才力，验之垂象，译为图说，洋洋乎数千万言，反复引伸，务使其理其法，足以人人通晓而后已，以视术士之秘其机械者，不可同日语矣"（《畴人传》卷三二，《徐光启集》附录一。按利氏即利玛窦）。徐光启对西方传教士正有类似的观察，或可解释其为阮氏所欣赏的上述态度。其《泰西水法序》曰："尝试私心揣之：西方诸君子而犹世局中人也，是者种种有用之学，不乃其秘密家珍乎？亟请之，往往无吝色而有怍色，斯足以窥其人矣"（《徐光启集》卷二第 68 页）。徐氏说治历"一义一法，必深言所以然之故，从流溯源，因枝达干，不止集星历之大成，兼能为万务之根本"；"既而法意既明，明之者自能立法，传之其人，数百年后见有违离，推明其故，因而测天改宪，此所谓今之法可更于后，后之人必胜于今者也"（《历书总目表》，同书卷八第 377 页）。既是方法论，又包含"科学伦理"——求索因果，寻求学理根据（"法意""立法之故"）；向未知敞开，不结束"真理"。是否可以认为，如徐氏者，为士人的品质增添着未必为当世所知的新的因素？

② 参看其《刻几何原本序》《几何原本杂议》《刻同文算指序》等。徐光启强调"度数"的应用范围（"度数旁通十事"）、应用价值，如曰"度数既明，可以测量水地"，可以"考正音律，制造器具"，可用于"兵家营阵器械及筑治城台池隍"，可用以理财，用于"营建屋宇桥梁"、"造作机器"等等（《条议历法修正岁差疏》，《徐光启集》卷七第 337—338 页）。徐氏身后如陆世仪的下述认识，应得之于徐氏等人的启示。陆世仪说："数为六艺之一，似缓而实急，凡天文、律历、水利、兵法、农田之类，皆须用算。学者不知算，虽知算而不精，未可云'用世'也"（《思辨录辑要》卷一）。同书论及水利时，计算土方，即他本人对于算的实际应用。

（《致老亲家书》,《徐光启集》卷一一第497页）。这的确是令人兴奋的消息。对于本章的论旨而言,徐光启所说数学关系"治道",于"民生财计大有利益"(《条议历法修正岁差疏》),最可称其时的"新思维"。对"为政"的技术层面、精确性的关注,无疑蕴涵有新的政治理念,有可能发展出新的行政手段。徐氏的企图甚至不限于上述应用,他更以为"几何之学"有转移风气之力,"率天下之人而归于实用"(《几何原本杂议》,同书卷二第77页)。徐氏《刻几何原本序》引利玛窦语,以为羲和、般、墨之用犹其小者,"有大用于此,将以习人之灵才,令细而确也"(同书卷二第75页)。此所谓"用",已出乎寻常"经世"视野之外,着眼在心智的开发,思维方式的改造,与古人"游于艺"的思路,暗中有合。上文已提到陆世仪关于朝廷政治中缺乏专才、用违其才的批评。前此徐光启就有"治"有待于专家、专门人才的思路,他问:"三代而降,国有水工,士有水学,亦犹是神禹之遗焉。今之时,有水工如郑国者乎?有颛门水学如郑覃、单锷、郭守敬其人者乎?"(《漕河议》,同书卷一第26—27页)以上所述令人可以设想,倘若徐氏拥有足够的影响力,其上述见识成其为士林的共识,有可能成为王朝行政革新的契机——当然这种"革新"并未出现。

　　尽管如此,士人对于技术的兴趣,仍然被西学所激发。《皇明经世文编》宋徵璧所拟《凡例》,说"有若刘庄襄之造车,余肃敏之修边,潘司空之治河,徐文定之制器,考其遗制,允为国工"(按刘庄襄,刘天和;余肃敏,余子俊;潘司空,潘季驯;徐文定,徐光启)——不依其事("治河"抑"制器"),而以其"技术"性质,将此数项并为一类,属之"冬官"(大略即近世的工艺、技术类);亦可考其时的分类标准。①

---

① 徐氏的著述尚涉及实用兵学(如《选练条格》),以及实用农学(如《甘薯疏》)——均有极为具体的效用预期;且在农业、手工业(织布、缲丝、制盐等)的工艺层面投注精力,致力于生产技术的改进,已远非传统意义上的"经世之学"所能范围。他所从事的试验活动,也越出了传统经世实践的规模之外。即论屯田,也表现出对技术性细节的注重(参看《徐光启集》卷五《屯田疏稿》)。

对于精确性的注重,就徐光启而言,不唯见诸治历诸疏①,且见之于有关屯田、练兵、守城、制器的疏稿——非如其时朝臣的奏疏,惯于提出无所不包而不假论证的"一揽子"方案,也决不至于用"天下事数著可了"的名士口吻,确乎是实任其事或拟任其事者的态度与方式。陆世仪谈论治河,计算及于经费(《娄江条议》);关于水利,讨论至于计算土方之法(《思辨录辑要》卷一六)。② 其说区田、清丈,也都涉及极其具体的技术性方面,且有关于精确性的要求(如同书卷一六论清丈),数量概念极清晰。从来有长于"操作"的官员;然而到本书所论的这一时期,仍然不可能有成其为类别的"技术性官僚";政治运作中的"技术性"部分,主要是由幕宾、胥吏之流承担的。倘认为有作为个人的"技术性官僚",那么徐光启或许可以目为其人的吧。陆世仪没有仕宦经历,却具有类似的品质——由此不难分辨其时经世之学的不同进路。只不过技术的开发与物质文明的发展相因依。徐光启说利玛窦的《几何原本》"直是教人开矿冶铁,抽线造针;又是教人植桑饲蚕,涑丝染缕"(《几何原本杂议》,《徐光启集》卷二第78页);在"实业"未兴的条件下,他的推广算学于技术开发的设想,自然无从付诸实施。

也如"事""物","用"亦有其抽象义;儒者所谓的"用",本不必赖有应用性的知识、技术而达成。有体有用,体用兼赅,这里所谓"用"非即"实用",却未必不指"实用"。明末清初所谓"实学",界定因人而异。由"体/用"的方面,应即有体有用之学;在经世取向的士人,"用"

---

① 徐光启治历,强调"实测实验""密测详较""详细推算",务求"精密"。他以礼部尚书兼东阁大学士躬亲测候,不取"未经目击而以口舌争,以书数传"(《日食分数非多略陈义据以待候验疏》,《徐光启集》卷八第387—388页),务得"真时刻、真分数",曰"虽有远臣台官等依法测验,不至乖舛,然非臣目所亲见,而即凭以上闻,且勒以垂后,实臣心所未安也"(《月食乞照前登台实验疏》,同卷第409—410页。按"远臣"即罗雅谷、汤若望等西人)。

② 陆氏说开河计算土方,"算之法必立开方,用句股,须善算者方知。儒生莅官,目不识算,能不为吏书所欺乎?"(同书卷一五)忽略某些成效可经由计算而知的技术性的方面,本是士夫中的通病。陆氏有关时务的著述,却非徒作大言、空言,设想细密,注重具体实施以至具体操作,做可行性探讨,较之拘泥文献者,少迂陋之见。

往往落在实处。陆世仪为学圣贤之学者开列的书目中，既有四书五经性理诸书，又有天文、地理、水利农田、兵法等类之书，目标在使学者"俱为有体有用之士"（《思辨录辑要》卷四）；其所谓"体""用"，证诸书目，所指明确无疑。李颙也有以"明体""适用"分类的书目（参看其《体用全学》）。技术、器物的应用价值，在此种空气中，得到了强调的机会。

尽管到本书所论的时期，传统的道器之辨还没有颠覆之虞，明末以至明清之交的一段时间，一部分士人对于制器，却表现出前此罕见的浓厚兴趣。输入中土的西学，制器法正是富于吸引力的方面，由此也可窥见其时士人急切的功效期待。崇祯年间宋应星编纂出版《天工开物》，有关于工艺流程的记述。明亡之际情势所急，欲制之器自然首推兵器（参看本编"谈兵"一章。李洵《下学集·明代火器的发展与封建军事制度的关系》一文，对于明代士人试验、改进、制作火器的情况，有详备的说明）。一时士人所好，却又不限于此器。姜垓《满文学传》："甲申之变，首倡举义，擒斩伪官。事不成，弃家走东海上，日讲西人奇器，自木牛流马以至龙尾车，自推磨，无不手自制之，犹以西人磨法稍迟，益一齿，若有神助。"（《敬亭集》卷九）王弘撰承认西人虽道与吾儒悖，其"天文奇器"，确有"独长"（《山志》初集卷一第10页）。王源《亦安乐窝记》说吴子远"尤精西洋制器法"（《居业堂文集》卷一九）。万斯同称道梅文鼎（定九）能"制器"，曾制"窥天测影诸仪"（《送梅定九南还序》，《石园文集》卷七）。熊开元《沈留侯艺林汇考序》自记其在与西人的交往中，发现对方"测景量天、汲深瞭远、引重穿坚诸种种器用，洪纤毕备"，"力少而功多，理幽而事著"，惊叹之余，竟制作模型，"佣力负之还"（《鱼山剩稿》第475页）。该篇旨在说器用的更革、改进的意义，见识非迂儒所能比拟；对于"艺"，对于机械、工艺的评价态度，着眼于"利溥"而不拘泥中西，见识也较寻常的儒者为宽豁。陆世仪讨论农事也及于农具，包括新制的农具，表现出对"便巧之器"的热心，叹息着"农人刈获时最苦，伛偻而行，手足腰俱病，予甚悯之，欲思一便巧之器而无其法"（《思辨录辑要》卷一一），亦可资考其时士人制器的动力。经学的实学倾向(制度考察的兴趣与对于《礼》学的实践热情)、宗教的世俗转向、士人趣味的平民化、对"生活的艺术"(及相关器物)的耽嗜,与上述制器的热心,未必不在同一趋向、氛围中,且彼此呼应而相成。至于清末造船制器之学的兴起,与明末清初的上述趋向的关系,则已在本章的讨论范围之外。

在理学话语中,"器"较之"物",更有形下意味。徐光启说:"器虽形下,而切世用,兹事体不细已。"(《徐光启集》卷二第67页)所说就是物质性的"器",有形之"器"。宋应星说:"'治乱经纶'字义,学者童而习之,而终身不见其形象,岂非缺憾也!"(《天工开物·乃服》第75页)他的此书,即令人经由可见的器物,可付诸说明的技术,给上述字义以形象——不消说他所示人的"器"(器具)、"艺"(技术),仍在"道/器""道/艺"二分的视野中。

如同士人在制器一事上所显示的,他们并不缺乏"动手能力"。在这一时期,一些士人甚至在农事等方面,也不避烦碎,躬亲实验。徐光启在天津垦田,从事农业试验,致书鹿善继,说:"顷见东省旱灾至惨,深恨平时无劲农积粟之力,乃致一岁灾人相食……以此鄙意益坚,虽摩顶放踵犹为之。"(《徐光启集·补遗》第610页)徐光启曾实验区田法。陆世仪也曾将由文献中读到的区田法"遍商之老农",且令他的友人陈瑚试其事以"得其实"。据陆氏所记,陈瑚确曾在蔚村做此实验(《思辨录辑要》卷一一)。陆氏本人也曾"仿其意一为之"(同书卷一五)。据黄宗羲说,张岐然也曾为试验"区田"而"入山中与老农种植"(《思旧录·张岐然》,《黄宗羲全集》第一册第388页)。张履祥于农事,不止于"督课",而是"草屦箬笠,提筐佐馌",据说其人修桑枝的技术,"老农不逮"(《张杨园先生年谱》顺治四年,《杨园先生全集》附录)。张氏曾应人之请,补涟川沈氏《农书》之未备,著《补农书》。其中关于农事的内容,极亲切实用,得之于他本人从事农桑的经验及实地考察。陆世仪、张履祥等人对于农事的兴趣,与遗民的生存状况,应不无关系。

何允泓(季穆)以诸生而"好谭三吴水利,访问三江故道,及夏、周疏浚遗迹,穷乡沮洳,扁舟往返。尝遇盗夺襁被,忍冻以归,家人咸窃笑之"(钱谦益《何季穆墓志铭》,《牧斋初学集》卷五五第 1375 页)。梁份以为"凡书可闭户而著,惟地舆必身至其地";倘"身未游历,所知非真;采摭旧闻",即难免"踵讹增伪缘饰成书之病"(《与熊孝感书》,《怀葛堂集》卷一)。颜元记其与杨静甫的交往,"每见则举天文地志兵农水利算数,披图拈诀,或下及枪棍技击,手著作式,尝终夜不辍"(《习斋记馀》卷一《送安平杨静甫作幕序》,《颜元集》第 406 页)。强调实地去做,亲力亲为,无论农事、水利考察,还是舆地踏勘以至"军事技艺"的操练——与王学关于"知行一致"的主张,未必没有关系。陆世仪说:"学问从致知得者较浅,由力行得者较深。"(《思辨录辑要》卷一)此"力行"可以理解为道德实践,也可以理解为事务历练。儒者说践履,说知、行,虽此践非彼践,此行非彼行,却不能说其间绝无关联。

既然到本书所论的这一时期,官僚仍然由"士"来承当,上述思想资源,一部分士人的知识状况,对于其时"政治"的潜在影响,是可以相信的,尽管这一点尚有待证实。我在这里要说的却是,对此"影响"不宜夸大。明末清初的经世取向,依凭了其时的历史条件(如西学东渐),开出了一些新的思路,不同于传统经世之学的新的方向、新的可能性;却也正是"历史条件",限制了上述思路、方向、可能性的展开与实现。在举出了上述诸例后,我宁可相信上述取向的偶然与个别——只有为数不多的士人有此技术兴趣,只有为数更少的士人从事"制器"这一种活动,尽管"偶然"与"个别"并不因此而失去意义。黄宗羲自述其避乱山中,"布算籁籁","及至学成,屠龙之伎,不但无所用,且无可与语者"(《叙陈言扬句股述》,《黄宗羲全集》第十册第 36 页)。黄宗羲是明遗民中年寿较长者。终其一生,算学依然只是个别人士的特殊技艺,其应用价值远未得到开发。颜元于"六艺"中,强调更在射、御等准军事技能;没有迹象证明颜氏本人有数学造诣。尽管有徐光启谈到"度数"可用以理财,但到本书所论的这一时期,地方行政中最为吃重的"钱谷"一项,仍操之于胥吏、幕宾之手,志在"经世"的士夫并不以

"算"为"用世"所应当具备的知识或技能。① 至于近代以来被划入"社会科学"的知识门类，在此时期或尚未产生，或尚未由其他知识门类中分离出来。陆世仪说"古者兵刑皆出于学校"，"惟知学然后可以刑人，惟知学然后可以杀人"（《思辨录辑要》卷一七）。李颙说律令"最为知今之要，而今之学者，至有终其身未之闻者"（《体用全学》）。"刑名"的专门人才，仍在胥吏、幕宾中。士夫无论擅长财计还是通晓刑名（上述即所谓"吏事"），依然被目为异秉。吕坤早就说过，"士君子非世用之难，而用世之难"（《别尔瞻书》）。被认为有用之学既无所不包，即难免无一精深。求实用而得空疏，亦其时以"经世"为标榜者的通病。上文已引全祖望说刘献廷的"好大之疵"，确是切中肯綮的批评。

经世之文

书生"经世"，其成果不能不主要见诸著述——"经世"作为著述的动力，也一定程度地决定了著作的形式。上文说到"任事""任议"。我们今天所能读到的，几乎只限于"议"——关于"事"的议论，与"纯粹"议论。士人的政治参与、干预，主要是经由言论实现的；几种传统的文体，即如策论、章奏，在本书所论的这一时期，仍然充当了士人论政的基本形式。

"策"之一体，缘用以试士而成为重要的政论形式，规范了士人的论政方式。尽管王夫之对于策问取士有所批评②，仍不妨认为，策对、策论对于训练士人的论政能力，功能至巨。有明一代，士人讥切时政，就利用了此种文体、方式所提供的言论空间。据《明史》，嘉靖十六年，

---

① 葛士濬《皇朝经世文续编》俞樾序，说"中西算学，日新月盛，朝廷辟馆以造就人材，且宽其格以取之"，非贺长龄、魏源《皇朝经世文编》的"文学"一目所能尽。但葛编亦只将"算学"附于"学术、文学"目下（卷六至卷八）。

② 王氏说："策问之兴，自汉策贤良始。"（《宋论》卷四，《船山全书》第十一册第132页）他由"造士"的角度，以为取士以诗赋尽管不如以经义，"而贤于策问多矣"（同上第133页）。

"应天府进试录,考官评语失书名,诸生答策多讥时政",考官因而受到处罚,"而停举子会试"。隆庆五年会试,刘元卿"对策极陈时弊,主者不敢录。张居正闻而大怒,下所司申饬",却终于获免(卷二八三)。天启四年,丁乾学、郝土膏主持乡试,"发策诋魏忠贤",艾南英对策亦有讥刺语,"忠贤怒,削考官籍,南英亦停三科"(同书卷二八八)。① 收入本书所论这一时期士人文集的策论,给人印象深刻的,也是涉及时政时的尖锐性(可以收入钱谦益、吴梅村文集中的策论为例)。明代言论的活跃,由此也可见一斑。

较之策论被认为更为重要的政论文体,则为章奏。章奏被认为的重要性,由此一体在其时诸种"经世文"编中所占比例可以证明。关于《历代名臣奏议》,李颙就说:"学人贵识时务,《奏议》皆识一时之务者也。当熟玩之,以为奏记之助。"(《体用全学》)尽管到明代中后期,士人论政的热情无间朝野,却仍然以"朝廷建言"更为时所重。而作为经世文的"题本","在许多情况下是解释政府的决定和政治行动并使之具体化"(《剑桥中国明代史》中译本第818页),其被认为的重要性自不待言。

但也应当说,士人论政为策论一体所囿,无论应试还是其他朝廷言论,多属"对策",而缺乏更宽阔的文化视野与理论旨趣。到明亡前后,如黄宗羲的君主论、君臣论(《明夷待访录》中的《原君》《原臣》等),如顾炎武的《钱粮论》《郡县论》,如王夫之史论中的公私论、君臣论等,其意境已非通常策论所能范围。由后人尤其近人看来,较之策论以及章奏,如黄氏《待访录》、王氏《读通鉴论》、顾祖禹《读史方舆纪要》、徐光启《农政全书》一类著述,更足以标识明清之际经世之学的成就。明清之际士之有识者的政论,虽未必能全然摆脱儒者式的道德化,仍然显示出对"政治"作为系统的认识水准。如黄宗羲、王夫之者,曾在事局中,

---

① 关于明代试录语、策问的讥切时政,参看《明史·选举志》。《日知录》卷一六"题切时事"条:"天启四年,应天乡试题'今夫弈之为数'一节,以魏忠贤始用事也。浙江乡试题'君之视臣如手足,则臣视君如腹心',以杖杀工部郎万燝也。"同卷"论文格式"条:"明初之制,可及本朝时事。以后功令益密,恐有藉以自炫者,但许言前代,不及本朝。"但由收入文集的应试文字看,直至明末,试文仍有言"本朝时事"者。

其从政经验也使其立论力避玄远，务期见诸实行，既不为明代言路的毛举细故，亦非如"琐琐小儒"的拘守既有政治理念，与朝堂上徒作空言无裨实际或意在攻驳不顾后效者，非在同一境界。脱出了朝廷建言式的语境，也才更有可能从容讨论如井田、封建一类有关制度的大命题——尽管仍不免受制于诸种预设及其时的政论水准，难以获得近代"政治学"的品格。

一个在今人看来有趣的现象是，即使到了危机时刻，士人也仍有余裕推敲、品评文字——甚至对于奏议。钱谦益所撰孙承宗行状，说孙氏朝堂言论，"婉切风谕，言语妙天下"（《牧斋初学集》卷四七第 1188 页）。还说其人"发言盈庭，纷纠盘错，觿解抉决，片言辄了，论事析理，刺经谐俗，谭言微中，诙谐间出"，"至于断国论，辨几事，应机撰割，不出晷刻"（同上第 1223 页），欣赏的是其人的政治智慧与传达此智慧的言论艺术。传统的政论方式既培养了言论态度，也训练了论政文体，以及对于此种文体的评价尺度。上文已提到的《皇明经世文编》宋徵璧所拟《凡例》，说"兹编体裁，期于囊括典实，晓畅事情"——大致即编辑诸人所认为的"经世文"的文体规范。同书任濬序也说到此编足资为臣者"格君敷奏"之"取法取裁"，相信也是编辑是书的一部分动机。

归有光曾称赞陆贽的政论，说"如贽之言，开卷了然"，以为"陆贽、司马光，其言固皆可以为万世之所取法"（《河南策问对二道》，《震川先生集》别集卷二下第 778、779 页）。可知归氏对于"言"（特指政治性建言）的衡度标准，即直接、明晰；非但作用于当世，且有益于后世。到本书所论的这一时期，王夫之称道陆贽以奏议辅德宗，"一议为一事而已，非建立纲宗、统万殊万目于数纸之中"（《宋论》卷一〇第 223 页），所说则是他所认为的"奏议"一体的规范。反是，则如李纲，当危难之时"犹且组练篇章"，"琅琅"言之，所言皆"未可遽行之规画"，无当于用（同上第 222 页），针对的无不是明代章奏常见之病：无所不包，力图"统万殊万目于数纸之中"；正言谠论，铿铿锵锵，却不能"就事而谋之，因势而图之"，意不在施行，不过提供了当世后世均无可非议的言论而已。①

　　明臣奏议,好为"一揽子方案",动辄"五事""十事"。即如"太平十策";"策"而取十,即欲无所不包,难免于《明史》所说的"冗漫无当"。明太祖《建言格式序》,说刑部主事茹太素以五事上言,其书一万七千字,"直至一万六千五百字后,方有五事实迹。其五事之字,止是五百有零"。因"立上书陈言之法,以示天下:若官民有言者,许陈实事,不许繁文,若过式者问之"(《明太祖集》卷一五第 305 页)。洪武六年"诏禁四六文辞"②,却终不能抑制诸臣的炫耀辞采。张居正曾主张"省议论",曰其"每见督、抚等官,初到地方,即例有条陈一疏,或漫言数事,或更置数官","读其词藻,虽若烂然,究其指归,茫未有效;主张"一切章奏,务从简切,是非可否,明白直陈"(《陈六事疏》,《张太岳集》卷三六第 454 页),明末却愈多议论,且依旧"组练篇章"。贺逢圣讥讽道:"雕字镂句,斗俪夸骈,以明治平之道,欲不浮晦其意,令人只作一幅文观,得乎?"(《释历代道命说》,《贺文忠公

――――――――――

① 王夫之一再称道陆贽的政治言论,甚至说"以辞立诚,而匡主安民,拨乱反正,三代以下,一人而已"(《读通鉴论》卷二四第 915 页)。他以为较之陆贽,"董仲舒正而浮,贾谊奇而偏,魏徵切而俗","苏轼辩而诡,真德秀详而迂"――关于此种言论形式,有极细致的优劣比较。在王氏看来,不唯李纲,其他如真德秀、苏轼等人,"求其言之即可行,行之即可效者,万不得一"。陆世仪却以为"论策自当学苏"(《思辨录辑要》卷五),与王氏所见不同。魏禧以为"古今奏议,汉贾谊、晁错,宋李忠定,前朝王文成为第一"(《书欧阳文忠论狄青劄子后》,《魏叔子文集》卷一三)。李忠定即李纲。还说:"若以世代论,则李忠定之奏议,卓然高出于陆宣公;王文成之文章,又岂许衡、虞集诸人所可望!"(《日录》卷二《杂说》)

② 《明实录·明太祖实录》卷八五:洪武六年九月,"诏禁四六文辞"。此前太祖曾命翰林儒臣择唐宋名儒表笺可为法者,翰林诸臣以柳宗元《代柳公绰谢表》及韩愈《贺雨表》进。太祖命中书省录二表颁为天下式,因谕群臣曰:"唐虞三代典谟训诰之词,质实不华,诚可为千万世法。汉、魏之间,犹为近古。晋、宋以降,文体日衰,骈俪绮靡,而古法荡然矣。唐、宋之时,名儒辈出,虽欲变之而辞未能尽变。近代制诰表章之类,仍蹈旧习。朕常厌其雕琢,殊异古体,且使事实为浮文所蔽。其自今凡告谕臣下之词,务从简古,以革弊习。尔中书宜播告中外臣民,凡表笺表疏,毋用四六对偶,悉从典雅。"

集》卷一)①

见诸明人文集的章奏,以及策论、史论,往往不免于时文习气,"赋得经世",大言无实;所谓"经世文",不过纸上经济,徒"文"而已。即危急存亡之时,也不忘雕章琢句,实在是明代政治的一大讽刺。② 也因此任事、任议之臣的"经世"之文,并非总能由文体区分,甚至未必能令人识辨书写者的朝野位置。但承担事任者言事的文字,的确有可能较为素朴。徐光启议政,思路缜密,达意而止,不事藻饰,与其时章奏好用排偶、务求音调铿锵者不同(唐文献却批评其论说策议"行文学苏长公",参看《徐光启集》第 10 页)。如鹿善继《认真草》一集中的"枢曹草"(卷一一、一二)、"榆关草"(卷一三、一四),也确系任事者的文字,与议事者(包括议兵事者)有不同。任事者所言,固有大计,亦有与职掌有关的(经了更细致的分类的)具体事务。由他们关于这些事务的谈论,固然可知其人与职事有关的思理、逻辑,亦可以辨认论者作为"士"的品质。鹿善继说过,"论不期高,期于中情"(《同难录序》,《认真草》卷一六),是任事者的作风,也可证其人的质实。据《邑志本传》,卢象昇"马首挂朱墨汁筒,文移往来,倚马立就"(《卢忠肃公集》卷首)。由收入遗集的奏疏看,确系写于羽书旁午、军务倥偬之际。在公诸庙堂的言论之外,书札等私人言说,或更能见出心迹。以私人书札商酌政事,较之朝廷建言,效用未见得不若。只不过这类文字存之于文集,往往不为研究者所重视罢了。

其时也有另外的思路。刘宗周就认为不必以议论与事功作对立观,甚至说"存此议论亦便有此事功"(《与范质公大司马》,《刘子全

---

① 吴应箕批评其时的台省奏疏,说:"今天下议论之多,孰有过于条陈利病者乎!"那些议论徒以"掣劳臣之肘,灰任事之心"(《时务策》,《楼山堂集》卷一一)。范景文也说:"汉臣曰:为政不在多言,顾力行何如耳。苟不能行,何贵于言!"(《直陈除害安民诸款疏》,《范文忠公文集》卷二)魏禧说:"士大夫造作文字以欺后世者多有,惟奏议差见生平,然专意盛气,外多矫矫之简,退食而对妻子,辄不可使人知。"(《跋嘉兴高念祖先世手迹卷后》,《魏叔子文集》卷一二)批评的则是言者的不诚。

② 关文发、颜广文《明代政治制度研究》以为《皇明经世文编》"堪称明代各类公文的集大成者","嘉靖、万历之时万言以上的公文比比皆是",多是"八股式的腐文"(第 250 页)。

书》卷二〇）。这种关于议论与事功的关系的精致见解，也可以看作明亡前夕辑录刊行《皇明经世文编》的意义认定。由后世看去更其如此：即令言而不得行，"经世文"的价值仍在，是一代士人政治实践的一部分。"经世文编"取非一体，而是关涉经世的诸体的汇辑。明清之际，士人的论政热情不择地而喷发，利用了所能利用的诸种言论形式（王夫之甚至以诗论为政论，如《诗广传》）。我们今天所能读到的，名臣奏议以及上文提到的私家著述外，见诸大量刊行的士人文集，"论""议"诸体也往往被用于论政。其中成就最高者，当属史论。问世较晚的王夫之的《读通鉴论》，最称杰构。该书巨大的思想含量，已非寻常史论所能比拟。

即使策论、章奏、史论之为文体早已有之，到明末仍然出现了一些特殊现象。《剑桥中国明代史》的作者曾指出，到 16 世纪，刊行奏议才流行起来，而"为实际用途而精选出的奏议汇编，确实是明代的一大发明"；邸报或塘报也"只有到了明朝后期才成为一种经常的制度"（中译本第 785 页）。"16 世纪后期历史著作新趋势的一部分是个人和多人的经世文的辑录。"（同书第 818 页）上述奏议汇编、"经世文"选编，"是这个时期一项真正的新发明"（第 819 页）；其中集大成者，即明亡前夕由徐孚远、陈子龙、宋徵璧辑录的《皇明经世文编》。① 此编篇帙浩繁，令人可知明代政论的规模，堪称洋洋大观。② 收入是编的既有名臣奏疏，又有私家著述之被认为关系世道者。该书以文集形式编排，所选不拘在朝在野，虽仍以章奏为多且暗含了朝廷"政务"之为入选标准，较之清代贺长龄、魏源等人的《皇朝经世文编》的径以六部（吏、户、礼、兵、刑、工）标目，却又不仅于体例之别，与有明一代活跃异常的民间政

---

① 王尔敏《经世思想的义界问题》一文以为，自陈子龙等人编辑《皇明经世文编》，遂使"经世"一词，"传衍以成广义之共名"，且创制了一种被后世"追摹仿效"的著述形式。经世文编"取材不循文家观点，决不拘于文学规格，是其显著特色"（台湾"中央研究院"《近代史研究所集刊》第十三期）。

② 吴晗《影印明经世文编序》中说，陈子龙等编辑《皇明经世文编》有所继承，即如前此陈九德的《明名臣经济录》、陈其愫的《明经济文辑》、万表的《明经济文录》等。中华书局《清经世文编·影印说明》："清代经世致用史学，实由《明经世文编》肇端。"

治,不能说全无干系。经世原非为官员所专,也非六部政务所能涵盖。尽管民间人士的政论,通常也未出"朝政"范围。

《皇明经世文编》以"详军事"为辑录原则。近人张舜徽由《皇明经世文编》中选文三百二篇,依主题分为礼乐、兵刑、教化、学术、治道、将略、财赋、铨选、经营、水利、边防、"夷务"十二门(《中国史论文集·〈皇明经世文编〉选目》),其中与兵事有关的,计一百三十余篇。吴晗《影印明经世文编序》则将《皇明经世文编》全书内容归为时政、礼仪、宗庙、职官、国史、兵饷、马政、边防、边情、边墙、军务、海防、火器、贡市、番舶、灾荒、农事、治河、水利、海运、漕运、财政、盐法、刑法、钱法、钞法、税课、役法、科举、宗室、弹劾、谏净等项,其中关涉军事的有八项之多——危机时刻的氛围,即于此弥漫书中。由《皇明经世文编》所设诸目,及近人的上述归类,也令人大略可知陈子龙的时代"经世""经世文"的指涉范围。倘若有所谓的"人格经世""道德经世"与"事功经世"(参看王尔敏《经世思想的义界问题》一文),此编向后者(即"事功经世")倾斜的迹象甚明。① 也因而难以进入关注更在具体政务的"经世文编",不能不是为儒者所长的制度探究——这种探究通常借诸经学而展开,在本书所论的这一时期,尤其凭借了"三礼之学""三代论"所提供的场域。格于体例,限于编选者的眼光,卓见特识、迥出于流行见解之上的黄宗羲的《待访录》、王夫之足称"辉煌"的论史之作《读通鉴论》,纵然当时即公之于世,也难以进入任何一种"经世文编",是可以相信的。② 限制了经世之学的,尚不止于此,更有社会、政治以及

① 于此"经世"具体化为诸项政务。颜元说"兵、农、礼、乐、屯田、水利,是孔门学教正派"(《习斋记馀》卷六《读刁文孝用六集五卷评语》,《颜元集》第501页),将"兵、农、礼、乐"与作为兵、农之一条目的屯田、水利并列,似亦可佐证。

② 道光间贺长龄、魏源所辑《皇朝经世文编》收录文字,以清初为多,倘依人编次,当可与《皇明经世文编》衔接。该书对明遗民著述,多所收采,卷一首篇,即张尔岐的《辨学》(其他如顾炎武、黄宗羲、彭士望、张履祥、陆世仪、魏禧、魏礼等人的文字,均有采录);但格于体例,不可能保存《明夷待访录》一类著述的全貌;又复因清代的禁忌,如黄氏的《原君》《原臣》等明清之际最被后世认为精彩的政治论述,未见辑录。

思想、学术发展的水平。①

当明清之际，即使非以经学名世者，文集中通常也有探究制度渊源的准"经学"内容，尽管才识卑下者难免泥古而流于迂陋。推详礼意，推究制度设施以至制度思想合否原典，本是儒家之徒制度论的深度所系。即如缘制度复古而为制度批评，由"职官"的角度为当代制度考量，到本书所论的这一时期，仍不失为使有关的讨论得以展开的有效方式。陆世仪据周官而分析制度沿革，对制度利病的论说就颇能入微（《思辨录辑要》卷一三）。儒者经世之学的理论旨趣，确也尤见于制度论。较之于无视制度条件，关注仅在局部的更革，制度论毕竟有其更为根本的性质，而儒者经学经世的限度也在于此。经学视野与既有、现行制度的双重限制，往往也见之于这类文字。井田（或"田制"）、封建（或"郡县"）、兵制、学校等，作为话题均已古老。漫长时间中的话语积累作为资源，支持了也限制了此一时刻士人的制度思考。此外如《明夷待访录》《平书订》等足以作为其时制度论的标本的，还有那种包罗田制、兵制、官制等诸多方面的"大全"式的著述趣味——正与上文提到的"十策""十事"式的奏议相映成趣。孔子说"为政"，往往因人设论；明清之际有志于"经世"之士，则务求全备，乐于做纲目严整的完整设计。② 李塨《拟太平策》设计至于乡以下"基层组织"（乡——邑——

---

① 张灏以为，"后来由经世思想出发而讨论制度安排的种种丛编如《皇明经世文编》、《经世文钞》、《皇清经世文编》等等在基本义理规模上都未能超过《大学衍义正补》两编。因此由'大学模式'的思想为基础，在儒家传统中确曾产生过有关制度的构想和讨论。但必须强调的是，此所谓制度是现存的行政制度及其附丽的礼乐制度，而非基本的政治制度。因此，这种制度是第二义的，而非第一义的。借用牟宗三先生的两个名词，我们可以说，它是表现'治道'的制度，而非'政道'的制度"（《幽暗意识与民主传统》，《张灏自选集》第20页）。

② 这里也呈现着风气中肤浅的一面。顾炎武批评"今之学者……以空学而议朝章，以清谈而干王政"（《日知录》卷六"檀弓"条）。其时学问空疏的士人，偏好类似"施政纲领"的大设计，以"医国手""经纶手"自命。见诸传世的士人文集，制度论多半沿袭成说而不问可行性，不过快意一谈而已。却也更有清初诸儒难以逆料的演变。明清之际经世取向的经学，实践性与学术化不相妨而相成；在此后变换了的历史情境中，学人治学而愈达于精深，却渐失来自现实关怀的动力、活力。由此看上去，明清之际风气中的肤浅，又不免令人心情复杂。

里——保），说"三代治民，匹夫匹妇，无一不治"（卷一）：目标也在"无一不治"，无治外、化外之民。①

但黄宗羲《明夷待访录》外，同一时期王源的《平书》，李塨的《平书订》《拟太平策》等，仍可以作为"平民知识分子"从事制度设计的例子，令人可知士人政治经验的积累，他们从事制度设计与制度批评的能力，可据以衡度其时"经世之学"的一般水准。王源著《平书》，请李塨"订"之②，李塨《拟太平策》附王源《平书》语于卷后（如该书卷五），都令人可以想象其间的讨论商榷，务求折衷至当——在在可感制度设计者的郑重不苟，决不因系"民间人士"而率尔下笔。顾炎武致书于向未谋面的黄宗羲，对其《明夷待访录》推崇备至（参看《南雷诗文集》附录《交游尺牍》，《黄宗羲全集》第十一册）。正因效用之所期在"天下万世"，故不私其见解，而与天下万世共之；也因了目标与共，有一位学者对于另一位学者的激赏。这种同志之感，"与天下共"的阔大的襟怀，也应为此后的士人所艳羡与怀念的吧。清初学人（尤其遗民学人）学术境界与人生境界的合致，的确令后世之人有持久的向慕。在顾炎武、李塨，上述境界的达成，与其说出诸自觉的追求，毋宁说出自学人本色，出自他们作为学人在这一特殊历史时期的人生目标与生存方式。学以任道，学以救世，于此有儒者庄严的使命承当。对于这一种"经世文"，"文体规范"已显得无足轻重。辑录经世文者，于此确也不免要遭遇归类的困难。

---

① 关于"基层政权建设"，李塨引顾炎武语："一乡之中，官备而法详，然后天下之治有条而不乱。"还引陆世仪语："治天下必自乡始，分乡乃小封建法也。"（《平书订》卷三）——亦其时士人思路相接之一例。王汎森以颜钧为例，指出明代曾有一部分心学家从事相当广泛的社会工作，"直接面对大众，从事由下而上的事业"，而这种"平民性、社会性和生活性"到清代逐渐消失（《明代心学家的社会角色——以颜钧的"急救心火"为例》）。他还由明清之际陈瑚在蔚村的活动，讨论"清初的下层经世思想"（《清初的下层经世思想》），认为如陈瑚、陆世仪等，旨在经由"行某种程度之封建"，经营下层，厚植地方的实力，经营出"小而好"的地方社会。陈、陆等专注"地域性问题"，把注意力由天下国家放到一个小乡。

② 《平书订》曰："王子源目睹亡明之覆辙，心追三代之善政，博学广问，日稽夜营，著为《平书》，授予订之"（卷一）；李塨则因自己的有关著述与王氏"大端皆合"，"因尽毁己著"，但附其见解于《平书》各卷之后。

曾从学于黄宗羲的万斯同,说自己之所为经世,"非因时补救,如今所谓经济云尔也。将尽取古今经国之大猷,而一一详究其始末,斟酌其确当,定为一代之规模。使今日坐而言者,他日可以作而行耳"(《与从子贞一书》)。尽管万斯同将关涉时务时政、"因时补救"的"经济",与"经国之大猷"即根本之道、之法,作为不同境界的经世之学,由目标与学术方式上区别开来,而由遥远的事后看去,上述取向有别的经世之学,也正互为补充。或者可以说,有上述两面,才更能达到体用兼赅。黄宗羲《明夷待访录》即有时政批评,论制度而不放弃"因时补救"。陆世仪既有《治通》,又有《苏松浮粮考》《娄江条议》等:不同的著述形式各有预期。论制度而以作用于时政为期待,更是明清之际论者的姿态——即使如上文所说,现世关怀与遗民身份不免扞格。清初学术转型中的经世之学,以经学为依托,强调经学经世、经术经世,现世性与学术性相得益彰,顾炎武是突出之例。王夫之也说无论"治""教",其"极致"是不易言说的;"所可言者,因时之极敝而补之",尽管这种因时补救之言"非其至者"(《噩梦·叙》)。凡此,都示人以其时经世之学的现实品性。至于万斯同强调其志在此而不在彼,应当与清初他本人所处氛围有关。不以"因时补救"为指归的制度论,更足以标识"清学"取向,也更与经学复兴中"学术性"的渐趋强化一致。①

　　但明清之际的制度论者,旨趣确又不限于"明代政治批判",关心也在"应然",在理想政治。上文已经说到了"经世"的当代指向。这里不妨说,或正因了明亡,使其时的有识者得以脱出切近的功利目的,与"当代"这一单一的时间向度。这里又有"易代"这一特殊历史情境所提供的言论空间,不同于平世的期待视野。

---

① 王汎森以为由黄宗羲倡首的甬上讲经会,以至万斯同的北京讲会,由"经学与修身兼重",到"完全关注于治国平天下的事业"(如万斯同的北京讲史),"突显了清学发展的一个特色,即心性之学的内在之路逐步结束,而对外在礼乐制度的探讨逐步兴起"(《清初的讲经会》)。王汎森在同文中,分析了由刘宗周的证人社讲会,到万斯同主导的甬上讲经会的演变,说,"只要比较一下证人会与讲经会的主题与内容,便可了然在几十年间,即使同一学派的内部,所重视、所探讨的主题已经有了革命性的变化。心性方面的问题逐步被抛弃,而礼乐兵农成为后来人最重要的关怀"。

"政治中的人性"

上文谈到了"经世""经世之学"的现世、现实指向。风险也正在此。全祖望说："士若不通今，何以知世务。士或过通今，行且败吾素。"(《邸抄》，《鲒埼亭诗集》卷八)"通今"而不至于"过"，界限将设在哪里？可以相信的是，"通今"的道德代价，在如明清之际这样的特殊时世，尤有其沉重。朱熹关于陆游的批评，黄宗羲、顾炎武都曾引用。顾氏不客气地对李因笃说："昔朱子谓陆放翁能太高，迹太近，恐为有力者所牵挽，不得全其志节，正老弟今日之谓矣。"(《答子德书》，《顾亭林诗文集》第74页)但也应当说，如李因笃的迹近能高，亦赋性所至；遗民的不能不务为敛抑，正是苦境。如上文所说，即名遗民陆世仪、陈瑚，也有压抑、按捺不住者，不免要小试牛刀，以不污为限；至于"污"否，也自难以断定——顾炎武、王夫之就以游幕为"污"。① 前此唐顺之曾说过，"应务"难免"败露渐多"，"然一番败露则一番锻炼，从此工夫颇为近实"，想由此证明"应务"与修身本不相妨(《答周七泉通判》，《唐荆川文集》补遗卷二)。但以为应世即难免于"浼"，未必异于常谈。士人说仕、隐，以"肥遁"为"高尚其事"，未必不隐含了对于"浼""污"的戒备。

上文说到儒者的欲"广"儒、儒学；"广"的反面，即"拘儒"，"琐琐小儒"，"咕哗小儒"，"僻固狭陋"之儒。此"广"也未必没有风险，风险也在人格、心术。黄宗羲说魏学濂虽从学于刘宗周，"其所重却在经济上，此便是功利之学"；魏氏当京城沦陷而不即死，"亦是功利误之"(《翰林院庶吉士子一魏先生墓志铭》，《黄宗羲全集》第十册第404

---

① "经世"在李塨，也是一种处当世的姿态。《年谱》记其人自说与其师颜元的异同，曰："先生(按即颜氏)不交时贵，塨不论贵贱，惟其人。先生高尚不出，塨惟道是问，可明则明，可行则行。先生不与乡人事，塨于地方利弊，可陈于当道，悉陈之。先生一介不取，塨遵孟子'可食则食之'，但求归洁其身，与先生同耳。"(《李塨年谱》第77页)从来有这样的不同姿态，不唯明清之际为然。当明清易代，颜元的姿态固近遗民，遗民中却也正有与李塨相近者。

页）。刘宗周阅世读人，往往有极犀利透彻者，出于儒者在其政治实践中磨砺而成的人事洞察力。比如他说"凡人门面阔大者，多不易持守，亦甚留心世道，而不免太热，恐有枉尺直寻处"（《答叶润山》，《刘子全书》卷一九），所说未必不是魏学濂一流人物。姜宸英序梁份的《怀葛堂集》，说"智谋之士，俯仰规画，乘时抵隙，以赴功名之会，亦时有所论述，及试之有效不效者，其为己之私胜也。苟利于己，将不难悬饰利害，冀以速售其说已尔"，也应有鉴于诸多事例而云然。

上文谈到黄宗羲、陆世仪等人的议从祀。《明儒学案·蕺山学案·会语》录有黄宗羲与其师刘宗周的如下问答："羲问：'孔明、敬舆、希文、君实，其立心制行，儒者未必能过之，今一切沟而出之于外，无乃隘乎？'先生曰：'千圣相传，止此一线，学者视此一线为离合，所谓"道心惟微"也。如诸公，岂非千古豪杰？但于此一线不能无出入，于此而放一头地，则杂矣。与其杂也，宁隘。'"（第1544页。按敬舆，陆贽；希文，范仲淹；君实，司马光）这里有极敏感的界限。你不能不承认，有此界限感，才成其为刘宗周式的"粹"。黄宗羲将其先师的上述言论记录于此，未必不以为可补相反思路之偏的吧。儒之为儒，赖有一定程度的"隘"；而"隘"，又对儒构成了限制。

"政治智慧"有时也正是"人事智慧"。士人的政治智慧并不能直接经由"举子业"获取，或者赖有家世背景，或者即凭借生活中习得的人事经验。儒家之徒一向关注政治伦理，包括从政者的道德人格，敏感于政治经验、政治经历之于人的意义。叶适说："士君子之经世，非日委蛇曲从，为终始牢固之术，然而变化诎伸，自当兼通义命。"（《习学记言序目》卷二三《汉书三》第328页）此"变化诎伸"，不可能无所作用于人格。鹿善继自说"初亦谓一'直'足尽天下事，迨历事务，备尝人情事势之变态，始信庄生所论鲁国之儒一人，千变万转而不可穷，真善形容孔子之'直'者"（《答郭金黢书》，《认真草》卷一四）。于"千变万转"中保有的"直"，势必与寻常经验的"直"有所区别。士人经世，所"经"之"世"参与了对于士的塑造，对士伦理的改造。任事，"事"亦作用于人；为政，"政"亦影响于人。"任事"这一种经历之于士人，正宜于置诸这样的眼光下审视。鹿善继躬亲边政，文集中关涉兵机者，有谋略之谈

(亦他本人所谓的"深心审机"),其间必发生了"事"作用于人的过程。对于王阳明的权谋,理学之士议论纷纭。王氏的学术与政治实践,性质不同的经历、经验间的关系,发生于其间的相互作用,其复杂性几不可能付诸说明。尽管"世""事"作用于士,所任之事作用于任事者,其机制难以剖辨,"从政"这一种经历之于士人,政治角色之于士人的人格塑造,不可一概而论,却不妨保有这一思考的角度。

上文已经提到王夫之批评以"策问"取士。在他看来取士以诗赋,所造之士可能不长于"治理",却不至于发生"策问"所导致的心性、心术方面的缺陷(《宋论》卷四)。对于"政治"的由其作用于人心("心术"),塑造从政者的人格的方面考察,出于古代中国知识人的特殊敏感。他们于此提供了一种自我审视的深度——包括对于"任"的代价的细致考量。对人性的紧张关注,复杂化了他们对自己所置身的情境的认识与感受,"政"对于他们的意味亦缘此而复杂。本章开头就已经谈到,承担(任)意味着承受那一时代的荒谬,却也另有补偿,即于荒谬中洞见情伪——尽管这补偿之微薄,与支付的代价或不成比例,因而那一种人事智慧中不免混杂了苦涩。

至于辨心术,别流品,正乃儒者所长。儒家之徒因了对于修身的注重,人事、人性洞察或别有一种犀利,在此类题目上非但不迂,且有可能示人以"洞明""练达"。即使后人看来的迂论,也未必不出于深远之虑。吕坤曾说"当多事之秋,用无才之君子,不如用有才之小人"(《治道》,《呻吟语》卷五)。刘宗周却直至明亡的危机迫在眉睫,仍断断于与崇祯争论"才"与"守"孰为重轻。祝渊曾说张居正虽"心术欠正,事功、议论却好",刘宗周断然道:"心术不正,更说甚事功、议论!"(《会录》,《刘子全书》卷一三)[1]李颙以子路的"品地"与管仲的"事功"比较,认为"不从心地做出",即"一匡九合",这种"经济"也"无本"(《四书反身录·孟子上》,《二曲集》卷四一)——甚至不能如孔子的通融。

---

① 前此徐光启疏论"台铳事宜",说"造台之人,不止兼取才守,必须精通度数"(《徐光启集》卷四第188页),即于"才""守"外,尚有"学"以至技能(此处即布算能力与历学训练)这一标准,到了明亡前夕,这一问题反而更少了讨论的余裕。

心术正邪,关系学术醇驳,儒者不能不有此关心。即使到了危机时刻,绩效也绝非较之人格更重要,道德关怀仍有可能压倒了成效追求。无论是否迂阔,你都不妨承认如刘宗周、李颙这样的人物持守之顽强。

由明清之际的文字间,随处可闻"才难""乏才""无人""无臣"之类慨叹,因而有关于所期待者为何种人才的谈论。值得注意的是,如刘宗周这样的儒者仍坚守着他们关于人的信念,相信有是人,相信可造就是人,包括理想的政治人才——理想政治也就在其间。到了明亡之后,仍继续着这种谈论,于此也有对于切近、直接功利的超越。对此,我将留待其他场合讨论。

附

说理财

"经世·任事"章谈到了士人中任事者见识的通达。但也应当说,士人任事的经验之谈,不足以扭转舆论,使涉及"功利""富强"等敏感命题的讨论翻出新意。你将其时诸种人物的有关言论稍加排比,即能听到一片激辩之声。具有实质性的异议、歧见,是个别地表达的,与主流论述之间甚至未必发生过真正的对抗、交锋。

刘宗周崇祯九年的奏疏,仍断断于义利之辨,主张"尊仁义而后富强",说:"臣闻之:天子不言有无,诸侯不言盈缩,大夫不言多寡。"(《微臣不敢怀利事君仰祈圣鉴并敕禁天下言利以挽回世道疏》,《刘子全书》卷一六)其人所谓"怀利""言利",有具体所指,非泛泛之论。但"尊仁义而后富强",确系其时粹儒口吻。据刘汋所撰刘宗周年谱,福王监国,会推冢宰,吏部特疏举刘氏,就有"经济独鄙富强"云云(同书卷四〇)。曾从学于刘宗周的章正宸,其时也曾"劝帝法周、孔,黜管、商,崇仁义,贱富强"(《明史》卷二五八本传)。明亡前后,"富强"作为话题依然未失敏感性。《日知录》卷一二"言利之臣"条:"读孔、孟之书,而进管、商之术,此四十年前士大夫所不肯为,而今则滔滔皆是也。……上行之则下效之,于是钱谷之任、榷课之司,昔人所避而不居,今且攘臂而争之。"

从来就有、这一时期也仍然有另一种声音——在本书所论的时期，多出自任军事或关注军事者之口。孙承宗慨叹着富强曾为人所讳言，现在却"希富强"而不可得(《送蠡吾沈明府应觐内征序》，《高阳诗文集》卷一二)。稍前徐光启就由军事着眼，说自己"少尝感愤倭奴蹂践，梓里丘墟，因而诵读之暇，稍习兵家言"。时时窃念国势衰弱，十倍宋季，每为人言富强之术"。尽管他所以为的"富强之术"仍不出"重农抑末"的古老思路，所谓"富国必以本业，强国必以正兵"(《复太史焦座师》，《徐光启集》卷一〇第 454 页)。由后世读来，像是另一轮的古老争辩，而如孙承宗、如徐光启，在同一题目上，甚至未必能比之于前此海瑞、张居正等人的理直气壮。① 李贽言"功利""富强"至于肯定申、商，肯定桑弘羊(参看《藏书·富国名臣总论》)。② 焦竑称许桑弘羊的理财，说："自世猥以仁义功利歧为二涂，不知即功利而条理之，乃义也。《易》云'理财正辞，禁民为非曰义'。而岂以弃财为义哉!"(《书盐铁论后》，《澹园集》卷二二第 272 页)陈第也说："若以货财为利而不言，则天子不问国课，庶人不理家业，文臣不核赋税，武吏不稽兵食，是乱天下也，如之何而可？且道理岂可空空而无所着乎？"甚至说："义即在利之中，道理即在货财之中。"(《松轩讲义》，转引自容肇祖《明代思想史》第 275 页)这种大胆的言论，是孙承宗、徐光启辈所不能道的。

明清易代之后，关于"财""利"，遗民中有识者的议论仍不失谨慎。

---

① 海瑞说过："富国强兵，陋为伯术，儒者不屑。圣人不富国强兵耶？什一而彻，田猎讲武，富国强兵，天下之于圣人莫是过也。谓圣人言义不言利，兵非得已。天下宁有这等痴圣人死地圣人耶？"(《复欧阳柏庵掌科》，《海瑞集》第 442 页)。张居正也说："后世学术不明，高谈无实，剽窃仁义，谓之王道，才涉富强，便云霸术，不知王霸之辩，义利之间，在心不在迹，奚必仁义之为王、富强之为霸也。"明白示人以"富国强兵"的政治目标(《答福建巡抚耿楚侗谈王霸之辩》，《张太岳集》卷三一第 383 页)。

② 李贽说"'絜矩'全在理财"，"尝论不理财者，决不能平治天下。何也？民以食为天，从古圣帝明王无不留心于此者"(《四书评·大学》，《李贽文集》第五卷第 7 页)。其《藏书·名臣传》有"经世名臣""富国名臣"等目。"名臣传"凡八门，唯"富国名臣"一卷有"总论"，"智谋名臣"卷有"论"，也应因"富国""智谋"有待辩护。

顾炎武主张藏富于民、藏富于郡县(《日知录》卷一二"财用"条),主张兴纺织之利(同书卷一〇"纺织之利"条)、兴民间养马之利(同卷"马政"条),以富国裕民;同时坚持先教化而后货财——王朝政治的优先顺序。此种本末论,亦儒家所持守的根本之论。在理财方面见识不俗的王夫之,以管仲"衣食足而后礼义兴"为邪说(《读通鉴论》卷二第86页),亦因管仲的说法倒置了本末。论先王之道与"管商之末说"的原则性区分,王夫之说:"官天地,府山海,而以天下为家者,固异于持赢之贾,积粟之农";"通四海以为计,一公私以为藏,彻彼此以为会。消息之者,道也;劝天下以丰者,和也;养衣食之源者,义也;司财务之生者,仁也";"先王以裕民之衣食,必以廉耻之心裕之;以调国之财用,必以礼乐之情调之;其异于管、商之末说,亦辨矣"(《诗广传》卷三,《船山全书》第三册第394—395页)。非不"裕民之衣食""调国之财用",强调的仍然是不可倒置本末:"衣食足而后廉耻兴,财物阜而后礼乐作","是执末以求其本也"(同上第394页)。凡此,原是儒家之徒的常谈,但谈与不谈,置于何种上下文中谈,其间仍然有诸种差异。

顾、王的思路也并不重叠。顾氏虽强调上述"王朝政治的优先顺序",却以为"欲使民兴孝兴弟","莫急于生财"(《日知录》卷六"未有上好仁而下不好义者也"条),暗中未必不以管仲的"衣食足而后礼义兴"为然。同时北方儒者孙奇逢则将朝廷政治与民生作统一观,说:"大学平天下,而其实际在用人以理财。则财之理也,亦唯使家自为给,人自为足,合之而成丰亨豫大。自儒生俗士不知理财之务,而讳言理财之名,民生所以日促,而国家所以长贫也。太史公论富国家,洞悉人情,通达事体。能放其意而行之,无地不可富也,无人不可富也,无术不可富也。其言曰:'本富为上,末富次之,奸富最下。无岩处奇士之行,而长贫贱,好语仁义,亦足羞也。'此虽有激自道之词,然亦占尽地步,见唯岩处奇士,乃可以脱然于富贵之外耳。"(《题货殖传后》,《夏峰先生集》卷九。按所引语见《史记·货殖列传》)孙氏说处贫(个人的道德实践),不免迂腐,经济主张却未必不通达——亦出于思想的朴素,农民式的现实主义。

清初在有关的题目上谈锋最称犀利者,却不是上述遗民录中人物,而是颜元、李塨以及唐甄。颜元说"七雄以富强为主",任用得当,"得比于周、姜、禹、稷"(《颜习斋先生言行录》卷下《王次亭第十二》,《颜元集》第663页)。还说,"'广土众民,君子欲之';圣贤之欲富贵,与凡民同"。但善用富,"富何累人"(《颜习斋先生言行录》卷上《学人第五》,同书第639—640页)。不唯肯定了"富国",且较之孙奇逢,更明确地肯定了"富人"(即人的致富)。其高弟李塨接过了这话题,表达更有其明快,径说"自古无不富不强之王道,亦无患贫患寡之圣学"(《李塨年谱》第33页)。唐甄的说法则是,"立国之道无他,惟在于富。自古未有国贫而可以为国者。夫富在编户,不在府库"(《潜书》下篇上《存言》第113页)。许三礼《天中许子政学合一集》涉及"功利""富强",与颜、李等见解一致。如颜元者未必不承认礼义、教化的优先性,但如上文所说,谈与不谈,即有不同。倘若想到宋代即使陈亮这样的豪杰之士,言及富强也态度谨慎(参看其《策问·问皇帝王霸之道》,《陈亮集[增订本]》卷一五),自然会相信明清之际的士人,的确有了逸出常轨的思路。

与"富强"相关却更具体甚至更敏感的论域,即"财""利"。孟森说:"明祖时时以言利为非帝王之体,至杖流言利者。"孟氏以此为"太祖开国之法意"(《明清史讲义》第37页)。你的确不难感到此"法意"于有明二百余年间对于有关言论的无形钳制。"理财""言利"在明中叶以降的语境中,尤有敏感性。万历朝对于"聚敛""言利之臣"的激烈批评,持续到了明末。上文已引刘宗周所说"臣闻之:天子不言有无,诸侯不言盈缩,大夫不言多寡";刘氏在其他奏疏中,不避重复地申说此义,强调"德者本也,财者末也"(《遵旨回奏疏》,《刘子全书》卷一五)。天子以及古代的诸侯、大夫自有人为其理财,倘"士大夫"也"不言多寡"即不从事财计,王朝政治该如何运转?刘氏所谓"士大夫",当是古义,却又未必不指其时的士夫:德本财末,应当是刘氏所认为普适的原则;上述本末论对于王朝对于士夫,同样适用。关于理财在朝廷政治中的功能地位,顾炎武由职官的角度,说:"古人以财为末,故舜命九官,未有理财之职。周官财赋之事,一皆领之于天官冢宰,而六卿无专任焉。"以下说汉、唐官制,均体现了"重教化后货财之义"(《日知录》卷六"财者末也"条)。

明亡前,鹿善继曾谈到权力机构中"计臣"(即户部官员)所处地位,曰:"天下之权,外在抚按,内在铨部,而计部之权,轻于飞羽。"(《与贺中冷书》,《认真草》卷一六)前此海瑞说过:"户部错认做个钱粮收头,犹之工部错认做个木匠头。"(《启谭次川侍郎》,《海瑞集》第417页)何以有此"错认",却未追问。即如户部除收钱粮外,尚有何事可为?有无兴利生财之权?关于户部职掌,陆世仪说:"周制,地官司徒主教养万民,今之户部但主户口田赋贡役经费,非古制也。"(《思辨录辑要》卷一三)如此,户部官员也只能自认"钱粮收头"。前此林燫就曾说到古今理财之不同,"司农"所司惟财计,而不及于财用(《赠节斋刘公之江西左辖序》,《明经世文编》卷三一三)。不唯此,大司农理其出(节用)不理其入(开源,生财)——权力机构内的分工已如此。在明亡前夜的情境中,户部的主持者更像是处于绝境。即使倪元璐这样事后殉明的忠臣,也无计可施。

本书所论的时期,志在济世者仍不免避财计若浼,甚至侈谈功利者,也可能讳言财之为利;至于财计作为专门的知识、技能,仍操之于胥吏之手。《日知录》卷八"胥吏"条引谢肇淛语,说明代户部十三司,胥算皆绍兴人,夤缘为奸,"弊孔蠹窦,皆由胥吏"。这是就大体而言。从来有另一面的事实。就我阅读所及,无论宋还是明,涉及"财""利",以及作为朝廷政治的"理财",都尽有通达之论。叶适说:"古之人,未有不善理财而为圣君贤臣者也。"(《财计上》,《叶适集·水心别集》卷二第658页)上文已引焦竑称许桑弘羊的理财。明亡前左懋第对晁错、桑弘羊等"言财利之臣",有肯定的评价(参看《按季摘参疏》,《左忠贞公文集》卷一)。由后世读来正与刘宗周针锋相对,王夫之说:"天子不言有无,大臣不言钱谷,名之甚美者也。大臣自惜其清名,而又为天子惜,于是讳言会计,而一委之有司。"他反复批评大臣的"自标高致",对于财计,"宾宾然若将浼己而去之","自矜高洁之名,而忘立国之本"(《宋论》卷七第180页),于"天下之务",但能"上推往古数千年兴废得失之数",即如司马光"经济之实学",对"当世出纳之经制,积聚之盈歉",也茫然不知。王夫之将此归结于士夫"学之不适于用":"下者,词章也;进而上焉,议论也;又进而上焉,天人性命之旨也。"(同上第181页)既不能算,也就只能"亿"其有无,或"一听小人之妄为意计"了。以"上推往古数千年兴废得失之数"为"经济之实学",而不知"当世出纳之经制,积聚之盈歉",最是切中要害的批评。

王夫之辩护唐德宗时刘晏之理财,说聚财之为恶,"惟其殃民",倘不殃民,而能"应变以济国用","讵非为功于天下哉"(《读通鉴论》卷二四第899—901页);以"持其大纲"(官府掌控制盐的专利)、"疏其节目"(放宽对商人贩运的限制),为刘晏榷盐的良法(同卷第901—902页。按刘晏,《旧唐书》卷一二三有传)。① 陆世仪主张治财赋用商业手段,说:"凡治财赋,只要才大,治天下更易于治一国,只一转移间便有无穷之妙,不必拘拘然增科加赋也。洪武设开中法,不烦转输,边备自足。""刘晏治财赋,古今称第一,只是转移妙";"转移是商贾之术,然于国计有益,于国体无损"(《思辨录辑要》卷一六)。《日知录》"财用"条也批评财聚于上而不知流通之术,说"必有生财之方,而后赋税可得而收也"(卷一二)。"流通""转移"均应指商业手段。缘此类议论,也不难辨认发生于其时经济生活中的变化,此种变化之于士人理财观念的浸润。

有明一代,财匮,物力诎,像是由来已久,非到了国之将亡才如此。林燫就说:"国家经赋所入者,不过二百万,而九边之费,岁且三百万矣。"(《陈言边计疏》,《明经世文编》卷三一三)张居正也抱怨入不敷出:"计每岁所入折色钱粮,及盐课赃赎事例等项银两,不过二百五十余万,而一岁支放之数,乃至四百余万,每年尚少银一百五十余万,无从措处。"(《请停取银两疏》,《张太岳集》卷三六第461页)徐光启雄心

---

① 颜元称道北方遗民刁包的刘晏论,批评宋、元、明以来儒之腐,说"理财自是《周官》、《大学》所必举,腐儒恶闻之,目刘公为言利之臣。夫'利者,义之和也'"(《习斋记馀》卷六,《读刁文孝用六集八卷评语》,《颜元集》第503页)。其时号称粹儒的陆陇其,也说"言利之臣",倘其"事有可法",不必峻拒(《刘晏五事》,《陆子全书·三鱼堂外集》卷四)。

勃勃的"选练"计划,终因经费支绌无功而废。同时的张鼐曾说到徐氏"盖为数百年拥护都城设此大方略,而无暇计钱粮之接济与时日之久暂也。……而一旦以官衔兼台职,铸印授敕而遣之,事颇创见,而原无善始善终之长算,即此时已觉了局之难矣"(《张鼐与王职方论徐詹事练兵书》,《徐光启集》第152页。按张氏此书即讨论妥善"收局"的可能性)。徐氏本人的一再上疏求去,也应为此。可否认为无"长算"、不计"钱粮之接济与时日之久暂",亦书生治兵之一特点?

"财匮"作为问题,一旦军事形势严峻,就百倍地放大了。《孙子兵法·军争》篇:"军无辎重则亡,无粮食则亡,无委积则亡。"积贮乃国之大命,转输则兵之上务。师行而粮从;"后勤保障"从来是军事行动中的关键所在。士人谈兵,所谈往往不出兵谋兵略,关涉军饷的琐屑事务,非所计也。明亡之际,"中央政府"趋于解体,诘戎理饷,为一批士人所身任,国家理财之利病,不再是抽象论题,而是他们亲历的困境,有关的问题在这种经验中不能不具有了尖锐性。足食,足兵,有食才有兵。由其时的任事者的文字中,才能知晓粮饷的筹措之为绝大难题,有兵无食甚至无食无兵之为绝境。

明中叶以来,任军事者的奏疏,多关财计(军饷),亦可知"财"之为政,影响于其时军事之大。① 仅由有明一代有关军屯的章奏,即可知粮饷问题的极端严峻性。嘉、隆间张卤就说过,"其最难而不可卒办者,莫先于无食"(《陈末议以备经画以赞安攘疏》,《明经世文编》卷三六四)。明末任军事者,在措饷一事上,莫不拮据万状。孙承宗说:"今天下急不在内外患忧,而在农粟兵饷。"(《送蠡吾沈明府应觐内征序》)卢象昇说"通计各省情形,大率寇多于兵,兵多于食"(《封疆大利大害疏》,《卢忠肃公集》卷三),还说"有司一闻大兵且至,人人皆欲服毒投缳"(同书卷四《剿荡三大机宜疏》)。将兵者希冀士饱马腾,卢氏说他

① 黄仁宇《十六世纪明代中国之财政与税收》曾由王朝财政的角度对此做了分析(参看该书第七章第三节)。该书论明代军事状况与财政、税收的关系,说"15世纪中期以后的大约100年间,明朝军事实力急剧下降,特别是内陆省份的军队,其衰落程度在中国历史上都是罕有的"(中译本第79页)。

所见"各军兵虽复摆墙立队,乘马荷戈,而但有人形,全无生趣"(卷八《请帑济军疏》)。他备御郧阳,曾"进各官兵而誓之曰:食尽之日,愿与三军同饿同僵"(卷一《投阁部揭》)。兵败之际,卢氏即率此"但有人形"之饥兵同赴死地。范景文任南京兵部尚书,自说"羽书手口应不遑,尝操药椀坐武帐中简料兵食"(《衍园小记》,《范文忠公文集》卷九)。其人崇祯三年所上奏疏,也说其所见之军"鸠形鹄面",不堪"戴甲横戈"(同书卷三《剔旧营积弊疏》)。鹿善继任职户部,其关于辽饷诸疏,悲愤沉痛而又无奈。孙传庭《致枢辅札》曰:"师行粮从,始能责以用命。比见所在刍粮皆苦难继,且地方士民恨兵若仇,一闻兵至,紧闭城门关厢,房屋惟存四壁,户牖锅灶一切无有……"(《白谷集》卷四)为兵食所困,孙氏至谓"恨不折肢为兵,糜骨作饷"(同书卷一《辞加级银币疏》)。

　　上述窘况,到南明朝更有其甚。弘光朝史可法说过,"兵行最苦无粮,搜括既不可行,劝输亦难为继"(《明史》卷二七四本传)。[1] 隆武朝黄道周径称户部为"饷部",说"臣于饷部实未尝有一毫之饷"(《谏亲征疏》,《黄漳浦集》卷五)。黄氏有《食尽兵单请自黜疏》,说为筹饷一事,"臣之心血皮骨消磨俱尽矣"(同书卷六)。鲁王监国时孙嘉绩、钱肃乐等人的处境更为狼狈,他们在武人垄断饷源的逼拶下(其时有分饷分地之议),一筹莫展。"举义"的士人在筹饷一事上所体验的艰辛,是明清易代过程中的痛苦经验,即使到了"鼎革"之后,创伤也久久不能平复。黄宗羲在其《行朝录》中描述孙、钱等人的困窘,有仍在其时似的屈辱与愤懑。其他由士夫参与组织的义军,也往往因严重的军饷问题,而陷入绝境。陈潜夫绝命词自说"独张空拳,以当贼骑","召募丁勇,三百而已,衣甲糗粮,皆予自备……粮寡兵微,于事何裨!"(汪有典《史外陈御史传》,转引自朱倓《明季社党研究》第 240 页)其人的死

---

① 据《明史》,弘光朝"武臣各占分地,赋入不以上供,恣其所用,置封疆兵事一切不问。与廷臣互分党援,干预朝政,排挤异己,奏牍纷如,纪纲尽裂"(卷二七三)。

绝不像黄宗羲所说的那样不值一笑。①

屯、盐不能行于世乱之时，不掠民即无以供军食。在卫所、屯田这类保障兵员、给养的制度瓦解的条件下，所谓"义军"在肆行劫掠时，已不能与"盗""寇"有所区分。崇祯十年，卢象昇为滇兵之"劫掠"辩护，说："夫人终日不食则饥，三五日不食则死。安有万里征夫额饷全无著落，行粮供应不时，千万成群、旦夕难保而不为乱者！"（《乞抚驭滇兵疏》，《卢忠肃公集》卷七）于此实任军事者与非任此事者有了议论的不同。

在原本就已败坏的供应系统失效之后，无论军、兵抑"义军"之为民害，无可避免。卷入军事斗争的士人于此体验了为"救亡"而残民的极大苦痛。必得由此类事实，才能读懂王夫之史论中关于"篡"的那些出常的议论（参看本书下编《君主》章）。明亡之际以"抵抗"为由的虐民，当时就令敏感的士夫痛心不已。曾率众抗清的金声说："平时追呼课责所不能平，亦谓极矣，一朝有急，而帑无所取，于所谓不加赋而国用足者，未之或能也；而又不能坐而待尽，而民又于是重不堪也。"（《积贮天下之大命论》，《金忠节公文集》卷一）值得注意的是"又不能坐而待尽"云云。金氏的抉择是，宁坐而待尽，也不使民不堪。② 关于熊开元在为国/为民、尊主/安民间，在"恢复"之为目标与"民生"之为关怀间选择的艰难，我已在《由〈鱼山剩稿〉看士人于明清之际的伦理困境》一文中论及（《明清之际士大夫研究》附录）。面对绝境，金声自赴死地，熊开元则终于为僧。南园啸客辑《平吴事略》记杨廷枢事：士民举义太湖，招杨共事，"杨曰：'倡义固出忠心，但粮从何办？'湖寇曰：'取之于民，不患无粮。'杨曰：'若此，则为盗矣，何义之有！'誓不从"（《荆驼逸史》）。杨氏不难于从容就义，却不忍因粮而累民。在当时，或许惟真

---

① 黄宗羲在其《思旧录·陆培》中说陈氏"无乡里之行"，为士论所不容，"而以死节一洒之"（《黄宗羲全集》第一册第377页）。

② 熊开元《金忠节公传》（《金忠节公文集》）记金氏于被逮前曾说："徽人无欲起兵者，吾强起，若舍之去，不贻害百姓！学道一生，惜未能坐脱去，直当往就缚，为百姓请命耳。"次日散众，又次日，金氏"宽衣缓骑，与兵众相接"，即为清兵所缚，且"手书告父老，于是一境晏然"。而地方之初欲纳款者，谓金氏实招抚百姓，"举以入告"，熊氏"独信其不然"，为其申辩，说金声所以出此，"盖其意不忍多兵厚饷，烦苦百姓……"

正的"义士"，才有此心肠？即使困于乏饷，呼吁"勿惜经费""勿吝饷金"（《剿荡三大机宜疏》）的卢象昇，也努力区别"输助"与"加派"，苦心焦虑，设想办饷而不病民之法（参看其《剿寇第一要策疏》《定止输饷疏》），心情何尝不矛盾！他自说在郧阳，"每至一山村，行数十里或百余里，但见人面鹄形之老稚，非踉跄道旁，即展转沟壑，恨不能剜肉以啖焉，何忍再问其输将"（《借本屯田鼓铸修城疏》，《卢忠肃公集》卷二）。

致使"民怨沸腾"的"加派"，当时、事后均被指为民厉。吴麟徵说，贼"假仁义以招徕"，而我却"加派"，以致人心离散，"策反出贼下"（《与楚按某公》，《吴忠节公遗集》卷一）。黄宗羲追论其事，批评倪元璐为户部，"合三饷为一"，以新饷、练饷并入两税，以为所以亡天下即在于此，"此又元璐不学无术之过也"（《明夷待访录·田制三》，《黄宗羲全集》第一册第27页），并不因其人已殉明而有所宽假。黄氏《子刘子行状》概括刘宗周的有关思路，说其人批评崇祯的，是"以为剿寇则必强兵，强兵则必措饷，措饷则必加派。竭生灵之膏血，以奉军旅之费，岂知驱天下之民，而尽归于寇。饷无所出而愈不足，兵无所食而愈不强。其无兵无食者，皆于务兵食一念始基之也"（卷下，同书第259页）。万斯同更指控胡宗宪嘉靖间借抗倭军事而行"加派"，为害"吾浙"，似乎到了清初犹有余恨（《书陆给事[凤仪]王御史[汝止]劾胡宗宪二疏》，《石园文集》卷五）。万历朝申时行就曾抱怨道："封疆大吏……无不请兵请饷，抚按与言官无日不请免加派。然则此物真从天降乎？从地出乎？司农真有点砂化铁之术乎？"（《后纶扉尺牍》卷七《答蔡元履》，转引自沟口雄三《中国前近代思想的演变》中译本第374页）倪元璐"左支右诎"筹边饷兵食，《明史》本传有记述。任事者不得已的苦衷，难以为议论者所知晓——黄宗羲对倪氏的指摘不免于苛。至于刘宗周的议论，在其时用兵者听来，应当是无裨实际的空谈的吧。[①] 但刘氏所说

---

① 王夫之说，"有国之道，用不得不丰"，"不丰则事起而猝无以应"（《噩梦》，《船山全书》第十二册第553页），亦应有鉴于明广前的横征暴敛而云然。他说："善取民者，视民之丰，勿视国之急。民之所丰，国虽弗急，取也；虽国之急，民之弗丰，勿取也。不善取民者反是……"（《诗广传》卷三第420页）

的恶性循环，确又是其时的一种事实。于是你读到了当其时处在不同位置上的士人对同一事的不同反应。

赋役之于财政，从来是重中之重；"催科"关系地方当局的"考成"，乃地方上最大的政治。明末方岳贡序《农政全书》，说"今日议生，生则取之农耳；明日议节，节究亦取之农耳；加榷税、加捐助，究亦加之农耳"（《农政全书校注》附录一第 1805 页）。议理财者，依旧不出赋税、盐、屯、钱法，数题可尽。除此之外，几无利源。《皇明经世文编》宋徵璧所拟《凡例》曰："司农专领度支，丰俭盈缩，必资心计。夫帝王之本务，垦土力田；富强之雄资，官山煮海。若乃出入不符，本末并失。"特将"徐文定之《农书》，袁运司之盐法"表而出之（按徐文定，徐光启；袁运司或即袁应振。卢象昇《鹿忠节公传》："袁君领淮鹾，振百年之衰，至今赖之"）。竟有以造钞为生财之道者。① 黄宗羲即批评明末有此主张的"言利之臣"（《明夷待访录·财计二》，《黄宗羲全集》第一册第 40 页），可知直到黄氏的时期，仍有此类议论。

在其时士人所谓的"经济"中，"财计"仍地位暧昧。士人由以进身的途径，也不足以造就理财的专门人才。作为传统话题的"功利""富强"仍为陈言所充斥。尽管众声嘈杂中偶尔可闻异端的声音，也因其稀有与个别，不足以影响"士论"。利用厚生，经国足用，由何措手，论者依旧茫无主张。关涉理财，仍不出"积贮"与"节用"、"开源"与"节流"，且以后者（"节用""节流"）为正当——关心确实更在是否"正

---

① 嘉靖朝靳学颜曰其见"近世之言理财者曰：财无从生也，惟有节费而已"。靳氏大不以为然。说自有"生财之法"，则"钱法是已"。他以为"用钱则民生日裕，铸钱则国用益饶"，"故又曰钱者权也。人主操富贵之权，以役使奔走乎天下"——以铸钱为解决财政匮乏的对策（《讲求财用疏》，《明经世文编》卷二九九）。同疏还说："今之为计者，谓钱法之难有二，一曰利不酬本……"而靳氏以为"计本利于出入，盖民间之算，非天府之算也"，"此所谓本，犹不免用银之说尔，臣所谓本，盖无形之权是已"，不啻以铸钱为无本万利。谭纶《论理财疏》曰："言足国必先富民，欲富民必重布菽粟而贱银，欲贱银必制为钱法，增多其数，以济夫银之不及而后可。""铸钱愈多，则增银亦愈多，此藏富之术也。"（同书卷三二二）

当"，出于伦理的而非经济（此"经济"用法与今同）的衡量。[1] 论者相信"天之生财，止有此数"[2]，应对财匮，无非裁减冗员，提倡撙节。黄宗羲《留书·卫所》极言卫所"冗食"之害。前此实任边事的鹿善继，却批评"简汰"（即减兵省饷）之说，曰"事不论所关之重轻，而只以省为美谈"（《与兵垣书》，《认真草》卷一四）。鹿氏以为当"省"的更是"议论"。徐光启崇祯年间疏论军事，也主张"勿惜财"，引《三略》"军无财，士不来；军无赏，士不往"、荀卿所说"凡虑事欲熟，用财欲泰"（《钦奉明旨敷陈愚见疏》，《徐光启集》卷六第 315 页）。书札中也说："荀卿言用财欲泰，用之而当，虽泰实省。"（《与李我存太仆》，同书卷一〇第 465 页）

黄宗羲批评腐儒"治财赋者则目为聚敛"（《赠编修弁玉吴君墓志铭》）。事实却是，从来就有借诸"理财"的聚敛。叶适就说过："理财与聚敛异，今之言理财者，聚敛而已矣。非独今之言理财者也，自周衰而其义失，以为取诸民而供上用，故谓之理财。而其善者，则取之巧而民不知，上有余而下不困，斯其为理财而已矣。故君子避理财之名，而小人执理财之权。"（《财计上》，《叶适集·水心别集》卷二第 657—658 页）士人的讳言"理财"，也应基于此种事实。

明代固有所谓的聚敛之臣，更有热衷于聚敛的人主。万历间的矿税之争，就直接指向了被认为"好货"的神宗。由当时看来，这一事件的政治意义更大于经济意义。以此"利孔"为万不可开，几成其时朝廷中"正人"的徽记。太祖时的惩罚言利者，所谓"利"主要指开矿（孟森《明清史讲义》第 37 页）。[3] 崇祯曾有意将汤若望译述的《坤舆格致》

---

[1] "开源"较之"节流"，是远为敏感的话题。正、嘉间张邦奇就说："夫不塞耗财之路，无以开生财之源。"（《处置经费议》，《明经世文编》卷一四七）但也应当看到，"崇节俭以制财用"的主张，通常有对于人主、皇族的针对性。"省费"的呼求也意在抑制聚敛。

[2] 张居正《看详户部进呈揭帖疏》："天地生财，止有此数，设法巧取，不能增多。"（《张太岳集》卷四三第 555 页）

[3] 洪武十五年五月，"广平府吏王允道请开磁州铁冶。帝曰：'朕闻王者使天下无遗贤，不闻无遗利。今军器不乏，而民业已定，无益于国，且重扰民。'杖之，流岭南"（《明史·太祖本纪》）。洪武二十年，针对开采银矿的建议，太祖说："凡言利之人，皆戕民之贼也。"（《明实录》附录五《皇明宝训·明太祖宝训》卷四）

下发各省,以便用西洋之法开矿,对此朝议纷纭,刘宗周激烈反对,户部尚书倪元璐亦上《请停开采疏》(参看徐海松《清初士人与西学》第259—260页)。至于引发暴动的原因,梁方仲以为主要在榷税而非开矿:"因矿使税使由一人兼任,所以在当时人的奏议中,每将两事相提并论,请求同时撤消;后人不察,便往往将两者混为一谈";"若将各种纪录仔细分析,则知引起暴动的导火线,由于榷税这一方面的原因居多"(《明代银矿考》,《梁方仲经济史论文集》第111页)。但反对者的"将两者混为一谈",毕竟造成了后果,影响深远者仍在经济。在此语境中徐光启等人的重申"农本"(《农政全书》),不免意味深长。由明末的情形看,"兴利"非但受制于其时的经济发展水平,也受制于政治状况,包括党争的格局。上述条件到了清代,才得以改变。清葛士濬《皇朝经世文续编》俞樾序,论"经世文"的分类,曰"开矿自昔有禁,而今则以为生财之大道",非贺长龄、魏源《皇朝经世文编》"钱币"一目所能尽;"军国之用,取给抽厘",非"榷酤"所能尽;"有轮船以行江海,近又有轮车以行陆",非"漕运"所能尽。盛康《皇朝经世文续编》例言说该编成书在葛编之后,"既续其书,应沿其例。惟法制损益,与时变通,有未可比同者……至厘捐开矿,大利所在,不能括之为理财"①。发生于经济生活中的变化,不但作用于既有的制度,改造着与"理财"有关的观念,且修改着"经世"的义界、"经世之学"所涉门类,扩张了"经世文"的范围。

与关于"聚敛"的激烈批评看似方向相反,明代以至明清之际,论者普遍主张利权操之在上。嘉靖朝赵炳然就说过:"利权在上,则操运重轻,得以通变,而货泉流沛,自无匮竭。"(《题为条陈边务以俾安攘事》,《明经世文编》卷二五二)唐顺之说沿海"市舶司"之设,曰:"舶之为利也,譬之矿然。封闭矿洞,驱斥矿徒,是为上策。度不能闭,则国收

---

① 盛康辑《皇朝经世文续编》卷五七户政二九:"矿人之职,具于周官;财用所资,历古不废。自胜朝中使四出,税敛骚然,举世以开矿为大戒。然本朝矿场有岁课,边省开采如常,内地煤铁之饶,矿冶所在多有……宝藏克兴,美利斯溥,扩经野之谟,裕边防之策,诚哉当务之急也!"

其利权而自操之,是为中策。不闭不收,利孔泄漏以资奸萌啸聚,其人斯无策矣。"(《条陈海防经略事疏》,《唐荆川文集》外集卷二)顾炎武《钱法论》由"钱重,而上之权重",引贾山语,说"富贵"之柄应操之在上,不可令民与人主共操之(《顾亭林诗文集》第127页)。他以范蠡的致富为例,说:"范蠡用其霸越之余谋,以畜无恒,而泽中千足彘,得比封君。孳畜之权,不在国而在民矣。"(《日知录》卷五"六牲"条)王夫之也主张利权操之在上,"煮海种山"不可听民自擅,固为"抑末",也避免启"争夺之衅端",且不致使"奸富者益以富,朴贫者益以贫"(《读通鉴论》卷二第101—102页)——与对于集权的批评、分权的主张正在同一时期。

"利权"操之在上,却又非谓财聚于上(人主、京邸)。在本书所论的时期,正是主张"利权"操之在上者,激烈地反对上述"财聚"。《日知录》"财用"条,说"财聚于上,是谓国之不祥。不幸而有此,与其聚于人主,毋宁聚于大臣"。同书"守令"条,也说富国裕民,利权应在郡县(卷九)。关于开矿,顾氏以为问题在操之在谁,天子开之不如县令开之(《郡县论六》)。王夫之也说,"夫财之所大患者,聚耳"(《宋论》卷三第95页),批评君主"欲尽揽天下之利权以归于己"(《读通鉴论》卷二七第1028页),说"徒聚天下之财于京邸,一朝失守,只为盗资"(同上第1029页),令人不能不想到明亡之际。王氏主张"积富于军府州县"(同上),以为君主"吝于出纳",不可谓得用财之道(同书卷一五第558—559页);害"莫甚于聚财于天子之藏","虐取于民,俭吝于用"(同书卷二二第855页)。这里有不同层面的"公—私"论。"民"固然是相对于"国"的私,人主却非即"公"。如神宗、福王那样的君、王,莫如说正是"私"的化身。

据黄仁宇说,唐、宋两代,财政管理已趋向"专业化",明代由此倒退,财政管理水平"严重下降"(《十六世纪明代中国之财政与税收》中译本第421页)。"绝大多数的明代学者并不将财政管理作为一个专题来看待,而是与其他问题放在一起进行讨论,这些问题虽然称之为'经济',其实都是'管理'。"(同书第442页)黄氏还说:"会计制度的复杂性成为有明一代主要的问题,这个问题一直没有解决。"(第 78 页)在他看来,明代"财政运作具有一种印象派的、艺术家的风格特点"(第 215 页)。赵俪生比较宋、明,认为宋、元人言及理财,与明人态度不同。"元人所修《宋史》,在《食货志》中就直言无隐地写道,'大国之制用,如巨商之理财。'这种话头,在中古专制主义者们,岂肯说出口来?!但在宋元,就直接了当说出来了。南宋高宗赵构对大臣们说,'朝廷拓地,譬如私家买田;倘无所获,徒费钱本,得之何益?!'这种用商人的口吻,从经营、核算的角度去谈论土地经济,宋以前很少见。元以后,譬如说,明初的洪武、永乐,专制主义又一度强化以后,绝不会这么地谈论了。"(《中国土地制度史论要》,《赵俪生史学论著自选集》第171—172 页)

据《明史·食货志》,嘉靖朝,帑藏匮竭,世宗"令群臣各条理财之策,议行者凡二十九事,益琐屑,非国体"。"令群臣各条……",显然不以为理财应为某一政府部门、有关的行政人员所专,而假定凡臣下均应有这一方面的主张。由表面看去,有关的问题是向士人敞开的——事实当然没有如是之简单。

然而即使明代确如黄仁宇、赵俪生所言,积累于社会经济生活中的变动,也仍然经由无论何种曲折的途径,影响了士人的思想行为。陈登原所撰《中国田赋史》就认为明人在田赋上有"观念之进步":"自来言田赋者,如第五琦、杨炎之流,史均以聚敛之臣目之。而明世,则所谓能臣者,无不关念田赋。"(《中国田赋史》第 177 页)上文引顾炎武说今人攘臂而争"钱谷之任""榷课之司"。果然如此,背后也应当有价值观的变化——与士类游幕而任钱谷、刑名,或在同一风气中。

尽管制度缺陷与士夫能力的缺失互为因果,明代也如前此任一朝代,朝廷与地方官中并不乏"言利"之臣与理财好手。黄仁宇说的是"绝大多数的明代学者",被认为例外的,或许就有宣、正间著名循吏周忱。据说"当时言理财者,无出忱右","钱谷巨万,一屈指无遗算",其人"治财赋,民不扰而廪有余羡"(《明史》卷一五三本传)。夏原吉则"凡中外户口、府库、田赋赢缩之数,各以小简书置怀中,时检阅之。一日,帝问天下钱谷几何,对甚悉,以此益重之"(同书卷一四九本传);王琼"为人有心计,善钩校。为郎时悉录故牍条例,尽得其敛散盈缩状。及为尚书,益明习国计"(同书卷一九八本传)。黄淳耀说,杨继盛年十一岁,"即能代兄收粮,收纳记算,卯酉点查,俱不错误"(《自监录》,《陶庵文集》卷一〇)。据说万历间的黄辉,幼年即熟于律例,且对于钱谷"一览辄记"(《明史·文苑四》)。

"契机"也在其时士人的知识状况中。沈德符曾谈到士人"算学不讲"对朝廷与地方政治的影响(参看《万历野获编》补遗卷三《算学》)。到本书所论的时期,徐光启已注意到士人从事理财的必要的知识准备。他因修历而说"度数"之为用,曰:"算学久废,官司计会多委任胥史,钱谷之司关系尤大;度数既明,凡九章诸术,皆有简当捷要之法,习业甚易,理财之臣尤所亟须。"(《条议历法修正岁差疏》,《徐光启集》卷七第 337 页)可以设想,倘算学在士夫中普及,势必影响于行政手段及效率。上文引王夫之批评士夫"学之不适于用",只能"亿"其有无,"一听小人之妄为意计"。适用于"度支"的"学",自然即算学。潘耒也说,数虽居"六艺"之末,然"治赋理财,非数不核",而其时的官僚尤鄙"数"为不足学,"一旦有民社之责,会计簿书,头岑目眩,与一握算,不知颠倒。自郡县以至部寺之长,往往皆然。于是黠胥猾吏得起而操官府之权,奸弊百出而莫能诘,则亦不学数之过也"(《方程论序》,《遂初堂文集》卷七)。算学的普及及其在行政上的广泛应用,潘氏之后,仍经历了相当长的时间。尽管明中叶以降士人以游幕为谋生手段,使得与"财计"有关的行政技术有可能被部分士人掌握,幕宾这一角色也如胥吏,作为既有行政力量的辅助与补充,既不足以影响体制,也不足以更新与理财有关的观念。关于这一点,本书下编"易堂"一章还将谈到。

第二章　谈　兵

　　本章可以作为上一章的续篇。谈兵即经世。当明亡之际，尤其是经世之首务。明末士人勇于任事；与军事有关的事，最属当务之急。"国之大事，在祀与戎。"(《左传》成公十三年)礼乐兵刑，乃国家政治的大关节目；当明之世，"兵"的紧迫性往往又在其他诸项之上。"国防军事"是理解明代政经诸多问题的基本线索。

　　孙武兵法被认为"百代谈兵之祖"(《四库全书总目提要》子部兵家类《孙子》)。本章所谓"谈兵"的"兵"，包括兵谋、兵制、兵器等等，上述种种，不出传统所谓"兵学"与"兵事"的范围。"兵"，最初指称兵器，后也指身在行伍者，即"士兵"。有"士""王"同为斧形之说——王权来自军事权力；士在其起源处与"兵"的关系本直接而密切。① 本书所论这一时期被划归狭义的"兵学"者，具有"经世之学"的一般品性，即如强调"经世"指向(动机、目标设置)，不具有"专业"特性，不能作为严格意义上的学术类别。

　　谈兵与所谈之兵，尚可做种种区分。即如士人最热心谈论的"兵谋"，可区分为一般的军事谋略与具体的战守；后者又可区分为关系全局的部署与局部战事(包括地方守御)。将其时士人的"谈兵"作为分析对象，尚可由谈兵者的身份，区分为文士之谈与武将之谈、兵学专家之谈与一般的书生之谈、当事任者之谈与非当事任者之谈。由谈兵者的动机、目标，可分为以兵为学(如注孙注吴)与作用于当前军事(本章的兴趣更在后者)。甚至谈兵者为朝臣抑在野之士，为武将或介入军

---

① 关于"兵"，参看《日知录》卷七"去兵去食"条。《明史·戚继光传》曰戚"所著《纪效新书》《练兵纪实》，谈兵者遵用焉"(卷二一二)。此"谈兵者"又指称从事军事者。

事的文臣以至幕府之士，均可区以别之。即同为"文臣""文士"，又何尝不可由亲自参与部署以至亲临战阵或仅从事过策划而绝无实战经历做一区分？

本章所处理的材料，包括有关"谈"这一行为的记述，与所谈之"兵"。因而材料主要来自两个方面：有关其时士人"谈兵"这一行为的记述，与可资考其所谈之"兵"的言论材料；后者既包括有关著述，也包括奏疏及文集中与军事有关的文字。军事战略分析，军事行动记述，借诸史论、策论的兵谋、兵略谈，多出自文臣、文士手笔；武将所撰，如戚继光的《纪效新书》《练兵实纪》之属，则属实用兵书。但也不便做一概之论。如徐光启的《选练条格》等，亦以实用为期待。而作为本章材料的收入《皇明经世文编》及明人文集的大量奏疏，多属具体建议，以见诸实施为目标。这里较为特殊的，是有关兵制之谈。明代兵制批评固因在明亡前、后而有不同，发表在明亡后的兵制论，由近人看去，则又有"学术含量"的差异——且学术与非学术之间的分界，并非总能厘清。当明清易代之际，即注经也不免有现实的针对性，不可仅据著述的形式而做区分。出诸时人的有关当世谈兵的记述，提供了想象其时情境、氛围的材料，我力图由此而获得"现场感"；至于其时有关军事的言论，本章所及，不免挂一漏万。这是要预先说明的。

唐代对兵书，有私藏私习之禁（参看《唐律》《唐律疏议》）。见诸《四库全书》著录的兵学类书籍，其数量至宋渐有可观，而明人的有关著作尤伙。文士谈兵虽不自宋始，但演成风气，似应追溯至宋。至于有宋一代著名文士的参与军事，辛弃疾、陆游、叶适等，均为著例。梅尧臣、欧阳修曾注《孙子》，欧阳修还撰有《九射格》，为明末士人所心仪的谢枋得（叠山），亦曾有兵书的注释与纂辑。明人好谈宋，自然因了所处情势惟宋可比；而对于明人，宋代人物确也提供了较近的榜样。

危机时刻的书生谈兵

宋、明两代文士的谈兵，同为时势所激成。有明一代有自始至终的军事形势的严峻性。尤为严重的，是来自北方的威胁。至英宗朝土木之变,嘉、隆之际东南"倭患",士人每有家国之忧。王世贞说:"自庚戌始,而西北之兵亡日不与虏战;自壬子始,而东南之兵亡日不与倭战。兵日以战,挫削日以继。"(《策》,《明经世文编》卷三三五)危机感、威胁感——上述军事形势,不能不影响于士大夫的生存状态,亦士夫为此"谈"的情势。钱谦益《张公路诗集序》,说张名由(公路)"当神庙日中之世,扼腕论兵,壮年北游燕、赵、晋、魏,访问昔年营阵战垒,盱衡时事,蹙蹙然有微风动摇之虑"(《牧斋有学集》卷一九第 815 页)。归庄《张公路先生诗集序》也说张氏诗"如《闻庚戌边报》《观骑射》《暹罗刀歌》诸作,慨然有封狼居胥之意"(《归庄集》卷三第 186 页)。李贽亦好与人"谈兵谈经济"(袁宗道《答陶石篑》,《明代文论选》第 309 页)。书生谈兵,有时即以兵事为谈资,不过博快意于一"谈"。但到了覆亡的危机迫在眉睫,士人的兵事兴趣亦被赋予了时事的严重性。徐光启自说"生长海滨,习闻倭警,中怀愤激,时览兵传"(《敷陈末议以殄凶酋疏》,万历四十七年,《徐光启集》卷三第 97 页)。[1] 明末的军事失败,更刺激了士人谈兵以至军事参与的热情。钱谦益记述其时的京城夜谈,生动如画:"……余在长安,东事方殷,海内士大夫自负才略,好谭兵事者,往往集余邸中,相与清夜置酒,明灯促坐,扼腕奋臂,谈犁庭扫穴之举。而其人多用兵事显,拥高牙,捧赐剑,登坛而仗钺者多矣。"(《谢象三五十寿序》,《牧斋初学集》卷三六第 1018 页)钱氏本人亦好此"谈",有"投笔"一集。[2] 兵事甚至是其人与柳如是洞房中的谈资(参看《秋夕燕堂话旧事有感》,《牧斋初学集》卷二〇),《庄子·说剑》篇则是此一时期他一用再用的典故。直到降清后,他犹致书瞿式耜,为永历小朝廷的军事献策(参看《瞿式耜集》卷一《报中兴机会疏》)。他的友人归庄于此有同好,与钱谦益相聚,不免要谈谈"古今用兵方略如何,战争棋局如何,古今人才术志量如何"。这类谈论自然引人入胜。钱氏说

---

[1] 其《复太史焦座师》曰:"启少尝感愤倭奴蹂践,梓里丘墟,因而诵读之暇,稍习兵家言。"(同书卷一〇第 454 页)另札中说:"仆之生平,志在静退",独不能不越俎而言兵;至于"言而不用,吾志则尽矣"(同卷《与李君叙柱史》)。

[2] 钱氏《元日杂题长句八首》之三有"投笔儒生腾羽檄"句,钱氏自注:"无锡顾杲秀才传号忠檄",亦可自注其《投笔集》。

当归庄纵谈之际，"余隐几侧耳，若凭轼巢车以观战斗，不觉欣然移日"（《牧斋有学集》卷一九第 821 页）。其时北方名士阎尔梅任侠、好谈兵；南方名士方以智也曾聚米画灰，筹划军事。这类记述的兴趣所在，更是谈兵者的情态，其时士人的精神意气，至于其人所筹大计、所画方略，就只能悬揣了。

在未尝亲历战阵的文士，其谈兵的主要资源，不外兵书与史书。古代中国，史学与兵学固有亲缘关系。《日知录》卷二六"史记通鉴兵事"条："太史公胸中，固有一天下大势，非后代书生之所能几也。""司马温公《通鉴》，承左氏而作，其中所载兵法甚详。"由本书所论的这一时期看，史书确也是士人兵学知识的一部分来源。吴应箕即以左氏为"言兵之祖"（参看《古方略序》，《楼山堂集》卷一四）。借诸史书而做古代著名战例的分析，亦书生谈兵的通常方式。曾在孙承宗幕下的茅元仪，撰有《廿一史战略考》。魏禧则自说"生平好读左氏，于其兵事稍有窥得失，曾著《春秋战论》十篇，为天下士所赏识"（《答曾君有书》，《魏叔子文集》卷五）。① 黎遂球也说其军事知识得之于左氏《春秋》，说自己"取左氏诸兵事，别为端委，手自写记，时以己意附于其末"（《春秋兵法序》，《莲须阁集》卷六）。王德森《昆山明贤画像传赞》说归庄"纵览六艺百家之书，尤精《司马兵法》"（《归庄集》第 577 页）。对此钱谦益的说法是，"按古方以疗新病，虽有危证，恶疾可得而除也"，以为"古方具在，医国之手非乏也"（《向言下》，《牧斋初学集》卷二四第 780、781页）。其本人即以"医国手"自居无疑。他一再论及"用荆、襄以制中

① 《续文献通考》卷一八三《经籍》四三，关于陈禹谟《左氏兵略》三十二卷，曰其"取《左传》所叙兵事，以次排纂；又杂引子史证明之，而断以己意。书生迂滞之见，无异锲舟求剑也"。宋徵璧亦有《左氏兵法测要》二十卷。顾炎武有专门谈兵的未刊稿《惧谋录》。《魏叔子文集》外篇卷二的《兵谋》《兵法》，以同题收入《昭代丛书》丁集。文集同卷尚有"春秋列国论"六篇、"春秋战论"八篇，均为借诸《左传》的谈兵之作。《兵谋》《兵法》汇集《左传》中战例，又各分细目，如"谋"三十二，"法"二十二。曰："凡兵有可见，有不可见。可见曰'法'，不可见曰'谋'。"（《兵谋》）魏氏尚辑有《兵迹》十二卷（《豫章丛书》），有"将体""将能""将效""边塞"等目。此书杂抄史书，辑录逸事，内容芜杂。李浴日选辑《中国兵学大系》（台湾世界兵学社，1957 年）收入魏禧的《兵迹》《兵谋兵法》（第 8、9册），王馀佑的《乾坤大略》。

原""用荆、襄以固东南"(同上),与顾炎武所见不殊(参看顾氏《形势论》)。此种共识,确也由史例即"古方"来。

正如学"为政"通常以名臣传状、言论为实用教本,戚继光也径以名将传为学兵之资。他说:"予尝教人专看'将鉴'与'将传',不可偏看《七书》兵法";认为"《七书》如医之《素问》等类",而"活将传"乃"对证之实方"(《止止堂集·愚愚稿》)。以载诸史册的战例为题,分析"兵机利害"、前人用兵得失,亦通常文人的兵事之谈借以展开的方式。在近代的军事学兴起之前,有关战事的叙述,以至著名将领的传状文字,承担了军事教育的功能。兵学与史学未尝分,于此也可得一证。

与兵学、兵事有关的撰著一向多出自文士之手。有明一代虽名将如戚继光有所著述,存世及存目的兵书,仍多为文士纂辑撰著。明初刘基即颇从事于与兵学有关的著述,以及古代兵法的纂辑。明代名臣如于谦、王阳明、张居正等,均有兵学著作。清四库馆臣由明人讳言范涞所著《海防书》,推测道:"盖自宋以来,儒者例以性命为精言,以事功为霸术,至于兵事,尤所恶言。殆作志者恐妨涞醇儒之名,故讳此书欤?"(《四库全书总目提要》史部地理类存目,范涞撰《两浙海防类考续编十卷》)这种推测似难得到证实。有明一代非但被认为非正统的思想家、学者如吕坤、李贽等,有与兵学有关的撰著(吕坤撰有《守城秘要》、李贽有《孙子参同》),且著名文人也热心于此项事业,如王世贞评注《孙子》,归有光则有对于多种兵书(包括《吴子》《尉缭子》《孙武子》《司马子》《子牙子》等)的辑评。他们还往往对当前的军事问题发言(如归有光撰有《御倭议》《备倭事略》等,参看《震川先生集》)。至于徐孚远、陈子龙等人辑《皇明经世文编》,所采录的明清之际士人文集中的谈兵之作,尤堪作为反证。

这里所谓"文士",与"武人"相对待,几乎是"士大夫"的别称,包括了依"学"划分的"儒者""学人""文人"。前于明代,以儒林中人物而好谈兵,多少会被作为其人"非主流"之一证。陈亮自说"独好伯王大略,兵机利害"(《酌古论·酌古论序》,《陈亮集[增订本]》卷五第50页),徐光启对陈亮的谈兵夷然不屑,理由却是陈氏实不知兵。他不客气地说:"永嘉粗心盛气,其最自喜者兵,然实其言曾不堪为赵括作灶下养。"(《刻紫阳朱子全集序》,《徐光启集》卷三第 96 页)事实是,生当宋、明,即"粹儒"也不能拒绝兵学以至"军事技艺"的吸引。丁元荐《西山日记》卷下《文学》:"陆九渊闻靖康之难,辄剪爪习弓矢,曰:'终日驰射,不失本领。'张子厚少年谈兵,一变至道。二先生始不为腐儒。"① 弘、正间何孟春说过:"儒者不言兵,儒者不可以不知兵也。"(《上大司马相公书》,《明经世文编》卷一二六)嘉靖间名儒薛应旂撰《御寇论》,自序曰:"薛子既谢浙江学政,待次家居,值海寇陆梁,直抵苏、松,以及于无锡,所在伤残,不胜惨酷。奔播中,为著《御寇论》八篇……"(同书卷二八八。按薛应旂尚撰有《孙子说》)亦所谓"不容已"。《明史》卷二〇六记其时的唐枢,曰:"枢少学于湛若水,深造实践。又留心经世略,九边及越、蜀、滇、黔险阻阨塞,无不亲历、蹑辉茹草,至老不衰。"唐氏是活跃的讲学家,其上述举动,宜于视作实践的儒者应有的态度。明亡之际,后世以"粹儒"目之的陆世仪、张履祥等,也参与了兵事之谈。陈瑚自记其与陆世仪:"时天下已多故矣。两人知其不久将乱,又见天下人材落落,颇自负,欲为盖世奇男子而后快,凡横槊舞剑,弯弓弄刀,战斗之具,两人无不习也,而君尤好言阵法。"(《尊道先生陆君行状》,《桴亭先生遗书》。按"君"指陆氏)陆氏《桑梓五防》曰:"庚辰春正月,积雪经旬,晏坐书室,读陆宣公文集。耳中所闻时事,殊多骇听者,不胜忧危。乃效宣公文体,私作《五防》……"(按庚辰为崇祯十三年,"五防"即"防州""防城""防乡""防变""防饥")他自说曾欲辑兵书为三卷,曰道、曰法、曰术("术则智术"),以此为体用兼备(《思辨录辑要》卷一七)。② 《二曲集》卷四五《历年纪略》顺治十三年:"先生目击流寇劫掠之惨,是年究心兵法。"至于王夫之作于永历

① 永嘉学派代表人物陈傅良撰有《历代兵制》八卷,四库馆臣以为"切于时务"(《四库全书总目提要》史部政书类)。同一学派另一代表人物薛季宣则撰有《风后握奇经注》。张载注《尉缭子》。元吴澄则有《校正八阵图》。

② 儒者出于民生关怀,不能不为"桑梓"谋。同文即曰:"室庐坟墓不及谋,而父母妻子不及顾,安得晏然谈天下事乎?"陆氏的《支更说》亦关地方保安。其《思辨录》屡记其为张采策划军事,计甚详密。其他尚辑有《城守全书》,撰《八阵发明》等。《杨园先生全集》卷一五载张履祥明亡前夕上地方当局书,谈防卫事宜。

朝的《黄书》,对兵事颇有主张,指画部署,具体到了划分战区、分派物资:即使不能见诸施行,也显示了足够的舆地知识,以及全局在胸、力图为战略设计的大气概。

其时士人关于兵事的谈论,专门著述之外,运用了章奏、策论、史论、书札以及其他文体,见诸文集,已不胜搜采。明末科试,策问有以兵事为问者。策问谈兵,可知兵事之为急务;问计于书生,则可证以书生为知兵。凡此,都使得"兵"之为话题、"谈兵"这一行为普遍化、日常化了。文士因与军事有关的任命而谈兵,因处幕中而谈兵,因朝廷征求策议而谈兵,缘朝廷建言而谈兵——既有诸多机会,确也有经验、有关的事务可资谈论。随处可见的兵事之谈,不但证实了兵事对于士人日常生活的渗透,军事问题在士人思考中所占据的分量,也令人具体可感明末军事情势、社会氛围的紧张性。由后世看去,散见于有明一代士人文集中的有关兵学、兵事的议论,对于了解其时有关的知识水平与其人的见识,较之专门的著述,价值未见得不若。由唐顺之文集中与边务、兵事有关的奏疏、条陈以至书札,可知其对于具体军事事务的区处。收入归有光文集中的其人所拟武科策问六道,涉及兵谋兵略、兵书、"前史"之战例,则可证归氏的有关知识与见解。钱澄之的《粤论》及部分疏、书(参看《藏山阁文存》),谈具体的军事部署,令人可以想见其人计虑之缜密周严。收入吴梅村文集的策问,亦见出对政情、军情的谙悉(参看《吴梅村全集》卷五六《崇祯九年湖广乡试程录》)。凡此,非唯可资考其时的军事情势,也为了解士人军事参与的程度,提供了重要依据。

书生何尝只知书!明末名士如吴应箕,谈兵即有特识,不可以狂生目之。惟其为"名士",故思路少羁束,能于时论众议外,别具只眼,独出心裁,而论说及文字能力又足以副之。收入《楼山堂集》的《拟进策》《时务策》《兵事策》等,论兵即颇有警策,我在下文中将一再谈到。文人谈兵从不乏卓见。使此种"谈"归于无用的,毋宁说是文人所处位置,与其时的政治、军事情势。至于到了谈亦亡不谈亦亡的时候,仍不已于谈,也如其时举义者的知不可而为,因了上文提到过的"不容已"的吧。

明中叶以后,士人所从事的与兵学、兵事有关的纂辑,规模可观。

嘉、隆之际,唐顺之即曾辑有《武编》。明亡前后,则有陈子龙辑《骊珠五经大全》、金堡辑《韬略奇书》。关于唐顺之的《武编》,四库馆臣以为其体例略如宋代曾公亮等人的《武经总要》,然唐氏亲历战阵,"捍御得宜,著有成效。究非房琯刘秩迂谬偾辕者可比。是编虽纸上之谈,亦多由阅历而得,固非可概以书生之见目之",与曾公亮等"但襄赞太平,未娴将略",亦自有别(《四库全书总目提要》子部兵家类)——在清人看来,有无直接的军事经历,值得作为衡度其人谈兵资格的标准。但这一尺度也未见得可靠。茅元仪辑《武备志》二百四十卷,黄宗羲曰其"非作手",说该书出范景文之指授,"猥杂不足观"(《思旧录·范景文》,《黄宗羲全集》第一册第342页)。① 也如明末朝廷的仓促应敌,明末士人的有关纂辑,或也因应付过于紧迫的需求而无暇拣择。兴起于此一时期的舆地之学,也以易代之际的军事对抗为直接动力。此学的代表性人物顾祖禹、梁份,均与三藩之变有关;梁份还曾亲历西北边塞。至于遗民如魏禧、王馀佑等人谈兵于易代之后,难免会令后世之人如我者遭遇解释的困难。我们在这里不过遇到了"易代"这特殊时世诸种矛盾现象之一种罢了。当此际遗民的谈兵或更出于惯性,目标及动机业已模糊,多少成为了对象不明的"谈"。②

在渊源古老的文武对立中,文人理应距兵事最远,而有明一代文人的谈兵、入幕几成时尚,且为人所艳称。到了明末,更热衷于聚米画灰,抵掌谈厄塞夷险。绝塞荒徼,胡笳画角,横槊赋诗,倚马草檄,对于文人,一向有其吸引力;好纵谈天下事,好为大言,好谈兵,好谈经济,好指画方略、说"大计",也原属文人习癖。兵之为事何事也!而文人正要

---

① 但茅坤的《武备志》与王鸣鹤的《登坛必究》,却被《剑桥中国明代史》有关章节的撰写者视为"杰出作品"(中译本第822页)。关于茅氏的《武备志》,该书认为"是一部关于军事战略战术、装备与战争手段、军事组织与边防的百科全书","最好地体现了晚明时期军事科学知识的状况"(同上)。张梦新《茅坤研究》亦以之为"中国古代军事百科全书"(参看该书前言)。
② 据王源所撰《五公山人传》(《居业堂文集》卷四),其时著名的北方遗民王馀佑,除《乾坤大略》《兵鉴》外,尚撰有《万胜车图说》《兵民经络图》《诸葛八阵图》以及关于技击的《太极连环刀法》《十三刀法》等。

借此非常之事为激情发抒。归庄诗曰"文士独好武,常怀投笔志"(《卧病》,《归庄集》卷一第58页);曰"愿提一剑荡中原,再造皇明如后汉"(《夏日陈秀才池馆读书》,同卷第56页)。其时自负"知兵"的文人中,确也有人渴望于金戈倥偬、羽书旁午之际,更真切地体验生命力量。钱谦益《书寇徐记事后》:"子暇为举子时,蒔花艺药,焚香扫地,居则左琴右书,行则左弦右壶。一旦为广文于徐,当兵荒洊臻,寇盗盘牙之日,挟弓刃,衣袴褶,授兵登陴,厉气巡城,日不饱菽麦,夜不御管簟。世间奇伟男子,磊落变化,何所不有。"(《牧斋初学集》卷八四第1776页)生当乱世,这份洒落正被视为名士风流。关于方以智人生经历之丰富与形象的多变,我已在《明清之际士大夫研究·余论之一》中谈到。

军旅生涯的甘苦,自非徒事空谈的文人所能想见,即如孙传庭所述,真真是艰难万状(《移镇商雒派防讯地疏》,《白谷集》卷一)。但这"生涯"也不止有风雨、矢石。鹿善继自说从孙承宗于边关,"殊不觉疲,盖与诸将吏同在鼓舞中,而且马上行吟,不觉成帙"(《回徐恒山书》,《认真草》卷一四)。杨廷麟记卢象昇自述与部将塞外较射,"发百数十矢,跨生驹,泼剌而还";"猎骑骄嘶,解鞍放牧之下,草色连天。云锦地列,殆绝塞壮观云"(《宫保大司马忠烈卢公事实俟传》,《卢忠肃公集》卷首)。名将由边地艰苦的军旅生涯中体验的诗意,是寻常文人无从感受的。

据说汉武帝欲教霍去病兵法,霍氏辞曰"顾方略何如耳"(《汉书·霍去病传》)。文人画灰借箸,自以为所长正在于此(方略)。黎遂球致书友人,说"今天下日多事矣,吾辈会当穷究《阴符》《六韬》,天下厄塞之势,星辰云物休咎之征,为国家杀贼"(《报刘生民书》,《莲须阁集》卷二)。他还对友人说,"今日之事,吾辈既无兵饷,则以谋画为功;既无事权,当以口舌为用"(《与友人论湖南屯兵书》,同书卷三)。黄宗羲《吴处士墓碣铭》刻绘吴氏,曰:"闾里之间,急难密谋,其计画无复之者,必从君得其要领,迟明,户外之屦已满,君已摄衣借出矣。"(《黄宗羲全集》第十册第395页)其时好谈兵略的,往往即此等人物,文章意气,自不同于流辈。而谈兵固因文人的"好奇",也应与军事知识、技能的吸引力有关。由文人记述军事家、著名武将的文字,即不难感知记述者兴趣所在。钱谦益对其座师孙承宗的军事才具不胜倾倒。在这种时候，文人所使用的，是评价人的"能力"（非止"功业"）尺度。他们显然乐于欣赏"谋略"的军事运用之为"艺术"。

"上兵伐谋"。《韩非子·难一》："战阵之间，不厌诈伪。"明人夏良胜也说："兵，诡道也，正胜之战，不闻久矣。"（《论用兵十二便宜状》，《明经世文编》卷一五四）而"权谋"则为儒者（尤其所谓"粹儒"）所讳言。通达如叶适，虽曾与于兵事，却对孙子以兵为"诡道"，大不以为然（《习学记言序目》第 676 页），还说"《六韬》阴谲狭陋"（同上第 683 页）。① 元代，汉人不得知兵机、兵数。到明代，兵事、兵法仍有道德意义上的敏感性。唐顺之说正、嘉间名将沈希仪"与人交，重然诺，肠胃如直绳，一视可尽。至于临敌应机，腹里谿谷，飞钳网络，神鬼不能测。或诮公谲，公曰：'吾谲贼耳，非谲人也。'知公者以为然"（《都督沈紫江生墓碑记》，《唐荆川文集》卷一〇）——即用之于军事的"谲"，依然要面对"正当"与否的质疑。无怪乎其时的名将戚继光反复申说"兵者诡道"非即"诡诈于心"（参看《止止堂集·愚愚稿上》）。王慎中曾说到有关军事的"奏报章疏"格于体例以及"吏议"，而不能如实反映战场情况；"且夫用间出饵，合于古之所谓'奇'者，妙用长策，正在于此，而最为吏议之所牴牾，又焉得形容其仿佛耶？"（《胡公平寇奏议序》，《明经世文编》卷二六四）王守仁因用兵饶谋略（如其平仲容而用诈），为人诟病。② 陈子龙比较文人、儒者，说："今国家所以教儒生者，不特未尝令其习兵，且与兵事大相反。兵事尚奇而儒者尚平，兵事尚诡而儒者尚正，兵事尚杂学而儒者一切禁止。"（《储将才》，《陈忠裕全集》卷二三）对此种现象，清四库馆臣评论道："兵家者流大抵以权谋相尚，儒家者

① 叶适说："非诈不为兵，盖自孙武始。甚矣人心之不仁也，非武之书不好焉。"他以为"古之于兵也，止言其法"，"至于孙武，始弃法而言智"（《兵权上》，《叶适集·水心别集》卷四第 679 页）——由"心术"（"不仁之心"）的一面分析兵法的道德意义的，的确是儒者面目。李梦阳亦指孙武、司马穰苴为"变诈之兵"而不屑道（《与徐氏论文书》，《明代文论选》第 108 页）。

② 张履祥就说："阳明用兵多以诈谋取胜，儒者不为也。校之陆宣公，气象自别。"（《愿学记三》，《杨园先生全集》卷二八）

流又往往持论迂阔,讳言军旅,盖两失之。"(《四库全书总目提要》子部兵家类《太白阴经八卷》)到明亡之际,虽儒家之徒已不以谈兵为讳,但与文人所谈仍有不同。文人好谈谋略,儒者则关心更在军事制度及地方守御。黄宗羲号称大儒而有文人习气,他批评儒生道:"自儒生久不为将,其视用兵也,一以为尚力之事,当属之豪健之流;一以为阴谋之事,当属之倾危之士。"(《明夷待访录·兵制三》,《黄宗羲全集》第一册第35页)尤具有禁忌性的,即"阴谋之事";而文人的喜谈兵,正因乐于用智,且不以"阴谋"为讳。①

弘治朝曾任兵部尚书的马文升,其《为刊印武书以作养将材事疏》,有"我朝机密兵书有禁,人不敢习,所以将材甚为难得"云云(《明经世文编》卷六三)。该疏吁请刊印宋曾公亮等所编《武经总要》,曰此书"不系机密兵书,在律条亦所不禁,各处不敢擅自镂板,所以武职官员多未得见"——有明一代兵器之禁虽未见明证,由此兵书之禁,亦可知有关的防范较宋为严密。我由此推测明代文人的谈兵,快感或也在借此题目——也即凭借了"阴谋"在军事活动中的正当性——公然地谈论禁忌性话题。传统兵学为有关"阴谋"的言说提供了道德上的安全屏障。

"阴谋"在"兵谋"的意义上的运用起始甚早(参看《国语·越》下)。《隋书·经籍志》著录《太公阴谋》六卷、《太公阴谋解》三卷、《黄石公阴谋行军秘法》一卷;《旧唐书·经籍志》著录《太公阴谋三十六用》一卷。周书《阴符》《六韬》《风后握奇经》等,均不妨读作军事阴谋教科书(按《四库全书》以《握奇经》《六韬》为伪书)。归有光曾说兵书"大抵不出权谋、形势、阴阳、伎巧四种而已"(《策问二十三道》,《震川先生集》别集卷三第801页)。他还说到陈平"从高祖在兵间,不惮为诈,卒以此成功,可谓应变合权矣"(《河南策问对二道》,同书别集卷二

---

① 儒者也非一律。李颙就以为学者苟有志于当世,对于兵机宜"深讨细究"(《体用全学》)。颜元以耻"诡道""陷阱之术"为"圣门之腐儒""天下之罪人"(《颜习斋先生言行录》卷下《不为第十八》,《颜元集》第689页),于此却仍不忘条件的设定,令人可感其言及"术"的谨慎态度。

下第 783 页），以为非如此不足以"成天下之事"。吕坤说："治道尚阳，兵道尚阴。"（《呻吟语》卷五《治道》）曾从事兵事的鹿善继，一再说"兵，阴道也，从前失著在以阳用之"（《答张蓬元书》，《认真草》卷一三）；"兵，阴象也，以阳用之则败"（同卷《答阎浮檀书》）。徐光启亦曰："兵书所称，将帅所贵，不过权谋、阴阳、形势、技巧。"（《拟上安边御虏疏》，《徐光启集》卷一第 6 页）"兵不厌诈"（亦作"兵不厌权"，语见《后汉书》卷五八《虞诩传》）。"诡""诈"均关心术；"诡"即有违于"正"。而文人借"兵"之为话题，确也在某种意义上辩护了"权谋"的正当性。

有明一代被许为"知兵"的文士，为人所艳称的，正是其计谋。刘基已被诸种传说塑造为传奇性人物。杨荣一再以大臣参与军事，运筹帷幄，史称其人"历事四朝，谋而能断"（《明史》卷一四八本传）。著名文人徐渭则"好奇计"，胡宗宪"擒徐海，诱王直，皆预其谋"（《明史》卷二八八徐渭传）。王宗沐撰《茅鹿门先生文集序》，说茅坤"王伯甲兵之略，撑腹流口，听之令人座上须眉开张，欲起周旋"（转引自《茅坤研究》第 153 页）。豪杰之士以兵事为逞勇斗狠的舞台，文人则以与于谋划为智力愉悦。较之战场胜负，他们甚至可能更有兴趣验证自己预测的准确性。《明史》记唐时升，曰其人"值塞上用兵，逆断其情形虚实，将帅胜负，无一爽者"（卷二八八）——其满足自然在"事功"之外。我在下文还将谈到，"谋臣""策士"一类传统角色，正凭借了明代的特殊条件而重新活跃。

文士、文人也由"谋略"的一面，肯定了自己在军事行动中的重要性。世宗朝刘龙曰："夫兵之为道，有战之者，有所以战之者。战之者，武臣之技；所以战者，非儒臣弗能也。……兵，武事也，而参之儒臣，庸非以膏粱将种，不皆卫、霍之流，而科第儒生，亦有韩、范之辈乎？况夫折冲樽俎，制胜两楹，顾方略何如，殊不在驰马试剑，角一旦之命也。"（《送高宪副文明兵备固原序》，《明经世文编》卷一四二）文士的不幸在于，谋略得以实施，从来赖有苛刻的条件，即身任戎务者，也不免受制于条件而难得展布。《明史·兵志三》曰嘉靖朝巡抚都御史陈讲筹边事，"规画虽密，然兵将率怯弱，其健者仅能自守而已"（卷九一）。如此情势,不能不令以韬钤自负的文人徒唤奈何。由《皇明经世文编》、明人文集看,越近末世危局,士人谈兵越有精彩,而其成效也越不可期——军事形势已非士夫的智慧所能扭转,此种智慧只能借诸"言论"而肯定自身并供后世鉴赏。黄宗羲《思旧录》记韩上桂(孟郁),曰其人"好谈兵略,郁郁无所试而卒"(《黄宗羲全集》第一册第 353 页)。而据《明史·选举志》,崇祯"十四年谕各部臣特开奇谋异勇科。诏下,无应者"。

有豪杰气的文士、文人不以指画方略为满足,他们不惜履险蹈危,奔走兵间,冀以临戎决胜、斩将搴旗完成豪杰人格。徐渭自说"生平颇阅兵法","尝身匿兵中,环舟贼垒,度地形为方略,设以身处其地,而默试其经营,笔之于书者亦且数篇"(《拟上督府书》,《徐渭集》第 465—466 页)。唐顺之"躬自擐甲阵中",甚至为激励将士而身先士卒,"自往死斗"(《行总督军门胡手本》,《唐荆川文集》外集卷三)——确非徒作空言者可比。《明史》茅坤传,记坤曾连破"瑶贼"十七砦(卷二八七)。任环传:"倭患起,长吏不娴兵革。环性慷慨,独以身任之。"(同书卷二〇五)归有光《海上纪事》,有"文武衣冠盛府中,轻身杀贼有任公",及"任公血战一生余"等句。任环本人诗中也曰"剑横沧海夜谈兵",意气豪迈。[1] 归有光本人也曾参与昆山城守。其《昆山县倭寇始末书》曰:"愚忝与守城,与贼来去之日相终始。"(《震川先生集》卷八第 185 页)《上总制书》自说"亦尝冒风雨,蒙矢石,躬同行伍者四十余昼夜"(同卷第 179 页)。[2]

在明亡之际普遍的军事动员中,顾炎武曾参与苏州抗清起义(《顾

---

[1] 归氏集中另有《颂任公四首》。据《明史》本传,任环曾与"贼"短兵相接。"环在行间,与士卒同寝食,所得赐予悉分给之。军事急,终夜露宿,或数日绝餐。尝书姓名于肢体曰:'战死,分也。先人遗体,他日或收葬。'将士皆感激,故所向有功。"万历朝陈于陛《披陈时政之要乞采纳以光治理疏》还说:"查得嘉、隆间,任环、董邦政之起家科甲,王邦直、李春艳之奋迹诸生,即近日缙绅缝掖中,以武事擅长者,亦多有之,特患朝廷搜罗尚隘,推择未当耳。"(《明经世文编》卷四二六)

[2] 归氏"御倭"主张,尚见诸书札。因亲与其事,自有根据,非泛泛之谈可比。如《论御倭书(代)》《上总制书》(均载《震川先生集》卷八)。然钱谦益所撰归氏小传(《列朝诗集小传》)、王锡爵所撰归氏墓志铭,均未及归氏参与城守事。

炎武新传》,《赵俪生史学论著自选集》第332页)。黄宗羲于乙酉与两弟"纠合黄竹浦子弟数百人,步迎监国鲁王于蒿坝,驻军江上,人呼之曰'世忠营'"(参看《黄宗羲年谱》第24页)。[①] 北方儒者如孙奇逢、刁包,也曾参与守城。[②] 陆世仪自说于庚辰(崇祯十三年)为钱肃乐、张采策划太仓城守,甚详密(《思辨录辑要》卷一七。按前此陆氏辑有《城守全书》)。后来被顾炎武许为"萧然物外,自得天机"的傅山,亦曾赴督师李建泰聘。据陈子龙所见,方以智也跃跃欲试。《陈忠裕全集》卷二五《方密之流寓草序》,记"方子尊人大中丞方握全楚之师镇荆鄂,受命之日,散家财、募精卒,即日之镇。而方子亦左橐键、右铅管,结七、八少年以从"。李雯序方以智《流寓草》,也说"其家大人以文武方略,拥全楚之节,控制上游。密之常将苍头异军,从至幕府"(《方子流寓草》)。当其时急欲请缨的,不乏其人。杜濬《六十自序》曰:"中年值用武之世,亦思提十万师,横行其间,运筹决策,战必胜、攻必克,使麟阁图吾形,而勋业照耀于史牒,良足愉快,称奇男子……"(《变雅堂遗集》文集卷五)钱谦益记沈演晚年里居,犹"画江南守御事",且"辟馆舍,庀薪水,招延四方奇士","冀得一二人以效一臂于国家"(《南京刑部尚书沈公神道碑铭》,《牧斋初学集》卷六五第1517页)。所谓"士气"可用,所根据的,即应是此种事例。《明史》曰:"明季士大夫,问钱谷不知,问甲兵不知。"(卷二五二赞文)仅由上述材料也可证此类说法病在笼统。下文还将谈到,书生、文士确有知兵者。明代士人固然有人终日谈心性,也有既谈心性而又谙练兵机者。即"明季士大夫",又何可一概而论!

---

① 黄氏自说当孙嘉绩建义,他曾以"世忠营"佐孙;"乃余西渡,公(即孙氏)以'火攻营'见授,差可一战"(《思旧录·孙嘉绩》,《黄宗羲全集》第一册第386页)。但由文字看,黄氏似不曾真的用兵。

② 孙奇逢曾参与容城城守。陆陇其《刁文孝先生生平事实记》记刁包:"戊寅大难,寇起四境,郡危,候虑西城重地,进先生而揖之曰:'西面关锁,非公不可。'先生义不获辞,奉贞惠纠众千余人,誓同固守,而西方一面兵政,实身任之。及贼至城下,先生对贼如无事,究使天骄鼠窜。候叹曰:'此先生《武备》一篇之验也。'……"(刁包《用六集》附录。按候应为侯之误;贞惠,刁氏之父)

考察文士、文人的军事参与，不妨认为，明中叶以降逐渐完善的幕府制，为实现此种参与提供了更大的可能。嘉、隆之际王烨献御虏议，其中谈到有无开"古幕府"的可能性："拟议贵精，咨访贵广。以礼敦辟名臣俊士，足为主帅之师友，以赞军机，如古幕府之开，可乎？"（《陈肤见以赞修攘疏》，《明经世文编》卷二六三）明亡前后，胡宗宪幕府人才之盛，即为士人津津乐道。黄宗羲说："吾观胡之幕府，周云渊之《易》、历，何心隐之游侠，徐文长、沈嘉则之诗文，及宗信之游说，皆古振奇人也！旷世且不可得，岂场屋之功名所敢望哉？"（《蒋氏三世传》，《黄宗羲全集》第十册第583页。按周云渊即周述学，沈嘉则即沈明臣，宗信即黄氏此篇所写之蒋洲）另在《周云渊先生传》中说，"总督胡宗宪征倭，私述学（按即周云渊）于幕中，谍以秘计；述学亦不惮出入于狂涛毒矢之间，卒成海上之功"；同篇还说周氏"在南北兵间，多所擘画，其功归之主者，未尝引为己有"（同书第547页）。《明史》徐渭传："督府势严重，将吏莫敢仰视。渭角巾布衣，长揖纵谈。幕中有急需，夜深开戟门以待。渭或醉不至，宗宪顾善之。"同在幕中的余寅、沈明臣"亦颇负崖岸，以侃直见礼"（卷二八八）。在此种场合，傲岸、跅弛不羁，亦一种文人特权。至于如胡宗宪一流人物对文士的优容中，也包含着轻蔑，则是另一回事。

此一时期以饱学之士而谈兵入幕参军事的，非止周述学，陈第亦一例。其人亦如周氏，亲历沙场，出入战阵，更身任游击将军（参看容肇祖《明代思想史》第270页）。嘉、隆号称盛世，明末士人对其时人物不胜神往。徐光启就曾慨叹道："然则今者果有握边算、佐庙筹，如鹿门先生之于胡公者乎？"（《阳明先生批武经序》，《徐光启集》卷二第65页。按鹿门，茅坤；胡公，胡宗宪）[1]徐光启本人也得力于幕下士。他自说当从事练兵时，"一时幕下才技之士，颇为济济"（《疏辩》，

---

① 《明史·胡宗宪传》曰胡氏"性善宾客，招致东南士大夫预谋议，故用是起。至技术杂流，豢养皆有恩，能得其力"（卷二〇五）。唐顺之在《郑君元化正典序》中刻画其时游戎幕者的神采："会稽郑君少喜谈兵，读韬钤诸书，尤工于风角鸟占。尝北抵宣、大，东历辽、蓟，掀髯谒诸边帅，谈笑油幕间。每虏镝骤飞，发一语策胜败，屡屡奇中。以是撼贵珰老将，而出其囊中之金……"（《唐荆川文集》卷六）运筹帷幄且收入不菲，无疑合于文人名士的胃口。

同书卷四第 213 页)。同一时期如孙承宗幕下,亦有鹿善继、茅元仪等人。[①] 鹿氏对茅元仪不胜倾倒,其《答茅止生书》曰:"足下天下才也,胸中兵甲,笔底风云,即一刀札无不顿挫跌宕,令人心折,复令人魂摇";还说:"天生才必有用,才如足下,而肘不悬斗大印,无是理。"(《认真草》卷一四)茅氏的魅力可知。钱谦益挽茅元仪,有"田宅凋残皮骨尽,廿年来只为辽东"等句(《茅止生挽词十首》之九,《牧斋初学集》卷一七第 599 页)。[②] 以兵事受知于孙承宗者,另有周敏成其人。据归庄所记,周氏以一文士啸傲武将间,"规划纵横,智略辐辏"(《周参军家传》,《归庄集》卷七第 416 页)。弘光朝,史可法开府扬州,后来的著名遗民如阎尔梅(古古)、彭士望(躬庵)等,都曾一度在其幕中。阎氏为明遗民中的传奇人物,有战国策士、游侠之风,所谓"布衣之雄"。

画策兵间,售其智计,这种异乎寻常的生存方式无疑富于刺激性。钱谦益曰卓去病"以文士喜论兵,述战守胜负之要,似尹师鲁",其人也因此而为卢象昇所重。据说卢"朝见属吏罢,辄开后堂延去病上坐,磬折谢不敏,隅坐请事,议上时漏下二鼓,卢公炳烛传签,质明而事定"(《卓去病先生墓志铭》,《牧斋有学集》卷三二第 1152 页。时卓去病任大同推官,卢为督府)。出诸钱氏之笔,或不免夸张,但其时用兵者对谋略之士的重视,应不远于事实。不消说,参与军事的文人并无意于放弃其之为"文人",更无论自居武夫。文人的从事戎务,正因他那一种特殊身份方能成佳话、美谈。毋宁说文士、武夫间的距离正因此而显现

---

① 孙承宗曾指摘"以武略备边,而日增置文官于幕"(参看《明史》本传);他本人幕下,却文武辐辏。据《明史》鹿善继传,孙承宗督师,表鹿氏为赞画(时鹿为兵部职方主事);其他如茅元仪等,则为孙氏本人罗致,非朝廷"增置"。鹿氏从孙承宗于边关,在书札中说:"相公一日在师中,弟即一日在幕中";自说义无反顾,"情愿在行间与共忧共患之人"(《复张见立书》,《认真草》卷一三。按相公即孙承宗)。

② 钱氏《列朝诗集小传》记茅元仪,说"其大志之所存者,则在乎筹进取,论匡复,画地聚米,决策制胜。集中连篇累牍,洒江倾海,皆是物也"(丁集下第 592 页)。据《明史》孙承宗传,崇祯初年,兵部尚书王在晋曾极论马世龙及茅元仪"荧惑枢辅坏关事"。鹿善继也曾说到王岵云"修怨高阳,而借马、茅为题"(《与袁自如书》,《认真草》卷一六。按高阳,孙承宗)。

出来,何况所谓"戎幕"的幕主往往正是文臣。

具有讽刺意味的是,清初平三藩之乱,颇有汉族文士在武人幕中。据尚小明《学人游幕与清代学术》,"清初学人参赞戎幕,主要是在平定'三藩'之乱期间"(第20页)。大可作为明清易代之际世相驳杂之一例。有趣的是,其时士人分别参与了双方军事——除如尚小明所说参加平叛外,尚有遗民对"叛乱"的参与(参阅赵俪生《清初明遗民奔走活动事迹考略》,《赵俪生史学论著自选集》;拙著《明清之际士大夫研究》下编《余论[之二]》)。这一话题已不宜在此展开。

明亡后的追论

到了大势已去,明末朝廷仓皇之际轻用谈兵的书生,被追论不已。熊文灿因酒后狂言而得委任(参看《明史》卷二六〇本传),或许是最富于戏剧性的一例。① 不知兵而膺军事重任的,熊文灿外,另如杨嗣昌之父杨鹤,以及李景隆辈。

王夫之说,"兵不可以言言者也"(《读通鉴论》卷一四第523页)。如下对谈兵者的刻画,无疑依据了直接的政治经验。他说其人"大言炎炎,危言恻恻,足以动人主之听","猜闇之君"倚以商略兵事,"猜防"帅臣,"于是有甫离帖括,乍读孙、吴者,即以其章句声韵之小慧,为尊俎折冲之奇谋","以其雕虫之才、炙毂之口,言之而成章,推之而成理,乃以诮元戎宿将之怯而寡谋也,竞起攘袂而争之",至军覆国危,非但不任其责,且"功罪不及,悠然事外";王夫之指其人为"以人国为嬉者",且分析了使之能成其"嬉"的政治条件(同书卷二四第923页)——自应有感于近事而云然。同卷还说到"白面书生"不及陆贽之百一,"乃敢以谈兵惑主听,勿诛焉足矣,而可令操三军之生死、宗社之

---

① 《明史》杨嗣昌传曰熊文灿"实不知兵"。这自然是事后的评论。崇祯四年徐光启《钦奉明旨敷陈愚见疏》曰:"若中外臣僚中,臣所目见其人,耳闻其说,深于兵学者,无如闽抚熊文灿。"(《徐光启集》卷六第314页)也可证其时对于熊氏的期待。

存亡哉!"(同上第924页)①

终宋之世,武功不竞。明末士人自以为所处之世类宋:谈兵的风气固然类宋,风气中的讽刺性竟也相类。叶适说:"言之实者无奇,无奇则难听,故天下多奇言,而言兵为尤奇。"此"尤奇"指好谈兵谋,好孙武的诈术。因士之嗜谈兵而人主好奇言,故"奇言漫衍于天下,而天下反皆以奇为常,是以下未知兵而习为多杀人之术,上未用兵而先有轻杀人之心"(《进卷·兵权下》,《叶适集·水心别集》卷四第682页)。同文列举谈兵者的诸种说辞及情态,极尽讽刺。如曰"……或山林草泽之士,请来献见。或在外之臣,无以固结恩宠,走马面论,密疏入中。或因缘称荐,无以为名,必挟兵说以自重。且其开口论议,容止不动,声音伟然,问答纵横,不可穷诘。……"与明末的情景何其相似! 当然应当说,叶适此篇的期待读者是人主;他是以类似近臣的角度打量那些谈兵者的。

薛应旂《御寇论·固本》:"往余在京师,会诸士人,论学之余,辄即论兵。凡山川虏势、士马城堡、将领粮饷、事机权变、纪纲法令之属,咸能建议,俱各成章,而天文舆地图说,亦若莫不究心矣。及庚戌之秋,虏众犯我都城,则相顾错愕,无能为驱逐之计……"(《明经世文编》卷二八八)其时京师士人所论之"兵",不过纯粹"话题"。强调实战经验,于谦曾说"用兵之法,不测如阴阳,难知如鬼神,贵在临期应变,难以一定而求"(《建置五团营疏》,同书卷三三)。到了明亡前夕,卢象昇则说:"若夫兵家要略,运筹帷幄,终是迂谈;临阵决机,乃为实用。盖阃外师中,非身到、眼到、心到、口到不可。"(《请饬秋防疏》,《卢忠肃公集》卷一〇)有隆武朝的经验,黄道周承认"不亲行

<hr />

① 王氏还说:"坐谈而动远略之雄心,不败何待焉?"(同书卷一五第573页)"以言说勇者,气之浮也,侈于口而馁于心,见敌而必奔矣。"(同上)"故善谋者,未有能言其谋者也。指天画地,度彼参此,规无穷之变于数端,而揣之于未事,则临机之束手,瞀于死生而噤无一语也,必矣。"(第574页)到明亡之后,此种议论已成通识。魏禧也说:"兵为治术之一,于天下事最为难能,不可以轻说。"(《答曾君有书》,《魏叔子文集》卷五)颜元道:"武凶事,不比文,当以历练为作养,乃可用。"武将应由军事行动中拔擢,"庶历练之干略,不比纸上之韬钤"(《颜习斋先生言行录》卷上《齐家第三》,《颜元集》第628页)。

伍,不知行伍之难也"(《与徐竹孙书》,《黄漳浦集》卷一六)。陈确则断然道:"兵不可谈,谈兵者即不知兵。"(《复来成夫书》,《陈确集》第 90 页)①

书生固有好谈兵者,却也另有对此持清醒的批评态度者,见事之明,未必不在当局者之上。当其时吴应箕就说:"时非开创,君非圣神,亦欲破格取人,登进不次,此立败之道。"(《时务策》,《楼山堂集》卷一一)还说:"兵者,专家之学也,习之久而后精,有功效而后见。今文臣即自负管、葛,武臣即自谓韩、白之能,岂有不待更试,卒然拔之草野之中,而推毂于行伍之内乎?"(《拟进策》,同书卷九)前此,嘉、隆之际即有"储边才"之议。隆庆初,大学士高拱以为"兵者专门之学,非素习不可应卒。储养本兵,当自兵部司属始。宜慎选司属,多得智谋才力晓畅军旅者,久而任之,勿迁他曹。他日边方兵备督抚之选,皆于是取之"(《明史》卷二一三本传)。待到崇祯十五年李清的章疏重申此议(参看《明会要》卷三二第 538 页),已仓促无实施之可能。局外者的军事热情或也正由局中者的巽软怯懦所激成。《明史》陈新甲传,曰陈氏得以乙榜为尚书,乃因"兵事方亟,诸大臣避中枢"(卷二五七)。事实之复杂尚不止于此。王猷定说崇祯末年,"朝议往往以朋党私隙,谋报复,阳为推毂,实借寇兵报仇。督抚一命,如驱羊就虎"(《许氏七义烈传》,《四照堂集》卷八)。"推毂"、破格任用的背后,竟有可能埋伏了杀机!②

---

① 上文所引杜濬《六十自序》,说虽有从戎之意,"而一时谈兵者皆妄人,且意在反复,无足与言"。吴麟徵《壬戌会试策·第五问》:"自古淝水之捷,采石之凯,文士收功能几人也!文墨为政,干戈不灵,使刀尖所争之原野,尽坏于笔尖……"(《吴忠节公遗集》卷一)孙承宗记左光斗"好录识诸负铃略者,独不轻为剡荐"(《明都察院左金都御史赠右副都御史太子少保浮丘左公墓志铭》,《高阳诗文集》卷一七)。

② 宋之盛批评明末"建牙开府,不惟凤谞韬铃人是简是任,而徒委责于端亮不避难之臣,而不顾用违其才"(《跋蔡忠襄先生正学贞节序论》,《髻山文钞》卷上)。熊开元解释金声之以"知兵"名,曰"其人盖坐而论道之资,非将材也,然往往以知兵著闻,以其忠孝性生,或告之以难,则投袂起,而信其靡他者,亦往往从之恐后"(《恭报徽郡失守词臣一门尽节仰祈圣鉴疏》,《鱼山剩稿》卷一第 64 页)——金声的举义赖有人格魅力、道义感召力,固与"军事才能"无干。

但明末那种对号称"知兵"者的非常规选拔、随机任用,的确有效地刺激了士人的谈兵热情。在久困于场屋,厌倦了帖括、咕哔的书生,这实在是难得再逢的机会。用人之际的这种随意性,自为偾军败事准备了条件。归有光曾以殷浩、房琯为例,批评"用违其才"。① 较之殷浩、房琯,明末的僧人申甫,无疑是更具有戏剧性的例子。② 但事后的追论也并非没有问题。熊开元辩护金声的荐申甫,说当崇祯召见群臣令条上方略时,"举朝错愕莫敢出一言";待申甫兵败,"从前错愕一言不出者,交言书生误国,章满公车"(《金忠节公传》)。

曾主持练兵的徐光启并不乏自知之明,其奏疏中说:"臣自知自量,则身非可用,而言或可用。譬如医非卢、扁,所执者卢、扁之方耳。皇上若用臣之言,则使臣言之,而使能者为之足矣,何必臣自为之乎?……一经委任,才力不支,并生平讲求考究之微长而尽掩之矣。"(《仰承恩命量力知难疏》,天启元年,《徐光启集》卷四第 190—191页)钱谦益即自负知兵,也有"多谢群公慎推举,莫令人笑李元平"等语(《牧斋初学集》卷二〇第 725 页。李元平事见《新唐书》关播

---

① 其《河南策问对二道》说殷浩领军,"蹙国丧师",引桓温语:"浩有德有言,向使作令仆,足以仪刑百揆,朝廷用违其才耳。"关于房琯,曰:"唐世名儒皆称其有王佐之才,然将兵固非所长,一与贼遇,遂至丧师。前史称其'遭时承平,从容帷幄,不失为名宰;而用违所长,遂陷浮虚比周之罪'。"(《震川先生集》别集卷二下第 783、784 页)

② 僧申甫好谈兵,私制战车火器,为金所荐,参与军事,兵败阵亡(参看《明史》卷二七七金声传、陈垣《明季滇黔佛教考》卷三第 157—158 页)。金声的荐刘与鸥、申甫,所据确也是其人的谈兵(参看金氏《据实奏报疏》,《金忠节公文集》卷二,己巳)。王夫之也曾提到金声误信申甫一事,说:"楚俗好鬼,淫祀其小者也。妖术繁兴,乃欲试之兵戎之大事。士大夫惑于其说,为害甚烈。江汉间翕然相尚,贤者亦堕其中。"(《搔首问》,《船山全书》第十二册第 625 页)可知一时舆论。用兵而信妖术,亦一种末世景象。弘光朝柳敬亭入左良玉幕府、参机密,在黄宗羲看来,近于儿戏。黄氏《柳敬亭传》指摘吴梅村的柳氏传,将柳氏参宁南军事比之于鲁仲连之排难解纷,以之为"失轻重","倒却文章架子"(《黄宗羲全集》第十册第 573—574 页)。清王应奎《柳南续笔》卷一"服御类优"条:"阮大铖巡师江上,衣素蟒,围碧玉,见者诧为梨园装束。某尚书家姬插雉羽,戎服骑入国门,如昭君出塞状,大兵大礼,而变为倡优排演场,苟非国之将亡,亦焉得有此举动哉?"(第 153 页)

传）。其时却一再演出李元平故事。《明史》陈士奇传："士奇本文人，再督学政，好与诸生谈兵，朝士以士奇知兵。及秉节钺，反以文墨为事，军政废弛。"（卷二六三。按陈氏死于与张献忠的战事）①以文士督师而致偾事的，可鄙可笑无过于李建泰（参看《明史》卷二五三魏藻德传）。凡此，事后看来，像是以兵事为儿戏，而在当时，确也有不得已者。

明末朝廷用人不当，本不应由士人的谈兵负责，而明亡之际的追究，却也及于此"谈"，可以归入其时涉及广泛的士文化反省之内。曾任隆武朝大臣的黄道周，就因不知兵而蒙讥。前此归有光曾慨叹道："宋世士大夫，愤于功之不竞，而喜论兵如此。熙宁间，徐禧、萧注、熊本、沈起之徒，用之而辄败。天子寻以为悔。元符、政和开边之议复起，驯致国亡。呜呼！兵岂易言哉？"（《跋何博士论后》，《震川先生集》卷五第114页）清四库馆臣大不满于归氏此跋，曰："有光不咎宋之溃乱由士大夫不知兵，而转咎去非之谈兵。明代通儒所见如是，明所由亦以弱亡欤？"（《四库全书总目提要》子部兵家类宋何去非撰《何博士备论一卷》）上述议论由近人看来，均不免倒置本末。宋、明之亡固不由士大夫之不知兵，亦不由士人的谈兵。归氏不过夸大了文士在军事活动中的作用（包括谈兵的效用）罢了；在这一点上，四库馆臣的思路正与之相近。毋宁说此种夸大（其中包含了不适当的自我期许），才是士人通病。倘若不以成败论，应当说，那些被事后嘲笑者，其言非尽不可用；仅由成败论，即不免如徐光启所说，"并生平讲求考究之微长而尽掩之"。

士夫才略不获展，即获展而终归于败亡，更像是宿命，并非止于危亡关头。上文所引钱谦益《谢象三五十寿序》接下来说，当年那班在其邸宅中剧谈的友人，虽"用兵事显"，而"久之则暴骨原野，填尸牢户者，项背相望"。无论成败，谈兵作为一种文化姿态，作为对抗、挑战的姿态，对于士人精神的"解放"意义，是无可怀疑的。且兵事是何等事！

---

① 李清《三垣笔记附识中·崇祯》："四川陈巡抚士奇能文，先为提学则专谈兵，及为巡抚反谈文，人以为两反。"（第57页）

即使止于"谈",也足以影响人生境界,使之浩荡感激、壮怀激烈。士人所寻求的,有时不过是此种意境,以便安顿身心罢了。

直至清初,流风未泯。颜元自说24岁即读《孙子》,"手抄十二篇,朝夕把玩"(《答五公山人王介祺》,《习斋记馀》卷三,《颜元集》第429页)。王源本人何尝不如此!其《与王吏部书》曰:"源鹿鹿无所短长,独喜谈兵,考形势……"(《居业堂文集》卷六)①清初士人的任侠之风亦明世遗习,只不过目标渐失,士风终为世所转。

唐甄的好谈兵亦明人余习,其人议论纵横,有策士风。《潜书》下篇下《全学》:"学者善独身。居平世,仁义足矣,而非全学也。全学犹鼎也,鼎有三足,学亦有之:仁一也,义一也,兵一也"(第173页),与张履祥、颜元思路有合;而以"兵"与"仁"、"义"并列,张、颜似无此议论;以此界定"儒",则明人所未道。"所贵乎儒者,伐暴而天下之暴除,诛乱而天下之乱定,养民而天下之民安。"如此议论发出在大动荡之后,惟其时的历史氛围方能解释。

兵事乃男人所事,亦男人所以为男人——据颜元、王源等人的记述,这种渊源古老的思想,到清初在北方遗民中犹有存留。颜元《公奠李隐君谥孝悫先生文》记李塨之父李明性,曰:"至若始衰之年,犹率及门弯弓拈矢,习射不解,以瓮牖贫儒,鬻粮三石,妆饰莫邪;豪壮之气,震耀千古,岂宋、明诸儒所得般流者哉!"另在《祭李孝悫文》中说其人"五旬衰老,日习弓矢,壁悬宝剑,时复欲舞"。《哭涿州陈国镇先生》记其夜宿陈国镇家,陈氏"呼童进弓刃曰:'近严戒小辈。'遂关弓鸣弦,曾七旬老叟而雄壮若是乎!"(《习斋记馀》卷七,以上分别见《颜元集》第531、532、536页)上文已经谈到,明亡之际,直接或间接地联系于其时制度复古、经学复兴的要求,有恢复士的原始功能的吁求。颜元反复申说复"古学"——"六艺",强调尤在"射""御"等军

---

① 《居业堂文集》卷二〇《绥寇纪略书后》(一)(二)(三)均谈兵之作,借分析明末战事谈兵。同书卷一〇《权论》《将论》《战论》《八阵论》等亦谈兵之作。王氏尚著有《兵论》。《王崑绳家传》:"先是源父既遭国变,流转江淮间,喜任侠、言兵,所交多瑰奇隐异之士。源以故习知前代典要,及关塞险隘攻守之略。"(同书)

事技术的操练，将其作为设计中的文化修复工程的重要部分。在这一种思路中，"射""御"之废被认为导致了书生式的孱弱，主张经由对"六艺"的修复，从事传统书生性格的改造，寻找、恢复失去了的男性力量。由后世看去，主张者不过以"拈矢弯弓"为象征性的补救——弓、矢在这里，更宜于视为"行动性""实践性"的象征。因此不便认定到颜元的时代，北方较南方为尚武。情况更可能是，颜元依其理想，按图索骥，找到了其所欲寻找的人物。此外应当注意的是，北方儒者、遗民以习武为一种特殊的表达，亦自言其志，在明亡之后，有语义的复杂性。这里有情感的宣泄、"恢复"意志的表达，自然还有见诸行动、形之于动作的儒学反思、士习批评。颜元、王源等人所着意渲染的，即孔子所谓"北方之强"。却也有敏感的士人，由兵心感到了戾气。吴伟业就说过，鼎革之际，"天下靡然，皆以阴谋秘策，长枪大刀，足以适于世达于用，而鄙先儒之言为迂阔"，在此风气下，"即使过阙里，登其堂，摩挲植柏，观俎豆与礼器，恐无足以感发其志思者"（《太仓州学记》，《吴梅村全集》卷六〇第1220页）。敏感到战争对于心性的影响，吴氏的忧虑无疑有极现实的根据；也证明了虑之深远的不唯儒家之徒。

有清一代，也仍有士人谈兵，仍有谈兵者的偾事，其成为风气，却要等到中叶的危机之后。夏仁虎《旧京琐记》卷三《朝流》："清流最负盛名而喜谈兵略者，南为吴清卿，北则张幼樵也。幼樵论兵事如掌上螺纹。清卿自谓精枪法，有百发百中之技，试之良信。与习者，或谓其枪上置望远镜云。两公皆主用兵以张国威，清卿北辱于榆关，幼樵南败于闽峤，论者或谓用违其地矣。"更耐人寻味者，是："自吴、张好谈兵而致偾覆，于是清流乃出其看家之学，以相号召而消磨日月。其目约分为五：曰三传三礼，曰金石碑版，曰考据目录，曰小学舆地，曰词章楷法。厥后道义诸人出，始复有志于兵事。"（第49页。按吴清卿即吴大澂，张幼樵即张佩纶，道义即文廷式）将其所谓"三传三礼"诸学的兴盛，归因于"谈兵而致偾覆"，不失为有趣的见解。

谈兵制(之一):"寓兵于农"

前于本书所设时段,关于有明一代兵制,就时有批评。明清之际与兵制有关的批评,沿袭已有的思路,通常在两个方面展开:对文武分、兵民("民"亦作"农")分的体制追究。而兵制论亦如田制论,凭借了有关"三代"的制度论视野,以文献所提供的"三代"以前"兵民合""文武合"的图景,作为批评现行体制的根据。似乎是,只有凭借了这一视野,士人的有关议论才得以展开,并彼此构成对话关系。甚至近人亦未尽在此视野之外,与前人的有关对话也凭借了同一视野——至少令人可感有关"三代"的经典描述作为参照系统隐然的制约。三代、井田论影响之深远,于此也可得一证。兵制与田制本相因依,论兵制于"三代论"的视野之内,即不可避免地涉及三代可复与否的整体判断。因此其时兵制复古的要求,往往与复井田的要求配套,论者的有关主张通常也有在此框架内的自身统一。①

"兵—民""文—武"之分被认为始自"三代"以后,两种"分"又被认为有相关性。孙奇逢就说过:"文武本无分也,分之自兵民始。自兵与民分统,将与吏遂分治,属橐与载笔遂分业……"(《赠孔氏兄弟序》,《夏峰先生集》卷三)以此"分"为制度病,当其时更像是士人的常谈。黄宗羲批评"兵民太分""文武分为两途"(《明夷待访录·兵制一》),却不曾说到"合"缘何途径达致,亦有书生论政对"可操作性"的一贯漠视。陈子龙也说:"古今之事,一变而不可辄复,至于今不胜其弊者,莫若兵民之异名而文武之异官。"(《重将权》,《陈忠裕全集》卷二三)顾炎武直至乙酉,仍主张对兵制稍做更革,冀有万一之效;而其有

---

① 古代中国兵制与田制的相关性作为基本事实,也构成了近人研究中国古代土地制度与军事制度的认识论根据。陈守实的《中国古代土地关系史稿》以"土地关系"为论题,对历代兵制多所讨论。即如他认为,"在北魏到隋唐这一时期中,兵制与田制是不能分开考察的"(第178页)。

关兵制的思路,不出"寓兵于农""兵农合一"的固有框架。① 清初论者对上述思路又有沿袭。颜元即说"元每叹夫兵、民分而中国弱,文、武分而圣学亡"(《朱子语类评》,《颜元集》第300页)——几于众口一词。

兵民、文武,问题虽有内在的相关性,作为论域却非即重合。"兵—民"关系田制,"文—武"则系于权力机构内的功能分割,更与铨政、职官制度及近代所谓的"教育体制"有关——均渊源深远。对于有关论题,我只能在限定了的时段中讨论,当然也会做力所能及的上溯。

兵民分合作为话题已然古老,明人不过是在"接着说"。即如距明不远的宋,陈亮就以"兵农合一"为"天地之常经"(《策问·问兵农分合》,《陈亮集[增订本]》卷一四第163页),说:"古者兵民为一,后世兵民分矣,然汉、唐盛时,兵犹出于民也。"(《策问·问古者兵民为一后世兵民分》,同书卷一三第154页)以其本朝所实行的募兵制为弊政。叶适也提出过"由募还农"的折衷方案(参看《习学记言序目》卷三九)。其时钱文子《补汉兵志》、陈傅良《历代兵制》均涉及此话题。宋元之际,马端临的《文献通考》于文献考释中更多所发明,似乎已无剩义,然而由明至清,论者仍呶呶不已。这固然可以作为既有的思想材料制约人的思维的例子,也不妨想到,古老话题被不同时代的论者一再重提,必有它的缘由。《汉书·刑法志》"因井田而制军赋",只是部分地解释了田制、赋制、兵制的相关性。有关兵制与田制相因依的认识,勾画了明人论说的基本方向。在明代士人看来,田制、兵制之相关不止限于兵源、军饷等具体环节,更在兵民关系的铸造上。他们经由这一话题,不但表达了对"兵制"与其他制度(尤其田制)的内在关联的认知,而且其中的少数论者,还表现出对于制度的文化后果的敏感。

近人陈守实说,"均田、府兵、租庸调,基本上是相关的"(《中国古代土地关系史稿》第210页)。有明一代施行的卫所、民兵、屯田(尤其

---

① 顾氏既批评明代的兵、农分,又批评军、兵分,以有明军制之不一(即有卫兵、民兵、募兵)为病(参看其《军制论》,《顾亭林诗文集》第122—123页)。

军屯)制,则为其时的"兵制—田制"论提供了切近的经验依据。李因笃说屯田与井田相表里,"井寓兵于农者也,屯寓农于兵者也"(《屯田》,《受祺堂文集》卷二)。近人李洵则认为,卫所制是"朱元璋'寓兵于农'主导思想的体现";"他的'寓兵于农'的'农',已不是'兵农合一'中的'农',而是一种军事屯田制下的'兵农'"(《论公元十五、十六世纪明代中国若干历史问题》,《下学集》第12、13页)。① 毛佩奇、王莉《中国明代军事史》也以为明代卫所制是"另一种形式的寓兵于农"(第4页)。孟森对有明初制,极为称赞。关于卫所,甚至说"兵制之善,实无以复加"(《明清史讲义》第40页)。但法久弊生,嘉靖间魏焕即说:"国初屯田,每军一分;今之屯田,十无一存。"(《经略总考》,《明经世文编》卷二五〇)未到明末,屯政即已败坏,隐射、占役、冒粮,积弊无可救。② 对古制的理想化,出于解决实际问题(如军饷问题)的动机。有明一代军饷的来源,赋税之外,即赖屯、盐。因而直至明末卫所制衰败之后,出于军事需要,屯田仍在进行。天启初张慎言曾出督畿辅屯田

---

① 《明史·兵志一》以为有明一代兵制"得唐府兵遗意"。钱穆以为明代卫所制度,"其实也就如唐代的府兵制,不过名称不同而已"(《中国历代政治得失》第136页)。王毓铨《明代的军屯》对明代军屯与西魏北周至隋唐的府兵制的制度差异有论说。李洵却认为明代卫所制承袭的是"金元以来的军户制"(《下学集》第13页)。毛佩奇、王莉所撰《中国明代军事史》也认为明代卫所"有曹魏时期的世兵制之遗意,但它的直接来源应当是元朝之军户制","卫所分布于各地,所辖之地几与府州县相同,这又与宋朝的屯驻军有类似之处"。但该书仍认为"卫与所是明代兵制的一个创造"(第4页)。

② 明人往往美化祖制。关于明初军屯状况,参看王毓铨《明代的军屯》一书第210—212页。王毓铨认为关于明初军屯的成效,明人的说法不免夸大。《明史·食货志》:"自正统后,屯政稍弛。"李洵《明史食货志校注》则据王原《明食货志》《明史稿食货志》《明宣宗实录》,以为"宣德中期,屯政已开始败坏,正统以后,败坏更甚"(第33—34页)。毛佩奇、王莉《中国明代军事史》则说"永乐晚期,军屯制度已开始遭到破坏。宣德以后,卫所官侵占军屯田地、私役军士耕种之事,已频频发生"(第119页)。黄仁宇以"军队自给"为"不切实际的神话"(《十六世纪明代中国之财政与税收》中译本第80页)。关于军屯、卫所的分析,见该书第75—81页。关于有明一代屯政,尚可参看《续文献通考》卷五《田赋五》。赵俪生认为顾炎武的《天下郡国利病书》从几乎全国的范围记述屯田作为制度的实施情况,及对其时的社会经济、军事等方面的影响,富于文献价值(《顾炎武新传》,《赵俪生史学论著自选集》第281页)。

(《明史》本传)。赵率教在关外屯田,袁崇焕有"大兴屯田"之议,卢象昇则于宣、大"大兴屯政",孙传庭亦于陕西开屯田(均见《明史》本传)。到弘光朝,史可法犹遣官屯田开封(《明史》本传)——更像是一种象征性的姿态。而屯田的必要性,仍然被由"寓兵于农"的一面来说明。孙传庭自说"恨不仿古人寓兵于农之意"(《恭报司务厅练兵并请关防马匹疏》,《白谷集》卷一)。他的着眼处,不过在开利源以足兵饷,将"寓兵于农"作为了应急措施(参看同卷《清屯第三疏》)。金铉也说:"屯法修明,师从(疑为'行'之误)无粮从之忧;乡勇鼓纠,田畯皆鹰扬之选,则兵农差可合治,是周官伍两遗制也。"(《拟周礼策对》,《金忠洁集》卷四)

明代有所谓"军"与"兵"。与"民"分的,是"军",而"兵"则可兵可民。吴晗曾谈到"军"和"兵"在明代,是"平行的两种制度","军是一种特殊的制度,自有军籍"(《明代的军兵》,《读史劄记》第92页),而"兵"系临时召募;"军""兵"对称并行。至于"民兵",则属非常备的地方武装。① 被认为体现了"寓兵于农"的,是民兵。《明史·食货志》:"太祖初,立民兵万户府,寓兵于农,其法最善。"②《明史·兵志》:"太祖定江东,循元制,立管领民兵万户府。后从山西行都司言,听边民自备军械,团结防边。闽、浙苦倭,指挥方谦请籍民丁多者为军。寻以为患乡里,诏闽、浙互徙。时已用民兵,然非召募也。正统二年始募所在军余、民壮愿自效者,陕西得四千二百人。人给布二匹,月粮四斗。景泰初,遣使分募直隶、山东、山西、河南民壮,拨山西义勇守大同,而紫

---

① 参看吴晗《读史劄记》第128页注①。毛佩奇、王莉《中国明代军事史》的说法有所不同。该书曰:"由于卫所军经常被抽选为兵,从而出现了一个新概念——'军兵'。"(第132页)"卫所兵称为军兵,募兵则称为民兵。"该书还说:"土兵指在边境地区捡选民间精壮,保护甲里之兵","那些在各地方因风俗特长不同而被征募之兵,则被称为乡兵"(第6页)。"募兵出现于朱元璋起兵创建明王朝时期"(第123页),"大规模的募兵,出现于土木之变以后"(第125页)。"相对于卫所军的兵,在明初已存在","明中期以后,又立民壮制"(第128页)。赵俪生引《天下郡国利病书》,说自抗倭以来,"兵日增,军日损;兵日骄,军日懦"(《赵俪生史学论著自选集》第296页)。这里的兵,应指所募之兵。

② "民兵"亦称"民壮""弓兵""机兵""快手"等,不隶军籍,自备军械,战时应召,"事平"得"免归"。"土兵"则边郡之"民兵""民壮"。

荆、倒马二关,亦用民兵防守,事平免归。""弘治七年立佥民壮法。州、县七八百里以上,里佥二人;五百里,三;三百里,四;百里以上,五。有司训练,遇警调发,给以行粮……"隆庆中张居正等关于民兵,有"登名尺籍,隶抚臣操练,岁无过三月,月无过三次,练毕即令归农,复其身"云云,尚合于"民兵"之设的初衷。"然自嘉靖后,山东、河南民兵戍蓟门者,率征银以充召募。"①

　　实行屯田的卫所,与作为有明初政的民兵,均由"寓兵于农"的一面得到了肯定。嘉、隆间杨博曰:"……祖宗民壮之设,最得古人寓兵于农之意。"(《覆整饬军务粮饷都御史翟鹏议处民兵疏》,《明经世文编》卷二七四)正、嘉以降,应对其时的军事形势,更有"人人皆兵"的主张。王阳明曾推行保甲法,曰:"诚使此法一行,则不待调发而处处皆兵,不待屯聚而家家皆兵,不待蓄养而人人皆兵。"(《总制两广牌行左江道绥柔流贼》,《明经世文编》卷一三二)嘉、隆之际东南"倭患",因官军、客兵骚扰剽掠,训练乡民、民壮之议起,"家自为兵,户可以战""家自为战,人自为防"云云,几乎成为其时之常谈(参看康太和《与巡抚王方湖公书》,同书卷二一三;孙陞《与李县尹书》,同书卷二三六)。茅坤亦有"家自为守,人自为战"云云(《与李汲泉中丞议海寇事宜书》,《茅坤集》第223页)。海瑞也以"家自为守,人自为战"为"古法遗意"(《启殷石汀两广军门》,《海瑞集》第438页)。张居正以为兴边屯则"家自为战,人自为守,不求兵而兵足矣"(《答蓟镇总督王鉴川言边

①　毛佩奇、王莉《中国明代军事史》认为募兵是卫所之外的"寓兵于农"的形式:"正统到正德时期,是募兵制发展的第一个阶段,这一时期募兵的特点,首先是寓兵于农,兵农合一。募兵秋冬训练,春夏务农,或冬春训练,夏秋务农。当然,有战事时例外,亦不久系行伍。"(第125页)其所谓"募兵"与"民兵",似有混淆。募兵是卫军、民壮外的一种制度。"募兵之制,大约开端自正统末年。募兵和民壮不同,民壮是由地方按里数多少或每户壮丁多少佥发的……募兵则由中央派人召募,入伍后按月发饷,东西征戍,一惟政府之命。战时和平时一样,除退役外不能离开行伍。"(吴晗《读史劄记》第127页)募兵乃由于卫军、民壮均归无用。《天下郡国利病书》所辑方志中,记有福建沙县邓茂七起义,"垛民"(垛集之民,即应征入伍之壮丁)数万人参加的事(参看《赵俪生史学论著自选集》第298页)。明代反对招募客兵者颇有其人。葛守礼即以之为"藉寇兵而赍盗粮"(《与高中玄阁老论召募客兵》,《明经世文编》卷二七八),指为乱阶。

屯》,《张太岳集》卷二三第 280 页）。

明亡之际,金声为地方筹画守御,以为与其用"内地之官与内地之兵","莫若即鼓励而用其众,即其村之能守御者而官之"（《与郡太守》,《金忠节公文集》卷四）。他主张"家自为守",说"将败敌歼贼,只知用兵而不知用民,则未有不困者也"（《黄石义防引》,同书卷八）——也因"兵"（应指所募之兵）确已不足恃;非但不足恃,且骚扰更甚于"贼"。钱谦益《南京刑部尚书沈公神道碑铭》,曰沈演以为"剿以经略,不若督抚;剿以督抚,不若郡县;剿以郡县,不若团结乡镇,人自为守"（《牧斋初学集》卷六五第 1517 页）。刘城《兵制论》说井田、封建"必不可复","兵农合一之制则不然","故不若即民而兵之。即民而兵之,是尽民而兵也;尽民而兵,则凡万家之邑、十室之聚,罔不有战士焉,兵可胜用乎?"（《峄桐集》卷五）清初魏礼还说:"愚谓可久行而无弊者,莫如团练乡兵自为战守。"（《代赣州弭盗》,《魏季子文集》卷一六）李塨《拟太平策》关于"寓兵于农"的具体设计,也不出此。他说:"天下处处皆粮则天下富,天下人人习兵则天下强。"（卷四）①

倘若抽去上述背景,你会以顾炎武那种武装民众的主张为惊人之论。《日知录》卷九"边县"条引苏轼语,曰:"今河朔西路,被边州军,自澶渊讲和以来,百姓自相团结,为弓箭社,不论家业高下,户出一人;又自相推择,家资武艺,众所服者,为社头、社副、录事,谓之头目;带弓而锄,佩剑而樵,出入山坂,饮食长技,与北敌同⋯⋯"顾氏显然感慨于此种情景未能于明末再现。同条曰宋代弓箭社之法,"虽承平废弛,而靖康之变,河北忠义,多出于此。有国家者,能于闲暇之时,而为此寓兵于

---

① 孔飞力认为,中国历史上的民兵思想,以《周礼》《孟子》《管子》等为其文献根据。"寓兵于农"（又作"寓兵于民"）,其起源和含义原与孟子井田图景的"自卫村社"大有不同,到中华帝国的晚期却被注入了新的语义,即"厌恶大量常备军队;将民与兵的身分理想地结合起来"。他还认为,"寓兵于农"一语所具有的含糊性和广泛的联想性,使其在这一时期成为军事乌托邦思想的灵感来源。这类乌托邦构想,"当其在实践中变得越来越难以达到时,却越来越具有理论上的吸引力"（《中国帝国晚期的叛乱及其敌人》中译本第31—32 页）。

农之计,可不至如崇祯之末,课责有司,以修练储备之纷纷矣"。① 明亡前张履祥曾批评禁民挟弓矢,说"其弊必使盗贼公行,夷狄得志"(《愿学记三》,《杨园先生全集》卷二八)。《日知录》卷一二"禁兵器"条,以及《日知录之余》卷二"禁兵器"条,也表达了类似的判断。其中引元末刘基诗,曰:"他时重禁藏矛戟,今日呼令习鼓鞞。"无疑有甚深的感慨于其间。不妨说,其时与兵事有关的文化批评,以上述"禁兵器"条最具深度,可以作为以"学术"为政治批评的绝好例子。② 顾氏以其辑录的大量史料,令人看到了兵器之禁与政治权力的复杂历史关系,可资推想士人的文化品格在其间蜕变的复杂而漫长的过程。至于其所辑与地域、民族有关的禁制(尤其异族统治时期加之于汉人的兵器之禁),当明清易代之际,尤其意味深长。似乎匪夷所思的是,顾炎武非但以为解除兵器之禁有利于强国,且以为有助于保障社会的安定! 但也应当说,主张"兵农合一""寓兵于农"于屯田、民壮均不足以救亡之后,毋宁说

① 赵俪生曾谈到,有宋一代,"缘中古'兵户'遗意,平素也颇有'弓箭手'、'刀弩手'、'枪排手'等的设置,承平之时,这种武装组织多'隐于民间';一遭板荡,则多起而保家卫国。在明朝,这样的力量是很少了"(《靖康、建炎间各种民间武装势力性质的分析》,《赵俪生史学论著自选集》第 3 页)。"兵户遗意"似不足以解释何以这样的力量在明代不能如宋一样地存在。《梦粱录》卷一九"社会"条说宋代民士之社会,曰:"武士有射弓踏弩社,皆能攀弓射弩,武艺娴熟,射放娴习,方可入此社耳。"王学泰《游民文化与中国社会》一书,说到宋代民间以练武为名的结社,如北宋河北、京东一带的"弓箭社""马社"和"万马社"等。"这种带军事性的组织又称为'义甲'或'牛社',在北宋末年的抗击金人南侵的战争中起了很大作用。南宋之初,因户部尚书张悫的建议,朝廷规定诸路、府、州、军什伍其民,并教之战,使其自保疆界。各社均以'忠义'、'强社'、'巡社'为名。政府提倡的'社',自然会对参加者有许多优惠,如免除参加者的赋税和差役,为这些社团出一部分资金帮助他们购买器械与马匹等等。这些军事性的社团组织编制有序,并可得到及时的训练,具有一定的战斗力。这些结社对击退金人的南侵和维持刚刚建立的南宋朝廷的稳定起了很大作用。"(第 440 页)明代似没有这种性质的组织。倘若因了社会控制的强化,则又可以认为,正是对"行动"的禁抑,刺激了士人的谈兴——亦唯此谈,可激扬意气,使冲动得到想象性的满足。

② 《日知录之余》卷二"禁兵器"条录有汉武帝时公孙宏与吾邱寿王关于"禁民毋得挟弓弩"的辩论。此条所录大半为元代之禁(元代尚有马禁,参看同卷"禁马"条),明代仅一条,且限于局部地区。由顾氏所录,可以想象实行于元代的针对汉人、南人的有关禁制,对于士人心性的影响。

证明了先在的思想材料的强大制约,"三代"制度论视野对论者的限囿。

较之于几乎众口一词的"寓兵于农"说,我以为王夫之"分兵民而专其治"的主张更足以惊人(参看《黄书·宰制》,《船山全书》第十二册第508页)。他说"天下皆有兵,而天下无兵矣"(《噩梦》,同书第559页),堪称警策。他一再申说"农之不可为兵",以为"兵其农则无农","民兵之敝,酷于军屯"(《诗广传》卷三第426页)。说古者兵农合一,"谓即农简兵,而无世籍之兵",非谓"兵其农而农其兵"(同书卷二第382页)。他不以"乡团保甲"为善策(《读通鉴论》卷二七第1035—1036页);也不以府兵、卫所、屯田为善制(同书卷一七第659—661页,卷二二第840页)。① 即使经历了明末的军事失败,却依然反对"人人皆兵"的战时体制,凡此,又与其"义军论""庶民论"相互发明(参看拙著《明清之际士大夫研究》上编第一章第三节)。他以为乡团保甲非但不足以戢盗,且"导人于乱";以民为兵,势必"斲其醇谨之良,相习于竞悍"(《读通鉴论》卷一七第660页。另参看同书卷二〇第770—771页)。他以"争斗其民"为民厉,关注在暴戾之气对人心的斲丧。② 对于"寓兵于农"的这一种批评角度,似为王夫之所独有。据此可知,王氏决不至于同情顾炎武"武装民众"的主张。在"禁兵器"这一敏感题目上,他的思路亦与顾氏有别。他以为"秦销天下之兵而盗起,唐令天下乡村各置弓刀鼓板而盗益横,故古王者之训曰'觌文匿武'。明著其迹曰觌,善藏其用曰匿。其觌之也,非能取《五礼》之精微大喻

---

① 王夫之在《噩梦》中,提到刘宗周任京兆尹时的措置,肯定刘氏的不责民以"武备",曰此"亦王政之枝叶"(《船山全书》第十二册第561页)。但刘氏崇祯初年在京兆尹任上,曾辑有《保民训要》,主张"因比闾族党而寄厉兵讲武之法,户备器械,保备牛骡,乡备马疋弓矢,选其技能者以时训练之,联以什伍,行以赏罚,平居而亲睦,宛如同井,有事而捍御,即为干城"(刘宗周年谱,崇祯三年,《刘子全书》卷四〇)。

② 他说:"封建既废,天下安堵,农工商贾各从其业,而可免于荷戈致死之苦,此天地穷则变而可久者也,奈何更欲争斗其民哉!朱子自谓守郡日时有土寇,故欲训练保甲,后熟思此土之民已竞武勇,奈何复导之以强,因而已之。大儒体国靖民之远图,不泥于古固如此,未尝挟一寓兵于农之成说,以学术杀天下,如王介甫之鳃鳃于保甲也。"(《噩梦》第560页)

于天下也,宣昭其迹,勒为可兴而不可废之典,以徐引之而动其心。其匿之也,非能取五兵之为人用者遽使销亡也,听民置之可用不可用之间以自为之,而知非上之所亟也"(《读通鉴论》卷二七第1035页。按"五兵"所指不一,一说谓矛、戟、弓、剑、戈)。真可谓解释先王之用意而得其精妙者。可惜这用意太过曲折,怕是君人者难以把握得恰到好处的吧。此种精微的思理,不唯当时,即后世也未见得能为人理解。仅由此一端,也可证孤独之为思想者的宿命。你由此却不难察知王夫之对"秩序"的严重关切,以及"仁"之为原则在其思想学说中无所不在地贯穿。王氏思想的彻底性、其内在统一,于此等处确也令人印象尤为深刻。不导民以斗,不教民以乱,与他的"包拯、海瑞论"也有逻辑的贯通(参看本书附录《廉吏·循吏·良吏·俗吏——明清之际士人的吏治论》)——即经历了明亡的大劫难(或者说正因经历了此劫难),亦不愿"争斗其民",贻害将来。此即其人所理解的王道、王政。而"以学术杀天下"云云,则是对于其时的"三代论"者措辞最严厉的批评。

王夫之的异议尚不止于此。他还径以为"卫所兴屯之法,销天下之兵而中国弱"(《读通鉴论》卷一七第661页),曰宋、明"散武备于腹里",乃相沿唐府兵之弊(参看《噩梦》第558页)。他直截了当地批评祖宗法之不善,说"洪、永间分列卫所,颇以迁就功臣而处之善地,遂以坏一代之军政"(同上第559页),似未为人道。魏源则依据清代兵力及其分布,批评唐代的府兵制,说"通计中外禁旅驻防兵二十万有奇,而居京师者半之。以是知唐府兵之制,举天下不敌关中,以是为居重驭轻者,适示天下以不广也"(《圣武记》附录卷一一《武事余记》,转引自郑天挺主编《明清史资料[下]》第124页),也着眼于军事力量的合理分布。此外,如王夫之主张"军器皮作火器各局之费,应责之于商贾"(《噩梦》第561页),似亦未为他人道。王氏虽批评条鞭使农输钱(而非输粟),却又有上述主张,可知其人对于有明商品经济的发展及其效用,是自有其估价的。

即使如此,也仍不便轻易地断为"空谷足音",只是看似接近的主张,依然有"内在理路"之别罢了。王琼以正统间"召集壮勇"为"一时权宜之计","深为民害",请"尽行革罢,与民休息"(《为专捕盗处民兵以袪民患事》,《明经世文编》卷一一〇)。吴应箕也不以"团练乡勇"为然(参看其《时务策》)。稍前,徐光启则主张"富国必以本业,强国必以正兵"(《复太史焦座师》,《徐光启集》卷一〇第 454 页)。徐氏所谓"正兵",显然非与"奇兵"相对,而略近于近代所谓"正规军"。事实是,自嘉、隆始即不断有人提倡"选、练",以为兵不在多(因而不以扩大召募、组织民壮为得计),而在精、强。张履祥《上陈时事略》也说过:"盖古昔井田不废,兵民未分,故农可以战。后世唯屯政为不失井田之意,故乡兵可用也。井田不能行于今,则乡兵不能行于今明矣。"(《杨园先生全集》卷一五)王源也以为"不必如古制,尽人而兵也"(《平书·武备》,《平书订》卷九)。[①] 由此看来,其时的有识之士固有不谋而合者,亦有所见歧异如上文所示者,唯此才足以构成其时思想版图色彩的丰富性。

谈兵制(之二):督、抚之设

也如说兵民分、合,本书所论这一时期论者说文武分、合,以文武既分为无需论证的事实。将明的军事失败归因于文武分,则是明末清初的一种时论。王源就说:"文臣鲜知兵,又卑武臣不与齿,其末也,至武

---

① 民兵即不同于军户,也仍有相当的强制性。所谓"金民壮","金"即非由自愿。崇祯朝,有练民兵之议,论者谓州县民兵"无实","徒糜厚饷"(参看《明史》杨嗣昌传)。而"军外募民为兵",更弊窦丛生。《明史·兵志》:"崇祯三年,范景文以兵部侍郎守通州,上言:'祖制,边腹内外,卫所棋置,以军隶卫,以屯养军。后失其制,军外募民为兵,屯外赋民出饷,使如鳞尺籍,不能为冲锋之事,并不知带甲之人。……'因条上清核数事,不果行。"顾炎武《兵制论》所谓"有机壮而屯卫为无用之人","有新募而民壮为无用之人"(《顾亭林诗文集》第 123 页。按机壮即民壮、民兵),有倒置因果之嫌。实则至明末,无论卫所,还是金、募,均归无用。崇祯朝任职户部的倪元璐曾试图废除卫所制度。明亡之时则有"去籍"运动(参看傅衣凌《明清农村社会经济》第 127 页)。有趣的却是,论兵制于卫所、屯田、民兵作为制度"大坏极弊"之后,却无妨于不断重弹"寓兵于农"的老调。孔飞力在对清朝军事制度的研究中,批评雷海宗写于 20 世纪 30 年代后期的一部著作(《中国文化与中国的兵》)"多少夸大了传统中国社会的民—兵的分离"(《中华帝国晚期的叛乱及其敌人》中译本第 12 页)。孔飞力该书关于"民兵"之为制度的讨论,见中译本第 13—36 页。

臣养寇,自利爪牙,一无足恃,而底于亡。文武分途,祸可胜言哉!"(《襄城张孝廉传》,《居业堂文集》卷四)

陆世仪说"古之天子,寄军政于六卿",文武未尝分途;分途自战国始(《思辨录辑要》卷一二);他以为"武只是吾道中一艺",不宜与"文"对举(同书卷二〇)。文武之分的确渊源古老。顾颉刚在《武士与文士之蜕化》一文中,叙述了孔子及其门弟子以至于"末流""士风之丕变",由武士到文士的"蜕化"。据顾氏说,孔子的时代文、武尚未"界而为二",战国时代文、武则已形成集团性对立,分别曰"儒"曰"侠";"所业既专,则文者益文,武者益武,各作极端之表现"(《史林杂识[初编]》第89页)。武人社会地位的下降,是在秦、汉以还漫长的历史过程中发生的;而文士谈兵之成为一种可供分析的事实,自然也基于文武分途的士的历史(也即"士"的文士化的历史),以及权力机构中相应的职官设置。

却也始终存在着另一面的事实。正如叶适说兵民(农)固未尝分,权力机构中的文武在事权/功能层面也原不曾有明确的分割。明代尤为显例。只不过论者往往沿袭成说,于显然的事实视若无睹罢了。文武的功能分化在权力机构中的实现,固实现于职官之设;而"文武合"之早期历史的遗迹,也正存留在"职官"(官衔/职掌)中。

《明史·职官志》:"明官制,沿汉、唐之旧而损益之。""分大都督府为五,而征调隶于兵部。"[1]陆世仪说有明开国五军都督府之设,"略寓天子亲操之意";而由兵部所掌控的范围看,"尤有犬牙相制之意"(《思辨录辑要》卷一三)——"互相制驭"的不止于下文将要论到的文、武。然而明人所谓"文帅""文将",所指却非即兵部官员,而是负有更直接的军事责任的文臣即督、抚。"文帅"通常指总督。如赵炳然曰"总督之职,即古帅臣,文武兼该,亲督战阵"(《题为条陈边务以俾安攘事》,《明经世文编》卷二五二)。沈德符《万历野获编》有"本朝宣德以后,大臣总督,止施于工程钱粮等项。继乃有总督军务,为文帅第一重任"

---

[1] 钱穆以为明承元弊,元"文武分途之弊制,遂为明清两代所沿袭"(《国史大纲》第七编第三十五章第649页)。

(卷二二)云云。吴应箕说所谓"将"："'将'何易言哉！今武臣之有'总'有'副'者，将也；文臣之为'抚'为'督'，即身为大帅而将将者也。武以材勇跳荡于疆场，文以方略发踪于帷幄，如是曰'将'也。"（《原将》，《楼山堂集》卷一九）吴氏《拟进策》亦有"此储文将之法"云云。与"文将"（即文臣而将）语义稍有别，从来有所谓"儒将"之目，此"儒"非即"儒学"之谓，语义也应更近于"文"。此种人物据说能运筹帷幄以至临阵却敌，而又满腹经纶，一向为士人所乐道。

据《明史·职官志》，明初太祖谕御史大夫邓愈、汤和等曰："国家立三大府，中书总政事，都督掌军旅，御史掌纠察。"功能分割简单明确。其后的功能混溶——就本章而言，即文武功能的混溶——以抚、按军事参与程度之加深为表征。明代自中叶以后军事形势的严峻化，导致了一系列制度性安排。在明末军事中发挥了重大作用的督、抚，是适应军事需要而设置的，具有"因事特遣、偏重军事、节制地方文武以及置罢不常"等特点（关文发、颜广文《明代政治制度研究》第70页）。而"以'总督'、'巡抚'名官，并形成为一种官制，实始自明代"（第50页）。① 该书还认为，"自万历中期以后所设置的巡抚，都是不大正常的，随着明王朝统治危机的日益加深，巡抚按省建制的进程已被打乱了，因事特设的成分变得越来越严重了。这种情况直到清朝统治在全国确立后才得以改变，按省设抚的建制才得以完全确立"（第70页）。其所谓"不大正常"，既指打破了按省设抚的建制而因事特设，也指设

---

① 同书说，"明代最早派遣军政类型的总督，是在正统六年（1441）正月"（第71页）。明末以巡抚"督治军务"，"已表明这种设抚纯属军事上的需要"（第70页）。至于清代督抚"综治军民，统辖文武，考核官吏，修饬封疆"，作为制度，则"直接源于明代"（第49页）。尽管明代的上述制度亦自有其渊源（参看该书第52—53页）。有明一代的监察制度，一向为学界所关注。"监察"是个含义广泛的概念，监察对象包括了军、政诸多方面。"巡视京营""清军""巡关""屯田"等，均在十三道监察御史职掌范围之内。各道"协管"所及，包括了五军都督府及诸卫所等。都御史与军事有关的事权因军事形势而为轻重。"巡抚兼军务者加提督，有总兵地方加赞理或参赞，所辖多、事重者加总督。他如整饬、抚治、巡治、总理等项，皆因事特设。其以尚书、侍郎任总督军务者，皆兼都御史，以便行事。"（《明史·职官二》）卢象昇说"总理之设，首自臣始"（《恭报理标兵马疏》，《卢忠肃公集》卷五）。崇祯末年，张肯堂曾质疑督师职掌，及督、抚关系（《明史》卷二七六本传）。

抚纯粹出于军事需要。①归有光自负史才，颇留意于有关职官的掌故，其述"巡抚"之设，曰："自顷倭夷为患，朝廷并敕以阃外之事，寄任滋隆焉。"（《巡抚都御史史翁寿颂》，《震川先生集》卷二九第655页）按察司官员亦参与地方军务（如整饬兵备道）。《明史·职官志》："兵道之设，仿自洪熙间，以武臣疏于文墨，遣参政副使沈固、刘绍等往各总兵处整理文书，商榷机密，未尝身领军务也。至弘治中，本兵马文升虑武职不修，议增副佥一员救之。自是兵备之员盈天下。"吴晗论有明一代文（臣）武（臣）势力之消长，曰："明初开国时，武臣最重，英国公张辅兄信，至以侍郎换授指挥同知。武臣出兵，多用文臣参赞……正统以后，文臣的地位渐高，出征时由文臣任总督或提督军务，经画一切，武臣只负领军作战的任务。""从此文臣统帅，武臣领兵，便成定制。"（《明代的军兵》，《读史劄记》第99—100页）②上述制度安排在扩大文臣的军事参与的同时，无疑也激发了士人谈兵、介入军务的热情。

世宗朝，"设武臣一，曰总督京营戎政，以咸宁侯仇鸾为之；文臣一，曰协理京营戎政，即以邦瑞充之"（《明史·兵志》）。所谓"协理""协管"，仅由字面看，文臣（包括兵部官员）不过"协"武将"理"戎政，

---

① 关于督、抚在节制武官方面的作用，参看该书第92—93页。同书引用了《万历野获编》《弇山集》等书中有关制度演变、文臣在军事活动中权限扩大的叙述。如《弇山集》曰："弘治以前，文臣止参赞军务，即有重寄，惟节制本省及随行官军而已。正德中，陈金破东乡桃源盗，总制江西、浙江、福建、湖广、南畿等处……俱听便宜行事，镇、巡等官俱听节制。"（第80页）关于总兵、巡抚、总督的职守，嘉靖朝曾铣曰："查得敕谕各官所载，如总督则云经略边务，随宜调度各镇将官相机战守，临阵不用命者，悉以军法从事，此总督之职守也。如巡抚则云整饬边备，训练军马，督理粮草，抚恤士卒，此巡抚之职守也。如总兵则云整饬兵备，申严号令，振作军威，相机战守，此总兵之职守也。"（《复套条议》，《明经世文编》卷二四○）到明末袁崇焕斩毛文龙，犹借上述"祖制"为口实。《明史》袁崇焕传，记袁氏数毛义龙罪，中有"祖制，大将在外，必命文臣监。尔专制一方，军马钱粮不受核，一当斩"云云。《明史》卷二三八李如松传："如松以权任既重，不欲受总督制，事辄专行。兵科许弘纲等以为非制，尚书石星亦言如松敕书守督臣节度，不得自专，帝乃下诏申饬。"

② 吴晗此文叙述了明代"地方军政长官地位的衍变"，亦文臣在涉及军事的事务上地位日升（武臣即日降）的过程。毛佩奇、王莉《中国明代军事史》说："明中期以后，文臣地位提高，文臣率兵出征，加总督军务衔。""总督成为文臣第一重任。"（第130页）

主从分明,事实却不尽然。至于"提督""总督"等,其职权更绝不限于督察("绳愆纠谬")、"监临",而是直接参与军事部署,以至临战指挥。唐顺之以为"宜文臣督帅时御戎服出入军中,发扬蹈厉,以作武将之气"(《条陈海防经略事疏》,《唐荆川文集》外集卷二);他本人就身体力行。《明史》王琼传:"琼用王守仁抚南、赣,假便宜提督军务。比宸濠反,书闻,举朝惴惴。琼曰:'诸君勿忧,吾用王伯安赣州,正为今日,贼旦夕禽耳。'未几,果如其言。"(卷一九八)据同传,其时不但王守仁,且湖广巡抚、应天巡抚、淮阳巡抚均参与了平宸濠的军事行动。文臣将兵,固然赖有军事知识,如上文提到的任环,也赖有道德感召力。《明史》谭纶传曰谭氏其人"以功进兵部尚书兼右都御史,协理如故"(卷二二二);谭纶却非但躬亲兵事,且临阵杀敌。同传即记其"尝战酣,刃血渍腕,累沃乃脱"——持刀拼杀状不难想见。[1]

至于文臣直接领军,亦应属于上述制度设计的有机部分。"永乐初,设三大营,总于武将。景泰元年始设提督团营,命兵部尚书于谦兼领之,后罢。成化三年复设,率以本部尚书或都御史兼之。嘉靖二十年始命尚书刘天和辍部务,另给关防,专理戎政。"(《明史·职官志》)及至战时,地方官亦被责以"专城之守"。嘉靖朝屠仲律说:"保封域,固郊圻,全境安民者,守、令之任也。"甚至主张"自今江南守、令之职,当以训练土兵、保全境土为殿最"(御倭五事疏》,《明经世文编》卷二八二)。

上述制度安排,非但提高了文臣在军事行动中的地位,而且提高了文臣、文士的自信心。李承勋说:"古称天下安危,其重在边,而臣又以为边地安危,其重在文臣。"(《丰财用材》,《明经世文编》卷一〇〇)杨一清《朱宪副平贼图记》:"若公以文臣统师旅,不请益兵,不重费转输,笑谈尊俎,安如平昔,坐运筹策,指麾诸将……而谓文儒不谙军旅,其过言哉!"(同书卷一一八。按朱宪副,朱汉)《皇明经世文编》宋徵璧所拟

---

[1] 戚继光《祭大司马谭公》一文,曰其本人"统驭",谭纶则"监督";同文又记谭氏"每督战,袍袭以甲巾而殿,俄出阵前,众错愕,阃敢貌言,又阃不自效"(《止止堂集·横槊稿中》)。海瑞《启刘带川两广军门》却说谭氏"不能亲戎马、冒矢石"(《海瑞集》第437页)。

《凡例》,有"指受方略,半系督抚"云云,自非虚言。①

　　权力机构内文武事权未分,作为显而易见的制度事实,仅此即已足证。据此,黄宗羲说:"有明虽失其制,总兵皆用武人,然必听节制于督抚或经略。则是督抚、经略,将也;总兵,偏裨也。"(《明夷待访录·兵制二》,《黄宗羲全集》第一册第33页)他强调文臣将兵,自古已然:"汤之伐桀,伊尹为将;武之入商,太公为将;晋作六军,其为将者皆六卿之选也。"(同上)在他看来有明兵制弊不在文臣将兵,而在参与军事的文臣"专任节制"而不得"操兵",即权力的不完整(《兵制三》,同书第34页)。他很明了使"节制"与"操兵"事权不一的制度设计者的用心,即以此"犬牙交制"。黄宗羲分别文武为"君子/小人",以为"国家社稷之事",不可"使小人而优为之"(同上)。他主张实行更彻底的文臣将兵制,而"参用"武人。陈子龙也曾有"专任文将"的主张,曰:"专任文臣可以成大功者,先朝已然之明验也。"所举之例,即有威名远播的王靖远(王骥)、王威宁(王越),以及王守仁。②

　　由出身看,嘉靖年间的抗倭名臣名将,胡宗宪、谭纶外,如朱纨、张

---

① 事实也仍然没有如此简单。刘宗周于崇祯八年上疏,曰:"督、抚无权而将日懦,武弁废法而兵日骄,将懦兵骄而朝廷之威令并穷于督、抚。"(《明史》本传。按其所谓"督、抚无权",针对的是中官典兵这一事实。刘氏另疏曰:"中官总督,置总督何地? 总督无权,置抚、按何地?")前此,嘉靖朝韩邦奇主张重将权,其《边事论三》曰:"今一总兵而不与之赏罚之权,监之以巡抚、巡按、守巡郎中,一有胜负,则府通判、卫经历皆得监制之。唐朝以一监军而军功不成,况监军数辈乎! 今之巡抚甚为无谓,既无调兵之权,又无临阵之责,凡一切战伐进退俱不干预,若何而受彼之赏、受彼之罪哉! 今当仿汉、唐制而行之,各边巡抚皆去之,其巡按不必预边事,管粮官听总兵官节制,府州县官俱听总兵官节制。如巡抚之体,小小胜负不必行勘。"(《明经世文编》卷一六一)值得注意的是,其曰巡抚"既无调兵之权,又无临阵之责,凡一切战伐进退俱不干预",与军事有关的职掌即限于"监"。吴时来论事权之不明,武臣("将官")权轻,曰:"夫督抚职掌,不过调度,原无提兵杀贼之文也;巡按职掌,不过监军纪,原无遣调之文也。"(《目击时艰乞破常格责实效以安边御房保大业疏》,同书卷三八四)关于督、抚关系之复杂微妙,尚可参看孙传庭《报收发甘兵晋兵日期疏》(《白谷集》卷三)。

② 陈氏《储将才》曰:"以臣愚计,揆之当今之势,莫若专任文将矣。"(《陈忠裕全集》卷二三)同卷《京兵》说"京营",亦以为"莫若改文臣为帅,而以知兵大臣、天子所亲信者主其事"。

经、曹邦辅、任环、李遂、唐顺之等，均系科甲出身。明末则不但杨嗣昌、卢象昇、孙传庭、袁崇焕、史可法等人出身科甲，被认为偾军败事的杨鹤、陈奇瑜、熊文灿也无不是科甲出身。甚至最高层的文臣也直接参与军事。天启元年，孙承宗以阁臣掌部（兵部）务，自请督师，经略山海关。据《明史·职官志》，崇祯十二年后，俱以内阁督师。前此，永乐、宣德朝杨荣曾因参与军事决策受上赏（《明史》杨荣传）。其他以大臣而被认为谙练兵机、晓畅边事者，尚有杨一清、王琼等。杨氏"三为总制"，《明史》本传曰其人世宗朝以"故相行边"，"温诏褒美，比之郭子仪"（卷一九八）。刘基、王阳明的军事才能，尤为士人所倾倒。归有光称赞刘基"文武大略"（《送狄承式青田教谕序》，《震川先生集》卷九）；嘉靖朝唐龙为王守仁颂功，曰"视古名将，何以过此"（《议江西军功疏》，《明经世文编》卷一八九）。《明史》王守仁传则曰："终明之世，文臣用兵制胜，未有如守仁者也。"（卷一九五）传世的有关兵学、兵事的著述，即部分地出自有军事经历的文臣之手。如王琼的《北边事迹》《西番事迹》（王琼曾总督三边军务），盛万年的《岭西水陆兵记》（盛氏曾官广西按察使）。张延登奉敕巡视京营，编巡视事宜一卷，共一百三十四条（参看刘理顺《总宪华东张公墓碑》，《刘文烈公集》）。孙承宗则有《督师全书》一百卷。

其他文臣亦有因军事需要，随时被委以军务者（如唐顺之以右通政、徐光启以詹事府少詹事参与兵事）。因攻讦者有"以翰林而兼河南道，从来无此官衔；以词臣而出典兵，从来无此职掌"云云，徐光启疏辩，称："正统己巳徐武功珵、杨庄敏鼎以侍讲，王祭酒恂以简讨各行监察御史，分镇河南山东等处要地，抚安军民。嘉靖庚戌赵文肃贞吉以司业兼监察御史，领银赏募，是从来有此官衔。嘉靖戊午唐中丞顺之以通政升金都御史，视师浙、直，与胡司马宗宪协剿倭寇，是从来有此职掌。"（《疏辩》，天启五年，《徐光启集》卷四第212页。按万历间徐光启以詹事府少詹事兼河南道监察御史，奉旨管理练兵）攻徐一疏有关"官衔""职掌"的质疑决非无端。正如攻者所强调的，徐光启尚非一般的"文臣"，而是以"翰林""词臣"而地处"清要"，本应更远于"戎政"的文臣；而徐氏辩疏所援诸例，则证实了朝廷随机委任（以宪衔解决"职掌"

问题），也非仅止一见的事实。① 至于"官"与"任"的非一致性，则唐顺之有"臣任同总帅，官系纳言"云云，可资佐证。② 徐光启辩疏引神宗谕旨，中有"吏部便拟应升职衔来说"云云，可知"职衔"可依所欲任用而"拟"，职掌不妨因事因人而设。故而徐氏理直气壮："是则官衔职掌，总由公疏部题得旨，该部奉旨拟升，职能自主乎？"

据此可以认为，凡权力机构中的官员，均有介入军事、接受有关委任之可能。因而所谓"文臣"，系由进身途径言之，非严格地依职任言之。文臣随时有可能被要求承担与其知识、训练无关的军事任务。也如兵、民，文、武作为社会身份的分化，文、武在权力机构中的职能分割，固然渊源古老，而如上述的事权、功能的混溶，则始终存在，也应构成了士人谈兵的体制背景。至于易代之际文臣的军事贡献，在时论以及史家的记述中，往往以武将的怯懦无能为对照。黄宗羲所说"与毅宗从死者，皆文臣"，"建义于郡县者，皆文臣及儒生"（《明夷待访录·兵制二》），已是其时文士之常谈。钱谦益《汪中丞岁星》也有"武夫保项领，文臣涂脑髓"等句（《牧斋初学集》卷二〇第735页）。至于"贼""虏"军中多降将，确也可称明末战场上的一大景观。杨廷麟为此种情景写照，曰："将军诺啸多文吏，群盗纵横半旧臣。"（参看《梅村诗话》，《吴梅村全集》卷五八第1142页）③

---

① 徐光启有《徐氏庖言》，"庖言"指"越俎代庖"而言兵。徐氏在其章奏中，一再自说其"越俎""代庖"，可见其以"词臣"而介入军事之非正常，也证明了文臣（包括"词臣"）固然有可能随时奉旨参与军务，却仍有身份、职分问题，当事者本人也有此身份自觉。

② 唐顺之《奉敕视军情升通政司右通政谢表》："在古文臣建阃，或以权任轻浅而偾师；大将临戎，或以章奏壅隔而败事。臣任同总帅，官系纳言……"（《唐荆川文集》外集卷一）

③ 《明史》卷一六五丁瑄传，曰正统间"浙、闽盗所在剽掠为民患。将帅率玩寇，而文吏励民兵拒贼，往往多斩获"。卷二一六罗喻义传记崇祯朝罗氏"见中外多故，将吏不习兵"，遂"锐意讲武事，推演阵图献之"。赵时春"慷慨负奇气，善骑射"，"作《御寇论》，论战守甚悉"，临敌却"一战而败"。《明史》对此评论道："然当是时将帅率避寇不击。为督抚者安居坚城，遥领军事，无躬搏寇者。时春功虽不就，天下皆壮其气。"（卷二〇〇）唐顺之说自己"备观怯将情状"，以为"宜文臣督师，时御戎服出入军中，发扬蹈厉，以作武将之气"（《条陈海防经略事疏》，《唐荆川文集》外集卷二）。据赵时春所撰唐顺之墓志铭，唐氏竟因诸将之屦、怯，愤而呕血（《唐荆川文集》附录）。

在近代人，一个不容回避的问题，即文臣将兵的资格，是缘何而获得的。

可以断定的是，若"兵"人人可谈，其非近代所谓的"专业知识"无疑。当时与事后被讥以不知兵的黄道周，确实不以为用兵"别有学问"。①由文字材料看，除膂力一项得之于天赋外，其时的文士武将获取军事知识、军事技能的途径几无不同；有关经验赖有实战中的积累，亦有同然。而文士在此之外，更拥有知识（兵学、史学、天文、舆地等学）方面的优势——文士的自信确有其根据。王夫之曾批评"武举"（参看《噩梦》第559—560页），也因"宰相必起于州部，猛将必发于卒伍"（《韩非子·显学》）云云入人之深。既如此，何"武举"为？在近代军事教育作为制度兴起之前，鉴于科举之弊，与前近代战争的特点，关于军事人才的选拔，确也难以另有主张。这也可以由一个方面为军事的"非专业性"佐证。

由史传文字看，上文已经提到的那些参与军事且著有成效的文臣，其军事知识的由来、军事指挥资格的获取，既与教育体制亦与铨政无干——那毋宁说是一种个人修养，略近于近人所谓的"业余爱好"。②杨一清任山西按察佥事，以副使督学陕西，"在陕八年，以其暇究边事甚悉"（《明史》本传）。袁崇焕任邵武知县而"好谈兵"，"遇老校退卒，辄与论塞上事，晓其厄塞情形，以边才自许"（同书卷二五九本传）。至

---

① 彭士望《与李元仲书》："漳浦尝读天下书，一览不遗，独未学军旅，竟以此败。"（《树庐文集》卷二。按漳浦即黄道周）黄道周本人则说："禹、稷、颜、闵一样苦心，何曾别有学问？如要学问，黄、农七十二战，岂有兵书？烈山粒食，天下未开泉府也。"（《榕坛问业》卷一二，《影印文渊阁四库全书》子部儒家类）可知其人的"未学军旅"，也因不认为"军旅"有待于学。黄氏治《易》，即以《易》为兵书，说"征伐之道，详于《易》书"（同书卷一）。

② 美国学者赖文逊说过："如同八股文的极端美文主义所显示的那样，中国的官员在履行官务上是 amateur，这一情况到明代较此前更甚。他们受过学院式教育，（绝大多数）经过书面考试，但却没有受过直接的职业训练。""在政务之中他们是 amateur，因为他们所修习的是艺术；而其对艺术本身的爱好也是 amateur 式的，因为他们的职业是政务。"（转引自阎步克《士大夫政治演生史稿》第5—6页）王源批评官之"职"不专，"但以官之大小为升降，不论其才与职之称否，似天下皆通才，遂致天下皆废才"；李塨则引了陆世仪的类似议论（均见《平书订》卷三）。

于文臣因任职兵部而"知兵",则是有此职任而方有此学的例子。《明史》郑晓传,曰晓嘉靖初为职方主事,"日披故牍,尽知天下厄塞,士马虚实强弱之数。尚书金献民属撰《九边图志》,人争传写之"(卷一九九)。文臣的军事知识,既得之于文字(如"故牍"),也得之于实地考察与亲历战阵。与军事有关的任命,固然提供了获取此种知识的条件;而披览故牍与实地考察,即非任职兵部者也自可能。王阳明"年十五,访客居庸、山海关。时阑出塞,纵观山川形胜。弱冠举乡试,学大进。顾亦好言兵,且善射"(《明史》王守仁传)。孙承宗则"始为县学生,授经边郡。往来飞狐、拒马间,直走白登,又从纥干、清波故道南下。喜从材官老兵究问险要阸塞,用是晓畅边事"(同书卷二五○本传)。熊开元记金声未仕时,因天下多故,即以王守仁为榜样,"凡行间所应有,无不习焉"(《金忠节公传》,《金忠节公文集》)。因而史传文字所谓的"明习兵事""晓畅兵机"云云,作为一种能力,系于人而非系于职事。当然对史传所谓的"知兵",也只能在其时的知识状况中理解。"兵学"既非严格的专业知识,"知兵"作为一种个人修养、才能,也自无需经由严格的衡度。①

文武事权、功能非充分分割的状况,势必施加极大的影响于人才的造就。法家主张"以吏为师",以律令、朝廷功令为教材。国家制度,尤其某些制度性安排,对于造成一时代的人才状况,以至塑造士人心性,其力量确非学校、书院所可比拟。可以设想,前述的制度设置、官员任用,直接鼓励了士人对"文武兼资"这一目标的追求。据说熊廷弼才兼

---

① 但"兵"仍被认为有学的必要。范景文引孔子所说"军旅之事,未之学也",曰:"天下事未有不学而能,而兵事为甚。其所谓'学'者,身曾涉历,手曾营综……"(《辞免新命疏》,《范文忠公文集》卷二)强调其"学"的实践品性。徐光启曾强调"武书"的重要性,曰:"武书之不讲也久矣,释樽俎而谈折冲,不已迂乎?"徐氏欲借王阳明所批《武经》,为"筹辽"之"一箸"(《阳明先生批武经序》,《徐光启集》卷二第65页。按《武经七书》指《孙子》《吴子》《六韬》《司马法》《三略》《尉缭子》《李卫公问对》,徐氏所序为茅氏印本)。徐氏还说:"明兴二百五十余年,定鼎有青田策勋,中兴称阳明靖乱,二公伟绩,竹帛炳然。乃其揣摩夫《正合》《奇胜》《险依》《阻截》诸书,白日一毡,青宵一炬,人固莫得而窥也。"(《拟上安边御房疏》,万历三十二年,同书卷一第3页。按青田即刘基)

文武，"先中万历某科湖广武乡试第一名，后又弃武就文，中万历丁酉湖广乡试第一名。于是榜其堂曰：'三元天下有，两解世间无'"（王应奎《柳南随笔》卷一第 6 页）。而上文已引的徐光启所谓"权谋、阴阳、形势、技巧"，则不但概括了其时"兵学"的主要项目，亦提示了拣选军事人才的标准。因"形势""阴阳"与"谋略"有关，可以大略地认为，到本书所论的这一时期，士人所认为与兵事有关的知识与技能，仍限于谋略与技击。有关的军事人才标准，不但被认为适用于武将，也适用于从事军事的文臣。

"投石超距"、射石没羽到此时仍被津津乐道，确可谓风味古老。王守仁曾以善射令将士折服。《明史》王守仁传记王氏巡抚江西，武将"轻守仁文士，强之射。徐起，三发三中"；熊廷弼"有胆知兵，善左右射"（同书卷二五九本传）；卢象昇非但善射，且有膂力（卷二六一本传）——都强调了传主的军事技能，使用传统兵器的技巧。文臣能令武将、士卒折服的，亦此"三发三中""左右射"。弓马娴熟，至此不但仍被作为"军事人才"（包括将领乃至统帅）的标准，也是文士被许"知兵"、赖以与武人抗衡的重要条件。"唐荆川于谯楼自持枪教俞大猷，一时以为韵事。"（陆世仪《思辨录辑要》卷一七）卢象昇"虽文士，善射，娴将略，能治军"，其人"身先士卒，与贼格斗，刃及鞍勿顾"，"以是有能兵名"（《明史》本传）。于此由"人才"的一面沟通了文武。尽管如下文将要谈到的，火器的迅速发展已改变了"实战模式"。由此一端也证明了人们有关"军事"的观念并未发生重大更革。凡此均可资考中国前近代的军事制度与军事教育。①

《明史·礼志》记洪武三年所定的作为"军礼"的"大射之礼"：

---

① 徐有贞《条议五事疏》："国家用兵，必资智勇之人，岂必尽出于将军之中。大凡天下之民有心计者，皆能运智，有膂力者，皆能效勇。"（《明经世文编》卷三七）主张不拘一格选拔，标准即"军谋勇力""弓马膂力"。刘大夏以为选将之法不善，"挽强引重者，目为勇敢；谈说纵横者，号为谋略"，无以得将才。但他设想中的武举，所试亦不出"骑射""步射""策、论"等项（参看其《议行武举疏》，同书卷七九）。杨一清说军事人才的选拔，亦不出"弓马出众、膂力兼人、有胆气有智略"四条标准（《著演阵行兵事宜》，同书卷一一八）。

"太祖又以先王射礼久废,弧矢之事专习于武夫,而文士多未解。乃诏国学及郡县生员皆令习射,颁仪式于天下。"永乐时尚有"击球射柳之制"。同书《舆服志》则记有"自太祖不欲勋臣废骑射,虽上公,出必乘马"。关于太祖命国子生习骑射及郊庙之祭行大射之礼,尚可参看黄佐《南雍志》卷一《事纪》一。《太祖实录》:洪武二十年七月,"礼部请如前代故事,立武学、用武举,仍祀太公,建昭烈武成王庙。上曰:……至于建武学、用武举,是分文武为二途,轻天下无全才矣。古之学者,文武兼备,故措之于用,无所不宜,岂谓文武异科、各求专习者乎?"顾炎武于此慨叹道:"文事武备,统归于一,呜呼纯矣!"(《日知录》卷一七"武学"条)以马上得天下的开国之君,无论明清,均有此种思路,即经由制度对士实施塑造,使"文—武"的均衡实现于士人的品质。明亡之际,士人确也以习武作为对危机的回应。风气所至,虽学人也"学双剑,学长枪"(《张元岵先生墓志铭》,《黄宗羲全集》第十册第 391 页。按张元岵,张次仲),可知风气之移人。

明清之际士人因了时事的刺激,企图以军事教育制度的复古,为士文化复兴的契机。[1] 孙承宗记左光斗"特疏开武学……期得兼资奇伟。所至较诸生射,颁《射艺录》,刻《兼材录》,有古弓箭社之遗,其意特远。故士竞射,而胆识为开"(《明都察院左佥都御史赠右副都御史太子少保浮丘左公墓志铭》,《高阳诗文集》卷一七)。陆世仪主张儒者学习军事技艺,说"器虽一技之微,儒者亦不可不学"(《思辨录辑要》卷一七)。他以为应设科于学校之中,教授兵法(同书卷二〇)。[2] 颜元制度复古的意向,体现于对漳南书院的设计——以一

---

[1] 《续文献通考》卷四七《学校一》:洪武三年五月,诏国子生及郡县学生员皆习射。"洪武间,置大宁等卫儒学,以教武官子弟。二十年七月,礼部请如前代故事,立武学,用武举,帝曰:'是析文武为二途,轻天下无全材矣。……'"成祖朝,始建武学。永乐"二十五年,又定礼、射、书、数之法……朔望习射于射圃"。

[2] 陆世仪认为"古者兵刑皆出于学校","惟知学,然后可以刑人;惟知学,然后可以杀人——此皆王道一贯之事。自后世分兵刑于学校,而兵阵遂属之于悍将武夫,法律遂属之于法家酷吏,可慨也!"(《思辨录辑要》卷一七)

斋习"文事","课礼、乐、书、数、天文、地理等科";以一斋习"武备","课黄帝、太公以及孙、吴五子兵法,并攻守、营阵、陆水诸战法,射御、技击等科"(《习斋记馀》卷二《漳南书院记》,《颜元集》第413页)。① 前于颜元,明亡前张履祥即曾上书当道,建议学校"复射圃",以图造就"文武之材","天下无事,陶以礼乐诗书,天下有事,入则儒臣,出则大将⋯⋯"②顾颉刚解释《孟子》所谓"设为庠、序、学、校以教之。'序'者,射也",说"其实非特'序'为肄射之地,他三名皆然"。西汉犹承其制,"《周官》大司徒以乡三物教民,'三曰六艺:礼、乐、射、御、书、数',而礼有大射、乡射,乐有《驺虞》《狸首》,御亦以佐助田猎,皆与射事发生关联。其所以习射于学宫,驰驱于郊野,表面固为礼节,为娱乐,而其主要之作用则为战事之训练"(《武士与文士之蜕化》,《史林杂识[初编]》第85、86页)。从来的儒者(包括张履祥、颜元)均未免将周官之为制度理想化,从而也将骑、射乃至弓矢的象征意义、文化功能夸大了。

出将入相,文武兼资——即黄宗羲所主张的文武合,也"合"于人才素质。黄氏说:"使文武合为一途,为儒生者知兵书战策非我分外,习之而知其无过高之论,为武夫者知亲上爱民为用武之本,不以粗暴为能"(《明夷待访录·兵制三》,《黄宗羲全集》第一册第35页)——尽管仍严于"儒生""武夫"之别。前于此陈亮就说过"才智所在,一焉而已"(《酌古论·酌古论序》,《陈亮集[增订本]》卷五第50页)。在这一具体话题上,一时的"有识之士"又所见略同。

---

① 他说:"论周公之制度,尽美尽善。盖使人人能兵,天下必有易动之势;人人礼乐,则中国必有易弱之忧。惟凡礼必射,奏乐必舞,使家有弓矢,人能干戈,成文治之美,而具武治之实。无事时雍容揖让,化民悍劫之气,一旦有事,坐作击刺,素习战胜之能。"(《颜习斋先生言行录》卷上《学人第五》,《颜元集》第638页)于此他引陆世仪为同道(参看陆氏《思辨录辑要》卷一)。

② 张履祥曰:"至于学校,则益复射圃。盖弧矢之利,不独男子之志,亦先王用以威天下者。自昔三代盛时,士多文武之材,然其学必始于射,以观德行,以饰礼乐。近世士大夫多左武事,其初学弟子,唯务为虚浮无当之文,以幸富贵,是以临事仓皇,至于祸败。今宜诚(原校一作郑)重其事,使时试于射,且广以行军用师之道⋯⋯"(《上本县兵事书》,《杨园先生全集》卷一五)

但同时论者的思路尚另有歧异。就我阅读所及，其时论文武分、合者，惟王夫之明确肯定了权力机构内文武职任之分的必然性。他说："若以古今之通势而言之，则三代以后，文与武固不可合矣，犹田之不可复井，刑之不可复肉矣。""汉初之分丞相将军为两途，事随势迁，而法必变。"(《读通鉴论》卷五第 190—191 页) 还说："三代之制，不可行于后世者有二：农不可兵，兵不可农；相不可将，将不可相。"(同书卷二第 98 页)《黄书·宰制》所谓"分兵民而专其治"，即宜于理解为治兵、治民事权之分，目的在使"事权重而战守专"。较之兵农分合、文武分合的泛泛之论，上述涉及职官事权/功能的思考，无疑更有意义。但即使王夫之，虽认为文武理当"各专其业"，却又以为三品以上的大臣，无论其登仕自戎伍抑科目，均应"出而屏藩，入而经纬"，以此"合大臣宪邦之用以使交重，而不相激以偏轻"(《噩梦》第593 页) ——即将"合"体现于高层官员的职任与能力，以及经国者的平衡之术。①

我所读到的其时的文字中，另一有力的异议表达来自吴应箕。吴氏不一味恭维"祖制"，他的说法是："高皇帝尝诏郡国生员习射，又尝于士策名之后，试以骑、射、书、算五事，未几辄罢，知不能兼也。"(《令文士试骑射对》，《楼山堂集》卷一九) 至于"六艺"之一的"射"，固为"古者文士所习"，然而"非独以厉武备患也。悬之始生，以示有事；行之泽宫，以观有德"，所重更在其文化功用。同文还说到庠序之士不习骑射，"非尽由天性，以国之兴亡，兵之强弱，固不系此"。在他看来，当道混淆了作为军事技能的"骑""射"与作为用兵条件的"知兵"。"语曰：以书御者，不尽马之情。则能执弓乘马者，非即知兵者也。……国家留计边务，所置经督必以文臣，贵方略也。臣见先朝之臣，有以兵名

---

① 王夫之主张兵柄有所"专统"；他以为不宜统于兵部，"兵部所可司者，兵制之常也"，"若边防征剿，出大师以决安危，自应别有专任庙算者"，这一角色应以武英殿大学士担任。王氏虽不以文武合为然，其以为"兵柄"宜持之于文臣，与他论者并无不同(参看《噩梦》第 579 页)。

者矣，未闻骑射之必优也。"①识见显然较张履祥、颜元为精。颜元、张履祥等夸张了骑射对于提高士的品性的作用，在某种程度上也将骑射乃至弓矢的象征意义与实用功能混淆了。但也如王夫之，吴应箕尽管强调"兵者"为"专家之学"，却决不认为兵事应为武人所专。他不过认为军事人才的选拔另有标准，文臣习兵别有途径——"兵部者，文臣习兵之府也"，建议即以兵部为选拔、训练及储"文将"之所（《拟进策》）。无论王夫之还是吴应箕，其思路均未远出现行制度的范围。显而易见的是，不能将本章所论这一时期的"文臣"，等同于近代欧美所谓"职业文官"；不但其训练不同，而且职掌有别（所学、所事）。在本章所论的"文/武"这一范围内，的确保留了长期历史过程中存在的功能混溶的那种情形。谈兵之为风气，其根源确也应由此得到解释。

明末政局中的文武

　　文人武人犹之天敌，其对立起源甚古，所谓积不相能。而本书所论的这一时期有关文武的议论，也基于有明一代的文武关系的实际状况，以及明亡前后对于此种政治关系的检讨。魏际瑞说："文章之士声气满天下，而拳勇豪侠之士声气亦满天下。然是二人者，多不相能。文人谓武人不足语，武人又谓文人无用，不识时务。故无事则两相讥，有事则两相轧。"（《阎将军寿序》，《魏伯子文集》卷一）在这种表述中，文、武似为对等的双方，实则不然。多数情况下，文人处在可以轻、鄙武人的优越地位。

---

① 吴氏另在《拟进策》中说："陛下严重武科，行之已久，乃熊罴之士不闻即出；今又下明诏，使制科兼行骑射，并试武经，意将谓召虎之臣即由此奋乎？夫今士大夫雍容惰窳，不习劳勤，借此以磨砺其气而广其技能可也，岂经略边方之才遂由此出哉？"但他也不否认"骑""射"有"矫偏救弊"、振作士气的功用，说"天下之弱，亦已极矣。士大夫劳苦不任，偷惰成风，故奸人叛卒无所畏，而遂因之以逞。诚如明旨，令士夫人人习兵，则积弱之气当振，而国家之威亦缘是而立"（《时务策》）。同时黄淳耀亦以为不宜恢复以骑射试士的古法（《科举论[下]》，《陶庵文集》卷三）。成化年间项忠则曾批评选将而以"答策"责之武人，致"庙堂举将才，逾年不闻有一人应诏"（《明史》卷一七八本传）。

《明史·选举志》说"终明之世，右文左武"。该书《兵志》述有明一代文武消长之迹，曰太祖、文皇时，"都指挥使与布、按并称三司，为封疆大吏。而专阃重臣，文武亦无定职，世犹以武为重，军政修饬。正德以来，军职冒滥，为世所轻。内之部科，外之监军、督抚，叠相弹压，五军府如赘疣，弁帅如走卒。总兵官领敕于兵部，皆跽，间为长揖，即谓非礼。至于末季，卫所军士，虽一诸生可役使之。积轻积弱，重以隐占、虚冒诸弊，至举天下之兵，不足以任战守，而明遂亡矣"——以为"轻—重"之转捩在正德一朝。正史书法，涉及时间界限，"以来""以降"云云，不过约略言之；实则积渐至于"轻""弱"，根源往往即在初制（所谓"祖制"）中。①

明制，"凡爵非社稷军功不得封"（《明史·职官志》）。《明史·刑法志》："文职责在奉法，犯杖则不叙。军官至徒流，以世功犹得擢用。"然此种"宽武夫"而"重责文吏"（同卷），与"右文左武"未必即扞格。王夫之所指出的"文臣不许封侯"，与"公侯之为帅者，匍伏于士大夫之门"的矛盾现象（《噩梦》第593页），令人不难寻绎最高权

---

① 霍韬说："旧制内则公侯列文臣之上，外则都司列布按两司之上，待之隆者责之备也。不惟兵部慎选其人，虽其人亦思自慎……今之都司，自坏旧制，安处布按两司之下，不惟人以不肖目之，彼亦甘心以不肖自待矣。"（《天戒疏》，《明经世文编》卷一八六）陆粲说："自承平日久，士大夫鄙薄武臣，虽位均体敌，犹蔑视之。事有相关，任意径行，不相咨覆；稍下则慢易凌辱，无所不至。武臣亦不自贵重，曲意奉之。"（《拟上备边状》，同书卷二九〇）林燫也说："臣窃观近日士夫，亦颇有宋人之习，大抵好凌武臣，訾之为粗才。故虽有仗钺专阃，其寄甚重，而郡县之吏，亦每与之争揖逊俯仰之礼，以为气节。至其横遭口语，无缘自明，重者报罢，轻者行勘，事体固当尔耳。"（《陈言边计疏》，同书卷三一三）这也应当视为政治关系中的畸态。戚继光身任武将，他的如下说法，自然得之于亲历："凡一切军情，悉由抚臣建白，而后折衷于兵部，取裁于庙谟，指示发纵，胜算具在，武臣犹走狗也，驱之前则前耳。"（《经略广东条陈勘定事宜疏》，同书卷三四六）戚氏还有"且愧武人无术，不敢与闻士大夫之政"云云（《贺华山孙公巡抚山西序》，《止止堂集·横槊稿中》）。明将亡，上述畸态如故。据《明史》袁崇焕传，高第代孙承宗为经略，杨麒任总兵，高"遇麒多偏裨"，"折辱诸将，诸将咸解体"（卷二五九）。黄仁宇的说法是，"从15世纪开始，武职的威望可能降到中国历史上的最低程度"（《十六世纪明代中国之财政与税收》中译本第413页）。

力者既以爵位抑制文臣、又经由礼仪控驭武人的复杂用意。① 上述制度安排对于造成有明一代朝廷政治中的文武关系，具有根源性的意义。

《明史·职官志》："凡军制内外相维"，证诸下文，首先即文（臣）武（将）相维。权力机构内部制衡，是实施中央集权的必要条件。雄猜之主的制度设计中，尤有无所不在的制衡、"相维"。在实行中，相维实即相掣。吕留良说："后世经国者，亦只讲得犬牙相制，然则立制之初，已纯是一团权诈，又安望其后世之无弊也。"（《四书讲义》卷三九）王阳明缘他个人的经历，深知"凡败军偾事，皆缘政出多门"（《与王晋溪司马》，《王阳明全集》卷二七第 1004 页）。"戚继光用兵，威名震寰宇。然当张居正、谭纶任国事则成，厥后张鼎思、张希皋等居言路则废。"（《明史》卷二一二）明末孙承宗则批评朝廷"以将用兵，而以文官招练。以将临阵，而以文官指发。以武略备边，而日增置文官于幕。以边任经、抚，而日问战守于朝"，指为"极弊"，主张"重将权"，使之"得自辟置偏裨以下，勿使文吏用小见沾沾陵其上"（《明史》卷二五〇本传。孙承宗的这篇议论，涉及的事实复杂。其中"当重将权"之"将"，宜非专指武臣，也包括任边事的经、抚在内）。② 在文武"相维"之外，更有文臣之于文臣的制约。嘉靖朝，朱纨以巡抚提督军务，迫切吁请的，是事权之一，"不必御史干预"（参看其《请明职掌以便遵行事》，《明经世文编》卷二〇五）。穆宗朝，谭纶请责其与戚继光得专断，"勿使巡按、巡关御史参与其间"（《明史》谭纶传。时谭氏为兵部左侍郎兼右佥都御史，总督蓟、辽、保定军务），果如所请。但明末鹿善继就没有这样幸

---

① 明初武人骄恣。据《明史》周新传，成祖朝，周氏曾奏请"都司卫所不得陵府州县，府卫官相见钧礼"，"武人为之戢"（卷一六一）。也有相反的事例。无论明初抑其后，文臣亦有封爵。《明史·功臣表》："新建伯王守仁，世宗即位，十一月以文臣封，世袭。威宁伯王越，成化十六年，以文臣封，世袭。"《皇明经世文编》宋徵璧所拟《凡例》曰："太祖之制，非系军功，不容封赏。乃开国以降，文臣得封者，可以指屈……"

② 唐德刚《晚清七十年》一书说清代"将不专兵"（绿营），如"提督、总兵等皆受制于科甲出身的文职官员的总督和巡抚；而督抚之间又相互制衡"（第 512 页），与明代几无二致。

运。鹿氏言及为文臣(言官)掣肘,不胜愤懑。①

畸轻畸重,此消彼长,又有因时的变动。黄宗羲述说明代文武势力之消长,将甲申之变归结为崇祯"重武之效"(《明夷待访录·兵制二》);以武将为小人,为"豪猪健狗"(《兵制三》),愤激之情,溢于言表。孙奇逢也说"时平以大帅仰小吏之鼻息,世乱以悍将制偏儒之性命"(《赠孔氏兄弟序》,《夏峰先生集》卷三)。王夫之将文官受制于武人,归因于文官爱钱,因而武人得以"始媚之,中玩之,继乃挟持之"(《搔首问》,《船山全书》第十二册第632页),所见与黄宗羲有别。而事实上,明末的情状,"右文""右武"已不敷形容。

文臣的处境更其不堪的,是在大厦倾倒中的南明朝。其时曾亲见或亲闻文臣为武夫所挟制、摆布的黄宗羲,到明亡后仍不免愤愤。他比隆武朝黄道周、苏观生等人于"蛟龙受制于蝼蚁"(《行朝录》卷一,《黄宗羲全集》第二册第121页),以崇祯、弘光间"大将屯兵"为有明兵制之一变。令黄氏印象深刻的,固然是武人的骄恣跋扈,亦有文人于兵事的无能。《行朝录》卷三:"当是时,孙、熊建义,皆书生不知兵,迎方、王二帅,拱手而让之国成。"(同书第128页。按孙,孙嘉绩;熊,熊汝霖;方,方国安;王,王之仁)《海外恸哭记》亦曰自孙嘉绩建义,浙东豪杰皆起,"然嘉绩实不知兵,以其权授之总兵王之仁、方国安,东浙之事不能有所发舒"(同书第211页)。② 上述文字作于明亡之后,对文士的救亡

① 军事行动受制于朝端议论,每令任其事者徒唤奈何。嘉、隆之际王崇古就曾抱怨"议论太多,文网牵制,使边臣无所措手足"(《明史》卷二二二本传。时王崇古为兵部尚书,总督宣、大、山西军务)。钱谦益说孙承宗督师而为人主遥制,曰:"高阳公两督师,斤斤绳尺,不肯意外行事,吾每惜之,因而知其非得已也。"(《向言》下,《牧斋初学集》卷二四第784页)卢象昇说"台谏诸臣,不问难易,不顾死生,专以求全责备"(《明史》卢象昇传)。熊廷弼任军事,以"毋旁以掣臣肘"为言;至"给事中姚宗文腾谤于朝,廷弼遂不安其位"(《明史》熊氏传)。袁崇焕亦有"谤书盈箧,毁言日至"之虑(同书袁氏传)——(任军事的)文臣又受制于他文臣。鹿善继《采集廷议敬效折衷疏》曰:"臣尝谓今日救时对症有二语:议臣不难任臣,文臣不难武臣,天下太平矣。"(《认真草》卷一一)

② 《行朝录》卷一:"上赐宴大臣,郑芝龙以侯爵位宰相上,首辅黄道周谓'祖制,武职无班文官右者',相与争执,终先道周,而芝龙怏怏不悦。诸生佞芝龙者,上疏言道周迂腐无能,不可居相位。"(第115页)张肯堂以额饷招集义勇,将出三吴,郑芝龙劫其饷,(转下页)

乏术，犹有余恨。黄宗羲本人曾于鲁王监国时从亡海上，亲身体验了其时"诸臣默默无所用力，俯首而听武人之恣睢排拳"的尴尬窘迫（《海外恸哭记》，同书第 209 页）。文士的厄运尚不止于此。熊汝霖终为武人（郑彩）所杀——忠臣义士的末路竟至于此！黄氏所师事的刘宗周曾与崇祯辩论"才""守"。由上述事实看，举义的文士虽风操凛然，奈无军事才能何！明清之际有关文武全才的人才标准，自然也以此沉痛的经验为依据。[①]上文所引陈子龙《重将权》说文武分的后果，曰"方今之患，文士懦弱而寡略。寡略者非独昧于兵也，而凡事不胜任"（《陈忠裕全集》卷二三）。文士不唯在明清对抗中，也在这一时期激烈的文武对峙中认识了自身的"弱"，因而制度复古以至身亲戎事均被作为了自强的途径。在这种意义上，"谈兵"亦为"对峙"所激成。

武将之"鹰扬""跋扈"，一向为文士所侧目。热衷于谈兵，并不意味着稍减对武夫的根深蒂固的鄙视。魏禧《书欧阳文忠论狄青劄子后》，说欧阳修论其时的名将狄青，"深文巧诋，以中人于深祸……险狠阴猾，若古小人害君子之术而又工焉者"（《魏叔子文集》卷一三）——在此一题目上发露欧阳修的"心术"，如此之不容情！[②]上文所引关于文武对立、对抗的描述，因出诸文人而不无偏见，毋宁读作文人的武人批评。即使如此，仅由上文也可知，明亡之际由"文—武"的角度的明代政治批评，旨趣互有差异甚至牴牾。批评朝廷轻视武人、文士鄙薄武人和兵事的，与批评明亡之际人主的纵容武将、武将的横恣的，批评人主杀戮"文帅""文将"（如熊廷弼、袁崇焕之狱）、自毁长城的，批评文士

（接上页）张氏"郁郁无所发舒"（《海外恸哭记》第 237 页）。《行朝录》录陆世仪《江右纪变》，记金声桓举义，以姜曰广为阁部，"而曰广诸人，素不习兵事，声桓亦无远略，识者已知其不能有为矣"（同书第 204 页）。

① 黄宗羲《钱忠介公传》对比宋末与明末，说："在昔文、谢孤军，角逐于万死一生之中，空坑，安仁之败，亦是用兵非其所长，其进止固得自由也。未有一切大臣，听命于武夫之恣肆排拳，同此呼吸之死生，而蠢然不得一置可否如幕客、如旅人。"推原其故，"有明文武过分，书生视戎事如鬼神，将谓别有授受，前此姑置。当其建义之始，兵权在握，诸公皆惶恐推去，不敢自任，武人大君而悔无及矣"（《钱忠介公传》，《黄宗羲全集》第十册第559—560 页）。痛惜之意，情见乎辞。

② 《宋史》卷三一九欧阳修传："狄青为枢密使，有威名，帝不豫，讹言籍籍。修请出之于外，以保其终，遂罢知陈州。"

（尤其言官）空谈使将帅不得展布以致败军偾事的，像是都有足够的事实根据。明亡后的追论中，既有人责难文士不敢身任兵事，放弃军权，任由武人恣睢，又有人指摘书生之妄言知兵，徒以误国，毋宁说示人以问题本身的复杂性。

有明一代，文武关系也决非一味紧张。武将的骄恣不法（如李成梁），固然赖"当国大臣"（即文臣）为奥援（参看《明史》本传）；武将得以"展布""发舒"的条件，也正在文臣的支持（至少不掣肘）。①《明史》戚继光传曰其"赖当国大臣徐阶、高拱、张居正先后倚任之。居正尤事与商榷，欲为继光难者，辄徙之去。诸督抚大臣如谭纶、刘应节、梁梦龙辈咸与善，动无掣肘，故继光益发舒"（卷二一二）。戚继光本人说其与谭纶，曰"知公者某，成某者惟公"（《祭大司马谭公》，《止止堂集·横槊稿中》）——是谭、戚共同成就的一段佳话。

文人对于武人，非但不一律轻视，对于能文（即使只是粗通文墨）的武人，更不吝揄扬。钱谦益记戚继光"少折节为儒，通晓经术，军中篝灯读书，每至夜分。戎事少间，登山临海，缓带赋诗"（《列朝诗集小传》丁集中第 540 页）；称道戚继光、俞大猷，说："庆历以来，称名将者，无如戚南塘、俞盱江。南塘之《练兵实纪》，盱江之《正气集》，使文人弄毛锥者为之，我知其必缩手也。"（《题张子鹄行卷》，《牧斋初学集》卷八四第 1777—1778 页）②可知其对戚、俞，不以寻常"武夫"目之。陈子龙也在诗中说戚继光"著书近《六韬》，词赋齐名卿"（《上念故戚大将军功在社稷问其裔孙几人不忘勋旧以励来者感而赋诗》）。武将与文

---

① 陆粲认为对武将宜宽文法，疏节简目，曰："夫有非常之人，然后能行度外之事。汉用陈平，捐黄金四万斤，不问其出入，遂以灭项羽。今之边饷，动支其钱谷，拔用一将校，稍破长格，则文法吏且操尺寸以议其后。"（《拟上备边状》，《明经世文编》卷二九〇）主张使将帅"饶于财"，俾士卒用命。王夫之对军旅生活也有出诸人情的体贴，认为不宜以廉洁苛责武人，曰"牛酒时作，金钱飞洒，所以贾椠驽之死心"（《黄书·宰制》第 518 页）。钱谦益所撰孙承宗行状，记孙氏曾"改正总兵官谒经、抚仪注"，"不得仍前戎装长跽"，"武帅之气大奋"（《牧斋初学集》卷四七第 1178 页）。

② 关于戚继光的《练兵实纪》，四库馆臣曰："今以此书考其守边事迹，无不相符。非泛摭韬略常谈者比。"还说戚氏的《纪效新书》，"其词率如口语，不复润饰。盖宣谕军众，非如是则不晓耳"（《四库全书总目提要》子部兵家类存目）。钱氏所欣赏的应非文体。

士论交,亦一时美谈。《明史》萧如薰传:"蓟镇戚继光有能诗名,尤好延文士,倾赏结纳,取足军府。如薰亦能诗,士趋之若鹜,宾座常满。妻杨氏、继妻南氏皆贵家女,至脱簪珥供客犹不给。军中患苦之,如薰莫能却也。一时风会所尚,诸边物力为耗,识者叹焉。"(卷二三九)由此可知,非惟文人谈兵、入幕为"风会所尚",即武人的能诗好延揽文士,亦何尝不在风会中!

戚继光即不能称"儒将",其文集中涉及儒学、理学的话语,足证其决不自外于儒者,也不自外于文人。而吐属风雅,虽戎马倥偬之际,仍不废诗酒唱和,亦其人为武将而为文人接纳的一部分根据。郭朝宾《止止堂集序》称道戚氏处战地而"意思安闲,游于翰墨,其整且暇何如者"——正是文人所欣赏的一种儒将风度。更有意思的是,虽身为武将,却以圣贤、孙武比较而高下优劣之,也证明了他的自期绝不止于武人(参看《止止堂集·愚愚稿上》)。戚氏说:"孔明兵法,莫过于'宁静致远'一句。故谓去外寇易,去心寇难。能去外寇而不能惩忿窒欲以治腹心窃发之寇者,不武也。""用兵能用浩然之气,即是义理之勇,否则血气而已矣。"(同上)理学语境中武人"谈兵"有如是者! 若戚氏生当崇祯朝,必附和刘宗周"先守后才"说无疑。理学氛围中的武人,甚至不免于袭用理学话头,说"主静",说"不睹不闻""戒慎恐惧",撰《大学经解》(参看戚继光《书静庵卷》,《止止堂集·横槊稿中》;同书《愚愚稿》),且也用语录体——亦其时的"时式"。

到明亡之际,戚继光、俞大猷一流人物,已罕有其人。

火器与明末军事

与文人的谋略之谈相映成趣的,是部分地出自文臣之手的实用类兵书。何良臣的《阵纪》,清四库馆臣许其"切实近理"(《四库全书总目提要》子部兵家类。按何氏弱冠弃诸生从军,嘉靖间曾官蓟镇游击);对郑若曾的《江南经略》,则以为虽"多一时权宜之计","究非纸上空谈,检谱而角觚者也"(《四库全书总目提要》子部兵家类存目。按郑氏曾佐胡宗宪平倭)——也强调其实用性。徐光启有关军事的著述如《徐氏庖言》，有关练兵的《选练条格》（见《慎守要录》卷七，经韩霖删改），以东南"倭患"与东北边患（建州的军事扩张）为直接背景，著述期待极其明确。① 范景文参与军事，亦"辑战守等书，用以训练戎伍"（《将略标序》，《范文忠公文集》卷六），务切于用。对效用——包括时效，因而不免于"权宜之计"——的期待，也属于其时经世之学的一般特征。

与戚继光《纪效新书》、徐光启《选练条格》一类著述相应的，是关于军事管理的标准化、规范化（包括一定程度的量化）的要求。徐氏所谓"条格"，即在此方向上，用他本人的话说，即"器式程度"，有可供"按核"的"铢两尺寸"（《处置宗禄查核边饷议》，《徐光启集》卷一第 17—18 页）。对于其他军事措施，徐氏也主张"定格式""画一规格"，强调可计量、可复制性，与其在工程方面强调"度数"、技术指标，同一思路。他对于敌台的设计，度数详明，正乃用其所长（参看其天启元年《移工部揭帖》，同书卷四）。徐氏思考的精密，对于技术性、工艺指标的强调，与同时大多谈"经世"、兵事者，已不在同一境界②，可供辨识近代"科学""技术"的输入在此一隅打下的印记。

当其时虽有实用兵事大全，兵学知识总汇一类大书的纂辑梓行，我所谓"实用兵书"者的著述趣味，注重的是具体的适用性，如备倭，如城守，如选将、练兵等。有关兵事的奏疏亦然：固有"太平十策"类无所不包者，也有止于一事或数事，目标极其明确具体者。徐光启解释"古来谈兵，未见有琐屑至此者"，归因于宋代以后武备的废弛（《徐光启集》

---

① 徐光启自说其有关奏疏，"大都言战胜守固，必藉强兵；欲得强兵，必须坚甲利器，实选实练"（《谨申一得以保万全疏》，天启元年，《徐光启集》卷四第 174 页）——意思确也平平无奇。置诸其时兵事之谈中，值得注意的，是不惟不作"忠义"云云的道德谈，亦几不作谋略谈。

② 徐光启《恭承新命谨陈急切事宜疏》（万历四十七年）曰："至于选练一法，将欲使智勇材艺，人尽其长；工械技巧，物究其极。"（《徐光启集》卷三第 118 页）他力图拟定具体而可供核查、检验的指标及可以兑现的封赏："所用如此甲胄，如此器械，如此铳炮；所习如此技艺，如此营伍，如此号令；今日如此饷给，如此体貌；他日如此进战，如此退守；后来如此功赏，如此励名。"（《辽左阽危已甚疏》，万历四十七年，同卷第 110 页）

卷三第 115 页）。事实则是上述具体化，其间有关事类的划分，未始不可以视为传统兵学进一步专业化的契机。

孙承宗所撰《车营百八叩》，即面对下属的车战教材。全书共一百零八问，涉及历史上的著名战例，设想车战的诸种情境，问对应之策。该书应撰于其守辽时，自序中说："辽，吾土也，其寒暖燥湿、丘陵、阪险、原隰，吾得备悉。……日与诸文武大吏肄。撞晚钟而入幕，独坐则思，漏四五下，觉而又思；撞晓钟而起，且与诸文武大吏肄。知则试之，不知则相与探讨……"

明末对于战车、车战的兴趣，因于其时的战场形势。叶适读《孙子》，读出了《孙子》非教战之书，乃教不战或守的书，"此书尽用兵之害，而于守与不战持之最坚"，"其论彼己胜败之际，至为恳切，盖止欲不败，而未尝敢求必胜也"（《习学记言序目》第 678 页），"然则为孙子之术者，必无战而后可尔"（同书第 684 页）。明中叶后士人的谈兵，所谈也更在"守"；"止欲不败"，则因强弱之势至此早已昭然。① 关于战车，朝程文德就曾说其功能在"捍""盖"，便于以此"壮胆"，因"我军见虏，如羊见虎。虎逐来时，羊得一藩篱，亦可幸免"；认为"我军必不能迎战，恒欲自守"，而战车即"可守之具"（《与人议战车书》，《明经世文编》卷二一一）。

有别于文人的方略谈，徐光启一流人由实战出发，着眼于器甲士马等的逐一改进，士卒的选练外，甲仗的精良、具体的攻防设施（即硬件）自然备受关注。《荀子·议兵》："古之兵，戈、矛、弓、矢而已矣。"到本

---

① 张居正曾说蓟镇不同于他镇，"在他镇以战为守，此地以守为守；在他镇以能杀贼为功，而此地以贼不入为功"（《答阅边郜文川言战守功阀》，《张太岳集》卷二八第 342 页）。他授策戚继光，也说："今日之事，但当以拒守为主，贼不得入，即为上功。"（《答总兵戚南塘授击土蛮之策》，同书卷三二第 405 页）戚继光也说："或谓战守当并论。今蓟山川险阻，能守而使之不入，不更愈于战乎？曰'兵法全国为上'，守险正全国之道也。蓟莫善于守。"（《辨请兵》，《明经世文编》卷三四九）其时论者主张筑边墙，守边固圉。谭纶亦以"负墙以战，遏之边外"为"上策"（同书卷三二二）。隆庆朝王任重以为"今之制御北虏者有三，曰战，曰守，曰款；而三者之中，守为上，战次之，款不足言矣"（《边务要略》，同书卷四一四）。这样的战守形势势必影响于士民的心态。有明中叶以还军事上的软弱，造成了普遍的不安全感，衰世、末世之感，不可避免地影响于人们的行为方式。

书所论的时期,所谓"兵",早已不限于上述数种。范景文崇祯初年出镇,大举修缮兵器,除枪炮刀斧外,"至于兵书战策所载、术士剑客所传军火秘器,堪备攻守之用者,皆令制一以备掌故之遗"(《恭报公费缮器疏》,《范文忠公文集》卷四)。

马文升早就谈到其时京军器械之窳恶(参看马氏《为修饬武备以防不虞事疏》,《明经世文编》卷六三)。万历年间徐光启实施其"选练"计划,发现"兵非臣之所谓兵也,饷非臣之所谓饷也,器甲非臣所谓器甲也"(《剖析事理仍祈罢斥疏》,万历四十七年,《徐光启集》卷三第140页)。他批评其时边军的物质状况,曰:"甲胄苦恶,器械朽钝,业已不堪,今或苦恶朽钝之物并为乌有,甚则举而鬻诸虏中也。"(《拟上安边御虏疏》,同书卷一第3页)徐光启强调"器胜",且明确地指出此"器"即火器,说"最利者,则无如近世之火器",火器乃"今之时务"。①徐光启不但言"知兵",且言"知器"(参看其《西洋神器既见其益宜尽其用疏》,同书卷六):这似乎是他特有的提法。他本人热衷于制器,说:"欲我制敌先议器械,欲敌不能制我先议盔甲"(《恭承新命谨陈急切事宜疏》,同书卷三第123页)——与儒者所谓轻重后先大相径庭。②

---

① 徐氏曰:"古者五兵六建,及远不过弓矢。五代以来,乃有石炮。胜国以后,始用火器。每变而愈烈,则火器今之时务也。"(同书卷三第115页,为《敷陈末议以殄凶酋疏》等三疏之按语)其《器胜策》曰:"此器习,而古来兵器十九为土苴,古来兵法十五为陈言矣。"(同书卷一第53页)天启元年的奏疏中说:"今京师固本之策莫如速造大炮"(《谨申一得以保万全疏》,卷四第175页);曰其时"下手之处,全在先造精坚甲胄、锋利器械、大小火炮……"(《申明初意录呈原疏疏》,同卷第183页)。同年上疏"特请急造台铳,为城守第一要务"(《台铳事宜疏》,同卷第186页)。其人主张一贯,对策不出此。前于此,嘉靖朝胡松即曰:"夫中国长技,其可恃独火器耳。"(《陈愚忠效末议以保万世治安事》,《明经世文编》卷二四六)赵炳然也说:"我兵……所恃以为奋击者,火器也。"(《题为经略重镇边务以极图安攘大计事》,同书卷二五三)明末在火器、用夷人等事上与徐氏所见略同者,尚有李之藻等(参看同书卷四八三李之藻《制胜务须西铳敬述购募始末疏》等)。关于明代火器的运用及有关的知识状况,尚可参看于谦《建置五团营疏》(同书卷三三)、丘濬的火器考(《器械之利二》,同书卷七四)等。师从徐光启的孙元化,亦有关于火器的著述(参看徐新照《明末两部"西洋火器"文献考辨》,《学术界》2000年第2期)。

② 刘宗周奏文,说:"臣闻用兵之道,太上汤武之仁义,其次桓文之节制,下此非所论矣。"(《子刘子行状》卷上,《黄宗羲全集》第一册第235页)

他以为在当时的战场形势下，"惟尽用西术，乃能胜之"，而"欲尽其术，必造我器尽如彼器，精我法尽如彼法，练我人尽如彼人而后可"（《西洋神器既见其益宜尽其用疏》，同书第 288、289 页）——确可作为晚清洋务运动的先声。

《明史·兵志》："古所谓炮，皆以机发石。元初得西域炮，攻金蔡州城，始用火。然造法不传，后亦罕用。至明成祖平交阯，得神机枪炮法，特置神机营肄习。"①嘉靖初，御史丘养浩请多铸火器，给沿边州县。隆庆初戚继光于蓟镇练兵，上疏以"有火器不能用"为"士卒不练"之一失（《明史》戚继光传）。嘉靖朝翁万达《置造火器疏》可资考其时火器性能及应用情况。翁氏说，当其时，"若神机枪、佛郎机铳、毒火飞炮等项火器，则夷狄所绝无"，为"中国"所"独擅"（《明经世文编》卷二二三）。近人李洵说，徐光启所设计的火器车营，以各种武器、兵种联合作战，装备更为完善（参看《明代火器的发展与封建军事制度的关系》，《下学集》第 45 页）。鹿善继《车营说》，即谈以火器为装备的车营（"铳与车合"），而不废弓弩步骑，欲使"相资相卫"（《认真草》卷一三。同卷《前锋后劲说》，亦阐述以火器、车营为依托的战术设想）。近人以为，"明代兵器、尤其是火器的发展，在中国古代史上是空前的"（毛佩奇、王莉《中国明代军事史》第 135 页）。"火器在明代军队中占有很大比例。"到明末，"炮""铳"品类繁多（据《明史·兵志》，计有数十种），火器的制造已颇具规模。

对物质性、技术性的注重，固然与明末清初"经世"视野的扩展有关，对武器装备的重视，却自昔已然。徐氏之前，明代朝野人士即表现出对武器发展、装备革新的关注。甚至不少名臣参与了器械的设计，表现出浓厚的技术热情。如李贤《论御虏疏》所言战车形制（《明经世文编》卷三六）、郭登《上偏箱车式疏》（同书卷五七）、余子俊《为军务议

---

① 据毛佩奇、王莉《中国明代军事史》，宋代即"冷兵器与火器并用"，"元代则创制了世界上最早的金属管形火器"，"朱元璋夺取天下的战争，亦多赖火器以取胜"（第 136 页）。唐顺之一再谈到其时火器的效用，说"是倭夷用以肆机巧于中国，而中国习之者也"（《条陈蓟镇练兵事宜》，《唐荆川文集》外集卷二）。

造战车事》(同书卷六一)、秦纮《献战车疏》(同书卷六八);丘濬亦一再议及战车,且详载车式(如《车战议》,卷七四)。万历朝赵士桢《神器谱》一书,内容包括了火器的"设计、制造工艺、施放方法及火器作战的布置"(李洵《明代火器的发展与封建军事制度的关系》,《下学集》第34页)。明亡之际,黎遂球自说"愿罄变家产,制斑鸠铳五百门"(《上直指刘公》,《莲须阁集》卷三)。还说,"使数万人皆习此器,贼当辟易"(同卷《复友人论勤王复仇书》)。陆世仪也说自己曾欲创为战车(《思辨录辑要》卷一七)。直至京城陷落之后,尚有民间人士从事武器设计,冀有万一之效。但也有另外的一面。《天工开物》卷下《佳兵·火药料》:"火药、火器,今时妄想进身博官者,人人张目而道,著书以献,未必尽由试验。"《续文献通考》卷一八三《经籍》四三,关于顾斌《火器图》一卷,曰书中所言军中火攻之具,"大抵斌以意造之,无济于实用","所制木人骑马之类,颇近儿戏"。

尽管越来越多的火器用于实战,且"新式火器"促成了明代后期兵制的变化①,直到明末,"古之兵"却仍不免是交战中的主要武器。火器的运用非但未能扭转战场形势,且往往徒以资敌。"崇祯时,大学士徐光启请令西洋人制造,发各镇。然将帅多不得人,城守不固,有委而去之者。及流寇犯关,三大营兵不战而溃,枪炮皆为贼有,反用以攻城。城上亦发炮击贼。时中官已多异志,皆空器贮药,取声震而已。"(《明史·兵志》)徐光启本人也说,其时的对手("贼")"甚而西洋大炮我所首称长技前无横敌者,并得而有之"(《钦奉明旨敷陈愚见疏》,《徐光启

① 关于由火器的发展推动的传统军事制度的变化,李洵《论公元十五、十六世纪明代中国若干历史问题》一文说:"新式火器的研制、试验、应用在十六世纪的明代中国全国范围形成一股热潮。"据李氏的研究,嘉靖时期火器与战车的结合,即形成了"新的军事建置",改变了旧有的"实战模式"。"明朝人这种武器、战术改革并未臻成熟,实践的效果也不令人满意,但它却是一次影响军事制度变革的因素。"(《下学集》第14、15页)李氏还在《明代火器的发展与封建军事制度的关系》一文中说:"按照火器与弓箭之间关系的变化规律来讲,鸟枪之类的火器没有在总体上战胜弓箭的时候,旧的军事制度就不会瓦解,现代军队也不能就此产生。"(同书第51页)

集》卷六第 310 页）。① 明清对抗，明军仅有的优势已与对手所共；八旗汉军中的火器部队，即参加了对明军的作战。《史可法别传》记弘光乙酉史可法守扬州，"北兵由泗州运红夷大炮至，试放一弹，飞至府堂，权之，重十斤四两，满城惶怖"（《史可法集·附录》第 176 页）。② 人/器这一伦理问题背后，有复杂的经验事实。李洵说："在十七世纪的明清战场上，虽然双方都装备了火器，但还是主要用冷兵器。而仅有一点火器的清兵战胜了拥有大量火器但不放弃冷兵器的明军。"（《论公元十五、十六世纪明代中国若干历史问题》，《下学集》第 16 页）先进武器不足以救明之亡，提示的与其说是"器"的功用的限度，不如说更是器与其他因素、尤其制度条件的关系。本章涉及的所有因素——不惟武器装备，而且军事制度、文武关系等等，都对明清之际的军事对抗及其结局发生了影响。那一时期的战事是在这诸多因素的共同作用下进行的。

《刘子全书》卷一七附录《召对纪事》，详记崇祯十五年刘宗周当召对时与崇祯的激辩。刘氏批评"专恃火器"，说"火器彼此共之，我可以御彼，则彼得之亦可以制我，不见河间反为火器所陷乎？……不恃人而恃器，所以愈用兵而国威愈损矣"。③ 徐光启也说过："若有人无器，则人非我有矣；有器无人，则器反为敌有矣。"（《处不得不战之势宜求必战必胜之策疏》，崇祯四年，《徐光启集》卷六第 309 页）亦如争"任人""任法"，刘宗周与崇祯所辩任人、任器，亦自有充分的经验根据；而刘氏所坚持的"先守后才"，也未可即如崇祯，径以"迂阔"目之。当然，讨

---

① 《柳如是别传》据钱谦益《初学集》所记徐从治为落入"贼"手的明军西洋大炮击毙一事，转引赵俞之言曰："火攻之法，用有奇效。我之所长，转为厉阶。"陈寅恪于此评论道："此数语实为明清兴亡之一大关键。"（上册第 156 页）

② 魏源说："满洲、蒙古营之有火器，始于康熙。"（《圣武记》附录卷一一《武事余记》，转引自郑天挺主编《明清史资料[下]》第 124 页）

③ 刘氏接下来说："至汤若望，西番外夷，向来倡邪说以鼓动人心，已容不于圣世，今又创为奇技淫巧以惑君心，其罪愈不可挽。乞皇上放还彼国，以永绝异端，以永遵吾中国礼教冠裳之极。"崇祯"意不怿"，曰："火器乃国家长技，汤若望非东寇西夷可比。不过命其一制火器，何必放逐！……"刘氏此番与崇祯争辩"人/器""才/守"，最见儒者本色。

论明军的失败,仅上述视野显然不够。其他因素之外,也应当说,其时的技术水平限制了火器的效用。嘉隆间戚继光就曾说到,明军较之虏"长技惟有火器",而火器"势难继发"(《止止堂集·愚愚稿上》);说当时的火器"动称百种,与夫机械之属纷然杂陈,竟无成效"(同上)。[①]"诸多因素的共同作用"的结果是,无论火器的发展还是兵制的有限变动,在17世纪的中国,都未能有效地推动军事制度由前近代向近代转化。

结　语

倘若将谈兵置于下述背景上,其所以演成风气,更值得做深入的探究。

儒学经典有关兵事的论述,无疑施加过极其深远的影响于士人。《论语·卫灵公》:"卫灵公问陈于孔子。孔子对曰:'俎豆之事,则尝闻之矣;军旅之事,未之学也。'明日遂行。"《孟子·尽心》:"有人曰:'我善为陈,我善为战。'大罪也。"《孟子·离娄》:"争地以战,杀人盈野;争城以战,杀人盈城。此所谓率土地而食人肉,罪不容于死。故善战者服上刑,连诸侯者次之,辟草莱任土地者次之。"所谓"兵凶战危",以兵事为不祥,则无间儒、道。《老子》曰:"战胜以丧礼处之。"上述经典话语对于士人心性的塑造,是无论如何估量都不至于过分的。儒者面对与兵事有关的道德难题,用以规避的,通常即孔子的"军旅之事,未之学也"。广为流传的,另有"儒先"的故事。如张载"少喜谈兵,至欲结客取洮西之地,年二十一,以书谒范仲淹",范警之曰:"儒者自有名教可乐,何事于兵。"因劝读《中庸》,张氏终成粹儒(《宋史》卷四二七本传)。上文一再谈到的徐光启,好谈兵且躬亲兵事,却一再申明"臣本

[①]　前此,杨一清《放演火器事》即说:"中国制御夷狄,惟火器最长。顾今所造枪炮,不能致远,兼不善用,不能多中。"(《明经世文编》卷一一八)嘉、隆间刘焘也说"阵前之用,利莫利于火器,钝莫钝于火器,能远而不能近、能守而不能攻故也"(《刘带川边防议·器械》,同书卷三〇四);以弓矢为无此弊。李洵《明代火器的发展与封建军事制度的关系》一文说:"根据当时的技术水平,所有的火器无论在它的射程与机动性上,并不能完全超过常规武器,即弓箭刀枪,对于骑兵的突袭,既缺乏快速迎击的效能,又缺乏保护本身安全的机制。"(《下学集》第43页)

文儒,未习军旅",可见"军旅"本非"文儒"所当从事。号称"能兵"的卢象昇,也自说"非军旅长才"(杨廷麟《宫保大司马忠烈卢公事实俟传》,《卢忠肃公集》卷首)。《明史》杨嗣昌传,记杨氏奏对有"善战服上刑"等语,为崇祯所申斥。当此时杨嗣昌的引据经典,确也只能解释为自掩其无能。

在清初经学复兴的氛围中,与兵事有关的经典释读,也呈现出活跃的面貌。颜元《四书正误》由《论语·述而》"子之所慎"章,说孔子知兵,曰:"此处记夫子'慎战',必夫子亦曾临阵。又证之夫子自言'我战则克',是吾夫子不惟战,且善战,明矣。至孟子传道,已似少差。流至汉、宋儒,峨冠博带,袖手空谈,习成妇人女子态,尚是孔门之儒乎?熟视后世书生,岂惟太息,真堪痛哭矣!"(卷三,《颜元集》第193页)还说:"孔门以兵、农、礼、乐为业,门人记夫子慎战,夫子自言'我战则克',冉求对季氏,战法学于仲尼,且夫子对哀公,亦许灵公用治军旅者之得人,岂真不学军旅乎?偶以矫其偏好耳。后儒狃于妇女之习者,便以此借口,误矣。"(卷四,同书第220页)他不以为然于《孟子》所谓"善战""辟草莱""服上刑"(《颜习斋先生言行录》卷下《王次亭第十二》,同书第663页);实则他的有关议论,亦"救弊之言"——不惜救之以另一偏至。王源《平书·武备》也说:"卫灵公问陈而孔子不答者,非谓军旅之事不当学,以卫灵所急者,不在是耳。后世儒者遂以孔子为口实,谓为国者宜文不宜武。"(参看《平书订》卷九)[①]还说:"人知周之尚文,而不知周之尚武。"(同上)陆世仪甚至说"礼乐是儒家一个阵法"(《思辨录辑要》卷二一),绝非兵家所能想见。

儒、道对于军事行动的社会文化意义、伦理后果的严重关切,其积极意义却毋庸置疑。

丘濬说:"臣尝谓天下之事,惟武功一事,最难得其尽善而无余弊。

---

① 前此杨继盛曾驳以"佳兵不祥"为口实者(参看其《请罢马市疏》,《明经世文编》卷二九三)。李贽也说过,被"邯郸之妇"作为口实的孔子的"军旅之事,未之学也"云云,"非定论也"(《藏书世纪列传总目后论》)。顾颉刚解释孔子答卫灵公问陈,也以"军旅之事未之学"为"托词"(参看《武士与文士之蜕化》,《史林杂识[初编]》第86—87页)。

何也？盖兴师动众，人至多也；临阵对敌，机无穷也。不杀则不足以退敌而功不成，是武之成，必在于杀人也。"（《赏功议》，《明经世文编》卷七五）敏感的儒者对此不能不心情复杂；兵事、与兵事有关的话题，确也构成了对儒者伦理意识的考验。前此叶适就曾主张"不多杀人"；在南宋危亡的情势下，尚曰"自淮以北"皆吾土吾民，"流涕以对之犹不足"，尚忍言"孙武之智"乎！（《兵权上》，《叶适集·水心别集》卷四第681页）明亡之际，金声也说："夫兵者，所谓聚不义之人，持不仁之器，而教之以杀人之事。"（《举边才足兵饷议》，《金忠节公文集》卷一）还说："惟不嗜杀人，乃可使杀人。"（同书卷八《唐中丞传》）金铉也说："忘战者危，好兵者亡。"（《拟周礼策对》，《金忠洁集》卷四）有明一代屡有疏论"首功"者，无不以"止杀"为说；对以首级论功中包含的残忍性及不可避免的弊端（如杀良冒功）的追究，也出于"仁"之一念（如潘潢《论首功疏》，《明经世文编》卷一九八）。① 陆世仪以"仁"说"兵"，曰："兵法儒者不可不习，此虽毒天下之事，而实仁天下之事。"（《思辨录辑要》卷四）说"兵阵，仁人之事也，不仁之人为民害。不得已而杀人以生人，此非大仁人不可"。更以为"杀人之中有礼乐"，"杀人之中有理存焉"（同书卷一七）。他于"六艺"之一的射，既取其实用，又关心礼意，说："古者射以观德，是于强有力之中又欲择其德器，所谓杀人之中又有礼焉……"（同书卷一）这层意思，似未见于其他论"六艺"者。儒者的兵事之谈不同于兵家也不同于文人者，正应在此。出诸仁者情怀，正在发展中的"火器"及其杀伤力已足以令陆世仪不安，他甚至有"厉禁"的主张（同上）。② 一方面，严峻的军事形势要求武器的精良，另一方面，武器日益增强的威力又预示了战争规模的扩大，对大量生命的摧毁。敏感的儒者不能不对人心的嗜杀、对军事行动之于生命的蔑视怀有深忧。儒者对"军旅之事"的矛盾态度亦基于此，尽管他们不可

---

① 然而出诸文人之手的武将传状，却往往有对于暴力行为的渲染。对残酷行为——诸如"磔""剐目""截耳"（又作"馘"）——的叙述态度，包含了如下理解，即以敌方（"贼""夷"等）为非人，不适用于"仁"的原则。

② 《天工开物》的作者并不熟悉与火器制作有关的技术，却表达了对于红夷炮、"万人敌"之类火器的威力的震惊（如"千军万马立时糜烂"云云）。

能提出有效的替代方案。

明清之际士人与"兵事"有关的文化追究,甚至达于某种制度细节。王夫之好深湛之思,总能于人们习焉不察、制度沿袭已久处发现弊窦。徒、流、充军、戍边,作为古老的惩罚手段,刊之法典,沿用已久,王夫之却发他人未发之覆,追究至于上述政治行为的潜在语义,洞见隐藏其中的有关军事(尤其边务)的价值态度。他在《噩梦》中说:"……乃自充军之例兴,杂犯死罪,若流若徒,皆以例发充军。军舍武职有大罪则调边卫,边卫有大罪则发哨瞭,是以封疆大故为刑人抵罪之地,明示阃外之任为辱贱投死之罚,督制镇将且为罪人之渠帅,如驿吏之领囚徒,国家之神气,几何而不沮丧乎!"(第587页)"然罪人充配,损国威而短士气,始为谪罪充军之议者,庸人误国之祸原也。"(第592页。按《明律》充军条例至有二百十三条之多)的确可谓鞭辟入里。王源《平书》论"刑罚",也说:"若夫充军之法则愈谬。军者,国之爪牙,宜鼓舞之,优渥之,然后可以得其心与力;乃以为罪人,而出于'徒'之下,人孰肯为之哉?此武备之所以弛,而敌忾无人也。"(参看《平书订》卷一三)李塨《拟太平策》也说:"明问罪充军,大误。军者,民之杰;国之大事,戡乱安民以定社稷,曷乃以为罪所也?"(卷五)与王夫之不谋而论合。被我们惊为"特异之见"的,未必不是某一圈层中的共识。① 颜元所见,

① 翁万达《易州议罢抽民兵疏》以为抽丁扰民,"甚不可",其反对抽丁的理由之一,即"今之充军者,罪下死囚一等,抽丁听调一如军制,安得不惊!"(《明经世文编》卷二二三)徐光启对"军徒"提供了一种解释:"律法有流罪三等,久废不行;大率比附军徒,引例拟断。推原其故,当因杖流人犯,二三千里之外,了无拘管,亦无资藉,势难存立;不若军徒既有卫所驿递官长钤束,新军亦有月粮三斗,徒犯亦有站银二分,少资糊口。故流罪废而比附军徒,势不得已也。"(《钦奉明旨条画屯田疏》,《徐光启集》卷五第236页)关于"军户"的地位,王毓铨《明代的军屯》一书说:"各种差役,也就是说,诸色户役之中,如民户的纳粮当差,匠户造作营建,灶户煮盐,军户承应军差,以军户的差役为最重最苦。因而军户的地位在明代的'四民'——军、民、匠、灶——之中最为低下;其应役户丁的身分接近于奴隶。"(第234页)关于有明一代的"谪发"即因罪充军,参看该书第226—227页。该书说:"'从征'、'归附'、'垛集'等军本非罪隶,但身与充军罪犯为伍。抄没人户妇女,例给功臣家为奴婢;如与旗军,则婚配为妻。如此,身非罪隶也降为罪隶了。"以致"人耻为军"(第239页)。

也与上述诸人有合。他说:"军者,天地之义气,天子之强民,达德之勇,天下之至荣也。故古者童子荷戈以卫社稷,必葬以成人之礼,示荣也。明政充军以罪,疆场岂复有敌忾之军乎!"(《颜习斋先生言行录》卷下《不为第十八》,《颜元集》第688页)上文提到文人、名士的兵事之谈不乏精彩,如王夫之、颜元这样的儒者的上述意义追究,不也出诸特识?

在清理"明清之际"这一起止不甚明确的时段的文献时,我发现了太多的"共识""不谋而合",对其时的思想共享与可能的交流不禁产生了好奇——天各一方的论者是经由何种渠道实现"共享"的?被战乱、流离播迁所分割的士人间的"交流"缘何而进行?

附

关于唐顺之晚岁之出

"谈兵"章一再谈到嘉、隆之际士人的军事参与对后世的影响。到明清之际,黄宗羲言及胡宗宪幕府人才,仍不胜倾倒,说如周述学、何心隐、徐渭、沈明臣、蒋洲一流人物,"皆古振奇人",此等人物"旷世且不可得,岂场屋之功名所敢望哉?"(《蒋氏三世传》,《黄宗羲全集》第十册第583页)令后世之人惊叹且艳羡的是,其时的文士颇有知兵者,且有若干人获得了施展的机缘。唐顺之外,赵时春也"以边才自负,遇战陈被甲跃马,身当虏冲"(《列朝诗集小传》丁集上《赵佥都时春》第378页)。[1] 嘉、隆之际士人的勃勃生气、慷慨意气,于此种记述中随处可感。由此那一时期的人物持久地成为对于士人的鼓舞。

与其时的军事有关的人物中,唐顺之属于"数奇"的一类——这一

---

① 唐顺之说唐枢"经术优长,才猷老练"(《条陈海防经略事疏》,《唐荆川文集》外集卷二)。《明史》唐枢传:"枢少学于湛若水,深造实践。又留心经世略,九边及越、蜀、滇、黔险阻阨塞,无不亲历。蹑屩茹草,至老不衰。"(卷二〇六)唐鼎元《明唐荆川先生年谱》嘉靖三十五年:"郑晓在漕运总督任,连破倭,前后斩首九百余。"(1939年刊本)

点下文还要谈到。事实是，"数奇"的非止唐氏。稍前于唐氏，嘉靖三十六年，就有受谤削官的秦鸣夏起兵部主事，未任即卒，年仅五十，命运似较唐顺之更不济。①《列朝诗集小传》丁集上记谢少南，说"嘉靖间士大夫，多谙武事，思请缨自效，亦多厄于当路，不得用，在翰林则槐野、少南其人也"（第454页。按槐野，王维桢）。徐光启万历年间有《时事极迫极窘疏》，曰："昔庚戌之变，司业赵贞吉慷慨言事，蒙世宗皇帝升职委用，曾不逾时，获谴而去。盖词臣之不得行其言，自昔已然，非独臣也。"（《徐光启集》卷三第139页。赵大洲贞吉曾忤严嵩，严嵩以事中之）这一点，好称说嘉、隆的士人却未必愿意谈到。后世想象中的与身当其时者所感受的，不妨相去甚远。较之于秦鸣夏、谢少南，唐顺之或自以为幸运，也未可知。较之死于非命的朱纨、张经、李天宠，他更应算得幸运。《明史》李天宠传："倭之蹂苏、松也，起嘉靖三十二年，讫三十九年，其间为巡抚者十人。……无一不得罪去者。"（卷二○五）——嘉靖朝的"抗倭前线"，环境竟有如是之凶险！

　　唐顺之故世之后，盖棺论定，他一年多前的出任军事，成为了必得辩护的决定，否则即不免被视为其人平生的最大污点。你由他的好友王畿、罗洪先所写祭文，即不难感知问题的极端严峻性。到王锡爵撰《唐荆川先生祠堂记》，还说"世人望先生太高，责成功太速，多断断不可于晚岁之一出"，王氏为之断断申辩，说"隐非难也，求志为难"（参看《唐荆川文集》附录）。唐氏出任职方员外郎缘严嵩一党的赵文华疏荐——"断断不可"者，端在于此。② 顾宪成《唐荆川先生本传》、赵时春所撰墓志铭均讳言其缘何人而出；讳言正所以严重其事。士大夫一

---

① 朱国祯《涌幢小品》卷一○《谈兵荐起》：秦鸣夏，字子亭，号白厓，嘉靖壬辰进士。曾被逮下狱，后闲住。"会倭寇，所建白中肯綮，当道荐起为兵部主事。至徐州，疽发背卒，年仅五十。"（第211页）

② 李开先当唐氏出，即以为"出非其时，托非其人"，"终是不可"（《荆川唐都御史传》，《李开先集·闲居集》第624、625页）。所以"出非其时"，也因"托非其人"。他作《康王王唐四子补传》，也仍有"枉尺直寻"云云（同书）。时人对于唐氏之出的态度，参看唐鼎元《明唐荆川先生年谱》嘉靖三十六、三十七年徐阶（少湖）、姜宝（凤阿）、胡松（柏泉）、王宗沐（敬所）等人书札。

向严流品、气类之别,不但进退,而且由谁进、缘何退,从来要经受严格的追问——尤其知名之士。大儒薛瑄召为大理左少卿,出权珰王振意,即像是美玉之玷。吴与弼之出与石亨有关,议者也因此短之。吴氏曾对石亨称"门下",黄宗羲为此辩护道:"当时石亨势如燎原,其荐先生以炫耀天下者,区区自居一举主之名耳。向若先生不称门下,则大拂其初愿,先生必不能善归。先生所谓欲保性命者,其亦有甚不得已者乎?"(《明儒学案》卷一第 17 页)崔铣(后渠)说薛瑄为大理寺少卿,乃中官"王振引之也,当时若辞而不往,岂不愈于抗而得祸与"?黄氏也以为薛"出处大节",不无可议(同书卷七第 111 页)。可见在此种问题上,并没有形成公认的尺度,宽严不免有因人之异。

出处乃名节所系,一有不慎,即不免被认为降志辱身。吕坤说:"为小人所荐者辱也,为君子所弃者耻也。"(《呻吟语》卷四之四《品藻》)纵然有何等正当、正大的理由,倘荐举匪人,其人的"出",也会成为需要不断擦拭的污迹。王夫之曾说到"清直端洁之士,限以地,迫以时,失身于荐辟之匪人,而不免于公论之弹射",是"士之不幸"(《读通鉴论》卷七第 298 页)。到唐顺之的时代,薛、吴的上述事件,已成明代儒林中的两大公案;有关的情节,他势必烂熟于心。也因此,他的"出"应当出诸深思熟虑后的决定,系不容已,绝非率尔为之。或许可以说,正因出处辞受关系士大夫至大至重,唐顺之的选择才有如此严重的意味。甚至不妨认为,唐氏以其违反常规的姿态,将出处辞受之大且重强调了。在他本人,则是必出,必不能不出、不容不出,必担当此任而不容脱卸。

嘉靖二十二年,唐顺之曾力劝病中的茅坤赴丹徒令之任(参看张梦新《茅坤年谱》嘉靖二十二年癸卯,《茅坤研究》第 98 页),并不大为朋友的健康考虑;由后来他本人的选择看,他对自己对朋友的"躯命",均不甚爱惜。那年唐氏尚罢官家居——可证他本来就无意于林泉。唐氏不但紧张地关注着东南海寇,对西北边患("北虏之患"),也极为关切。他牵挂着赵时春"以一金事,当古北口之冲"(《与罗念庵修撰》,《唐荆川文集》补遗卷二);向翁万达索要"宣、大与三关地图",自说"读来教并所寄边图,忽如置身于塞垣鼓鼙之间,而听鸣剑抵掌之雄谈";盼望着践行其所主张,"以身蹈天下之难,而为苟利社稷生死以之之计"(《答翁东厓总制》,同书补遗卷三)。人在山中,就对胡松说:"天下事鱼烂极矣,非特边陲北虏之患然也,愚夫知其必有隐忧,而持禄固宠之士,无人敢出一口气,间有一人,慷慨言之而出身任事,则众共恶之,必挤去之而后已"(同卷《与胡柏泉参政》)——像是在描画其日后之"出",也足证那"出"的清醒与自觉。罗洪先《祭唐荆川文》有"尝闻自哂,出则群咻。知之而蹈,中必有由"云云(《念庵文集》卷一七),说的也是唐氏对可能的后果的了然于心。他是太清楚那代价了。①

明亡之后,黄宗羲曾说:"上下三百年间,免于疑论者,宋景濂、唐荆川二人,其次杨升庵、黄石斋,森森武库,霜寒日耀,诚间世之学者也。"(《传是楼藏书记》,《黄宗羲全集》第十册第129页。按宋景濂,宋濂;杨升庵,杨慎)宋濂不论,唐顺之是有显然的"疑论"的,只不过黄氏对那种议论不屑一顾罢了。② 曾从学于黄宗羲、清初参明史馆的万斯同,曰《世宗实录》唐顺之传出诸"忌者之口","诋诬"唐氏,自以为有

---

① "经世·任事"章已谈到其时士人的避任。与唐氏大致同时的殷士儋就曾说到,"人臣于国家之事,莫难于以身任之也"(《送协理戎政大中丞二华谭公还朝序》,《明经世文编》卷三〇三)。姚涞也说:"士大夫自便其身,而耻当剧任,率以为莫劳于董徒役,莫繁于司会计,莫难于谳讼狱,莫危于治军旅。一有所寄,辄缩朒不肯任。"(《送张子行之金宪陕西序》,同书卷二四一)蔡汝楠在关于边情的奏疏中说:"在今士习,乐清虚而厌任事,以省旷为华要,以职事为冗官。夤缘求进,冀陟清阶。"尤其要逃避的,是与军事有关的责任。同疏曰:"陛下有亦知近日之举将乎?每一边务员缺,庙堂之上,相顾无人","其略负誉望者,恐其见推而幸其不举"(同书卷三一五)。唐氏急于承当者,正他人刻意规避之任。
② 黄宗羲辩护唐顺之之出,说:"龟山应蔡京之召,龟山征士处士也,论者尚且原之,况于先生乎?"(《明儒学案》卷二六第598—599页)当其时不止黄氏有此见识。刘宗周论吴与弼,不持苛论,说自己曾"僭评"一时诸儒,以为薛瑄"多困于流俗",陈献章"犹激于声名",惟吴氏"醇乎醇"(《明儒学案·师说·吴康斋与弼》,第4页)。李颙说"杨龟山出应蔡京之荐,朱子谓其'做人苟且'",以下即说到吴与弼因石亨荐而聘入京师,终因辞官归里而免祸,归结为出处不可不慎(《二曲集》卷三九)。刘宗周答人问杨时(龟山)事,却道:"古人出处各有所为,如鱼饮水,冷暖自知。龟山先生大儒也,其出处自不苟,不当轻议。"(《证人社语录》,《刘子全书遗编》卷一,《刘宗周全集》第二册第676页)王夫之激烈指斥吕留良,说其人"不但辨陆王而止,且讥康斋之欲入内阁、白沙之应召拜官",曰"君子出处之节",岂吕氏这等人所能识!(《搔首问》,《船山全书》第十二册第647页。按康斋,吴与弼;白沙,陈献章)

责任为唐氏申辩。关于唐氏之出与赵文华之荐这一"忌者"所刻意强调的关键问题，万斯同的说法是，唐顺之本为救"乡邦之涂炭"，不过"适会"赵氏之荐而已。为证《实录》作者之"忌"，万氏指出《实录》对于同受赵文华之荐者，不以此责之，却于唐顺之传"言之不置"："同出一史而笔削如此，岂非有挟而然耶?"(《书国史唐应德传后》，《石园文集》卷五。按唐顺之字应德)万氏指"忌者"为张居正，却未能解释张居正何以忌唐顺之，唐氏何以如此招忌。①

据胡直《念庵先生行状》，当丙午(嘉靖二十五年)罗洪先初访唐氏之时，罗、唐"皆以重名为海内宗依，所至聚观，望之若仙"(《衡庐精舍藏稿》卷二三)。此后因出处之不同而判若云泥，当是其时未曾料及的吧。《明史》本传曰唐氏"晚由文华荐，商出处于罗洪先。洪先曰：'向已隶名仕籍，此身非我有，安得徉处士。'顺之遂出，然闻望颇由此损"。《明儒学案》记同一事，曰"先生晚年之出，由于分宜，故人多议之。先生固尝谋之念庵，念庵谓：'向尝隶名仕籍，此身已非己有，当军旅不得辞难之日，与征士处士论进止，是私其身也。兄之学力安在?'于是遂决"(卷二六第 598 页。按分宜，严嵩)。《明史》《明儒学案》的有关记述，都将罗洪先的反应，作为这一事件中至关紧要的情节，甚至强调唐氏之出缘罗氏而定("于是遂决""顺之遂出")。但这却不妨碍人们或明或暗，褒罗贬唐，将罗用于与唐的对比。清四库馆臣说罗洪先"人品高洁，严嵩欲荐之而不得，则可谓凤翔千仞者矣"(《四库全书总目提要》集部别集类《念庵集》)，未必不隐含了这一种对比。直至近人，关于唐、罗间的这段故事，仍说法不一。邓志峰《王学与晚明的师道复兴运动》即说罗洪先"不赞成"唐顺之出山。该书第 197 页注〔3〕："唐顺

---

① 《世宗实录》卷四八三唐顺之传："……居数年，召为右春坊右司谏兼翰林院编修。明年与赞善罗洪先、校书郎赵时春上定国本疏，忤旨，黜为民。顺之初欲猎奇致声誉，不意遂废，屏居十余年。上方摧抑浮名无实之士，言者屡荐之，终不见用。会东南有倭患，工部侍郎赵文华视师江南，顺之以策干文华，因之交欢严嵩子世蕃，起为南京兵部主事……初罢归，闭门独居，为矫抗之行。非其人不交，非其道不取，天下士靡然慕之。既久之不获用，晚乃由赵文华进，得交严氏父子，觊因以取功名起家。不二年开府淮扬，然竟靡所建立以卒。"即实录文字非出居正手，对文士的偏见，却确有可能出诸此类人物。

之……出山前曾征求罗洪先意见，罗不置可否。"

胡直《念庵先生行状》："戊午(按即嘉靖三十七年)正月，荆川邀会齐云岩。是荆川以兵事起，欲与先生共订出山之计。先生辞曰：'天下事为之非甲则乙，某欲为未能者，得兄任之，即比自效可也。奚必我出。'""天下事为之非甲则乙"，"奚必我出"，这意思罗氏一再谈到。胡氏该文还说："时元相严公既推毂荆川公矣，乃又致惠问自京师，以出处尝先生(按即罗氏)。先生答书，愿毕志林壑，辞婉而厉。严公叹曰：'是乃真不要官爵者。'"此种记述中固有褒贬扬抑于其间。罗氏"乃真不要官爵者"，对唐氏又当如何评价？王畿《祭罗念庵文》也赞许罗氏"尤严于出处之际"(《龙溪先生全集》卷一九)，未必不由比较中来。这也应当是其时的一种公论。

唐、罗间的上述比较外，尚另有一种比较。朱国祯《涌幢小品》卷一七《唐先生》："万文恭语王文肃云：'吾师唐荆川，刻身练名节，习于世故，实万倍不敏；乃师用才高，不能无见锋锷。而不敏仅仅藏拙自守，嘿而图寡过已尔。'此语最公道。然为文恭易，为荆川难。"(第376页。按万文恭，万士和；王文肃，王锡爵)[1]唐、罗的比较涉及的是出处的"当"否，唐、万的这一组比较，关涉的则是怎样的选择更有挑战性。"当"否易于达成"公论"；朱国祯所说难易，却更出于"人伦鉴识"，系于士大夫特具的一种分辨能力。唐顺之文集中有如下与万氏书札，当意在解释其晚岁之出，说"天下一舟也，天下之人一同舟之人也。猝然而遇风浪大作，纵知其无可奈何，其拦头把柁之人，焉得不尽其气力，以呼号同舟之人之有气力者而为之助，其同舟之人亦焉得不听拦头把柁者之呼号，而尽其气力以冀其必济乎？又况未至于必不可奈何者乎？……时行时止，我一付之无心；人用人舍，吾友亦何必为我有意哉？"以为当此时急急求解脱，与汲汲于求进，"虽题目不同，其有意则

① 王锡爵记唐氏有云："吾出山来看尽世事，只少一宁武子之愚。愚者非但不择利，兼不择名"，王氏说其智可及，其愚不可及(《唐荆川先生祠堂记》)。所引唐氏语见其与白启常的书札："自出山以来，看尽世事，只少一宁武子之愚。圣人此一句议论，千古少不得也。"(《与白伯伦仪部·二》，《唐荆川文集》补遗卷四)同札还有"平昔素是愚人，只干愚人事耳"云云。

一也"(《答万思节参政》,《唐荆川文集》补遗卷四。按万氏字思节。年谱系此札于嘉靖三十八年九月)。罗洪先《祭唐荆川文》说"即门下士,疑信半之"(见下文);万士和应当是"疑"的一个。王畿曾对万士和说"唐门衣钵可无公"(《万履庵偕其师荆川唐子南行予送之兰溪用荆川韵赠别》。按万士和号履庵);由上引文字看,"唐门衣钵"应非万氏所能传的吧。然而史称万士和万历朝言事"多犯时忌","积忤居正"(《明史》卷二二〇本传),似乎又并不一味"藏拙自守"。

至于罗洪先对唐氏之出的态度,他本人说得很明白。在《祭唐荆川文》中,罗氏回顾了当年唐顺之谋之于己的情状:"昌江之滨,云岩之麓。曾赞其决,不疑所行。割囊助室,反袂分程。讵谓兹游,竟成永诀!"当唐氏出山时,罗洪先有致聂豹书札,说"荆川命世之杰也,其行峻洁,其学精进,其志坚刚,其精力壮健。世不用则已,小用则小益,速用则速效"。自说曾与唐氏论及出处,唐氏"不可不出",自己则宜于"终老山林"(《与双江公》,《念庵文集》卷四);不过"性分"不同,各行其志而已。至于"严嵩欲荐之而不得",却未必在示人以"高洁",否则就无以解释他何以鼓励唐氏出山,陷知交于不洁。罗氏文集中有《谢严介溪相公》一札,对严嵩的举荐谢以不能,却对唐顺之备加推奖。[①]聂豹则曾于京师拜严嵩为师(何良俊《四友斋丛说》卷二六,参看吴震《明代知识界讲学活动系年》第180—181页)。尽管不便推断一般士人对严氏的态度,至少可证唐氏与之交游的"王学知识人"并非都视严氏如寇雠。罗洪先本人却未必能料到,直到他身后,还有借诸他的名义的纷纷之议的吧。

嘉靖四十一年罗洪先五十九初度,王畿撰写寿文,说"兄与荆川子齐云别后,不出户者三年于兹矣,海内同志欲窥见颜色而不可得,皆疑其或偏于枯静",而自己于壬戌冬见到的罗氏,却正"身任均役之事,日与闾里之人执册布算,交涉纷纭,其门如市,而耐烦忘倦,略无一毫厌动

---

① 该书自说曾与唐氏相谓曰:"事变之来,固当有任之者,非甲为即乙为;为者不避其劳,不能为者不耻其相下。譬之负戴在途,多寡远近,各求称力,但令心安,固不系己与人、用与否也。"(《念庵文集》卷四)

之意"(《松原晤语寿念庵罗丈》,《龙溪先生全集》卷一四)。所见到的,是并不耽于枯寂的罗洪先。胡直《念庵先生行状》也对罗氏家居而为地方兴利除弊(即如佐赈、"密画赞佐"守御)有记述。罗氏说:"君子志在善世也,而乃遁世;志欲以善养人也,而人不以为是;如是而无闷无悔,乃为至德。"(《奉谷平先生》,《念庵文集》卷二)这也应当是他所追求的境界。① 罗氏还说:"儒者之学,以经世为用,而其实以无欲为本。夫惟用之经世,于是事变酬酢之故,人物利害之原,家国古今之宜,阴阳消息之理,无一或遗,然后万物得其所。夫惟本于无欲也,于是死生祸福毁誉得丧荣辱喧寂忧愉顺逆之来,无一或动,然后用之经世者智精而力专。"(嘉靖刻本《念庵文集》卷四《遗玉集序》,转引自容肇祖《明代思想史》第 148 页)"死生祸福毁誉得丧荣辱喧寂忧愉顺逆之来,无一或动"——唐顺之所刻意追求的,岂不就是这种境界?当其人奋力一出之时,未必不也以此自许。直到明亡前夕,鹿善继说自己每每想到罗洪先答唐顺之的话:"此生若活得千人命,便甘心不向世外走",感叹着"有味哉其言之也"(《答范景龙书》,《认真草》卷八)。

罗洪先《祭唐荆川文》,涉及唐氏之"出"的文字,占全篇一半以上,也证明了唐顺之此出关系其人的评价,有何等严重。该文说唐氏出后,"知者伤之,虞其过锐。忌者短之,逆其改计。或憎其僻,或赏其奇。即门下士,疑信半之。藉藉在人,绝非所惜。岂效循墙,始名完璧"。罗洪先痛惜唐顺之的不为人知:"呜呼我兄,名播天下。令誉弥宣,知音斯寡。"断然道:"匪阿所私,谁出其右!"回环往复,长歌当哭。将唐氏所处舆论环境之凶险,刻画得淋漓尽致。面对纷纭人言,罗氏愤然道:"旁人莫话毗陵事,须尽毗陵谁得知!"(《悲荆川》,《念庵文集》卷二〇。按毗陵即指唐氏)②

倘比较王畿《祭唐荆川墓文》与《祭罗念庵文》,其人与唐顺之的交

---

① 邹元标《愿学集》卷二《启邓定宇(其二)》:"罗文恭晚年私与门人曰:'官家以国师礼处我,我当一出。'"倘如此,罗氏虽不出,心理不无矛盾。邹氏则认为"清静之士特优于躁进者"(同札)。

② 王畿有诗曰:"未妨苍点完初璧,况有微言折众纷。留取乾坤双眼在,石楼明月许平分。"(《剑江述怀寄别罗念庵》)所指也应是罗氏为唐顺之辩诬一事。

谊似更深于与罗氏。他的祭唐氏一文倾泻着对挚友的痛惜之情，开篇即道："呜呼！出处，大节也；生死，大分也；出处生死而不失其正，大义也。达节辨分，惟义之安；虽由于人，实系于天。"以下说唐氏的横遭物议，评价大起大落："方兄之在山，人皆慕其高尚；及其被召而出也，跋前踬后，或以为变其守"，"是岂知兄救世一念，根于天性，与金石而同坚！"（《祭唐荆川墓文》，《龙溪先生全集》卷一九）他说唐氏"吾尽吾心而已"，"成败利钝"，在所不计。自说于唐氏"不能已于深惜"者，乃"中道舍我"，未能共同究极此学——可注他所谓"出山终是负初心"，也足证"负初心"非指"变其守"。①　于是你知道了，当唐顺之出，确有藉藉人言。但这仍然只是一部分事实。同志者的态度（亦一种"人言"）对唐氏无疑更有意义，罗洪先、王畿、聂豹等人发出的，想必是唐氏耳畔更宏大的声音。

　　称道罗洪先，不难人云亦云，而理解唐顺之，则像是需要一种特殊的能力。无论由正（罗）反（唐）的方面，还是由其他方面，唐顺之、罗洪先间的关系，都经由有关的言说而"加强"了。他们在不同旨趣的议论中被认为互为对比或相互补充，一出一处，唐、罗在较之寻常远为复杂的意义上，被作为了士大夫在特定情境中人生选择的标本。

　　面对人言，文字间的唐顺之，表现得不但坦然而且强硬，说："所幸胸中若有砥柱在，摇撼不动，所谓可富可贵可生可杀可贫可贱而不可乱也。今日在淮扬为建牙开府，只是这光景；明日还常州山中，衣木叶茹草根，亦只是这光景。人谓我豪杰，只这个人；谓我盗跖，亦只是这个人，何有于我哉！……"（《与白伯伦仪部·三》，《唐荆川文集》补遗卷四）罗洪先祭文中也有"取必此心，弗倚于外。举世非笑，莫我芥蒂"云云。但也是文字间，唐氏又不免会露出别种神情。即如他曾自笑"出处两无著，空惭大隐名"（《答陈澄江佥事村居韵八首》，同书补遗卷一）。出任军事后也曾自嘲"可以去乎仍恋禄，无能为也更筹边"（同卷《蓟镇忆弟正之试南都》）。他未必真的有他的友人们所认为的坚硬。

①　王氏《送唐荆川赴召用韵》有"学道固应来众笑，出山终是负初心"（同书卷一八）云云。

他对于物议的夷然不屑,或许更是应对压力时不能不如此的姿态。①

唐氏嘉靖三十八年十二月巡抚扬州,统领兵事,次年四月即卒于官,不及半年。正因短促,可以想象其力量的高度凝聚,及奋不顾身的神情。唐氏以他最后的奋斗为精神提升、人格完成——当其时与后世正有人以此目之,未见得不出于知人之明。求仁得仁,如此"人生",像是不便以成败论的吧。② 在我似的后人看来,倒是因了此"出",愈见出唐氏立身的严肃,他的责任感,与承担事任的道德勇气。明末士人所向慕的嘉、隆之际人物,其魅力也应在此种场合的吧。这些人物或不如明末名士的洒脱,却由立身的严正不苟,承当患难危机的强毅,而见出别一种风采。

时论以唐顺之为"谙练兵事",唐氏本人却自说"素书生,未经军旅"(《咨总督都御史胡》,同书外集卷三)。但他确曾为他的"出"做过准备。他不满足于兵学之为"学",且及于顾宪成所说"兵家小技"。顾氏说唐顺之于"甲兵、钱谷、象纬、历算、击剑、挽强,凡稍习其说者,必折节下焉。既得其说,辄以全力赴之,所得卒超初说之上"(同书附录《唐荆川先生本传》)。据说唐氏曾学枪法于河南人杨松。由他的《祭弓矢文》(同书补遗卷五),也可证确曾"拈弄"弓矢且技有所成。到明清之际,陆世仪还说:"昔唐荆川于谯楼自持枪教俞大猷,一时以为韵事。"(《思辨录辑要》卷一七)

嘉靖三十七年,唐氏出任职方员外郎,进郎中;阅武蓟镇,同年十一月底至浙,视师舟山。赵时春记唐氏"躬泛舟海波,自江阴至于刘河

---

① 唐氏文集中可自注其"出"的文字,举不胜举。如说:"世人作事,计较成败利钝,畏首畏尾,自为之念重,而任责之意疏。"(《答张甬川尚书书》,《唐荆川文集》卷四)他激励有边事之任的翁万达"一切不计成败利钝,只论为之在我","轰轰烈烈做却一场,可则进,不可则退,奚顾虑之有哉!"(《答翁东厓总制》)《答万思节参政》一札,也说:"平生心事,冷暖自知。古由豪杰皆是忘其身以为世界。忘其身者,毁誉利害一切尽忘之谓也。"

② 对于唐氏之出及罗洪先所以不出,左东岭《王学与中晚明士人心态》一书有细致的分析(参看该书第三章第三、五节)。我只是对该书"人生失败"的说法稍有异议。士的追求,本有不便论成败者。

渡,自嘉兴放洋至于蛟门,风汛日行几及千里,群从惊眩呕噎",他却"宴如也"(《明督抚凤阳等处都察院右佥都御史荆川唐公墓志铭》,《唐荆川文集》附录)。《明史》本传的有关内容,或即据此。嘉靖三十八年三月,迁太仆寺少卿,胡宗宪奏进右通政。唐氏《奉敕视军情升通政司右通政谢表》说自己"任同总帅,官系纳言"(《唐荆川文集》外集卷一);又说"职同总督,官视军情"(《三沙贼遁疏》,同上卷二)。郑晓曾有致唐氏一札,说既职在"视军情","若冒矢石督兵战守,似总督、提督事也。门下处师中,姑舍虎为龙,何如?"(《答荆川唐银台》,《明经世文编》卷二一八)即应指此而言。[①] 再战三沙,唐氏竟"持刀直前,去贼营百余步"(《明史》本传)。如此看来,唐顺之不欲为职务所限,所事已非止于所任。身在战地,责、权分割,本难以严格。至于"持刀直前",即"总帅"也不必如此。唐氏本人也自笑"任之太过",说"平生不自量,吃亏处正是欲拣难事做。朝廷原用我做视军情官,我是看人干事的。假如我只高坐省城或苏州,今日一道文书江北督总兵,明日一道文书江南督兵备,谁论得我者!矢石驰驱,风波漂荡,岂是人情所乐!今日惹出许多议论,皆吾之好难,非起于吾之避难也"(《与白伯伦仪部·二》)。上文已引罗洪先说对于唐氏,"世不用则已,小用则小益,速用则速效";郑晓另札也有"数十年来,善类皆云南倭北虏,非公不靖"云云(《与荆川唐都宪》,《明经世文编》卷二一八),令人可知士论于唐氏之出寄望之殷。唐顺之势必感受到了这种有可能超乎他的能力的期待。

纵然艰苦备尝,由唐氏的文字间,仍可感他得意于自己的上述作为。他自说曾"蓟门阅武""舟山视师","介胄两窥敌垒","楼船五涉惊波"(《奉敕视军情升通政司右通政谢表》)。其《三沙报捷疏》说姚家荡一役,他"摽甲临戎","带领弓箭家丁,亲身首先冲锋迎敌"(《唐荆川文集》外集卷二)。《三沙贼遁疏》则说三沙之役,自己"日夜波潮

---

① 姜宝也说:"敕书中委任责成之意,恐只以谋议督率为主,而此外原非己责。今人因避事而不免坏事,诚为可恶;若因恶人避事,而过于当事,亦岂非贤者之过,发之太激切耶?"(参看《明唐荆川先生年谱》嘉靖三十八年)

中者月余，自擐甲临阵中者凡二，亲叩贼巢者凡一"。说不惜犯险，"吾自家亲到贼老巢边，满墙倭子只隔一箭地"（《与白伯伦仪部》）。由收入唐氏文集的军中文书，可感其时羽书旁午的紧张气氛，也可约略想见唐氏处繁剧的才能。那些冒险故事，却也未尝不是迫于情势——那情势是自负知兵的文士未见得能想象的。在一封致胡宗宪的咨文中，他说自己"驱未尝一日拊循之兵，率主客十余营素不同心之将，以攻据巢死斗之贼"，为"激发"将士，乃"擐甲胄，逼营而巢"（《咨总督都御史胡》）。其他处也写到"知诸将易进易退，不足尽倚"，乃"躬自擐甲阵中"，甚至为激励将士而"自往死斗"（同书外集卷三《行总督军门胡手本》），"督将、战将"，皆"身任之"（《与胡梅林总督》，同书补遗卷四）。曾同历此境的赵时春，在所撰唐氏墓志铭中说"将不将而兵非兵"（同书附录）。将孱卒弱，当其时身任军事者，最无奈的，莫过于此的吧。郑晓另有致聂豹一札，说："尊翰欲问荆川兄隆中之术，某窃念孔明《出师表》中，亦云此皆数十年内纠合四方之精锐，则今乌合不练之兵，恐孔明临之，亦未得如意。"（《复聂双江》，《明经世文编》卷二一八）铸就了唐氏命运的，也应有这种万难措手而又不容袖手的情势。

对此种情势，他未必不曾事先想到，却仍会有料想未及者。他的《与陆东湖锦衣都督》一札，刻画到扬州后的"窘急"情状，说："班军渐渐屯聚，饥民渐渐饿死，海寇渐渐声息，赈荒供军之费一无所出。"（《唐荆川文集》补遗卷四）既焦虑"穷军"，又顾念"穷民"——尤其顾念穷民这一种情怀，在当时的情势下，不能不大大增加了军事措置的艰难。①

至于唐氏在军事方面的作为，说法不一。李开先所撰《荆川唐都御史传》盛称其武功及谋略，或不足为据。《明史》本传说其人"与胡宗宪协谋讨贼"，颇有斩获，"捍御得宜"，应是平情之论。《明史》的评价

---

① 未出山之时，他就不能不以"穷僻困厄之小民"介怀；对时政（如赋役、救荒）的关切，见诸致当道的文字。其文集中的文字，处处可感对政情民隐的熟稔，出于阅历，也出于体察。唐顺之说自己"少时尝读《衍义补》论均籴负米之喻，亦深以其说为然，及今日下老实行之，乃见其害。益知书生坐谈，真不可便以经世"（《答王苏州书》，《唐荆川文集》卷五）。故其政事之谈，务切于实用。

或许有万斯同的影响。万氏《书国史唐应德传后》说《世宗实录》唐顺之传"至谓公(按即唐氏)以边才自诡,既假以致身,遂不自量,欲以武功见,尽暴其短,为天下笑"[1],对此愤然道:"夫公于戊午冬始以郎官视师,至己未开府淮扬,仅六月而卒。其初则权轻不足以集事,其继则受任日浅,故不能大有所展布。然公两以病躯扬帆海外,巡历而归,诸将凛凛悚息,军容为之一振;屡有斩馘功,三受金绮之赐,一时劳臣宜无如公者。志虽未竟,天下皆叹其忠,何短之暴,而又何人笑之?使当时任事者而尽如公,何至若是之糜烂?……盖睹乡邦之涂炭,而思救之者,其本志也;不得竟其志者,限于年也。奈何欲没其生平而诋诬至是哉?"四库馆臣的态度较为复杂,关于唐氏《武编》,说:"史称顺之于学无所不窥,凡兵法、弧矢、壬奇、禽乙皆能究极原委,故言之俱有本末。其应诏起为淮阳巡抚剿倭也,负其宿望,虚骄恃气,一战而几为寇困。赖胡宗宪料其必败,伏兵豫救得免。殆为宗宪玩诸股掌之上。然其后部署既定,亦颇能转战蹙贼,捍御得宜,著有成效;究非房琯、刘秩迂谬偾辕者可比。是编虽纸上之谈,亦多由阅历而得,固未可概以书生之见目之矣。"(《四库全书总目提要》子部兵家类)[2]万历间丁元荐就说过:"荆川先生平居,冬不炉,夏不扇,敝衣冠,终日夕端坐,盛夏对客,体不汗。岩居数十年,四方之志甚锐,过自磨练,以成功名,一出而兵败名损,吾不能解也。"(《西山日记》卷上《深心》)看来李开先关于唐顺之军事才能的评价确非公论。

四库馆臣说唐顺之"为宗宪玩诸股掌之上",当不是无中生有。上文所引唐氏《答万思节参政》一札倘写在到浙之后,"委曲徇人"云云,

---

① 《世宗实录》原文为:"顺之本文士,使获用其所长直石渠金马之地,其著作润色必有可观者。乃以边才自诡,即假以致身,遂不自量,忘其为非有,欲以武功自见,尽暴其短,为天下笑云。"《剑桥中国明代史》的作者认为,嘉靖朝的《实录》有严重的倾向性,对其时人物,嘉靖朝当时与后来的看法,往往不一致(参看该书中译本第853页)。清代徐乾学却认为,《明实录》中,"叙事精明而详略适中者,嘉靖一朝而已"(同书第803页)。

② 唐氏另有未尽之才。他长于历算。黄宗羲说其人曾治历,"欲创纬法,以会通中西,卒官不果"(《周云渊先生传》,《黄宗羲全集》第十册第546—547页)。李开先所撰传,则说其人"尤长于计算粮数,区处灾伤"。

所徇之"人"未必非指胡宗宪。唐、胡间的关系,由唐氏文集很难确然知晓。仅看字面,甚至会嫌唐氏的态度近于"谀"。即如对胡说"无处不是公之妙略"(《与胡梅林总督(八)》,《唐荆川文集》补遗卷四);说"仆所用之财皆公之财,所赏之人及他用处,皆禀公之命"(同卷《与胡梅林总督[十]》)。其《三沙抱病夜坐柬梅林督府》中,有"伫闻幕府策何如"(同书补遗卷一)句。至于唐氏的内心隐曲,由他的私人书札或可窥见一二。如《与何总兵柏村》一札致同情于何氏的不能"专制"而"受制于人"(同书补遗卷四);《赠何、沈两公归蜀、广序》也说到"不得自专制""权之在不在"(同上卷五)——未尝没有感慨于其间。① 或许是在"借他人之酒杯"自诉牢愁? 王锡爵论唐顺之与胡宗宪等,以为所处时势不同,事之难易有别,并不关军事才具,说"大抵先生(即唐氏)之聪明胆勇,强力忍诟,类王文成"(《唐荆川先生祠堂记》),或也非公论;其时的士人甚至会以为拟于不伦,但由所处情境及应对的姿态看,又未必不可以有此比方。

戚继光对胡宗宪颇有不满,说:"自总督胡公身任东南之重,简命甚专,东南数省帑藏,率从调取,天下兵勇,亦莫不便宜征用。川苗粤猺、楚土把舍、北边骑兵、河南毛民,凡称胜兵者辄致之。第临敌驰檄,远者万里,近亦不下数千,至必经年,而贼扬帆去矣,安能当贼一贾其勇! 所过城邑,又纵之扰掠,计其利害,十不当一。吴越始虏于贼,复苦于兵,故谚云:贼为梳,兵为篦。余少年领浙东参将事,目睹心悼……"(《祭王参将》,《止止堂集·横槊稿下》)在战略上,唐顺之应是支持胡宗宪的。明末徐光启说:"壬子之后,当事诸公大略分为二议:张半洲经、阮函峰鄂、俞总兵大猷,始终主于战剿者也;胡梅林宗宪、赵甬江文华、唐荆川顺之、卢总兵镗,主于招抚者也。招抚之议,实自镗始。"(《海防迂说》,《徐光启集》卷一第 38 页)对胡宗宪其人也持论严厉。

---

① 姜宝致唐氏书札,有"前时闻用兵进退、给饷盈缩之数,因与共事者志暌,而多有挠阻"云云。年谱系此札于嘉靖三十八年九月唐氏升都察院右佥都御史提督军务兼巡抚凤阳等处地方之后。

唐顺之的身体,在抗倭的军事活动中渐渐不支。他当初出山,原就在病中,似病肾与肺(参看其《答王遵岩书》,《唐荆川文集》卷五),曾"两足委痹,卧不能起"(同卷《与陈巡按逊斋书》)。在与罗洪先的书札中,他说"自入京师,病脾骨立,扶病往蓟门,两月间登驰绝微峭壁三数千里之途,阅过铁靴铜面之辈十万余人,欲辨其弱强。腥风酸鼻,惊沙煖面,归来席未暖也,又复将荷戈渡海,冒惊波而斗鬼夷"(《与罗念庵》,同书补遗卷三)。《与翁见海中丞》一札,说"自笑一副贱骨头,初到扬州,尚阉阉欲死,及百劳备尝,乃渐将复旧","但两足之肿如故,来岁恐妨于跃马先登耳"(补遗卷四)。在与胡宗宪的书札中,也说自己患"脾胀之病",乃"半死半活人"(同卷《与胡梅林总督》)。对杨豫孙说自己在海上,"暑月盐潮蒸热,积劳久之,吐血几至殒生"(同卷《与杨朋石祠祭》)。诗中也会写到身体状况。《三沙抱病夜坐柬梅林督府》自述其在军中"日御短衣巡壁垒,夜支倦体阅军书";有"海上归来病手足疮兼血疾伏枕"的诗题。由此可知上文所提到的泛海的豪举,未尝不是在勉力撑持。终明一代,尽管文士不乏军事参与的勇气,却像是不曾出现辛弃疾式的传奇人物,也未有辛氏的那种气概见诸词赋。宋、明文人神情之不似,于此也约略可感。唐氏的有关文字,也多苦趣而乏英雄气,令人从中读出的,更是其人于无奈的情势下的搏命。

唐氏病情的加重,固然因了巨大的军事压力,也未始非由他那种自虐式的生活方式。罗洪先《祭唐荆川文》说唐氏"神授妙质,性厌浮华","决履常穿,垢衣至敝"。顾宪成《唐荆川先生本传》也说其人"冬不炉,夏不扇,行不舆,卧不裀,衣不帛,食不肉,备尝苦淡,曰'不如是不足以拔除欲根,彻底澄净'"。朱国祯记唐氏"出入仅一小航船,敝甚,不蔽风雨。中仅五尺,伛偻而坐,凡三四年自如"(《涌幢小品》卷一七《唐先生》第374页)。《明史》本传记其人"生平苦节自厉,辍扉为床,不饰裀褥",即应依据这类传闻。唐氏相信"寂寥枯淡之中,其所助于道心者为多"(卷四《寄黄士尚辽东书》),一再引昔人所谓"霜降水涸,天根乃见",说欲学古人"坚苦磨炼,忍嗜欲以培天根"(卷五《与应警庵郡侯书》)。他自注其诗,说:"余平生无厚褥,止一褥,既薄且敝,病骨觉冷硬,不堪也,乃从亲人家借一褥衬之。平生有厚褥与重褥,自今始。而余素戒肉,养病乃肉食。"(《橐痈卧病作三首》,《唐荆川文集》卷三)说"百种嗜欲,颇少于人",而"独不能淡于饮食",为此而强自抑制(同书卷五《与王尧衢编修书》)。可知其人的"枯淡",确系"苦身自约"乃成。① 刻自砥砺,务为敛抑,自律至于苛,清廉到近乎自戕,较通常所谓的道学之士,犹有过之。

自虐式的修炼与无视"公论"的一"出"之间,无疑有某种联系;后者被作为了对压抑(包括自我压抑)的不自觉的反抗,也未可知。出山后短暂的军旅生活中表现出的亢奋(病态的激情)也可为佐证。压抑与反抗间的张力,造成了唐顺之文字间随处可感的紧张性,使其人的神情大不同于宋代文人。大致同时的另一古文大家归有光的气象,与唐氏相近。黄宗羲评论袁中道的《寿大姊五十序》,说:"一团正气,惟震川有此。"(《明文海评语汇辑》,《黄宗羲全集》第十一册第 140 页)严苛的道德自律,风操凛然,气象少了一点宽裕,却保障了人格的光明。你由文字间读出的唐顺之,严毅果决,绝少文人式的优柔与自恋。其人其文,也正是"一团正气";非但不同于"呫哗小儒""琐琐小儒",与明末东南的名士,也神情不侔。明末士人对嘉、隆之际人物,所怀念的,也应当是这种立身处世的严正不苟与襟期怀抱的光明洞达。

嘉、隆间人物,后世目为"文人"而气象风神有类于理学之士者,唐顺之算得一个。他本人也未必不自以为理学中人。其人原属于儒者所谓"姿禀近道"的一类。《礼记·儒行》释"儒",有"强毅以与人,博学以知服,近文章,砥厉廉隅"云云,由此看来,目唐氏为"儒",固无不可。赵时春所撰墓志铭说唐氏"学本朱文公",曾"批选朱子集"。顾宪成所撰传,说唐"游王山阴、罗吉水、赵平凉、王晋江间"(按王山阴,王畿;罗吉水,罗洪先;赵平凉,赵时春;王晋江,王慎中)。唐氏本人也曾提到自己"所善"诸人,有罗洪先、熊过、赵时春等(《普安州判杭君墓表》)。倘若想到与他大致同时的,不但有上述"王学知识人",且有名将戚继

---

① 赵时春所撰唐氏墓志铭,说唐氏"能弈"而自己"能酒",为了修身,都务为遏抑。唐氏自说"于山水亦雅不甚好"(《普安州判杭君墓表》,《唐荆川文集》卷一一),或也因了在他看来,嗜山水亦可为物累(同书卷七《石屋山志序》)。

光、俞大猷、卢镗等(唐氏《条陈海防经略事疏》,对戚、卢及谭纶均有好评)——令后世想望风采的"嘉、隆间人物",岂不就是这等人?际会风云,交游皆一时人豪,由此看来,又不能不以唐顺之为幸运。

唐氏与他的道学朋友往还甚密,参与罗洪先、王畿等人的"聚讲",像是乐此不疲(参看吴震《明代知识界讲学活动系年》第126、190页)。由他所撰《吏部郎中林东城墓志铭》(《唐荆川文集》卷一○),也可考嘉靖间"王学知识人"的会讲活动——亦唐氏本人所处的思想氛围。①据王畿与唐氏书札,可知唐氏以兵革倥偬为学道之机缘,力图进境;王氏则从旁推助,相与磨砺,毫不放松,断断追问其学道是否确有得,"一切逆顺称讥好丑尽能平怀应之不起炉灶否?于自己一切利害得丧尽能忘却不作见解伎俩遣释否?……"(《与唐荆川》,《龙溪先生全集》卷一○)黄宗羲说唐氏之学,得之王畿者为多(《明儒学案》卷二六第599页)。王畿祭唐氏文,也写到唐氏对自己的倾倒服膺,描摹唐氏倾听时的神态,说"每予启口,辄俯首而听,凝神而思"。《龙溪先生全集》卷一《维扬晤语》有如下记述:"荆川唐子开府维扬,邀先生(按即王畿)往会。时已有病,遇春汛,日坐治堂,命将遣师,为海防之计。一日退食,笑谓先生曰:'公看我与老师之学有相契否?'先生曰:'子之力量固自不同,若说良知,还未致得在。'荆川曰:'我平生佩服阳明之教,满口所说,满纸所写,那些不是良知?公岂欺我耶?'先生笑曰:'难道不是良知?只未致得真良知,未免掺和。'……"由该篇所记王氏语看,对唐顺之的观察分析确可谓无微不至。唐氏就死在这个春天。

唐氏对于寿夭,像是不那么介怀。上文所引《答万思节参政》一札,说"但病觉日深。此身一切付之国家,寿命亦一切付之数也"。即使到了"吐血几至殒生",仍说"且向前担却一条担子"(《与杨朋石祠祭》)。他有诗题曰"有相士谓余四十六岁且死者,诗以自笑。古人云:死生亦大矣。此谓趁日力以进道者言之也。苟不进道,总是虚生,修短

<hr>

① 唐氏文集中随处可见"天理人欲""有欲无欲""义利"一类话头。书札中颇有修省、规过的内容,与其时理学中人无异。对王畿即有规过之举(参看其《与王龙溪主事书》,《唐荆川文集》卷四)——亦因以之为同道。

何辨焉。苟于道有见处,夕死可矣,然则死生讵足为大哉!"(《唐荆川文集》卷三)口吻也与其时的理学之士无异。

《明史》本传说唐氏因盛暑"居海舟两月,遂得疾";虽"疾甚,以兵事棘,不敢辞"。临终前"力疾泛海,度焦山,至通州卒,年五十四"。时嘉靖三十九年四月一日。唐氏之死在同志者的笔下,被渲染了悲壮的颜色。据赵时春所撰墓志铭,唐氏"疾日甚",曾对赵氏说:"不十年北虏南倭必大作,不得为国医,愿为疡医,鞠躬尽瘁,死而后已。"在去世前的短暂时间里,"竟力疾振凶荒,治戎伍。四月朔舟巡泰州,犹操笔散振粟七千石",如恐不及。李开先《康王王唐四子补传》也细致地描写了唐氏临终前的辛劳,说唐氏死,"天气方晴明,隐隐如天鼓鸣者,众以为异"。① 稍后丁元荐所记更有动人处:"荆川先生镇淮阳,时兵败疾革,且暝矣,蘧然起,索一牌,手书曰:'岁荒民饥,有司宜加意作糜分赈,弗以本院物故,草率了事。'投笔而逝。"(《西山日记》卷上《节烈》)读此种文字,令人不能不动容。上述关于唐氏临终时刻的描述,无疑出诸对这一人物的敬意。在那些文字间,唐顺之做出的,是一个极其有力的"完成"的动作,即使异议者也可能为之肃然。由这结局看上去,那年的出山在唐氏本人,意义确也重大到了不可估量。

与唐氏并称古文家的王慎中,已于前一年死。惟另一古文家茅坤高寿,享年九十岁。

上文说到唐顺之"数奇";王慎中也未必不"数奇"。李开先《遵岩王参政传》:"仲子(即王慎中)以文累其身,上官有求文不遂者,因其弟事诬及之,虽未明坐,而正人君子,虽纤毫点污,亦自难堪……"王氏"竟以抑郁致疾而终"(《李开先集·闲居集》第616页)。"正人君子,虽纤毫点污,亦自难堪",正可移用来说唐氏,只不过唐氏刻意示人以强硬罢了。后世想象中的嘉、隆盛世,在身经其时者的经验

---

① 李氏说自己得唐氏临终前一札,"索善识风云占验之人,及予词曲,与李阳冰篆书,并元朝经世大典",让李氏不解的是,"军务倥偬,留心占验,有关武事者可也,而犹旁及文事,何也?"(《荆川唐都御史传》)可知唐氏至死未脱文人气习。

中，未必有那么美好。

据时人说，茅坤"姿神韶美"（朱赓《明河南按察司副使奉敕备兵大名道鹿门茅公墓志铭》，《茅坤集》附录一第1346页），系"巨人长者，山立而渊渟，金声而玉表"（申时行《寿宪使鹿门茅先生九十序》，转引自《茅坤研究》第156页），王慎中则"形体如鹤，骨健神清"（《遵岩王参政传》）。唐顺之的状貌想必不及茅氏壮伟，一望而知为豪杰之士。也如王畿、罗洪先与唐氏之间，茅、王、唐不吝相互称赏。唐顺之说王慎中文"雄浑雅奥，自北宋而后数百年间，特然杰出以名其家"（《答蔡可泉》，《唐荆川文集》补遗卷三）。王慎中为唐氏文集撰序（嘉靖二十八年），说唐氏"廉隅操行，必谨于一介之取予；刚果自断，不可以威武利禄诱屈"（《唐荆川文集》）。若将此序与唐氏《答王遵岩书》并读，王对唐的激赏，唐对王的坦诚，俱可见之。茅坤对唐顺之更其倾服。吴梦旸说茅坤"于当代，慎许可，独输心于毗陵"（《鹿门茅公传》，《茅坤集》附录一第1371页。按毗陵指唐氏）。钱谦益《列朝诗集小传·茅副使坤》曰："人谓顺甫（按即茅坤）之才气，殆可以追配古人，而惜其学之不逮也。顺甫于同时，惟推荆川一人，胡绩溪尝以徐文长文示之，诡云荆川，顺甫赞叹不已，曰：'非荆川不能作。'已而知为文长也，复取视曰：'故是名手，惜后半稍弱，不振耳。'其自负护前如此。"（丁集上第405页）由今人读来，更可感的，倒是其人的率真。屠隆所撰茅坤行状，说茅氏"为文于古最嗜马、班、欧、苏，于今嗜唐顺之、王慎中一二公"（《明河南按察司副使奉敕备兵大名道鹿门茅公行状》，《茅坤集》第1353页）。嘉、隆间人物气象之光明、境界之阔大，不难由此想见——盛世人物固应有此气量。

黄宗羲即已以为茅、王、唐不应等量齐观，说茅氏不足以与唐、王并称（参看其《答张尔公论茅鹿门批评八家书》），还说唐顺之《答茅鹿门书》"只六股便无限转折，荆川底蕴已自和盘托出。而鹿门一生，但得其绳墨转折而已，所谓精神不可磨灭者终不得也。缘鹿门溺于富贵，未尝苦心学道，故只小小结果，孤负荆川如此"（《明文海评语汇辑》，《黄宗羲全集》第十一册第118页）。又说唐氏"取道欧、曾，得史迁之神理"，曾受到王慎中的启发，但"久之从广大胸中随地涌出，无意为文而文自至", 较之王氏的"有意欲为好文", 已自不同(《明儒学案》卷二六第 599 页)。于此比较的, 更是人生境界; "从广大胸中"云云, 决非随意写出。

茅、唐、王中, 仅王慎中不曾介入军事。王宗沐记他所见茅坤, 谓其人"王伯甲兵之略, 撑腹流口, 听之令人座上须眉开张, 欲起周旋"(《茅鹿门先生文集序》,《茅坤集》第 187 页)。茅氏的战绩, 主要在粤西剿"夷"("瑶""僮"等)。朱赓所撰茅氏墓志铭, 记其"尝提兵戍倒马关。制府杨公博视其营垒, 叹为奇才, 特疏荐于朝"。屠隆所撰茅氏行状, 则说"胡公(按即胡宗宪)雅知公将略, 虚怀咨访。公计切桑梓, 稍稍陈其智略, 胡公采之辄效, 遂荡巨寇, 靖东方, 公谋为多"。还说"胡公以三尺操将吏如束湿, 为人倜傥多大略, 不修细谨, 酒中或箕踞嫚骂人, 独严事公"。其人活得自在, 即从事军事竟也一派洒脱。

由传记文字看, 茅坤、唐顺之、王慎中均有至性, 只是唐少了一点茅的"逸气", 也不若王的狂放; 凝重端谨, 文亦如其人。茅氏被目为"神仙中人", 唐顺之无疑是世俗的, 尽管其志行高洁处正不合于俗世。至于晚年苦乐, 自不能与茅坤相比, 更无论寿考。唐氏一再自说"迂憨", 说"性褊且憨, 在乡曲子子不能与人为同"(《普安州判杭君墓表》), 未尝不是真话。唐氏自审的清醒近于严酷——由他力阻王慎中为其文集作序即可知。他自己说"文章未出风土外, 人品犹缠习气中"(《读王遵岩所为拙集序文自嘲四首》), 决不像是出于矫情造作。

上文已引黄宗羲将唐顺之与宋濂并提, 以为是上下三百年间, "免于疑论"的仅有人物。钱谦益竟也说:"荆川之指要, 虽与金华稍异, 其讲求实学, 由经术以达于世务则一也。"(《常熟县教谕武进白君遗爱记》,《牧斋初学集》卷四三第 1120 页。按金华指宋濂)说的都不是文章。关于唐氏之文, 清初王士祯说其"浑茫演迤, 使与少游、无咎、文潜之流驰骋后先, 可以不愧, 而洮汰锻炼之工, 或有所未暇。盖其中年自诡于讲学, 而又不能忘情于用世, 又其学极博而不能不杂, 故于洮汰锻炼之工或疏"(《邵子湘青门集序》,《清代文论选》第 362 页。按少游, 秦观; 无咎, 晁补之; 文潜, 张耒), 应是平情之论。只不过在黄宗羲、钱谦益等人看来,唐顺之其人的魅力,或正在"不能忘情于用世",在危机时刻任事之勇,以至于道德重压下毅然担荷的定力。唐氏本人也说过,"能与世长久"的文字,其中必有"一段精神不可磨灭"(《答蔡可泉》,《唐荆川文集》卷七)。他所追求的,也应在此而不在彼的吧。①

---

① 　近人唐鼎元编纂《明唐荆川先生年谱》,倾倒于其人的人格魅力,情有不能自禁者。《谱》中说唐氏:"……其与人言,罄竭底蕴,若无所不尽;事关机要,则深沉隐默,际不可窥。于琐屑之事,若不甚通晓;至于筹画世故,则辨析毫芒。性恬淡,不乐仕进;而见民之疮痍困顿,又若痌瘝切身,思救之如不及。貌不逾中人,而视天下势之所至,若万钧之压卵,处之晏然;举天下之所不敢为、不能为者,独毅然当之。……"(卷四)

第三章　游走与播迁

游民与游士

　　男子以"天地四方"为自我界定。《礼记·射义》:"……男子生,桑弧蓬矢六,以射天地四方。天地四方者,男子之所有事也。"秦一统天下后,"桑弧蓬矢"用少弃多,渐入严禁;农业社会,安土重迁,虽"四民"中的"商"(以及"工"的一部分)以流动为其生存方式,对于"游"(即如"游民""游士")的否定性评价,渐成舆论,却无妨于士民的游。上述"天地四方"云云,从来更是"士"的自我界定。到本书所论这一时期,黄宗羲说,"衣冠大抵皆侨寓也"(《复芹堂记》)①,是对一种事实的描述。"衣冠"所以"侨寓",正是下文将要谈到的。

　　"游民"之被认为一大社会问题,由来已久。只是在本书所论的这一时期,因了政治动荡与社会危机,其严重性得以凸显而已。② 王夫之

---

① 黄氏该文说:"予惟人生天地之间,尚蘧庐也,宫室居处,何尝之有? 西北之盛,则且海岛东南;东南之盛,则且瓯脱西北。城郭兴废,而人民随之,衣冠大抵皆侨寓也。"(《黄宗羲全集》第十一册第 15 页)

② 关于宋代乡村中事实上的人口流动、佃户有迁徙的自由,参看宫崎市定《宋代以后的土地所有制形态》一文(《宫崎市定论文选集》上卷第 156—158 页)。宋代对佃户的法令本是限制这种流徙的,"但《宋刑统》的规定在宋代几乎没有照样实施"。"宋代承认典卖人身的契约,所以在租契里面,在中世的遗风还根深蒂固地存在着的地方,或由于旧日的习惯,或由于当时的情况,也可能有显著地束缚佃户自由的契约。但在另一方面,我相信也有很自由的近世的契约。因此这种契约的内容是:根据劳动力过剩或劳动力不足,使佃户的迁徙有自由或没有自由。"(第 158 页)美国汉学家孔飞力的《叫魂——1768 年中国妖术大恐慌》,谈到发生在 18 世纪的大规模的人口流动,说:"在中国各地,人们都在向上或向外移动。"(中译本第 51 页)这一"移动"起始的时间,可以追溯到 17 世纪明清易代之际,以至更早。

说:"封建之天下,国各私其人,去其国则非其人,于是而有封疆之界以域之。"(《读通鉴论》卷二二第843页)"郡县之天下"则不然。但"郡县之天下"也未必即利于士民的流动。从口而税,即有户籍制度;人与土地的关系,是户籍制度的基本依据。明初黄册(也作"黄籍")即户籍簿。《明史·食货志》:"太祖籍天下户口,置户帖、户籍,具书名、岁、居地。籍上户部,帖给之民。""其人户避徭役者曰逃户。年饥或避兵他徙者曰流民。有故而出侨于外者曰附籍。朝廷所移民曰移徙。"明代著名循吏周忱论户口所以减,有"或冒匠窜两京,或冒引贾四方"的说法(同上)。流民与游宦之士的被许可占籍,即对于移徙的由户籍制度的认可。明太祖试图控制人口的流动,使"死徙无出乡",而明代自中叶始,大规模的流民、游民,却演成一幅动荡的图景,成其为中后期明代社会的重要景观。其间有举族迁徙,也随处发生着流动中的宗族解体。到这一时期,宗法关系赖以维系的条件,确也在侵蚀、破坏中。[1]

讨论明中叶以降的所谓"资本主义萌芽",论者即已注意到较之同时期的欧洲,中国的土地早就可以自由买卖,农民有相对的离土自由。近年来的人口史叙述,以及其他有关移民、流民的研究,对此提供了进一步的证明。即如本书所论的这一时期,虽仍有"逃户""占籍"一类名目,涉及的是移徙的合法性问题,并不能制止、控制事实上的流动。由后世看,明初由官方强制实行的大规模移民,本身就包含了关于"流动"的合法性的暗示。葛剑雄等在《移民与中国》一书中说:"明初大移

---

[1]　黄仁宇《十六世纪明代中国之财政与税收》:"明朝初期要求人户不得随意离开原籍。居民个人的旅行,虽没有直接禁止,但却不予鼓励,而且出行必须取得路引。那些滞留本籍之外时间长的人必须向当地官员报告。不诚实的商人和不提出申请的人要受到惩罚。"(中译本第35页)到16世纪,在上述限制废弛之后,地方官仍然颁发路引,但已不能控制事实上的流动。收入《皇明经世文编》的奏疏,明中叶后安抚流移的内容渐有增多(如卷六二、六三马文升奏疏)。朱建强《明代人口流动与社会变迁》一书李洵《序言》,关于出现于明代中叶(公元15世纪中叶)、延续至17世纪40年代尚未消失的"全国性的流民现象",说:"明代的流民现象发生在中国封建社会后晚期,其社会条件与背景已不同于前此中国历史上所有发生过的流民现象。这一次中国历史上全国性的大规模流民历史运动,其深刻性要超过前代。"这一判断显然是以"资本主义萌芽"、新的生产方式的出现等为预设前提的。

民的总数超过一千万,涉及总人口约五分之一;无论是绝对数字,还是相对比例,都是空前绝后的。"(转引自王学泰《游民文化与中国社会》第384页)到崇祯三年,徐光启仍在主张"均民",即"徙远方之民以实广虚"(包括使"南人渐北"),以之为屯政的兴废所关(《钦奉明旨条画屯田疏》,《徐光启集》卷五第227—228页)。上述官方行为对于人与地域关系的随意更改,无疑鼓励了流动与迁徙。秦、汉以还,在官方干预下进行的规模不等的移徙,影响于人力资源的分配,为力甚巨。凡此,都参与构成着明中叶以降大规模的人口流动的深远背景。①

"流"与"游"不同。② 民之"流"尤被作为衰、亡的表征。明亡之际的流民,无疑是王夫之所谓"噩梦"的一部分。他推原流民起于元代,"相沿至成化而始剧。初为流民,既为流寇,遂延绵而不可弭"(《噩梦》第591页)。对民之"流"与"游"最感不安的,是对"秩序"有特殊关切的儒家之徒。张履祥就对游民造成的风俗败坏痛心疾首,说"今世极多游民,是以风俗日恶,民生日蹙,虽其业在四民者,莫不中几分惰游之习"(《杨园先生全集》卷三六《初学备忘上》);说"风俗之败,本业之荒,盗贼之起,皆缘游民多而田赋重"(《备忘一》,同书卷三九);"四海困穷,其原只在游民之众"(《备忘二》,同书卷四〇)。他以为"户口册当一年一造,不分土著、流寓,在邑丽邑,在市丽市,在乡丽乡。僧尼道士,不得漏役,不丽籍者,仿古髡为城旦之法",以此重建秩序(《备忘一》)。

游士自不同于游民,但在顾炎武的论述中,其为害社会则一。《日知录》卷七"士何事"条:"春秋以后,游士日多,《齐语》言桓公为游士八十人,奉以车马衣裘,多其资币,使周游四方,以号召天下之贤士,而战国之君,遂以士为轻重,文者为儒,武者为侠。呜呼! 游士兴而先王之法坏矣!"顾氏以抄书为学术手段,却往往有对于时政、时事的针对性。即如此处所论游士,未必非暗中指向他生活的时代日见活跃的游

---

① 关于自秦以降官方组织的迁徙,参看《日知录之余》卷四"徙民"条。
② 王学泰区分了"游民"与"流民",说"流民是指成为'流'状态的而离开其故土的人们。他们有可能没有脱离其所处的社会秩序"(《游民文化与中国社会》第18页)。

幕、游客之士（关于其时士人之游幕，参看本书下编"易堂"一章）。张履祥不满于士的游，所论更在早已演成风气的士人的社集、讲学，以为士的此种游为害"更甚于游民"。王夫之说孟子"恶游士之徒乱人国"（《读通鉴论》卷一二第447页）；他将"游士之祸"由战国、两晋直说到胡元，将元儒姚枢、许衡等也列在其中，说"为君子者，清品类，慎交游，远挟策趋风之贱士"，如此才能"使人主知所重轻"（同书卷一四第538页、卷三第122页。其他尚可参看同书卷二五第958—959页）——也未必没有对其时士人游客、游幕的针对性。顾炎武所说游士兴起的"春秋以后"，士之游曾经是士渐成相对独立的社会集团、渐成王朝政治结构中功能性存在的过程。士以其"游"宣告了"士"这一角色的生成。到了本书所论的明清之际，士的游无论历史情境还是文化意涵，自然都有了不同。

黄宗羲《孟子师说》阐释《孟子》"故国"章，曰："自游说之士起，朝秦暮楚，取相印如寄，各国效之，而世臣绌矣。"（卷一，《黄宗羲全集》第一册第55—56页）释"景春"章，曰："游说之士，飞钳恐愒，似乎牢笼人主，以我为政，使之不得不从，殊不知窥伺其意，从而逢迎之。所谓揣摩者，揣摩人主之意耳，究竟未尝自立一意也。点出一'顺'字，如见其肺肝然。终日在胶漆利欲中，与'广居'相反；以丈夫而下同巾帼，与'正位'相反；所行者奸邪暧昧之事，与'大道'相反。"（卷三，同书第83页）释"不仁者可与言哉"章，曰："不仁者，指当时游说之士也，其言无非兴兵构怨之事。"（卷四第92页）对游士的评价态度与王夫之一致；以"窥伺""逢迎""揣摩"刻画策士面目，未必不生动。但黄宗羲似乎并未将上述"游士""游说之士"与当世的"游幕之士"等量齐观。

由下文可知，明末清初，士人确也"游道日广"。钱谦益《教读谢君坟表》引韩愈语："今人适数百里，出门惘惘，有离别可怜之色。持襁被入直三省，顾婢子语，刺刺不能休。"而谢君则不如是（《牧斋有学集》卷三五第1249—1250页）。无论唐人是否如韩愈所说，到钱谦益生活的时代，岂唯谢君不如是，游历、游学、游宦、游幕、流寓播迁，"游"几乎成了常态，自不如韩愈所形容。这里需要解释的倒是，士之不安于居，何以在张履祥这样的儒者看来，成为严重的社会问题。

龚鹏程论"游的社会"/"定着社会",以为由春秋到战国、秦、汉,有"游的社会"及"游之精神"的变迁,"在一个以编户齐民为基本体制的国家里,游的精神及意识内容,不可避免地会与从前有所不同",游的特殊化也即在此期间发生(《游的精神文化史论》第81—82页)。该书还有关于晚明与"游""交游"有关的风气的论说(第149—250页)。写作本章,我的关心则依然在士人的处"易代之际"——游走于"易代之际"的士人,在"易代"这一特殊情境中的"游走"与"播迁"。因而明亡前夕的两大游人王士性、徐霞客,不作为主要的分析对象。我将尝试着勾勒动荡、迁流中的士人身影,追究他们以何种心情登山临水、缘何动机寻幽访胜,以及他们当此际的其他诸种游,这些游与平世的异同。下文将要谈到,明清易代,世乱时危,却无妨于士人的山水遨游,倒像是为他们的"游"提供了更丰富的动机,以满足其意义追求。其中就包括以"游"为拒绝、反抗的姿态。我还将谈到,同在那一时期,游宦自游宦,游幕自游幕,士夫的诸种"游"并未因"代"之"易"而中止。

特殊时世的山水、边塞之游

　　山水诗盛,游即被作为文人从事创作的必要条件,以至文人的生存方式。到本书所写的这一时期,国亡而家未破,文人大可继续发挥豪兴,极游观之盛。游早已被文人强调了其非功利性,其作为审美的人生创造——易代之际的文人依然是文人。由元明之交、明清之交的吴越,尤其可以看出文人文化的上述延续性,尽管这一时期某些士人的游,由后人看去,像是过于奢侈。

　　游观原是士人积习,甚至非文人专利①,魏禧却说"游道广而声诗盛,近古以来未有过于今日"(《江湖一客诗叙》,《魏叔子文集》卷九)。明清之际的大文人,确也无不好游,不游像是不成其为大文人。顾湄《吴梅村先生行状》说吴氏"性爱山水,游尝经月忘反"(《吴梅村全集》

---

① 陆世仪说:"朱子爱游山水,尝以一古银杯自随,每至山水佳处,辄满斟一杯,对之饮酒——如此亦何可少。"(《思辨录辑要》卷八)

附录一）。吴梅村本人也说："诗不游不奇，不涉山川、历关徼，不足以发其飞扬沉郁、牢落激楚之气。"（杜登春《尺五楼诗集》卷首吴氏题词，转引自冯其庸等《吴梅村年谱》第 500 页）东南文人的游，不消说也因了多赀。但经济实力从来不被作为游的必要条件，富固然游，贫也未必不游，只不过富有富的游法，贫有贫的游法而已。周亮工序王猷定《四照堂集》，说王氏客死之日，"囊无一钱，至不办棺殓"。也因此，王氏的游更有不容已。明清之际的这种贫游，多少令人想到阮籍的穷途之哭，有一点绝望色彩——但这更可能是后人的想象过度。我在其他处已经说过，"遗民生存"未必即枯槁。归庄就不惜为看花而四处游走，不无自嘲地说"乱离时逐繁华事，贫贱人看富贵花"（《东行寻牡丹舟中作》，《归庄集》卷一）。易堂魏礼自述游经海南，"陆路单轮车，乘船乘艓子。纵使寄巨舟，所得一掌耳"（《海南道中》之二，《魏季子文集》卷二），不免自伤贫贱。拮据行旅，寒伧、卑微，确也损害了魏季子的自尊，否则不会有他的纪游诗中那些关于物质条件的刻意记述。即此也依旧不安于居。魏礼《海南道中》组诗后有彭士望语："季子生平好奇，非观海不能发舒其胸中之气。"

游在文人，甚至有某种"信仰"的意味，以至明末大儒而有文人气味的黄宗羲，说"文人与山水相为表里"，"彼慧业文人者，即山川之神也"（《靳熊封游黄山诗文序》，《黄宗羲全集》第十册第 96 页）。黄氏到八十二高龄，"龙钟曳杖，一步九顿"，尚为黄山之游（《黄宗羲年谱》第 48 页），自说其曾"发愿名山，拼十年为头陀行脚，咽嚛冷汰，涤濯淬砺"，倘非如此，即不免做一"尘网俗人"（《朱岷左先生近诗题辞》，《黄宗羲全集》第十册第 21 页）。游而做如此想，不啻以之为特殊的修持；在这种意义上，可类比者确也只能是"头陀行脚"。你由这种譬喻，又约略可想"宗教方式"对士人的浸润。明代士人禅悦之风特盛，士人（尤其文人）之游，其方式与意境追求，的确也为僧伽所启示。大旅行家徐霞客，就每以僧人为其游侣，且像是有与僧人毅力的较量。熊开元记易代之际为僧的方以智，"肩大布衲，游行即以为卧具。别无鞋袋、钵囊，亦复不求伴侣，日数十里无畏无疲"（《青原愚者智大师语录序》，《蘖庵别录》卷一，转引自《方以智年谱》第 178 页）。其时的僧人固然长于苦行，如方氏者，也未必不在其时士夫刻苦自厉的风气中。钱谦益评论梁心甫的纪游之作，说其人之游，"以青鞋布袜军持漉囊为供亿，以高人逸老山僧樵客为伴侣，以孤情绝照苦吟小饮为资粮，与山水之性情气韵，自相映发"，说必如此"而后可以言游"；必如该人之纪游，"而后可以言诗文"（《越东游草引》，《牧斋初学集》卷三二第928页）——也可证士人、文人之游为僧人行脚所启示。钱谦益写徐霞客，也强调其人的耐劳苦。前此罗汝芳说，自己"初年游行，携仆三四人，徐而一二人，久之自负笈行，不随一价"（《盱坛直诠》卷下，转引自吴震《明代知识界讲学活动系年》第132页）。徐霞客、方以智自与罗汝芳不类，但旅行家、名士名僧与道学却不妨同耐劳苦。钱谦益的《游黄山记》，笔力雄健，裁剪工致，堪称大手笔。钱氏却像是非但自愧其游，且自悔其纪游之作（参看其《越东游草引》），也见出明人在"游"之一事上的郑重。明亡之际，顾炎武"一身孤行，并无仆从，穷边二载，藜藿为飧"（《答人书》，《顾亭林诗文集》第205页），所游及所以游，无论与罗汝芳、徐霞客，都有不同，而强调自己的耐劳苦则一。上述行为在遗民旅行家，更有抗拒厄难、挑战命运的意味。在我看来其游——包括边塞之游——的意义，当更在此而不在彼（图谋恢复），不如说与明亡之后的继续"谈兵"有某种相似。而这种由明清军事对抗所激发的热情，随着时间的推移而日益转向学术（如舆地之学），自然顺理成章。

如若承认僧人（尤其名僧）通常也是特殊身份的"士"，那么历代僧家中正有优秀的旅行家。紫柏大师说："古之成大器于当世者，无一人不从行脚中来也。若不遍游知识之门，历炼钳锤之下，而欲成器者，未之有也。"（《紫柏尊者全集》卷四《示慈航运侍者》，转引自嵇文甫《晚明思想史论》第129页）由陈垣《明季滇黔佛教考》可知，其时的僧人非但耐劳苦，而且有特殊的文化贡献，于人迹罕至之区，筚路蓝缕，开辟草莱，承担了动荡时世传播文明的责任。

易代之际的游观、游赏，亦自与平世不同。至少在易代后的一个时期，"游"作为遗民刻意选择的姿态，其象征意义有时大于其他意义。全祖望撰邵以贯事略，引黄宗羲弟宗会语，说邵氏自甲申后，"辅颊间无日不有泪痕，其稍开笑口者，则游山耳"（《鲒埼亭集》卷二六《邵得鲁先生事略》)。阎尔梅曾入史可法幕,又曾加入山东曹州榆园的农民军,连遭名捕,妻妾均坠楼而死,阎氏弃而不顾,北上燕都,远游蜀中,倦游归来,已垂垂老矣(参看谢国桢《顾亭林学谱》第185页)。明清间士人的山水之游,确也随处令人感到意味深长。《翁山文外》卷一系列性的长篇游记,自述其游踪甚详。诸篇有连续性:谒孝陵(《孝陵恭谒记》),由南京渡江,经安徽、河南至陕西(《宗周游记》),由代州赴京师(《自代东入京记》《自代北入京记》等),俨然一次凭吊故国之旅。游记中屈氏称明为"本朝","宗周"云云,更像是唯恐他人不解其深意。不唯屈氏,其他遗民之游,也不免有故国之思,到了山川厄塞,每每要议论明末军事,扼腕太息,情见乎辞。其时士人之游及交游,另有极庄严的动机设置,比如以游为寻访——寻访能胜任"恢复"重任之人、豪杰之士,以至寻访较为抽象的"理想人格"等。陈子龙生前曾有远游以寻访非常之人的愿望,说"齐鲁文学之儒,燕赵奇节之士,荆楚感激之徒,庶几得一人焉"(《报夏考功书》,《陈忠裕全集》卷二七)。

士人的山水名胜之游,其意义固然在精神激发与超升,也在其他精神性的发现,包括自我认证。读山水也是读人,读文化,读解中就会有自我诠释。明亡之际追随史可法且以身殉明的江天一,生前曾说到黄山之于士人道德人格的塑造,说该山"以严凝之气,待天下耐劳苦处盘错之士,以使之大辅当世;又以其巉岩峻厉者,养天下独立不惧之器格,以撑拄滥觞"(《黄山寄远方士大夫书》,《江止庵遗集》卷四)。当危亡之际,能"大辅当世""撑拄滥觞"的,非豪杰而谁!到明既亡,刘献廷的《广阳杂记》,以纪游文字为文化诠释,以湘、鄂、赣与吴中人文比较,不难令人读出刘献廷本人的性情、人格追求。比如他说,"江西风土,与江南迥异。江南山水树木,虽美丽而有富贵闺阁气,与吾辈性情不相浃洽。江西则皆森秀疏插,有超然远举之致"(卷四第188页)。读山水既如读人,寻访山水也就如求友,所求无非性情之合。士人的游,可以看作其"创作"的非文字形式。士人本不乏此类人生意境创造的想象力与激情。至于对山水的"豪杰"面目情有独钟,却又系于时势,亦风会使然。

有明一代西北与南中国(如琼州等地)的开发,明季滇黔的开发,大大扩张了士人的生存空间与行动范围。有明疆域虽不能比拟于元、清，但陆路、内河交通的有限发展，仍为士人之游提供了些许便利（参看白寿彝《中国交通史》）。明末清初，士人的游踪确有平世所不能比拟者，由此视彼，如谢灵运之流的游，像是过于轻巧了。钱谦益的《徐霞客传》，记其人"出玉门关数千里，至昆仑山，穷星宿海，去中夏三万四千三百里"（《牧斋初学集》卷七一第 1595 页。按钱氏关于徐弘祖旅行范围的说法不确）。毛奇龄《岭南屈翁山诗集序》说屈大均"游塞外，北抵粟末，过挹娄、朵颜诸处，访生平故人，浪荡而返。夫粟末去内地若千里，迁流者就道，扳轮挽绁，如不欲生，乃独从容往还若房闼间……"（《毛西河全集》"序"卷五）梁份的游踪，据朱书说，乃"三历塞垣，由西安而东北至于榆林，北至于宁夏，西北至于西宁、河州，又西北至于凉、甘肃，登嘉峪望合黎之山；西绝嘉陵，南浮汉，又南至于兴安；东升太华三峰，又东出潼关、函谷以归，回旋万里，穷西秦之疆境"（《梁质人西陲三书序》，《杜谿文集》，转引自《梁质人年谱》第 49 页）。其他如易堂魏礼的琼州（即海南）之游，阎尔梅的西北之游，都示人以雄豪气概。阎尔梅自称"东西南北之人"，其《崆峒山序》曰："当失路时，望门投止，常因患难生情；及还家后，终岁应酬，翻觉平安无味。"（《阎古古全集》卷六）这一种体验，非惯于行旅、漂泊者，则不能有。①

　　交通条件的有限改进，并不被士人作为游的必要条件。白寿彝也说："元、明、清底交通工具，实质上不见得有什么进展。在陆地上的交通工具，更无可说。水上的交通工具也不过是海船底发展和舟底种类之加多而已。"（《中国交通史》第 208 页）②诸种游记所述行旅之艰难，可以为证。明末刘宗周在家书中，说自己"自杭州至宿迁，仅一千五百里，而为行程者至五十日"（《与章甥一匡》，《刘子全书遗编》卷五，《刘宗周全集》第三册上第 484 页）。魏禧说自己由吴门到芜湖，因舟为风所阻，迁延至二十天——可知水行之难（《赠刘毅可叙》，《魏叔子文集》卷一○）。屈大均记陆行的艰苦，有甚于此者。正因为如此，明清之际

① 阎尔梅明亡后的游踪，参看阎圻《文节公白耷山人家传》，刊《阎古古全集》。

② 参看白寿彝《中国交通史》、杨正泰《明代驿站考》。

士人之游，才足称奇观。

士人从来不乏好奇者。明代发达的文人文化、名士文化，更鼓励了对奇境的狂嗜。钱谦益倾倒于徐霞客之游作为人生境界的辉煌，说徐氏"生里社，奇情郁然"（《徐霞客传》），盛赞其人为"千古奇人"，其游记乃"千古奇书"（《牧斋杂著·钱牧斋先生尺牍》卷二《与毛子晋》，《钱牧斋全集[七]》第 316 页），说其人死，"天下无奇士矣"（《徐仲昭诗序》，《牧斋初学集》卷三三第 948 页）。用了近人的眼光看去，徐霞客似兼有旅行家、科学工作者与圣徒的品格，尤其"科学工作者"。① 缘此，徐霞客之游与文人寻常的山水之游，被认为有了轻重之别。但徐氏之游令明末士人为之倾倒的，固在其涉历地域之广及行旅的艰苦性，此种旅行的某种学术旨趣（舆地考察），却也更在呈示于纪游文字的豪杰气概。时危世乱，士人无疑乐于从中读出挑战——挑战自我、挑战命运的强毅。明清之际的士人之游，在上述不同方向上又有推展：学人式的山川考察与志士式的激情发越、意志显示。

顾炎武自说其撰写《肇域志》，行经二三万里，览书万余卷（跋《征书启》后，转引自谢国桢《顾亭林学谱》第 160 页）。黄宗羲《匡庐游录》纪游而兼文献考辨，《题辞》说"以唐证宋，以宋证元，以元证今，予杖履所及，一二指摘，正不可少"（《黄宗羲全集》第二册第 475 页）——亦游历亦考证，即游也不失学人面目。屈大均长于记述，记行程详尽而曲折有致，也如梁份，不唯健于行，且描述风俗有可资考察者。上文提到的屈氏诸作外，如《先圣庙林记》《登华记》（《翁山文钞》卷二），也略具人文考察的性质；不但是读山水，亦阅人间世的记录。屈氏不以学人见称，那种考察态度，未尝不得之于风气。学术性的游，有学术旨趣的游，与文人的为游而游，为玩赏、怡悦而游，确也有风味的不同。

---

① 龚鹏程认为近人对徐氏不免误解。近代研究徐霞客，丁文江固有奠基之功，"但自从他由地理学角度审视徐氏著作以来，论者一窝蜂地由科学（多识草木鸟兽虫鱼、民族、动植、地貌、水文……）来讨论徐书，未考虑到徐霞客的观察是审美的，而非科学的；其记录也不是客观的，更不是实验科学。其所发现者，乃旅游中自然之耳目所见，是因观赏而知之知。犹如一赏花者之知，不同于一位植物学家之知，不容混为一谈"（《游的精神文化史论》第 254 页注）。

明末多纪游之作，《徐霞客游记》外，尚有谢肇淛的《百粤风土记》、王士性的《五岳游草》、潘之恒的《新安山水志》、曹学佺的《蜀中名胜记》等等。当明清学术风气转换之会，游记的价值也被由学术方面认定。即使如此，你仍不难注意到一时游记的遗民旨趣——上文所说屈大均的系列游记即是适例。鲁迅《读书忌》引屈大均《自代北入京记》，以为文笔不在袁中郎之下。为鲁迅所特意提示的，正是屈氏文字间遗民式的悲愤沉痛。

明代多地志之作，与士习的好游、好著述自不无关系。[①] 张凤鸣的《桂胜》《桂纪》，清四库馆臣以为"典雅""博赡有体"。到明清之际，热中著述的风气，以及舆地之学复兴的趋势，潜在地影响了游者的动机与期待。这一时期山志、舆记中的佳构，考名迹沿革，搜采金石之文以订讹正谬，引证务求富赡；撰写者多能亲历其地，以实地考察与文献考辨并重。黄宗羲自序其《四明山志》，说自己"往来山中，尝有诗云：'二百八十峰，峰峰有屐痕。'因以足之所历，与记传文集相勘……"（《黄宗羲全集》第二册第 283 页。按《四明山志》撰于崇祯十五年）。鲁王监国，黄氏曾率残兵五百人入四明山，结寨自固，有《四明山寨记》。由此看来，与此山确有非同一般的"缘"。至于板荡之际的避地入山，明亡之后的遁迹山林，山志的撰写未必没有上述因缘——如方以智的《青原山志》。王夫之《莲峰志》卷五有"癸未十月，予自郡西八十里逢寇钩索，草辉莽枝，奔命于峰之下，趾泥头雾，啮菜烧叶，而心翕然喜之。甲申岁，出自峰下，心不能忘，无岁弗至"云云（《船山全书》第十一册第684 页。《莲峰志》五卷，年谱系于顺治三年）。与山水结缘于乱世，他的志此山，岂偶然哉！其他如因国亡家破之痛，甚或因了"恢复"期待，而有远游，山水记的撰写，不免有了为斯世存文献的深刻用意。学者即身历实地，所见有时也更是过往的陈迹；眼前的山水，反而像是思古的

① 《四库全书》以游记（如徐霞客游记）与山志均归入"历史·地理类"，可资考近代地理学登陆前有关的知识状况。《四库全书总目提要》关于《徐霞客游记》曰："……且黔、滇荒远，舆志多疏，此书于山川脉络，剖析详明，尤为有资考证。是亦山经之别乘、舆记之外篇矣。存兹一体，于地理之学未尝无补也。"

触媒。顾炎武《昌平山水记》非以记山水而以记有关的故实为主；未必皆所目见，更赖有书斋的考索，是地志而非山水游记。至于详记明帝诸陵，则是遗民的一点心事，并不欲掩饰。至于从事舆地之学而又特具遗民情怀的梁份，他的《西陲纪略》，也被认为系于明亡这一历史情境。用了后世的眼光看去，"学术性"的游，在游者本人，究系何主何从，怕不容易说清楚的吧。梁份的西北边塞之行，即示人以学人与遗民的双重身份，为其时遗民学人那里的学术与政治，提供了一份标本。而地志、游记作为文章之一体，也由此编织进了易代之际的遗民人生。

梁份的游不止以雄豪见称，且暗示了其时的遗民之游所可能有的意义的繁复与隐蔽。姜宸英序梁氏的《怀葛堂集》，关于梁份的塞上之行，说："梁子尝游西塞，著《西陲今略》，未及成书，适今安徽按察张公前驻节西安，以千金资梁子纵游塞上。梁子以屡书生随数骑结束出关，遍历河湟四郡以极之朔方上郡，览其山川城郭之险隘，退而历讯之老将戍卒，得其可以资守御、习战攻，凡用兵地，所至各绘图，图有说，西塞三边环七千里之地，形势了然在目。"姜氏未见其书，所说当得之于梁份本人。以梁份的西北之游为图谋"恢复"，固然出诸猜测，但游边塞而如此关注其地山川的军事意义，岂非有点欲盖弥彰——或本来就无意于盖藏。事实上，明末清初士人对"边疆史地"的兴趣，确也与明亡的刺激有关。至于梁份本人，强调的更是治舆地之学者的工作伦理。他说自己"向客河西，妄有记述"，因"身未游历，所知非真，采摭旧闻，岂无踵讹增伪、缘饰成书之病"。治舆地学，梁份以踏勘、"身历其地"为必要条件（《与熊孝感书》，《怀葛堂集》卷一），以为"近代诸书，采摭参考，惟顾炎武之《昌平山水记》可谓不刊。身历其地也，犹不免于一二出入"，其他则"多挂一漏万，且悖谬舛错"（同卷《与朱字绿书》）。① 他本人所从事的步测，务求精确，尽管限于技术条件，仍被认为具有了某

① 《四库全书总目提要》曰顾氏"博极群书，足迹几遍天下，故最明于地理之学。是书虽第举一隅，然辨证皆多精确。惟长城以外为炎武目所未经，所叙时多舛误"（史部地理类存目《昌平山水记》）。顾炎武《北岳辨》考辨北岳之祭，曰前此"皆据经史之文而未至其地。予故先至曲阳，后登浑源，而书所见以告后之人，无惑乎俗书之所传写焉"（《顾亭林诗文集》第9页）。

种近代科学的意味。而前此归有光就说过，"山川土地，非身所履，终无以得其真。太史公言张骞穷河源，乌睹所谓昆仑者。元世祖至元十七年，使驿治运河土番朵甘思西鄙星宿海，所谓河源者，始得其真"（《跋禹贡论后》，《震川先生集》卷五第 107 页）。方以智《东西均》也曾用了同一例。这也解释了风气所至，徐霞客必能为时人所欣赏，且非唯治舆地学者为然。

上文说到其时的交通状况。姚椿序陆陇其的《三鱼堂日记》，说"唐李习之始为《来南录》以纪道里，而宋元诸儒如黄勉斋、许益之以至明之黄蕴生，皆有所述，见于纪载"（《陆子全书》。按李习之，李翱；黄勉斋，黄干；许益之，许谦；黄蕴生，黄淳耀）。归有光文集中，如《壬戌纪行》，即逐日记行程，当可资考其时水陆交通状况。清初王弘撰的《北行日札》《西归日札》，屈大均的《宗周游记》之属，陆陇其《三鱼堂日记》之"公车记""南游记"等，无不详记日程、道里，均可资考其时的交通状况。魏礼《海南道中》三十首、《西行道上》一百零三首（《魏季子文集》卷二、卷四），以诗纪行，详述游踪，历历如绘，犹之旅行指南。其他尚有黄宗羲《余姚至省下路程沿革记》（《黄宗羲全集》第十册）等。凡此，与其时"考察"之为风气，未必不直接间接相关。

梁份自述其西行，以《与八大山人书》最为生动："此行往还万里，以南方乘舟之人，策马五月，登顿劳苦，髀肉尽消。且天西绝塞，饮馔大异，进食又不以时，饥不得食，饱则罗列当前。夜卧土床多蚤，尤苦蝎虮，大如瓜子，多至可掬，一土床藏可数升。移衾绸卧地上，则从屋椽间自坠下，如雨雹密洒，历历有声。一为所喝，则泡高起半寸……"尚有其他非常之见闻、遭遇，均为书斋中人所不能梦见。踏勘所得，"河湟四郡，朔方北地，山水城郭，各绘图，图各有说"（《怀葛堂集》卷一）。梁氏为他人撰序，每说山川形势、风物习俗，其中当有其亲历所得，与仅得诸文字、耳食者不同——随处示人以舆地学者的本色。明清之际士人的有关著述，确也令人约略可知其时舆地知识的积累。

游边塞而着眼于军事，也非明亡之际方有此例。徐渭即曾"抵宣、辽，纵观诸边阨塞"（《明史》卷二八八本传）。以其人号称"知兵"、参胡宗宪幕府的经历，你总不会认为那只是出于文人式的好奇。只不过明遗民的边塞之行,较之平世,不免"意味深长"罢了。吴伟业《宋幼清墓志铭》记宋懋澄"负奇略,规摹九边形势,亲历险塞,与其贤豪长者游","生平居燕者十之五六,居吴门者十之三四"(《吴梅村全集》卷四七第977页),尚在明亡前夜。顾炎武的卜居代北,屈大均的"仆仆边塞",屡赴代州,留连于雁门关、居庸关等雄关要塞,已在明亡之后,无不别有深意。在这里,边塞之游被当作了特殊的表意方式,而山水、边塞则作为特设的意符"参与"了人事。① 这类"游"及"居",其中隐曲,同志者固不难领解。梁佩兰《寄怀屈翁山客雁门》,中有"平生论五霸,中具胆与识。边地多苦寒,欲以练筋骨"等句,即透露了此中消息。顾氏自写旅况,有"釜遭行路夺,席与舍儿争。混迹同佣贩,甘心变姓名。寒依车下草,饥糁鬲中羹。……疾病年年有,衣装日渐轻"云云(《旅中》,《顾亭林诗文集》第322页),其艰辛可想。王弘撰《山志》"顾炎武"条:"顾亭林,古所谓义士不合于时,以游为隐者也。"(初集卷三第61页)明清易代之际,事每有暧昧不能明者。到全祖望时,如刘献廷,其形迹、心迹,已恍惚难知。全氏记刘献廷,对其人行踪的神秘性有露骨的暗示,说:"予独疑继庄出于改步之后,遭遇昆山兄弟,而卒老死于布衣,又其栖栖吴头楚尾间,漠不为枌榆之念,将无近于避人亡命者之所为? 是不可以无稽也,而竟莫之能稽。""盖其人踪迹非寻常游士所阅历,故似有所讳而不令人知。""予则虽揣其人之不凡,而终未能悉其生平行事。"(《刘继庄传》,《鲒埼亭集》卷二八)方以智亦然(参看余英

---

① 赵俪生说,顾炎武"对关隘盘查常有异常心理状态",有对其人从事秘密反清活动的猜测。其《顾炎武新传》述及顾氏北游期间在山东的与史地(且关涉军事)有关的考察活动及其成果。赵氏还说,顾炎武与王弘撰都"以游为隐",萍踪不定,"顾晚岁25年一直在北方,在山东、山西、陕西一带不停地旅行着。王中年以后,四游江南,在南京、苏州、扬州一带旅行,还远去福建的泉州。一个南人,一直在北方往来,一个北人,一直在南方往来,'事不可以无稽也,而竟莫之能稽'"(《顾炎武新传》,《赵俪生史学论著自选集》第322、343、359页。按"事不可以……"两句,见全祖望所撰《刘继庄传》,赵氏指为王源所撰,误)。在赵俪生看来,无论顾炎武还是王弘撰,其行踪均有可能关涉"恢复"。赵氏《清初明遗民奔走活动事迹考略》一文考察顾炎武、屈大均易代之际的游踪,对遗民的"奔走",也均由图谋反清的一面解释。其实文人习癖、志士情怀本非不相容,遗民之游也自有动机与内容的丰富性。

时《方以智晚节考》)。全祖望记吴钽(稽田),说其"抱刘琨、祖逖之志,而又欲雪其王褒之耻,故终身冥行不返家园"(《涧上徐先生祠堂记》,《鲒埼亭集》卷三〇)。在明亡之际的忠义之士,所寻访的,毋宁说是"恢复"的希望。只是有关的记述通常恍惚暧昧,其人游踪也像是故意隐晦不彰。暧昧隐晦,或也正是其本人蓄意的一种创作,所谓求仁得仁。其时遗民的漂泊,缘由、心理状态本各自不同,因了有意晦迹,或威压之下文字的刊落,已无从一一稽考。遗民中有名士习气者,却又唯恐其不彰——屈大均名其所居曰"轩",以示为图"恢复"而不安其居,更撰文以释义,即属此类。屈氏确曾从事于复明,据说与魏耕通海、三藩之乱均有干系。① 至于注重游的意义,标明旨趣,也出于那一时期士人特有的道德的严肃性,王汎森所谓"道德严格主义"。王士性曾说"游道"。游确有其道,只是这"道"因时世而有不同罢了。

《日知录》"史记通鉴兵事"条,称道《史记》《资治通鉴》记述兵事地形的详核,以为"太史公胸中,固有一天下大势,非后代书生之所能几"(卷二六)。顾氏的以游为隐,意未尝不在此。处明清易代,顾炎武将此作为有志于"恢复"的书生必要的知识准备(他的《天下郡国利病书》《肇域志》等书的纂辑,足以证明他本人有关的知识水准)。② 王夫之《黄书·宰制第三》所分析的,固为人文地理,亦军事地理——对于各地山川形势、民情风俗,是由其"军事意义"着眼的。冯奉初为陈恭尹所撰传,曰陈氏"尝绘九边图,并身所经历,悉疏其险要,置诸行箧"(《独漉堂全集》)。南明时期,陈氏曾颇事游历,"往来观变",未必不因存有复明的希冀。此种目标失却之后的"边疆之学",仍不妨作为"易代"这一事件的余波,这一事件在变化了的历史情境中的延续。舆

---

① 屈氏《卧蓐轩记》宣称其"以轩名其所居,盖不忘有事于天下四方也"(《翁山文外》卷一)。其人与"恢复"有关的活动,可看李景新撰《屈大均传》(收入《翁山文钞》)、刘献廷《广阳杂记》等。

② 谢国桢《顾亭林学谱》说顾氏《天下郡国利病书》"于北直燕冀之地,山川险要叙述独详,如指诸掌。盖亭林北游,出山海关,往来于永平、昌黎之间,亲历行间,目验其事,所撰《营平二州史事》六卷,即其草创之底本也"(第163页)。赵俪生《顾炎武新传》也述及顾氏有关兵防的实地踏勘、考察。

地之学于明清之际的复兴，即与士人有关山川形势的军事兴趣有关。

"易代"，毕竟是一方太特别的背景，不能不使其上演出的诸种剧情见出特别，"游"的故事也不例外。余飏说："药地（按即方以智）常语我曰：'今天下脊脊多事，海内之人不可不识四方之势，不可不知山川谣俗，纷乱变故，亦不可不详也。先生二子，以一人侍，一人游，毋不可者！何故局局阛阓，守一庐、读一经为也？且游亦何碍读书事。'"（《送佺儿游粤序》，转引自任道斌《方以智年谱》第 251 页）游在这里既被作为了回应"危机"的生存策略，语义焉能不严重。

此前的旅行者也有为求快感而"欲赌身命"者，与明清之际的类似行为，仍然有意境的不同。后者更像是出自悲怆的激情，快感与痛感同在，寻求愉悦与自虐、自戕兼有：由此也令人可感"遗民生存"的繁复意味。张履祥记倪寄生"有期登山者，疾必往，往必穷其幽，不避豺虎"，"几死者亦数，得生，游益奇。危崖崚壁，人迹罕至，莫不猿猱登而飞鸟集也。""渡子陵滩，雪且久，强一僧登之。冻风所触，僧辄死，移时而苏。寄生乐方盈，沿江狂走十有余里。其嗜奇类如此。"（《倪寄生传》，《杨园先生全集》卷二一）好奇至此，也就不免悲壮以致有了残酷性。施闰章记魏礼"上太华山绝险处，访道人彭荆山，语从者曰：'人何必终牖下？死便埋我。'"（《魏和公五十序》，《施愚山集》第一册第 176 页）魏禧关于其弟之游，也强调其人的无畏。或许可以认为，这一种无畏也因了对生命不珍视，甚至未见得不缘于自杀冲动——大不同于魏晋名士的通脱；作为底子的，是不惜一掷的抑郁悲愤。[①]

前于此，徐宏祖（霞客）就已经说过，"吾荷一锸末，何处不可埋吾骨耶？"（参看陈函辉《徐霞客墓志铭》，《徐霞客游记》附编）同样意思的话，由明亡之际、亡国之余的士人说来，意味亦自有别。殉山水，还是殉故国，这差异决不细微。上文所引魏礼语意的沉痛，是徐霞客所

---

① 傅山《寄陈又玄》："苦无伴侣，独我彷徨，劳劳奈何！若兄有游兴，弟当拟力疾从之，但遇尺山寸水，少豁愁苦，一旦溘焉，略劳锹锸，了此一场春梦……"（《霜红龛集》卷二三第636 页）《与居实》："六月仓皇一登北岳，时实觉死在旦暮，唯恐今世之不得了一岳之缘。非汗漫非消遣，实寻一死所，冀即横尸于大林邱山间，如翟生心事。"（同书同卷第 641—642 页）

不能想见的。自虐在明代，本是一种时代病，易代之际确也更形惨烈了。

　　游，从来被士人当作大文章，命意却一向因人而异。遗民处新朝，有以土室牛车为拒绝的姿态的，也有以"漂泊"为人生选择，另有以"漂泊"为死亡之旅者，如孙奇逢所记饿夫(参看《彭饿夫墓石》，《夏峰先生集》卷七)。黄宗羲笔下的谢泰臻，"或雪夜赤脚走数十里，僵卧冰上；或囊其所著书挂于项，登深崖绝巘，发而读之"，终蹈海而死，黄宗羲叹为"情之至者，一往而深"，非常情所得测度(《时裡谢君墓志铭》，《黄宗羲全集》第十册第 427 页)。王猷定《李一足传》说自己独怪其人"以击仇不死，悲愤穷蹙，竟窜身海外，复极幽遐辽远之游，夫岂专避祸，亦其志之所存，终不能一息安也"(《四照堂集》卷七)。"不能一息安"，也是其时一些游走不止的士人的状态。非不欲安居，乃不能也。为内在的激情所驱迫，走于是几乎成了人生义务。钱谦益《徽士录》所记程元初"家累千金，妻子逸乐"，却"弃而游四方，行不携襆被，卧不僦邸舍，终年不瀚衣，经旬不洗沐"，终于"身死绝域"(《牧斋初学集》卷二五第 805 页)——游作为这样的激情符号，也应当是末世景象的吧。由上述诸例，不难感知其时生死之为主题的重大、无所不在。

　　遗民之游，也是遗民声气联络的方式。彭士望说自己"自甲申来三十有七年，游行东南几万里，独好与其地之隐者交"(《顾耕石先生诗集序》，《树庐文钞》卷六)。魏礼亦且游且交，寻访穷岩幽谷豪杰非常之士，以此实践"易堂"的主张。彭士望《魏和公南海西秦诗叙》记魏礼游历途中由鹿善继的孙子那里得知孙奇逢事，"欢喜感激，误触道旁枣堕驴，足挂镫，驴惊逸，碎首血出，伤数处，裂衣裹伤复行"。彭氏竟据此批评徐霞客"终不得草莽一二奇士，徒周旋名公卿间，何足道！"(同书同卷)易堂诸子赋予了他们的交游以平世所不能比拟的严重意味。

　　值得提到的是，有明一代贸易与航海事业的发展，的确扩展了士人生存与想象的空间。屈大均《送张超然浮海往日本序》说"张子生长闽中，闽之人以乌艚白艚为家，终岁之间，东走流求、吕宋，西走荷兰红毛曼丹,随风所向,倏忽数千万里。若日本,则亦在门户之间矣"①。由此可以窥见沿海贸易所引起的士人生活方式的变更。屈大均即遗憾于未能作"海外乘桴"之游,他所记沙子雨、张超然,均游而至海外者。"吾友超然张子,其性好游,以海内之地山之高峻者止于五岳,川之宽广者止于四渎,其相距不过数千里而近,周流堂奥,未足以言游,游必于海之外,如彼鸿蒙者。始蓬蓬然至于东海,俄蓬蓬然至于西海,又蓬蓬然至于南海、北海,而后其游始畅,而襟抱乃极其开拓焉"(《沙子游草序》,《翁山文钞》卷一)。何等气魄! 白寿彝说"在大陆交通,明固不及元时,而明初在南海之海上经营,则较元代为犹过之"(《中国交通史》第197页)。明亡之际志士遗民的"从亡"海上、"乞师"海外,遗民的向海外播迁,漂泊至于南洋诸岛、高丽、日本等地,直接凭借了上述背景——亦明遗民行为之异于前代遗民者。避居海外而终身不返,士大夫于明亡之际的此"游"此"旅",其气概与规模又该作何估量! ②

宦游、游幕、游学、传道之游

宦游、游学、游幕之游,均非始于明清之际,却仍有可能由此线索考察这一时期士人之游的诸种动力、动机。

游,是古代社会即已许诺了士人的一份特殊权利。"子曰:'士而怀居,不足以为士矣。'"(《论语·宪问》)到本书所论的这一时期,宦游、游幕、游学,早已成为了士的存在方式。其中"宦游"对于士人心性的塑造,尤其值得考察。归有光《壬戌纪行》(上)说自己仅"计偕"及"七试南宫",行程就有七万里(《震川先生集》别集卷六第853页)。

至于士人因宦而致的迁徙,也由来已久。赵翼《陔馀丛考》卷一八

---

① 其时所谓"海外",包括了今属中国的沿海诸岛,如鼓浪屿等。黄宗羲《陈齐莫传》比陈士京之居鼓浪屿于管宁之避居辽海,说"使知海外别有天地"(《黄宗羲全集》第十一册第58页)。

② 孙静庵著《明遗民录》附录《原序三》(无锡病骥老人):"尝闻之,弘光、永历间,明之宗室遗臣,渡鹿耳依延平者,凡八百余人;南洋群岛中,明之遗民,涉海栖苏门答腊者,凡二千余人。"

《宋时士大夫多不归本籍》:"张齐贤由曹州徙洛阳,杨亿由浦城徙颍川,韩亿由真定徙雍邱,杜衍由会稽徙睢阳,范仲淹由苏州徙许州,范镇由蜀徙许,文彦博由汾徙洛,吕公著由寿徙洛,欧公由吉徙颍,二苏由眉徙颍,及阳羡司马温公由夏县徙洛,王文正由大名徙开封,周元公由道州徙九江,邵康节由范阳徙洛,朱韦斋由新安徙建安。前明如李东阳本茶陵人,致政后遂家于京师。杨一清云南人,家于镇江。"(第349页)据说任用官吏的地区回避之为制度始自东汉,但"回避之例,至明始严"(同书卷二七《仕宦避本籍》第559页)。可以肯定的是,任官回避制度参与模塑了士的文化性格。到本书所论的这一时期,因宦的游,早已使得士大夫的流动、移徙普遍化、日常化了。[①] 明初即有官员南北更调之制,后虽不限南北,却有不得官本省的规定(学官除外)。仅本省籍回避,牵动之大,就不难想见。仆仆道途、络绎驿站的官员,应当是当日人们习见的一景。因"宦"的游,不消说也扩张了士的生活与知识世界。张瀚《松窗梦语》说:"余尝宦游四方,得习闻商贾盈缩"(卷四第72页),该书《商贾纪》由京师而四方,历说山川、人文风貌、物产、交通运输、商业贸易活动(包括物流),俨若"商业地图",足见其人得之于"宦游"的知识之丰富。有明一代甚至军户佥发为军者,也"一般都不准在附近卫所服役。同一县的军丁也不准全在同一卫分或同一地区服役。一般是江南的调拨江北,江北的调拨江南,使他们远离乡土"(王毓铨《明代的军屯》第236页)——上述缘于制度的流动影响于人与地域的关系、人与乡土的关系,似乎并未得到充分的估计。

游学求道,也起源甚古;为此而集群地游走,上古之世即有。明代中后期理学之士的会讲,动辄有大规模的聚集与群体性的流动,为此而不惜间关千里,几百、几千人(尚未计及他们的随行人员)数日乃至浃旬游处,"群贤毕至","共证交修",其间固然有趋赴风会者,但也确有人表现出了圣徒式的热忱;且此种氛围久久不能消散,以至成为其时一

---

① "地区回避,即籍贯回避。明代的籍贯概以户口所在为籍。由于存在逃户、流民,以及官吏家属因所倚的官员老疾致仕死亡等因素不能归籍者,故明代规定这些人均可入籍当地。"(关文发、颜广文《明代政治制度研究》第213页)

大人文景观。杨复所《罗近溪先生墓志铭》说罗氏"辛未……乃周流天下,遍访同志。大会南丰、大会广昌、大会韶州,由郴州下衡阳,大会刘仁山书舍"(《罗近溪先生全集》卷一〇附集,转引自吴震《明代知识界讲学活动系年》第300页),可见一斑。由罗洪先游记看,其人亦游亦讲——亦其时"王学知识人"的生活方式。游、观,游、讲,并行兼举,应当是明中叶后最具特色的一种游。至于罗洪先的游记,亦罗氏与同志者讨论的记录,与进德有关,固不同于文人的纪游之作。① 由遥远的事后看去,上述流动未尝不也为易代之际士人的游走、播迁预做了准备。

上文提到王夫之的批评"游士",这里应当说,王氏对"游"并不作一概之论。他以为同之为游,游学——在当时即书院讲学——与游幕决不应等量齐观,由此批评荀悦的"三游之说""等学问志节之士于仪、秦、剧、郭之流",乃"沿汉末嫉害党锢诸贤之余习","韩侂胄之禁伪学,张居正、沈一贯之毁书院,皆承其支流余裔以横行者也"(《读通鉴论》卷三第134—135页。按仪,张仪;秦,苏秦;剧,剧孟;郭,郭解)。② 顾炎武不满于演成风气的讲学,他本人的即游即学,与风气却未必全然无关。顾氏自说"欲为不滞一方之见"(《与李霖瞻》,《顾亭林诗文集》第186页),"频年足迹所至,无三月之淹","一年之中,半宿旅店"(《与潘次耕》,同书第140页)。傅山关于"游学"有妙解。其《家训》曰:"昔

---

① 罗洪先《冬游记》(《念庵文集》卷五)、《夏游记》(同卷),是其时"王学知识人"交游讲学的记录,记论学问答(如与王畿)甚详;却也记游踪及游览所见,是特殊面貌的游记。陈来《明嘉靖时期王学知识人的会讲活动》(《中国学术》第四辑)以为"王学学者四处会讲可称为游会,盖因参加会讲往往需要远程跋涉游旅",于是而有罗洪先《冬游记》《夏游记》记游会而详记旅游行止的游记。王汎森《日谱与明末清初思想家——以颜李学派为主的讨论》:"晚明士人与清代士人的生活型态相当不同。晚明士人的特色之一是知识份子的群体性活动。他们到处游学,到处拜访同气相求的朋友,到处谈论,到处切磋,所以许多思想辩论的重要文献便是游记。"(台湾"中央研究院"《历史语言研究所集刊》第十九本第二分,1998年)

② 荀悦《汉纪》:"世有三游,德之贼也。一曰游侠,二曰游说,三曰游行。立气势,作威福,结私交以立强于世者,谓之游侠。饰辨辞,设诈谋,驰逐于天下以要时势者,谓之游说。色取仁以合时,好连党类,立虚誉以为权利者,谓之游行。此三游者,乱之所由生也。……国有四民,各修其业。不由四民之业者,谓之奸民。……凡此三游之作,生于季世,周、秦之末尤甚焉。"(《两汉纪·汉纪》第158页)

人云:好学而无常家。家似谓专家之家,如儒林《毛诗》《孟》《易》之类,我不作此解。家即家室之家。好学人那得死坐屋底!胸怀既因怀居卑劣,闻见遂不宽博。故能读书人亦当如行脚阇黎,瓶钵团杖,寻山问水,既坚筋骨,亦畅心眼。若再遇师友,亲之取之,大胜塞居不潇洒也。底著滞淫,本非好事,不但图功名人当戒,即学人亦当知其弊。"(《霜红龛集》卷二五第690页)——你在此又看到了僧人行脚之于士人的启示。傅氏本人即实践这主张,与其子若孙且游且学。易堂魏礼也说,"学问之道,未有封己而能成者也",江西虽风习淳朴,"然而广己造大,必资于大国名区",即使为此不免要冒丧失质朴的代价(《孔英尚文集序》,《魏季子文集》卷七)。这里有士人有关"成学"条件的传统理解。

也如上文所说张瀚的宦游,万斯同以当世知名学人,说刘坊(鳌石)"自幼至今,率以道路为家","胸中枵然无所有,而见闻甚富",对此啧啧称奇(《送刘鳌石南还序》,《石园文集》卷七)。可知万氏所谓"学",不止于"杜门诵习"所得,尚有得之于道路的知识见闻。上述思路,与上文提到过的重实地踏勘,也应有关。王士性自序其《广志绎》,说他人"每每藉耳为口,假笔于书。余言否否,皆身所见闻也,不则,宁阙如焉"。

游学于明清之际,仍与平世风味有别。顾炎武即一再谒明孝陵"寻求悲壮",其人的学术之游,见诸《裴村记》《齐四王冢记》(《亭林文集》卷五)等篇,也充溢着兴亡感怀与历史省思,其动人处更在学术兴趣中的现世关切,所谓"未尝一日忘天下也"(《与人书六》,《顾亭林诗文集》第92页)。谈迁北游寻访故国历史,也以史家方式发抒了遗民情怀。凡此,也都见出其时士人对意义之境的关心,对庄严性的耽嗜①——不独儒家之徒为然。由明到清,学术升值的大趋势,不免暗中修改着"游"的意境——这话题已难以在本章展开了。

---

① 清初颜元以"化人"自任,当出游时,说的是"苍生休戚,圣道明晦,敢以天生之身偷安自私乎?"(李塨撰、王源订《颜习斋先生年谱》辛未年)这类情节见诸年谱,多少令人想起那个著名的西班牙骑士。《年谱》戊寅年记颜氏南游,国之桓步从,时国氏"年几七十矣"。

上文已涉及其时与游客、游幕有关的议论。黄宗羲说其时士人的易变，"慨然记甲子蹈东海之人，未几已怀铅椠入贵人之幕矣；不然，则索游而伺阍人之颜色者也"（《陆汝和七十寿序》，《黄宗羲全集》第十册第 659 页），所说即游幕与游客。但游幕、游客性质仍有别。尚小明《学人游幕与清代学术》说到顺、康之际遗民的"游客"与"游幕"："从清初有关史料的记载可以看出，'游客'与'游幕'是两个不同的概念。'游客'一般是指为友人（不在官场）之客，游幕则指为官员之客。例如，顾炎武一生屡次'游客'，但从不'游幕'。"（第 14 页注 22）顾氏与潘耒诸札，可自注其上述选择，也令人想见其时游幕之为谋生手段诱惑之大，士人坚守之难。鼎革后张履祥力阻友朋之游，也意在阻止其人求官尤其游幕。在他看来，当"天地闭、贤人隐之世，出而在外者，率皆无耻小人。所以人一旦出游，所见所闻无非卑污、苟贱之论，倾险机变之事"，难免"陷溺其心"（《备忘四》，《杨园先生全集》卷四二）。士处斯世，宜以耕读为首选，教馆已在其次，尽管尚不失为士之恒业，其他则非所闻矣。尤其不可者，即为"利达"所诱而游于当道之门（同书卷一六《赠张白方序》）。世乱时危，鼓励了求售的急切。"游"当此际，确也关"节操"。① 严肃的儒者在"游"之一事上本不为苟且，必推究于义理合否。张履祥的关心更在"游"这一行为于易代之际的道德含义——亦遗民式的关切。虽则他本人明亡前也说过"男子志四方，慕不在居室"（卷二九《读易笔记》）。李因笃自说其母曾责问他："尔早自放废，而又好游于大人，出处之间将何据乎？"（《先母田太孺人行实》，《续刻受祺堂文集》卷四）"出处之间将何据"，确实是严厉的一问。

　　魏禧明白地指游幕为"乞食"。其易堂友人曾灿一再说自己"走衣食"，即以"走"为衣食谋。作为战国时代"游士"的后身，到明清之际，

---

① 　陈确、张履祥都曾力阻同侪以至晚辈的"浪游"（参看陈氏《遗祝凤师兄弟书》，《陈确集》文集卷二）。张履祥《赠张白方序》劝阻张氏的远游（《陈确集》中亦载其事），所警戒者在其人的"失身"（《杨园先生全集》卷一六）。同卷《送沈几臣之睦州序》则言："今之远行者，推其故，未有以仁义出者也。"《答徐敬可》以徐氏远游为"失途"，说"申酉以来"，士之"轻数千里远游"，无非"资利达之润"（同书卷八）。可知易代之际"远游"这一行为的复杂意涵。

武将幕僚、权门清客早已成传统角色，明中叶以降兴盛起来的游幕，与此传统角色不无关系。"幕师"之外，同一时期，"馆师"也进一步职业化。凡此，无疑都推动着士的流动。由春秋到战国，"邦无定交，士无定主"（《日知录》卷一三"周末风俗"条）；士的流动（士之游），扩大了他们自主选择的空间，造成了一定程度上的非依附性。即使此"游"（明清间士的游幕）不同于彼"游"（战国之士的游说），游幕一途也仍然扩大了士的生存空间，即如贫士缘游幕而得游历。诉说"人间最苦是飘零"（《庚申花朝前五日同王勤中姜奉世集棣华堂得青字》，《六松堂集》卷七）的曾灿，不就说过自己"不是依人不得游？"（同卷《冬日同徐冀庵崔兔床钱驭少丁勘庵访烟雨楼遗址》）

流寓与播迁

一时的传记文字，"流离播越""流离琐尾"，是常见的字样。志士遗民不得已的迁徙播越，自然是生当乱世的一份痛苦经验。明亡前夕，张慎言即已无家可归，流寓芜湖、宣城间，即客死其地（《明史》卷二七五本传）。据《方以智年谱》，方氏曾变姓名在浙、闽、粤漂流。张履祥主张"保聚"而非"避地"，但其人也终不免于此"避"。黄宗羲的《避地赋》，由天启党祸中的避地说起，曰"最此二十年兮，无年不避，避不一地"，甫能安居，又逢世乱，"奉老母而窜于海隅"（《黄宗羲全集》第十册第 613 页）。天启党祸、明清之际两度避地，是黄氏的特殊遭际。潘宗洛《船山先生传》叙述王夫之明亡后的游踪，说永历朝覆亡后，"先生遂浪游于浯溪、郴州、耒阳、晋宁、涟邵之间。凡所至期月，人士慕从者众，辄辞去。最后归游石船山，以其地瘠而僻，遂自岳阳迁焉"（转引自侯外庐《船山学案》第 146—147 页），与王氏之子王敔的说法一致（参看《姜斋公行述》）。潘文说石船山"地瘠而僻"。"僻"较易理解，至于"瘠"，倘由遗民的自惩自虐来说明，又怕将那意思错会或者说浅了。王氏的最终选定石船山，与顾炎武的滞留北方，用心均曲折深刻，非寻常播迁、卜居可比。至于孙奇逢率其族人、同志者的大规模避地之举，几乎成了当代神话。此种避世、避地之游，与平世的山水游遨,风味自然更不可比拟。

本章开头说到了流民与游民。民之"流"与士人的播迁,尽管共一大背景,其间界限却一目了然。民的"流"为饥所驱,而士的播迁,即使在此非常时期,也有可能系于主动的地域、文化选择,动机、背景远为复杂,心理内容也远为丰富。这一时期士人的游走与播迁,自然可以置诸"人口流动"的大全景中考察,我所关心的,却是士人流动的特殊背景与意义,尤其士人自觉的意义赋予。至于流动得主动还是被动,在这一论题下并不那么重要,甚至也并非总能做清楚的区分。

方志中原有"流寓"之目。上文已经说到因任官回避而造成的移徙。明清之际的政治、社会动荡,只不过使得"流寓"愈加普遍化罢了。曾灿身在异地,发现座中"强半是流寓"(《林天友明府招同朱悔人陈蕊宫唐铸万蒋大鸿顾梁汾迁客吴孟举汉槎高澹游方共枢顾迁客虎邱宴集,得路字》,《六松堂集》卷二)。这一时期地域性的结社,每有寓公混迹其间。余生生寓甬上,即参与其地的社事,久假而不归。这确也是明末清初士林一景。即使江浙等文化过熟的地区,也得益于士人的流寓。朱彝尊就曾说过,"浙词之盛,亦由侨居者为之助"(《鱼计庄词序》,《曝书亭集》卷四〇第490页)。

傅山自称"侨黄""侨傅山","侨"应即侨寓,傅山以此自状其生存状态,其流寓不定。钱谦益作宋比玉(珏)墓表,谓其人"以都会为第宅,以山水为园林",随处"侨寓","卒以客死"(《牧斋初学集》卷六六第1529页)。据赵俪生计算,屈大均第二次北游,由南京至关中,再至代州,待到返回番禺,历时四年零四个月,亦游亦居,非寻常山水之游可比(参看赵俪生《清初明遗民奔走活动事迹考略》,《赵俪生史学论著自选集》第312—313页)。魏禧说其弟魏礼"一去十九月,绝不念乡里"(《辛丑仲冬过瑞金圣恩寺怀季弟在琼州》,《魏叔子诗集》卷四)。曾灿说"作客廿余年,家山如传舍"(《长沙杂兴》,《六松堂集》卷二),又说"十年家吴闾,所居如传舍"(同卷《吴闾秋怀……》)。至于顾炎武的北游,更是一往而不返。

"浮家""播越",并非对于谁人都是痛苦的经验。拙著《明清之际士大夫研究》已谈到易代之际士人的漂泊、流寓,对寓居地的认同(该书上编第二章第一节）。有些机缘，确也要乱世才能提供。如易堂的彭士望、林时益，于寓居地宁都得良朋畏友，就未见得不是幸事。至于这两位到了乱后仍滞留异乡，不消说更出诸自主的选择。孙奇逢记李逸士甲申后携妻移居，即死于移居地，"诸子自伤贫窭不能归榇，泣下汍澜"，孙氏对他们说："汝知而父之志乎？老死他乡，即所谓求仁而得仁也，夫何憾！"（《李逸士传》，《夏峰先生集》卷五）正是夫子自道。孙奇逢本人携家寓江村，寓定兴之百楼，寓新安，寓祁州，"多年旅食"，"随在能安"（同书魏裔介撰《夏峰先生本传》），对客居地正如对乡邦，文字间一派深情。其《病起述往示诸儿暨诸孙曾》，说"我生多处旅"，又说"但得有知己，何处不徜徉"（《孙夏峰先生年谱》卷下，康熙十一年）。后人于此，不但可以读出其时士人死生患难之际的旷达，甚至会疑心正是世乱，许诺了某种行动的自由，激发了士人的潜能、活力，刺激了破坏与重建生活的愿望。"王纲解纽"之于人的一种解放意义，由此可得一证。

　　有人指责魏禧不禁止其弟的"好举债游，往往无故冲危难、冒险阻"，禧的说法是，"人各以得行其志为适"，倘其弟以为"客死如家，死乱如死病，江湖之死如衽席"，"吾不强之使守其家"（《吾庐记》，《魏叔子文集》卷一六），示人的正是一种放达的人生态度。其时士人主动的流寓播迁，背景里就有这一种对于生死的达观。王猷定在《客纪诗序》中说"客"（指客居、客游）与"诗"，有如下的怪论："今天下之为客者众矣，而工于为客者不概见，何哉？盖以客于一时者多，而客于天下万世者寡也。客于天下万世矣，则何悲之足云！"（《四照堂集》卷二）在他看来，杜甫即"客于天下万世"者。在这种表述中，"客居"以致"客死"，已不大有通常言说中的悲怆意味。王氏本人亦"客死"异乡的一位。王源，直隶宛平人，曾流寓高邮，终客死山阳。刘献廷以北人久居江南（吴），终老于其地。据赵俪生所撰王弘撰年谱，王氏凡四游江浙，第四次竟栖迟达十六七年之久（《赵俪生史学论著自选集》），也近乎以他乡为故乡。至于顾氏的北游不归，与李塨的意欲南迁，更可以作为士人主动的文化选择的例子。明末著名忠臣祁彪佳有佳公子祁理孙、班孙，班孙因谋反嫌疑流放宁古塔，竟称道该处的蘑菇味美，全祖望说"东人至今诵其风流"(《鲒埼亭集》卷一三《祁六公子墓碣铭》)。换一种眼光，不也可以视为士人即在苦难中也不放弃人生乐趣之一例？且未必即"苦中作乐"——人所以为的苦乐本不一定相通。事实上，何为游，何为客，也未必总能区分得明白。陈恭尹自序其《初游集》，叙述其庚寅之后的游踪，说七年之中"归锦岩者，前后百日有余，然而茕独一身，萧条四壁，犹之客也。故皆谓之'游'"(《独漉堂全集·诗集》卷一)。晚年的曾灿坦承自己"垂老渐看家似客"(《送彭子载归宁都》，《六松堂集》卷七)。家既似客，客即不妨犹家。故乡邱垅松楸之思，终不敌现实的计虑。他自说离乡十年后归家，"而世情之荒凉，人情之变幻，真如夏云奇峰，不可捉摸"，"愈觉家园之无可留恋，而播越他乡之为安也"(《与丁雁水》，同书卷一四)。发生在易代之际，士的轻于离乡井，勇于迁徙，不难于以他乡为故乡，固然赖有士文化的积累，有得自荡时代的提示，也应有商业的日益发达、地域壁垒的破坏这一背景的吧。

此一时期的一种为时人艳称的特别的游，是"万里寻亲"。《明史》忠义传就颇载了这类故事，且也如遗民及遗民妇的苦节故事，度事主所历惨苦程度而等差之。这一时期的大儒李颙、颜元，就曾在这类故事中出演过主要角色(参看《二曲集》卷二三《襄城记异》、《习斋记徐》卷二《寻父神应记》)。其中李颙的故事更可以看作当道与遗民合作进行的传奇制作，耸动的程度，已非今人所能想象。其时传在人口的寻亲故事，即为伶人所搬演(参看黄宗羲《书钱美恭寻亲事》，《黄宗羲全集》第十册)，也可证大众的口味。上文提到的屈大均的《沙子游草序》，记沙子雨"东至于日本，西至于暹罗、满剌加诸国，以求其父之所在"，终见其父于"扶桑之下"；之后又泛海至交趾(越南)以寻其兄——这样的海外寻亲，也要赖上文提到过的商业及海上交通之为条件才有可能。读这故事，你甚至会疑心沙氏的动力更在于游，寻亲或许倒在其次。

寻父的故事平世也有，即如入了《明史》忠义传的祝万龄(卷二九四)，入了孝义传的赵重华、谢广(卷二九七)等。谢广父"求仙不返"，广寻至其父，其父"乘间复脱去。广跋涉四方者垂二十年，终不得父，闻者哀之"。黄宗羲祖上也有寻亲故事,在景泰、天顺年间(《万里寻兄记》,《黄宗羲全集》第十册),可知即平世、盛世,也自有一往而不返者。乐道此种故事,与社会心理的好奇甚至嗜酷多少有关。这类故事的主旨在宣扬孝道(寻兄故事宣扬的则是"悌"),却有意无意忽略了那被苦苦寻找者本人的意愿。明亡之际为世俗所乐道的寻亲故事,似乎只成就了若干"孝子"。至于那些不惜抛撇妻子的出走者,则固有被迫的离散,也未必没为寻求解脱而主动的放弃。其时很有些知名之士"不知所终",即如陆圻(丽京)、章正宸。黄宗羲《郑玄子先生述》说易代之际,郑铉亦变姓名,"不知去于何所"(《黄宗羲全集》第十册第 568 页)。尽管出走的原因未必尽同,其不肯终老牖下,则是无疑的。

归庄说他的朋友顾炎武是"东西南北之人"(《与顾宁人书》,《归庄集》卷五)。前此王艮就说过:"予也,东西南北之人也。"(《王心斋先生遗集》卷一《安定书院讲学别言》)顾炎武则说自己"他日南北皆可遗种"(《与李霖瞻》,《顾亭林诗文集》第 186 页),何等潇洒!当然也有必要提到,顾氏较之其他遗民,处境原有不同。他说"鸿鹄之飞,意南而至于南,意北而至于北,此亦中材而处末流之一术"(《与李紫澜》,同书第 199 页)。那是在清廷征召、迫其就范的时候。但"意南而至于南,意北而至于北",岂是谁人都能! 至于北方之于他的性情的契合,确也是不争的事实。

作为顾氏北游一部分背景的他的家族关系,由他本人所写《从叔父穆庵府君行状》(《亭林余集》),不难略知一二。据全祖望的《亭林先生神道表》,"其安人卒于昆山",顾氏也不过"寄诗挽之而已"(《鲒埼亭集》卷一二)。[①] 前于此,为顾氏所不齿的李贽,也有类似的

---

① 顾氏的远游不归,甚至有不为其挚友所理解者。归庄即曾力劝他南归(参见《归庄集》卷五《与顾宁人》《与顾宁人书》)。顾氏《与原一公肃两甥》中说,"或者讥其弃室家,离乡井,以为矫枉不情;又或以子夏不归东国,梁生不返西州,为达人之高致,皆未辨乎人事者也"(《顾亭林诗文集》第 215 页)。其他如《与杨雪臣》《与潘次耕》等札,都将其所以不能归,说得很明白。

经历。① 尽管不便将此类故事一概读作家族制度解体的消息，它们至少呈示了一种不安：士之不安于居，不安于乡土、宗族、家庭、日用伦常。动荡时世固然使得士人不能宁居，士人也未必就安于居。只是为世俗所渲染的"寻亲"的伦理意义，将"出走"故事的繁复意蕴掩蔽了。由后世看过去，毋宁说"出走"的故事更耐人寻味。遗民、幸存者、劫后余生者的自我放逐，或也因不能承受"易代"中经验的沉重，以"漂泊"自虐、自创，寻求解脱、忘却，却仍然出诸自主的选择——选择消失于世俗视野；其背后很可能隐藏着"重造人生"的故事，只是我们无从得其详罢了。

　　李象先《再与马汉仪书》："某自丧乱以来，无家矣。不得已而放之山崖水次，僧寮道舍。"（《织斋文集》卷三，转引自《赵俪生史学论著自选集》第 314 页）"国破家何在。"李氏所谓"无家"，可以理解为国既破家即不存，亦可理解为不再以家系念，未必真的孤孑无亲人。王源《张梓庵诗序》记张氏欲"长往不返"，"会二子急其友之难，陷于狱，大难作，家悉破。梓庵闻之，不为动。徐曰：死生命也，吾儿死友，死义也，吾何恨。'未几，卒于云岩山"（《居业堂文集》卷一四）。对于家之破如此漠然无动于衷！"家"之为累，也算不得易代之际的特殊感受。② 在我看来，易代不过提供了机缘，削减了此种解脱的道义负担而已。黄宗羲《郑元澄墓志铭》，记元澄之父欲学避汉室之乱的梅福、宋亡不仕元的

---

① 袁中道《李温陵传》记李贽解官后不回故乡，且曰："我老矣，得一二胜友，终日晤言，以遣余日，即为至快，何必故乡也！"（《珂雪斋集》卷一七第 720 页）李贽《与曾继泉》："后因寓楚，欲亲就良师友，而贱眷不肯留，故令小婿小女送之归。"还说自己"所以落发者，则因家中闲杂人等时时望我归去，又时时不远千里来迫我，以俗事强我，故我剃发以示不归，俗事亦决然不肯与理也"（《焚书》卷二第 52、53 页）。引李贽为同道的袁宏道，也曾引贾岛"无端更渡桑乾水，却望并州是故乡"，说"人岂虾蟆也哉，而思乡乎？夫乡者爱憎是非之孔，愁惨之狱，父兄师友责望之薮也。有何趣味而贪恋之？"（《解脱集》与华中翰书，《袁宏道集笺校》第 498 页）

② 归有光《张通参次室钮孺人墓碣》，曰张氏"父子皆好游名山水，不问家事。孺人独勤于治生，故于祭祀、婚丧、饮酒、伏腊之费，不至乏绝。公常出游，一岁中，还家率不过一二月"（《震川先生集》卷二四第 574 页）。《明儒学案》记薛侃远游问学讲学二十四年始还家（卷三〇）。

谢翱，与其子"相弃如断梗"。黄氏的同情，不消说在元澄的一边。在我看来，这故事中更有意味的，倒是那做父亲的一番话：梅福、谢翱与其子"各行其志"，吾欲为梅、谢之事，你难道就不能做梅、谢之子吗？（《黄宗羲全集》第十册第 477 页）谁又能说这一问没有道理！摆脱琐屑物质的"日常性"、庸常人生，凭借陌生空间重构自我——"遗民"固然是时世所安排的一种命运，同一种安排又许诺了某种便利。你于此又看到了，"遗"的意义在遗民，是因人因情境而异的。

　　"游"一向被士人在不同意义上作为"自由"的象征，作为对"自由"的向往的表达。易代之际士人借诸上述诸种名目的游（格于回避制度的宦游以及为了生计的"游幕"除外），其动力也多少应当在对"自由"的追求，由此也才便于解释那些不归之游、弃家之旅。归有光记张寰其人仕途失意，"晚岁惟务游览，在舟中之日为多，家事一无所问。人望之，萧然有神仙之气"（《通政使司右参议张公墓表》，《震川先生集》卷二三第 545 页）：也只有不问家事，才有可能飘然若出世间。一向为记述者所忽略的，是那些被寻求"自由"的男人们视为负累的妻孥（尤其妻）的命运。顾炎武说他羡慕东汉的第五伦变姓名往来河东，"亲友故人莫知其处"（《与李紫澜》）。这一种自由，自然是男人的专利，女人于无可逃之际唯有一死。这已经是另一故事，留待其他场合再讲述。

第四章　师道与师门

清初阎若璩说："明之士夫积习，师弟重于父子；得罪于父母者有之，得罪于座主者未之有也。门户重于师弟；以师之门户为门户者固多，不以师之门户为门户者亦不少也。富贵又重于门户；有始附正人，既而与之为敌者，有始主邪说，既而窥其党将败，遂反攻之者，皆惑于富贵也。"（《潜邱劄记》卷一）"有之""未之有也"云云，过于武断笼统；但说明代士夫重师、重"座主／门生"这一种关系，以及门户习气，却不无根据。只不过这种一概之论，不免将问题大大地简化了。

"师"之一名

也是清初，李塨说："《周礼》仕学不分、文武不分、兵民不分、官吏不分，而上之君师不分。此所以致太平也。"（《拟太平策》卷三）由诸"不分"，合成了李氏所以为的"理想政治"。关于仕／学、文／武、兵／民，上文已经论及。至于君／师，张岱却说："君道师道，夫子知其有分耳。何必复借君道，以为重乎？"（《四书遇·论语·为臣章》第213页）[1]事实是，到张岱、李塨的时期，不但君师已分且不可能复合，"师"也有了诸种性质、功能的区分。

前于此，王艮曾一再申说"出则必为帝者师，处则必为天下万世师"（《王心斋先生遗集》卷一《语录》），当其时就有不谓然者（参看同

---

① 张岱所说"夫子知其有分"，依据的是《论语·子罕》："子疾病，子路使门人为臣。病间，曰：'久矣哉，由之行诈也！无臣而为有臣。吾谁欺？欺天乎？'"

书卷二《答王龙溪》）。① 王艮解释"出则为帝者师"，说："帝者尊信吾道，而吾道传于帝，是为帝者师也。吾道传于公卿大夫，是为公卿大夫师也。不待其尊信而炫玉以求售，则为人役，是在我者不能自为之主宰矣，其道何由而得行哉。道既不行，虽出徒出也。"（同书卷一《语录》）强调条件（"尊信吾道"），也即强调师儒的某种独立地位（"自为之主宰"），关于士、师的角色地位，有明确的意识。他说："只此心中便是圣，说此与人便是师。"（同书卷二《大成学歌寄罗念庵》）由此"师"更是一种道德行为，而非固定的角色。同文说："随大随小随我学，随时随处随人师。"亦学亦师，角色、行为随时交替，是日常行为，也是生存方式。这种论述中的"师"，即法式、楷模，所谓师表人伦，与职业意义上的师不相干。本书所论的这一时期，士人论师、论师道，保持了上述这一维度。

当着他们以"经师"与"人师"对举，通常意在强调后者更重于前者（参看钱谦益《温如先生陈公墓志铭》，《牧斋有学集》卷三二第 1170 页）。② 李颙以为"经师易遇，人师难逢"（《四书反身录·论语上》，《二曲集》卷三四）。徐枋则说："道之盛也，以道为师；及其既衰，而以经为师矣。"（《师说上》，《居易堂集》卷九）其时的儒者，自期固不在经师。韩愈《师说》关于师的功能，曰"传道、授业、解惑"。宋明理学语境中，"传道"一项不免被特化，儒者以其为人生使命、道义责任。那被认为仪型和师范家、国、天下的，固非指从事于"授业""解惑"的师，是不待说明的。由我们似的今人看去，"师"之一名，不免被作为譬喻运用了。

我们所以为的"本来意义上"——即非在抽象的道德意义上——的师，在本书所论的时期，或许应以"经筵讲官"为最高级别。经筵是以皇帝、皇长子为对象的讲堂，职任讲官者通常以培养君德为己任，志

---

① 王艮《答问补遗》记董子某问："先生尝曰：'出则必为帝者师，处则必为天下万世师。' 疑先生好为人师，何如？"王艮的解释是："《礼》不云乎，学也者，学为人师也；学不足为人师，皆苟道也。……如身在一家，必修身立本以为一家之法，是为一家之师矣；身在一国，必修身立本以为一国之法，是为一国之师矣；身在天下，必修身立本以为天下之法，是为天下之师矣。"（《王心斋先生遗集》卷一）

② 《荀子·儒效》："四海之内若一家，通达之属莫不从服，夫是之谓人师。"由王先谦《荀子集解》看，此"人师"与后世与"经师"对举之"人师"，所指不尽同。

在"启沃"，冀人主"纳诲"。① 由下面的事例看，任教于宫廷的儒者，所关心者尚不止于格非、"启沃"，他们利用其特殊身份，强调了作为士的、臣的、师的尊严。文震孟在讲筵为日讲官，"时大臣数逮系，震孟讲《鲁论》'君使臣以礼'一章，反复规讽"。"帝尝足加于膝，适讲《五子之歌》，至'为人上者，奈何不敬'，以目视帝足。帝即袖掩之，徐为引下。时称'真讲官'。"（《明史》卷二五一本传）钱谦益记孙承宗在经筵，"上嗽，以纸拭涕唾。公（按即孙氏）东向拱立不进，上目之，东班官亦目趣公，公拱立如故。俟上拭罢整衣，乃前讲'出入起居，罔有弗钦'。于出入起居四字，点分为读，抑扬其音节，以耸上听"（孙承宗行状，《牧斋初学集》卷四七第 1163 页）。由传记文字看，其时的士人未必不乐道此种故事。在这类文字中，经筵讲官的自尊重，被赋予了显而易见的象征意味——自尊所以尊臣道，同时也提示了师道之尊。② 孙承宗的诗文集中收有《经筵讲章》（《高阳诗文集》卷一四）。该讲章因采用口语，保留了某种现场性，其时讲官的"口吻"，光宗听讲时的反应、态度，令人具体可知所以"启沃"。可以想见的是，"经筵"较之朝堂，君臣间得有更近的空间距离，不免被作为通上下之情、解除"雍蔽"的途径，也是臣子施加影响于人主的机会。

　　在朝外、民间，最具影响力的，则是学派宗主（往往也是党社盟主），亦一种特殊意义上的"师"。此种人物的地位，固然赖有学派门派，在党社大盛之时，也赖有其人的人格魅力、道义感召力。那时的领袖人物往往追随者甚众。据说杨廷枢门下"著录者二千人"（《静志居诗话》卷二一第 641 页）。黄道周，"海内从之问业者几千人"（洪思《黄子传》，侯真平、娄曾泉校点《黄道周年谱》第 126 页）。凡此，更宜以"声气"目之。陆世仪《复社纪略》：吴伟业以张溥门人，"联第会元鼎

---

① 程颐说："天下重任，唯宰相与经筵：天下治乱系宰相，君德成就责经筵。"（《论经筵第三劄子》，《二程集》第 540 页）儒者对经筵之讲的重视，可参看程氏有关诸疏、劄（《河南程氏文集》卷六）。

② 程颐曾争"殿上说书"及"坐讲""立讲"（《又上太皇太后书》），说"经筵臣寮侍者皆坐，而讲者独立，于礼为悖"，坐讲"不惟义理为顺，所以养主上尊儒重道之心"（《论经筵第三劄子》，《二程集》第 539 页）。

甲，钦赐归娶，天下荣之。远近谓士子出天如（按即张溥）门者必速售，大江南北群相争传以为然。以溥尚在京师，不及亲炙，相率过娄（按即太仓），造庭陈币，南面设位，四扣定师弟礼，谓之遥拜"（卷一）。所谓"著录"者，想必多属此类，亦其时的一种怪现状的吧。

据《明史·选举志》，明初"盖无地而不设之学，无人而不纳之教。庠声序音，重规叠矩，无间于下邑荒徼，山陬海涯。此明代学校之盛，唐、宋以来所不及也"。近人孟森也说学校固古已有之，"惟遍设学校实始于明"（《明清史讲义》第51页）。与其时"师道"有关的问题，也宜置诸此种背景上讨论。清初颜元一再称赞"洪武初制"，说"洪武间学政，良法哉！"（《颜习斋先生言行录》卷下《刁过之第十九》，《颜元集》第691页）此"良法"应当包括了对于学官的严格的遴选制度。《明史·选举志》：洪武朝，"司教之官，必选耆宿"，宋讷"尤推名师"。"太祖召讷褒赏，撰题名记，立石监门。"还说，"明初，优礼师儒，教官擢给事、御史，诸生岁贡者易得美官。然钳束亦甚谨"。中叶之后，"教官之黜降，生员之充发，皆废格不行，即卧碑亦具文矣"。[①]

杜甫诗曰："诸公衮衮登台省，广文先生官独冷。甲第纷纷厌粱肉，广文先生饭不足。"（《醉时歌》，原注云："赠广文馆博士郑虔"）到了明代，"广文"的地位似仍未见改善。袁宏道《答张东阿》，自说"一穷广文，骑款段长安道上，虽极落寞，差不废吟咏耳"（《袁宏道集笺校》卷二一第754页。按袁氏曾为太学博士）。钱谦益《列朝诗集小传》记魏冲将就教职，引镜自叹曰："如此人戴老广文纱帽，他时何面目复对此镜乎！"欷歔慨叹，发病而卒（丁集下，第600页）。江天一以其师由广文而擢为县令为殊遇（《张台垣先生擢瓮安知县序》，《江止庵遗集》卷

---

① 魏禧说有明国初"学官教养人才，真有师弟子之义"，"后之学官，贪羞无耻，下同隶丐"，最为有名无实（《日录·里言》，《魏叔子文集》）。前此唐顺之即说："今学官自卑其身，无耻而嗜利甚矣"，以为"提学者莫急于风励学官"（《答王南江提学书》，《唐荆川文集》卷四）。此意他在《答江五坡提学书》中也说过（同书卷五）。然唐氏为学官撰"铭"，笔下的学官不乏骨力风采（如同书卷一〇《训导殷翁墓志铭》）——学官岂可一概而论！王夫之则批评司教官员地位的卑下，由他看来，对官员滥施刑罚，至"教职亦挟杖以行，廉耻荡然"，师道何以尊！（《噩梦》，《船山全书》第十二册第573页）

一）。金声批评其时士人"以广文为冷毡"，居此位者"无师道自立之意"，而"今世师生，但取知己，自两榜座主外，惟诸生见拔，有司得荐，余若萍梗之遭，而诸弟子之于广文先生，有终任不相识面者矣"（《为诸生贺袁广文得奖序》，《金忠节公文集》卷六）。梁份却有怪论，曰"今无实而存其名，无权而有其位，如一发之引千钧者，惟广文一官耳"（《复贺天修书》，《怀葛堂集》卷一）。上述文字中，袁宏道不过将"广文"用作比喻而已。太学博士与府教授、州学正、县教谕之属，自然不可同日而语。

学官之"冷"久矣，无足重轻。为世轻，为士轻，任此官者亦复自轻。州县学官，处于官僚系统的末端，其"冷"尤甚。倘若不区分官学、私学，清理当时人们观念中师的等级序列，处于这序列最下端的，"广文"之外，即应当是馆师、塾师——又可区分为蒙师（童子师）、举业之师。韩愈《师说》即鄙蒙师，以为不过"授之书而习其句读"，不与于"传道""解惑"。张履祥说："蒙师之责至重，而世轻贱之；举业之学至陋，而世尊隆之。可谓不知类矣。"（《备忘一》，《杨园先生全集》卷三九）也应针对此种陋俗。《张杨园先生年谱》顺治十三年记俞周炜请执弟子礼，张氏不许。康熙六年，张佩蒽师事张氏，屡求纳拜，仍不允，而以友道处之。张履祥自说其"先后为举业之师十年"（《年谱》康熙十年），却自有弟子；固辞为师，不过因了此"师"不同于彼师——于此区分了教馆授徒与传道讲学。前者关系生计，后者系于儒者的职分、志业。

张履祥有教馆的经历，关于馆师多所议论，却内容驳杂；此一时说教学乃"士之恒业"，有益于"养德""养身"（《备忘四》，《杨园先生全集》卷四二），说与其在家"沦于流俗"，不若出外教馆，"日与蒙稚相对之为快于心，而洁于身"（同书卷五《与何商隐六十二》）；彼一时又以教馆为"旅食"，而不胜屈辱之感（同书卷二《与沈甸华一》《答叶静远二》）。当其时士人所就，无论书馆、幕馆，都会发生尊严问题。张氏数十年业此，体验自然深切，对从事者的心理，也颇能洞见隐微。他说自己"实见处馆一节，真如呼蹴之食，与尔汝之受"；而"流俗之士"对于书馆主人，姿态之卑屈与内心的怨毒（"其事实有同于吮痈舐痔之事，其心实有同于弑父与君之心"），其间的"无限情态"，确也非久在其中者即难以悉知（卷八《答姚林友一》）。

柳宗元鄙"章句师"而不屑为,以为可为的,乃"言道、讲古、穷文辞"之师(《答严厚舆秀才论为师道书》)。到本书所论的时期,章句师、经师、举业师,异名而同实。李颙说,"唯自己身心性命之诣,及纲常名教所关,自宜直任勇承,一力担当,虽师亦不可让,况其他乎!'师'若是寻常章句文艺之师,不让何足贵?"(《二曲集》卷三九)科举时代,无论"广文"还是馆师、塾师(蒙师之外),均为"举业师"。李颙还将其时的师区分为"举业师"与"讲学师"(《促李汝钦西归别言》,《二曲集》卷一九)。实则讲学家——以理学传播为指归者除外——所传授的,也未必不包括与举业有关的知识或技能。"举业"可能是官学、私学(包括书院)共有的教授内容。[①] 张履祥说贫士资为生计的"师"有两种,"一曰经学,则治科举之业者也;一曰训蒙,则教蒙童记诵者也"(《处馆说》,《杨园先生全集》卷一八)。张氏不以教人应试为然,以为蒙师"犹若可为"。由这篇文字看,他本人却仍不能不为"举业之师"。以遗民而教人"求富贵利达",不免讽刺。江右的魏禧也曾体验过此种言行不相顾的尴尬。

"师"的功能分化是在一个长过程中实现的。有功能、职志不同的师,就有对"师"的不同界定,对"师道"的不同阐释。值得注意的,是其时士人是在何种视野中认识"师"及其职任的。就具体人物而言,却可能一身而多任。即如刘宗周等人,就综合了学派宗主、经师、讲学师乃至举业师等多种身份,处不同的场合、情境,施之于不同的对象,所任是不同意义上的"师"。作为学派宗主、士林领袖,刘宗周一流人物在其时社会文化生活中的作用,自然远非"师"之一名所能涵括。甚至其"门下士"也未必依"授受"厘定,很可能更基于"精神联系"。这种特殊的情况,固然与宋明理学的传播方式有关,也因到了明清之际,师的

---

① 陈谷嘉、邓洪波主编的《中国书院制度研究》以"应试教育""素质教育"区分官学与书院(参看该书第七章),却也认为"应试教育在书院中占有一定的比例"(第463页)。黄进兴引湛若水"攸关书院规训"的文章:"诸生读书,须读文公《章句》应试;至于切己用功,须读《古本大学》。《古本》好处全在以修身。"以之为"'官''私'两分的教学法"(《理学、考据学与政治:以〈大学〉改本的发展为例证》,《优入圣域:权力、信仰与正当性》第412页)。清初颜元所设计的漳南书院,尚设有"帖括斋",课八股举业,以"应时制",尽管刻意安排在了比较不重要的位置(《漳南书院记》,《习斋记馀》卷二,《颜元集》第413页)。

道德功能凸显,即如"刘门"(刘宗周及其弟子),毋宁说是一种特殊意义上的"师门",已不适于通常的尺度度量。

对于关涉举业的师(非止上文所谓"举业师"),黄宗羲有更细致的区分:"流俗有句读之师,有举业之师,有主考之师,有分房之师,有荐举之师,有投拜之师,师道多端,向背攸分。"(《广师说》,《黄宗羲全集》第十册第648页)说这番话,意在揭出由科举之为制度衍生出的怪现状。在黄氏看来,"主考之师""分房之师""荐举之师""投拜之师",尤其无关乎传道授业。前此归有光就说过:"今世取士之制,主司以一日之知,终身定门生之分。"(《重交一首赠汝宁太守徐君》,《震川先生集》卷四第102页)赖"一日之知"的,即座主/门生、举主/门生等关系;与"一日之知"相对的,则是受业其门。

围绕上述关系,明清之际的士人有激切的议论。管志道说:"御史巡历地方,自府佐以至州县正官,一经保荐,则终其身尊之曰'老师',而自称曰'门生',有以厚币相酬者。是宁负朝廷,不负举主也。"(《直陈紧切重大机务疏》,《明经世文编》卷三九九)顾炎武的说法更有其尖锐处。《日知录》卷二四"门生"条,说"汉人以受学者为弟子,其依附名势者为门生"①。"依附名势"云云,无疑有明确的针对性。《日知录之余》卷二"禁参谒座主"条,也意在针砭敝俗。②

_____

① 赵翼《陔馀丛考》卷三六"门生"条:"按汉时门生,本非弟子之称。盖其时五经各有专门名家,其亲受业者为弟子,转相传授者为门生。""唐以后,始有座主、门生之称。六朝时所谓门生,则非门弟子也。其时仕宦者,许畜募部曲,谓之义从;其在门下亲侍者,则谓之门生,如今门子之类耳。"(第798、796—797页)。

② 王夫之《识小录》:"举子于乡会主考分考、殿试读卷官,可自称门生,而未尝以师称之。……惟入太学者司成,庶吉士于所教习,生儒于教官,则可称师。汤义仍《集》于主考但称举主某公,可见滥称老师,万历中年后之末俗也。"(《船山全书》第十二册第616页。按汤义仍即汤显祖)全祖望讥讽世俗之尊举主、座主,轻人师、经师,说:"自唐以前,但有举主而已,座主之名始于唐,至明而座主之礼严于举主,则以科第重也。较其义,则举主似稍优于座主,然皆不可谓之师。"还说:"门生之在古,门墙高弟之谓也;门生之在今,门户私人之谓也。"(《门生论》,《鲒埼亭集》外编卷三八)可知清代与明同病。钱大昕《与友人论师书》:"乡会试主司。同考之于士子,朝廷未尝许其为师,而相沿师之者三百余年。"(《潜研堂全书·潜研堂文集》卷三三)

生员间以及生员与"座师"间因科举而结成的关系，为士类中极重要的一种非官方关系，亦其时士群体得以构成的诸种关系之一。这里有科举之为制度对于士大夫的强力塑造。针对此种关系的批评，集中于公/私这一伦理范畴。化公为私，将政治关系私人化，宁负朝廷，不负举主(或座主)，被指为以"私恩"代"公义"。陈子龙说："近世晋陵、吉水之流，皆士大夫之贤者。卒其负世谤而中危法，皆徒侣太广、不择之故也。故揭之以为世戒。""夫国多贤人，以为世用可矣，何必其出我门哉! 此近于私也。"(《陈忠裕全集》卷二八《师说下》。按晋陵，唐顺之；吉水，邹元标)此种"私"的极端表现，即"朋党"。"朋党"的严重意味，须置于明代的语境中，才便于领略。顾炎武对于士人以科举为因缘的联结，即由这一方面批评，说："天下之患，莫大乎聚五方不相识之人，而教之使为朋党。生员之在天下，近或数百千里，远或万里，语言不同，姓名不通，而一登科第，则有所谓主考官者，谓之座师；有所谓同考官者，谓之房师；同榜之士，谓之同年；同年之子，谓之年侄；座师、房师之子，谓之世兄；座师、房师之谓我，谓之门生；而门生之所取中者，谓之门孙；门孙之谓其师之师谓之太老师；朋比胶固，牢不可解。书牍交于道路，请托遍于官曹……取人主太阿之柄而颠倒之，皆此之繇也。"(《生员论中》，《顾亭林诗文集》第23页)顾氏的上述生员论，与他的党社论、讲学论有其一贯。对于士人(或其中的一部分，如生员)间的集结的警戒，无疑是由"王朝立场"出发的；至于"太阿倒持"的想象，不免过分夸张。

以"私恩"代"公义"，据说某些"正人"也未见得能免俗。天启朝熊廷弼、王化贞经抚不和，当国的叶向高因系王化贞座主，就被认为有偏袒的嫌疑(参看孟森《明清史讲义》第289页)。却也大有相反的例，即如唐顺之的不附其座主张璁(《明史·唐顺之传》)。① 陈束出张璁、

---

① 《明史·选举志》解释唐顺之仕途的挫折，曰："盖顺之等出张璁、霍韬门，而心以大礼之议为非，不肯趋附，璁心恶之。"《明史》霍韬传，曰霍"举进士出毛澄门下，素执弟子礼，议礼不合，遂不复称为座主。及总裁己丑会试，亦遂不以唐顺之等为门生"(卷一九七)。这类故事于嘉靖议礼一类事件前后，尤为集中，令人可知政争作为事件影响于人事的极端严重性。

霍韬门,也不肯亲附,"岁时上寿,望门投刺,辄驰马过之"(同书文苑列传)。万历间邓以赞对其座主张居正不惜触忤,"时有匡谏"(同书卷二八三)。明末章正宸出周延儒之门而"不肯阿徇"(卷二五八)。[1] 刘理顺"出温体仁门,言论不少徇"(卷二六六)。据黄宗羲说,钱谦益为张次仲座主,而张氏持论,"每落落不与之苟合"(《张待轩先生哀辞》,《黄宗羲全集》第十册第624页)。《三垣笔记》李详序说李清"矗立朝列,不为势夺,不为利诱,阳羡(按即周延儒)为其座师,绝不附和"。门生以保全其师的节操为自己的道义责任,亦激烈政争的环境中的现象。刘瑾乱政,李东阳依违其间,罗玘乃李所举士,"贻书责以大义,且请削门生之籍"(《明史》文苑列传)。丁元荐《西山日记》卷上《直节》即记有此事。仅由此一端,也令人难以认可本章开头所引阎若璩的判断的吧。明人有关的伦理经验、伦理实践的丰富性,由师弟一伦所牵动的复杂关系,士人这一方面生活的繁复色彩,自非那种武断之论所能涵括。

门生"不附"座主(举主),一向被时论所鼓励。却也有"附""不附"所不能尽者。由李清《三垣笔记》看,当周延儒处境危殆时,李氏又不避嫌讳。[2] 到明亡之际,座主、门生的关系有了更为严峻的意味。《广阳杂记》记郑三俊:"经略洪公,公之门人也。至池州,以舟迎公,公怒骂不纳其使。经略大哭,曰:'老师弃我。'以终不得见而去。"(卷一第40—41页。按经略洪公即洪承畴)却也仍然有相反的例,如瞿式耜之于钱谦益。[3]

下文还要谈到明亡之际刘宗周门下的王毓蓍激励其师死。在明亡

---

[1] 据黄宗羲所记,周氏再召,章正宸表示对周当"夹持"而非"将顺"(《移史馆吏部侍郎章格庵先生行状》,《黄宗羲全集》第十册第535页)。

[2] 《三垣笔记中·崇祯》:"予奉差至扬州,遇周辅延儒舟,欲入谒,诸仆以缇骑同舟阻。予曰:'此岂门生所为耶!煊赫而疏之,患难而亲之,何害?'"(第81页)

[3] 瞿式耜就义前,仍以"不负门墙"自期,尽管钱氏已然降清。《瞿式耜集》卷二《自入囚中,频梦牧师,周旋缱绻,倍于平时,诗以志感》:"君言胡运不灵长,仁看中原我武扬。颇羡南荒留日月,宁知西土变冠裳? 天心莫问何时转,臣节坚持讵改常? 自分此生无见日,到头期不负门墙。"(第243页)前此瞿氏曾在家书中嘱咐刊刻钱氏文集事宜,说"此子尽有良心,不可不一照管怜护之,以尽吾门墙之谊也",还说《初学集》文章自堪不朽(同书卷三《乙酉清和晦日兰溪道中寄锡儿》第249—250页)。

前党争的情境中，座师、门生的关系，就往往被由政治/道德的方面评估。由上文诸例看，尤为时论所乐道的，是师弟间的互动，以至弟子的主动性——其对于师的道义推动。同一时期见诸记述而与此相应的，则是臣之于君，妇之于夫，以至奴之于主。士夫一方面力图恢复、重建被认为脱序、失范的伦理秩序，一方面又有对于卑、幼者道德能量、道义情怀的欣赏、肯定。

士人、士论以凸显座主/门生间关系的道义基础而自证其不私，长于质疑成见的王夫之，谈论座主/门生这一种关系的政治意味，却将锋芒直接指向顾炎武们所凭借的"公/私"论的视野。他不唯不以士夫间以举荐、铨选而结成的关系为"私"，更以人主与臣争士为"专私"，是非大异于时论。针对其时所谓的"拜爵公门，受恩私室"，他的驳论显示了一贯的犀利。他说："自唐以来，进士皆为知举门生，终其身为恩故；此非唐始然也，汉之孝廉，于所举之公卿州将，皆生不敢与齿，而死服三年之丧，亦人情耳。持名法以绳人者，谓之曰不复知有人主。"人主由此"束缚缙绅，解散士心"，士与座主、举主、师儒间关系"泮涣"，"于是乎纲断纽绝，而独夫之势成"（《宋论》卷一第 27 页）。王氏认为倘若举主门生的关系为"私"，有"朋党"之嫌，那么君主与臣争士，更应当承担行"私"、鼓励"朋党"的责任："天子而欲收贡士为私人，何怪乎举主门生怀私以相市也。此朋党之所以兴，而以人事主之谊所由替也。"（《读通鉴论》卷二一第 809 页）在其他处王夫之也曾谈到"人君之病，莫大乎与臣争士"（《宋论》卷一第 26 页）。以座主/门生的所谓"私"为对于绝对君权的限制，此义决非顾炎武所能道。对于君权的上述批评角度，也未见于黄宗羲的论说。

王夫之对于备受指摘的举主门生关系，由积极的方面评价，说："夫士之怀知己也，非徒其名利也；言可以伸，志可以成，气以类而相孚，业以摩而相益。"（同上卷一第 28 页）出于同样的理由，他面对为时论所艳称的以门生而对抗座主、举主，心情不免复杂。他说："后世贡举法行，举主门生虽有不相忘之雅，而一峰之于南阳，念庵之于江陵，抗疏劾之，而不以为嫌。"（《读通鉴论》卷七第 298 页。按一峰，罗伦；南阳，李贤；念庵，罗洪先；江陵，张居正）言下不无遗憾。既持正论，又全座主、举主门生之谊,在他看来更难能可贵。

由后世看去,正因其时有识者之"识"互有参差,才使得思想、言论呈现出丰富的层次与繁复的色调。可惜的是,僻处一隅的王夫之的上述声音,终无嗣响,不能达于同时士大夫的听闻。

当其时顾炎武的"座主/门生"论确系"公论",几于众口一辞。

关于师道

明代士人重友道、重师门,重交游与讲学;师友渊源,被作为其人之为其人的重要根据——士人认为须借诸上述关系方能界定其人与自我确认。本章开头所引阎若璩的判断,的确有大量事实可资佐证。①

上文已然说到其时士人的追逐时尚与攀附名(流)胜(流),令人可感其时风气的热情与肤浅。但风气中不但有热情、肤浅,也有严肃与郑重。即如珍重师道,不苟为师,也不苟从师。在上述方面,有明一代王学大儒的故事,对于一时代师弟一伦的塑造,为力甚巨。最有戏剧性的,无疑即王艮与王阳明的故事②,另有不那么耸动却也动人的故事,如罗洪先宗王阳明良知说,未尝及王氏门,钱德洪编王阳明年谱,欲引

---

① 即如儒家之徒(尤其王学中人)的像祀其师。被像祀者,多为上文所说的学派宗师。贺钦师事陈献章,"肖其像事之"(《明史》卷二八三贺氏传)。丁元荐《西山日记》卷上《正学》:"贺公钦为给事中,闻白沙先生议论,叹曰:'至性不显,宝藏犹霾。世即用我,而我奚以为用。'即日抗疏解官,执弟子礼。既别,肖先生小像,悬之别室,有大事必启焉。"湛若水生平所至,必建书院祀其师陈献章(同卷湛氏传)。尤时熙"斋中设守仁位,晨兴必焚香肃拜,来学者亦令展谒"(同卷)。其他如杨起元(复所)的像祀罗汝芳。至于弟子奉师如信徒之于教主,则罗汝芳之于颜钧(山农)尤为显例。上述理学之士无疑有准宗教倾向。见诸文献,有明一代的理学之讲,有时确也像是宗教集会;门派之争,俨若教派争持——确有某种反常性质。

② 王艮年谱记王艮往见王阳明,服其"致良知""简易直截",己所不及,"乃下拜,而师事之。辞出就馆舍,绎思所闻,间有不合,遂自悔曰:'吾轻易矣。'明日复入见公(按即王阳明),亦曰:'某昨轻易拜矣,请与再论。'先生(按即王艮)复上坐。公喜曰:'善! 有疑便疑,可信便信,不为苟从,予所甚乐也。'乃又反复论难,曲尽端委。先生心大服,竟下拜执弟子礼。公谓门人曰:'吾擒宸濠,一无所动,今却为斯人动。'"(《王心斋先生遗集》卷三)正因那一番反复,愈见出对师弟这一种关系的珍重。

聂豹例,使之称门人,罗氏复书谓"惟其实,不惟其名……如得其门,称谓之门不门,何足轻重"(参看容肇祖《明代思想史》第 138 页。关于聂豹事,见同书第 129 页)。

到本书所论的这一时期,仍在演出着类似的故事。梁份师事彭士望,彭氏欲其为魏禧门人,梁游移未应。魏禧故去后,梁解释说,自己所以深知禧,"而未遽就弟子列者,惧其慕虚名而情文有所不尽"(《哭魏勺庭夫子文》,《怀葛堂集》卷八)。邱维屏如下所记,尤有戏剧性。他说魏应搏其人不苟自称门生,"投刺先进,不肯署'晚生',曰:'吾后进,属少年,乃乘朝气,何"晚"也?'"所投刺为阍者所拒,即"收其刺而去"(《亡友魏应搏传》,《邱邦士文钞》卷二,《易堂九子文钞》)。

理学氛围中,如刘宗周这样的大儒的姿态,不难造成风气。张履祥说其先师刘氏"晚年不轻纳人一拜"(《答吴仲木四》,《杨园先生全集》卷三),张氏于此也效法之,自说除"授书糊口"外,"未尝有曰师曰弟子者"(同书卷六《与凌渝安三》)。[①] 与张氏同门的陈确辞为师,说自己曾受业于刘氏,"深负先生之教","深惧不能为人弟,而敢为人师乎哉!故凡以师弟子礼见者,皆弗受也"(《辞陈季雌序》,《陈确集》第 234—235 页)。至于其不苟为弟子,参看其《寿高声野七十序》(同书第 246 页)。因讲学而为同门张履祥所不满的黄宗羲,也一再说"不敢轻自为师""亦不敢轻师于人"(参看其《续师说》、《孟子师说》卷四、《广师说》)。

在黄宗羲看来,正因了师道的重,不轻于为师、为弟子,故而有了师弟关系的某种平等性。"昌黎言李翱从仆学文,而李翱则称吾友韩愈,或称退之,未尝以为师也;象山为东莱所取士,鹅湖之会,东莱视象山如前辈,不敢与之论辩,象山对东莱则称执事,对他人则称伯恭,亦未尝以为师也;即如近世张阳和,其座师为罗万化,尺牍往来,止称兄弟,不拘

---

① 姚名达《刘宗周年谱》关于王朝式,说其人甫弱冠即及刘氏之门,刘氏因其已得陶奭龄之师承,故以朋友视之(第 276 页)。江藩《国朝宋学渊源记》卷下记张履祥:"明亡,教授里中……是时,主讲者多不务已,徒骋口辩,深疾其所为。不敢抗颜为师,来学者一以友道处之。"(第 167 页)清初颜元回答他人的"欲侍门下",说:"吾恶夫世之好师弟名而无其实者,岂容身自蹈之!……"(《习斋记馀》卷五《笔工王学诗传》,《颜元集》第 481 页)

世俗之礼也"(《广师说》,《黄宗羲全集》第十册第647页。按张阳和,张元忭)。上述刘宗周与其门下张履祥、陈确的处师、弟子,正合于古道。

邱维屏记魏禧的业师杨文彩与禧的师弟关系,禧的轩昂、杨氏的谦和无不动人(《杨先生墓志铭》,《邱邦士文钞》卷二)。魏禧不欲自掩其自信、自负,他说"学可以为师,然后可以为贤弟子,盖弟子必有过其师之处,乃能如师"(《封禹成五十寿序》,《魏叔子文集》卷一一)。他无疑以为自己属于这种弟子。其师确也这样认为。据曾灿说,对于魏禧,其"所执赞受业师逡巡退让,称'先生'而不字"(《魏叔子文集·序》)。至于弟子为师长作序,即今人也要传为美谈的,禧就曾以门人而序其师杨文彩的书(《杨子书绎序》)。无论为师、为弟子,都一派严肃、郑重。

"儒先"的行为具有示范意义的,另有以位尊者师从位卑者的佳话,到这一时期仍为人称道。彭士望就说:"有明盛时,士不耻不为贵人,耻不为学人,尤不耻以贵人为学人师于贤人。是故以陈献章、湛若水师吴康斋,方献夫、席书、南大吉师王阳明。其时献夫、书位皆在阳明上;康斋一老布衣,献章、若水既举于乡,成进士,不耻相师;而大吉则以座主反师门人。"(《黄维缉进士五十序》,《树庐文钞》卷七)道之所在,即师之所在。清初南丰的黄熙(维缉)进士及第,师事程山谢文洊,与谢氏门下的少年旅进旅退,执礼甚恭。有前人的榜样,黄氏的上述行为就不显得矫情离俗。

有明一代,更有以高龄而从师的佳话,即如董沄(萝石)之于王阳明。由士人的类似姿态,可感朝闻夕死作为目标对士的鼓舞,也可见其时大儒的精神感召力,"优入圣域"的巨大吸引力。到本书所论的这一时期,张履祥记他自己的见闻,说:"山阴朱静因(昌祚)年长于刘先生(按即刘宗周)一岁,求执弟子礼有年,不获命。崇祯壬午,先生将北发,请曰:'昌祚事先生且老矣,恐一旦填沟壑,终不得遂及门之愿,是永恨泉壤也。'因泣下。先生感其诚,得内拜焉。"张氏所见之朱,"须眉皓白"(《杨园先生全集》卷三一《言行见闻录一》)。士人的重演此类故事,未必出于有意的模仿,却也不可避免地接受了那些广为流传的故事的暗中提示。魏礼记年迈的曾伟（有功）于魏禧称门人，于此慨叹道："呜呼！有功既为人祖父矣，乃屹屹持古义，排批世俗，俯就人子弟之列，此其志行为何如？盖古贤所甚难，刚毅者而后能也。"（《曾有功墓志铭》，《魏季子文集》卷一四）上述故事中，"从师"已然包含了庄严的承诺。道之所在，即不妨师之，无论少长以至尊卑——也即肯定了道的至尊性。

那时节不缺少坚拒为师或坚欲从师的痴人。李颙就说有李汝钦其人，"坚欲及门"，为此不惜"徒步负笈，往返千里，途次罹灾，几不保身"（《促李汝钦西归别言》，《二曲集》卷一九）。在这种风气中，南方的费密不惜仆仆风尘，问学于北方大儒孙奇逢；刘宗周的门人姜希辙（定庵），也遣其子问学于孙氏（参见孙氏年谱）——南北学术的交流、互动，也于此进行。于是论者一面叹息着师道沦丧，一面示人以古风犹在、古道犹存。而由我们似的后人读来，却只感到其时士人的处师、友，热情到近乎天真。

我在下文中还要谈到，师之一伦的推广，的确可以看作其时风气中的诗意方面。清初顾炎武撰有《广师》。[①] 顾氏指为可"师"的诸人，或以其学问，或以其德行、操守，示人的，毋宁说更是顾氏本人胸次之"广"——他人有一长一善，即不妨"师"之的阔大胸怀。彭士望说其友欧阳斌元"生平师多于友，每学一艺，即下拜师事，称弟子，必尽得其传"。倘遇"异人"，"虽疥癞龌龊行乞辈，语有得，即叩头称弟子，同寝食，留旬月不舍去"。为向"西洋士"学艺，竟不惜"就坛事耶苏"（《书欧阳子十交赞后》，《树庐文钞》卷九）。不同于儒家之徒，欧阳氏所学，是"艺"而非"道"；如此强烈的知识兴趣，未尝不也缘于好奇。但虚怀以接纳新知，不也正见出明人、明清间人的气量？

明清之际关于师道的集中论说，也应置于上述背景上作为风气的

---

① 该篇说："夫学究天人，确乎不拔，吾不如王寅旭；读书为己，探赜洞微，吾不如杨雪臣；独精三《礼》，卓然经师，吾不如张稷若；萧然物外，自得天机，吾不如傅青主；坚苦力学，无师而成，吾不如李中孚；险阻备尝，与时屈伸，吾不如路安卿；博闻强记，群书之府，吾不如吴任臣；文章尔雅，宅心和厚，吾不如朱锡鬯；好学不倦，笃于朋友，吾不如王山史；精心六书，信而好古，吾不如张力臣。"（《顾亭林诗文集》第134页）

组成部分(其中又包含有关于风气的反省)来解读。

这一时期论师道的文字,黄宗羲有《广师说》《续师说》,陈子龙有《师说》,徐枋有《师说》,易堂魏际瑞也有《师说》。周敦颐所谓"师道立,则善人多;善人多,则朝廷正而天下治矣",每为论者所称引。① 明亡前的危机时刻,儒者以"格君心"为救亡,如刘宗周所谓"格君心,定国是"(《学言》上,《刘子全书》卷一〇);明亡后反省检讨士伦理、士的内部关系,论者则将师道修复作为宗法重建、士传统恢复的大工程的组成部分。

正因珍重,所以严苛。这一时期与师道有关的当代文化批评,往往态度峻厉。明亡之际,王夫之就曾慨叹道:"廉耻风衰,君师道丧,未有如斯之酷烈也!"(《黄书·离合》,《船山全书》第十二册第532页)陆世仪也说,"师道至于今而贱极矣"(《思辨录辑要》卷二〇)。这种话自然不能过于当真。

今人叹为"古道""古风",生当其时,所见或许更是诸"不古"。陈子龙说"师弟"一伦古今之异,有一篇大议论,录在下面:"古有名甚尊而今乃不可居者,非时之所急,势有所不行也。古之人号曰'师'矣,今之人亦号曰'师'矣,此岂有异哉?天子之成均,以及郡国之教官,此天子命以为人师也。乡党之塾,章句之业,此父兄命以为人师也。师之为言尊矣,而又重以君父之命,然不闻博士弟子奉师儒凛凛。至于私相师者,业成而嬉游自如。非今人之好为薄于古,有五异焉。古者道有宗主,人者求之,故舍之而莫适从矣;今也乌用是茫茫者,苟习其业,则吾师云尔:此一异也。古者经无定论,家立异说,苟不同师,相攻若水火;今也旨出一途,岂必师传哉!此二异也。古之于师也,捐亲戚,弃坟墓,从之数十年不相离也;今也月更而岁易,或终身仅一升其堂,非莫解之情矣:此三异也。汉臣曰:孔子布衣,养徒三千。则古之学者,其师有以资之也;今弟子无所藉于师,而师实藉焉,其名辱矣:此四异也。古者辟举之法行,故门生故吏,荣则汇升,否亦共患;今哀乐不相及,进退无所

① 语见《周子通书·师第七》。明末金声就说:"朱晦庵云:学校之政不修;周元公云:师道立而善人多。呜呼,其所谓'政'者何政、而'道'者何道也! 区区商文艺、为诸生一日之科名计,岂其旨哉!"(《袁广文课士序》,《金忠节公文集》卷六)

关:此五异也。呜呼！师道之废久矣……今之好为人师者，非污则僭……"(《陈忠裕全集》卷二八《师说上》)还说:"以余断之,好为人师,必君子之近愚者;好为人弟子,必小人之善托者。""夫豪杰非常之人,必有强项不屈之气,人情非有所甚慕,而跪拜兢兢,终身事之,岂理也哉! 今之为师弟子者,我知之矣。其师位尊而道愈高,势盛而教益隆。其弟子入则谨身以媚之,玉帛以将之,出则号于人曰:我某氏之徒也。因缘引伸,依托影附,足以败名伤行者累累也。"(同卷《师说下》)

在论者看来,师道不尊,也因士的轻于为师,以致自堕其道。黄宗羲反韩愈《师说》之意作《续师说》,开篇即说:"师道之不传也,岂特弟子之过哉! 亦为师者有以致之耳。"倘若其人本无可师,不足以传道、授业、解惑,则大可不必以师待之。而士人却"不特耻为弟子,相率而耻不为师"(《黄宗羲全集》第十册第638—639页)。其《广师说》一篇也说:"今老师门生之名,遍于天下,岂无师哉? 由于为师之易,而弟子之所以事其师者,非复古人之万一矣,犹可谓之师哉!"(同书第647页)归庄说其时风气,"一书生必有数师,一大人先生必有数十百门人"(《与某侍郎》,《归庄集》卷五第304页)。江天一则说,"庸师杀人,甚于庸医"(《乡宦子弟论》,《江止庵遗集》卷二)。轻于从师,也轻于为师,既自用(好为人师),又不自信(轻于师事他人),如此风气,的确热情而又肤浅。师、弟子品质的低下,也应缘于明中叶以降学政的败坏,以致到了明亡之后,王夫之犹断断追论成化间的鬻官以致"鬻士"(指"纳马、纳粟而入太学"),愤然说:"自有虞氏设庠以来,极乎金、元之贱士,未有灭裂人廉耻以败国之纲维如此者!"(《噩梦》,《船山全书》第十二册第581页)

败坏了师弟子关系的,更有生存压力对于师(馆师、塾师)的尊严的剥夺。上引陈子龙所说"弟子无所藉于师,而师实藉焉",不免隐晦,吕留良就说得明白直截。吕氏说到贫士既不得已而以教馆为谋生手段,又面临诸多竞争者,则聘之者贱视之,其人亦不自贵重,"既得之,则婀媚顺旨,谄事弟子,弥缝乎乎僮仆,以是为固馆之术"(《程墨观略论文》,《吕晚村先生文集》卷五)。上文已经说到的张履祥以教馆为"旅食","实见处馆一节,真如呼蹴之食,与尔汝之受",正可与吕氏所说互为注脚。由此我们渐渐逼近了其时与师弟一伦有关的较为敏感的方面,也有可能是令有洁癖的士人难于启齿的方面。

不同于仅由师弟子的道德、品质着眼的惯常议论,吕留良等论者将有关的伦理问题与商业行为、市场隐约地联系起来。吕氏是其时著名的时文选家,他依据自己的经验说师道与选事、举业相倚,以致恶性循环,"选生师,师生选",坊间除程墨外,讲章流行,"浅陋更甚","愈出愈谬"(《程墨观略论文》),岂不正可用来注黄宗羲所谓"自科举之学兴,而师道亡"?彭士望也说因"甲科贵重"而师道陵迟,"竟成市道"(参看其《三馆教式序》,《树庐文钞》卷六)。"市"之一字,往往用之于其时最为严厉的伦理批评,其意味之严重,已非今人所能想见。

张履祥不以今人之"计较多寡,及关书等于券契"为然(《处馆说》);他本人的耻于处馆,多少也因了这种类似市场交易的关系。易堂魏世俨也说:"今夫人之为师者,多如佣工者之计工而得资,一岁之后,了无关切。"(《代祝曾式猷先生五十一岁序》,《魏敬士文集》卷三)是否可以作为士对于发生于其间的师的"职业化"过程的反应?在张履祥,尤为难堪的,是馆师取酬的方式。他理想中的状态,则是《论语》的"自行束脩以上",《孟子》的"通功易事",及"易子而教,子弟从之"(《处馆说》)。① 到张履祥所处的时代,上述意境已然古老。使张氏深受刺激的,是在上述"交易"中,师所处的类似乞食者的卑屈地位(由张氏所描述,也可知其时"职业市场"的"供求关系"中,馆师所处的不利地位)。我所读明清间人的文集,未有如张履祥将处馆一事如此反复推究者。儒家之徒追究意义的习癖,使他对此职业之于自己的意味,追问而不能自已,于此不也见出了对于"师"之一名的珍重不苟?

魏际瑞《师说》(《魏伯子文集》卷三)由师的堕落,说师道之沦丧,列举"师而匠者""师而贾者""师而奴隶者""师而盗贼者""师而禽兽者""师而鬼魅者"种种,由此而说为师之道,强调"匪我求童蒙,童蒙求我",也如王夫之论臣道,强调的是士的尊严原则。而说为师者的自轻

① 张履祥自说"岁岁一毡,东西任运,自谓与古佣赁力食之养未为大乖"(《与董若雨》,《杨园先生全集》卷四)。在《处馆说》中,也说自己因不能耕而教馆,"譬则佣然","以佣之值与良农而代予耕",亦"通功易事"。

贱,魏氏也强调其在雇佣关系中的唯"利"是求("以道谋食","馆谷隆杀,教别轻重,苟得而已")。篇后有彭士望的评语:"世不尊师,由于师不自尊,故伯子特为端本之论。"①

其时师弟子关系中的势利,被归因于更为显然的政治方面。有明一代,政争剧烈,所谓的"师弟情谊",也不免如归有光所说的"以形势为厚薄"(《重交一首赠汝宁太守徐君》,《震川先生集》卷四第102页)。此乃人情之常,本无足怪。张履祥则将"势利"置于本编上一章所说"游走"的风气中,说"古之学者,终身一师,故弟子得专其所以为学,而师亦得尽其所以为教,以是传习源流,具有本末。今之学者,如六国游士,朝秦暮楚,又如魏其武安宾客,权势盛则趋之"(《杨园先生全集》卷二五《问目》)。从师,毋宁说从权力(唯权势者是师);因而更应当目为追随者以至党徒,与"弟子""门生"已无涉。事实是,非但学派系于师承,且该师声望之隆替,亦在于门下是否有人(能传其学之人,以至势位显赫之人)。如此风气中,师弟情谊,势必难以经受时间中的销磨②,不免要令敏感的士人对于世态炎凉感慨系之了③。

---

① 清人夏之蓉《师说》开篇即曰:"古之师也以道,今之师也以艺。"(《清经世文编》卷六第161页)"艺"非即技艺,也未必不包括技艺。倘若我的理解不错,那么"今之师也以艺",或许正是师的职业化的表征。

② 归有光曰:"庄渠魏先生,于正德、嘉靖之间,以明道为己任。是时海内慕从者不少。后二十余年,能自名其师者,几于无人。"(《周孺亨墓志铭》,《震川先生集》卷一九第465页)即令生前声名显赫者,也难免于身后的萧条。归氏此篇有感于士习之浇漓浅薄,徒"慕高名","至要之于其久,倡者既没,和者随息"。

③ 钱谦益就说:"昔人重进士科,有司谓之座主。今翰林典春秋试事,亦称座主。师资之谊,自昔而然。虽仕至卿相,亦必曰出某人之门。比其衰也,座主门生,菀枯迁改,或掉臂以去,或掩面而避。朝盈夕散,比于虚市。辛酉秋试,余所举于浙者百人,计终始不相倍背者,亦六七人而已。"(《故福建建宁府推官待赠史科给事嘉善柯君墓志铭》,《牧斋有学集》卷三〇第1106页)吴应箕说因周镳"多所荐达,于是游其门者几数千人,而天下遂有周夫子之号。袁江州、张芑山尝规之,而宣城沈眉生屡有讽诤,其徒不说,反煽为异言。今号为弟子者,相见但字仲驭而不先生也,且有辨其未尝委赞者"(《祭周仲驭文二》,《楼山堂集》卷一九。按袁江州,疑为袁袁州之误,袁袁州,袁继咸;张芑山,张自烈;沈眉生,沈寿民)。

曾经教馆的魏禧慨叹着士风的浇漓："今少年有才士,稍能执笔为文,便亢然自谓人师,至其素所执经受业师,若夷然不屑,不得已而奉以其名者。"(《封禹成五十寿序》,《魏叔子文集》卷一一)张尔岐对于师生间的情态,更有如下生动的描绘："当其高踞皋比,攘腕而谈,学者环拥而听之,一书义出,群然曰'昆湖',曰'震川';一诗一记序出,群然曰'盛唐',曰'秦汉';标一指,送一疑,则又群然曰'濂、洛、关、闽之所不逮也'。下堂而反唇,及庭而捧腹,出门而轰器笑声四溢焉。"(《送邓温伯之莘县训导任序》,《蒿庵集》卷二第 92—93 页)想来应得之于切近的观察,竟是张氏本人的经验之谈也未可知。该文也强调了"职而往师"与"学者求而来师"的区分,由此而说师道之衰,士风之坏。

师道之尊,是要赖制度作为保障的。一时论者于此也有不谋之合。作为救病之方,议论集中在教官资格与有关的"体统"上。论者主张教官的严格遴选,并以相应的礼仪规范维护其尊严。黄宗羲的《明夷待访录·学校》一篇,即涉及上述问题。黄氏的说法是:"郡县学官,毋得出自选除。郡县公议,请名儒主之。自布衣以至宰相之谢事者,皆可当其任,不拘已仕未仕";"大学祭酒,推择当世大儒,其重与宰相等,或宰相退处为之。每朔日,天子临幸太学,宰相、六卿、谏议皆从之"(《黄宗羲全集》第一册第 11 页)——所以尊之重之者如此。黄氏以为师道复古,应基于上述制度性的安排。

地方教官原不属地方政府管辖,论者却更主张教官脱出官僚体系。上引黄宗羲所谓"不拘已仕未仕",即已包含有这层意思。顾炎武设想中的学校,师"听令与其邑之士自聘之,谓之师不谓之官,不隶名于吏部";还说,"夫天下之士,有道德而不愿仕者,则为人师"(《郡县论九》,《顾亭林诗文集》第 17 页)。由上下文看,此"人师"非相对于"经师",指的是不任职于官方的师。陆世仪以为"国子监则当格外独尊,而不当侪于诸卿",今制,国子监的地位却在九卿之下。他还抱怨国子祭酒品位太低(从四品),"祭酒"之称也非所以"崇儒重道"(《思辨录辑要》卷一三)。更进一步,他说,"愚谓天下之人,凡天子、公侯、大夫、士庶,皆有定分,惟师无定分,不可以等级拘也"(同书卷二二)。也如顾氏，主张"教官"乃"师"，"不当有品级，亦不得谓之官"，"无常职，亦无定品，惟德是视"（同书卷二〇）。师"不受爵于朝廷，不受制于上司，县官以礼聘请，讲道论德，合则留，不合则去"（同上）。这些在后世看来重要的思想，当其时似乎已近于常谈。较之斤斤于在权力机构中为师争地位，陆氏的着眼处已自不同。李塨"订"王源《平书》，也说"师保一官不在臣内，最是。颜习斋先生尝言曰：'《中庸》大臣、群臣之外，先有尊贤一经，乃论道传学、不可臣使之人也。……'"（《平书订》卷三）凡此，倘与其时论臣道的文字并读，或更意味深长。论者所谓的尊师，意味着官员以至天子抑其尊。如若说有不臣之士，那么师就应当是。尽管"学"仍然不能独立于政，由上述论说——即学官不宜隶属于官僚机构——是否可以认为，在其时的有识者，"学"的从属于"政"，已非无疑义？

至于体统，从来被认为须赖相应的礼仪维系。天启二年刘宗周上《修学中兴第一要义疏》，即主张"自今教官见上司，请如京官堂属之体，独得自别于他途"（《刘子全书》卷一四）。稍后王夫之以为"学政唯宋为得，师儒皆州县礼聘，而不系职于有司……不与察计之列。行移不通于有司，迎诏、拜表、岁、时、朔、望无所参谒"（《噩梦》第568页）。其《识小录》则说，"师道之尊，等于君父"，体现于礼仪，"祭酒、司业于彝伦堂坐受监生旅拜"而不必答（同书第610页）。同篇还说，明伦堂因系"士执经受业之所"，"故本所肄业之学，虽登八座，位宫保，不敢以宾客礼登堂"。《待访录·学校》更以为郡县学官朔望讲学，郡县官应"就弟子之列，北面再拜"；"祭酒南面讲学，天子亦就弟子之列。政有缺失，祭酒直言无讳"：凡此类主张，似乎都可以归入其时重建士的尊严感的大工程。就"师""师道"而言，较之刘氏、王氏以至黄氏，仍然要以顾炎武、陆世仪的主张更彻底。倘若如顾、陆二氏所说，师"无常职，亦无定品，惟德是视"，哪里还用得着"仆仆亟拜"，以致失却了尊严的呢！陆氏的特别之处，在设想必入于具体、可操作层面，即如想到冠服，以为师的冠服"不可同于职官之制，当另制为古冠服，如深衣幅巾，及忠靖巾之类，仍以乡、国、天下为等"（《思辨录辑要》卷二〇）——没有官的品级，却也另有等级区分。更特别的是，陆氏以为师既非官，则遗民不妨为师，鼎革之后当道宜用"遗黎故老"为师(参看《经世·任事》章)。推演此逻辑，倘不居官，遗民也不妨佐治。陆氏本人不取土室、牛车的坚守，自与这种灵活的态度有关。

陆氏的上述主张自非其时遗民的共识。万斯同《宋遗民广录订误》(《石园文集》卷八)，对宋遗民就甄别甚严。所举诸"失实""滥入"中，有多位曾任学官(州学教授、郡学师等)以至书院山长者(对此种人物亦曰"仕元")，与陆世仪所见显然不同。关于名儒赵复，万氏曰其人"虽未受元职，然其教大行于北方，日主讲席，终于燕都，非隐士也，亦不当入"。倘如此，则不但其师黄宗羲，北方大儒孙奇逢、李颙等，不当入遗民录，万氏本人于清初主京城讲席，似也不具备遗民资格。其实《宋遗民广录》的编者未必失考，而是所设界限不同。由此也令人想到学校之师的身份的某种暧昧性。

至于上述那些与礼仪有关的主张，有必要置诸易代之际《礼》学复兴的背景上读解。明代一向有坚持某种礼仪规范，不惜得罪尊长以至君主者。上文已经说到的经筵讲官最是适例。《明史》钱唐传："尝诏讲《虞书》，唐陛立而讲。或纠唐草野不知君臣礼，唐正色曰：'以古圣帝之道陈于陛下，不跪不为倨。'"(卷一三九)黄道周传则记黄氏天启年间为经筵展书官，"故事，必膝行前，道周独否"(卷二五五)。这种拒绝或坚持，都被认为意义严重。即"广文"或也示人以不可轻。《明史》本传记海瑞署南平教谕，"御史诣学宫，属吏咸伏谒，瑞独长揖，曰：'台谒当以属礼，此堂，师长教土地，不当屈。'"上述故事，梁云龙的叙述更有其生动："郡守诸大夫视学升堂，教官谒，左右跪，公居中挺立，诸大夫色觞，语侵曰：'安所得山字笔架来？'盖指公也。"(《海忠介公行状》，《海瑞集》第536页)

推究礼意，原是儒家之徒——尤其其中有学识的部分——的所长。王夫之由"命官分职"，追究朝廷的"教育政策"，朝廷政治中学校之轻重，在当时，亦一种根源性的追究：于此他追究的是"学政"在朝廷政治中的分量，体现于"职官"的制度思想、设计(参看《噩梦》第567页)。我们或许可以认为，社会生活中师(以至幕宾等)的职业化，"雇佣—契约"关系的发展，是上述思想的一部分根据。当时的论者却更乐于援据经典,以复古制为说,似乎关心的只是提示"师"的原始语义,恢复其原初的功能、地位。而那些"近代因素"在他们的视野中,其意义只是负面的。

所谓师门

黄宗羲说:"古之释奠于先师者,必本其学之所自出。非其师勿学也,非其学勿祭也。"(《余姚县重修儒学记》,《黄宗羲全集》第十册第129页)《明史·文苑传》记唐时升,曰其人早登归有光之门;"王世贞官南都,延之邸舍,与辨晰疑义。时升自以出归氏门,不肯复称王氏弟子"——是如此的郑重! 黄宗羲论师道,以贺钦之事陈献章、钱德洪,王畿之事王阳明,罗汝芳之事颜山农,杨起元之事罗汝芳为例(《广师说》)。那是当代理学家提供的师弟关系的范例。或许可以认为,"师道"之被讨论不已,多少也因了上述儒者的榜样。黄宗羲显然赞同钱德洪的如下说法,即所谓"门人",其义绝不止于"及门委赘";如罗洪先之于王阳明,虽未曾及门,正不妨称门人(参看其《移史馆论不宜立理学传书》,《黄宗羲全集》第十册第212—213页)。明代名儒的门下士,对于其师,确也不止于"及门委赘"。王艮卒,邹守益、王玑、王畿在奠文中说:"子有强力,毅然担当。萃我同盟,保孤恤嫠。嗟嗟师门,子为白眉",将王艮的经纪其师身后之事(即"保孤恤嫠"),视为弟子的道义责任(《王心斋先生遗集》卷四)。到本书所论的这一时期,儒家之徒对这类故事,耳熟能详。

师弟间关系的亲密性,确也要由"传道""授业"以外的事件,才更足以证明。也如王阳明的弟子干预其身后家族纷争,复社领袖张溥的门下士,曾以保护其遗属的名义参与惩罚恶仆(参看《吴梅村全集》卷二四《清河家法述》)。易堂魏禧为其业师杨文彩器重,那表达方式是,许以参与其家庭事务(《杨一水先生同元配严孺人合葬墓表》,《魏叔子文集》卷一八)。钱谦益身后,门人也介入了其家族冲突(参看钱孺饴《钱氏家变录》)。这里"门生""弟子"的意味,有非近人所能想见者。①

　　尽管有如上文所引的诸种时弊，那个时期却真的不缺乏关于师弟情谊的动人故事。钱谦益之于孙承宗，就说得上情意深挚。孙奇逢的气象原本宽裕豁朗，师弟亦友朋，晚年所作《怀友诗》，所怀多为"及门"，序中有"晚年耄废，尤感及门之助"云云（《孙夏峰先生年谱》卷下，康熙十二年），想必不是一句客套话。江右易堂诸子，就曾由门人那里得力。魏禧说他的门人赖韦"去城市，弃先人之广厦，离亲戚，从予结屋于翠微峰者，几二十年"（《麻中说为赖韦作》，《魏叔子文集》卷一五），也可读作乱世的一段佳话的吧。

　　明初的政治暴虐，明中叶以降的党争，都足以使师/弟一伦的道义内容凸显；弟子之于师的伦理义务，当明清易代之际，尤有被认为的严重性。

　　明初方孝孺一案诛及门人，是极端的例子。《明史》廖永忠传（卷一二九）、方孝孺传（卷一四一），记方氏死，其门下士有以身殉者。廖永忠的两个孙子廖镛、廖铭曾受学于方氏，因收葬方氏遗骸而论死——像是可以为有争议的"诛十族"之说做一注脚。永乐中藏方氏文者死罪，有门人王稌潜录为《侯城集》，使方氏文集得行于世。此案中门生弟子与其师同难，明亡之际师弟子同殉（或曰师殉明、弟子殉师），一首一尾，若有呼应，也不妨认为完成了一种境界。

　　罗汝芳的师事颜钧（山农），则是另一极端的例子。另有何心隐与其门弟子。永丰县志本传："汝元（按梁汝元即何心隐）既遭捕，其徒祁门胡时和随侍数千里。汝元死，时和亦哀痛死。"（《何心隐集·附录》第 126 页）顾宪成《重刻怀师录题辞》曰："予读杨夷思先生（坦）所辑《怀师录》，为之出涕，作而叹曰：异哉，梁永丰落落布衣也，其生也不能

① 屠隆所撰《明河南按察司副使奉敕备兵大名道鹿门茅公行状》，记茅坤"笃于义气"的诸种事实，中有"座师钱公、李公子并以贫告，立出橐中数百金恤助之"云云（《茅坤集》附录一第 1355 页）。也有似可归之一类而性质大不同的例。顾公燮《消夏闲记摘钞》卷上《明季缙绅田园之盛》："前明缙绅，虽素负清名者，其华屋园亭，佳城南亩，无不揽占名胜，连阡陌，推原其故，皆系门生故吏代为经营，非尽出己资也。"（转引自谢国桢《明清之际党社运动考》第 212 页）

富人，不能贫人，不能贵人，不能贱人，樵儿牧稚可狎而睨焉。比其死也，人皆冤之。为之徒者，且相与捐身以赴之，至冒鼎镬，蹈白刃而不恤。"（同上。按梁永丰即何心隐）曰师曰弟子，岂苟然哉！

天启阉祸，也成就了堪称楷模的师弟。即如史可法与其座师左光斗。左、史的这段故事中，更为世俗所乐道的，是史氏在极端凶险的情势下，冒险探监的豪举——确也算得上乱世传奇。对此史可法说："犹忆逆珰陷师于狱，一时长安摇手相戒，无往视者。法不忍以逆焰故而避之，微服过从，一慰痛楚。师见而謷蹙曰：'尔胡为乎来哉？'唯恐夏馥之载祸相饷也。濒危若是，而尚虑以相知见累，师真师而父母矣。"（《祭大中丞左公文》，《史可法集》卷四第 114 页。罗振常《史可法别传》记其事甚详，见同书附录）

上述左、史的故事，清初犹传颂于人口。传在人口的，另有李应昇与其师吴钟峦。魏禧记这一对师弟："李公之被逮也，道出先生（按即吴氏）家，先生命二子辍读侍左右。李公曰：'此后亦勿令吾儿读书。'先生曰：'书何必不读，特勿学子真读书耳。'李公笑曰：'还须勿令从真先生游也。'二公虽一时悲愤之言，其师弟相期许、欣然自喜之情，亦足以明其所讲习。"（《端友集后叙》，《魏叔子文集》卷八）此种师弟关系的严峻风味，是在酷烈的政治斗争中生成的。这类故事在明末的历史情境中，无疑有其训诲意义。关于天启遇难的东林诸人，《明儒学案·东林学案》有一段激情的话，说"一堂师友，冷风热血，洗涤乾坤"。对于明清易代之际的士人，不久前党争中的患难师弟，为处此一伦，提供了切近的榜样。由后世看去，后一幕戏的剧情俨然衔接了前一幕，且同样涂染了浓重的血色。

明清之际师弟一伦的严肃性，在刘宗周与其门下王毓蓍、祝渊的关系中，有"淋漓足色"的呈现。王毓蓍以其自沉激励其师殉明，是其时最为人所称道的师弟故事之一。关于王毓蓍，刘宗周竟说："吾讲学十五年，仅得此人。"（《子刘子行状》卷下，《黄宗羲全集》第一册第 247 页）尽管王氏此前系不受羁束的风流名士，不被认为具备"优入圣域"的资质。时人以至刘宗周本人对王毓蓍之死的反应使人相信，师弟关系中的道义原则在此"历史瞬间"，被推向了极致，授业以至传道，似乎都退居"第二义"了。

其时另一大儒黄道周,则师弟同日就义。至于《年谱》所说"三千年来之师弟,于兹仅睹"(庄起俦编《漳浦黄先生年谱》,《黄漳浦集》),却不免夸张。当其时师弟同死,黄门绝非仅有的例子。金声被执,门人江天一与之同死(《明史》卷二七七)。屈大均记陈邦彦赴义,陈氏之门人"皆一时相从以死"(《顺德给事岩野陈公传》,《翁山佚文辑》卷上)。另有其他义举。瞿式耜殉难,门人殡殓,也正令人想起方孝孺的故事。遗民后死者也贡献了他们的故事,即如梁份之于彭士望、魏禧。[①] 也有情节不同的故事。《明史》凌义渠传记京城陷落,"得帝崩问","门生劝无死,义渠厉声曰:'尔当以道义相勖,何姑息为!'挥使去"(卷二六五)。

尽管其时的士人相信,师弟之谊尤见于颠沛造次之际,"义举"却也非到了国亡才有。明末傅山就曾率诸生为其师袁继咸伏阙讼冤。傅氏与其友薛宗周因此举而有"山右二义士"之誉,时人以为其"事师行义","当求之古人"(《因人私记》,《霜红龛集》卷二九第 809、810页)。[②] 事实的确是,不待明亡,激烈的政争即已将师弟一伦的道义基础极度地强调了。道义要求无疑使得人生严肃。处师弟子关系的极端的严肃性,与明中叶以降修省之为风气,不无关系。风气中江右的宋之盛曾令门生以《日录》为自己记过,"借以惩改"(《答谢秋水书三》,《鬐山文钞》卷下)。尽管并未就此发展出"新型的师生关系",却也令人看到对于"道"的追求,怎样提升着师弟关系的境界。

而为人所诟病的明人的门户习气,却也形成在同一政治、文化空

---

① 梁份《怀葛堂集》王源序:"质人(按即梁份)朴挚强毅,尝只身走数万里,欲继两先生志。"此所谓继志,应指"恢复"之志。同书姜宸英序说"梁子缘师志,退守穷约,年过四十不求仕"。

② 张自烈《上为友讼冤书》篇后自记:"先是临侯(按即袁继咸)就逮,诸生傅山、薛宗周者,皆左右临侯于厄深,合孔门陈蔡之义。太史马素修为纪其事,斯亦足传也。"(《芑山文集》卷三)全祖望也记明亡之际傅山与袁氏以节义相砥砺(《阳曲傅先生事略》,《鲒埼亭集》卷二六)。傅山本性情中人,涉笔师门,即一往情深,如《叙枫林一枝》(《霜红龛集》卷一六)。其《与居实》一笺,自说"死在旦暮",却仍然不忘"为袁先生尸祝山中"(同书卷二三第 641、643 页)。

气中。① 即使对于"门户",也仍然不可做一概之论。由上文可知,有明一代,固然有慕名义而借重"师门"者,也自有珍重此种名分,以为严肃的道义承当者。且泛泛地批评"门户",也未见得合于实际。政争中诸"不附"的故事,岂不正可作为对"习气"的反拨? 有明一代,甚至有借口"门户"的迫害。刘宗周就曾叹息道:"'门户'二字,数十年来,不知杀天下多少正人,伤天下多少元气。"(《刘子全书》卷一五《面恩陈谢预矢责难之义以致君尧舜疏》)

重师所以重道,非借"师门"以自重。故黄宗羲说"人重夫世系,非世系之足以重人"(《天岳禅师七十寿序》,《黄宗羲全集》第十册第675页)。黄氏曾批评释氏"以大道为私门",说"豪杰之士生于其间者,附不附皆不可"(《苏州三峰汉月藏禅师塔铭》,同书第513页)。由黄宗羲、陈确等人看,其时的刘门,已在上述习气之外。陈确之于"师门",未必即以"传承"自任;其同门友黄宗羲评价他的学术,也不斤斤以"师说"为尺度,无不气象阔大。由刘宗周而黄宗羲,由颜元而李塨——明清之际乃学术风气转移之会,此"转移"也实现在上述弟子之于师的另辟蹊径、别开生面上。人与"时风众势"关系之复杂多样,上述个案无疑可以作为分析材料。

即使黄宗羲有如上言论,其门弟子也仍然会因了师事他人而感受压力。李塨年谱辛巳(1701),记万斯同说:"某少受学于黄梨洲先生,讲宋、明儒者绪言。后闻一潘先生论学,谓'陆释朱羽',憬然于心。既而黄先生大怒,同学竞起攻之,某遂置学不讲,曰:'予惟穷经而已。'以故忽忽诵读者五六十年。"(《李塨年谱》第83页。按潘先生即潘平格)《年谱》所记,应据李塨《万季野小传》(《恕谷后集》卷六)。

① 前此陆象山说过:"后世言学者,须要立个门户。此理所在,安有门户可立? 学者又要各护门户,此尤鄙陋。"(《语录》,《陆象山全集》卷三四第255页)《明儒学案》卷四六蔡清《语要》:"先正尝谓'愿士大夫有此名节,不愿士大夫立此门户。'今褒名饰字以相重,便是标门标户矣。"(第1099页)罗钦顺亦不满于其时的"门户"。同书卷五二:"整庵(按即钦顺)方自贵重,惩两家之聚生徒,各立门户,故少所容接。"(第1255页。"两家"指王守仁、湛若水)黄宗羲晚年所撰《思旧录》,记周钟、周镳:"两家之门人相见,则睚眦相向。"(《思旧录·周镳》,《黄宗羲全集》第一册第353页)

门户角立,非此即彼,去此即意味着就彼,即"背师教"以致叛道。王柏曾说:"考亭后学一时尊师道之严,不察是否,一切禁止之。"(《大学沿革后论》,《鲁斋王文宪公文集》卷一〇)王柏本人亦朱学中人,因对朱子改本《大学》(《大学章句》)的异议而为其他"考亭后学"攻击,因有是言。王艮《年谱》嘉靖十六年丁酉:"时有不谅先生(按即王艮)者,谓先生自立门户。先生闻而叹曰:某于先师(即王阳明),受罔极恩。学术所系,敢不究心以报。"

在党争的氛围中,"叛师"有了尤为严重的意味。但见解转移,仍有不惜一"叛"者,晚年的黄绾可为一例——倒是愈见出严肃的理学家在此"伦"上的不为苟且。这一种故事到本书所论的时期也仍在演出。归庄曾奉潘平格为师,后对潘氏有所疑,改而为友;其致书潘氏,说自己将前往造访,"端拜致谢,以了从前师弟之案,然后相向长揖,重叙朋友之礼"(《与潘用微先生书》,《归庄集》卷五第333页。关于此事始末,归氏另有《叙过》一文),说得极其坦然。确如归氏本人所说,"大丈夫心事光明磊落";即在当时人看来,也未必不作为古风犹存的一份证明。流传至今的古人文字中,令人兴趣不衰的,就有这一类文字。①

作为对于门户习气的反拨,理学家的"标宗旨"遭遇了严厉的批评。

标宗旨,亦所谓"单提直指",无疑是易于收效的传道方式。陆象山诗云:"易简工夫终久大,支离事业竟浮沉。"(《陆象山全集》卷三四《语录》第276页)"支离"即无统贯的宗旨。湛若水说:"夫所谓支离者,二之之谓也。非徒逐外而忘内,谓之支离。是内而非外者,亦谓之支离,过犹不及耳。必体用一原,显微无间,一以贯之,乃可免此。"(《答阳明》,《甘泉文集》卷七,转引自容肇祖《明代思想史》第67页)与"支离"相对待的,即"一贯"。认为思想、义理必有提掇、总摄,否则即不能免于支离——刘宗周即批评朱子解《大学》"愈析而愈支"(《大

<hr />

① 钱穆分析归庄、潘平格(用微)之"始相契而终相隙",说归氏"虽嵚奇,而求道心切,皇皇未得安止。故一见用微持论高而自信坚,不觉为之俯首心折。稍久则识其平淡空疏,而悔心乘之"(《中国近三百年学术史》第二章第55页)。当其时"求道心切",即名士亦不免。大儒、知名之士追随者之众,由归氏一例,也可解释。

学杂绎》,《明儒学案·蕺山学案》第1589页);其标举"慎独",无疑也为免于支离。①

求"多学而识"与求"一贯",尽管可能出诸同一人,却仍然会有侧重之不同。学必有所主,有要领:从来就有这一种思路;立宗旨,如王夫之所说"立要领于一字而群言拱之"(《诗广传》卷四,《船山全书》第三册第461页),却是理学兴起后的一种风气。其时士人论学,会问对方尊旨如何。由后世看去,标宗旨类于宗教行为,有语言拜物教的嫌疑。到本书所论的这一时期,非立宗旨,即不足以名"派";师门宗旨即学派纲领,亦一士人群体的便于为人识别的标记。师弟间以宗旨为授受;弟子则以承传、维护宗旨为道义责任——门派、门户习气的酿成,未必不以此为一部分条件。

前此胡瀚就说过:"宋儒学尚分别,故勤注疏;明儒学尚浑成,故立宗旨。然明儒厌训诂支离,而必标宗旨以为的,其弊不减于训诂。"(《明儒学案》卷一五第330页)明清之际陆世仪说:"或问仪以宗旨,仪应之曰:实无宗旨。昔朱子人问以宗旨,朱子曰:某无宗旨,但只教人随分读书。愚亦曰:仪无宗旨,但只教人真心做圣贤。""予初起手得力一'仁'字,后来又得力'敬'字'天'字,'理一分殊''人心道心''一贯''性善''太极人极',诸如此类,皆可立宗旨,然不欲立者,恐举一而废百也。"(《思辨录辑要》卷二)这"举一而废百",说得很切当。顾炎武也批评"舍多学而识,以求一贯之方"(《与友人论学书》,《顾亭林诗文集》第40页)。据说吕留良"平居讲习未尝标立宗旨",且说"惟异端之学有纲提诀授,吾儒无是也"(《吕晚村先生文集》附录吕公忠撰吕留良《行略》)。

态度尤为激切的,是王夫之。王氏说,"一以贯之,而非执一以强贯乎万也";"如近世陆、王之学,窃释氏立宗之旨,单提一义,秘相授

① 刘氏说:"《大学》之道,一言以蔽之,曰慎独而已矣。"(同上)他又标举"诚意",说:"知止而定、静、安、虑、得,所谓'知至而后意诚'也。意诚则正心以上,一以贯之矣。今必谓知止一节是一项工夫,致知又是一项工夫,则圣学断不如是之支离……"(《子刘子学言》卷一,《黄宗羲全集》第一册第287页)

受,终流为无忌惮之小人",足为炯鉴(《周易内传》卷一上,《船山全书》第一册第50页)。还说:"抬一官样字作题目,拈一扼要字作眼目,自谓'名家',实则先儒所谓'只好隔壁听'者耳。""扼要字者,如程子教学者以主敬,乃立本以起用,非知有此事便休,更不须加功修治之谓。""圣贤之学,原无扼要。"(《姜斋诗话·夕堂永日绪论外编》,《船山全书》第十五册第855—856页)其时"立宗旨"之为风气,与科举文体之一体的"经义"未必无关;而做文章的方式,与普遍的论证方式、思维方式,又有可能相互助成。前此陈亮曾在致朱熹书中,对儒者传"绝学"(朱子所谓"诸圣相传心法""尧、舜相传之心法")极尽挖苦,曰其人"三三两两,附耳而语,有同告密;画界而立,一似结坛"(《又乙巳秋书》,《陈亮集[增订本]》卷二八第352页),刻画此种教派/学派行为之诡秘,穷形尽相。王夫之沿用了"附耳相师"的形容,将儒家之徒的类似行径比之于佛、道两家的"密室传心",说"语学而有云秘传密语者,不必更问而即知其为邪说"(《俟解》,《船山全书》第十二册第488页)。①

王夫之批评"立宗旨",与他论诗的批评"立门庭"一致,甚至与他主张的"用独",也不无贯通。他说:"李文饶有云:'好驴马不逐队行。'立门庭与依傍门庭者,皆逐队者也。"(《姜斋诗话·夕堂永日绪论内编》第831—832页。按李文饶,李德裕)

顾炎武既"不立坛坫",也就无所谓"宗旨"。黄宗羲虽师从刘宗周,且讲学授徒,却也不曾标宗旨②——风气也就于此而暗中转移。但

---

① 王氏还说:"有德之言,唯心得之,乃与往圣合符。韩退之言尧舜递传至孟子,岂有密室心印、衣钵拂子如浮屠之授受乎!"(《搔首问》,同书第625页)张岱也说:"传道之说,宋儒仿禅家衣钵而为之,孔门无此也。曾子随事用功,子夏泥于多学,故语以'一贯'。若云秘传,何不以语颜子?若曰道慎其接,子夏之后,何以流为庄周?根性各别,道体无方。'忠恕'二字,亦举己所得力及门人所易晓。向来认作机锋,近来纷纷执著,皆属边见。"(《四书遇·论语》第124页)

② 钱穆说黄宗羲《明儒学案》"于诸家学术,各有评骘,要以阳明致良知、蕺山慎独之说为主,初未尝不欲于万殊中立一定局,使后之学者出于一途",而写于晚年的《明儒学案序》,"则谓'宁凿五丁之间道,不假邯郸之野马',颇以执定成局出于一途者为非",则黄氏个人见解,实自有变,较之前此之"拘执蕺山慎独之训",境界已不同(《中国近三百年学术史》第二章第27页)。

"转移"的意味仍然复杂。王汎森就认为，明清之际"反宗旨之说的兴起，代表思想学术由多元到一元的趋势"（《明末清初思想中之"宗旨"》，台湾《大陆杂志》第九十四卷第四期，1997年）。

讲学之于师道

陈寅恪《隋唐制度渊源略论稿》论及魏、晋、南北朝学术与家族、地域的关系。"家族学术"在本书所论的这一时期，未见有复兴的迹象；即方氏父子、黄氏、万氏兄弟①，也难言"家世之学"。而宋元以降讲学活动的流动性——师的随处设坛，讲学对象的因时、地的变动，或弟子随师的流动，也有利于地域限囿的突破。

"党社运动"与大规模的讲学在同一环境中发生，一定意义上相互助成。"师门"因党社而规模扩张、影响力扩大，在主盟党社者那里更看得清楚。至于那种集团倾向，可以视为知识人作为社会力量的集结——向党社领袖，向学派宗主，向一种魅力人格的集结。所宣称的理由未见得重要，重要的在"集结"这一动作、动向。数百年之后，由有关的文献仍然不难感知包蕴在集结中的巨大激情。热情的士人冀信仰有所附丽，于形而上的"道"之外，还需要其俗世化身。对仪型、偶像的需求，终明之世；而理学宗师、一时的大儒，有时就承当了偶像的角色。在此种风气下，所谓"师门"，有可能被赋予了思想传播、学术传承之外的意义，即如经由师门，实现士的力量（包括思想、文化能量）的组织与凝聚——明亡之际更是如此。

下文将要谈到，"讲学"未必在师弟子之间。明中叶后儒者的讲学活动，更是一理学派别中人的"思想交往形式"（参看陈来《明嘉靖时期王学知识人的会讲活动》一文），但上引李颙文确有"讲学师"之一名。李氏以"讲学师"区别于"举业师"，右此抑彼。这只是李氏个人的意见；由下文可知，同时张履祥、顾炎武的说法已大有不同。

宋元以降讲学之为风气，本与理学为盛衰。陆世仪说："正、嘉之

---

① 即方以智与其父方孔炤，其子方中通、中履，黄宗羲与其弟黄宗炎，万斯大、斯同兄弟。

间,道学盛行,至于隆、万,日甚一日,天下靡然成风。"(《思辨录辑要》卷一)因了明儒的竞相讲学,"讲学家"几成"道学家"的别名。考察明代士人的师弟关系,明人对师道、师门的理解,自应联系于理学运动中讲学之为风尚。明中叶后愈加如火如荼的讲学活动,无疑有助于恢复师道之尊;而理学对于思想传承的强烈要求,赋予了师弟子一伦以非同寻常的内容。其时大儒主持的讲会,无疑将师弟一伦大大地推广了:凡与于讲会者,均可自居弟子;而其时讲学规模之大,则为文化史上的奇观,因此师弟关系之滥,名分之淆,不难想见。缘于此而以"弟子籍""弟子考"的方式表达认同以及实行废黜,也证明了士人间缘"师"而建立的联系的严重性质。至于会讲中的平等感(即如参与者以齿序),无疑也潜移默化地改造着师/弟伦理。明代士人气象的宽豁处,呈现于此种场合,确也令人感得亲切。[1]

有明一代的理学名儒均有大批追随者,其间或确有授受,或只是偶与于讲会,即自列于门墙。富于吸引力的,名儒之外尚有名臣。李东阳、杨一清门下,均号称多士。《明史》杨一清传,说其人"爱乐贤士大夫","朝有所知,夕即登荐,门生遍天下"(卷一九八)。嘉、隆以降讲学而以传道自任、务为耸动的,更是"王学知识人"(参看陈来《明嘉靖时期王学知识人的会讲活动》;吴震《明代知识界讲学活动系年[1522—1602]》)。由有关记述,不难得知其时讲学者(如王艮及其徒)的"倾动"程度——当然也不排除记述者张大其辞的可能性。对于"义理"的热情浮荡在士人中,甚至使得有关的记述传达了某种诗的气氛。那流动不已的士人中,的确像是涌动着追求诗式生存的激情。[2] 这一时期

---

① 由刘宗周所拟《证人会约》(亦作《证人社会约》),可知其时儒者主持的此种讲会,设计、组织之周密。陆世仪《论学酬答》卷四《与陈确庵论讲会书》说"诸敝徒共举讲会",己"至期斋戒肃临",极其郑重。陆允正《显考文学崇祀乡贤门人私谥文潜先生桴亭府君行实》记陆氏立"讲规""罚规","定岁会、月会、旬会、时会之礼","皆严惮以从事,畏敬以奉行,久而弗渝,肃如也"(《桴亭先生遗书》)。

② 《明儒学案》记陶匠韩贞"以化俗为任,随机指点农工商贾,从之游者千余。秋成农隙,则聚徒谈学,一村既毕,又之一村,前歌后答,弦诵之声,洋洋然也"(卷三二第720页)——亦其时人文胜景。此种文字提供了民间、底层与士夫交互影响之一例。韩氏(转下页)

的讲学,就规模而言,大约唯王夫之所批评的汉代"专家之学"可比(参看《后汉书·儒林传》)。讲学可以是如此富于号召力、如此激动人心的活动!

万历末年以后的党争中,讲学亦所争之一题目,启、祯间更被东林派人士作为对抗阉党的姿态。据说因当时所谓正人从事讲学,"阉党则无不与讲学为仇"(孟森《明清史讲义》第 296 页)。明清易代之际,世乱时危,更有对于讲学的积极的功能赋予。刘宗周崇祯朝的奏疏说冯从吾首善书院之建,"会广宁告陷,人多迁之者,从吾曰:'今日正不可不讲学。'此其意固自远矣"(《敬循职掌条列风纪之要以佐圣治疏》,《刘子全书》卷一七)。据刘汋所撰刘宗周年谱,天启五年,"逆阉大兴钩党之狱,缇骑四出,削籍遍天下。先生(按即刘宗周)曰:'天地晦冥,人心灭息,吾辈惟有讲学明伦,庶几留民彝于一线乎?'"刘汋议论道,自邹元标、冯从吾、高攀龙卒后,"士大夫争以讲学为讳。此道不绝如线,惟先生岿然灵光,久而弥信"。[①]

刘氏的上述姿态有其代表性。王猷定《澹台讲疏序》:"澹台祠为吾豫章讲学地也。今天下方乱,四方暴骨,而士大夫方且登堂而讲尧舜周孔之学……"(《四照堂集》卷二)讲学于"天下方乱",固有特殊意义,甚至有某种悲壮意味。"讲学"这一行为,在那一特定情境中,获得了作为士的生存方式的严重意义。士人将其使命、职能自觉,将其文化与道义自信,寄寓在这一行为中。而一时领袖群伦的人物的讲学活动,尤被作为对上述意义的有力注释。

(接上页)一流民间人士之可畏,也应在其政治能量。据耿定向所撰王艮传,韩氏以安定地方作为其讲学活动的一种成效。该传记县令某与韩贞吉问答,"令问政,对曰:'依窭人也,无能辅左右,第凡与依居者,幸无讼牒烦公府,此依所以报明府也。'令检案牍稽之,果然,益敬礼焉"(《年谱·补遗》,《王心斋先生遗集》卷四)。

① 《年谱》:"总宪邹南皋先生、金宪冯少墟先生因兵逼关门,人心崩溃,率同志讲学于首善书院,先生(按即刘氏)实左右之。"时刘氏任礼部仪制司添注主事。至于明亡前的京师讲学,或也因了释氏的刺激。刘宗周崇祯九年撰《宋儒五子合刻序》,说:"京师首善之地,道化之所自起也,而士大夫谈学者绝少,间有之,便指为不祥,以是益悬厉禁,而谈宗门则否,士乃往往去彼取此。今年处京师,见宗风颇盛,嘉会骈阗,时标胜义;其一二有志者,直借为儒门进步,谓向上一机,非此不彻;似吾儒原有欠缺在于是。"(《刘子全书》卷二一)

李颙、黄宗羲、孙奇逢,是明清之际最负盛名的讲学者。汤斌《孙征君先生日谱序》曰孙奇逢"晚年携家苏门,声华刊落,生徒数百,结庐相就,其地自姚、许之后,称再盛云"(按姚,姚枢;许,许衡)。《碑传集》卷一二五《五公山人王馀佑传》,说王氏与孙奇逢"往来讲学,授生徒","远近从游者至数百人"。李颙则说"立人达人,全在讲学;移风易俗,全在讲学;拨乱返治,全在讲学;旋乾转坤,全在讲学"。他相信"随人开发,转相觉导,由一人以至千万人,由一方以至多方,使生机在在流贯,此便是'为天地立心,生民立命'"(《匡时要务》,《二曲集》卷一二):示人以生动的传道图景。

前此"王学知识人"讲学中即有对于"有教无类"的原则的重申与扩展;明清之际的王学大儒于此亦有承继。《二曲集》卷九《东行述》:"先生(按即李氏)在车都,不惟士友因感生奋,多所兴起,即农商工贾亦环视窃听,精神跃勃。"同书卷一〇《南行述》记李氏在武进,"上自府僚绅衿,下至工贾耆庶,每会无虑数千人,旁及缁流羽士,亦环拥拱听"。[①] 李颙、孙奇逢更施教于清初当道。经由当道影响当代政治,其中应有孙、李自承的使命。

其时"讲学"一词运用之宽泛,难免使不同性质的"讲"界限不清。明人所谓"讲学",非固定的"角色—行为",所指因情境而有不同。由有关的文献看,其时固然有师弟间的讲学——问答之际主次分明,"讲学"却决不限于此种场合。不必书院,不惟师弟,侪辈、同道间的讨论,亦称"讲学";未必即与多士讲,或许只是三五同志者相互讲。《明儒学案》记杨爵、钱德洪、刘魁、周怡"先后以事下狱,相与讲学不辍",获释后犹于舟中讲学(卷九第167、168页)。讲学情境之特殊,应无过于此的吧。

程学博《祭梁夫山先生文》说何心隐"平生精力自少壮以及老死,自家居以至四方,无一日不在讲学,无一事不在讲学"(《何心隐集·附录》第136页)。刘宗周亦以讲学为日常行为,说"学不可不讲,尤不可

——————
① 同书卷四五《历年纪略》记李氏在关中书院讲学,"公(按指总督鄂善)与抚军藩臬以下,抱关击柝以上,及德绅名贤进士举贡文学子衿之众,环阶席而侍听者几千人"。

一时不讲。如在父便当与子讲，在兄便当与弟讲，在夫便当与妇讲，在主便当与仆讲，在门以内与家人讲，在门以外与乡里亲戚朋友讲，若是燕居独处，便当自心自讲……"（《刘子全书》卷一一《学言中》）此"讲"非但不赖于讲会等特定场合，所讲也非特定的"学"；非止于讲明学术，也包括讲明伦理道德。由刘宗周、李颙、孙奇逢文集看，他们确也无处无时不讲，随处示人以大儒的精神感召力。刘氏更将"师友—讲学"推拓开去，说"充塞宇宙，静观物理，无非师友。仰观俯察，即俯仰是讲明；语默动静，即语默动静是讲明"（同书卷一三《会讲》）。

刘氏所谓的父与子讲、兄与弟讲，自不同于同志者间的"讲明正学"；同侪的聚讲，与面向公众的宣讲，亦有不同。下文所说其时的"讲学批评"，针对的应当是后者，即当众布道式的"讲"，与上述讲明道理、讲明正学之"讲"无涉；所指一般也不包括师弟间传道解惑的讲。

至于诸儒主持的讲会，风格互有不同。《四库全书总目提要》关于章懋，说其人"讲学恪守前贤，弗逾尺寸，不屑为浮夸表暴之谈。在明代诸儒，尤为淳实"（集部别集类《枫山集》）。耿定向撰王艮传，刻画王氏讲学风采，曰："先生骨刚气和，性灵澄澈，音欬盼顾，使人意消。即学者意识稍疏漏，不敢正以视。往往见人眉睫，即知其心。别及他事以破本疑，机应响疾，精蕴毕露。"以下所举实例，也证明了"先生于眉睫之间省觉人最多"（《王心斋先生遗集》卷一《语录》）。可知王氏的讲学也凭借了机警、对于听众的洞察力。侯外庐主编的《中国思想通史》在引了徐樾、耿定向、黎尧勋等人关于王艮讲学的描述后，说："这种讲学风采，机应响捷，宛然禅家机锋。其启悟别人，有时靠悬河之口，然而更多的则在说来颇为神秘的'使人意消'的'音欬盼顾'。"（第四卷第963页）此种讲学，动人不只在"道"，也在宣道的方式，演讲者的个人魅力。

讲学者对于受众的诱发，意义虽不能比拟于经筵讲官之"启沃"，却同样赖有"讲"之为艺术。讲学者于此借鉴了佛家的技巧。《明史·王畿传》即说其人"善谈说，能动人。所至听者云集。每讲，杂以禅机，亦不自讳也"（卷二八三）。关于罗汝芳的《会语续录》，清四库馆臣也说："其开章第一条云：今日吾侪聚讲凭虚，是天下文明一大机会。大宗师诸僚及诸俊彦不下千人,皆应期而集,以昌明昭代圣化。于道脉固当光显,即文字精英亦于此须发露妙义云云。其词气亦似禅僧登座语也。"(《四库全书总目提要》子部杂家类存目。《明儒学案》卷三四关于罗汝芳讲学,也有生动的描写)刘宗周的如下批评,却正针对了上述现象。刘氏说:"群居讲学,出禅入佛,惯用棒喝,正是圣人攒眉事。"(《刘子全书》卷三一《论语学案四》)陆世仪也发现"近世讲学,多似晋人清谈",流弊所至,"惟以口舌相尚,意思索然尽矣"(《思辨录辑要》卷一)。晋人清谈,禅家机锋,既因追求"讲"之为艺术,也未必非由于讲学风气中竞争(争取听众、吸引徒众)的压力的吧。讲学之为风气,也使士习的好立异受到了鼓励。归有光就曾说其时之"敢为异论"者,"务胜于前人,其言汪洋恣肆,亦或足以震动一世之人"(《送何氏二子序》,《震川先生集》卷九第 195 页)。[1] 追求轰动效应之为诱惑,确也非寻常讲者所能抵拒。

讲学,尤其面向公众之讲,也不能不追求现场效果。保存在《二曲集》中的讲学记录,令人可考讲学这一活动的实际展开,想见其"讲"的技巧,问答之际师弟的情态。记录者对于李氏答问之敏捷,极表倾倒,有"答决如流","迎机立决,沛若江河"云云(卷一一);说李氏"往往于稠人之中,而申之以策励鼓舞之辞"(卷一〇)。由文集看,李氏熟于当代掌故、理学家故事,所讲多有此类,故足以动人。部分出诸刘宗周本人所记的《证人社语录》,亦令人约略可以想见其时情景,即如刘氏的随机指点、开示(《刘子全书遗编》卷一)。孙奇逢《日谱》所记其人与子弟门人友朋问答,亦讲学笔录。由此《日谱》看,孙氏所讲,语皆平易,无机锋玄理,正如其人。其他如黄道周的《榕坛问业》[2],王夫之的

---

① 归氏同文中说:"盖汉儒谓之讲经,而今世谓之讲道。夫能明于圣人之经,斯道明矣,道亦何容讲哉?凡今世之人,多纷纷然异说者,皆起于讲道也。"

② 关于《榕坛问业》,四库馆臣曰:"此篇乃其家居时讲学之语";"书内所论,凡天文地志经史百家之说,无不随问阐发,不尽作性命空谈。盖由其博洽精研,靡所不究,故能有叩必竭,响应不穷。虽词意间涉深奥,而指归可识,不同于禅门机括,幻窅无归。先儒语录,每以陈因迂腐为博学之士所轻。道周此编,可以一雪斯诮矣"(《四库全书总目提要》子部儒家类)。

《春秋家说》《四书训义》等，也约略保留了现场气氛。

明人热衷于著述；出诸门下的讲学记录，也被作为著述的一种形式。"记录"不可避免地导致意义、意蕴的流失，但记录的刊行却大大扩展了讲坛，扩大了受众范围，扩张了讲学的影响。也因有相当数量的讲学记录的刊刻流传，令人可据以想见此种场合师弟子间的情感交流。收入文集的儒者语录，通常即弟子所记其师的答问，证明了现场交流，亦"讲"借以展开的条件。可惜的是此种记录未必全豹，或对提问有所删略。但即使删除了对话的一方，由此种文本所包含的对话关系、对象化的表述，仍可供想象为讲学所特有的情景、氛围。

一时大儒的讲学，授受方式极灵活多样，往往个人间的问答与集体讨论并用。崇祯七年黄道周在漳郡紫阳学堂讲学，曾向诸生"分纸一张，随所疑难，先经后传，先籍后史"，黄氏"自次所条答"，即行世之《榕坛问业》(《年谱》，《黄漳浦集》)。据黄炳垕撰黄宗羲年谱，康熙十六年黄氏在海昌讲席，"每拈《四书》或《五经》作讲义，令司讲宣读，读毕，辩难蜂起"(《黄宗羲年谱》第40页)。某些论学书札，亦讲学的一种形式——未必即口讲，也未必面授。即如刘门弟子董玚所辑录的刘宗周的此种书札。姚名达编撰的《刘宗周年谱》，系刘氏答秦宏祐书于崇祯六年，以为"《人谱》之作，即踵此书之意也"(第200页)，可以作为讲学中相互启发、激发之一例。

在讲学者，区分或许更在讲什么与为什么讲——不唯所讲的内容(即如讲"理"抑讲"经")，更有讲学的目标意识。严肃的儒者与时人所鄙的"讲学家"，或许就于此见出了分别。即"严肃的儒者"，所设目标也不妨各异。鹿善继曾批评冯从吾等人主持的首善书院不及于朝政[1]；傅山笔下的蔡懋德，却聘人"讲战，讲守，讲火攻，讲诚明道统，讲财用，讲防河，各有其说"(《霜红龛集》卷一五《巡抚蔡公传》)，务期切

---

[1] 冯从吾以为学有"异端之学"，有"越俎之学"，有"操戈之学"，解释其所谓"越俎之学"，说："吾儒讲学，所以明道也。讲间惟当泛论道理。……无论居官居乡，当讲学日，不得议及他事，论及他人，方得讲学家法。不然，是以议事当讲学，以论人当讲学也，不几于越俎而失体哉？"(《辨学录跋》，《冯少墟集》卷一六)

于实用,是贴近了时务的"讲"。① 李塨《万季野小传》记清初京师讲会,万斯同所讲乃"宫阙、地理、仓库、河渠、水利、选举、政刑诸项"(《恕谷后集》卷六),亦其时被归入"经世之学"者——无论万斯同等人旨趣如何,都不妨认为提供了学问、知识趣味(即余英时所谓"智识主义")扩展的空间,因而与此后的"清学"主流,不无衔接。②

"时风众势"总不免引出其反动。对讲学的批评,不始于明亡之后。③ 批评所向,毋宁说更是由"讲学"衍生的文化现象,即如因讲学而"聚徒"乃至结党。以讲学为罪案,争持之激烈,尤见于何心隐一案。④ 此种对抗的性质,由王世贞的说法或可得一解释。《弇州史料后集》卷三五《嘉隆江湖大侠》:"嘉隆之际,讲学者盛行于海内,而至其弊也,借讲学而为豪侠之具,复借豪侠而恣贪横之私,其术本不足动人,而失志不逞之徒相与鼓吹羽翼,聚散闪倏,几令人有黄巾、五斗之忧。"(《何心

---

① 该篇说蔡氏主持的讲会月三集,"初集讲圣谕六句,荐绅先生至,乡耆里老咸在焉。再集讲经济,凡国家大政杂务切时利害者,莫不咨辨之,期实效,而乡耆不与。三集则课诸生制举义",所讲又因对象而有不同。

② 庚辰(1700)李塨曾讲过万斯同讲会,"讲三代以及元、明制度,如选举、赋税各项,并漕运及二洪、泇河水道"(《李塨年谱》第79页)。同书记万氏主持的京城讲会,"皆显官主供张,翰林、部郎、处士,率四五十人环坐,听季野(按即万氏)讲宫阙、地理、仓库、河渠、水利、选举、赋役、朝仪、兵刑诸项"(第89页)。

③ 《明史》王阳明传记王氏"尝谓胡世宁少讲学,世宁曰:'某根公多讲学耳。'"张岳传则说张氏嘉靖中章奏,"极言讲学者以富贵功名鼓动士大夫,谈虚论寂,靡然成风"(卷二二七)。陈第亦不以讲学为然,理由是"圣教重行"(《松轩讲义》,转引自容肇祖《明代思想史》第274页)。归有光批评其时的讲学,说:"今世不求博学、审问、慎思、明辨、笃行之实,而嚣然以求名于天下。聚徒数千人,谓之讲学,以为名高……"(《送王子敬之任建宁序》,《震川先生集》卷一〇第223—224页)黄宗羲引顾泾凡批评讲学者,"在缙绅,只讲得明哲保身一句,在布衣,只讲得传食诸侯一句"(《孟子师说》卷三,《黄宗羲全集》第一册第83页)。其他尚可参看《明儒学案》卷四二唐伯元《论学书》、杨时乔《文集》,卷五一黄佐《论学书》等。李贽批评当世的讲学,着眼在所讲者何,并由所讲追究及于其人(如言行不一、口是心非),可以认为是有关讲学的道德批评(参看李氏《又与焦弱侯》,《焚书》卷二)。

④ 参看《何心隐集》卷一《原学原讲》;同书卷四《上祁门姚大尹书》《谢进贤王大尹书》;同书附录邹元标《梁夫山传》、程学博《祭梁夫山先生文》。

隐集·附录》第 143 页）①

清初李颙、孙奇逢、黄宗羲的讲学，颇招物议。张履祥说其先师刘宗周"耻皋比横经之习"（《寄赠叶静远序》，《杨园先生全集》卷一六），对同门黄宗羲的讲学不无微辞。雷鋐《张先生履祥传》："时黄太冲方以绍述蕺山鼓动天下，先生曰：'此名士，非儒者也。'先生隐约阖修，不标门户……曰：'某自授徒外，未尝敢以讲学为人师也。'"（《碑传集》卷一二七）授徒可，"以讲学为人师"则不可。换句话说，教馆可，做"讲学师"则不可。② 顾炎武径说自己将"不改效百泉、二曲为讲学授徒之事"（《复陈蔼公书》，《顾亭林诗文集》第 67 页。按百泉，孙奇逢）。其所谓"讲学授徒"，应即"以讲学为人师"。③ 与黄宗羲反目而亲近张履祥的吕留良，则说"讲学之事，不但非其所知，亦平生所憎疾而不欲闻者也"（《吕晚村先生文集》卷二《与某书》）。吕氏对讲学的态度，尚可参看《碑传集补》卷三六《吕晚村先生事状》）。李颙的两次自悔讲学（参看《鲒埼亭集》卷一二《二曲先生窆石文》），既系于遗民的特殊处境，也未必不缘于"讲学"的渐成时忌。当其时魏禧也说："嘉、隆间讲学，渐生病痛。惟以收敛阖淡、不露声光、不畏强御，方是真人品、真理

---

① 同文说何氏"所至聚徒，若乡贡、太学诸生以至恶少年，无所不心服。吕光又多游蛮中，以兵法教其酋长。稍稍闻江陵。属江西、湖广抚按密捕之"（吕光，一作吕光午，何氏门人）。据说同一时期"罗汝芳的讲座已经不是一个单纯讲论学术的场所，而带有某些政治色彩了，如《明史·罗汝芳传》中所说，'汝芳为太湖知县，召诸生论学，公事多决于讲座'，可以参证"（《中国思想通史》卷四第 1097 页）。

② 作为个人选择，张履祥不取讲学，对当局的"禁绝"，仍持批评态度："嘉、隆间一种讲学之风，虽足坏人心败风俗，但当正其学术，以救被淫邪遁之蔽，不当一概禁绝，并自古书院俱从毁拆也。""江陵为相，得罪天下后世者，毁书院、复淫院二事为最。禁天下讲学，与商鞅废井田、李斯焚书何异！若复淫院，恐李斯未必肯为。小人无忌惮，至此而极。"（《备忘二》，《杨园先生全集》卷四〇。按江陵即张居正）

③ 在书札中，顾氏一再表明他对于讲学的态度，即如说他虽主持关中的考亭书院，"然不坐讲席，不收门徒，欲尽反正德以来诸老先生之凤习"（《与苏易公》，《顾亭林诗文集》第 200 页。类似意思，还在与潘耒、李紫澜、毛锦衔的书札中说到过）。还说自己"能文不为文人，能讲不为讲师，吾见近日之为文人、为讲师者，其意皆欲以文名、以讲名者也"（《与人书二十三》，同前第 97 页）。易代之际顾炎武对讲学、坊社的态度，有极其自觉的象征意义，影响于有清一代学人甚巨。

学。"(参看《树庐文钞》卷五《鄱阳史惺堂先生文集序》)黄宗羲却另有思路,说孙奇逢之所至,"虽不知其浅深,使丧乱之余,犹知有讲学一脉者,要不可泯也"(《明儒学案》卷五七第 1371 页)——未必不包含了自辩。全祖望也以为黄氏功在扭转风气,因了他的讲学,"前此讲堂锢疾为之一变"(《甬上证人书院记》,《鲒埼亭集》外编卷一六)。① 陆世仪的下述说法较为平情:"天下无讲学之人,此世道之衰;天下皆讲学之人,亦世道之衰也。"(《思辨录辑要》卷一)他甚至说"师道之贱,自不讲学始。盖不讲学则人品不立,人品不立,则自知不足以为人师,凡事苟且,人亦从而苟且之,师道自此大坏矣"(同书卷二)。此处所谓讲学,所指不止于"师弟子临讲"之"讲",也应包括"朋友切磋"之"讲",却决非以"声气"为标榜的"以多为贵,呼朋引类,动辄千人"的"讲"(参看其《论学酬答》卷三《与浙中屠阖伯、俞右吉、张白方、陆冰修、潘美含书》)。②

尽管黄宗羲到八十高龄仍有姚江书院的会讲(《黄宗羲年谱》第 46 页),对与讲学有关的敝习,批评态度之激切,却有过于时人。他说:"今日龌龊阘茸之徒无不讲学,可羞可鄙,遂令讲学为畏途。"(《明文授

① 全氏在该文中说:"自明中叶以后,讲学之风,已为极敝。高谈性命,直入禅障,束书不观,其稍平者则为学究,皆无根之徒耳。"黄氏"始谓学必原本于经术,而后不为蹈虚;必证明于史籍,而后足以应务。元元本本,可据可依,前此讲堂锢疾,为之一变"。全氏另在《梨洲先生神道碑文》中,说黄宗羲清初的讲学"非其志也"(《鲒埼亭集》卷一一)。刘氏门下弟子对讲学的态度互有不同。陈确虽不满于其时的社集,却不一般地否定讲学,他由知行关系的方面,主张学以心讲,更以身讲(《答张考夫书》,《陈确集》第 592 页),与大致同时的颜元,思路略有契合。对风气的逆反亦自有弊。刘宗周有见于此,说"世之狃于习者,每以'道学'二字避流俗之诮,而人之讳言讲者,转以躬行一涂开暴弃之门"(《刘子全书》卷一三《证人会约·学檄》)。此义却少有人道。

② 陆氏说:"嘉、隆之间,书院遍天下,讲学者以多为贵,呼朋引类,动辄千人,附影逐声,废时失事,甚至有借以行其私者——此所谓处士横议也,天下何赖焉!"(《思辨录辑要》卷一)为陆氏否弃的,是聚众宣讲者的务为耸动,以及借诸讲学而聚党行私。对朋友间讲习之"讲会",他非但无异议,且"身任之",以为"此真身心切要事";明亡前即"与同志数人相约为讲学之会,一意读书"(《水村读书社约序》,《桴亭先生遗书》卷三)。他说,"讲学未有所得,是最苦事;既有所得,则讲学之乐,其味无穷",应即得之于此种会讲的体验(《思辨录辑要》卷四)。

读评语汇辑》,《黄宗羲全集》第十一册第 164 页)以为其时讲学者之空疏,更甚于所谓"诗人"(《董巽子墓志铭》,《黄宗羲全集》第十册第 476页);甚至说"世之讲学,仅以口耳;高者清谈,卑者无耻"(《万公择墓志铭》,同书第 505 页)。所刻画的,岂不就是某种"讲学师"的形象?不唯顾炎武,黄氏所不愿居的,也是此种"师"。

说明亡于门户、党争,到这一时期已渐成陈言,四库馆臣却进而说:"夫明之亡,亡于门户。门户始于朋党,朋党始于讲学,讲学则始于东林,东林始于杨时。"(《四库全书总目提要》子部儒家类存目,张烈《王学质疑》)在这条因果链中,讲学竟像是关键的一环。其时颇有批判精神的唐甄,竟也说:"讲学必树党,树党必争进退……"(《潜书》下篇上《尚治》,第 104 页)还说:"天下有行于今必如行于古者,有行于古必不可行于今者。必如行于古者,学也;必不可行于今者,聚众以讲学也。聚众讲学,其始虽无党心,其渐必成党势。"(同书下篇下《除党》第 163页)口吻与明人之举发何心隐者无异,见识远在王夫之等人之下。①

当其时,顾炎武固然有意校正风气之敝,也未必非因意识到了所处情境的严峻性。他本人并不隐讳其政治方面的考量,自说在关中"非敢拥子厚之皋比,坐季长之绛帐",倘别人误以为其"自立坛坫,欲以奔走天下之人,则东林覆辙,目所亲见,有断断不为者耳!"(《复张又南书》,《顾亭林诗文集》第 86 页。按子厚,张载;季长,马融)还说自己所以"不立坛宇,不招门徒",亦有鉴于李颙为"上官逼迫",于此感叹着"名之为累,一至于斯"(《答李紫澜》,同书第 65 页)。② 由此看来,他的"逃名",未尝不也是在逃避政治迫害。张履祥也曾说到"湖州诸兄各率子弟至于一家解经习礼,以观所业之进退……而嫉之者辄以不降社题之,流言籍籍"(《答吴仲木》,《杨园先生全集》卷三)——不难想见清初明遗民之讲学者处境之凶险。顾氏本人始料未及的是,他的上

---

① 王夫之《宋论》说"禁讲说,毁书院,不旋踵而中国沦亡,人胥相食"(卷一三第 296 页),未必非借论宋而论明。关于明何以亡,所见与四库馆臣何其不同!

② 江藩据此,记顾氏居华阴,"有请讲学者,谢曰:'近日二曲以讲学得名,遂招逼迫,几致凶死,虽曰威武不屈,然而名之为累则已甚矣。况东林覆辙有进于此者乎!'"(《国朝汉学师承记》卷八第 132 页)

述姿态,因在士风士习的转捩处,竟获得了不但预示清学取向,且提示士人命运的严重意味!

清二百余年间的当代(即清代)士文化批评——往往以明代为参照——继续复杂化着顾氏的选择的意义。完成与讲学有关的学风转换与有力者,却并非"士论",而是"新朝"政治。戏剧性的是,清末因时会又有风气之转,康有为至谓"国朝读书之博,风俗之坏,亭林为功之首,亦罪之魁也。今与二三子剪除棘荆,变易陋习,昌言追孔子讲学之旧"①。顾氏何尝能想到,他的半基于自身处境的选择,在其身后的世事变幻中,意蕴竟至于如此复杂!

近人论明代事,激烈往往有过于明人者。陈守实就愤愤然道:"当明之阉党肆毒士林,生祠遍天下,廉耻道丧,非讲学何以挽之?边寇日亟,士习浸婪,非讲学何以振之?然则明之晚年,讲学者犹恨其少耳。胡清入关,江以南螳臂之抗,前仆后继,为万一之希冀者,皆讲学之效也。阳明之好讲学,何负于明哉!使天下学人皆知'致良知''心物一体'之说,张、李奚自起,清人何自入关!"(《明史抉微》,《明史考证抉微》第21页)

钱穆在其《中国近三百年学术史》中说:"书院讲学,其事本近于私人之结社。""实则书院讲学,明与朝廷功令相背。"(第一章第20—21、7页)由近人看去,明代的"党社运动"与书院讲学,是士人集团活动的形式,标志着士作为一种社会力量的自觉。经由此种活动,士的意志得以表达。黄宗羲《明夷待访录·学校》中屡为人所称引的著名议论,作为典型的明人言论,正赖有有明一代的政治文化氛围酿成。由发生于清代的事实看,明代士人的有关活动,确已到了制度所容忍的极限。正是基于此,由宋以来的诸种反应——谴责、辩护、追加罪名与持续辩护,官方的禁讲学、毁书院直至清的严坊社之禁——发生于近代中国的前

---

① 康有为《长兴学记》第5—6页。同文中说:"顾亭林鉴晚明讲学之弊,乃曰:'今日只当著书,不当讲学。'于是后进沿流以讲学为大戒。江藩谓'刘台拱言义理而不讲学,所以可取。'其悖谬如此。近世著书,猎奇炫博,于人心世道绝无所关。戴震死时乃曰:'至此平日所读之书,皆不能记,方知义理之学可以养心。'段玉裁曰:'今日气节坏,政事芜,皆由不讲学之过。'此与王衍之悔清谈无异。"(第5页)

夜,是意义深远的对抗,值得一论再论。

私学风味

明清之际的学校论,往往借诸"三代论"的框架展开。以经典为依据,士人重申学校的功能,希冀凭借了制度复古,恢复、重建士被认为曾经据有的地位。

论学校,理学本有统系。陆世仪说:"学校之制,自汉、唐以下,虽代有兴举,然皆不过得其大略,未能尽复古初之意。惟安定《湖学教法》、伊川《看详学校》、明道《上神宗书》及朱子分年读书科举之法为详。然三者之中,惟安定、明道,尤得贯通推行之法。"(《思辨录辑要》卷二〇。按安定,胡瑗)①黄宗羲的学校论,却并不在上述脉络中。《明夷待访录·学校》一篇中最为近人所重的,是"公其是非于学校"。黄氏据以想象的,固然有汉末陈东一流干预朝政的太学生的"学校",也未必不依据了有明一代的诸生干政、东林诸人的主持清议以至进退人物,以至他本人于明末"党社运动"中的经验。但在黄氏关于学校的设计中,学校非但不独立于官方政治,且张大其功能,扩充其能量,不唯继续充当官员的养成所,更成其为对于权力机构的制衡力量;即用了近代眼光,也难以对其中的"近代因素"率尔论定的吧。

即危机之际,儒者也往往坚持标本兼治,刘宗周更以整顿学政为"救世第一义"(《修学中兴第一要义疏》)。明亡之后的学校论,仍由此思路延伸。颜元、李塨、王源等,均有关于学校之为制度的设计(如李塨《拟太平策》卷三),是涉及各级有关机构、教学内容、目标期待的完整方案;且以"学制"与铨选制度配套,以完成仕、学的统一。当然,

① 关于胡瑗,《宋元学案·安定学案》说,"其教人之法,科条纤悉悉备。立经义、治事二斋:经义则选择其心性疏通有器局可任大事者,使之讲明《六经》;治事则一人各治一事,又兼摄一事,如治民以安其生,讲武以御其寇,堰水以利田,算历以明数是也"(《黄宗羲全集》第三册第56页)。此即陆世仪所谓"湖学教法"。二程与学校有关的文字,如程颢的《请修学校尊师儒取士劄子》,程颐关于太学学制的《三学看详文》《论改学制事目》《回礼部取问状》《论礼部看详状》等,均见《二程集》。

儒者不能不关心他们设计中的学校将作养、兴起何种样的人才。与学校有关的制度设计中,灌注着设计者这一方面的目标意识。

一种说法是,"明代官学发达而私学式微"(关文发、颜广文《明代政治制度研究》第 186 页)。① 至少到本书所论的时期,已不适用于上述判断。明人所目击的,是官方教育的失败。明中叶李贤述说太学兴废之迹,曰"我国家建都北京以来,有废弛而不举者,有创新而不措者;所废弛者莫甚于太学,所创新者莫多于佛寺"(《论太学疏》,《明经世文编》卷三六)。清初王夫之肯定了"学之统在下久矣"这一事实;他试图勾画私学发展的脉络线索,将"私学兴,庠序圮",归结于"章程""科条"的滥用,由此论证了"教之下移而不锢之于上"的积极意义(《读通鉴论》卷一七第 628—630 页),可以理解为对当道假科举实行学术垄断、文化统制,"桎梏"士的聪明才智的批评。在《宋论》中,王氏由私学在儒学传播中的作用着眼,由儒学承续(而非知识传授)评价师的功用,说:"君子于此,以道自任,而不嫌于尸作师之权者,诚无愧也。"(卷三第 79—81 页)王氏主张言论(政治言论,主要指朝廷言论)"权"操之在上(参看《读通鉴论》卷八第 327 页、卷一一第 418 页),却又肯定"学之统在下",于此也可窥其时有识者自身思路的参差。

从事私学者也显示了活跃的制度想象力。② 张履祥教馆澉浦,曾作《澉湖塾约》(《年谱》顺治十三年)。彭士望为易堂诸友所创"教式"作序,说"馆各条为式,式不必尽同","见者或惊为创异"(《三馆教式序》。按"三馆"为李腾蛟、邱维屏、魏禧所设馆)。士人本不乏制度设计的智慧。有明一代私学最富于创意者,无过于何心隐为宗族设计的乡学。该项设计的内容包括了"不分远近贫富,必欲总送馔","不分远

---

① 吴霓以为北宋时期,书院"大都属于私学范畴",而元、明、清诸朝的书院则"官学化"了(《中国古代私学发展诸问题研究》第 95 页)。就我阅读所及,明代书院,官方介入与否与介入的程度,不便做一概之论。

② 本书所论的时期,知名之士而教馆或设馆授者多有。刘宗周曾教授举子业于族塾。张履祥以教馆为生。王夫之僻处湘西,经由授徒传道传学,亦以之为谋生手段。张尔岐教授乡里终其身。易堂李腾蛟、邱维屏、魏禧均设馆授徒。陆世仪,近人以之为"明清之际的著名蒙学教育家"(周德昌主编《中国教育史研究·明清分卷》第 202 页)。

近长幼,必欲总宿祠",待"十年大成",不论贫富"其冠婚衣食,皆在祠内酌处"(《聚和率教谕族俚语》,《何心隐集》卷三第68、69页)——俨若均平社会之模型。①

《续文献通考》卷四七《学校一》:"国学之政,莫备于明初",至中叶,"名儒辈出,分教南北","昼则会馔同堂,夜则灯火彻旦,如家塾之教其子弟"。官学而有私学风味,"国学"如"家塾","如"在关系的直接、氛围的亲切。这也被认为私学的优长所在。清初唐甄批评聚众讲学,以私人授受作为对比,说"升五尺之座,坐虎豹之皮,环而听之者百千人。在堂下者,望而不见;负壁者,及阶者,见而不闻;在寻丈之间者,闻而不知;在左右前后者,知而不得;是之谓观讲。众观而已,何益之有!"反于是,"一室之中,不过数人,朝而见,夕而见,侍坐于先生,侍食于先生,非若大众之不相接也,可以教矣"(《潜书》上篇上《讲学》第44页)。当然讲学不尽如唐甄所形容。李颙也注意到了"大堂开讲"的局限,他所拟《关中书院会约》就有下述内容:"先辈大堂开讲,只统论为学大纲,而质疑晰惑,未必能尽。盖以大堂人士众多,规模宜肃,不肃则不足以镇浮嚣,定心志。私寓则相集略少,情易孚,意易契,气味浃洽,得以畅所欲言。"他鼓励有志进修者到其私寓,"纵容盘桓,披衷相示"(《二曲集》卷一三)。在李氏看来,"大堂开讲"与私寓相集,不唯氛围不同,功能也互异,不可相互替代。但由其时大儒的文集看,确也以私寓的交流更风味醇厚。而师之于弟子的熏染,也就在此种亲密的接触中。明清与学校有关的禁例,均有警戒生员毋"妄行辨难"的内容(明

---

① 容肇祖《何心隐集序》说:"他把宗族单位作为一个共同体,在这一单位内,办了一个学校,实行集体生活,用'总送膳'的方式集体吃饭,集体在祠内住宿。本姓子弟们都得到一律平等的待遇;外姓子弟也可以入学,不分亲疏厚薄。在集体里要遵守节约的原则,不许'盛饰''厚味',大家都过着平等的生活。""类似乌托邦的理想"。(按容氏所述应据何心隐《聚和率教谕族俚语》《聚和率养谕族俚语》二文)邹元标《梁夫山传》记其事,曰何氏"谋诸族众,捐赀千金,建学堂于聚和堂之傍,设率教、率养、辅教、辅养之人,延师礼贤,族之文学以兴。计亩收租,会计度支,以输国赋。凡冠婚丧祭,以逮孤独鳏寡失所者,悉裁以义,彬彬然礼教信义之风,数年之间,几一方之三代矣"(《何心隐集·附录》第120页)。则非但有设计,且付诸实施。

"禁例十二条"、清《训士卧碑文》)。由文献看,辩难驳诘,正是书院及私人讲学的重要方式。明代国子监监规严苛,对教官"钳束甚谨",比较之下,书院、书塾的管理更人性化,气氛更有可能和谐轻松。

儒者讲学中的互动,角色(师、弟)的非确定性,是"和谐轻松"的条件;其摹本,正是"圣师弟"。见诸《论语》的孔门师弟,提供了令儒家之徒悠然神往的经典意境;据此而有的关于理想的师弟关系的想象,不但影响到私人讲学,也未尝不暗中启发了关于书院的设计。由大儒主持的讲学,以孔门为楷式,往往有对于"浴沂舞雩"的意境的有意营造,气象力求宽豁。王阳明在滁州,"日与门人游邀琅琊瀼泉间,月夕则环龙潭而坐者数百人,歌声振山谷。诸生随地请正,踊跃歌舞"(《年谱》正德八年,《王阳明全集》第1236页)。刘汋所撰刘宗周年谱,记刘氏授徒,"朔望考课毕,或尚论古今人物,或商榷坐下工夫,间一命酒,登蕺山之巅,歌古诗,二三子和之,声振山谷,油然而归"(万历四十三年)。[1]

江天一说其师风味"淳古","每登堂揖拜,如过家庭,去师弟而父子畜也"(《张台垣先生擢瓮安知县序》,《江止庵遗集》卷一)。师弟关系最亲切者,即"如家人父子"。《黄道周年谱》记陈士奇、陈瑸问业于黄氏,入则与黄氏共砚,出则与其共衣,夜则与其共被,日则与其共取柴水(洪思《黄子年谱》,侯真平、娄曾泉校点《黄道周年谱》第7页)——师弟子之亲密无间有如此者!刘宗周讲授于解吟轩,"凡四方来请教者,悉寓其中",师弟子同一居处,"朝夕讲论"(刘汋《刘子年谱录遗》,《刘子全书》),也略如家人父子。

此种私人授受,方式之灵活多样,也非官学所能比拟。张履祥年谱记张氏"虽门人皆对之如严宾,丙夜长谈,议论津津,欢娱洒落,听者忘倦"(顺治四年,《杨园先生全集》附录),则"丙夜长谈"亦授受。梁份记魏禧教门生,"取古大变大疑事",掩卷令门生"意度",并"揣摩、擘画世故家常事"(《涂君愓岩墓志铭》,《怀葛堂集》卷七),教法灵活,目标

---

[1] 刘氏决非一味和煦。或也因对象不同。据同谱,刘氏授宗人戚属举子业,"教学者一准规矩,出入进退,俱有成度。课督甚勤,旷业则令长跪,有不率教者,夏楚之,成童以上勿恕也。末世师道陵迟,见先生严毅,咸惊异焉"(万历三十五年)。

无非在有用，无论用于国还是家。梁氏据亲历，说师生往复讨论，气氛活跃（"皆跃然而后已"）。由此看来，执经问业，授徒淑人，原是一件不无诗意的事。更有独出心裁者。年谱记万历四十一年黄道周"杜门于东皋"，"其旁凿一窦，惟问业者得入焉"；直至万历四十五年，"有问字者，皆从窦中往来授业"（《黄子年谱》，《黄道周年谱》第7—8页）。其时的人们，对于此种名士行径似不以为怪。

见诸师弟子之间，名士风自有渊源。上文引顾炎武所谓"子厚之皋比""季长之绛帐"。《后汉书》马融传，记马"常坐高堂，施绛纱帐，前授生徒，后列女乐，弟子以次相传，鲜有入其室者"（卷六〇上）。到明末汤显祖还津津乐道马氏授徒而"不拘儒者之节，鼓琴吹笛，设绛纱帐，前授生徒，后列女乐"（《点校虞初志序》，《汤显祖全集》卷五一第1651页）。仪节乃师的尊严所系，"皋比"决非可有可无的道具；"绛帐"却只是名士的徽记。马融的做派，无疑为明代文人所乐赏。钱谦益记陈瑚之父陈朝典教授生徒，岁常五十人，"尝中酒慵起，诸学子张口坐获帘外，遣老婢传诵句读，犁然若自口出"。以下又写到宋少蕴所记其业师，"草屋三间，妻子栖一椽，而以其二聚徒。旦起授群儿经，口诵数百过不倦。少间，曳屦慢声吟讽，则东汉延笃书也。群儿或窃玩侮之，亦不怒"（岂不令人想到鲁迅夫子的《从百草园到三味书屋》）；又写到元的吾衍子行"坐临街小楼……弟子以次下楼授书，而己吹箫度曲，楼下书声琅琅然，无敢哗者"。钱氏欣赏的，是此数人的"风流乐易"，非"局促僮子师"可比（《温如先生陈公墓志铭》，《牧斋有学集》卷三二第1170页）——学塾风味亦如是之悠长。如上为钱氏所记塾师，负才学，有性情，处俗世而能脱出流俗，当其时固有其人；同一时期却更有关于塾师的笑话大量产出（参看冯梦龙《笑府》等）。那里有的是庸愚、冬烘、迂陋，被作为调笑嘲戏的对象的塾师。由上文所引张履祥自述其教馆的文字看，钱氏的记塾师，多半是隔岸以观，未必真得其情。钱氏不曾身任其事，对"行业内幕"业内人士的苦乐，确也难以深知。私学的"风味"，又何可一概而论！

余论　所谓"士风"

在讨论了上述现象之后,将"士风"作为话题,并不意味着将上述现象指为"士风"。事实上我有意避开了"士风"这一名目,也自以为避开了"士风论"式的研究态度,却不以"士风"为虚构,并不企图在这一意义上否定已有的士风描述。事实上,以上各章对有关现象的分析中,均有关于"风气"的判断。这种"整体论"的不可避免,不只因其作为思维习惯、表述习惯,也因了极其现实的需要。我们自己不也随时需要据此确定自己所处的位置,确认自己应取的态度?至于我的选取几个(未必被认为具有"士风"意义的)点作为分析对象,更因这种方式于我的能力较为相宜,也因我对已有的几乎任何一种关于明末清初士风的大判断,均不无怀疑,以为那种判断很可能障蔽了我们的视野,却相信它们有可能作为讨论的前提:经由质疑打破障蔽,以便发展出较为复杂的认识与把握这一时期历史的方式。

我在下文中将要谈到,当我们谈论明代士人、晚明士风时,很可能就在以已有的论述为对话的一方,而那些已有的论述,也无不是由论者所处当下的情境中抽出,于是我们读到了清人以自己所处时代为参照系的明人论、明代士风论,读到了近代以来以当时、当代为参照的晚明士风论。这些论述的意义,毋宁说更在映照论者所处的时代,提示论者所处情境——他们的历史想象与自我想象也由此生成。未标"士风"名目的士风论,又何尝不然?本书的以上各章,也同样可以由这一方向看取。

作为方法论的士风论

清人沈垚说:"六朝人礼学极精,唐以前士大夫重门阀,虽异于古之宗法,然尚与古不相远,史传中所载多礼家精粹之言。至明士大夫皆出草野,议论与古绝不相似矣。"(《与张渊甫书》,《落帆楼文集》卷八)这"与古绝不相似"的,是何种面目,沈氏并未付诸说明。"明士大夫皆出草野"云云却提示了如下的重大事实,明代士大夫是在世族式微的时代登上"历史舞台"的——近人所谓的"世俗转向""平民化",作为一部分背景的,未必不是上述事实。沈氏不曾对明士大夫的面目做具体刻画,他的关于士大夫由中古到近古的变化的洞见,却无疑出自久经训练的文化敏感。沈氏前后以迄于今,一再有论者试图刻画明代士人、晚明士人的面目——通常所用,即"士风"一类名目——却也不免议论纷纭,莫衷一是。

"士风"作为复数概念,指称某种行为的集合。有关"士风"的描述,通常出诸直觉的判断,且预先设定了有整体性的"文化性格",存在着精神取向较为统一的士群体,存在着有其一贯的士的基本取向、姿态。这也是"士风"论的基本预设。"士风"属于那种不可能付诸实证、只宜于"描述"的对象。有关"士风"的描述背后,隐含着"量"的估算,却又无从做量化分析。"士风"论的模糊性,也因了不能诉诸量化分析。至于后人对于前此时代"士风"的言说,所凭借的,是文献,片段文字的集合,片段文字依某种经验、想象、思维习惯等等的集合,与关于某种行为的记述在文献中出现的频率,不无关系:重复率较高者易于被指为"士风"——又有一种"量"作为潜在的依据。

关于士风的论说,通常赖有化约,无以避免"印象"式的判断的模糊影响,似是而非。鲁迅在私人书札中说过,"古人告诉我们唐如何盛,明如何佳,其实唐室大有胡气,明则无赖儿郎"(《致曹聚仁》,《鲁迅全集》第十二卷第 184 页)。说"明则无赖儿郎"时的鲁迅,想到的大约是正德那样的天子,与沈德符所说的"无赖"的"士人"(《万历野获编》卷二一"士人无赖"条。按沈氏所谓"无赖",更近于今人所说的"无耻")。罗尔纲《师门五年记》录有其师胡适批评其《清代士大夫好利风气的由来》一文的话。胡适说,"这个题目根本就不能成立","我们不能说东林代表明代士大夫,而魏忠贤门下的无数干儿子孙子就不代表士大夫了"。"治史者可以作大胆的假设,然而决不可作无根据的概论也。"然而论者仍不免要做此概论。对此种概论,不便仅以判断之"对""错"或所描述之现象的"有""无"论。与其否认有所谓"士风"、有某种"士风",不如检讨通常士风论述的方法论前提,其盲点与误区。

"士风"中的"士",即"士类",而无分何种士,比如儒家之徒抑文人。"士风"以笼统的"士",将其间的千差万别掩盖了。即如论"晚明士风"者,依据的文献,通常更是文人作品,以及较有表现力的士人——如"泰州学派",亦作"王学左派"——的言论及关于他们的记述。被忽略的,通常还有地区差异,即如以士文化发达的江南尤其东南一区概其余。江南清议(士的自我监督机制)的发达,鼓励了士的自我审视。但江南人士所谓的"士风",未必能涵盖其他地域。人文荟萃的江南、东南以其"强势"影响于当时后世有关士风的判断,使得地域差异难以进入论者的视野。被论有明士风者作为标本的东林、复社,尽管其活动所覆盖的地域不限于江南、东南,却仍然更是区域性的士人结社,宜于置诸其地的经济、文化事实中考量。① 此外,有明一代"党社"政治极其活跃,以致使得当时及后世的明士、明史论者难以脱出"党论"的语境,以某一士群体(即如胡适所说的东林)的是非为是非,也即以某一士群体的趋向、价值取向论士风——这种情况,甚至近人、今人也未必能免。

影响于士风判断的尚不止于此。"时尚"通常由"巨子"引领,"主流"则在相当程度上赖有表达。领袖人物的影响力、个人魅力,足以放大其声音;在明代"党社运动"的空气中,那声音更由声气联络而传远,非但影响于当时有关风气的感知,也作用于后世有关其时风气的想象。当着"风气"因有力者而得以表达,"风气"之外者即渐就湮灭。关于"风气"的认定使现象的丰富、多样性被删略、掩盖。由此不能不认为,与"风气"有关的言说,使"历史生活"的色调在我们的想象中大大地单一化了。这种情况正与黄宗羲所见正德年间的诗坛相似:趋时者"一

---

① 日本学者宫崎市定《明代苏松地方的士大夫和民众》说:"苏州一地,其文化绝对高出其它地方,因而不断地向官界输送人材,同时,在本地由土著的市隐和诸生等左右乡评,并总是试图对抗北京政府……"(《日本学者研究中国史论著选译》第243页)

经品题，姓名便不寂寞"，而"穷退无力之徒，唱之而未必能和，和之而竟亦莫能解"，更无论其流传（《半山先生诗集序》，《黄宗羲全集》第十册第14页）。"风气"也莫不经了"品题"，"穷退无力之徒"的表现早经汰除。我们关于"士风"的认知，不能不是"汰除"之余。意识到这一点，至关重要。我在本书中力图于文献中搜寻"风气之外"，也因了上述缘故。

　　名贤向慕，从来有根柢的不同。"追星"作为大众文化现象，无代无之。明代士风浮躁而热情，名胜（所谓名流胜流）所在，即不免群而趋之。黄宗羲《思旧赋·陈继儒》，记所见陈氏的被崇拜者包围，"侵晨，来见先生者，河下泊船数里"（《黄宗羲全集》第一册第340页）。有明一代讲学、社集的惊人规模，确也赖此种浮躁（以至肤浅）与热情而造成。陈继儒虽为某些道学先生所不齿，尚称名士，如黄氏所记林兆恩因"奇术"而为时人所追逐，"自士人及于僧道，著籍为弟子者，不下数千人，皆分地倡教，所过往观投拜者，倾城单里；有司约束之，亦不能止"（《林三教传》，《黄宗羲全集》第十册第545页），尤证其时士人之"好奇"，易于为风尚所鼓动。风气势必引出逆反。于是我们由后世看到了"犯冲"的色调。明中叶以降大规模的"党社运动"固然令人看到了士的群趋、趋同，同一时期的士人却又被由注重性灵、个性张扬的一面刻画。群趋与个人化，非但都存在于明代士林中，且均有可称"极致"的表现。看似背反的取向不止在同一时段、同一"运动"中，甚至汇集于同一人物。上述现象自不能仅由时势解释。

　　通常据以论"士风"者，确如胡适所说，往往是某个士群体（如东林）的习尚风貌。与"士风"有关的判断赖以成立的参照系，包括了其时被认为不足以言"士风"的其他士人行为，以及他时代不同于此时代的风气习尚。整体论通常是以大量的省略、删减为条件的，尤其以抹杀个人化的选择为代价。事实是，关于士风的任何一种描述都不能不同时是掩盖、遮蔽，出诸不同论者、论旨的描述也难免于扞格、牴牾。

　　"风气之外"却又未必无关乎风气。就明代乃至晚明而言，当其时自外于风尚者，不肯苟同于"群"的价值取向，有时像是用了绝大的力，甚至为了抵拒而不惜刻意立异——出于对风气的反拨，不但宜于由风气解释，且也印证了风气的强大。更为悖论的是，立异、自外于风气，也正演成了其时的一种风气。因而对于"个人化"的追求，未必不走向其反面。

士人的行为方式除受制于既有模式，也受制于一时期士群体的存在方式、生存状态，士的生活的组织方式（如党社、讲学及更日常化的交往方式等），受制于"时代思潮"（如理学）。无论士有何等丰富多样的个体取向，他们都共享了某些条件——其时（及其地）经济生活状况、诸种制度（如与铨选有关的制度）、学术文化氛围及学术生产方式，以至发生于其时的重大事件；他们甚至不能不同受某个（些）士人领袖的影响。你可以相信通常关于"士风"的描述自有其根据，包括生当其时的士人不能不囿于个人经验的描述。我在下文中还将一再谈到明清之际士论之合；由此种事实也不难推想言论的传播、士人间的交流与沟通。这自然也可以视为风气所以造成的一部分条件。"士风"论虽不能免于片面，"风"却绝非虚构，它在士人的普遍经验中，即使只能诉诸模糊的形容。

于慎行说："士之举动犹风也，飘风大和，冷风小和，风之所过，万窍怒号，风之所止，一尘不动，且再鼓则衰，三鼓则竭，气亦有所尽也。"（《谷山笔麈》卷一六《璅言》第184页）于氏所说，更是士的行为的社会效应，以及发力者自身在时间中的变化，却不妨移用来状写一种士风由生成、大盛到衰变的过程。清初唐甄更直接地说到人之为"风"所裹挟，所转移："风之中人，易性移心，以偏为正，以疾为德。贤者甚之；岂不正风，反以成风。"（《潜书》上篇下《格定》，第55页）你得承认，对于这种为士所参与造成，又反转来影响于士人的无形力量，"风"确实是切当的喻体。

儒者所说的"习染"，往往得之于风气。王夫之说："末俗有习气，无性气"，"惟习气移人为不可复施斤削"（《俟解》，《船山全书》第十二册第492页）。还说，"立志之始，在脱习气。习气薰人，不醪而醉"（《示子侄》，《姜斋文集》卷四，《船山全书》第十五册第145页）。陈确也说，"古来学人，无不为习气所转"（《答吴仲木书》，《陈确集》第571页）。不为风气所转而转移风气，其时的豪杰之士也即以此自期。王源引刘献廷诠释"人为天地之心",曰"人苟不能斡旋气运,徒以其知能为一身家之谋,则不得谓之人,何足为天地之心哉!"(《刘处士墓表》,《居业堂文集》卷一八)张履祥的说法与此相似:"此身在天下,与人并立,不为人转移,即能转移人,无中止之势。"(《备忘一》,《杨园先生全集》卷三九)陆世仪也说到"转世界而不为世界所转"(《思辨录辑要》卷一)。颜元则说"但抱书入学,便是作转世人,不是作世转人"(《存学编》卷四《性理评》,《颜元集》第 95 页)——像是其时的常谈。我在下文中还将说到,儒家之徒往往能作豪语;其中固不无大言欺世者,但上述诸人,有的却是真豪情。

他们所欲"转移"的,已非止士风,更有世风。在士人的经验中,士风与世风不仅互为因果,前者是更为主动的一方。士人相信士风关乎世运:"时之污隆,民之休戚,其几安在哉?存乎士风之直与佞耳。"(《明儒学案》卷二五《薛方山纪述》第 594 页。按薛方山即薛应旂)[1]同时认为挽回世风,惟士有此力量——"习俗败坏已极,挽回习俗,惟有志之士能之"(刘宗周《会录》,《刘子全书》卷一三)。士由此确认了自己这里蓄有的能量,也确认了对于时、世所承担的责任。

士风演变论:关于有明一代文化变迁的描述

士易于为风气所转移,士风又何尝不易于转移!

在论者那里,"士风"往往被描述为一个过程,其间演化,像是有着清晰可辨的轨迹。王夫之就说,"自万历季年以降,士习日靡,一变而虔矫,再变而浮夸,至于今日,则沉埋于米盐田舍之细,淫泆于胥史讼魁之交……"(《翔云先生传》,《船山全书》第十五册第 949 页)"数十年之士风,每况而愈下;其相趋也,每下而愈况。师媚其生徒,邻媚其豪右,士媚其守令,乃至媚其胥隶,友媚其奔势走货之淫朋。"(《文学刘君

---

[1] 方以智有《士习论》,说:"士庶人至众也。风俗所繇,大半在士。士处公卿大夫与庶人之间,操文法,明习世术,进则为公卿大夫,贱侔庶人;所习不善,则天下因之,俗流以失。"(《稽古堂二集》下,《浮山文集前编》卷三)

昆映墓志铭》,《姜斋文集》卷二,同书第122页)所谓"数十年",也应以"万历季年"为始点。这在当时,是相当普遍的看法。张履祥就说:"隆、万以来,朝野只成阘然媚世之习,是非不敢别白,善恶不欲分明。'直道而行'四字,我生之后,殆不复见。"(《备忘四》,《杨园先生全集》卷四二)①顾炎武也说"三十年之间而世道弥衰,人品弥下"(《常熟陈君墓志铭》,《顾亭林诗文集》第161页)。明末士人往往对于嘉、隆之际人物不胜倾倒,话语间暗含了有关"盛—衰"的感喟。黎遂球以他于崇祯朝所见,与所闻正德、嘉靖间比较,说:"予闻昔者南巡、议礼时,诸公相率号伏于烈日下以死者,不知凡几,而未或少悔。今幸遇明圣,而何其自待与待主上皆甚薄,不若昔时人也!"(《李仲木制义序》,《莲须阁集》卷六)那个风气转折的点,也就由诸多的谈论所确认。

清初明史馆当编纂《明史》时,因有大量的有关论说可资依据,不必赖编纂者自出心裁。也因此我们看到了如下议论:"弘、正、嘉、隆间,士大夫廉耻自重,以挂察典为终身之玷。至万历时,阁臣有所徇庇,间留一二以挠察典,而群臣水火之争,莫甚于辛亥、丁巳……党局既成,互相报复,至国亡乃已。"(《明史·选举志》)四库馆臣的说法大同小异:"隆、万以后,风气日偷,道学侈称卓老,务讲禅宗,山人竞述眉公,矫言幽尚。"(《四库全书总目提要》杂家存目九陶珽《续说郛》)②近人的有关判断,也未出此种视野。陈垣《明季滇黔佛教考》由一个特定的方面,说明代士风的变化:"万历而后,禅风浸盛,士夫无不谈禅,僧亦无不欲与士夫结纳。""其时士大夫风气,与嘉靖时大异。"(卷三第129—130页)下文将要引述的嵇文甫《晚明思想史论》,将俗世与佛门"思想潮流"一并纳入考察范围,以为在同一"趋势"中。

却也有将那个士风转捩的"点"设在弘、正间的。万斯同读弘治实录,感慨于弘、正间士风之变,说:"士风之变易也,岂不易哉!方弘治

---

① 钱穆所说明代的"举世谄媚之风"、明中叶以后的"一种谄媚结附之风"(《国史大纲》第七编第三六章第679页),未必不也依据了此种议论。

② 用之于对于具体著述的判断,即如以《观生手镜》虽"持论不甚谬,而词气儇薄,皆明末山人之习",即断其"必万历以后人作"(同上)。

之世,人人自爱而尚名节、重廉耻,岂不诚忠厚之俗耶？及刘瑾一出,向时之大僚,遂蒙面濡首、争先屈膝而不恤……"(《读高铨传》,《石园文集》卷五)弘治朝的风气已不那么可爱。前此沈德符则以为正统至成化,士习即已"大坏"(《万历野获编》"士人无赖"条)。可见士风的演变,世道与士的品质的衰变,确有其"渐",那个原本出于虚拟的"点",也就更难以认定。

陈澧(兰甫)说:"我未见贵远而贱近者也,大都贵近而贱远耳。于近时之风气,则趋而效之;于古人之学术,则轻而蔑之。自宋以来皆如此。"(转引自钱穆《中国近三百年学术史》第608页)但有关士风的议论却显然相反,通常的确是贵远贱近。士风论,是士的当代批评的形式。处当世而说士风,尤其被作为士以其"类"为单位自我反省的一种方式。对当世持批判态度,也才是士之为士。

明清之际士人的风俗谈、士风论,多愤激之言。直到明亡之后,易堂李腾蛟仍在指斥士人的"不知所守",说"天下之坏,人知坏于公卿大夫,而不知早坏于其所守以为士之日";即朝不坐燕不与的书生,也理应分担"鱼烂河决"的责任(《族子季玉四十一序》,《半庐文稿》卷一)。苛论本身也正在风气中,在一种严肃的自我修省自我策励的风气中,甚至也在弥漫其时的"戾气"中。不满于当世,固然基于士的文化性格,不满而至于议论苛酷,则更像是明末的倾向,酝酿在有明一代的思想环境、言论氛围中;到明亡之际,则是出诸深重的危机感、忧患感的对时事、世事的反应。

目标在于变士习,淑人心,士人对当代、近世士风持论严峻,不唯明代为然。见之于典籍的,如《颜氏家训》之于江南士大夫、梁世士大夫,《抱朴子》之于汉末世风、士风。《抱朴子》外篇《汉过》曰:"道微俗敝,莫剧汉末",顾炎武却说东汉末年虽"朝政昏浊,国事日非","而党锢之流,独行之辈,依仁蹈义,舍命不渝。风雨如晦,鸡鸣不已。三代以下,风俗之美,尚无过于东京者"(《日知录》卷一三"两汉风俗"条)——倒有几分像后人的说明末之世。程颐对于宋代士风,也有激烈的批评,说"士风益衰,志趣污下,议论鄙浅"(《又上太皇太后书》,《二程集》第550页),说"近世士风薄恶,士人不修行检,或无异于市井小人"(《论礼部看详状》,同书第 573 页),与后人关于宋代的印象大异。与此相似,明末论者艳称嘉、隆,嘉靖朝的霍韬论官场、士风宿弊,却辞情激切(参看其《第三劄》,《明经世文编》卷一八五)。赵贞吉隆庆初年上疏,说"只今人才士习,识者已谓不逮弘、正之时"(《三几九弊三势疏》,同书卷二五四)。唐顺之失望于其时的"人心士习"(《与程松溪司成》,《唐荆川文集》补遗卷二),说"近世之士,懦熟狷巧之习日工,而羔羊素丝之节或衰矣"(同书卷五《答顾东桥少宰书》)。归有光感慨"比年以来,士风渐以不振"(《送吴纯甫先生会试序》,《震川先生集》卷九第 188 页)。上述议论似乎并不足以影响后世关于那一时期的想象。这也证明了"贵远贱近"更出于需求。不可也不必付诸确证的"士风"云云,是士人判断自己所处时代的方式。他们需要这一种视野,无论这视野本身有何缺陷。至于通常以王朝末年为衰世,且相因有士风之衰,也因了习惯眼界的遮蔽——过于将政治与社会、文化作统一观了,不免以政治判断代替了本应更广阔的社会文化判断。

士风的转换、士气的盛衰,通常被直接归因于政局,如上引万斯同所谓"刘瑾一出"。吴伟业也说过:"神宗皇帝在宥四十余年,士大夫所持国是,无如江陵夺情、光庙出讲一二大事,皆通国争之,会暴有所摧折,士气忧不振。"(《宋幼清墓志铭》,《吴梅村全集》卷四七第 976 页)——以此解释了何以是"万历季年"。在其时士人的经验中,士风之敝,为当道以至人主所造成。这一种意义上的士风论,未尝不可以视为当代政治批评(包括君主批评)借以展开的形式。即如王夫之所一再论及的"气矜""气激"之由来。万历朝刘宗周慨叹道:"嗟嗟!东林何罪哉!自皇上毕世怒忠臣,而江河意气不免成此一种褊激学问……"(《妄言被纠据疏质明以彰公道揭》,万历四十二年,《刘子全书遗编》卷三,《刘宗周全集》第三册第 335 页)王夫之则说:"天生之,人主必有以鼓舞而培养之,当世之士,以人主之意指为趋"(《读通鉴论》卷一五第 562 页);也因了同样的理由,"士生无道之世,而欲自拔于流俗,盖亦难矣"(同书卷二六第 999 页)。本书下编将谈到其时的君主论。由此看来,君主论并非只在被近人划定的言论范围中。

至于由"学术"解释士风之坏,更是儒者的常谈。刘宗周说:"士习之坏也,非一日矣。大都上无教而下无学,沦胥以没。昔之视为物怪人妖者,今以为布帛菽粟。互相熏染,以至于此……"(《复魏子一》,《刘子全书遗编》卷四,《刘宗周全集》第三册上第 401 页)李颙径直将"近世士风"之"多谬",归因于"学术不明"(《鳌屋答问》,《二曲集》卷一四)。武人竟也袭用类似话头,戚继光就说:"或有论士习者,予曰:'士习焉得不坏!只看如今各省会郡邑鬻书肆中充栋盈壁者,便知士习坏不坏也。'"(《止止堂集·愚愚稿上》)

"士风"描述本是经验性的。富于批评精神的士人,自以为捕捉到了他们所处的环境中那些他人习焉不察的细微变化。至于更令敏感的士人忧虑的士习败坏的显征,却另有解释。由明代至清初,社会物质生活的变动,有效地影响了士的文化性格的塑造。对此,生当其时的士人并非不曾觉知。见诸文字的有关的言说中,往往可见"市""贾""货利""贸""市井"一类字面,由近人看去,确像是在表达面对"市场关系"无所不在的侵蚀时的不安。归有光就说过:"今为学者,其好则贾而已矣。"(《詹仰之墓志铭》,《震川先生集》卷一九第 479 页)黄宗羲有类似的印象,说今日士大夫"多市井之气","有能不脱学堂之气,则十无一二也"(《孟子师说》卷七,《黄宗羲全集》第一册第 157 页)。被认为与"市"有关的,就有士的交往方式。刘宗周状写其时士人间的交易行为,说"近世士大夫玉帛相见,率代以黄白,出入袖中,手手相攫,诡秘甚于暮夜"(《处士韩东楼公传》,《刘子全书》卷二三),描摹何其生动!即这一具体环节上发生的变化,也被认为可以向时间坐标取证。熊开元说自己"尝见先臣王守仁与同时士大夫各问贻劄子,第一行通己名,第二行著师友姓名,第三行已后则道意,前后并是细书,绝无所谓大字拜帖。古道焌人,良可爱慕。不知陋例始自何年,翰林科道官至京堂以上,拜帖尽用大字,甚有初仕为庶尝而拜帖即同于内阁者。于是士始进,百端情贿,必求为翰林推知,俸满亦百端情贿,必求为科道",以致"上下用黄白铸成一不可破之局面"(《上恩罔极臣义当明谨沥血控辞简命伏祈俞允以顺天罚以励群偷书》,《鱼山剩稿》卷一第 71—72 页)。顾炎武则以为近人较万历间人更无耻,于此愤然道:"万历以后,士大夫交际,多用白金,乃犹封诸书册之间,进自阍人之手。今则亲呈坐上,径出怀中,交收不假他人,茶话无非此物。衣冠而为囊橐之寄,朝列而有市井之容。"(《日知录》卷三"承筐是将"条)"朝列而有市井之容"显然不是随手拈来的形容。正、嘉间王廷相就说:"在先朝岂无贿者,馈及百两,人已骇其多矣;今也动称千数,或及万数矣。岂无贪者,暮夜而行,潜灭其迹,犹恐人知;今也纳贿受赂,公行无忌,岂非士风之大坏乎?"(《天变自陈疏》,《明经世文编》卷一四八)①"市井之气""市井之容",固然与江南、东南地区的城市繁荣不无关系,士人的上述文化敏感,却也部分地要由其时商品经济的发展提供解释。

令敏感的士人不安的,更有发生在人心中的变化。这一方面的观察所得,他们通常用"机械"一类字样形容。黄宗羲分析"今日致乱之故",说:"数十年来,人心以机械变诈为事。士农工商,为业不同,而其主于赚人则一也。赚人之法,刚柔险易不同,而其主于取非其有则一也。"(《诸敬槐先生八十寿序》,《黄宗羲全集》第十一册第67—68页)还说:"世苦于贫,多不持士节,三三两两相习于机械之途,以苟得为才。"(《万公择墓志铭》,《黄宗羲全集》第十册第504页)由我们似的"今人"看来,上述现象与同一时期"经济活动"的方式和规模,也应间接有关。其实黄氏所见"机械变诈",未见得来自"市场";倘使归因于商业文化的浸染,则此种浸染也由来已久。前此唐顺之就说过"廉耻敦朴之道丧,而狷利机械之俗盛"(《与程松溪司成》,《唐荆川文集》补遗卷二)。② 更前则陈亮就惊叹过"今天下之习日趋于轻浮变诈矣"(《策问·问古今文质之弊》,《陈亮集[增订本]》卷一五第170页)。

① 王廷相同疏描述其时"中外士风臣节颓坏之状",有"贿赂大开,私门货积,但通关节,罔不如意,湿薪可以点火,白昼可以通神"云云。前此成化二年礼部尚书姚夔曾说:"太学乃育才之地。近者直省起送四十岁生员,及纳草纳马者动以万计,不胜其滥。且使天下以货为贤,士风日陋。"(《明史·选举志一》)将与"货"有关的风气指为某项具体制度的后果。

② 唐氏说:"东南士习之坏也久矣。近年以来其坏者竟不可返,而其山乡僻邑颇号驯朴者,亦渐浇讹……盖其纷华之诱已深,而其秩巧机利之习鼓煽又甚。"(同书同卷《答冯午山提学》)陆树声也说:"数年以来,人情诡伪,习尚浇浮。骛声利者,善于趋时;饬廉隅者,病其绝俗。以承迎为将顺,以诡遇为通材……"(《敬献愚忠以备采择疏》,《明经世文编》卷二九一)

考虑到古代中国市场、商业文化发生、发达之早,如上述论者所说的那一种人格,自有更古的渊源;但当着被作为"风气"描述,仍然隐含了"量"的估算。

据说风起于青萍之末。王夫之释所谓"陵夷",曰:"何以谓之陵夷?陵之夷而原,渐迤而下也。故陵之与原,无畛者也。"倘如此,缘何而得世道变动的消息?他以为有"几"与"响"可供具特殊敏感者察知。"方乱之终,治之几动而响随之,为暄风之试于霜午,忧乱已亟者,莫之觑焉耳;方治之盛,乱之几动而响随之,为凉飔之飑于暑昼,怙治而骄者,莫之觉焉耳。"(《诗广传》卷四,《船山全书》第三册第479页)士风的变化何独不然!上述论者,正力图捕捉那"几""响",未必总能将自己的觉知付诸确证,我们却由存留的文字间,察觉到了其时士类面对自己所处时代以至面对自身时的紧张。由后世读来,那些言说的意义,更在于为士的当代认知提供一份证明。

至于"事实",自然远为复杂。生活在当时的士人,对风气的感受已互有不同。黄淳耀明亡之际曾说,"今天下之患,不在于类东汉,而在于类南宋",指的是南宋士夫"气弱"(《徐定侯行卷序》,《陶庵文集》卷二)。王夫之对此类议论却不以为然,他以谢陛、黄文焕事为例,说:"崇祯末士风犹如此,当时善用之,岂至覆亡!"(《搔首问》,《船山全书》第十二册第629页)①

但明清间士对有明一代士风、学风的激切批评,的确包含了对于明代——且不限于明代——的士文化的省察、检讨。上文已经谈到,士之于士的批评,是士文化的重要内容,是士的文化自觉的显征。士以此表明了其为一时代最富于自觉的人群、最具反省能力的人群。士也是古代中国的"四民"中最有设计、营造其形象的自觉意识的一

---

① 王夫之有关"士气"的论说较为复杂。他不苟同于其时流行的"士气"论,说:"所谓士气者,合众人之气以为气。呜呼!岂有合众气以为气而得其理者哉?""故气者,用独者也。"(《宋论》卷一四第325页)他由"倡士气"看到了士的荏弱、不自信。但他的下述说法,却又正在时论中。他说唐代"上委靡而下偷容,相养以成塞耳蔽目之天下,士气不伸,抑无有激之者也",甚至以为"薰莸并御之朝廷,不如水火交争之士气"(《读通鉴论》卷二三第881、882页)——无疑有故明的经验作为直接的依据。

部分。士有能力选择其仪型，是自己时代理想人格的阐说者，是士之为"类"的道德、行为规范的制定者。本编的以上诸章，多少为此提供了证明。

士风比较：清代文化批评借以展开的形式

清人据清世看明人，未必批评皆中肯綮。他们的明代士风论，多沿袭明人成见，甚至袭用明人成说，却也出于清人眼界，有清人的当代感受作为背景。在我看来，这也才是清人的"明代论""明人论"中最有意味的部分。

尽管明末、明清间人批评当世持论严厉，却无妨于清人对前代士人的精神意气怀了艳羡。清中叶以降，出于当代批判的要求，对明代士风，更往往有积极的发现与正面的诠释。龚自珍说："俗士耳食，徒见明中叶气运不振，以为衰世无足留意，其实尔时优伶之见闻，商贾之气习，有后世士大夫所必不能攀跻者。"（《江左小辨序》，《龚自珍全集》第200页）《皇朝经世文编》的编辑者魏源，将明清士风之不同归结于制度，由此引向当代制度批评。其《明代食兵二政录序》说明代铨政："举天下仕进一出于科目，无他途杂乎其间，无色目人分占其间，无论甲乙一第，未有终身不沾一禄者；内而部曹，外而守令，未有需次数年、十数年始补一缺者。遇铨选乏人，则辄起废田间，旋踵录用，士之得官也易，则其视去官也不难。又士自成进士释褐以后，则不复以声律点画为重，士得以讲求有用之学。故中材之士，往往磨厉奋发，危言危行，无所瞻顾。凡本兵、吏部文武之任，往往有非常豪杰出乎其间，虽佚君乱政屡作，相与维持匡救而不遽亡。……是明代之得，在于清仕途，培士气，其失在于大权旁落，而加派练饷，门户党援，则其变证也。"（《魏源集》第161—162页）其人说明代科目，不啻说"有明三百年养士之恩"。魏氏还说明代"内外既无两漏卮，仕途又无两滥竽；无漏卮则国储才，无滥竽则士储材。故虽以宗禄、土木、神仙之耗蠹，中珰、廷杖之摧折，而司农柄兵诸臣，得以随弊随治，兵患迭出，人材亦迭出，不至有仰屋呼庚之虞，不至有拊髀乏材之叹"。而清代"士之穷而在下者,自科举则以声音训诂相高,达而在上者,翰林则以书艺工敏、部曹则以胥史案例为才,举天下人才尽出于无用之一途,此前代所无也……"(同上第162、163页);以有明士气之振作,归因于颇为明代人士所诟病的铨选——后世看前代,与前代人看其当时,眼光之不同有如是者!清人赖以界定"明代士风"的一种重要的参照系,即本身也有待于界定的"清代士风"。"明代士风论"于此被作为了清人论说自己的时代、自己所处风气的方式,作为清代政治文化批评借以展开的形式。

　　清人致羡于明代士气,非到了龚自珍、魏源的时代才如此。清初陆陇其就在"会墨"中写道:"我国家初承明季之习,士气浮夸,不得不稍示裁抑,而士风日趋于下,砥砺廉隅者百不得一,而刓方为圆者,比比而是……向以激昂为高者,今且以逢迎为高矣。"(《养士》,《陆子全书·三鱼堂外集》卷二)陆氏说得很明白,即士习的巽软是权力者"裁抑"的结果。陆氏还说:"今日议论之弊与前代异,前代之弊在议论之多,今日之弊在议论之少……前代议论惟其执偏挟私而不欲言则已,苟其胸中所欲言,则未尝有所忌讳。今朝廷虽大开言路,无有忌讳,而议者未能深体上意,往往局蹐而不敢尽。是以虽章奏日上,而试问引裾折槛者何人也,碎首玉阶者何人也……"(同书卷三《策·谋断》)——"引裾折槛""碎首玉阶"云云,正所以状写有明的所谓"言官风裁"。为明人评价不一的"言路",在清初士人的回望中,已有了这样的意味!"士气"系于士的存在状态,士的政治、社会地位(尤系于君/臣、人主/士)。无论关于故明的想象是否有充分的根据以及是否适度,经由了上述比较,士人处清初之世的沉痛经验,毕竟获得了含蓄的表达方式。

　　同一时期的明遗民,感受了也直接承受了由明至清士气衰变之为过程。黄宗羲一再致慨于易代之际士人精神意气的斫丧(参看其《寿徐披青六十序》等)。他的门人万斯同,更以切身、切近的体验,对此提供了例证。明亡未久,万氏就说到自己与友人沈公厚(沈寿民之子)、梅耦长(梅朗中之子)之不同于前辈,曰:"念余三人各抱一经,安常守困,庶几不坠家声,然视先人之卓然有立,则已远矣。"(《送沈公厚南还序》,《石园文集》卷七。按万斯同为万泰之子)感慨良深。大致同时的邵廷采也说："明世士大夫矜负廉节,所绌者才。然民心土俗,绵延几三百年醇厚者,廉节维之也。"(《明侍郎格庵章公传》,《思复堂文集》卷二第132页)邵氏生于顺治五年,去明亡不远,尚来得及与刘宗周的弟子往还,上述比较应得之于直接的体察,可为此后魏源、龚自珍等人由明人的言论遗迹中读出的印象作注。

大有意味的是,处鼎革关头、抗拒这一种历史变动的士人,不但将他们的学术、文化创造,也将他们的诸种作风、习气带进了新朝。即如本书一再提到的颜元、唐甄,面目毋宁说更近明人。唐氏声称"世尚刚节,我仍平;世尚杀身,我仍生;世尚朋从,我仍特;世尚道学,我仍直;世尚论议,我仍默。君子之守则然也"(《潜书》上篇下《格定》,第55页),令人隐约可见举世非之而不顾,虽千万人吾往矣的气概。颜元说"转世""世转",与陆世仪等人如响斯应(见上文)。陆陇其说"必为转移风气之人,勿为风气所转之人"(《历科小题永言集序》,《陆子全书·三鱼堂文集》卷九),口吻岂非也近明人? 上述清初士人承续了明人的角色意识,明人所拥有的强大自信,以至明人的言说方式、神情姿态,由此而复杂化了两个朝代间的关联;至于明人的精神遗产在此后时间迁流中的命运,就在他们的预料与控驭之外了。

近人的读明代,也往往将清代作为了潜在的参照。即如以清代为背景,将有明一代士气之张以致为人所指摘的"士气过张",作为了士保存其精神的方式。钱穆在其学术史著作中,每以明清两代士人比较而扬抑分明。[1] 批评明代"士习甚嚣"的梁启超,在另一场合却又说"我最爱晚明学者虎虎有生气。他们里头很有些人,用极勇锐的努力,想做大规模的创造"(《中国近三百年学术史》第189页)。日本学者沟口雄

---

① 钱穆说:"明清之际,诸家治学,尚多东林遗绪。……不忘种姓,有志经世,皆确乎成其为故国之遗老,与乾嘉之学,精气复绝焉。"(《中国近三百年学术史·自序》)说阎若璩、毛奇龄、李绂、全祖望等人"所以与晚明遗老异者,岂不在朝廷哉! 岂不在朝廷之刀锯鼎镬富贵利达哉!"(同上)该书还具体说到"乾嘉考证之学"与"东林之学""意趣之不同"(第一章第19—20页)。

三一再谈到他由文献中读出的明人的昂扬意气①。"昂扬意气"中也应包含了王夫之所一再批评的"气矜""气激"。就明代而言,士习之"嚣"与"虎虎有生气",不过同一事的两面,不是总能分剖正、负,也不便笼统地论得失利弊。因"嚣"才"虎虎有生气";也因"生气"至于"虎虎",即不免于"嚣"。谢国桢《明清之际党社运动考·自序》说:"我觉得明亡虽由于党争,可是吾国民族不挠的精神却表现于结社。""明亡由于党争"尚可讨论,而由结社看出"吾国民族不挠的精神",视为"人民自觉的现象",无疑是近代眼光,宜于由谢氏写作此书的1930年代解释。②

由明到清社会政治氛围的变化,士大夫所体验的生机的戕贼斫丧,是经由一系列制度性安排(包括仪节一类细节)进行的(参看钱穆《国史大纲》第八编第四十三章《清代政制》)。此外更有文字狱屡兴所蓄意营造的肃杀。清初当道的某些行为,的确适于用作心理分析的绝好材料。即如哭庙、科场、奏销诸案,背后无不像是有对效果的精心估算,由后世看去,对于已失却了抵抗力的士夫,似乎既不容其退亦不容其进,多少有点像猫之于鼠,玩弄于股掌之上。倘若那是精心设计的报复,那么士大夫的噩梦在一个朝代定鼎后绵延到如是之久,在古代中国的历史上,似乎也并不多见。

近代治史者由具体事件归结因果,有时不免将明清两代间的关联,解说得复杂而暧昧。孟森《科场案》一文说:"明一代迷信八股,迷信科举,至亡国时为极盛,余毒所蕴,假清代而尽泄之"(《明清史论著集刊正续编》第322页);接下来分析清初科场一案的对士大夫肆其荼毒,给人的印象,也像是明代的陋习弊政招致的报应。谢国桢以为清初的奏销案,与"明代绅士的贪横""抗粮不纳租税"不无关系;科场案则与

① 如曰"万物一体之仁显示出阳明的一种昂扬";聂豹的某段"十分自负的话语,极端地体现出了这种昂扬精神。这是一种士大夫精神的昂扬"(《中国前近代思想的演变》中译本第444页);说"我们也能看出当时地主商人势力的轩昂意气"(同书第456页)。

② 《剑桥中国明代史》的著者发现,"尽管明王朝的治理步履蹒跚而很不得力,但它的文官制度却是生动活泼,在后世也是无与其匹的"("导言",中译本第7页)。上述印象的获得,无疑有明代士人的"虎虎有生气"暗中作为了参考。

明代社局中人的"通关节"有关（参看《明清之际党社运动考》第162页）。朱倓亦将奏销、科场诸案,归因于"明季士绅"之"陋习"（参看其人《几社始末》,《明季社党研究》第319—321页）——似乎明季陋习要由清初当道以上述诸案实施校正。我相信以上说法确有所据,却同时想到,在这样的叙述中,清初相当一段历史中涂染的血腥,因了"前明"的种种荒谬,似乎有了某种合理性。

　　事实确也是,明季士风的某些方面,如处士横议、如党社蔚兴,是由清初当道以强制手段"纠正"的。① 为新朝所"纠正"的尚不止于此。明代人主曾一再谕示简化言论,臣工的奏疏却越写越长,骈四俪六,洋洋洒洒,非万言不止。清初以奏折取代奏本,到清末又取代题本（参看庄吉发《清代奏折制度》）,言自省,文自简②,是否也可以作为明人习气由清廷校正之一例？ 明代士人有对朝廷言论"公开""透明"的要求,以"密奏"为反常（参看拙著《明清之际士大夫研究》上编第四章）,康熙则"命文武大员于露章题达之外,另准缮折具奏,直达御前"（《清代奏折制度》第4页）。③ 由此言之为权,柄确操之于上——正如明代某些士人所呼吁;此种更革以集权(于人主一身)为目的,利在君主对政情民情以及士人言论的控驭,决不意味着士人言论空间的扩大。庄氏同书有"清初扩大采行奏折制度以后,政治益臻清明,行政效率提高"云云,自然是由"王朝政治"的角度立论的;倘由士风的角度,应另当别论

---

① 顺治九年由礼部题奏,立条约八款,颁刻学宫,更立卧碑,其第八款云:"诸生不许纠党多人,立盟结社,把持官府,武断乡曲,所作文字不许妄行刊刻,违者听提官治罪。"（无名氏《松下杂钞》卷二,转引自朱倓《明季社党研究》第321页）

② 顺治二年议定,"凡内外官员题奏本章,不得过三百字,虽刑名钱谷等本,难拘字数,亦不许重复冗长,并将本中大意,摘写贴黄,不许超过一百字,如有字数溢额,或多开条款,或贴黄与原本参差不同者,即以违式纠参,不得封进"（《钦定大清会典事例》卷一三,转引自庄吉发《清代奏折制度》第89—90页）。但雍正二年又"议准嗣后题奏本章,除式样抬头错误外,通政使司不得以字数款项多寡违式,擅自驳回"（同书第90页）。

③ 据同书,雍正"放宽臣工专折具奏的特权,除督抚提镇外,司道以下微员,亦准其用折奏事"（第4页）。

余
论
　
所
谓
『
士
风
』

的吧。^① 当着清议同时被压制,明人所争论的言论之为权在上抑在下的问题,事实上已不存在。清初士人每有大言"转移风气"者,上述事实所证明的却是,转移明代风气最有力者,更是清廷、清初当道。

在整体论的视野之外

近人关于"晚明士风",有诗意的想象。夏咸淳将那"士风"的"文化内涵、主要精神"归结为"植根于市民文化土壤的人文主义精神",具体而言则是"尊生贵人思想的高扬,自我意识的觉醒,对个性自由的憧憬,对人的情欲的肯定,对人世间幸福快乐的追求"等等(《晚明士风与文学》第6—7页)。左东岭以为"晚明士人大都具有滑稽幽默的个性"(《王学与中晚明士人心态》第751页),所依据的,即其时的小品;被选来作为晚明士人的代表的,则是李贽与陈继儒等。^② "晚明士风"通常被归因于明中叶后的"资本主义萌芽"、市民意识的成长、异端思想的发展(以左派王学,尤其李贽为代表)。何满子序夏氏的《晚明士风与文学》,以为与欧洲"市民阶级崛起,人文主义思潮涌现"的文艺复兴大致同时,中国也经历着"城市商业经济冲击着封建秩序,市民意识蠢蠢欲动,反理学礼教禁锢的异端思想形成相当的气候,文人要求思想解放

---

① 庄氏该书说:"明初奖励臣民上书言事,凡百官军民灶匠,皆准上书。但因封章络绎,漫无限制,交章弹劾,以致廷议误国。顺治二年四月,世祖以抚按承差,向来滥用,多至百余人,故严敕各部院止许用二十人,以备赍奏,除紧要文移外,不得擅动承差,扰累驿递。是年闰六月,通政使李天经以诸司章奏过繁,疏请严赐申饬。世祖降旨凡抚按镇按臣奏报及贺捷章奏,准其封进,谢恩者概免,监司等官一应事宜,悉听抚按代题,总镇诸臣除事关军机及兵马钱粮外,其余俱归督抚具题。易言之,臣工上奏权已开始加以限制。"(第25—26页)此种制度性措施必不可免地参与了对士人言论、精神意气的抑制。

② 周作人讲述"新文学源流",沿流上溯,发现了明末公安、竟陵派的"新文学运动"与五四新文学运动的诸多相似之处,以为"两次的主张和趋势,几乎很相同。更奇怪的是,有许多作品也都很相似","今次的文学运动,和明末的一次,其根本方向是相同的。其差异点无非因为中间隔了几百年的时光,以前公安派的思想是儒家思想、道家思想、加外来的佛教思想三者的混合物,而现在的思想则又于此三者之外,更加多一种新近输入的科学思想罢了",甚至认为"现在的用白话的主张也只是从明末诸人的主张内生出来的"(《中国新文学的源流》)。这种判断未必不影响于近人的晚明想象。

的呼声相当昂扬的躁动时期"。城市与商业经济尤被作为异端思想与解放要求的土壤。这种因果关系明确的叙述,已成共识。关于明代乃至晚明的想象,大致在相近的方向上,抽取的"特征"又因学科而互有异同。日本学者冈田武彦描述其关于明代的印象,说:"在明代,以情为中心比以理为中心更突出的理情一致主义、兴趣比技巧更受重视的感兴主义、性情自然比理智规范更受尊重的自然主义、主观比客观更受强调的主观主义、提倡反传统并高喊从传统中解放出来的自由主义,都相当盛行,甚至出现了近代革新思想的萌芽。"(《王阳明与明末儒学》中译本第1页)该书还提到明末的"自然主义""极端地强调自我","已有反封建主义,即近代进步主义的萌芽"(第8页)。也如对于明人、清人的士风论,以上"概论"仍然不便以对错、有无论。前此嵇文甫曾概括过晚明思想界的如下"明显趋势":"其一,从悟到修,这表现于东林各派的王学修正运动,以及云栖憨山等尊重戒律,特唱净土;其二,从思到学,这表现于古学复兴,及西学的输入;其三,从体到用,这表现于张居正徐光启等的事功思想,及左派诸人的大活动……"(《晚明思想史论》第170页)不难发现的是,上述论者即使着眼处互有不同,却都致力于对该时代、时期"正面意义"的开掘。似乎难以找到中国历史上的另一王朝覆灭的时期,被投以如此的热情。包括上引文字在内的近代以来的有关论述,已不假论证,构成了我们关于明代、晚明想象的组成部分。经了渲染的"晚明士风",为近代以来知识分子的解放要求提供了想象的资源。专业背景、学科视野之不同,却无妨于近代论晚明者共享某种激情。嵇氏该书有一篇激情洋溢的文字,说作者所面对的,"是一个动荡时代,是一个斑驳陆离的过渡时代。照耀着这时代的,不是一轮赫然当空的太阳,而是许多道光彩纷披的明霞。你尽可以说它'杂',却决不能说它'庸',尽可以说它'嚣张',却决不能说它'死板';尽可以说它是'乱世之音',却决不能说它是'衰世之音'"(第1页)。当然,相信有上述"明显趋势"者,未必就以为其时的"思想界"抑"文学界"抑"士流"一致而同趋。嵇氏接下来说,诸种趋势"矛盾冲突,参互错综,形成一个斑驳陆离的局面"(第170页);却又说,倘"进一层追求,观其会通,尚可以看出一个总趋势,即从超现实主义到现实主义是也"（同上）。不止于"明显趋势"，且有"总趋势"；而"参互错综""斑驳陆离"等本应付诸具体描述的，却止于抽象的概括，令人想象无从。

王汎森由明代后期至清初士人用以修身的"日记""日谱"，论及此一时期士人截然不同的取向，说："随着商业的发展与习俗之日趋侈靡，明代后期生活有很大的变化，这时士大夫中至少有两种分化，有一类人，如屠龙、冯梦祯等文人，是尽情地享受这个时代。但是，另外有一群人拼命想抵抗这个时代。从日谱中可以看出这些人是以近乎战斗般你死我活的态度在反省自己。"以下即引黄淳耀《甲申日记》、李塨年谱为例（《日谱与明末清初思想家——以颜李学派为主的讨论》）。王汎森以"道德严格主义"描述他所谓的另外那一群人，却又说这群人与主张自然人性论者可能正是同一些人（《明末清初的一种道德严格主义》）。"道德严格主义"无妨于对情欲持通脱见识，甚至未必即以名士习气为对立物。王氏所说分化着的两类人也仍难以划然分割，不免你中有我，我中有你；或此一时是我，彼一时是你。实则明亡前甚至更长的时期中，始终有"道德严格主义"，有同一人物的不同面向，只是某种人物或人物的某一种神情往往落在诗意地谈论"晚明士风"者的视野之外罢了。上文提到了"极致"。较之这种缠绕纠结，某种极端形态，无疑更便于为人拈出，指为"文化性格"。"极态"也决非虚构。性灵说，童心说，狂禅，对心灵自由的追寻，对规范的破坏冲动，对道德律令的极端强调，迹近自虐的道德修炼，由理学发展了的儒家理性主义与宗教性狂热——寻求皈依，供奉宗主（准教主），传道、布道、殉道的热忱……问题更在具体地把握上述种种间的"参互错综"。即以"分化"论，值得做的，也更在寻访已知类型之外的类型，以至无以名状者，探查不可穷尽的中介形态。所谓"士风"，本宜于在差异中描述。

上文引了慎行《谷山笔麈》的说"风"，于氏接下来说的却是，"若夫义理之勇，千万人倡之而不加，千万人阻之而不止，当寂则为处女，当锐则为脱兔，岂系风气哉？"或许不系于"风气"的种种更值得关注？事实无疑是，无论"世风"还是"士风"，每一种判断都不能无破绽，缝隙之大甚至有可能漏掉吞舟之鱼。这也正是胡适所说"概论"的一种代价。

至于明代士大夫"与古绝不相似"的是何种面目，沈垚固然语焉不详,其他的有关论说也像是不具有足够的说服力,倒也证明了"士风论"尚有相当大的余地。纵然有如许的缺憾与限制,"士风论"仍不失为进入某一时代、时期的路径,尽管其多歧,甚至有可能引向迷途。本编的以上章节,我刻意绕开了"士风"这一名目,具体论说中却未必不包含了有关的判断。这里讨论与"士风论"有关的方法论难题,或许并非无谓。

下　编

明清之际士人话题研究(续)

第五章 君 主

原 君

"君主""君臣"是士大夫的"传统论题"。士夫在这一题目下,通常表达的,是他们关于"明君"的想象,对"明良遇合"的期待;也借诸这一题目为时政批评,直接的或隐蔽的当代君主批评。与"明"相对的"暗",即使不呈现纸上,也呼之欲出。

明清之际士人的君主论,自以黄宗羲《待访录·原君》最称警策。[①]关于这一文本,近人已多所论说以至引申。[②] 尽管因面世在明清易代

[①] 本书所论的这一时期,吴应箕有《原君》篇(《楼山堂集》卷一九)。吴氏有极明确的针对性,是"原"崇祯、弘光朝之君,非泛泛的"君道"论;同卷的《原相》亦然。方以智则有《帝学》、《相道》(《曼寓草》卷三)等。《帝学》篇对帝王心理的研究,无疑凭借了当代政治的经验。但上述文字均不足以与黄宗羲的《原君》较量轻重。

[②] 如李泽厚认为黄宗羲、唐甄等回应了如下"时代课题",即"要求用近代的启蒙主义来限制君权以至取缔君权的民主思想问题","它在理论上意味着'意向伦理'(道德动机)与'责任伦理'(现实效果)、价值判断与事实判断相分别的要求,此亦即是经济学、政治学、社会学应该从宗教学、道德学中分化和独立出来,以便取得科学形态的问题"。黄宗羲则是"体现这一要求的中国思想史上的具有转折意义的人物";"黄在当时特定历史条件下,以中国思想的传统形式,锐利地开始表述了近代民主政治的思想"(《经世观念随笔》,《中国古代思想史论》第280页),对黄宗羲的思想做了过度的引申。其他如说黄宗羲所论《置相》,"实际已接近于近代责任制的内阁总理";黄所设想的学校,"接近于近代议会"(第281页),均不免于诠释之过。沟口雄三说,日本的大多数研究者认为,"即使除去黄宗羲的反君主的思想没有触及对君主专制体制本身的批判这一点,也到底不能把它比拟为资产阶级的近代民权、共和思想"(《中国前近代思想的演变》中译本第236页);他本人却又认为,黄宗羲固然不曾否定君主制,"而他所积极主张的却是容认民的主体的自私自利在体制内得到满足的君主制"(同书第240页)。

之后,"待访"云云不免为清人所诟病,但由行文、辞气看,该篇所期待的读者不像是君主;这一组文字更是诉诸士类的——讨论君臣一伦,探讨对君权实施限制的可能性,却又与西方政治思想史中的"有限君权论",无论背景还是内在逻辑均有不同。

将黄宗羲该篇中的议论放回到其时的"士论"中,就可以知道它尽管警策,也仍然不足以言"空谷足音"。同时王夫之就说,"公天下而私存,因天下用而用天下"(《黄书·宰制第三》,《船山全书》第十二册第508页)。"公天下"本是古老的命题①。郑玄诠释《礼记·礼运》"天下为公"的"公":"公犹共也。禅位授圣,不家之。"孔颖达则曰:"天下为公,谓天子位也。为公谓揖让而授圣德,不私传子孙,即废朱均而用舜禹,是也。"沟口雄三在引了上述解释后,说:"读过《礼运》篇就会明白,它的'天下为公'与皇位并没有关系,这些解释未免牵强附会。"(《中国的思想》中译本第七章第56页)值得注意的却也正是这"附会",即后世所做的意义延伸——其中就有士大夫在传子/传贤这一题目上的顽强表达。黄宗羲说:"彼鳃鳃然唯恐后之有天下者不出于其子孙,是乃流俗富翁之见。故尧、舜有子,尚不传之。"(《明夷待访录·奄宦[下]》,《黄宗羲全集》第一册第46页)王夫之以宋仁宗为"念宗社之重而忘私",而"汉、唐之君,轻宗社而怙其专私"(《宋论》卷四,《船山全书》第十一册第116、117页),即以择贤而立为"公",以不问贤不肖,唯嫡是立为"私"。② 对明代历史中的"夺门"一案,傅山由"公—私"评论。他的《书侯朝宗于忠肃公论后》曰:"吾谓南宫既已辱国,岂可复

---

① 《庄子·则阳》:"五官殊职,君不私,则国治。"《吕氏春秋·贵公》:"天下非一人之天下也,天下之天下也。"即使"公天下"的命题已然古老,在特定历史条件下的重提仍然意味深长。钱穆说:"大凡一种学术思想之特起,于其前一时期中,无不可寻得其先存之迹象。而即其特提与重视,已足为别辟一新局面之朕兆矣。"(《中国近三百年学术史》第二章第45页)明末清初士人的君主论,未始不可作如是观。

② 王夫之对"家天下",有别一思路。他说,"尧、舜之不授天下于子,非以全其子也。三代之家天下,则以利天下也";说周"合数十世之君子,谋一姓之巩固,而天下之免于水火者数百年"(《诗广传》卷四,《船山全书》第三册第450、451页)。在他看来,倘利在天下,则"家天下"之效亦如唐、虞之"公天下"。王氏在《诗广传》中,尚由治道(恩威之施)的一面,论"王者家天下"(卷三第406、407页)。

辟？在当时之臣子，自不敢为此论，而古今社稷为重之义则如此。不惟于公之心如此，即当时臣子之心亦皆如此。"(《霜红龛集》卷一七第510—511页。按南宫，英宗；于公，于谦)但如黄宗羲这样，以"天子"为功能性的存在(犹之官守)，以为"古者不传子而传贤，其视天子之位，去留犹夫宰相也"(《明夷待访录·置相》,《黄宗羲全集》第一册第8页)的，前此似未见其人。此义也不曾为同时代的其他人所道，尽管那一时期的君主论不缺乏尖锐性。

在尖锐性上堪与黄氏相比的，就有吕留良，所见颇有与黄氏略近者。如曰："古今来人主为天下之心，有公有私"(《吕晚村先生四书讲义》卷三四)。"三代以上圣人制产明伦，以及封建、兵刑许多布置，虽纤微久远，无所不尽，都只为天下后世人类区处个妥当，不曾有一事一人，从自己富贵及子孙世业上起一点永远占定、怕人夺取之心。""自秦汉以后，许多制度，其间亦未尝无爱民泽物之良法，然其经纶之本心，却纯是一个自私自利，惟恐失却此家当。"(同书卷二九)"汉唐以来，人君视天下如其庄肆然，视百姓如其佃贾然，不过利之所从出耳。所以不敢破制尽取者，亦惟虑继此之无利耳，原未尝有一念痛痒关切处也。"(同书卷二七)"自秦并天下以后，以自私自利之心，行自私自利之政，历代因之。"(同书卷三四)钱穆曾推想黄宗羲、吕留良间因交游而相互启发。[①] 其时言论"场"的形成，想必与此种个人事件有相当的关系。

同时代人与"君主"有关的议论，也仍然有黄、吕所未及者，即如王夫之在其史论中所发挥的相对公私论。王氏说："有一人之正义，有一时之大义，有古今之通义；轻重之衡，公私之辨，三者不可不察。以一人之义，视一时之大义，而一人之义私矣；以一时之义，视古今之通义，而一时之义私矣……"(《读通鉴论》卷一四,《船山全书》第十册第535页)据此王氏说："君臣者，义之正者也，然而君非天下之君，一时之人

---

① 关于吕留良政论，钱穆说："余观其说，颇似梨洲《明夷待访录》所论。《待访录》成于康熙壬寅、癸卯间，而癸卯梨洲至语溪，馆于晚村家。盖当时交游议论之所及，必有至于是者。故梨洲著之《待访录》，而晚村则见之《四书讲义》。"(《中国近三百年学术史》第二章第84页)

心不属焉，则义徙矣；此一人之义，不可废天下之公也。"（同上第536页）上述将公私相对化的观点，在具体运用中所达到的结论，毋宁说是惊人的。篡弑，罪不容诛，王夫之却说："以在下之义而言之，则寇贼之扰为小，而篡弑之逆为大；以在上之仁而言之，则一姓之兴亡，私也，而生民之生死，公也。……则宁丧天下于庙堂，而不忍使无知赤子窃窃弄兵以相吞啮也。"（同书卷一七第669页）他以"一姓之兴亡"较之于"生民的生死"为"私"，将被指为绝对罪恶的"篡""弑"，置于具体的历史情境中较量功罪；在"夷夏"论的框架中，更以存华夏为大公，对"篡"的评价以此为转移，均可视为对绝对君权及"忠"之为绝对道德律令的质疑；在易代之际的语境中，尤可称特识。他说："以天下论者，必循天下之公，天下非夷狄盗逆之所可尸，而抑非一姓之私也。惟为其臣子者、必私其君父，则宗社已亡，而必不忍戴异姓异族以为君。若夫立乎百世以后，持百世以上大公之论，则五帝、三王之大德，天命已改，不能强系之以存……"（《读通鉴论》卷末《叙论一》第1175页）这层意思，似乎非遗民所宜言，王夫之却坦然言之。他还说："天下者，非一姓之私也，兴亡之修短有恒数，苟易姓而无原野流血之惨，则轻授他人而民不病。魏之授晋，上虽逆而下固安，无乃不可乎！"（同书卷一一第416页）由"天下非一姓之私"而引向"易姓"较民生为轻的结论。他强调"正不正存乎其人"（同书卷末《叙论一》第1176页），强调"治"之为标准（"帝王之兴，以治相继"，同书卷二二第851页），与他论篡弑，逻辑贯通。王氏经由史例阐发《孟子》所谓"民为贵，社稷次之，君为轻"，对于流行的"正统论"，无疑是重大校正。①

子曰："微管仲，吾其被发左衽矣！"（《论语·宪问》）王夫之论刘

---

① 其时论者多沿袭成说，与王夫之的上述见识不可同日而语。如王源所谓"统之不正，以其篡，不论其有功无功；统之正，以其正统之子孙，不论其兴复之有志无志"（《复柯寓匏书》，《居业堂文集》卷七）；如张尔岐所说，"其所谓正统者，天下混一与夫尝混一者之子孙也。其所谓非正统者，篡贼僭窃与夫仗义自王而未及成者也"（《读朱子〈通鉴纲目〉》，《蒿庵集》卷三第139页）。其时论正统者，尚有魏禧、阎尔梅等。魏禧以"秦、魏、西晋、宋、齐、梁、陈、隋、后梁、后晋、后周、北宋"为"窃统"（《正统论[上]》，《魏叔子文集》卷一）。

裕之篡,说:"天子者,天所命也,非一有功而可祗承者也。虽然,人相沉溺而无与为功,则天地生物之心,亦困于气数而不遂,则立大功于天下者,为天之所不弃,必矣。"甚至说"于争乱之世而有取焉,舍裕其谁"(《读通鉴论》卷一四第526页。王氏的刘裕论尚见于同书卷一五)。刘裕所立"大功",有益于民生外,无非抵御夷狄(鲜卑)。① 吕留良也说:"看微管仲句,一部《春秋》大义,尤有大于君臣之伦,为域中第一事者。"(《四书讲义》卷一七)但吕氏强调此乃"论节义之大小",倘因此而略君臣之义而论"救时之功",则是"大乱之道"。由上下文看,其人必不以王夫之论"篡"为然。但对王氏的有关思想,仍不便诠释过度。持有上述议论的王夫之,由孔子的"两取文王、箕子之德",就体会出了"武(按即武王)未尽善"之意(《周易内传》卷三上,《船山全书》第一册第307页),对"汤武革命"不无保留。②

与"君/臣/民"有关的论述,也有漫长的积累。明初方孝孺《君职》篇即说,"天之立君所以为民,非使其民奉乎君";君受命于天,"养斯民"乃"君之职"(《逊志斋集》卷三)。明末陈龙正也说过,"人臣,主于利民,国之宝也;主于利国,国之贼也"(《几亭全书》卷一三《学言详记·政事上》,转引自沟口雄三《中国前近代思想的演变》中译本第382

---

① 王夫之不能容忍借口正统论而乱夷夏之大防。他的有关批评直指邹衍的五德相禅之说,说"舍人而窥天,舍君天下之道而论一姓之兴亡,于是而有正闰之辨,但以混一者为主。故宋濂作史,以元为正,而乱大防,皆可托也"(《读通鉴论》卷一六第611页)。至于其时极端的夷夏论,所表达的,毋宁说更是遗民情绪。如阎尔梅(古古)的《帝统乐章》。阎圻《文节公白奄山人家传》,以近人的眼光论阎氏之作,曰"《帝统乐章》盖山人晚年所作,其大旨欲尽黜篡弑、偏安、夷狄诸僭伪,三代以后惟以帝统归之秦、汉、唐、明四代,魏、晋、六朝、杨隋、赵宋,篡弑、偏安兼而有之,五胡拓跋、辽、金、胡元,皆夷狄也,更不足道——于史例奇矣,然其意所影射,固有在也。质而言之,即今世所谓民族自决主义,不于他邦以侵我主权而已。此不独借史事以发愤,而亦山人之自明其出处也"(《阎古古全集》)。

② 此种议论也前已有之。王艮《语录》就有如下问答:"问:'《易》称汤武革命,顺乎天而应乎人,《论语》称伯夷、叔齐饿于首阳之下,民到于今称之。是皆孔子言也,何事异而称同邪?'先生曰:'汤武有救世之仁,夷、齐有君臣之义,既皆善,故并美也。'曰:'二者必何如而能全美?'曰:'纣可伐,天下不可取。彼时尚有微子在,迎而立之,退居于丰,确守臣职,则救世之仁,君臣之义两得之矣。且使武庚不至于叛,夷、齐不至于死,此所谓'道并行而不相悖'也。'"(《王心斋先生遗集》卷一)王夫之的有关思路,无异于成说。

页）。上述关涉"民"的思路，原在儒家传统之内，但如王夫之以如此的方式强调，强调到如此程度，决不寻常。

王夫之由民生的角度论"篡"，黄宗羲则由相近的角度论"忠"（臣道）："盖天下之治乱，不在一姓之兴亡，而在万民之忧乐。……为臣者轻视斯民之水火，即能辅君而兴，从君而亡，其于臣道固未尝不背也。"（《明夷待访录·原臣》，《黄宗羲全集》第一册第5页）思理不无契合。也是在同一时期，顾炎武说："有亡国，有亡天下。亡国与亡天下奚辨？曰：易姓改号，谓之亡国；仁义充塞，而至于率兽食人，人将相食，谓之亡天下。"（《日知录》卷一三"正始"条）①以遗民而当国亡之后，有上述言论，尤为难能。相对公私，不但适用于"天下"与"国"，也适用于一朝代与"百世以上"。君臣相维相系，无与于"百世以上大公之论"——王夫之必也以此眼光审视他本人作为遗民对于故明、故主的一份情怀。由此也可知被笼统地归入"遗民"一族者，"思想境界"彼此相去，有不可以道里计者。②

易代过程中的大破坏，使得儒者的民生关怀有了极其具体的背景。李塨强调土地（即国土、"王土"）乃为"养人"，而非"害人"，说的也是易姓与民生孰为轻重的问题。他由"公/私"论同姓、异姓，曰："古云：'天下惟有德者居之'，未闻曰'天下惟同姓者居之'也。师旷曰：'天之立君以为民也'。未闻曰'天之立君以为其子孙'也。"（《平书订》卷二）李氏论封建、郡县而引他人之疑论："元人不能一口吞河北，金人南奔得后沦亡者十九年，不受封建之利乎？"李氏的回答是："此非圣贤之言、天地之心也。河北当时交争涂炭，千里荆榛，比户殆尽，乾坤之惨极

---

① 沟口雄三说："这里的天—天下的概念被看作是相对于君·国的上位概念，这恐怕是中国独有的思想。将天与道的活动解释为公（公平、公正）也受到老庄思想的影响。"（《中国的思想》中译本第49页）

② 其时的有关思想呈现为参差的对照。颜元说："即以三代败亡论，受命者犹然我先王之股肱甥舅也，列辟无恙，三恪世修，失天下者仍以一国封之，是五帝、三王有数百年之天下，而仍有千万年不亡之国也。"（《存治编·封建》，《颜元集》第112页）以为三代"代"易而"国"未亡，乃由宗族血缘而言之，仍不免以"国"为皇族产业。其所谓"天下"，亦非顾炎武所以为的其存亡系于礼乐文化、不系于一姓的"天下"。

矣,乃置之不计,但幸曰'土地后属他姓者数年'。使杀尽天下之民,而保空土地,亦可乎?"(同书同卷)也可证王夫之的有关言论非空谷足音。

凡此都令人看到,社会思想在复杂的结构中,相互冲突、牴牾的取向间仍可辨较为一致的归趋,彼此互不相谋的论者,未必不互为声援、应和。自然不便据当代社会的信息传输、资源共享想象四百年前的明清之际,那么对于上述"共识"的解释,除了共同(或相通)的政治经验,就应当是同样难以诉诸具体描述的"言论环境"。即如你在本书中一再读到的,当其时的确在诸多话题上,发生了被地域分割的士人间不谋而合的那种情况,令我在写作时不能不暗自惊异。我自知无法重构其时的"言论场",但那个"场"曾经存在过,是无可怀疑的。

"公私""正统"等传统论域外,明清之际的君主论,往往借诸君/臣、君/父一类伦理范畴而展开,于此也呈现为参差的对照。王夫之说:"君臣者,彝伦之大者也。"(《读通鉴论》卷二七第1046页)对这种说法,黄宗羲即不以为然,他的《孟子师说》关于五伦的"位相"(亦一种"伦序"),有不同于常谈的言说:"人伦有一段不可解处即为至,五伦无不皆然。新安陈氏以为君臣之伦于人伦为尤大,非也。"(卷四,《黄宗羲全集》第一册第89页)前此钱启新曾说过:"孟子'莫非命也,顺受其正',譬如亲造子命,喜怒惟亲,而喜不忘,怒不怨,则子之顺受其正。君造臣命,进退惟君,而进以礼,退以义,则臣之顺受其正。"(《龟记》,《明儒学案》卷五九第1445页)拟君于父,而以"顺受"为臣道。本书所论的这一时期,颇有论者不以"造命"之说为然,强调君臣、父子各有其道——尽管有关"君/父"的伦序(以及有关的伦理规范"忠""孝"的次序),理解仍不免因人而异;纷纭之议,正示人以其时有关的伦理思考的紧张性。即如明亡之际每见诸士人言论、事迹的"亲在"是否应当与义或赴死的谈论。无论结论如何,都足以证明君臣之义,并不被认为具有绝对性。君臣/父子外,尚有上文已经涉及的君臣/夷夏。嘉靖朝霍韬就说:"盖天下大义,有父子之分焉,有君臣之伦焉,有中国夷狄之等焉。义在君臣,则忘父子;义重夷夏,则略君臣——此孔子《春秋》称量之权也。"(《第三劄》,《明经世文编》卷一八五)根源于儒家伦理自身矛盾的"双重(或多重)标准",复杂化了士人在易代过程中的选择,也或多或少地扩充了选择的空间。① "忠"作为伦理规范,受制于具体的历史情境与伦理情境。所谓"伦序",所谓"第一义""第二义",决非不可移易。由我们这样的近人看去,明清之际士人的论"君父"、论"君臣"(见下文),均有助于将君主的伦理地位相对化,尽管有关的思想未必"原创",正凭借了传统的资源。

由后世看去,当其时对于绝对君权的批判,在多种论述脉络中展开。较为直接的"君主论"外,尚有主张扩大地方权限的"封建/郡县论"(参看本编《井田·封建》章)②;与分权有关的主张,另有宗室论,均以顾炎武的论说最称精辟。尽管顾氏的有关论说,由字面看,未必不归旨于尊天子之权。③ 王夫之的下述议论,却为顾氏所未及:"诸侯之于其国,自君其人,自有其土矣。非甚有罪,天子不得而夺之;非大有功,天子不得而进之。不得而夺之,则忘乎畏;不得而进之,则忘乎求。"(《诗广传》卷三第 396 页)因而三代之君臣不同于后世之君臣。对雍正朝曾静、吕留良一案,钱穆评论道:"其时顾亭林、王船山言封建,谓众建势力不致速亡",而吕留良"则谓封建可削君权"(钱穆《中国近三百年学术史》第 83 页),有更大的敏感性。其实顾氏主张的落实,必致削君权。顾氏说得很明白:"封建之失,其专在下;郡县之失,其专在上。"(《郡县论一》,《顾亭林诗文集》第 12 页)与此不无相关,顾氏

---

① 张自烈以为对于君父之命,服从之先,当区分"治命"与"乱命"。他设想自己与司马光论辩,引对方所云"父曰前,子不敢不前;父曰止,子不敢不止。臣于君亦然。违君言不顺,逆父命不孝,人得而刑之",径说"此说尤非":"君父之命一也,而治乱异。治命可从,乱命不可从,审于礼义而已。"(《与司马君实论从命书》,《芑山文集》卷一)或许可以认为,正是易代之际士人于"忠""孝"两难选择中的伦理困境,提示了"忠"的非至上性以及实际处置中的双重标准。

② 要求分治不始自明末。沟口雄三即清理过明中叶以后的有关思想史材料(参看《中国前近代思想的演变·所谓东林派人士的思想》中译本第 432—433 页)。当然,思想之为积累,在更为漫长的时间中。到本书所论的时期,魏禧引苏辙语,以为天子"得天下而谨守之,不忍以分于人",乃"匹夫之智"(《日录·里言》,《魏叔子文集》)。

③ 即如他说"以天下之权,寄之天下之人,而权乃归之天子。自公卿大夫,至于百里之宰、一命之官,莫不分天子之权,以各治其事,而天子之权乃益尊"(《日知录》卷九"守令"条)。

以为利权不应揽之于人主(参看本书上编《理财》)。清末谭嗣同比较顾、黄、王三氏,说:"乃若区玉检于尘编,拾火齐于瓦砾,以冀万一有当于孔教者,则黄梨洲《明夷待访录》其庶几乎!其次,为王船山之遗书。皆于君民之际有隐恫焉。……若夫与黄、王齐称,而名实相反、得失背驰者,则为顾炎武。顾出于程、朱,程、朱则荀之云礽也,君统而已,岂足骂哉!"(《仁学》,《谭嗣同全集》第338—339页)谭氏的议论对于顾炎武,未见得公正。[①]

沟口雄三以清为"分权公治的君主主义"[②]。他所谓"分权",指经由"土地税的体制"将经济上的权力委让给地主阶层;"公治"则意谓"地主阶层的私人所有在道德上得到了容许与承认"——所谓"公","是相对于皇帝,是要承认中坚地主阶层之私"的意义上的"公"(参看《中国前近代思想的演变》中译本第479、483页)——具体实现在清初全面推行的摊丁入亩。而明清之际士人所表达的分权要求,内容要广泛得多。顾炎武等人经由"郡县/封建论"提出的分权主张并未在清代实现。由体制的其他层面看,由明到清,正可以看作集权强化的过程。鉴于三藩之变,甚至对与"封建"有关的言论都曾予以钳制,使之成为禁忌性话题。

至于黄宗羲的"学校论",不但以辟雍为"公天下"的象征,且将设想中的学校,作为经由言论对君主权威的制约力量,恰与明初颁布的

---

① 萧公权说:"封建尾大不掉之弊,前人言之已详。郡县过度集权之弊,则至南宋始为叶水心等所指陈。"(《中国政治思想史》第624页)萧氏同书还说,顾氏"反对集权之深意又可于其提倡宗法与封驳二制见之"(第627页),可见并非偶发之论。萧氏以为顾氏有关言论,"实大体呼应梨洲,互相发明"(第629页),所见与谭嗣同大异。萧氏又以为王夫之论郡县/封建,立论"不专对一时一代之得失而着眼于政治进化之客观事实"(同书第642页),见识非顾炎武、黄宗羲所能及。顾、黄所持"乃改造家之主张",王氏的有关议论则"近乎科学家或历史家之案语";"吾国往昔不乏改造之思想家而较少纯粹之学者。准此而论,船山学术,似尤在黄顾之上"。

② 他说:"重田德将清朝专制体制规定为地主政权式的专制体制。这是为了把它区别于明朝体制的'个别的人身统治'。从政治思想史的角度来探究的话,我们可以认为这种变化便是由一君独治的君主主义向分权公治的君主主义的转变。"(《中国前近代思想的演变》中译本第435—436页)

《学校禁例十二条》牴牾："天子之所是未必是,天子之所非未必非,天子亦遂不敢自为非是,而公其非是于学校。"(《明夷待访录·学校》)时论以注重座主门生、举主门生间的私人关系为"拜爵公门,受恩私室",王夫之对于上述关系,却由抑制君权的一面评价,说"持名法以绳人者,谓之曰不复知有人主",此正所以导致"纲断纽绝,而独夫之势成"(《宋论》卷一第27页)。在那个不唯"主上"且士自身也以"涣群"为说的环境中,王夫之不取士的"涣""散"。他不以士夫间以举荐、传道授业而结成的关系为"私",而以人主与臣争士为"专私",是非大异于流行见解。这些似互不相关的言论,在本章所设论题上,有了指向的一致。正是互不相谋的论者,分散的议论,看似零碎片段的思想材料,使得那一时期士大夫与"君主"有关的思考呈现出了丰富性。

当我们将上述相关言论搜集起来,由特设的角度分析,自然应当想到,有关的言论材料在明清之际论者的思想中,含义未必有如是之清晰。对上述思想,仍然不宜诠释过度。即如王夫之的不取士的"涣""散",他的理由是,"合天下而有君,天下离,则可以无君","失士者亡,失民者溃"。士与民之不同,在士能相亲而民不能(即如士能群集而民只能乌合)。倘"士犹相亲",天下即有君;"民惟不相亲……而固不知上之可亲"(《诗广传》卷三第408页)。因而士之间结成的亲密关系,对于王朝不唯无害,且是使君权得以成立的条件——与顾氏所谓分权"而天子之权乃益尊",论说的逻辑一致。不唯此,王氏在另外的场合,尚直接表达过强化君权的吁求。即如以为言之为权宜操之于上而不是相反,主张人主"居重驭轻""君德独任"(参看《读通鉴论》第418、951、952页)①——他的君主论于此也呈露出了复杂的质地。

但明清之际君主论之尖锐,依然是不争的事实。此种尖锐性是在漫长的时间中磨砺而成的。"言路"对于时主的批评,积蓄了士的批判力量。其他批评君主的文字,见之于士人文集(尤其政论、史论),不胜

---

① 他说宋"置神器于八达之衢,过者得评其长短而移易之,日刓月敝,以抵于败亡"(《宋论》卷四第120页);"汉之末造,士论操讨之权,口笔司荣枯之令,汝南、甘陵太学之风波一起,而成乎大乱"(《读通鉴论》卷八第327页)。

搜采。二百余年的明代历史中，不难找到勇于批鳞而不惜身命的大量例子。在明亡之后解除了禁忌的环境中，明代人主批评更得以展开。明太祖"以孝治天下"，王夫之却说"开口说个'至德要道以治天下'，便成差异。先王之孝，岂为治天下故而设哉！"（《搔首问》，《船山全书》第十二册第 642 页）王氏的政论，对有明"祖制"持严厉的批评态度。他由官制说明代的"以天下私一人"，所谓"仁义不立而疑制深"，锋芒直指太祖（《黄书·任官第五》）。黄宗羲径曰明代"无善治"，且"自高皇帝罢丞相始"（《明夷待访录·置相》）。他的《原君》不唯不为故明人主讳，且明白示人以其思想所凭借的当代经验，如太祖的"废孟子而不立"。钱谦益撰李邦华神道碑，曰："上英明喜断，疑信参互，为群小所胁持"；同文还有"先帝识路自迷，操刀不割，却国医而待尽，仰毒药以趣亡"云云（《牧斋有学集》卷三四第 1205、1207 页）。熊开元说崇祯苛察，对臣下"一面用之，即一面疑之，疑之既久，犹复用之，厚其败而后加以显戮，谓操纵在朝廷，无幸脱也"（《鱼山剩稿》卷二《上方禹修阁老》第 211—212 页）。

这一时期士人关于明代人主的议论，的确有在清人看来肆无忌惮者。黄宗羲《孟子师说》："苏氏云：'自汉高祖、光武、唐太宗及宋太祖四君能一天下者，皆以不嗜杀人致之。'此言是也。顾后来元明之开创者，不可称不嗜杀人，而天下为威势所劫，亦就于一，与秦隋无异，未尝不延世久长。盖至此而天道一变矣，遂不得不有逆取顺守之说。此尚论者之所痛心也。"（卷一，《黄宗羲全集》第一册第 51 页）其门下的万斯同亦拟明初于"暴秦"，将此意发挥得淋漓尽致："高皇帝以神圣开基，其功烈固卓绝千古矣，乃天下既定之后，其杀戮之惨一何甚也！当时功臣百职鲜得保其首领者，迨'不为君用'之法行，而士子畏仕途甚于阱坎，盖自暴秦以后，所绝无而仅有者——此非人之所敢谤，亦非人之所能掩也。"（《读洪武实录》，《石园文集》卷五）万氏以史家而坚持"信史"原则，其人以布衣参明史局，虽曰报明，仍不以"为国讳恶"为然。遗民与"故明"的关系的复杂性，由此种场合也可窥见。同一时期江右彭士望也说"秦皇以不读书愚黔首，明太祖以读书愚黔首"（《读书简要说序》，《树庐文钞》卷六）。上述诸人均系后世所认为的著名遗民。由遗民进行的君权批判、明代人主批评,不能不含义复杂。由此也可知所谓"遗民"者,的确非仅"忠""节"等抽象概念可以界定。

刘宗周必不会有黄氏《明夷待访录·原君》中的那番议论,却不意味着师弟间全无这一方面的思想联系可供寻绎。清四库馆臣批评恽日初的《刘子节要》,说其中"亦有一时骋辨之词,不及详检而收之者。如曰'天命一日未绝则为君臣,一日既绝则为独夫。故武王以甲子日兴,若先一日癸亥,便是篡;后一日乙丑,便是失时违天'云云。此语非为臣子者所宜言"(《四库全书总目提要》子部儒家类存目)。所摘刘氏语,不唯恽日初,主要由董玚编定的《刘子全书·学言》以及黄宗羲的《子刘子学言》,均坦然录之——尽管未必就可以指为黄宗羲有关论说的"师门渊源"。至于下文所引刘宗周说上对于臣"畜以奴隶",黄宗羲则说"以奴婢之道为人臣之道",自然也非偶合。刘宗周、黄宗羲、万斯同均为浙东人士。总要有某种"文化风土",才足以酿出《明夷待访录》这样的著作的吧。

对有明一代的政治/君主批评,在其时的历史叙述(包括"遗民史学")中,也获得了虽有意隐晦却仍不失锋利的表达。潘柽章《国史考异》的高皇帝部分,有"开国功臣末路考",那无疑是一种惊心动魄的历史记忆,文字间播散着明代国初政治的血腥气。凡此都令人不难感到,有明二百余年间士人的政治经验、易代之际他们的伦理困境与伦理思考,在借诸"君主论"这一传统论题寻求表达。至于有关论说与论者具体经验间的关系,则从来难以付诸论证。[①] 困难在于探究"经验"进入论述的途径与呈现的方式,即如黄宗羲的《原君》《原臣》之什,在何种意义上与其家族历史、与他本人明亡之际的政治经历联系着。思想与生活之间的生动联系,本来就是最易销磨于时间中的东西。由这一方

---

① 沟口雄三说:"《明夷待访录》虽是以明末特别是神宗、熹宗时期的君主专横的历史体验为基础而成于黄宗羲之手的著作(他父亲黄尊素因依附东林派人士和皇帝、宦官对抗而死于狱中),但由于和东林派人士的关系,也可把它看作集约了东林派人士的声音的著作。"(《中国前近代思想的演变》中译本第 244 页)萧公权说,"就大体言,明代儒学仅为转变时期之前夕思想,不足以预于转变潮流之本身",却又说"吾人应注意,此前夕之思想实从长期痛苦之中锻炼而成,并非得之容易"(《中国政治思想史》第 529 页)。

面考察如《明夷待访录》这样的作品，其中的思想是否"原创"，并非唯一值得关心的方面，还有必要关心其人论说的态度，以至弥漫在文字间的情绪。黄氏《思旧录·林古度》，说林氏先人曾被廷杖，"余赠诗，有'痛君旧恨犹然积，而我新冤那得平'"（《黄宗羲全集》第一册第355页），并不避用"恨""冤"一类字面。《思旧录》作于黄氏晚年，可证不能忘情。熊开元为僧后过孝陵不拜，颇遭物议；熊氏的态度，部分地也应当由他崇祯朝所遭厄难来解释。

对于熊氏，魏禧即用了遗民中流行的态度，指摘其人，"国亡后犹悻悻然不能释其怼怨"（《敬亭山房记》，《魏叔子文集》卷一六）。[1] 王弘撰《山志》"吴司业"条，引吴伟业《绥寇纪略·虞渊沉》有关崇祯的记述，以为吴氏对于崇祯的态度胜于王思任："思任居官不慎罢归，以私怨郑冢宰及于先帝。乱后有与解拙存太史书，讥先帝克剥自雄，可谓丧心之语。"（二集卷三第228页。按郑冢宰即郑三俊）[2] 杜濬亦恨时人之"呵尧訾舜"即诋诃崇祯（《邓子哀词》，《变雅堂遗集》文集卷八）。不但对于崇祯，即对世宗，杜氏也以为"不必加贬"，说"夫子作《春秋》，定、哀多微词。后世乐毅不谋燕，王猛不忘晋，仆尝掩卷流涕，况三百年祖父长养之宗国……"（《与奚苏岭表弟》，同上卷四）所谓"遗民"，对于故国旧君，态度有如许之不同！

清人对明人、明遗民之于"主上"的态度，挑剔有过于明人者。俞正燮大不满于年谱所记黄道周于明亡后的举动，说："石斋先生年谱：崇祯十七年秋九月丙戌朔，同人涓吉，于邺园讲习。牲醴既具，先生盥荐奠已，诸公祖父母、学师长、及诸乡先生、通家懿戚，凡三百八十四人。先生就皋比，讲书问答，鸣鼓起，声磬止。有云：禹、稷做一代宗祖，细于路人；仲尼做树下先生，尊于天地。此处看破，才有克复源头。又云：如

① 参看拙文《由〈鱼山剩稿〉看明清之际士人的伦理困境》，《明清之际士大夫研究》附录。

② 周作人《风雨谈·关于王谑庵》引《越缦堂日记》中指摘王思任的一段文字："王山史《砥斋集》世不多见，仅见于朝邑李时斋《关中文钞》，其文颇有佳者。……其《甲申之变论》词意激烈，末一段云：顺治初，山阴王思任寄书龙门解允樾，其词悖慢，追咎神宗，追咎熹宗，不已也，终之曰，继之以崇祯克剥自雄。"（按王山史即王弘撰）以下即"鸣呼"，感慨之至。

要实落三种事，只须牢靠四根心。讲毕，设四十七席，酬酢中，歌小宛沔水，歌下泉鹤鸣，歌车攻吉日，又诵仰戒，及宾之初筵。今按此谱所载演唱威仪，行于得崇祯殉国耗后，君臣之际，太为惨忍，黄忠端必不当有此。且以禹、稷细于路人，亦不似克复人语。此谱伪也。"以为此"恶年谱"当"毁之"(《癸巳存稿》补遗《黄石斋年谱当毁论》，第485—486页)。俞正燮所说恶年谱，应即庄起俦所撰(该谱见《黄漳浦集》)。①庄氏曾偕黄道周出师，"尤多目见之事"，所记黄氏事，必有所据。因有上述记事即指其谱为"伪"，自然是清人的见识。以为该谱所载"演唱威仪，行于得崇祯殉国耗后，君臣之际，太为惨忍"，无论编谱的庄氏，即其他与黄道周同时的士人，也未必作如是观。

尽管不免求之过深，俞氏所表现出的，却正是清人在此题目上的特殊敏感。由黄道周甲申闻变前的书札看，黄氏确有刻骨铭心的创伤记忆，真的不曾做到如姜垛似的无怨怼。惩创之余，黄氏说，"幸邀解网，而雷霆余音，虩虩愁人，去之经春，犹有厉色"(《与何元子书》，《黄漳浦集》卷一八)。崇祯末年他拒绝再仕，说的是"九折之肱，决难叱驭"(同书卷一七《答王忠端公书》)。直到弘光朝上疏乞休，还提到崇祯间遭逢"雷霆"，"千摧百折，裹血之痂，月落日生；断筋之骨，风酸雨楚"(卷四《奉祀会稽乞休疏》)。② 黄宗羲《思旧录·方震孺》，说方氏"出狱谢恩一疏，读之绝痛"(《黄宗羲全集》第一册第345页)。对于明代政治中的残酷，熊开元、黄道周等人，是用了血肉之躯承受的，清人的责难未免不情。

清初有"遗民倾向"的王源，论有明国初公案(韩林儿瓜步之死)，指摘其友人"自托于皋羽、所南"，"顾欲奉一未成事之贼子牧竖为正统，与太祖正君臣之分，而搜取莫须有之说，显然大书，比太祖于刘裕、

---

① 黄氏年谱除刊入《黄漳浦集》的庄氏本外，尚有石秋洪氏本(洪氏名思，号石秋子)、白麓郑氏本(郑氏名亦邹，号白麓)。参看侯真平、娄曾泉校点《黄道周年谱》。

② 据年谱，夏五月，"燕都三月十九之变至"，道周"率诸弟子为位于邺园，祖发而哭者三日"。《明史》卷二五五黄道周传，记黄氏于戍所复故官，见崇祯而泣，曰"臣不自意今复得见陛下"；隆武朝兵败被杀，"临刑，过东华门，坐不起，曰：'此与高皇帝陵寝近，可死矣。'"并未因了怨怼而失却忠臣本色。

萧道成"，以为有悖于"大义"（《与友人论韩林儿书》，《居业堂文集》卷六）。他的《书唐铸万〈潜书〉后》指摘唐甄《潜书》"盛毁烈皇，暗目为独夫，似与从贼之徒相倡和"（同书卷二〇）。由万斯同所撰王氏之父王世德（中斋）寿序，可知王氏的态度，与其父未必无关。① 在这一话题上，毋宁说王源较之遗民更像遗民。被王氏指摘的唐甄，却也批评明人责君以其所不能。《潜书》下篇上《格君》篇说崇祯朝之臣"不谅其（按即崇祯）不得已之心，不察其不可转移之故；守《诗》《书》之恒训，为无实之美言。第谓阉人不可用，加赋不可为，直言不可拒。虽有善用言者，将何以用之！此陈于太平无事之时，则为美言；言于危急存亡之日，则为敝屣矣"（第 120 页）。对明代士人师儒自任的"格君心"，并不欣赏。批评明人尤为激烈的，是清末的李慈铭（参看其《越缦堂日记·孟学斋日记》）。凡此，似乎可以作为明清两代士人精神意气不同之例。

周作人说："明末之腐败极矣，真正非亡不可了，不幸亡于满清，明虽该骂而骂明有似乎亲清，明之遗民皆不愿为，此我对于他们所最觉可怜者也。"（《关于王谑庵》，《风雨谈》）这里的确有遗民心事之隐微曲折处。王夫之就说："呜呼！国有将亡之机，君有失德之惭，忠臣诤士争之若仇，有呼天吁鬼以将之者。一旦庙社倾，山陵无主，恻恻茕茕，如丧考妣，为吾君者即吾尧舜也，而奚知其他哉？欲更与求前日之讥非，而固不可得矣，弗忍故也。"（《诗广传》卷一第 321 页）所说正是明亡之际的经验。非君无"失德"，"弗忍"再提罢了。明亡之际却确有不能已于言者，不惜触犯普遍的道德感情，冒了被指为"忍"的风险，岂不正可见不容已？

当明清易代，张岱曾用了反话，说："余遭乱世，见夷狄之有君，较之中华更甚。如女直之芟夷宗党，诛戮功臣，十停去九，而寂不敢动。如吾明建文之稍虐宗藩，而靖难兵起，有愧于夷狄多矣！"（《四书遇·论语·夷狄章》第 100 页）倘与钱穆《国史大纲》关于"清代政制"的记

---

① 万氏提到王世德"尝慨野史失真，多诬诋烈皇帝盛德"，即据目睹亲闻，著《崇祯遗录》一篇（《王中斋先生八旬寿序》，《石园文集》卷七）。

述并读,大有意味①,可为时下大众文化以清帝为明君圣主,作一反证。沟口雄三在上文所引的《中国前近代思想的演变》一书中说:"在以往的思想史研究中,清朝被看作是个黑暗的时代,但如果说分权公治的理想被清朝的权力吸收实现了的话,明末黄宗羲激越的君主批判,必然带给清朝某些影响,所以说,今后有必要对清朝思想作出新的评价。"(中译本第447页)②且不论黄氏的《明夷待访录》直至乾隆年间方刊刻行世,即由"清代政制"看,沟口的判断也根据不足。尽管明代的政治暴虐早已是常识性的话题,却决不足以抹煞这一事实,即上述有关君主的批判思想,正是在有明一代的言论环境中积累、积蓄起来的,因而明清两代的比较,的确有必要在不同层面上展开。

君—臣

上文已经提到明清之际的君主论与明末士人的政治经验、经历的关系。身为臣子的士人发为"君主论",往往直接间接地依据了切身的体验。他们的"君"论,在对士人命运追究的意义上,有时也正是"士"论。就本章而言,"君论"与"臣论",不过同一话题的两个论说角度。"君道"与"臣道",固可分论,却互以对方为条件,是配套的。臣论,通常即"君臣论"——君臣关系论。作为士人话题的"臣道"与用臣之道,前者包含了士的自我审视,后者则系为君主说法。

由我们所能接触的文献看,明中叶以降,士人对于君主,感受最强

---

① 钱氏说:"清代政制,沿明代不设宰相,以大学士理国政,以便君主独裁。……君尊臣卑,一切较明代尤远甚。"(《国史大纲》第八编第四十三章"清代政制",第833页)清人之艳羡明人,确有复杂的原因。

② 沟口雄三另在《中国的思想》一书中说:"到了清代,明末那种皇帝批判之所以销声匿迹,作为异民族王朝的清朝的武力镇压固是原因之一,但基本的原因却是,清朝不同于明朝,它承认地主阶层的权益从而确立了自己的政权。清政权把江南许多明朝的皇庄与王府解放而成民田,除确保自己的北方八旗子弟的被称为旗地的屯田之外,不增加朝廷的私有地……"(中译本第十二章第103页)。关于遗民的批判思想在新朝(清朝)的命运,黄仁宇的说法是:"新王朝最大的过错是过分承袭前朝,完全漠视了黄宗羲、顾炎武等思想家对明朝的批判。"(《十六世纪明代中国之财政与税收》第427页)

烈的,即有刘宗周及其弟子黄宗羲所说的"否""隔"。刘宗周曰:"上积疑其臣,而畜以奴隶;下积畏其君,而视同秦、越,则君臣之情离矣,此否之象也"(《学言》上,《刘子全书》卷一〇);黄宗羲则说,"明之病,在君骄臣谄,上下隔绝"(《明文海评语汇辑》,《黄宗羲全集》第十一册第111页)。这意思,刘、黄之前就经人说过。王鏊《亲政篇》即以"否""泰""壅隔"为言,曰:"交则泰,不交则否,自古皆然,而不交之弊,未有如近世之甚者。"(《明经世文编》卷一二〇)陆粲也说,汉、唐以下未有君臣"隔越不通如近世之甚者"(《法祖宗复旧制以端治本疏》,同书卷二八九)。①

表达这种"否""隔"之感,论者往往沿用"堂陛"这一比方。也是上面提到的王鏊,在其《时事疏》中道:"古者君臣一体,如家人父子,唯诺一堂之上。降至后世,堂陛尊严,而君臣之分隔;礼节繁多,而上下之情疏。"(《明经世文编》卷一二〇)于慎行也说:"本朝承胜国之后,上下之分太严,二祖、仁、宣时犹与侍臣坐论,英庙冲年即位,相接颇希,以后中贵日倨,堂陛日隔,即密勿大臣,无坐对之礼矣。"(《谷山笔麈》卷一〇《谨礼》,第109页)到本书所论的这一时期,士人继续说"堂陛"。《日知录》卷二三"人主呼人臣字"条,说晋、南北朝、唐,"其时堂陛之间,未甚阔绝,君臣而有朋友之义,后世所不能及矣"。卷九"刺史守相得召见"条也说两汉"堂陛之间,不甚阔绝",今日则"堂廉内外之分,益为邈绝"。所谓"堂陛悬绝",非止譬喻,也正是实况描写(参看王鏊论视朝,钱穆《国史大纲》第673页)。

堂陛之说,或出贾谊。贾谊《治安疏》(《陈政事疏》)曰:"人主之尊譬如堂,群臣如陛,众庶如地。故陛九级上,廉远地,则堂高;陛亡级,

① 赵翼《陔馀丛考》卷一八"有明中叶天子不见群臣"条:"统计自成化至天启一百六十七年,其间延访大臣,不过宏治之末数年,其余皆廉远堂高,君门万里,无怪乎上下否隔,朝政日非。神宗初即位,高拱请绌司礼权,还之内阁,是内阁且听命于司礼监矣。倦勤者即权归于阉寺嬖倖,独断者又为一二权奸窃颜色为威福,而上不知主德如此,何以尚能延此百六七十年之天下而不遽失,诚不可解也。"(第362—363页)对赵氏所说"不可解"的一种解释是,"君臣相接"已非政治运作的必要条件。士人说"否""隔",主要是就君臣伦理立论,而非由官僚政治的运行着眼的。

廉近地,则堂卑。高者难攀,卑者易陵,理势然也。故古者圣王制为等列,内有公、卿、大夫、士,外有公、侯、伯、子、男,然后有官师小吏,延及庶人,等级分明,而天子加焉,故其尊不可及也。"此所谓"堂陛",在士人的经验中,即君臣之间的空间/伦理距离:的确既是"空间距离"也是"伦理距离"。顾炎武等人强调的是,堂陛间固然有距离,应是相对之高下,其间不宜有如是之悬绝。

顾炎武说"堂陛",吕留良说君臣"礼数悬绝,情意隔疏"(《四书讲义》卷六)。① 张履祥将有关的经验概括为"上下无交"②。方以智也说"上下不通""上下之情不相通"(《帝学》,《曼寓草》卷三)。黄宗羲则径言"天子之位过高",以为合理的距离是"君之去卿,犹卿大夫士之递相去",说"昔者伊尹、周公之摄政,以宰相而摄天子,亦不殊于大夫之摄卿、士之摄大夫耳"(《明夷待访录·置相》)。下文还将提到的李滋然《明夷待访录纠谬》对此斥责道:"是直视天子之位,参伍于百僚庶司之间,遇有事故,人人皆可跻其位,亦犹今之督抚解任,司道得以护理……"虽属推演,那逻辑确也在黄氏的论述中。

黄宗羲试图重新审查君主在王朝政治结构中的位置,证明君的地位乃是历史地形成的,原其初,不过等级阶梯中之一级,并不拥有绝对的尊崇(参看《明夷待访录·原君》)。上引《置相》篇也说:"孟子曰:'天子一位,公一位,侯一位,伯一位,子男同一位,凡五等。君一位,卿一位,大夫一位,上士一位,中士一位,下士一位,凡六等。'盖自外而言之,天子之去公,犹公、侯、伯、子、男之递相去;自内而言之,君之去卿,犹卿、大夫、士之递相去。非独至于天子遂截然无等级也。"(按黄氏所引《孟子》语见《万章》)王夫之也说:"古之天子虽极尊也,而与公侯卿

---

① 吕氏讲《论语》"定公问君使臣章",说:"君引贤以共治,亦天也。君臣本乎天礼,即天秩、天叙、天命、天讨,无非天也。从天看下,则君臣尊卑虽截然,而相去不远,盖礼之等,止一级耳。自无道秦以诈力为君,君非天降之君,于是务自尊绝,而与臣乖隔,礼意渐灭灭尽矣。"(同书同卷)礼的"一级",也正配合了下文将要谈到的"天子一位"。

② 《杨园先生全集》卷五三《训门人语二》:"先生又言:三代以上无论矣。自两汉以后,尊贤养士之典犹有存者,所以当时诸君子皆能有以自立,其士大夫以及草野庶民,犹知尊礼之道。至于今日,诚所谓上下无交之日也……"

大夫士受秩于天者均。故车服礼秩有所增加,而无所殊异。……故贵士大夫以自贵,尊士大夫以自尊,统士大夫而上有同于天子……"(《读通鉴论》卷八第 313 页)顾炎武阐发井田制的"代耕"之意,也说天子犹之公、侯、伯、子、男,不过"一位"而已,其曰:"为民而立之君,故班爵之意,天子与公、侯、伯、子、男一也。而非绝世之贵,代耕而赋之禄,故班禄之意,君、卿、大夫、士与庶人在官一也,而非无事之食。是故知天子一位之义,则不敢肆于民上以自尊;知禄以代耕之义,则不敢厚取于民以自奉。"(《日知录》卷七"周室班爵禄"条)吕留良则说,三代"君臣之尊卑虽定,而其递降相去只一间耳";三代以后,"尊君卑臣,相去悬绝"(《四书讲义》卷六)。论井田制之"代耕",所见与顾氏略同。[①] 上述诸儒所关心的,是君臣间的相对位置,合理的空间以及伦理距离;至于"曳大木"这一譬喻(《原臣》),将君臣描述得俨若共一事的同僚,包含其中的关于君臣关系的想象,却为黄氏所独有。

顾炎武的下述言说,借诸"学术方式",较之于抽象地说堂陛,似乎更具有说服力。他在《日知录》中,考察有关语词的语源及语义衍变,意图证明某些为后世人君所专者,并非自古已然,从来如是。如"上下通称"条,说古者"人臣亦得称'殿'也","人臣亦得称'法驾'也","人臣亦得称'行在'也";还说"汉有以郡守之尊,称为'本朝'者","亦有以县令而称'朝'";"屋名为'宫',冢名为'陵',则人臣称'陵',古多有之";情况类似的,尚有"卤簿""宗室""閤诤""垂拱"等(卷二四)。《书西岳华山庙碑后》一文说"勑"(敕)字至南北朝以下,方"惟朝廷专之,而臣下不敢用"(《顾亭林诗文集》第 245 页)。上述用语的专有、特化,在今人的想象中,岂不正是君权扩张、强化的历史? 这未必不也是顾氏的用意。由今人看来,该书同卷"君""对人称臣""人臣称人君""人臣称万岁"诸条,所梳理的,也正是君主专制形成的历史——由"通

---

① 吕留良说:"代耕之义,上通于君公,直至天子,亦不过代耕之尽耳。天生蒸民,俱合一夫百亩,特人各致其能以相生,故有君卿大夫士之禄。君卿大夫士俱合一夫之食,特其功大者其食倍耳,皆所谓'代'也。"(《四书讲义》卷三九)对此钱穆说:"同时顾亭林《日知录》议论,与黄、吕颇相似,卷七周室班爵禄一条,亦阐述代耕之义,与晚村全同。"(《中国近三百年学术史》第二章第 84 页)

称"到专称,由"上下得同"到"施于极尊",对于诸"名"的占有,岂不正是那一历史的表征?

经了上述整理之后,似乎令人可以相信,在一段时间里,互不相谋的士夫,集中地表达了"抑尊"的要求。① 至于臣的权力要求,在关涉"相权"的言说中,得到了集中的表达。旨在讨论对于人主权力无限度扩张的抑制,洪武的废宰相,被作为故明政治批评的重要题目。《明夷待访录》有《置相》一篇,直指所谓的"祖宗法"。王夫之也曾"原相",论相不可轻,相权不可无(参看《读通鉴论》卷二六、二八),更何况无相!他说,"天下可无相也,则亦可无君也。相轻于鸿毛,则君不能重于泰山也"(同书卷二八第1103页)。虽然前此正有对"权相"(如张居正、申时行等)的激烈抨击(参看沟口雄三《中国前近代思想的演变》中译本第372—373页)。其时与师道有关的论述,也包含了抑制君道独尊的动机(参看本书上编《师道与师门》)。"师儒"的角色意识,解释了愈挫愈奋、被某些清人所艳称的明代士人的意气。这种意气体现于与崇祯激辩的明末大儒刘宗周、黄道周,年谱的有关记述,无不生动。宋人说君主"与士大夫治天下"(参看余英时《朱熹的历史世界》);这一种自信,似乎到了明亡前后才得以恢复,尽管不过见之于若干人的论述,尚不足以想象为该时期士人普遍的精神状态。

所谓"绝对君权"更像是一种修辞;即使无相,也仍然有制衡——首先即臣对于君权的制约。有明一代的政治中,言路(监察机构)不过对这种制衡做了较富于戏剧性的展示而已。② 事实是,下文将要谈到

---

① 清初唐甄论"抑尊",也在此种言论氛围中。唐氏说:"天子之尊,非天帝大神也,皆人也。"(《潜书》上篇《抑尊》,第67页)以下即描述尧舜的"平民天子"形象。同书下篇《去奴》,关于其理想中的平民天子,有更具体的描述:"贵为天子,亦可以庶人之夫妇处之。缝纫庖厨,数妾足以供。洒扫粪除,数婢足以供。入则农夫,出则天子,内则茅屋数椽,外则锦壤万里",曰:"南面而临天下,何损于天子之尊,而吾以为益显天子之尊也"(第169页)。此种想象,却已在黄宗羲、顾炎武等人的意想之外。缩小等级差别的要求,在唐氏该书中时有表达。

② 美国汉学家孔飞力在其著作中,曾论述常规权力与专制权力间的互动(参看《叫魂——1768年中国妖术大恐慌》中译本第九章)。拙著《明清之际士大夫研究》上编第四章有关明代"言路"的分析,也涉及了臣施之于君的制约。君主所拥有的,确非无限制的权力。

的以"家相"自我指称的官僚,并未放弃过限制君主权力的努力;他们关于"臣"的伦理义务的论述,也证明了这一点。有明一代士大夫的政治主动性,既经由其政治实践(包括"建言"),也经由有关君臣的论说得以显示。只不过受制于历史条件,彼时的士人不可能提供足以体现他们的权力要求的制度设计而已。他们论述的旨趣,如你将要看到的,不能不更在政治伦理方面,在臣的"自主性",臣对于君主实施制约的可能性及其伦理依据。

还应当说,上文所引的言论并不意味着其时的士人关于君臣关系,有了全然不同的想象。人主固然"家天下",臣民也久已以天下为君王的家①;其中被许为"忠臣"者,对于主上的那份"家业",甚至较之君主更其在意——这也才是忠臣本色。海瑞就说过:"夫天下者,陛下之家也。人未有不顾其家者。内外臣工,其官守,其言责,皆所以奠陛下之家而磐石之也。"(《治安疏》,《海瑞集》第 219 页)刘宗周章奏中引张载语:"然大君者,天之宗子,辅臣者,宗子之家相。"(《明史》卷二五五本传)②孙承宗一再恳请人主以"身视国"、以"家视国"(参看其《廷对策》,《高阳诗文集》卷一四)。鹿善继为朝廷司库,因辽饷而乞皇上发帑金,强调"此事于臣为职掌,于皇上为家事"(《请发帑疏》,《认真草》卷一〇)。余英时以为张载《西铭》将君臣关系纳入宗法系统,"深层用意是通过宗法化以消减君主的绝对权威,缩短君臣之间一段不可逾越的距离"(《朱熹的历史世界》上篇《绪说》第 156 页)。这层意思,上述人物未必理会。他们的动机,更在以此语言策略打动人主;至于以国事为皇上家事,其人未必不真的作如是观。自居于人主的家相、家臣,上述诸人似乎都很坦然。

黄宗羲严格区分"事父"与"事君",以臣与子并称为非(《原臣》),与其批评"家天下"一致。时人却并不即有这种见识。《明史》吴麟徵

---

① 陈亮致书朱熹,说到君主"家天下"的合理性,曰:"……至于以位为乐,其情犹可以察者,不得其位,则此心何所从发于仁政哉?以天下为己物,其情犹可察者,不总之于一家,则人心何所底止?"他说,"自三代圣人固已不讳其为家天下矣",问题在是否有"担当开廓"的大本领(《又乙巳春书之一》,《陈亮集[增订本]》卷二八第 346 页)。

② 张载《西铭》:"大君者,吾父母宗子;其大臣,宗子之家相也。"

传，记崇祯五年吴氏请罢内遣，有"君之于臣，犹父之于子，未有信仆从，舍其子，求家之理者"（卷二六六）。即王夫之也有"王者之于万姓，视犹一父之子"云云（《黄书·大正》，《船山全书》第十二册第528页）。待之如"家人"，从来是君主之于臣工的最高礼遇。[1] 其时固然有论者以为君臣、父子各有其道，认为子道通于臣道（或许反过来，以臣道为通于子道），作为伦理意识却更具有普遍性。

拟君为父，拟臣为子，阉宦自然拟于奴婢仆从。上述吴麟徵的不满，在君主"舍其子"而"信仆从"。问题的严重性却更在君之视臣以至臣之自视，均更下一等，即君之视臣犹仆隶，臣之自视若奴婢。甚至叶向高这样的重臣，在奏疏中尚以臣为君的家仆。[2] 吕留良说秦之后，"君臣师友之谊不可复见，渐且出宦官宫妾之下"（《四书讲义》卷六）。钱谦益也说人主"慢士"，以"厮养妇寺"待士（《策·第五问》，《牧斋初学集》卷八九《制科二》，第1855—1856页）。而在其时士人的有关修辞中，却正习于以妾妇自比。屈大均拟君臣于日月，比隐居不仕为女子之不嫁，"犹月之未尝受日之光以为光，而以阴道自处"，引《洛神赋》之"虽潜处于太阴，长寄心于君王"（《无题百咏序》，《翁山文外》卷二）。倘若仅由此类文字看，词情不免于卑下，精神意气的确不能比之于宋人。你由此才更容易理解黄宗羲如下怨忿的表达，即人主"以奴婢之道为人臣之道"，"一世之人心学术为奴婢之归"（《明夷待访录·奄宦上》，《黄宗羲全集》第一册第45页）。或许在黄氏看来，再没有什么较之于士大夫精神意气的斫丧更沉痛的事实了。[3]

君固不可以奴婢视臣，臣亦不可事君以"妾妇之道"，如奴婢之于主子。臣道的沦丧，士人精神的蜕变（由"师傅"到"仆妾"），固然由君

---

[1]　史载，太祖召见刘基等的后人"入见便殿，燕语如家人"（《明史》卷一二八刘基传）。同书卷二五一文震孟传录文氏奏疏，中曰："祖宗之朝，君臣相对，如家人父子。"

[2]　叶向高在奏章中一再自比奴仆，如曰"人臣之事君，犹仆之事主"（参看沟口雄三《中国前近代思想的演变》中译本第245页注5。该注说"当时以奴仆比喻的事不胜枚举"）。

[3]　刘宗周指摘崇祯"进退天下士太轻"，朝廷有"积轻士大夫之心"（参看《明史》刘宗周传）。钱谦益也说人主"有轻天下士之心"，"皇上以一官羁绁天下士，去不成去，留不成留，置之如积薪，而玩之如股掌……"（《策·第五问》）

主造成,臣的不自重(自居于"仆妾""奴婢""厮养妇寺"),未必不也是其自身命运的原因。王夫之论暴政下臣道之失,对于臣的不自尊重更持论严厉。他说:"身为士大夫,俄加诸膝,俄坠诸渊,习与诃斥,历于桎梏,裸衣以受隶校之凌践……"(《读通鉴论》卷二第 106 页)所描述的,正是有明一代习见的事实。他以为此种事实"为士大夫亦有以致之矣":正是臣对于"非礼"的"顺承",鼓励了"人君之辱士大夫"。他甚至主张士大夫以死保全尊严,于此而以高攀龙的自沉为例(同书卷二二第 842 页)。臣的、士的尊严问题,在王夫之的有关论说中,获得了极其严重的意味。"臣之于君,可贵、可贱、可生、可杀,而不可辱。……至于辱,则君自处于非礼,君不可以为君;臣不知愧而顺承之,臣不可以为臣也。""后世之诏狱廷杖而尚被章服以立人之朝者,抑有愧焉者乎?使诏狱廷杖而有能自裁者,人君之辱士大夫,尚可惩也。"(同书卷二第 107 页)"君子有必去以全身,非但全其生之谓也,全其不辱之身也。"(卷一七第 642 页)明末钱谦益的策论分析"士之积轻",也以为"上之轻士"与士之"自轻"互为因果,以"士无漫受上之轻"为对策,与王夫之颇有论旨之合。①

明清之际关于臣道的讨论,于此有了士文化检讨的意味。王夫之《诗广传》因男女而论君臣,不厌其重复,亦遗民、亡国之臣的君臣论,君道、臣道论,其中包含了对易代之际士人行为、姿态的省思(以及王氏的自我省察)。这也是持久地纠缠着王夫之的论题。② 他在自己的史论中,一再联系具体历史情境说士人的"去—就",在此大关节目上,强调士的尊严原则,将决定去否的底线,设定为士人尊严的保有(即不

---

① 钱氏说:"士既以上之轻士者自轻,而上并以士之自轻者轻自重之士。士之自视也以为股肱手足,而上之视士也无以异于厮养妇寺,士安得不积轻,而主上安得不积重哉?"(《策·第五问》)黄道周说士与天子相与贵贱:"古之士贵,故天子与贵;今之士贱,故天子与贱。"(《本治论》,《黄漳浦集》卷一二)有意颠倒主从,无非为了强调士在与天子的关系中的重要性。《日知录》卷一七"搜索"条所涉及的,亦士的尊严问题。

② 他以为臣之事君,非即如妇之委身,"是故命有所不徇,召有所不往"(《诗广传》卷一第 328 页)。但接下来说的却是,"受禄而不诬,隆礼笃爱而不惊,然乃终以可生可死而不可贰"——又未必不同于妇之委身。

第五章 君主

285

自取其辱);也正是在这种场合,他说:"况乎君臣义合,非有不可离之去就哉!"(《读通鉴论》卷一二第 456 页)这里也有对原始儒学命题的重申。① 吕留良也说"君臣以义合;合则为君臣,不合则可去,与朋友之伦同道,非父子兄弟比也。不合亦不必到嫌隙疾恶,但志不同、道不行便可去";他将士人自主性的丧失(即"有进退而无去就"),归结为"封建废为郡县"的制度性后果(《四书讲义》卷三七)。傅山以为"'仕'之一字,绝不可轻言";"仕不惟非其时不得轻出,即其时亦不得轻出"。说"仕本凭一'志'字,志不得行",不可苟出;"君臣僚友",不得其人即不能行志,在此情形下不可轻出(《霜红龛集》卷二五《仕训》,第 680 页)。"君求士,士不求君",师"有来学,无往教",均关涉士的尊严。② 魏禧的思路微有不同,他论《易》"屯"之一卦:"语曰:乱世君择臣,臣亦择君,时之变、道之权也。……是必于'屯'而后可。"(《论屯卦》,《魏叔子文集》卷二二)"屯"乃臣择君的条件;"君择臣"则无条件。

　　王夫之讨论士的"进退出处",反复强调君臣关系的因应、相互性,也即某种相对性、条件性(非绝对道德律令)。有此君方有此臣,"臣服者,必有所服也;归命者,必有所归也;有君而后有臣,犹有父而后有子也。唐亡以来,天下之无君久矣"(《宋论》卷一第 31 页)。因而他反对片面地责臣以"忠",说:"欧阳永叔伤五代无死节之臣,而不念所事之何君也,亦过矣。"(《读通鉴论》卷一〇第 409 页)论及刘知远,则说:"若夫君臣之义,固有不必深求以责知远者。当日之君臣,非君臣也。"(同书卷三〇第 1144 页)针对其时等同君父、将家族伦理与政治伦理混为一谈的成见,

---

① 刘宗周的说法有不同,曰"君臣之义,本以情决;舍情而言义,非义也"(《刘子全书》卷二〇《答秦嗣瞻》)。前此朱子就说过:"君臣之义根于情性之自然,非人之所能为也。"(《朱子大全集》文集卷七二《古史余论》)

② 《孟子·公孙丑》"故将大有为之君,必有所不召之臣",王艮曾一再引用(如《答太守仁公》,《王心斋先生遗集》卷二)。处明清之际的士人在此话题上,也在"接着说"。李颙说"以道自重",曰"古之学者,君就则见,君召则不往见,非是自高其身分,道固如是耳"(《反身续录》,《二曲集》卷四三)。王夫之《释》《周易》泰卦"象曰:'以祉元吉',中以行愿也",曰:"君求士,士不求君,然道合则士就君而非屈,亦此义也。"(《周易内传》卷一下,第 147 页)《四书训义》也说:"盖君先求士,士乃以道事君,而非以利动。"(卷三〇,《船山全书》第八册第 382 页)

曰:"不幸而与其人为昆弟,或不幸而与其人为夫妇,尽其所可尽,无望知焉,无望报焉,其所不可尽者,以义断之也。乃与其人为君臣,去之可矣……"(《诗广传》卷一第324—325页)王夫之在一个更"传统"的框架(进退出处)内强调了臣的"自主性"、于限定的条件下选择的权利——更与他本人易代之际的经验相关,是对选择的正当性的事后确认。考虑到"'进退之道'自孟子以下便少有人问津,至宋代才再度成为儒家中一个重要论题"(余英时《朱熹的历史世界》上篇《绪说》,第162页),这一论题在本书所论的时期被赋予的严重性,还应向宋代以降"士大夫政治"的发展、士的自我想象、自我角色意识寻求解释。

君臣关系的因应、相互性,却决不可理解为交换。王夫之尤以非"贾"、非"货利"(交易关系)为君臣关系的原则——也被作为了士自守而不辱的条件。基于此,他对世俗艳称的解衣推食式的"好贤"亦不谓然,说倘若君之于臣"施之以礼,责之以德;施之以秩,责之以道;施之以职,责之以功;施之以禄,责之以言;则是窃天之荣宠而以贸人之才"(《诗广传》卷三第398页)。他另在《读四书大全说》中说"自有文字来,无有言施忠于君、施孝于父者"(卷二,《船山全书》第六册第499页)。这层意思,似未见于他人的论说,虽则黄宗羲也说过"'君使臣以礼,臣事君以忠'为君臣之正道,初非有心于报施也"(见下文)。本书以上章节已谈到论者对渗入其时伦理关系的"市道"的警戒。王氏敏感于人伦关系中的"货贿""交为饵"即利益交换(参看《诗广传》卷一)。将其所描述的君臣关系由交易("贸")的一面识别,不消说需要特殊犀利的洞察力。

顺理成章地,《庄子》被广泛引用的所谓"无所逃于天地之间"[①],遭遇了质疑。黄氏《原君》即批评"小儒规规焉以君臣之义无所逃于天地之间"。他由子道与臣道根据之不同,说到"君臣伦理"对于士人无普遍的制约性:"君臣之名,从天下而有之者也。吾无天下之责,则吾在君为路人。"其《破邪论·赋税》更引《诗》"普天之下,莫非王土;率

---

① 《庄子·人间世》:"仲尼曰:天下有大戒二,其一命也,其一义也。子之爱亲,命也,不可解于心。臣之事君,义也,无适而非君也,无所逃于天地之间——是之谓大戒。"

土之滨,莫非王臣",说:"先王之时,民养于上。其后民自为养。……民待养于上,故谓之'王臣'。民不为上所养,则不得系之以王。"(《黄宗羲全集》第一册第 203 页)王夫之也说:"如曰溥天率土,义不可逃也,汤、武且有惭德矣。项羽不弑怀王,汉高岂终北面?"(《读通鉴论》卷二七第 1073 页)陈确则以为"君臣之分,固义无所逃,然亦必食其禄而后忠其事,亦所以云报耳"(《寄吴裒仲书》,《陈确集》第 102 页)——不仕者即无此义务。倘若想到明初"寰中士夫不为君用"之律,上引论说无不可以读作依据经典对于士"不臣"的权利的重申。

黄宗羲、王夫之所着眼的,已不止于"臣道",而包括了意义更广泛的士的生存之道,当明清易代之际,自有其特殊的严重性。至于王夫之所设情境的政治性,也因其时士人生存境遇的政治性。他的史论对士的选择、姿态的描述、分析,几于穷尽了"士—政治"的诸种情境,也包含了他本人这一时期最重要的生存体验与思考。他将"自靖""自尽",作为自己一再标举的原则(参看本书上编"经世·任事"章)。"自靖""自尽",联系于"为人/为己",以士人自我道德的完成为目标,以此区别于仅自外而加诸的道德律令。在君臣关系中,强调士人道德的自我完善,确也包含了对士的某种自主性的提示、重申。王夫之及黄宗羲有关臣道的议论,目标首在士的人格、精神的修复,士的某种独立地位的恢复或营造。这一任务的紧迫性是不待说的。但王、黄之间思想的差异仍显而易见。王氏说必要时的"去",仍无妨于其以"仕"为士人的伦理义务。他认为君臣关系乃根于"天性中之分谊","君子之仕也,非但道之行也,义也";"君臣之义,上下之礼,性也,非但不可逃也……"(《读通鉴论》卷一五第 559、560 页)那么君臣一伦,赖何维系?王氏说,君臣"名与义相维,利与害相因,情自相依于不容已"(同书卷二七第 1046 页)。① ——甚至不止于伦理义务,更是性分所有。因而除"必

---

① 王氏比君臣为"妇之于舅姑",曰"知臣之于君,妇之于舅姑,其亦有不可解而非役于不可逃者矣"(《姜斋文集·苏太君孝寿说》,《船山全书》第十五册第 234 页)。刘宗周决意饿殉时,也说"君臣之义,本以情决,舍情而言义,非义也。父子之亲,固不可解于心,君臣之义,亦不可解于心"(《年谱》顺治二年)。"情"最不能强制,也不容强制。但这却不是刘氏所要表达的意思。

不可仕之时",其他"皆可仕";"必不可仕而以保身为尚者,其唯无天子之世"(卷一二第 440 页)。其所谓"无天子",非指无名义上、名分上的天子,而是无事实上的天子——这是需要说明的。王夫之反复阐说"去"的条件、必要性,也正因其以为"仕"的必要性无需论说,"仕"相对于"处""退""去"是第一义的。这由他有关隐逸的评价尺度与评价态度也可知。① 王夫之之子王敔《大行府君行述》,记王氏永历朝为瞿式耜疏荐,曰:"此非严光、魏野时也。违母远出,以君为命,死生以之尔。"(《船山全书》第十六册第 71 页)就任行人司行人介子。刘宗周更于此把截,务使那做臣子的,即令到了危机关头,也无从借口圣人之言而逃避责任:"'危邦不入',夫子就当时如此说,今人自说不得此二语。君臣之谊无所逃于天地之间,况祖宗数百年培养之士,可托言明哲之说乎?"(《会录》,《刘子全书》卷一三)

前此王艮曾反复讨论"仕"的条件,强调士的独立地位、自主选择、个人意志,以体现"尊道"与"尊身"之"一"(包括"见险知止",不致身"辱""危",参看其《明哲保身论》),强调与"王者"关系中的被动性(为彼所求),强调不可以道徇人、以道从人;其所设"去"的条件(王者不主动来"取法""致敬尽礼""言听计从"),与王夫之的仍微有不同。② "思想史"着眼于思想之为积累,我的关注却更在"思想"与"情境"间的关系,言论中的经验内容。即如王夫之对臣的、士的自主选择的一再阐说,以易代之际的政治实践作为经验背景,在一个士大夫的伦理处境极其严

---

① 但王夫之仍然没有将问题绝对化,以为"君臣之义,高尚之节,皆君子之所重也"(《宋论》卷三第 99 页);"盖不容已于仕者士之道,而不苟于进者士之心"——"仕隐之权在我"(《四书训义》卷三〇第 381 页)。

② 王艮说:"……须道尊身尊,才是至善。故曰:天下有道,以道徇身;天下无道,以身徇道。必不以道徇乎人。使有王者作,必来取法,致敬尽礼,学焉而后臣之,然后言听计从,不劳而王。如或不可,则去。……《易》曰:'匪我求童蒙,童蒙求我。'又曰:'求而往,明也。'……见险而能知止矣。……若以道从人,妾妇之道也。己不能尊信,又岂能使彼尊信哉?"(《王心斋先生遗集》卷一《语录》《答问补遗》)"尊身",亦臣在"君—臣"关系中的自尊自重。他还说:"君子之欲仕,仁也。可以仕则仕,义也。"(同上)"问节义,先生曰:'危邦不入,乱邦不居,道尊而身不辱,其知几乎?''然则孔孟何以言成仁取义?'曰:'应变之权固有之,非教人家法也。'"(同上)

峻的时期,包含了复杂的历史内容及论者本人的心理内容,令人可以感知亡国之际士大夫所承担的道义责任的沉重。当然,以明清之际的大儒,与前此富于异端思想的思想家比较,"历史情境"只是参照之一种,且是较为方便取用的一种。实则同处明清之际,士人的思路也尽有差异,何尝能做一概之论!

士人于君臣论中所表达的道德自信,从来赖有儒学作为支撑。《礼记·儒行》:"儒有上不臣天子,下不事诸侯,慎静而尚宽,强毅以与人,博学以知服,近文章,砥厉廉隅,虽分国如锱铢,不臣不仕,其规为有如此者。"李颙说儒之为儒,即引上述"儒有上不臣天子,下不事诸侯……"(《关中书院会约·儒行》,《二曲集》卷一三)不臣之士的存在,岂非对于君权的绝对性的否证?"不臣"作为一种士的存在方式,当易代之际其正面意义尤为凸显。遗民即公然不臣新朝之民。不臣新朝者未必即自居为故国之臣;且由上文可知,不臣新朝者未必不批评故明之君。在那段刚刚成为过去的历史的延展处,士人探讨着自己在王朝政治格局中以及伦理纲维中的位置,在这一种思考中,也表现出了不为"遗民"身份所限囿的思考能力与思想冲动。黄宗羲不惜与时论相左,以为纵使"辅君而兴""从君而亡",亦未见得不背于臣道。这里尤其意味深长的,无疑是"从君而亡"。他否定了"君亡与亡"的无条件性:"君为己死而为己亡,吾从而死之亡之,此其私昵者之事也……"(《原臣》)

士人理想中的君臣关系,原在师友之间。"出而仕于君也,不以天下为事,则君之仆妾也;以天下为事,则君之师友也。"(同上)崇祯朝不过"小臣"的熊开元(熊氏其时任行人司副),坦然以"教"君为职任,抱怨说"好教臣而不好臣教,是人主之通病"(《与冯渐卿征君》,《鱼山剩稿》卷二第 248 页)。他以欲教君而获罪,大吃了苦头,写于事后、记述得罪经过的《罪状本末》,开篇仍显然大书"开元尝三复大人格君心之说"(同书卷四第 331 页)。崇祯十四年刘宗周致书章正宸,激励其人格君心,曰:"今天下之乱,固必有所自本矣,则君心是也。"(《刘子全书》卷二〇)王夫之也说:"匡维世教以救君之失,存人理于天下者,非士大夫之责乎?"(《读通鉴论》卷二七第 1048 页)陆世仪思想言论较为平实,却也每有奇想。比如主张以帝王从祀孔子,曰:"圣人之道,固天下万世至尊至贵之道,然亦必俟时君世主尊之信之而后行……愚意自尧、舜、禹、汤、文、武而下,如汉之高帝及孝武、孝明,宋之理宗,皆不可不祀于圣庙前殿……"(《思辨录辑要》卷二一)多少像是异义可怪之论。

也如论"君"而追究至于"君"的设置的原始目的,黄宗羲由"目的"论"臣"之设,说其人之仕,"为天下,非为君也;为万民,非为一姓也";"世之为臣者昧于此义,以谓臣为君而设者也"(《原臣》)。以"为天下""为万民"与"为君"作对立观,"为……非为……"去取明确;"非为"尤其断然。"为"是他人也说的,而如此断然决然的"非为",更是黄氏声口,决不同于在为民、为君间态度暧昧游移不定者。韩愈《原道》:"是故君者出令者也,臣者行君之令而致之民者也,民者出粟米麻丝、作器皿、通财货以事其上者也。"张居正则说:"臣闻君者主令者也,臣者行君之令而致之民者也。"(《陈六事疏》,《明经世文编》卷三二四)黄宗羲对三者关系的理解,显然不止于此。吕留良于此所见与黄氏亦有同然。他说:"天生民而立之君臣,君臣皆为生民也。"谓三代以后"不知君臣之所由来,从天降下民起义"(《四书讲义》卷六)。也正因"天为生民而作君,君为生民而求臣",故"君臣之分虽严,其情实亲近"(同上)。黄道周也说:"传曰:为百姓立君。为百姓,非以为君也。故百姓存则与存,百姓亡则与亡,存百姓者所以自存也。"(《为君之道必须先存百姓论》,《黄漳浦集》卷一二)强调"民"之为目的,也就同时肯定了"臣"在君、民间的积极功能。[①]

"君/臣/民",固然不能认为是新的论述角度,但当着将有关的论

[①] 万历朝的吕坤就说过:"天之生民非为君也,天之立君以为民也。……岂其使一人肆于民上,而剥天下以自奉哉!"(《呻吟语》卷五《治道》)陈龙正也说过类似的话:"天为民而立君,士为民而事君。"(《几亭外书》卷一)可知亦属常谈。沟口雄三认为黄宗羲《明夷待访录·原臣》的独特处包括"强调以万民为基础的臣的自立性和主体性"(《中国前近代思想的演变》中译本第238页),其《原法》《置相》《学校》等篇,将"治世的原点从君主移到万民",使皇帝一元的专制权力"空洞化"了(第239页)。由上引文字也可证,黄氏的有关议论并非空谷足音。

说置于士大夫易代之际的政治实践的背景上考量，仍不能不令人心动。我已分析过金声、熊开元在明亡之际的抵抗中，于国（即君）/民之间的权衡（参看拙文《由〈鱼山剩稿〉看明清之际士人的伦理困境》）。尽管士人在此危机时刻所处的伦理困境，他们在此困境中的思考，并未最终成为酝酿新思想的酵母，那种思考因联系于生动的个人经验，而保有着使后人感到震撼的力量。

至于有明一代士人所体验的君臣关系，其严峻性却远非"堂陛"所能形容。换句话说，考虑到载之于文献的大量血淋淋的事实，"堂陛"一类批评是太过温和了。明中叶以降日益激化的君臣冲突，构成了明清之际士人的君主论更为直接的背景。崇祯三年刘宗周的奏疏，有"陛下自即位以来，励精振刷，不免以重典绳下，逆党有诛，封疆失事有诛，已足为天下创矣；犹未也，有因而及一切诖误者，方且重者以杖死，轻者以谪去，又其轻者以降级待罪，纷纷狼籍，朝署中半染赭衣"云云（《敬陈祈天永命之要以回厄运以巩皇图疏》，《刘子全书》卷一五）。弘光朝刘氏的章奏，还说先帝尚刑名，"杀机一动，杀运日开，遂至怨毒满天下而不可救"（同书卷一八《再陈谢悯疏》）。近人孟森也说崇祯"茫无主宰，而好作聪明，果于诛杀"（《明本兵梁廷栋请斩袁崇焕原疏附跋》，《明清史论著集刊》上册第 27 页）。"果于诛杀"正得诸遗传——太祖、成祖、世宗等，无不"果于诛杀"。除却史家所乐道的仁、宣之世，有明一代施之于士大夫的暴虐，由太祖到崇祯，确也像是完成了一种政治性格。①

正如"明良论"所提示的那样，"君臣"一伦在从仕的士人，往往是他们的伦理经验中最深刻的部分；在"君臣"这一题目上，汇集了士夫最为深切的命运之感。即使不诉诸如此直接的表达，你由这一时期士

---

① 王夫之在其《宋论》中，以宋代政治相比照，说："自太祖勒不杀士大夫之誓以诏子孙，终宋之世，文臣无欧刀之辟。"（卷一第 24 页）还说："自汉光武以外，爰求令德，非宋太祖其谁为迥出者乎？"（同卷第 47 页）"三代之后，必欲取法焉，舍赵宋待臣之礼，其谁与归？"（《读通鉴论》卷一三第 482 页）但王氏的《宋论》却也说到宋太祖"怀黄袍加身之疑，以痛抑猛士"（卷六第 159 页），说"宋之猜防其臣也，甚矣！"（卷一〇第 250 页）无论明、清，还是宋、明，都不宜轻于比较。

人有关君主、君臣的言说中,也不难分辨至为沉痛的"命运"主题。刘宗周的弟子张履祥于明亡后说:"《大诰》虽以君臣同游为第一条,其实终三百年未之有也。毋论三代君臣腹心手足之义,即汉、唐以来君臣相与之义,难以仿佛。……三百年中,大概是一'否'卦,天地不交而万物不通……"(《备忘三》,《杨园先生全集》卷四一)上文注引张履祥说"上下无交",接下来他说的是:"吾人生于此际,譬诸草木生于秋冬,命可知矣。设有幸以待阳春之和,命也;不幸终于严霜凛雪之惨,亦命也。"张氏并不因自居遗民而讳言上述话题;或许应当说,正因出诸遗民,上述言说更令人感受到蕴涵其中的创伤体验。遗民之于"故明"弊政,确也更可能有切肤之痛。

即使如此,见诸文献的有明一代君臣,也非一味对抗。即"果于诛杀"的崇祯,在清初文人笔下,也有另一种神情。钱谦益所撰成基命神道碑,记成氏"一夕草四谕,漏下三鼓,犹在直。上从午门望内阁,灯火荧荧然,屏营叹息,不能成寝也"(《牧斋有学集》卷三四第 1201 页)。"上从午门望内阁"云云,无疑出诸想象,类小说家言。钱氏耽于此种意境,当写上述文字时,很可能被自己的文字所感动,至于是否实有其事,未必关心。但写在明亡之后,回想故国旧君,不胜其缱绻,这份感情应当是真实的。且臣固有其自律、自我抑制,并不总要等人主压制。张居正枋国,王世贞即有"臣道太盛,坤维不宁"之说(《明史·文苑三》)。《明史》刘宗周传说刘氏事君,"不以面从为敬";却又说其人"入朝,虽处暗室,不敢南向"。也要如此,才是刘宗周。①

具有讽刺意味的是,见诸文献,尚有明代人主对臣下明察秋毫的事例。丁元荐《西山日记》卷上《英断》记世宗洞察臣下之欺隐:"嘉靖中,一督抚以首功捷报朝廷,手批曰:'这贼想已饱欲而去,知道了。'此圣天子明见万里,其人胆落,数月不敢视事。"李清《三垣笔记上·崇祯》:

---

① 费孝通《论绅士》一文说:"中国的官僚并不是分享政权的,他们和政权本来是处于敌对的地位。事奉他,就在软禁他,逃避他,并不改变其敌对的地位。这是美国社会学家孙末楠所谓敌对的合作。"(《皇权与绅权》第 8 页)这种说法似有简化之嫌。君臣利益的一致性,毕竟还是一个基本事实。

"上每阅章疏,必召皇太子同观,且语之曰:'凡阅科道疏,须观其立意,或荐剡市恩,或救解任德,此立意处。或铺张题面,娓娓纸上者,借耳,无为所欺也。"(第26页)《三垣笔记附识上·崇祯》:"上聪明天纵,初即位时,视诸臣每有不足之意。一日,召对诸臣,无一语当圣意,上曰:'此就是召对了么?'"(第154页)凡此,也由一个方面解释了"对抗"的形成。

明亡之际及其后的追究中,"有君无臣"是流行一时的说法。吴麟徵于明亡前夕说"国之所由亡",以为"亡于君之手十一,亡于臣之手十九"(《壬戌会试策·第四问》,《吴忠节公遗集》卷一)。孙奇逢作于甲申的《野哭诗》,中有"至尊挺英资,卓哉有为主","无如臣道微,有鼓而无舞"等句(《孙夏峰先生年谱》卷上)。傅山甚至由神宗"御书",也看出了"有君无臣"的征象:"有君无臣,岂笔墨间亦有然者耶?"(《书神宗御书后》,《霜红龛集》卷一七第512页)在身为明末名臣的刘宗周看来,"有君无臣"尚不止于明末。他说:"本朝有君无臣,可为千古明良之慨。洪武坏于汪、胡。永乐坏于杨、蹇,终洪熙、宣德之世。天顺坏于李贤。成化坏于万、刘。惟弘治君臣相得,君子满朝,号为极治;然平台议政,启沃无闻,识者犹有多恩少断、坐失良时之诮。若正德之有李东阳、杨廷和,益无论矣。嘉靖继统,赫然将大有为,不幸以议礼之役,君骄臣谄,始坏于张、桂,终坏于严、夏。隆庆间,徐阶称反正。万历初,江陵用事复坏。申时行、王锡爵、赵志皋、沈一贯、方从哲相继接脉,酿成五十年高拱之祸……"(《癸亥夏日二则》,《刘子全书》卷二五)金声亦以为"有君无臣",其解释却有别致之处。金氏说:"主上圣明而治效不臻,繇群臣莫及,鲜当上意",所以如此,则因"皇上视天下实其天下,而群臣之视天下,以为皇上之天下,而与群臣无与焉。如此,则虽卿相大僚之事吾皇上,亦第如佣工之人,计日受直……"(《为邑令君序》,壬午,《金忠节公文集》卷六)——亦正面评价皇上的"家天下";但说臣下"如佣工之人,计日受直",却未知出于何种观察。

清初王源也说:"人才靡弱不振,至宋已极,而明殆有甚焉。"(《平书·取士》,《平书订》卷六)李塨的态度尤有夸张,说:"明之末也,朝庙无一可倚之臣,天下无复办事之官。坐大司马堂批点《左传》,敌兵临城,赋诗进讲,其习尚至于将相方面,觉建功奏绩,俱属琐屑,日夜喘息著书,曰此传世业也。以致天下鱼烂河决,生民涂毒。呜呼！谁实为此！无怪颜先生垂涕泣而道也。"(《恕谷后集·与方灵皋书》)每当危机时刻,士大夫总不免有"才难"之叹。"渡江天马南来,谁人曾是经纶手？"对此种议论不必都当真;其中的愤激之言,或也出之于士的反省要求。至于因了故国之思而不忍苛责人主,亦遗民、遗臣心事,也不免复杂化了有关言说的意味。

有君无臣,本应是君主的口吻。《明史》记崇祯临终,"御书衣襟曰:'朕凉德藐躬,上干天咎,然皆诸臣误朕。……'"(卷二四)李清《南渡录》卷一记甲申五月,福王以监国发大行皇帝丧谕天下。谕曰:"……不期以礼使臣,而臣以不忠报;以仁养民,而民以不义报,彝伦攸致,报施反常,自有生民以来,未有甚于今日者也……"(第3页)士大夫在此一话题上,与君主所见,竟并无二致！

明末有君无臣,清初明史馆中人于此也所见略同。即如说崇祯"临朝浩叹,慨然思得非常之材,而用匪其人,益以偾事"(《明史》卷二四)。另如说"庄烈帝在位仅十七年,辅相至五十余人。其克保令名者,数人而已……国步方艰,人材亦与俱尽,其所由来者渐矣"(同书卷二五一)。尤有讽刺意味的是,这"有君无臣"之说,竟然为清帝所援据。《三垣笔记上·崇祯(补遗)》记顺治"尝登上陵,失声而泣,呼曰:'大哥大哥,我与若皆有君无臣'"(第90页。按此"上"即崇祯)。王弘撰《山志》"北游集"条记顺治语,曰"明代亡国,罪由臣工,而崇祯帝非失道之君也"(初集卷一第13页)。

在易代之际的言论环境中,针对上述流行说法,也正有异议。同一刘宗周,当崇祯朝奏对时,就有"天下原未尝乏才,自足以供一代之用"云云(《子刘子行状》卷上,《黄宗羲全集》第一册第222页)。[①] 黄道周

---

① 王夫之在其史论中说:"国无人焉则必亡,非生才之数于将亡之国独俭也,上多猜,则忠直果断之士不达……"(《读通鉴论》卷一五第597页)吕留良也说:"有天下即有天下之人,一世之人自足以治一世之天下。"(《四书讲义》卷三四)前此吕坤就说过:"一代人才自足以成一代之治。既作养无术,而用之者又非其人,无怪乎万事不理也。"(《呻吟语》卷五《治道》)

也以为其时并非无人，甚至列出了他以为"卓荦骏伟"、可当一面的人物名单（《明史》本传）。王夫之也不苟同时论，说："前代之亡，皆以国无人而致败。惟本朝不然。数十年间，虽如杨、左、高、赵、二周、黄、魏、袁、李诸公，为阉党所摧折，而踵起者若刘念台、黄石斋、李懋明、范质公、倪鸿宝、文湛持、史道邻、姜居之、高硁斋诸先生，皆大僚也，使得行其志，当不仅如赵惟重、李伯纪之在建炎。而抑有如陈大樽、夏缓公、吴幼洪、杨机部，使参密勿，应可颉颃陆敬舆之于贞元。"（《搔首问》，《船山全书》第十二册第 628 页）①同篇还将明亡之际的人才状况与明中叶比较，说如刘宗周、黄道周、倪元璐、左懋第、史可法、范景文、李邦华、陈子壮，"无论其忠节，即以匡济之才言，使尽其设施"，岂在于谦、刘大夏之下；陈子龙诸人，"俾其谏行言听，必可支天浴日"；尚有后起郑为虹、凌驷等人，"人才之盛，莫盛于斯"；且此种人才"遍列于九卿、内翰、台省，而不能救宗社之陆沈，仅以一死谢君父，将谁责而可哉！"（同上第645 页）批评的锋芒直指君主。王氏说："惜天下之不治者，曰有君无臣。诚有不世出之君矣，岂患无臣哉！"（《读通鉴论》卷八第 300 页）陆世仪说其时非天下无才，而是朝廷无长养人才之法，"器使之道"废（《思辨录辑要》卷一二）。以明代人才为"靡弱不振"的王源，也说："明季有君无臣之说，源窃以为不然。"（《复陆紫宸书》，《居业堂文集》卷六）唐甄的议论更有其一贯的痛快，他强调"治天下者惟君，乱天下者惟君"，"匡君治国之才，何世蔑有；世无知者，其才安施！……世无君矣，岂有臣乎！"（《潜书》上篇《鲜君》第 67 页）还说："世之腐儒，拘于君臣之分，溺于忠孝之论，厚责其臣而薄责其君。彼乌知天下之治，非臣能治之也；天下之乱，非臣能乱之也。""治乱在君，于臣何有！"（同书下篇《远谏》第 127 页）士人一向好说明良遇合之难。张国维序《皇

---

① 王夫之所开列的名单中，杨为杨涟，左为左光斗，高为高攀龙，赵为赵南星，二周为周顺昌、周宗建，黄为黄尊素，魏为魏大中，袁为袁化中，李为李应昇，乃天启阉祸中被难诸臣。刘念台，刘宗周；黄石斋，黄道周；李懋明，李邦华；范质公，范景文；倪鸿宝，倪元璐；文湛持，文震孟；史道邻，史可法；姜居之，姜曰广；高硁斋，高弘图；均明末名臣。陈大樽，陈子龙；夏缓公，应系夏瑗公之误，即夏允彝；吴幼洪，吴适；杨机部，杨廷麟；亦明末名臣、知名之士。赵惟重，赵鼎；李伯纪，李纲；为宋代名臣。陆敬舆，陆贽，唐名臣。

明经世文编》说有明一代，"求其说行于君而功见于世，如三杨之于宣宗、于忠肃之干景帝、李文达之于英宗、刘忠宣之于孝宗、永嘉之于世宗、江陵之于神宗，寥寥寡俦，不可慨见。故得君行道，古人以为难"（按三杨，杨士奇、杨荣、杨溥；于忠肃，于谦；李文达，李贤；刘忠宣，刘大夏；永嘉，张璁；江陵，张居正）。其实即三杨之于宣宗式的"遇合"，也不过君臣间的"吁咈都俞"而已，尚谈不上"得君行道"——明人对君的期待与自我期许已远在宋人之下（参看余英时《朱熹的历史世界》）。唐甄则不但认为君应独任天下治乱兴亡之责，且径说："奚必得君行道，乃为不废所学乎！"（《鲜君》）通常论兴亡，责任不在君即在臣，非曰"有君无臣"即曰"有臣无君"。唐甄的说法较之泛泛的"有君无臣"论固然高明，却也不免将问题化简了。[1]

对"无臣"之说的质疑，也写在同一时期的明末名臣传状中，尽管撰写者未见得都有驳论的自觉。如钱谦益所写李邦华神道碑，说李氏在明末朝廷，"在用与不用之间"，"卒不获竟其用"（《牧斋有学集》卷三四第1213页）。所撰路振飞神道碑，慨叹着路氏"有力无时，有时无命"，"终天而已矣，终古而已矣！"（同卷第1223页）关于孙承宗的政治军事才能，钱谦益、鹿善继都极口称道。张履祥记明末名臣祁彪佳，以其人为"数十年来所未有"（《言行见闻录[一]》，《杨园先生全集》卷三一）。南明小朝廷也未尝无人。全祖望所撰张煌言神道碑，即说"世人但知夸公（按即张氏）之忠诚，而予更服公之经略。故涉历山海之间，且耕且屯，而民乐输赋；招抚江北三十余城，而市不易肆；小住礁城，而陂塘之利，传之无穷"，以为不逊于诸葛孔明（《明故权兵部尚书兼翰林院侍讲学士鄞张公神道碑铭》，《鲒埼亭集》卷九）。

余 论

清人由君臣的方面批评明人，尚不止于上述四库馆臣与俞正燮、李慈铭。清末李滋然的《明夷待访录纠谬》（下称《纠谬》）序曰："光绪戊

---

[1] 孟森反复论证崇祯是"亡国之君"，也仍未出传统视野（参看《明清史讲义》第六章）。

第五章 君主

297

申之秋,言官奏请以国初大儒王夫之、黄宗羲、顾炎武从祀文庙。礼部议准以炎武从祀,声明夫之所著《黄书》之《原极》等篇,宗羲所著《明夷待访录》之《原君》《原臣》诸篇,或托旨于《春秋》,或取义于《孟子》,狃于所见,似近偏激。流传刊本,间留墨匡,疑涉指斥。应否一律从祀,恭候圣裁。其时廷臣奏牍,亦屡有异议。乃我德宗景皇帝如天之仁,超越前代,明降谕旨,准予一律从祀。""德宗景皇帝"云云,令人可感辛亥革命前夕的时代氛围。李氏联系清末的民主宪政思想、地方自治主张,"独立、民权说""平权"说等,对《明夷待访录》逐篇且逐节批判,其误解、曲解,与其时之"革党"或有同然者。但其所列举黄氏背离经典(孔、孟、《周礼》等)诸项,正可证黄氏思想的批判性,对其时有关的知识体系的破坏性——即使此种"破坏性"尚不便比之于卢梭。如李氏说:"虽以纣之无道,而孟子答公孙丑之问,犹曰:'尺地莫非其有也,一民莫非其臣也。'"(按此语见《孟子·公孙丑上》)即提示了黄宗羲对《孟子》的有意"曲解"。《纠谬》引黄氏《原臣》"有人焉,视于无形,听于无声,以事其君,可谓之臣乎? 曰:否! 杀其身以事其君,可谓之臣乎? 曰:否!"批评道:"'视于无形,听于无声',子事父之道也。左定公四年传:'事君犹事父也。'公羊传云:'臣、子一例也。'《礼记》《孝经》均云'资于事父以事君'。"也坐实了黄宗羲(由上文可知不止于黄氏)的反成说。至于《纠谬》一再指斥黄氏背恩,"诬毁恩深之故主",曰黄氏"至言'小儒废孟子而不立',则专斥明太祖释奠而罢孟子祀"——亦清人由"忠"的方面苛责明遗民之一例。李氏之"纠"虽"谬",却也由反面证实了黄氏的论说供清末人士发挥、延伸的可能性,以至被读入近世的可能性。①

由上文可知,明清之际《孟子》思想的重提,"仁—暴"是一大主题。当其时"仁—暴"或可称"时代主题",非独儒者有此关切。《孟子师

---

① 张灏说黄宗羲在彰显其经世精神时,"充分发挥王学中的两个特色。一是王学中深化的内在超越精神;二是孟子思想中的以德抗位,以道抗势的权威二元化观念。二者绾合为黄宗羲思想中特有的高度批判意识,其结果不但是以师道与君道对抗。甚至完全突破纲常名教中所蕴含的宇宙神话,而提出有君不如无君的观念"(《超越意识与幽暗意识——儒家内圣外王思想之再认与反省》,《张灏自选集》第35页)。

说》卷四"三代之得天下"章："自三代以后，往往有以不仁得天下者，乃是气化运行，当其过不及处，如日食地震，而不仁者应之，久之而天运复常，不仁者自遭陨灭。"（第90页）唐甄《潜书》下篇的《省刑》《仁师》《止杀》，均为暴力批判，唐氏的君主批评亦基于此。其《止杀》篇曰："善哉孟子不信'血流漂杵'之言也！……武王，圣人也，不可以非之，非之则伤诛暴之义；不可以是之，是之则后世以为口实，而遂其肆杀之恶。非之是之，两有所不可，故归咎于史臣之诬，使人反求诸心而戚然自得之也。"（第198页）这种批评更具有经验的普遍性。

"孟子在明代"是太大的题目，非浅学所敢论。但这的确不失为有趣的题目。萧公权以为方孝孺论"君职"祖述孟子，"立言似有较孟子尤为激烈之处"（《中国政治思想史》第539页）。[1] 还认为刘基之立言，"远承孟子之坠绪"（同书第531页）。由此看来，明末清初之于明初，有关的思想言论固有呼应。[2]

至于《明夷待访录·原君》的下述议论，语气之愤激，确为当时所罕有："今也天下之人怨恶其君，视之如寇雠，名之为独夫，故其所也。而小儒规规焉以君臣之义无所逃于天地之间，至桀、纣之暴，犹谓汤、武不当诛之，而妄传伯夷、叔齐无稽之事，使兆人万姓崩溃之血肉，曾不异夫腐鼠。岂天下之大，于兆人万姓之中，独私其一人一姓乎？是故武王圣人也，孟子之言，圣人之言也。后世之君，欲以如父如天之空名禁人之窥伺者，皆不便于其言，至废孟子而不立，非导源于小儒乎！"这也确实是其时借诸《孟子》的最称激烈的议论，直接的经验背景，则为刚刚成其为"故"的明代无疑。此种议论，适足以自注其《孟子师说》，以及

---

[1] 萧氏以为，方孝孺关于政治起源的学说，"表面观之，有似荀学之尊君。然而此固非方氏思想之精神也。就政治之作用言，方氏虽以不平为要旨，而就政治之目的言，则方氏立论一承孟子贵民之教，认定君位以君职而尊，非本身有可贵之性。君职一篇，大明此义，其畅晓切实之处，虽孟子殆有未及"（《中国政治思想史》第537—538页）。

[2] 萧氏认为黄宗羲"缘阳明以上接孟子"（《中国政治思想史》第623页）；说其人"虽反对专制而未能冲破君主政体之范围。故其思想实仍蹈袭孟子之故辙，未足以语于真正之转变"（同书第616—617页）。还说唐甄之学"直宗阳明，远承孟子"（同书第617页）。

其何以阐发"师说",而选中《孟子》为题目。①

原始儒学固然提供了质疑绝对君权的理据,也提供了质疑绝对臣服的理据。至于《孟子》在君权批判中的功用,不止在其作为思想资源,也在其提供的某种合法性,即如被上述言论者作为安全保障。《孟子·离娄下》所谓"君之视臣如手足,则臣视君如腹心;君之视臣如犬马,则臣视君如国人;君之视臣如土芥,则臣视君如寇雠",所陈述的毋宁说是一种条件关系,强调了君臣关系的交互性中所包含的(相互)制约,强调了关系原则之于具体情境的适用性。上述儒学经典话语对具体性、前提、条件的提示,无疑为士人的某种自主性、其于进退出处间的选择,预留了余地。黄宗羲联系时事发挥此义,说:"'君使臣以礼,臣事君以忠'为君臣之正道,初非有心于报施也。孟子之言,大概论其事势如此,与孔子之语定公者不同,非谓其当然也。潘兴嗣以此谓圣贤之别,非矣。然后世君骄臣谄,习而成故,大略视臣如犬马,视君如国人者,居其七八。顾亦有视之如土芥,而视君如腹心者,君子多出于是,如黄石斋、成元升之类;有视之如手足,而视君如寇雠者,小人多出于是,如陈演、马士英之流,又一变局也。"(《孟子师说》卷四"臣之视君"章,第105页。按潘兴嗣为宋人)②黄氏意欲强调的,更是孟子所示的"君臣之正道",尤其"臣事君"的正道。由上述引文看,其人对于黄道周(石斋)、成德(元升)之流的态度,亦不谓然。同篇卷二"孟子将朝王"章曰:"孟仲子之周旋,景丑氏之敬王,皆一切世情,后世遂以为礼之当然,牢不可破。由是,天子而豢畜其臣下,人臣而自治以佣隶,其所行者皆宦官宫妾之事,君臣之礼,几于绝矣。……孟子之意,以为凡为臣者皆当自重,不趋于诡随一途,不独宾师为然也。"(第72页。按"孟仲子

---

① 黄宗羲在其《孟子师说·题辞》中说:"先师子刘子于《大学》有《统义》,于《中庸》有《慎独义》,于《论语》有《学案》,皆其微言所寄,独《孟子》无成书。羲读《刘子遗书》,潜心有年,粗识先师宗旨所在,窃取其意,因成《孟子师说》七卷,以补所未备,或不能无所出入,以俟知先生之学者纠其谬云。"《四库全书总目提要》关于《孟子师说》,说:"其曰《师说》者,仿赵汸述黄泽《春秋》之学、题曰《春秋师说》例也。"(经部四书类)

② "孔子之语定公",见《论语·八佾》:"定公问:'君使臣,臣事君,如之何?'孔子对曰:'君使臣以礼,臣事君以忠。'"黄宗羲以为孔、孟论旨本不同,不应为非孟者所借口。

之周旋""景丑氏之敬王",见《孟子·公孙丑下》)人主"以奴婢之道为人臣之道",固然导致了"一世之人心学术为奴婢之归","人臣而自治以佣隶,其所行者皆宦官宫妾之事",也是人心学术堕落的原因:《明夷待访录》开出的思路,要如此才更近于完整。由此《孟子》被作为了士大夫自我批判的依据。① 至于熊开元辞情激切,说"孟子岂非急于仕者,顾曰:'君之视臣如草芥,则臣视君如寇雠'。今时学者必曰:'君虽草芥视臣,臣必当腹心视君'。恶,是何言也"(《与冯渐卿征君》,《鱼山剩稿》卷二第244—245页)——岂不可以自注他本人的态度?

《孟子师说》卷一"放桀伐纣"章:"松问梭山云:'孟子说诸侯以王道,是行王道以尊周室? 行王道以得天位?'梭山云:'得天位。'松曰:'如何解后世疑孟子教诸侯篡夺之罪?'梭山曰:'民为贵,社稷次之,君为轻。'象山再三称叹曰:'家兄平日无此议论。'良久曰:'旷古来无此议论。'……(黄氏)按:孟子之时,周室仅一附庸耳,列国已各自王,齐秦且称帝矣,周室如何可兴? 以春秋之论加于战国,此之谓不知务。"(第56—57页。所引语见《陆象山全集》卷三四《语录》。按松,严松年;梭山,陆九渊之兄陆九韶)"以春秋之论加于战国",已自不可,更无论战国之后。上文已经提到,王夫之论"篡"而以"民生"为衡度,正以《孟子》"民为重,社稷次之,君为轻"的经典论述为支撑。王氏确也直接引用了《孟子》,说"争天下而殄瘁其民,仁人之所恶","长民者,固以保民为道者也。社稷轻而民为重……"(《读通鉴论》卷三〇第1139页)他以民贵君轻为"因时之论"。在他看来,此"时"非止于孟子之时,凡类其时者皆适用之,与上引黄宗羲之论也相呼应。因系史论,王夫之的论述更见其具体。在他看来,孟子所说原则就适用于唐末。当此之时,"苟有知贵重其民者,君子不得复以君臣之义责之,而许之以为民主可也"(同书卷二七第1049页)。在王氏看来,唐末王潮、王建、张全

---

① 《孟子师说》应合乎实际地读作黄宗羲个人的思想,尽管如上文已经提到的,并非绝无所谓"师门渊源",对此却不宜夸大。同出一门,见识不妨大不同,陈确就说:"孟子草芥寇雠之论,亦第就恒情言之,君子则否。手足视臣,固感心报之;即犬马草芥视臣,亦有死无二,何寇雠之有!"(《与张考夫书》,《陈确集》第124页)

义、杨行密等人所以不当罪之,也因其"各守一方而不妄觊中原,以糜烂其民"(同上第 1050 页)。至于李贽以"安养斯民"为理由肯定冯道,自不可与王夫之上述言说并论,却也不妨归入有关的批判思想的积累过程。① 明亡前夕金声的下述表达,也隐含了"生民"较"社稷"为重这层意思:"所以树臣者,为君也;所以立君者,为社稷也;所以定社稷者,为万里生民也。呜呼! 此君臣之义,所以无逃于天地之间也。"(《祭汪文烈公》,《金忠节公文集》卷八)与其说意在申述伦序,毋宁说在确认更本源更根本的价值,即在君、社稷、民之间,何者为第一义的。在古代中国的语境中,经典的重读、再诠释,从来是一种赋予意义的活动,非等同于简单的复述。王夫之、金声等人经由对经典的读解,从自己的经验与处境出发,回答选择难题——"易代"之为历史情境,确也提供了重申《孟子》式"民本思想"的契机。《孟子》在有明一代的命运的戏剧性,更发生在明史两端。② 明初刘三吾奉太祖旨为《孟子节文》,是不止于明代经学、亦明代政治史的一大公案。《明史》钱唐传:"帝尝览《孟子》,至'草芥''寇雠'语,谓非臣子所宜言,议罢其配享,诏有谏者以大不敬论。唐抗疏入谏曰:'臣为孟轲死,死有余荣。'时廷臣无不为唐危。帝鉴其诚恳,不之罪。孟子配享亦旋复。然卒命儒臣修《孟子节文》云。"(卷一三九)此即上引黄宗羲所谓"至废孟子而不立"。至于此一事件的余波,潘柽章《国史考异》卷三《高皇帝下》:"近见董应举撰连江孙芝传,云,永乐辛卯,奏复《孟子》全书,略言逆臣刘三吾欲去八十五条其中养气一章,此程子所谓扩前圣所未发,大有功于世教者,又

---

① 李贽说:"夫社者,所以安民也;稷者,所以养民也。民得安养而后君臣之责始塞。君不能安养斯民,而后臣独为之安养斯民,而后冯道之责始尽。今观五季相禅,潜移嘿夺,纵有兵革,不闻争城。五十年间,虽经历四姓,事一十二君并耶律契丹等,而百姓卒免锋镝之苦者,道务安养之之力也。"(《吏隐·冯道》,《藏书》卷六八第 1141—1142 页)或许可谓"极端民本论"?

② 钱穆说,孔孟并称,"此风虽始于韩愈,而实成于宋儒"(《朱子学提纲》第 12 页)。宋儒援引《孟子》论君主,如叶适《习学记言序目》:"孟轲言'民为贵,社稷次之,君为轻',虽偏,而犹有徵也;而荀卿谓天子如天帝,如大神。盖秦始皇自称曰朕,命为制,令为诏,民曰黔首,竟与此同,而荀卿不知,哀哉!"(卷四四第 651 页)

欲课试不以命题,科举不以取士,则谬妄益甚,乞下部议,收复全书,庶使万世知所诵慕。疏草为虫鼠所蚀,不能详。然孟子书以公言复全……"(十七,《明史考证抉微》第113—114页)

明清之际具有批判精神的儒者间,阐释《孟子》仍有思路的参差。而如李贽那种对《孟子》的尖锐的批评态度(参看《藏书》卷三二),却未再见于这一时期。

第六章　井田、封建

　　明清之际刺激了制度探究的兴趣的，无疑即"明亡"这一其时士大夫目击身历的事件。经历了明中叶以降愈演愈烈的社会危机与冲突，明亡后的追论中，田制为论者所注重，也就顺理成章。井田作为理想制度的蓝本，在有关的言说中，固然被用作制度想象的依据，而借诸"井田"，使"均平"这一理念得以表达——明清之际与此前的有关论说，没有太大的不同。论井地者通常归旨于"均平"。张载说"治天下不由井地，终无由得平。周道止是均平"（《经学理窟·周礼》，《张载集》第248页）。至于本章所以将"井田"与"封建"作为话题一并讨论，自然因了在"三代论"的视野中，两个论题的相关性。但二者间仍然有主从轻重，也不言而喻。

　　作为这一时期井田论的背景的，固然是社会危机，却更是士大夫的危机感。因了极其现实的关切，即使有经学复兴，明清之际的"井田""封建"论，也不至陷于制度考古学（亦经学）式的迂远、学究气。当此关头的经学与经世之学，已不便划界分疆。经学也承担了"检讨""批评"的任务，有可能更是借诸传统命题的时政论。因而有关的论说即使重复、因袭，也可以令人辨认其时的历史情境。倘若不限于思想史意义上的价值衡度，那么有关言论中的现实感、包含其中的热情与期待，正不妨作为考察的对象。

　　井田、封建，与下一章将要讨论的"文质"，均属于儒学的传统论题——尽管到本书所论的时期，有关的话题早已非为儒者所专，也仍然更是儒者的话题。明清间人论井田、封建，也是接着说——接着宋儒说，无论所作是续论还是驳论。前者如陆世仪论复经界而称引张载，以及讨论朱注（《思辨录辑要》卷一九）；后者则如黄宗羲的不以朱子之说为然。① "接着说"，不止于接着宋儒说；也如君主论，有明一代的井田论，固有线索可循。元明之际及有明"国初"论井田者，就有黄宗羲所提到的胡翰、方孝孺等。《明夷待访录·田制二》："后儒言井田必不可复者，莫详于苏洵；言井田必可复者，莫切于胡翰、方孝孺。"（《黄宗羲全集》第一册第25页）方孝孺《君职》开篇即道"能均天下之谓君"（《逊志斋集》卷三）。他以为"不行井田不足以行仁义"，井田尤可行之于江汉以北（同书卷一《与友人论井田》）。由胡瀚所谓复井田的"十便"，则可证井田之为理想世的模型非止一"均"而已，是包括了政治、经济、军事、社会关系、风俗民情诸方面的完整设计。②

明代的井田论，有明初政——即如鱼鳞册——被作为了一部分依据。到本书所论的时期，张履祥仍然说赋役所以不均，乃因重《黄册》而废《鱼鳞》（《备忘一》，《杨园先生全集》卷三九）。明人好称引"祖制"以助论辩，即使那初制早已刓敝。事实或许果然如近人所说，"鱼鳞册之精神"成为持久的暗示，鼓励了"正经界"的吁求？直至明末仍在推行的屯田（尤其军屯），作为现行制度，也被井田论者直接引为支持。黄宗羲就以为复井田可参之以"卫所之屯田"，说井田与屯田不过二而一罢了；"故吾于屯田之行，而知井田之必可复也"（《明夷待访

---

① 朱子说："须以《周礼》为本，而参取《孟子》、班固、何休诸说订之，庶几可见仿佛，然恐终亦不能有定论也。但不可不尽其异同耳。"（《答张仁叔》，《朱子大全集》文集卷五五）黄宗羲却说："井田之制，孟子本是明显，却为《周礼》，反多葛藤。朱子云：'须以《周礼》为本，而参取孟子、班固、何休诸说订之。'恐是倒说了。"（《孟子师说》卷三，《黄宗羲全集》第一册第81页）同篇还说："周之制度，当以孟子为主，以正《周礼》之失。"（同上卷五第129页）

② 《宋元学案》卷八二录胡翰《仲子文集·井牧论》。胡氏以为名田不如均田，均田不如井田；"井田之法行有十便"，"其谓不可为者，盖亦有二"，然二者不足以厄其事，结论是"天下之田可井"（《黄宗羲全集》第六册第278—280页）。但胡氏的可行性论证实在简陋：其但说田无"不足"；"令先取一乡之田井之，其制定，其事便，其民悦，然后行之一郡。取一郡之田井之，其制定，其事便，其民悦，然后行之天下"。其结论正是有待论证的"天下之田可井"。钱谦益《列朝诗集小传》甲集《胡教授翰》说胡氏"集中皇初井牧诸文，造诣渊源，踔厉风发，视诸公殆有过之无不及焉"（第93页）。诸公，谓黄潛、柳贯、宋濂、王祎。解缙《献太平十策》，第一策即"参井田均田之法"，且有以井田为蓝本的具体设计（《明经世文编》卷一一）。

录·田制二》,《黄宗羲全集》第一册第 25—26 页)。王源也以为"屯政可以存井田"(《马氏族谱序》,《居业堂文集》卷一五)。但黄氏既以"卫所""屯田"论证井田可复,可知其所主张的"复"是局部的,并不作全面实施的空想;论此于卫所、屯田败坏之后,却又不能没有空谈的性质。

对于一种仅仅见诸文献、难以考实、"虽三尺童子知其不可复"的制度,在如此漫长的时间里,被一代代士人议论不已,本身就值得探究;那制度可复与否,实在已没有太大的意义。对于本章更重要的是,无论井田能复与否,也无论主张复井田抑或反对,"井田"作为有关田制讨论的基点、前提,讨论所赖以启动的前在命题,仍然具有有效性;而围绕此一命题的纷纷之议,也仍然未失去语义以及潜在语义的丰富性。

井 田

到本章所论这一时期,几乎稍有时名的人士,在井田、均田一类题目上,都有论说,可见此被认为政论中必谈、必不可不谈的话题。陈子龙撰徐光启《农政全书凡例》,说:"井田之制,不可行于今。然川遂沟浍,则万古不易也。今西北之多荒芜者,患正坐此。故玄扈先生作《井田考》,著古制以明今用。"(《陈忠裕全集》卷三〇。按玄扈,徐光启号)陈确以井田为可行、必当行、必不可不行,惟井田能足食足兵,"民田相准"乃"王政"的必要条件;至于行之之法,却不屑于付诸论证,只说"不能,则半之;不能,又半之"(按指"一夫百亩",《瞽言二·王政》,《陈确集》第 440 页)。陆世仪以为行井田法宜于大乱之后,是时"官田渐多,可行井田法。长民者不可不留意"(《思辨录辑要》卷一六)。清初岂不正当其时?吕留良更将"后世儒者"所谓"封建井田不可复",斥为"迎合人主""自私自利"的"一点心事"(《四书讲义》卷三〇)。颜元慨然道:"使予得君,第一义在均田。田不均,则教养诸政俱无措施处,纵有施为,横渠所谓'终苟道'也。"(《颜习斋先生言行录》卷上《三代第九》,《颜元集》第 654 页)其《答五公山人王介祺》:"至于经济,某以为次第在《大学》一篇,施为在《孟子》井田、王道诸篇,故近间每昼夜三复圣经,将求经济之本也。"(《习斋记馀》卷三,同书第 429 页。按王介祺,王馀佑)。颜元年谱屡记颜氏与他人讨论井田封建,可知井田封建之为他周围的北方人士所热中的话题。

无论井田、均田还是作为折衷方案的限田,其前提均涉及土地所有权——明代以及明末清初的有关论者,对此已多所涉及。黄宗羲质疑其时仍作为常谈的"普天之下,莫非王土",说:"《诗》云:'普天之下,莫非王土;率土之滨,莫非王臣。'田出于王以授民,故谓之'王土'。后世之田为民所买,是民土而非王土也。"(《破邪论·赋税》,《黄宗羲全集》第一册第203页)王夫之则说土乃"天地之固有",当行井田之时,非唯八家所"私"为"民土"而非"王土",且"公"的一份也非君所有:"王者能臣天下之人,不能擅天下之土。……王者代兴代废,而山川原隰不改其旧;其生百谷卉木金石以养人,王者亦待养焉,无所待于王者也,而王者固不得而擅。故井田之法,私家八而公一,君与卿大夫士共食之,而君不敢私。唯役民以助耕,而民所治之地,君弗得而侵焉。民之力,上所得而用,民之田,非上所得而有也。"(《读通鉴论》卷一四第511页)至于"自秦罢侯置守,而天下皆天子之土矣。天子受土于天而宰制之于己,亦非私也;割以与人,则是私有而私授之也"(同上第523页)。他甚至不认为有过所谓的"普天之下,莫非王土",以为土先于人而存在,"故改姓受命而民自有其恒畴,不待王者之授之","孟子言井田之略,皆谓取民之制,非授民也。天下受治于王者,故王者臣天下之人而效职焉。若土,则非王者之所得私也"(《噩梦》,《船山全书》第十二册第551页)。[①] 关于"三代以上""三代以下",秦以前或以后

---

① 沟口雄三认为:"明末清初的田制论虽继承了传统的田制讨论的一些东西,但它与以前的田制论却存在着决定性的区别。在它之前的限田、均田,建立在《诗经》所谓'普天之下,莫非王土'的王土观的基础上,亦即是从中国的全部土地都是皇帝的所有地的思想出发来施行政策。相对于此,明末则……是从民土观,亦即将土地视为民间私有的思想出发而提出主张。"(《中国的思想》第十三章第106页)钟祥财说王夫之"在中国历史上第一次明确肯定土地私有的历史合理性,并相信这种私有制将永存"(《中国土地思想史稿》第155页)。但黄宗羲、王夫之等人的有关论说非即士人的共识。即如清人姚文燮就继续以"普天之下,莫非王土"辩护清初的圈占,说"圈占非古也。然考《周礼》司勋掌赏地法,诸如赐田职田屯田,无不取给于地,普天之下,莫非王土也"(《圈占记》,《皇朝经世文编》卷三一)。

的田制，说法不一，但认为三代以下、秦以下土地私有，则多数论者与黄宗羲有所见之同。张履祥批评官方强制性的徙民，就说过"三代以前，田在官，故民轻去其乡，视乐土则居之；三代以后，田在民，故民安土重迁"（《愿学记二》，《杨园先生全集》卷二七）。陆世仪引述别人的话："三代而上，天下非天子所得私也，秦废封建，而始以天下奉一人；三代而上，田产非庶人所得私也，秦废井田，而始以田产予百姓。"评论道："此数语说得最确。"（《思辨录辑要》卷一九）却并不对此持肯定的评价。在他看来，"三代以上，田皆在官，故为人上者得以行井田，施赏罚；三代以下，田皆私田，富者兼并，贫者无立锥"（同书卷一八），因而主张扩大官田。魏礼则说，"古之农在公，今之农在私。夫田主出其私财以买人田而上其赋于公家，公家所征敛悉在田主，不在佃户。自井田废而开阡陌，后世之所谓田主者，乃国家之佃户也"（《与李邑侯书》附记，《魏季子文集》卷八）。田主乃"国家之佃户"，此义似未经人道。魏氏要说的是，不可剥夺富民，对抑富右贫的主张不谓然——涉及同一"事实"，旨趣却不妨大大地不同。

近人论古代土地制度，清理私有制的早期历史，反对夸大"国有""公有"成分，与上述某些论者像是所见不殊；只不过明清间士人的有关说法不免笼统，不假论证，与近人关于"所有制"问题的考察，自不可等视之。[①] 此外，近人也强调了另一方面的事实，即三代以下始终存在着土地国有的成分，以及"普天之下，莫非王土"的"假象"，而此种成分与"假象"对于主张复井田者持续地提供了支持。如上文已经提到的，

---

① 赵俪生认为井田制非即土地国有制，而是公社土地所有制，或其次生形态（参看其《有关井田制的一些辨析》，《赵俪生史学论著自选集》第26—28页）。他还说，"井田制到头来只可能是不完整的公社所有制和不完整的'王'有和贵族所有制的混合体"（《中国土地制度史论要》，同书第96页）。他认为明代有三种国有土地，即"屯田""庄田"与"官田"；"官田"名实不尽相副，是"一时打着专制主义强度烙印的一种私有土地"（同上第205页）。陈守实注重"形式上"与"实际上"的土地所有关系的区分。至于所有权的不完整，在他看来，则因"封建主义下的所有关系，本来是不完整、不独立化的"（《中国古代土地关系史稿》第252页）。傅衣凌也强调了被认为是"国有"的那一部分（如屯田、职田、禄田等），所有制性质的非纯粹性，及其向着私有制的转化（《明清封建土地所有制论纲》第10页）。

"屯田"作为田制的构成部分,就启发着有关"井田"的想象,鼓励了由国家分配土地的吁求。①

陈守实分析魏晋间的土地关系,说:"……因物质给养的贫乏和防御外部危险的袭击,宗党集团如堡、坞、屯、壁,在新停驻的地区,很自然地会产生集体的或协作的生产,如原始类型的共同体。"(《中国古代土地关系史稿》第 107 页)还说:"宗党集团并不一定限于血缘氏族,而包括有各种亲姻和乡族关系在内。"(同书第 39 页)明清之际也有由宗亲关系扩大而成的家族宗法集团,"在一些空阔的山险区域,集结成堡坞屯壁式的据险自守"(同书第 116 页),重演三国时的田畴故事(如孙奇逢及其同道、族人)。此种战时生产、生活方式,也有可能启发了有关井田、均田的向往与想象。惜有关的记述对于生产资料、生活资料的分配,社会生活的具体组织,往往语焉不详或竟全无涉及。此外还应当说,明清之际已大不同于魏晋。以反清为号召的民间武装集团的堡坞山寨,往往以劫掠维持其短暂的生存(参看黄宗羲《行朝录》卷九《四明山寨》)。对于此种"共同体",不宜想象过度。

本编上一章讨论有关君权的论述。土地所有制问题与君权问题,在近人的讨论中,显然直接相关。土地国有(即君有)的程度,关涉着君权所达限度。古代中国的土地所有权问题,一向为社会经济史研究

---

① 赵俪生认为汉代国有土地的数量"非常庞大"(《中国土地制度史论要》,《赵俪生史学论著自选集》第 118 页)。李文治则以为明清时代"私有制与国有制两者并存";"屯田"的所有制性质即与"民田""庄田"不同:"国家是土地所有主"(《明清时代的封建的土地所有制》,《经济研究》1963 年第 8、9 期)。傅衣凌也认为"中国封建土地所有制里又存在有一部分的国有土地"(《明清封建土地所有制论纲》第 10 页)。陈守实在其《中国古代土地关系史稿》一书中,一再分析"井田"等议论的历史根据,如说:"……领主制时期'井田'的'田里不鬻';秦招徕三晋之民,对空旷地实行垦种,改二百四十步为亩,百亩给一夫……这种土地授田方式,虽没有后来那种还受的规定,但当土地占有关系出现紧张的时候,土地高度集中的历史时期,却容易唤起人们的回忆。这种情况遂成为秦汉以后各封建王朝在空荒地、边远地采取土地分配,同时它也是不同历史时期井田、均田、限田和'王田'等议论所产生的现实基础。"(第 59—60 页)在同书中他又说:"府兵制与均田制,容易引起历史的回忆,游牧族压力加重,需要兵多,超过了封建王朝的财政负荷力,于是就想寓兵于农。王安石与宋神宗追慕唐府兵而施行保甲法,就是一例。要寓兵于农,就会联想到土地分配,均田制又成了历史回忆的对象。"(第 196 页)

者所关注。近几十年来关于土地私有的历史发展的大量研究,使"普天之下,莫非王土"有了新解。赵俪生认为,"'溥天之下,莫非王土'这诗句虽是出现于西周之末,但它真的成为现实,倒是晚在战国、秦、汉之际"(《中国土地制度史论要》,《赵俪生史学论著自选集》第115页)。他对此的解释,是专制主义的强化。论述"明初专制主义高度强化",他将承元之敝作为一个方面的原因;而"强化"的表象之一,即"土地国有制的比重,较宋朝大大地增加了"(同上第200页。另参看同书第86—87页)。尽管据赵所说,明初的诸种强制,至洪、宣即渐次弱化,但"祖制"的持久的影响力,在本章所清理的言论材料中仍不难感知。这一种认识,却未见于明清之际士大夫的君主论。

被井田论者作为根据的,《孟子》《周礼》的有关论述之外,尚有董仲舒所说的限田。到明末,贺逢圣仍主张行此"限田"(《读董子限民名田疏》,《贺文忠公集》卷一),尽管基于上述与土地所有制有关的事实,无论董仲舒还是此后师丹的限田论,在汉代均不能不成为空谈。东汉末荀悦的限田议,以"耕而勿有""人得耕种,不得买卖"为对兼并的抑制,也不能不是空谈。至于王莽的试图以"更名天下田为王田"、禁土地买卖抑兼并,不能不与其他改革措施同归失败。而以"更名"来厘定土地关系的图谋尤有讽刺性。[1] 到本书所论的时期,由于人口的增长,土地占有关系的紧张,即使三国等时期土地的局部的井田式分配("领主式的计口授田""农村公社式的分地"),事实上也已无可能。万历间张瀚说:"国朝名臣如王叔英,览盈亏之理,欲行限田;邱文庄请以田相配,制为一定之法;罗文庄又欲移江、浙间民以耕汉、沔旷土。"张氏以为"均田、限田,行于创业之初甚易;行于今日甚难"(《松窗梦语·三农纪》卷四第62—63页。按邱文庄,邱濬;罗文庄,罗钦顺)。

值得注意的是,即使关于土地"民有"有近于一致的认识,涉及井田、均田、限田,却仍有主张的不同。王夫之所强调的土地的"民有",

---

[1] 宫崎市定《宋代以后的土地所有制形态》一文中说:"北宋时代所提倡的限田政策成为虚文,权势户的兼并着着进行,这证明了官僚地主阶级成长的不可遏止。"(《宫崎市定论文选集[上卷]》第165页)

是其否定"均田"的重要依据。认定土地民有这同一事实的黄宗羲，却主张田制复古，并不认为其时的土地关系构成了井田不可复的基本情势——井田、均田只有在土地国有的条件下方能实施。此外还不难看到，主张复井田者，与以为井田不可复者，对于秦废井田的后果的估量却不妨同然。上文已引陆世仪说井田废而"富者兼并，贫者无立锥"。王夫之也说："井田废，阡陌开，民乃有无度之获；月令废，启闭乱，民乃有无序之程。兼并兴，耕者获十而敛五，民乃心移于忧而不善其事。获之无度，则贪者竞；程之无序，则惰者益愉。心移于忧而所事不善，则憔悴相仍，终岁勤苦而事愈棘，民不可用矣。"(《诗广传》卷一，《船山全书》第三册第304页)与董仲舒看到的，毋宁说是同一事实。[1] 由上述议论，却不可逆推作主张复井田。王夫之就认为"民所治之地"既非君所得而侵、所得而有，自上而下的均田、限田即不具有合法性。

就本章所涉论域，"均"之一名，最多歧义，尤其在近代均分田地的政治实践之后。分析明清间的有关言论，论者所言"均"，赋义之不同，有必要细加辨析。

王夫之释《周易》"谦"卦"《象》曰：地中有山，谦，君子以裒多益寡，称物平施"，说："地溥遍乎高下，山亦其所有尔。人见山之余于地，而不知山外乃地之不足，可增而不可损也。'裒'，聚也。'施'者，惠民之事。地道周行于天以下，时有所施化，多者裒聚之而益多，寡者益之使不乏，固不厚高而薄下，抑不损高以补下，各称其本然而无容私焉。故高者自高，卑者自卑，而要之均平。君子施惠于民，务大德，不市小恩。不知治道者，徇疲惰之贫民，而铲削富民以快其妒忌，酿乱之道也。故救荒者有蠲赈而无可平之粟价，定赋者有宽贷而无可均之徭役。虽有不齐，亦物情之固然也。不然，则为王莽之限田，徒乱而已矣。"(《周易内传》卷二上，《船山全书》第一册第171页)这是一篇与本章论题直接相关的议论，较为完整地表达了他关于"均""平"的理解；为阐发此义，不惜冒曲解《易》"谦"卦之"裒多益寡"的风险。他以"高者自高，

① 董氏说秦"用商鞅之法，改帝王之制，除井田，民得卖买，富者田连阡陌，贫者亡立锥之地"(《汉书·食货志》)。

卑者自卑","各称其本然"为均平,与近人的思理大不同;在下文将要谈到的"均役"的氛围中,"定赋者有宽贷,而无可均之徭役"云云,也大异于常谈。①

王夫之说,"古者字极简……字简则取义自广,统此一字,随所用而别"(《姜斋诗话·夕堂永日绪论外编》,《船山全书》第十五册第856页);他无疑以为"均"之一字,即是如此。他说:"限也者,均也"(《读通鉴论》卷五第194页);又说,"均之者,非齐之也"(《宋论》卷一二第279页)。这个解释很重要。或许在他看来,误解之来,即由望文生义,以均为齐。他更说不齐乃均:"天地之化,以不齐而妙,亦以不齐而均。"(《思问录外篇》,《船山全书》第十二册第447页)在其时的士人而略知庄子者,"以不齐而均",此义并不难以知晓。但由另外的角度看,意涵宽泛的"均",不免要掩盖实际的利益关系。②

王夫之并不无视其时大不均的事实。他说:"两间之气常均,均故无不盈也。风者,呼吸者也。呼以出,则内之盈者损矣;吸以入,则外之盈者损矣。风聚而大,尤聚而大于隧。聚者有余,有余者不均也。聚以之于彼则此不足,不足者不均也。至于大聚,奚但不均哉!所聚者盈溢,而所损者空矣。""是以一夫揭竿而天下响应,贪人败类聚敛以败国而国为腐……故平天下者,均天下而已。"(《诗广传》卷四第472页)"一夫揭竿而天下响应",所描述的,正是故明因大聚而致大乱的景象。应对此种乱局,他设想的救治之道,也仍然不是均分。他说,"人可有田,而田自均矣"(《宋论》卷一二第277页);"约略其凡,无所大损于民,而天下固已大均矣"(同上第279页)。他主张取"情之所必至、理之所应得者,以矩絜之,使之均齐方正,厚薄必出于一,轻重各如其等"

---

① 我曾分析过的王夫之等人的世族论,也可读作某些江南人士对"平均化"(其表征之一,即所谓世族陵夷)之为进程的反应。因所依据的经验事实与思维指向的不同,其与北方的颜元等人论井田自思路不接。

② 王氏说,先王"以天下均一夫,不以一夫均天下"(《诗广传》卷二第358页)。此"均"应为"规范"之意(下文有"先王乃以人道齐天下"云云,此齐亦应即"规范")。还说,"君子均其心以均天下,而不忧天下之不均"(同上第379页),将作为政治实践的"均",归根于人的道德状况。

（《读四书大全说》卷一，《船山全书》第六册第 436 页）；说"治国之道，须画一以立絜矩之道"（同上第 437 页），"强豪兼并之家，皆能渔猎小民，而使之流离失所。絜矩之道行，则不得为尔矣"（同上第 442 页）。其所谓"絜矩"，强调在"画一"而使"各如其等"，杜绝限度外的占有，与均分是全然不同的概念。

　　容易发生歧义的，尚有均平之"平"。吕坤说："平之一字，极有意味。……世间千种人，万般物，百样事，各有分量，容有差等。只各安其位，而无一毫拂戾不安之意，这便是太平。"倘"等尊卑、贵贱、小大而齐之"，则"不平莫大乎是"（《呻吟语》卷五《治道》）——正可与王夫之的论"均"对勘。[①] 明弘、正间何瑭撰《均徭私议》，以为此"均"，非贫富"相若"之谓："岂必尽取所有，使之仅与小民之贫者相若，然后为快乎！"（《明经世文编》卷一四四）王廷相界定"均"，也说"所谓'均'者，至公无私、民各得其分愿之谓也，非曰夺彼以益此也"（同书卷一四九《与开封赵二守书》）。他们甚至不欲涉及苏绰所说"无贫"这一种"均"。苏绰论均赋役，曰："平均者，不舍豪强而征贫弱，不纵奸巧而困愚拙，此之谓均也。故圣人曰：'盖均无贫。'"（《北史》卷六三苏绰传）当然，苏氏所说的"均"，也指相对公正，非"均等"之谓也。与王夫之同时的张履祥说："均平之中有别异，而天下治。"（《愿学记一》，《杨园先生全集》卷二六）鹿善继说边镇"廪粮之利"，曰"天下事有平之而反失其平，不平而乃得其平者"（《廪粮说》，《认真草》卷一三），无非以为无"等差"即不足以成其"平"。顾炎武以为可经由"收族"——宗族内的睦、恤、救济——而达致"均"（《日知录》卷六"庶民安故财用足"条），作为前提的，无疑也是"差等"合于自然以及伦理秩序。

　　陈守实力图将北魏均田制还原到其时的历史情境，以为其时的府兵制、均田制，"实际上还是领主采邑时期兵农合一、公社分地的历史

---

① 沟口雄三说吕坤所说的"平"，"大概和平均的'平'无关"，而是平安的"平"（《中国前近代思想的演变》中译本第 13 页）。近人钟祥财引管仲所说"陆、阜、陵、墐、井、田、畴均，则民不憾"（《国语·齐语》），说："这里的均，不能理解为平均分配，而只是要求土地使用的相对合理。"（《中国土地思想史稿》第 8 页）

回忆"(《中国古代土地关系史稿》第 126 页），是领主式的土地所有制的"逆流"。"均田"的目的，在解决国家财赋问题。"如果把均田与立三长并合起来考察，则'均徭省赋之益'和文明太后所谓'课有常准，赋有恒分'，乃是其主要目的。"（同书第 154 页）"政府的主要目的只是做到'赋税齐等，力役同科'（力役包括兵役与徭役），并不在平分土地，使耕者有其田。"（第 157 页）①对于见诸文献的"均田"，力图"夷考其实"，求得真相，非自近人始。只不过对于自周代以降政治、经济、社会诸条件的变动，制度演变的过程，近代社会科学更有可能提供清晰的叙述罢了。宋王应麟《困学纪闻》卷一六《考史·历代田制考》引刘恕论曰："后魏均田制度，似今世佃官田，及绝户田出租税，非如三代井田也，魏、齐、周、隋，兵革不息，农民少而旷土多，故均田之制存。至唐承平日久，丁口滋众，官无闲田，不复给授，故田制为空文。唐志云：口分世业之田坏而为兼并，似指以为井田之比，失之远矣。"（第 1256 页）但可以想象，尽管有士大夫赋予"均"之一名的复杂意涵与微妙解释，由来已久的关于井田的想象，仍不免暗中诱导着文献的误读，造成有关表述的未必不是有意的暧昧性。

明代诸种含有"均"之一名的运动，正以承认"差等"为前提，以上述吕坤、王夫之所谓的"均""平"为不言自明的预设，目标往往在抑制超出限度的经济行为，经由"絜矩"，使"各称其本然""各如其等"。即如嘉、隆以降的"均田"，亦作"均甲""均里"，即是"为解决里甲间的不均衡而采取的一个对策"（滨岛敦俊《围绕均田均役的实施》，《日本学者研究中国史论著选译》第六卷第 201 页）。同文说，"明末至清初的均田均役法"，是把"限制乡绅优免作为其根本内容"的。这里"均田"的实际含义，是限制乡绅优免之田，即"均"出役之田，谈论的是徭役的合理负担问题。限免役田土数（其时所谓的"正经界"）以解民之"役困"，此所谓"均"，与原始意义上的"均田"，已有语义的不同。其他尚

---

① 陈守实据《汉书·王嘉传》，认为"所谓井田、限田、均田在汉代人看来，实际上是同一含意。史家把井田、限田、均田分为三种不同制度来论列，显然迷惑于形式上的议论"（《中国古代土地关系史稿》第 62 页）。

有"均粮"。① 其时论者所谓"均",还包括了地域间赋税之均（即额度合理）。东南（尤其苏、松）赋重，亦在"均"否之一题目下谈论。由此看来，其时改良田、赋（役）制度的诸种努力，都可归在"均"这一名目下，事实上也是用了"均"的名义推行的。②

然而"井田"所提示的"均平"的形式（如整齐切割的棋盘状田地，以至其间公私的分割），以及达致均平的途径（自上而下的划分、分配），仍然深刻地影响了有关制度的想象。由明至清，不乏文献中的井田制的摹本，足证士大夫对此种理想的顽强执持。有当局行之于一地的"均田"（参看唐顺之《裕州均田碑记》，《唐荆川文集》卷八。按唐氏此篇对有关的操作有记述）。据《天下郡国利病书》，安徽凤阳的焦山一带，明朝中叶实行过类似井田的土地制度（参看赵俪生《有关井田制的一些辨析》，《赵俪生史学论著自选集》第 28 页）。甚至有士人试图以个人之力，在局部地区实施井田。孙奇逢记杨继盛曾"鬻乘马及室人服饰，买民间最重赋地二千亩，仿古井田意割授诸生，使亩入粟以给笔札及婚丧之费"（《杨忠愍公传》，《夏峰先生集》卷五。按此嘉靖时事）。尽管规模及目标都并不大，却未必没有大规模实施的野心。前于此，王鏊曾欲于河北试行井田。其《震泽长语·食货》曰："井田之法，后世不复行。愚以为江南信不可行矣，北方平原，沃野千里，弥望皆不起科，使势要得占为庄田。于此略仿井田之法，为之沟塍畎浍，公私有分，旱涝有备，不亦善乎！"清四库馆臣以为其人此举"殊为迂阔"（《四库全书总目提要》子部杂家类《震泽长语》二卷）。徐贞明撰《潞水客谈》，力主兴西北水利，进而仿古井田，限民名田，使民与地均，仿古比闾族党之制（《续修四库全书》史部政书类）——曾行之于畿辅（蓟

---

① 经济史学家说："所谓均粮运动，最简单说来，就是将往日各种不同的田地税率今改为简单化……这种运动，在明代中叶各地均已盛行。"（《明代两税税目》，《梁方仲经济史论文集》第 30 页）

② 据《明史·循吏列传》，成化间"民出钱输官供役"，有"均平钱"一名。另有"均徭"。"'均徭'为服务于官府的有经常性的杂役的统称。"（《一条鞭法》，《梁方仲经济史论文集》第 39 页）关于"均徭"，参看梁氏《明代江西一条鞭法推行之经过》，同书第 180—183 页。可知"均"在其时政治、经济生活中运用之广泛。

州等地），据说"皆有效"（参看《明史》卷二二三本传）。直至雍正年间，仍有法式善其人在长城内外推行井田法。

均分土田的吁求，在漫长的历史时间中，始终不曾消歇；见诸文献，此种吁求正出于士夫之口。明初方孝孺所欲实行的井田，即均分田土，只是不曾提供具体方案（《与友人论井田》，《逊志斋集》卷一一）。其他尚有诸种以"无甚贫甚富"为目标的折衷方案。嘉靖朝给事中徐俊民"请定均粮、限田之制"，"富人不得过千亩，听以百亩自给，其羡者则加输边税"（《明史·食货志》）。[①] "无甚贫甚富"，只是不取其"甚"，仍非均等，但与王夫之所说"高者自高，卑者自卑"，毕竟不同。到本书所论的时期，刘城主张限田，也将目标设在"使民田多少不相远"（《田赋论》，《峄桐集》卷五），即"无甚贫甚富"。即使如下文将要谈到的，黄宗羲不以剥夺富民为然，其人开出的医治社会病的药方，仍不能没有这种意义上的"均"。他阐说"废金银"之利，即有"不藏金银，无甚贫甚富之家"云云（《明夷待访录·财计一》，《黄宗羲全集》第一册第38页）。相对均等（即"多少不相远""无甚贫甚富"），有可能被作为较具实践意义的目标。

前此陈龙正就说过，"贫富之数，虽圣世不能一齐，但无大富，自可无大贫"（《几亭全书》卷一二《学言详记》九，转引自沟口雄三《中国前近代思想的演变》第426页）。由陈氏的表述看，"无大富"乃"无大贫"的条件，可以理解为"均"始于抑富，即抑制陈氏本人所属的阶层。陈氏有所谓"小均"："一乡之富室，救一乡之贫民，至均也，至便也，虽不均于乐岁，亦可小均于凶年。"却又说天下并无"小均之法"，只能赖有仁人"自发其情，随力而为之"（《几亭全书》卷一四《学言详记》十一，转引自《中国前近代思想的演变》中译本第443页）。这种境界，在本

---

① 崔铣以为"田均则事均，事均则业均。无甚富甚贫之家则俗自淳"（《明经世文编》卷一五三《政议十篇·均田》）。万历朝徐三重也"力主均田、限田之议，反复引据，持之最坚"（参看《四库全书总目提要》子部杂家类徐三重撰《采芹录》四卷），四库馆臣以为其言"迂而寡当"。

书所论的时期也见之于赈济一类场合，尽管未必有如此清晰的表述。①

更为激进的主张，则出之于清初颜元、王源等人。王源释"均"，说："均也者，均上下，均贫富，均有无，均出入也。"(《平书·财用》，《平书订》卷一一)他有均田方案，大意是凡农必自耕，士、商、工不必有田；农则一夫不得过百亩。他更主张"天下之田尽归诸官"。而恽皋闻犹嫌王氏所设想的一户不得过百亩，所分过量，主张一户不得过五十亩，"其过五十亩者为逾制，必分之于人、必卖之于官而后已"；甚至以为南方水田，一夫授十余亩即可(同书卷七)。也如王源，颜元欲均贫富(不止于"无甚贫甚富")；具体到土田，则是"均分"，而非上述王夫之等人所界定的"均""平"。他在《存治编·井田》中说，那些以井田为不宜者，无非反对夺富民田，"岂不思天地间田宜天地间人共享之，若顺彼富民之心，则尽万人之产而给一人，所不厌也。王道之顺人情，固如是乎？况一人而数十百顷，或数十百人而不一顷，为父母者，使一子富而诸子贫，可乎？"(《颜元集》第 103 页)李塨以为"至治之世，民自不贫，亦不甚富"(《平书订》卷一一)。他也拟了财富占有的数量指标。② 王源、李塨都将其主张落实在财产占有的数量上(包括田产、商业投入)——经由自上而下的限量达至均平。

井田可行与否的争论，终明一代，未有定论。③ 到本书所论的时

---

① 沟口雄三说："我们在这里所看到的社会性均分，不过是始终站在中坚地主的立场上，反对豪强专横，救济下层贫民的工作。虽然如此，但他们却在对万物一体之仁有种种限定的情况下，为面对社会性均分开辟出新的内容了。"(《中国前近代思想的演变》中译本第 446 页)

② 李塨《平书订》卷七《制田上》："今立之法，有田者必自耕，毋募人以代耕。自耕者为农，无得更为士、为商、为工。士士矣，商商矣，工工矣，不为农；不为农则无田。士、商、工且无田，况官乎！官无大小皆不可以有田，惟农为有田耳。""农之自业，一夫勿得过百亩。"

③ 建文初，方孝孺欲行井田，王叔英贻之书曰："事有行于古，亦可行于今者，夏时周冕是也。有行于古，不可行于今者，井田封建之类也。可行者行，则人之从之也易，而民乐其利。难行而行，则从之也难，而民受其患。"《明史》编纂者于此议论道："时井田虽不行，然孝孺卒用《周官》更易制度，无济实事，为燕王借口。"(《明史》卷一四三)这应当是有明二百余年间仅有的一次意欲大规模实施的"制度复古"。方氏的主张或确属空想；至于"借口"云云，则是另一回事——燕王必欲行"篡"，无此借口，也会有别种借口。

期,持井田可行、不可行论者,仍如以往般对峙,莫衷一是。对于本章更有意义的,不如说是持论者彼此间的差异。即使主张复井田者,所针对的"现实问题",也不免互有不同。这里也有基于不同的经济处境、现实环境、经验背景而论旨不同的例子。而同一话题在漫长的时间中被反复论说,证明了有关的思想资源的匮乏,更证明了隐蔽其后的"事实"并不曾经历深刻的变动。

井田论者的旨趣从来因人而异,不承当事任者,关心或更在理念("制度思想"),热衷于讨论体现于井田这一制度的"公—私"关系,赖井田而保障的社会生活的和谐。本章开头所提到的力主复井田的胡翰,关于划分井田的实际操作,就绝不论及,所发表的,是无官守、言责的书生、儒者的议论。但明亡前后的一个时期,有经世之志的士人,热心于制度设计,不承担事任的书生,也未必不关心可行性。江右的魏禧就曾反复论证并听取异议,尽管结论是"不可轻试纷更",仍令人可感参与此一讨论者的严肃郑重。① 颜元也并非无视可行性。他绘图论说("井田经界图说"),不但以为井田可复、必复,且有一月而"均一邑之田亩"的设想:"八家为井,立井长;十井为通,有通长;十通为成,有成长;随量随授之产,不逾月可毕矣。"(《颜习斋先生言行录》卷上《三代第九》,《颜元集》第 653 页)② 较之陈龙正、黄宗羲等,颜元更缺乏从政经验,于实际的政治运作茫无所知,他的所谓"经济",不能不是"纸上经济"。然而作为以实践为目标的儒者,他的务期可行的诚意却是无可怀疑的。讨论一旦涉及"可行性",即不免有折衷之论。李塨就不以师说为然,曰"意可井者井,难则均田,又难则限田"(《存治编·书后》,

---

① 魏禧《日录·杂说》:"井田既不可行,均田亦不易行,惟限田不失古意而可行,然前人皆以法绳之,亦于人情不顺。惟苏洵田制近之,又未有画一之法。予覃思五年,作《限田》三篇。"同条引魏际瑞、曹溶等人异议,曰:"予以三君言反复思索,凡数夜不寐,乃焚其稿,因笔记于此,以见改法之难,为独见之难。任人当国事,切不可轻试纷更也。"三君即魏际瑞、曹溶、杨敏芳。

② 前此张载就说过:"井田至易行,但朝廷出一令,可以不笞一人而定。"还说,"井田亦无他术,但先以天下之地棋布画定,使人受一方,则自是均"(《经学理窟·周礼》),如痴人说梦。

《颜元集》第 118 页)。由《平书订》看,其时的论者已意识到人口繁衍、土地资源不敷分配的问题,主张复井田者,不能不面对与此有关的疑论。①

　　看似与颜、李针锋相对,黄宗羲不以限田、均田(即"困苦富民")为然,主张依照井田法授官田于民,余田则"听富民之所占",亦一种折衷方案(《明夷待访录·田制二》)——他显然不是由贫/富的方面提出问题的。由王夫之的论西汉末之限田、魏晋之屯田、隋之均田,也不难推知他对上述限田、均田诸论的看法。他分析汉哀帝之世限田徒以扰民(《读通鉴论》卷五第 193—194 页),魏晋屯田系因其时其地(同书卷一〇第 402—403 页),隋行均田为虐民(同书卷一九第 709—711 页),无不强调因时因地制宜,与其批评"一概之论""一切之法"一致。他以为经界法行之于今不能使"均",限田亦不能抑制兼并,即使"原本《周官》,因仍《孟子》"(卷七第 278 页)。他的《四书稗疏·孟子上篇·五十而贡七十而助百亩而彻》,据经验、常识质疑井田制的可能性,与其时疑经的空气当不无关系。② 如上文已经说到的,王氏所设想的"均",与颜元、李塨一流论者本不同。他说:"诚使减赋而轻之,节役而逸之,禁长吏之淫刑,惩猾胥里蠹之恫喝,则贫富代谢之不常,而无苦于有田之民,则兼并者无可乘以恣其无厌之欲,人可有田,而田自均矣。"(《宋论》卷一二第 277 页)他所拟条件毋宁说是清明的政治(包括吏治)。减赋、节役,使民不苦于有田,也就使强豪不致无限度地兼并。由此达成的"均",自非均等,而是维持一种贫富间的均衡。王弘撰曰:"予尝

---

① 《明儒学案》卷九录王恕《石渠意见》:"今之时,人稠地狭,人人授田百亩,其可得乎?"又说即使一般的"均"也未可见诸实行:"户口年年有消长,苟欲均之,必须年年取勘分授,经画疆界。若然,则官民不胜其烦劳,又且妨误农业。受田之人必曰:'此田今年属我,明年不知又属何人?'由是人怀苟且之心,怠于耕作粪壅,田必瘠矣。"(第 161 页)这是一个老于官场者的思路,注重的是可操作性,与纯粹的思想、理论趣味无涉。

② 王氏说:"以理推之,归田授田,千古所必无之事。其言一夫五十亩者,盖五十亩而一夫也;一夫七十亩者,盖七十亩而一夫也;一夫百亩者,盖百亩而一夫也。此言取民之制,而非言授民之制也。"(《船山全书》第六册第 61 页)陈守实将王夫之反对均田,解释为"对于康熙二十四年以前八旗圈地的一个抗议"(《中国古代土地关系史稿》第 290 页),似嫌牵强。

为(应为谓之误)古法有极善而必不可行者,井田、封建是也。""时势日异,事变不测,即限田之制亦有不可行者,况井田乎?"(《山志》二集卷二"井田"条,第198、199页)就我阅读所及,这一时期持"井田不可复"论者的具体论说,像是并未超出马端临的水准(参看《文献通考·自序》)。

明清之际言论活跃的表征之一,即在所有被近人认为"重大"的题目上,均有言论立场、旨趣的歧异。但上述歧异却又不便仅由论者所处经济地位与利益所在来解释。作为颜氏均平主张的背景的,固有其人的贫士身份,又有清初畿辅大规模圈占的事实。其《存治编·井田》驳"画田生乱"说,曰:"无论至公服人,情自辑也;即以势论之,国朝之圈占,几半京辅,谁与为乱者?"(《颜元集》第103页)可据此考察其时北方儒者井田论的现实背景。①

即使主张复井田者,也明白不可照搬,通常将目标设在存所谓的"井田遗意"上。海瑞说得很明白:"欲天下治安,必行井田,不得已而限田,又不得已而均税,尚可存古人遗意。"(《明史·海瑞传》)存"遗意"一说为上文所说的"折衷"提供了根据,也拓宽了实践"井田"的空间。海瑞本人"所至力行清丈",即其所以存"遗意"。到明末刘宗周还在说:"将必井而田,必肉而刑,虽圣人不可行于今日,亦师其意而已矣。语曰:人情莫不欲寿,三王生之而不伤;人情莫不欲富,三王厚之而不困。夫惟三王知天下之有同情也,而通天下之情以一之,则人人各遂其情矣,此井田之意也。"(《绍兴府荒政引》,《刘子全书》卷二一)如此看来,薄敛、恤刑,即所以存"遗意"。曾在刘宗周门下的张履祥,主张即家族而存"井田遗意":"孟子言诸侯之宝三,卿、士、庶人之家亦莫不然。井田不行,世业之产即土地也,奴婢佃户即人民也,家法即政事也……"(《初学备忘下》,《杨园先生全集》卷三七)张氏于此也不徒作

---

① 颜元《孝悫子传》说李塨之父李明性"圈地后落产,食粗粝"(《习斋记馀》卷五,同书第472页)。《巡捕朱公行实》则说"顺治初,刘里被圈,旗奴韩某恣横,率意耕田,失产者日众"(《习斋记馀》卷一〇,同书第584页)。可知清初圈占为患之深。畿辅士人对于圈占的反应,尚可参看《夏峰先生集》。

空言,他试图以条约的形式对租佃关系中的土地所有者实行约束;至于其放遣仆隶的举动,即下文将要谈到的东林"正义派"人士中,也未之见(参看同书卷一九《赁耕末议》《义男妇》等)。其人践履之笃实,可见一斑。

即使未得朝廷功令的支持,意在存井田遗意的官员与缙绅,也仍力图有所作为。嘉靖朝应天巡抚欧阳铎、苏州知府王仪履亩清丈、造经赋册,"时豪右多梗其议",大学士顾鼎臣"独以为善,曰:'是法行,吾家益千石输,然贫民减千石矣,不可易也。'顾其时,上不能损赋额,长民者私以己意变通"(《明史·食货志》)。这里有为"贫民"减赋而不惜损己之一例。崇祯八年陕西韩城等地尚为使"地均粮轻"而行清丈、造鱼鳞册(参看左懋第《清丈地亩示》,《左忠贞公集》卷六)。陆世仪说,万历时张居正清丈,"吴中诗云:'量尽山田与水田,只留沧海与青天。如今那有闲洲渚,寄语沙鸥莫浪眠。'然是时吴中经界久坏,赋役不均,得此始正,至于今赖之";由此可知歌谣"不可尽据"。海瑞所实行的"均徭法",行之兴国的清丈田亩之法,亦为陆氏叹为"妙法""至妙之法",取其"均"、便民,且可使胥吏不得上下其手。陆氏本人更设计清丈田亩之法,细致周密,务求无弊,足以令人想见其行政才能(《思辨录辑要》卷一六)。论"遂人之法""定经界"等,无不以时下经验为根据,与经学家方法、目标有别(同书卷一九)。

陈登原以明代"鱼鳞及清丈之制"为值得称道的善政,说:"顾鱼鳞册虽失效,而鱼鳞册之精神,则未失效也。盖终明之世,言整理田赋者,遂罕有舍丈量而言自实者矣。"(《中国田赋史》第172页)何炳棣的有关分析,或更触及了问题的复杂性。他认为:"洪武二十四年以前太祖之所以坚持持续登记全部人口,是他切望能均分劳役"(《明初以降人口及其相关问题》中译本第2页);而神宗朝"清丈"的动机,不是为了均平,而是为了解决财政问题,及满足人主的私欲;在当时意欲维持土地漏报、税额不变的,反而有可能以均平为动机(参看同书第140—142页)。何氏所说,《明史》就不乏其例。该书鹿善继传记鹿氏祖鹿久征为息县知县,"时诏天下度田,各署上中下壤",息县独以下田报,鹿久征对此的说法是:"度田以纾民,乃病民乎!"(卷二六七)官方的清丈之议，起自"额田"之锐减，因"失额"而影响至朝廷税收。不始于明代，三代以后，"均田"作为国家政策，无不由"财赋""国计"出发。① 王夫之就说过，"后世为经界之说者，则以搜剔民之隐田而尽赋之，于是逐亩推求，而无尺寸之土不隶于县官"（《宋论》卷一二第277页），不过便于"箕敛"而已，乃不仁之政。士夫（无论朝野）往往充当"国家利益"的维护者、发言人，较诸权豪势要，更虑及久远与根本。"欺隐""诡寄"等的主要受害者是官方；清丈、履亩而税的直接受益一方亦官方。有关士论，也往往着眼在"贵势之家"与朝廷争利。但也仍应看到，主持其事的官员的动机，远为复杂，不可一概而论，其间确有超越于"利益关系"的恤民情怀，即如借此而谋求均平，抑制对民田的侵占，使"豪滑不得欺隐，里甲免赔累，而小民无虚粮"（《明会要》卷五三《食货一》第986页），证明了士大夫、缙绅内部的非一致性。上个世纪40年代政治意识形态化了的绅士论，不免将问题简化了。

　　无论动机、成效，官员、缙绅所主张、主持的清丈（核实田亩），通常正是用了"正经界"的名义，令人具体可感"经典话语"所包藏的力量。② 甚至由王艮参与策划的"均分草荡"，所标举的居然也是正经界的原则，像是拟于不伦；却也因此，更有庄严之感——行"三代"于一地

---

① 参看陈登原《中国田赋史》第二编第四章关于北魏均田制的分析。陈氏该书欲证明"北魏之'均田'、'三长'，均配土田之事少，而核收隐税之事多"（第83—84页）；而其成效，亦与"均平"无涉。

② 朱子有《条奏经界状》，曰："窃见经界一事，最为民间莫大之利。"说不行经界，"细民业去产存，其苦固不胜言，而州县坐失常赋，日朘月削，其势亦将何所底止？然而此法之行，其利在于官府细民，而豪家大姓，猾吏奸民，皆所不便"（《朱子大全集》文集卷一九）。另有《经界申诸司状》："版籍不正，田税不均，虽若小事，然其实最为公私莫大之害。盖贫者无业而有税，则私家有输纳欠负追呼监系之苦；富者有业而无税，则公家有隐瞒失陷岁计不足之患。"（同上卷二一）另在《劝农文》中说："今来朝廷推行经界，本为富家多置田业，不受租产，贫民业去产存，枉被追扰。所以打量步亩，从实均摊，即无增添分文升合，虽是应役人户日下不免小劳，然实为子孙永远无穷之利。"（同上卷一〇〇）在此种表述中，官府与细民，有利益的一致（至少相关）性。朱子本人且"躬亲按试"，欲推行之。南宋李椿年实施清丈，也以"正经界"标目。张载的"经界法"，清初陆世仪仍称道之（参看《思辨录辑要》卷一六）。

一事的庄严感。① 明人精神意气之发越,确也见之于此等处。至于以官员身份在所管辖地区调整田土赋税,即使手段笨拙(如海瑞的"痴算")②,推行于局部地区不足以影响全局,也应当作为士的重要的政治实践。此种举动之为激励、鼓舞,是不难想见的。王夫之却追问作为儒者常谈的"正经界",说:"今夫经界,何为者邪? 以为清口分之相侵越者乎?""以为辨赋役之相诡射者乎?""以为自此而可限民之田,使豪强之无兼并乎?"(《宋论》卷一二第276—277页)当此之时他想到的,是宋末林勋的上书请行什一之税,贾似道的"立限以夺民田为公田,行经界以尽地力而增正赋"(同书卷一〇第229页)——"古道""先王之法"于此而成虐政的借口。针对于此,王夫之说:"建一先王以为号,而胁持天下之口,诚莫有能非之者。"(同上第230页)在他看来,经界法非惟贾似道不能行,即朱子亦不能行;不因朱子有所主张而即是之,于此而与寻常朱学之士有别。③ 他以为所谓"正经界"行之于今徒以启争;"执一推排之法","画地以责赋",不可能使均。"故均者,有不均也。以不均均,而民更无所愬矣。"(同书卷一二第277页)"以不均均,而民更无所愬",此义似也无他人道。

---

① 《年谱》嘉靖十七年:"时安丰场灶产不均,贫者多失业,奏请摊平,几十年不决。会运佐王公、州守陈公共理其事,乃造先生谋。先生竭心经画,三公喜得策,一均之而事定,民至今乐业。"(《王心斋先生遗集》卷三)王艮《均分草荡议》:"裂土封疆,王者之作也。均分草荡,裂土之事也。其事体虽有大小之殊,而于经界受业则一也。是故均分草荡,必先定经界。"(同书卷二)关于《均分草荡议》,近人周昌龙说:"将一介书生筹划均分一乡草荡的行为,等同于王者之分疆裂土,其大胆僭越处,决非宋儒所敢潜想,更遑论宣之于口,笔之于书了。"(《良知与经世》,《学术思想评论》第十辑)

② 同治间冯桂芬说到朱子及海瑞清丈,曰"朱子经界,无可考。刚峰之法,令民以灰画地,六尺为一眼,即一步,当时以为痴算"(《致姚衡堂书》,《显志堂稿》卷五,转引自陈登原《中国田赋史》第229页)。

③ 王氏说:"朱子知潭州,请行经界法,有诏从之。其为法也,均平详审,宜可以行之天下而皆准,而卒不能行。至贾似道乃窃其说以病民,宋繇是亡,而法终沮废。然则言之善者,非行之善,固如斯乎!"(《宋论》卷一二第275页)

有明一代田土之不均,的确已成重大的社会问题①;却仍然难以证明,本书所论这一时期士大夫对于"田制"的关注,在怎样的程度上出于被意识到了的现实状况;问题被士人所认定的严重性、迫切性,是否更基于士人特殊的精神面貌与情怀。在分析了东林派人士与公平赋税有关的主张与实践之后,沟口雄三说:"东林派人士绝不是从中坚地主阶层自我的利害出发来开展上述活动的。例如,他们认为有一事一息不仁,自家性命,即自己本来的生就会立即失去其命脉。中国士大夫的这种强烈的理念主义往往是超出现代人的理解范围的,但这也正是他们身为儒家的骨气所在。"(《中国前近代思想的演变》中译本第475页)

井田、封建,一向被作为制度论赖以展开的框架。井田论在士人,更是一种现实审视、批判的角度,审察现行制度的角度。在此视野中,社会经济生活中的不合理得以呈现。井田是否可复,以至三代是否实行过这一制度,其实已无关紧要。在论者,问题只在于文献所提供的"制度模型"尤其包含其中的"制度思想"是否依旧合理并有启发性,可以继续作为制度设计的资源。对"势不可复"的"势"也有别解。吕留良说:"封建井田之废,势也,非理也;乱也,非治也。后世君相因循苟且,以养成其私利之心,故不能复返三代。孔、孟、程、朱之所以忧而必争者,正为此耳。虽终古必不能行,儒者不可不存此理以望圣王之复作。"(《四书讲义》卷三四)关于井田的纷纭之论,正不难令人感知存此"理"(义理、政治理念)的努力。对于井田作为原则的一再重申,最能

---

① 归有光《长兴县编审告示》:"夫丁多有田之家,其在一甲,往往占十家之田;其在一户,往往占十户之丁。又有不止于此也,所谓豪民侵陵,分田劫假,莫甚于今时。乃又议将所谓豪民者优假之,而使单丁只户、贫无立锥者,执絷箠楚而代之役……"(《震川先生集》别集卷九第925页)陈鸿说,嘉靖以前,"士大夫畏清议,归来宦囊皆淡,无豪强兼并之风,民有限田,家无甚穷,谷无甚贵","明末仕进清操,捆载而归,求田问舍……富者千仓万箱,往往闭籴,每至春末谷价涌高,由是富者愈富,穷者愈穷"(《熙朝莆靖小纪》,转引自傅衣凌《明清农村社会经济》第75页)。关于晚明到清初土地的集中,参看何炳棣《明初以降人口及其相关问题》中译本第255—256页。有明一代"为民厉者,莫如皇庄及诸王、勋戚、中官庄田为甚"(《明史·食货一》)。

见出儒者对其政治理想的顽强坚守。

上文已涉及"均田"的不同语义、语用。明中叶以降江南人士所谓的"均田",宜于合乎实际地读作均赋、均役。此所谓"均",非指产权之均,而是指田赋之均,包括了"均丈""同权量"等。"井田"于此,也作为隐喻提示了思维路向。[1] 正德朝欧阳铎撰《福州均徭议》,曰:"郡多士大夫,其士大夫又多田产。民有产者,无几耳。而徭则尽责之民。请分民半役,士大夫率不便。巡按御史汪珊力持之,议遂行。"(《明史》卷二〇三)是均役局部实施的例子。嘉靖朝钱薇所议(参看《皇明经世文编》卷二一四钱氏《均赋书与郡伯》、卷二一五《均粮议》《均粮续议》),乃针对地方弊政而欲行之于一方的"均"。海瑞主张"均田赋丁差以苏困敝"(《治安疏》,《海瑞集》第 221 页)。《明夷待访录》的《田制》(一)(三)两篇,所讨论的均为税制问题,亦其所认为更具迫切性的问题、亟待更革的制度弊端。王夫之则说"役之病民,视赋而剧"(《诗广传》卷一第 340 页)。顾炎武的《天下郡国利病书》,言利病也以赋役为大端。直至清末,仍有士绅吁请平等赋税。冯桂芬即著有《均赋说》四篇。可知在其时士人那里,此"病"关系之重大。由明至清,自居"医国手"者,对此重症曾一再开方,极力诊治。

轻徭薄赋,是世代不息的吁求。为政的宽、猛,其参照系始终未出"什一而税""三十税一"。王夫之说"什一",更依据于他本人有关"三代之世"的独特判断:"三代"既非理想世,"什一而税"亦圣王"不得已"而行之,行之于今即是"厚敛";所宜于为后世法的,是三代圣王的"仁"的原则(《读通鉴论》卷二、卷二〇)。刘宗周因井田而说"税法"("什一之税,三代皆然"),旨趣也在恢复低税率。其高弟黄宗羲则进一步认为,其时所宜复的,不但是三代的"什一"(而非汉代的"三十而

---

[1] 陈守实说,"进一步发展的结果均田就变成均赋"(《中国古代土地关系史稿》第 219 页)。傅衣凌也认为自北宋始,"国家已不可能均田,而为均税、均役",或限租(参看《明清封建土地所有制论纲》第 11—12 页)。伍丹戈则说,明代文献中的所谓"均田",既非"平均地权",也与北魏到隋唐实行的均田无关,"它只是要求平均土地的赋役负担",且"均田"的此种语义、语用,非始自明代(《明代土地制度和赋役制度的发展》第 53—54 页)。

税一"),更是三代的"以下下为则",非徒"什一"的空洞名目(《明夷待访录·田制一》)。① 明中叶以降,朝廷也在寻求以"均"(即公平负担)为目标的改革,由"均徭法"到"一条鞭",自上而下与自下(地方官员、在野士绅)而上、官方政策与士论的互动,显而易见。② 只不过见诸文献,上述"运动"中"民"扮演的角色照例模糊不清。

由万历到天启,"东林正义派人士"始终未放弃关于赋税合理负担的吁求。到本书所论的时期,顾炎武《日知录》卷一〇"斗斛丈尺""地亩大小"诸条,具体讨论导致赋役不合理负担的权量不同、经界不正、井地不均、赋税不平诸原因。顾氏的《生员论》亦以乡宦、胥吏、生员之不承担徭役为一大弊政。这类不为经济史所关注的吁求,更宜于置诸"思想运动"或思想过程中清理,不妨一并纳入以"井田论"为框架的寻求经济公正、合理的漫长"运动""过程"来认识。当然,不待说明的是,这一"运动"中言论者的动机不免千差万别;但其中确有由底层民众的一面发出的吁求;而"国家立场"与底层民众的利益,在立论者那里未必是不相容的。考虑到无论当时还是近世,都有关于明代赋重的异议,更证明了关于其时均田(即均赋、均徭)的呼吁,出诸士夫的角色意识,

---

① 黄宗羲与颜元的井田论,旨趣原有不同。黄氏的关心在制度思想,重申与"井田"有关的政治理念,而不以复古制为目标。他强调井田之为仁政;所欲复的,毋宁说是处理田赋的"仁"的原则。他论"三代"的"什一"、汉代的"三十税一",着眼也在"仁"否(《明夷待访录·田制》)。

② 明初与"均役""均徭"有关的官方政策,参看《明史·食货志》。由《天下郡国利病书》录入的文献,也可考地方当局调节赋役的情况。赵俪生认为由洪熙到正德,土地兼并猖狂;由嘉、隆至万历末,"从社会的各个方面(地方官、士绅、明智人物以至中央大官)不约而同地展开一种赋役调整运动的实验",此种实验至清朝初中叶,方定局并在全国推广施行(《中国土地制度史论要》,《赵俪生史学论著自选集》第201—202页)。力图将"均田"还原到其时的历史情境,伍丹戈认为,"宣德朝的周忱的赋税改革已经开始带有均粮甚至均田的意义,但他主要是进行均耗。从嘉靖朝的欧阳铎、赵瀛等人开始到隆庆朝林润、海瑞等人完成的赋税改革,虽然依然继承周忱的均耗措施,但是他们主要的工作却是均粮,并且从均粮的实现造成了均田的实现"(《明代土地制度和赋役制度的发展》第114页)。此所谓"均田",指经由实现官田、民田赋役的均平,终致取消官民田土所有制性质之别。

他们自觉的使命承当。[①]

在上文注所引陈鸿关于贫富分化过程的叙述中,将"清议"作为对于土地兼并的制约手段。士论有关"均"的吁求,非但以官方,而且正以士类为对象。明宣宗有《减租诗》,结句曰:"兹惟重邦本,岂曰矜斯人。"(转引自伍丹戈《明代土地制度和赋役制度的发展》第69页)"重邦本""矜斯人",士人未见得对二者作对立观:"矜斯人"所以"重邦本",甚至"矜斯人"即目标本身——出自仁恻,对"民生"的注重,对"民命"的怜悯。鹿善继因勋戚"籽粒害民"一事致书当道,为民(佃户)请命,说"此等地土"自己"实无半亩",不过"旁观民困,心窃伤之"(《与范鉴田书》,《认真草》卷九)——亦所谓不容已。

值得注意的是,明清之际士人所论赋税合理负担的问题,包括了贫、富两造,王夫之、黄宗羲等人的言论立场与"王学左派的乡绅"及日本学者所谓的东林"正义派官僚"(包括刘宗周),有了微妙的区分。[②]

---

① 明末贺逢圣已说明朝"薄于税敛,尤为亘古罕有","比三代什一之制,原无加多",不以无裨于国家之"根本正务""实在事功"的"尖纤议论"为然(《答奉天台征耗羡议》,《贺文忠公集》卷一)。按贺氏此"议",意在说明"耗羡"征收的必要性、合理性,认为与其"遍行私收""私派",不如明征耗羡。清初陆陇其记嘉定耆民语,说故明赋轻,而今赋重,"姑以康熙十二年之会计与万历三十七年之《赋役全书》较之,加增者盖九万有奇,而自十二年以后军兴之所增者不在焉"(《嘉定县加编录序》,《陆子全书·三鱼堂文集》卷八)。美国汉学家牟复礼认为,明代较之当时或以后世界上的其他国家,"向人民征收的税项是很少的"(《剑桥中国明代史·导言》,中译本第7页)。黄仁宇也以为明代"税收的增长在很大程度上是一种虚假现象"(《十六世纪明代中国之财政与税收》中译本第411页);同时又指出,考虑到沉重的徭役负担,税收水平低只是虚假、表面的现象(同书第三章)。黄氏以为明代"税收体制的根本问题,不是因为税率过高,也不是因为税收立法缺乏平等性的条款,恰恰相反,这些容易受到反对的特征很少存在"(同书第117页)。他倒是认为"'藏富于民'这种儒家的原则走到一个极端,政府财政的任何增加都将被认为一定导致民困"(同书第236页)。在他看来,体制的缺陷在于税收结构的多样性、复杂性(参看该书第四章)。

② 沟口雄三认为,"'抑豪强'本身并非东林派人士的特征,而是王朝统治的一个必要条件",也是中小地主生存的必要条件(《中国前近代思想的演变·所谓东林派人士的思想》,中译本第409页)。

上文已谈到王、黄与颜元涉及"富民"的不同主张。黄宗羲以为即屯田行井田即可，"又何必限田、均田之纷纷，而徒为困苦富民之事乎！"（《明夷待访录·田制二》）关于赋税负担的不合理，他更乐于强调江南赋重这一事实，即地域间的不平等。如上文所说，黄氏的方案是两种制度并存：屯田式的"井田"，与听富民占田。经了折衷的"井田"（即屯田作为从属性的补充性的制度），不以损害富民利益为实施的条件，自然更无意于变更现有的经济制度。王夫之对剥夺富民，持更为激烈的批评态度。《黄书》《噩梦》《读通鉴论》，王氏对于有明一代打击豪强、裁抑兼并的否定，自有一贯；对唐代租庸调法的评价，亦与否定"抑兼并"有其一致（参看《读通鉴论》卷二〇）。① 王氏在贫/富问题上的论述立场，固然有别于东林；他的田赋论，不但与批评"锄豪右"，而且与其论"农""圃"，与其对于"天秩"（基于"天"的等级秩序）的随时强调，毋宁说是自洽、一以贯之的。王夫之关心更在"秩序"，也包括使民"谨守先畴而不敢废"，遏制"弃本逐末"的趋势。与其说王氏持富民立场，不如说他选择维护等级秩序的立场，在这方面，他的确较之同时儒者更自觉，思想也更一贯、彻底。

反对以抑兼并、打击豪强的名义剥夺富民，国家财政与政治秩序，从来是基本的论述角度。上文所引何瑭《均徭私议》说："古人为国，藏富于民，盖民之富者，官府之缓急资焉，小民之贫困资焉，时岁之凶荒、兵戈之忽起资焉，盖所恃以立国者也。"王廷相《与开封赵二守书》则说："盖贫富有定分，贡赋有定制，凡以立法行政，使各得其分愿，斯善矣。憎而损之，爱而益之，不可也。若不论其定分，而惟以贫富计之，是

---

① 近人的研究以为，租庸调法在唐代的实施，其成效并不若王夫之所言。王氏以史论为政论，为时政批评，不免剪裁"史实"以就其成见。陈登原批评《读通鉴论》卷一四有关"户调"的评价，以为其论"未免失实"。陈氏所引，为王夫之如下一段文字："收租而不度其田……而兼并自息矣。"陈氏以为，"税户口，而不税田，则为政为苟且之政。无田之户，亦须负担田赋，使多田者不尽税，则于税为不平之税"（《中国田赋史》第73页）。

以私意为爱憎,舍法制而为予夺矣……"①由国家利益立论,强调富民豪右与国家利益的一致性,到本书所论的时期,已像是一种常谈;且此种议论,往往出诸"正人"之口。祁彪佳《救荒全书序》有"周书:救荒要在安富。富民者,国之元气也","富者尽而贫者益何所赖"云云(《祁彪佳集》卷五第90页)。李颙亦以为国家"恃赖"富民,要当道杜"疾富"之"恶风"(《与董郡伯》,《二曲集》卷一八)。②即使以颜元式的贫士,也不能全不虑及夺田的后果。李塨撰《颜习斋先生年谱》于丁巳年(1677)录有颜元答"复井田,则夺富民产,恐难行"的一段话:"近得一策可行也,如赵甲田十顷,分给二十家,甲止得五十亩,岂不怨咨?法使十九家仍为甲佃,给公田之半于甲,以半供上。终甲身,其子贤而仕,仍食之,否则一夫可也。"(《颜元年谱》第46页)李塨说:"但今世夺富与贫殊为艰难,颜先生有佃户分种之说,今思之甚妙。"(《拟太平策》卷

---

① 黄绾反对"抑豪强,惠小民"。他说:"今之论治者,见民日就贫,海内虚耗,不思其本,皆为巨室大家吞幷所致,故欲裁富惠贫,裁贵惠贱,裁大惠小;不知皆为王民,皆当一体视之。在天下,惟患其不能富,不能贵,不能大,乌可设意裁之,以为抑强豪、惠小民哉?纵使至公,亦非王道所宜也。"(《明道编》卷四第45页)高攀龙说黄氏"居乡豪横"(参看《明儒学案》卷一三第281页)。徐贞明《潞水客谈》也说:"豪右之利,亦国家之利也,何必夺之! ……彼小民欲自利而力有所逮,官为倡率,豪右从而竞劝于其间,则借豪右之力以广小民之利",固《周礼》遗意,方"欲藉之,矧曰夺乎!"

② 以富民为"国之命",叶适即持此论,曰:"然则富人者,州县之本,上下之所赖也。富人为天子养小民,又供上用,虽厚取赢以自封殖,计其勤劳亦略相当矣。"(《民事下》,《叶适集·水心别集》卷二第657页)叶适既以为井田不可行,又反对"抑兼并",曰:"俗吏见近事,儒者好远谋,故小者欲抑夺兼并之家以宽细民,而大者则欲复古井田之制,使其民皆得其利。夫抑兼并之术,吏之强敏有必行之于州县者矣。而井田之制,百年之间,土方且相与按图而画之,转以相授而自嫌其迂,未敢以告于上者,虽告亦莫之听也。夫二说者,其为论虽可通,而皆非有益于当世,为治之道终不在此。"(同上第655页)钟祥财《中国土地思想史稿》说,"为富人辩护的论调早在宋代就已出现,到了明清之际这类说法更加升格"(第174页),所举之例即王夫之。钟氏认为北宋李觏是"中国历史上最初的为富人辩护的论调"的发表者(同书第96页)。关于富民为国之元气,据沟口雄三说,"到了明末时期,类似的言论频繁出现",不仅是量的变化,且包含着种种质的变化,因而"稍具明末特色"(《中国前近代思想的演变·所谓东林派人士的思想》,中译本第404页)。沟口给出的背景,即"地主阶层整体性阶级觉悟高涨",争取乡村的"主导权"(参看该文第四节)。

一)具有讽刺意味的是,到明末,正供之外,又有所谓"加派",而加派竟也借诸"抑兼并"的名义(参看《明史》卷二五二杨嗣昌传)。在后世看来或许不无可怪的是,即使位于"民间"的士大夫,在国家(亦皇家)/富民间,往往自觉地维护"国家利益",主张"利权"操之在上;同时在富民/贫民间,对剥夺富民持激烈的批评态度。因而对于反对剥夺富民的言论,不便仅由论者所属阶级、所处经济地位来解释;但集中发出在明亡前后的上述议论,与这一时期贫富的激烈对抗,又绝非无关。甚至有关言论的情绪色彩,也传递了那对抗的消息。

经历了上个世纪四五十年代之交的社会改革的中国知识分子,对"谁养活谁"的问题及其答案都耳熟能详。而在明清之际,却决非不言自明。其时江右的魏禧所谓"国家养富民,富民养贫民"(《日录·史论》,《魏叔子文集》),在士人中当属"公论"。① 却也仍有不同的表达,张履祥即说"豪家之命悬于贫户"(《赁耕末议》,《杨园先生全集》卷一九)。以富民为贫民的生存依托,不消说以产权为根据。张氏并未面对产权问题。富民提供"衣食之源",而佃户生产衣食,张履祥强调的,毋宁说是贫富两造的相互依存;因系向田主说法,故着重于田主一方之于佃农、贫民的道义责任。黄仁宇说:"尽管16世纪的学者们总是对小土地所有者有着深深的同情,却很少有人关注他们的佃户。明代官僚的传记显示出他们中的许多人都是来自于小土地所有者家庭……当他们谈起税收时,其公正感常常受制于地主阶级的社会价值观,他们关心的不是现代意义上纯粹的经济公平。"(《十六世纪明代中国之财政与税收》中译本第241页)倘事实果如黄氏所言,张履祥则是显然的例外。

例外的尚不止张履祥。《刘子年谱录遗》记有刘宗周均役的实践:

---

① 魏禧说:"吾尝以为天下细民之穷,非大患也,富民穷而天下乃真穷。故善治天下者,必务养富民,富民养而穷民乃有所赖,藉以全其生。是故富民者,穷民之命,国家之府也。"(同书卷一一《程翁七十寿叙》)魏禧之是非好恶颇有与王夫之相反者。如关于幕宾、策士,关于王阳明、李纲(尤其李氏奏议),关于三苏(及其有关"权谋"的思想)。但也有论旨相近者,如论"仕",论"俭",论剥夺富民。虽王、魏不曾相谋,且在思想史上绝非属于同一等量级。

"越郡缙绅大家不值繇役,附在十甲之外,名曰'附甲',致势家田连阡陌,万亩不当差,而细民以百亩值役者有之。独先生族自族兄方伯乾阳公及先生,不立'附甲',与通族一体当差。""先生每于册期,倡均役之说,当事者不能从。"(按册,黄册)后复倡议,将行之,因刘氏赴召北上,"诸绅各中变,遂格不行"。明年,刘氏罢官归,执前议,为族人所不满。"计先生户田百亩,执两年繇役,视细民之不均,抑又甚矣,然先生供命惟谨而不辞者,盖其通细民肥瘠为一体,其心实有所不容已。先是均役议定,族人诟先生曰:'为法自敝,一至于此。'既而曰:'未尝非至公之心。'久之,舆情大欢。先生乃笔其始末,为《义役记事》。"(《刘子全书》)限制乡绅"优免",是明末至清初"均田均役"的"根本内容"。尽管"这一改革到康熙年间才在中央政府的统一指示下实行",前此已在各地分别进行(滨岛敦俊《围绕均田均役的实施》,《日本学者研究中国史论著选译》第 194 页)。即使局部的甚至失败的实践,也是这一过程的组成部分。陈龙正曾由自己所创义庄的收入中,交纳相当于两位粮长应交的银两,说:"欲援官户优免,则近惠族人,洒役通邑……义亦非安。"(《几亭全书》卷二一《政书·家载上》,转引自沟口雄三《中国前近代思想的演变》中译本第 386 页)赋义不尽同的"均田"要求,固然大多为王朝财赋计,恤农怜贫的一面却始终存在。士大夫"超越自身阶级利益"的可能性,本不待证明。可以相信,当其时确有宁不便于士绅、士夫,而取其利于小民者。出于"仁"的理念,"民胞物与"的情怀,不惜损己以利人,即有上述顾鼎臣、陈龙正、刘宗周的事例可证。[1]

贫/富乃经济地位的划分。日本学者对笼统地划入"富民"的不同类型的地主有细致的分析,尤其其间的意识形态差异。当着滨岛敦俊试图就"改革的契机和背景"进行探索时,即注意到了有关人物所属的

---

[1] 侯外庐等《中国思想通史》:"应该着重指出,在中国的中世纪历史中,封建所有权的'法律虚构',封建主义的品级结构,是以温情脉脉的、宗法的、伦理的、说教的以及反对豪族占有的'平均'或'平等'的'限田'道理掩盖起来的(从董仲舒、师丹到陆贽、苏洵,都是这样)。"(第四卷第 29 页)

思想派别,可证思想史的视野之于此项考察的积极意义。①

　　士人对近事、时事的判断,与后世每有不同。即如明末反对条鞭之使农输钱而非粟,即士之有识者亦异口同声——近人视为"进步"的举措,当时人有大不以为然者。身当其时,关注往往在便不便,也不能不在便不便。此外因时之弊,在所难免。黄宗羲激烈批评"条鞭",谓"条鞭之利于一时者少,而害于后世者大"(《明夷待访录·田制三》),以为条鞭方便了赋税的"积累",即诸种额外的加征。这一点为后世所证实。近人梁方仲说,"自摊丁入地的办法盛行以后,一切苛捐杂税,凡可以由田赋负担的莫不尽量摊入田赋以内,大开田赋附加的方便大门,给明清以迄民国的财政史写下最黑暗的纪录和一笔烂胡涂账"(《明代一条鞭法的论战》,《梁方仲经济史论文集》第 367 页)。②《明史》本传说海瑞"自为县以至巡抚,所至力行清丈,颁一条鞭法,意主于利民,而行事不能无偏"。海瑞本人也有困惑。他曾由琼州情形,说"从来谓丈田不利于富家,小民则喜。今小民怨不可胜言矣,何耶? 何耶?"(《奉琼山刘大尹》,《海瑞集》第 460 页)顾炎武曾说过,"今日之事,兴一利便是添一害"(《与人书》八,《顾亭林诗文集》第 93 页)。即良法美意,也不免日久弊生,变了味道。甚至不待"日久"。据《明史·食货志》,

---

①　滨岛敦俊将士人对于均田均役的态度不但与经济地位,且与所属的思想派别联系起来,发现嘉兴、湖州一带支持改革的官员、乡绅,"除王龙溪的弟子丁宾外,朱国祯、叶向高、高攀龙、丁元荐等人,均是东林乃至天启年间的反魏忠贤派"。"在压倒多数乡绅的反对与阻挠之中,推进改革的即是这一部分所谓'正义派官僚'。"(滨岛敦俊《围绕均田均役的实施》,《日本学者研究中国史论著选译》第 214 页)其时所谓"正人"的境界,不止见之于党争的场合,由后世看,或由本章所设角度更能窥见。

②　刘宗周说万历初庞尚鹏所行一条鞭法,"民至今称便";只不过"行之既久,条鞭之外,又复科派",地方复有不时之征敛,"至此小民告困乃甚于加派百倍矣"(《责成巡方职掌以振扬天下风纪立奏化成之效疏》,《刘子全书》卷一七)。陈登原说:"盖条鞭本欲使手续简便,而所之则为叠床架屋,混力役而多征田赋。"(《中国田赋史》第 188 页)关于明代围绕一条鞭法的争论,参看梁方仲《明代一条鞭法的论战》。何炳棣说:"清初最大的仁政也许是百姓无须亲自服劳役。"(《明初以降人口及其相关问题》中译本第 248 页)"康熙二十二年(1683)后,天下太平,豁免税粮达到极大幅度。"(同书第 246 页)陈登原分析有清赋制,却以为"清固无以愈于明",告诫读史者,不可"惑于永不加赋之美名"(《中国田赋史》第 216 页)。他以为清世赋政不修,至晚清方有一二端可称(同书第 225—230 页)。

条鞭法行十余年，即"规制顿紊，不能尽遵"，何况到了"王纲解纽"的末世！

由本章所设角度看，批评、反对条鞭者有可能正是由"均平"这一理念出发的，只是此"均"仍未必指贫富之均。何瑭主张差役以人丁（而非田土）为主，说："夫差役出于户丁，士农工商之家，除例该优免外，其余户丁，盖未有不当差者也。今止令取于耗米，则是士工商贾之差，农独代当之矣，是岂均平之道哉！"（《均徭私议》）所说乃士工商贾与农之"均"。王夫之激烈批评条鞭（《噩梦》，第561页），以为唐的"两税"、明的"一条鞭"，均"病民""害民"（《读通鉴论》卷二四第897—899页）。他以为条鞭"抑本崇末"，不便（亦不利）于农，不免令人想到近人之肯定条鞭，是否过分凭借了"资本主义萌芽"这一预设。[1] 王氏由本/末、农/商的角度论条鞭，为"南亩之劳人"请命，却避免区分贫/富。也仍然有由贫/富立论者。前此葛守礼批评条鞭，就以条鞭为"宽富累贫"（《明经世文编》卷二七八《与姚画溪方伯论田赋》《与沈对阳方岳论赋役》《与姜蒙泉中丞论田赋》）。范景文却由"役"的角度立论，因"民之贫者便"，肯定"以田定役"的合理性（《吴桥县条鞭役法议记》，《范文忠公文集》卷七）。[2]

回到本章的题目上，不妨认为，"井田"在其时士人的言说中，表达的更是愿望与向往，尽管所"愿望"与"向往"的，不免彼此有别。感人之处，毋宁说在此种"向往"的顽强与持久。尽管对于"均"的解释各异，对达成途径的设计有诸种歧见，但被认为包含于"井田"这一理想

---

[1] 《噩梦》："或且谓农民日用亦必资于商贾，随地而税，则物价增贵，农民亦受其病。不知人必免于冻馁而后可有求于市，则以税故而价稍增，亦其所可堪者也。若苦于饥寒征徭，而无告之民经年而不入市者多矣，曾何损耶！议法于廷者，皆不耕不食，居近市而多求于市贾，利商贾以自利，习闻商贾之言而不知稼穑之艰难者也……"（第588—589页）王夫之之的议论，与他所处湘西地区商品经济不发达，也应有关。

[2] 梁方仲认为条鞭"仅为一种不彻底的改革"；其优点在"纯属于征收便利方面，公平的原则一点也谈不上"（《明代一条鞭法的论战》，《梁方仲经济史论文集》第364页）。黄仁宇说"一条鞭法改革的目标是普遍和统一，而不是简单的经济公平"，从中受益的是中户"即拥有大约100亩或更多的土地之户"，而非"最低的收入阶层"（《十六世纪明代中国之财政与税收》中译本第166、165页）。

模型中的政治理念,却历经几千年,直至成为近代社会政治革命的目标与动力,令人一再感到经典化的历史传说的重量。

如上文已经说到的,见诸古代文献的"井田",被认为是综合了政治、经济以至社会生活方式的完整设计——包括伦理原则(非但公/私,而且私/私)以至审美规范(对称、均衡),非但寄寓了儒者的制度理想,也成其为某种诗意源泉。井田所启示的审美形式,所开启的关于"秩序"的想象,所提示的社会生活方式,无不持久地作用于人的思维与想象力。对于本章更重要的是,即使有上文所引的关于"均"的精妙诠释,仍然可以认为井田提供了"均"的基本模型——古代中国"平等论"的经典来源,亦有关的批判思想的重要资源。一种未得确证的"制度"如此广泛地深入于观念领域,岂非因了上述那种"向往"的顽强?

"戊戌十二月癸巳,辟儒士范祖干、叶仪。既至,祖干持《大学》以进。……太祖命祖干剖析其义,祖干以为帝王之道,自修身齐家以至于治国平天下,必上下四旁均齐方正,使万物各得其所,而后可以言治。"(《明实录》附录五《皇明宝训·明太祖宝训》卷一)"上下四旁均齐方正",正应由井田所启发。井田论者所关注的,与其说在某种具体的制度形式,不如说在包含其中的思想形式。由此也可以解释井田、封建之为谈之不尽的话题。而上个世纪二三十年代以降的井田论、田赋考、古代中国土地关系研究,考制度源流,资时政批评,往往有明确的现实指向。1930 年代陈登原撰《中国田赋史》,结句云:"此则吾书成后,不禁有厚望于当国者也。"其时学者的关切情见乎辞。由该书末两章可知,"正经界"仍被作为现实课题;以井田论为线索而考察田赋,也证明了有关问题依旧的严重性。近代以来的均平吁求,决非历史的空洞回声;倘"思想形式"对应的现实问题继续存在,"井田"作为理想模型就不至全然地失去其吸引力。

封　建

当其时有关"三代"的论述中,封建被作为了井田的条件。张载就已经说过,"井田卒归于封建乃定"(《理学理窟·周礼》,《张载集》第

251 页）。陆世仪更断然道："欲行井田,必先封建。"（《思辨录辑要》卷
一九）①

关于封建,前于本章所论的这一时期,被认为最有讨论价值的,应
即柳宗元的《封建论》。② 柳氏该文以为周亡于"诸侯之盛强,末大不
掉",秦之亡则"咎在人怨,非郡邑之制失也";周"失在于制,不在于
政",秦则"失在于政,不在于制"。其有关议论的精辟处尤在由"公—
私"论郡县、封建。他说殷、周封建乃不得已,"夫不得已,非公之大者
也,私其力于己也,私其卫于子孙也。秦之所以革之者,其为制,公之大
者也;其情,私也,私其一己之威也,私其尽臣畜于我也。然而公天下之
端自秦始"（《柳宗元集》卷三第71—74页）。区分制度制定者的动机
（"其情"）与制度功能,区分"私"的不同内涵——其封建论最引起争
议之处也在于此。王夫之的《读通鉴论》延伸了柳氏的思路,径曰："秦
以私天下之心而罢侯置守,而天假其私以行其大公。"（卷一第68页）
更权衡利病,以为"秦、汉以降,天子孤立无辅,祚不永于商、周","郡县
者,非天子之利也,国祚所以不长也;而为天下计,则害不如封建之滋也
多矣"（同上）,所持乃"生民"生存这一尺度,亦王氏政治、历史判断常
用的尺度。在这一点上,李塨与之所见略同（见下文）。顾炎武《郡县
论》以公/私说权力分配,呼应了黄宗羲的君主论,我已在《君主》一章
谈到。同一时期也有对柳氏之论大不以为然者,陆世仪就以为"封建
得失之辩",柳宗元、胡宏所论"立意皆偏"（《思辨录辑要》卷一九）。
颜元的态度更其激切,说："文人如柳子厚者,乃反为'公天下自秦始'
之论,是又与于不仁之甚者也,可胜叹哉!"（《存治编·封建》,《颜元
集》第113页）

至少在撰写《留书·封建》篇之时,黄宗羲论封建而首先着眼于军
事,像是径由时事中引出,甚至情绪尚在易代之际的对抗中。该文开篇

① 马端临将井田不能复,归因于郡县制："揆其本原皆由乎地广人众,罢侯置守,不私其土、
世其官之所致也。"（《文献通考》卷一附论）

② 苏轼说："昔之论封建者,曹元首、陆机、刘颂及唐太宗时魏徵、李百药、颜师古,其后则刘
秩、杜佑、柳宗元。宗元之论出,而诸子之论废矣。虽圣人复起,不能易也。"（《论封建》,
《苏轼文集》卷五第158页）

即道:"自三代以后,乱天下者无如夷狄矣,遂以为五德渗眚之运。然以余观之,则是废封建之罪也。"(《黄宗羲全集》第十一册第4页)黄氏以与夷狄的军事对抗为设定情境,由兵、民分合,论封建作为制度的正面意义,说倘封建未废,"即不幸而失天下于诸侯,是犹以中国之人治中国之地,亦何至率禽兽而食人,为夷狄所寝覆乎!"也因此未刊之于《明夷待访录》中的《封建》,较之于《君主》等篇,更触犯时忌。[①] 三藩之变后,"封建"这一明人尚可公然谈论的话题,竟成禁区。

明清之际论封建/郡县最具严整性的,自然首推顾炎武的"郡县论"。顾氏的这一组文字开篇即如老吏断案:"知封建之所以变而为郡县,则知郡县之敝而将复变。然则将复变而为封建乎?曰,不能。"(《郡县论一》,《顾亭林诗文集》第12页)顾氏以为"秦之亡,不封建亡,封建亦亡;而封建之废,固自周衰之日而不自于秦也。封建之废,非一日之故也,虽圣人起,亦将变而为郡县"。《日知录》卷二二"郡县"条亦说秦以前固已有郡、县;由封建而郡县,乃"势之所必至"。无独有偶,王夫之《读通鉴论》开篇也道:"两端争胜,而徒为无益之论者,辨封建者是也。郡县之制,垂二千年而弗能改矣,合古今上下皆安之,势之所趋,岂非理而能然哉?"于此反复论证封建之"必革""必不可复",由封建而郡县之为势所必至。

顾、王的上述制度论,既以明代弊政为经验根据,又利用了制度史的广阔视野,为同时论者所不能及。但也应当指出,到这一时期,以郡县之取代封建为势所必至、理有固然,已近于共识。这里成为问题的,毋宁说是对"势"与"理"的解释。顾、王上述议论,肯定了封建不能复之为制度史的事实,未能提供的,正是这种解释。王夫之曾说到"民力不堪"使郡县取代封建成为必然(同上卷二第114页),这种解释毕竟是不充分的。这类谈论给人的印象,似乎郡县更像是因了现实弊害的补救措施。

[①] 据浙江古籍版《黄宗羲全集》校勘记,郑祐钞本原文未钞全,"底本文末有徐时栋批注云:'此文未全,议论极乖张,虽曰吠尧,然狂吠矣,丛残不足惜也'"(《黄宗羲全集》第一册第420页)。

对"封建不可复",也非绝无异议。张履祥就说:"封建行然后宗法可立,否则虽有贤者,随立随废而已。"(《杨园先生全集》卷三九《备忘一》)其所谓"封建",仍然更指"遗意";在另一处张氏即曰"郡县亦可治,不必封建"(同书卷五二《训门人语一》)。张自烈另辟一思路,他设想与苏轼辩论,说"以某论之,后世时异势殊,非郡县不可,然治乱由主术,不专在封建与郡县也";"某非谓封建必可复,郡县必可废。盖必求所以治郡县者,而后郡县无弊,不则弊与封建等"(《与苏子瞻论封建郡县书》,《芑山文集》卷一)。较之纠缠于可复不可复,"求所以治郡县者"或更有实际意义。但张氏并未直接面对柳、苏所讨论的问题。颜元在此题目上持论更与顾、王相反。也如力主复井田,颜元力主复封建,曰"殊不知三代以封建而亡,正以封建而久","使非封建,三代亦乌能享国至二千岁耶!"(《存治编·封建》,《颜元集》第112页)对于复封建,他也力图做可行性论证,却也如关于井田,一旦进入具体的政治设计,即不免于冬烘气。其高弟李塨对师说大不以为然,曰:"惟封建以为不必复古,因封建之旧而封建,无变乱,今因郡县之旧而封建,启纷扰,一。三代德教已久,胄子多贤,尚曰'世禄之家鲜克由礼',况今时纨绔,易骄,易淫,易残忍,而使世居民上,民必殃,二。郡县即汉、唐小康之运,非数百年不乱,封建则以文、武、成、康之圣贤治之,一传而昭王南巡,遂已不返,后诸侯渐次离析,各自为君,六七百年,周制所谓削地灭国,皆付空言……三。或谓明无封建,故流寇肆毒,遍地丘墟。窃以为宋、明之失在郡县权轻,若久任而重其权,亦可弭变。且唐之藩镇即诸侯也,而黄巢俨然流寇矣,岂关无封建耶!四。或又谓无封建则不能处处皆兵,天下必弱。窃谓民间出兵,处处皆兵,郡县自可行,不必封建始可行也,五。而封建之残民,则恐不下流寇。……六。天子世圻,诸侯世同……夫使天下富贵,数百年皆一姓及数功臣享之,草泽贤士虽如孔、孟,无可谁何,非立贤无方之道也。不公孰甚,欲治平何由!七。"(《存治编·书后》,《颜元集》第118—119页)——应当是其时关于"不可复"的较为充分的论证。黄宗羲在其《待访录·方镇》篇中提到"封建之弊",但未展开,由李塨展开了。至于李氏对世袭的批评("不公孰甚"),则有显而易见的"寒士"的背景。由一时政论,亦可看出当此宗法制渐形衰落之际,政治设计中"贵族化"与"平民化"的不同取向,政治主张背后世族与单门寒士的利益冲突——尽管儒者无不以非狭隘利益集团的代表者自居。

士人更为关注的问题,在现行体制(即郡县制)内的权力制衡,尤其对君权实行有限制约;因而有关论述的旨趣所在,往往在承认封建"不可复"的前提下,探讨借助于"封建"的制度构想修补郡县制罅隙的可能性。顾炎武将此表述为"寓封建之意于郡县之中"(《郡县论一》)。大致同时的魏禧也说:"吾非封建之如周、汉之君也。吾之封建,欲反周之制而师其意,可使国家无汉、唐、宋之害而兼收其利。"主张"以郡县为经而纬以封建"(《封建[一]》,《魏叔子文集》卷三)。对于郡县制,魏禧多因其弊而言之,着眼在堵、杜,设想有极细密者——其切近的参照即明制。甚至力主复封建的颜元,也以"师古之意,不必袭古之迹"为说(《存治编·封建》,《颜元集》第 111 页)。但论者所谓"遗意",仍不免互有异同。王夫之即不以顾氏所主张的复辟召为然。[①]王氏还以为"官于其乡,无一而可",说"除诸侯私土私人之弊政于九州混一之后,典乡郡、刺乡州、守乡邑,其必不可,明矣"(《读通鉴论》卷二〇第 748 页)。由后世读来,俨若针对顾氏《郡县论》中有关论述的驳论。王氏更认为封建之寓于郡县中,原是制度史的事实——"三代封建之遗意,施于郡县者未斁也"(同书卷六第 227 页),并不待刻意的"存"。[②]确如王夫之所言,即使在古代史上最称重大的制度变革前后,也不难发现某种连续性。其他论者出于论述的需要,将这一点有意无意地遮盖了。

---

① 顾炎武主张郡县"行辟属之法"(《郡县论一》),"略用古人乡举里选之意","公卿以上仿汉人三府辟召之法"(《郡县论八》)。张履祥也以为"科目不罢,人才必不可得。汉、唐长官自辟僚佐之法,不可不行"(《杨园先生全集》卷四二《备忘四》)。王夫之却以为封建贡士之法不可行于郡县之世(《读通鉴论》卷三),与其时诸多论者有思路的歧异。王氏论乡举里选、辟召,尚可参看同书卷二一、二三、二四。

② 钱穆《国史大纲》:元"创为行中书省","此由中央政府常派重臣镇压地方之上,实为一种变相之封建"(第七编第三五章,第 640—641 页)。对明代的有关制度,似也可以作如是观。

应当说，其时的论者多属不具有从政经验的书生，设计略近于理想模型（即如前提是任郡县者非墨吏），而未计及在明清之际的现实环境中实施的可能性。问世于明亡前夕的《皇明经世文编》，宋徵璧所拟《凡例》即曰："第重守令、一内外、均劳逸，一时虽奉为成书，转瞬咸知其虚语。"在宗法制弊窦百出的条件下谈世官、辟属，甚至设想实施（县令于其县的）小国寡民式的政治，确也足证有关思想的空想性质。

本编"君主"一章已引顾氏所说"封建之失，其专在下；郡县之失，其专在上"（《郡县论一》）。王夫之则以为"封建之天下，分其统于国；郡县之天下，分其统于州"，无论封建抑郡县，"上统之则乱，分统之则治"（《读通鉴论》卷一六第 599 页）。在这一论述方向上，封建/郡县论不但与同一时期有关"君权""相权"的谈论相关，且与宗室、藩镇论密切呼应。

有趣的是，谈论封建于国亡之余，论者却通常由避免亡国（至少迁延时日）的角度考量。那一时期围绕"方镇"的谈论，尤其凸显了明清之际封建论的"时论"品性。黄宗羲以为封建可寓于"方镇"，理由是，"唐之所以亡，由方镇之弱，非由方镇之强"（《明夷待访录·方镇》，《黄宗羲全集》第一册第 21 页）。顾炎武《日知录》卷九"藩镇"条亦曰："世言唐亡于藩镇，而中叶以降，其不遂并于吐蕃、回纥，灭于黄巢者，未必非藩镇之力。""唐之弱者，以河北之强也；唐之亡者，以河北之弱也"，与黄氏所见竟也略同。钱谦益更以为"元不能以一口吞河北，金懂存而后亡者"，金人"封建之力也"（《向言》下，《牧斋初学集》卷二四第 779 页）。甚至持论有别于顾、黄，认为"唐室之患，不在吐蕃而在藩镇"（《读通鉴论》卷二五第 964 页）的王夫之，也以为"唐之乱，藩镇之强为之也"，摧强使弱，则"天下蔑不弱"（同书卷二七第 1075 页）。[①]即使无从更改明已亡的事实，论者仍不能自禁地要分析何以亡、所以不

① 《噩梦》比较唐、宋，对唐的兵制持肯定态度（同书第 558—559、567 页）。该篇批评"因逆臣之阻兵而废藩镇，因权臣之蠹国而废宰相，弃尔辅"（第 567 页）。凡此，倘与马基雅维里关于两种不同政体的君主国利病的比较（参看其《君主论》第四章）并读，会很有趣味。

亡。因而上述旨趣的"封建论",毋宁读作准遗民话题。当着古老的话题在特定历史情境中展开,尚未失其新鲜的经验,也就这样被以某种形式带进了论题。

其时的宗室论,也在此一视野中。方以智于明亡前曾上书当道,曰:"若亲征、监国、诸王都统之议,皆为宗庙社稷计,非属骇闻。"(《曼寓草》上《上通州魏相公书》,《浮山文集前编》卷四)至于重提"宗子维城",正出于军事方面的计虑。顾炎武说:"自北平、南昌二变以后,一代规模于'宗子维城'四字,竟不复讲。"(《与人书》十三,《顾亭林诗文集》第94页)此意他反复言之,语意沉痛。① 颜元也引《诗·板》:"大邦维屏,宗子维城,无俾城坏,无独斯畏。"以为"道尽建侯之利,不建侯之害矣"(《存治编·封建》)——论此于明亡之后,无非以为炯鉴。顾氏藩镇说的主旨,在使外姓不得"窥神器";颜元的言宗藩也如顾氏,旨在"藩蔽""天下共主"。魏禧说得更明白:"吾之法,天下既失而群起以兴宗国,宗国群起而犹有一人焉得之,则吾祖宗之子若孙也。"(《封建[三]》,《魏叔子文集》卷三)以"兴宗国"为使一姓得以保有天下、防"僭""窃"之道。在这一方向上,士大夫发挥领导作用的"氏族",也被设想为王朝的屏蔽。"唐之天子贵士族而厚门荫","盖知封建之不可复,而寓其意于士大夫,以自卫于一旦仓黄之际";顾炎武由此想到,"不能复封建之治,而欲藉士大夫之势以立其国者,其在重氏族哉!"(《裴村记》,《顾亭林诗文集》第101、102页)

发表上述议论者显然未能顾及明代宗藩以至氏族的实际状况。上文已引李塨所说今世的"世禄之家"、纨绔子弟"易骄,易淫,易残忍",自然谈不上"宗子维城"。有明一代,关于宗室,却不免议论纷纭。王世贞《同姓诸王表》开篇道:"旨哉班固之引《诗》曰:'介人惟藩,大宗惟翰。怀德惟宁,宗子惟城。'夫岂直以昭展亲敦睦之义,盖首广树肺

---

① 参看其《书太虚山人象象谭后》(同书第154页)。《日知录》卷二二"六国独燕无后"条:"晋无公族,而六卿分;秦无子弟,而阎乐弑;魏削藩王,而陈留篡于司马;宋卑宗子,而二帝辱于金人,皆是道矣。《诗》曰:'宗子维城,无俾城坏,无独斯畏。'人君之独也,可不畏哉!"

腑,以夹辅王室,有深长思焉。"(《弇山堂别集》卷三二第 561 页)王氏主张"强干弱枝",明初叶伯巨却批评"分封太侈"(《万言书》,《明经世文编》卷八)。解缙《献太平十策》有折衷方案,即以县令主治诸王封地。明末论者主张重守、令,与此未必没有思路的衔接。[①] 到本书所论的时期,王夫之批评刘向"宜援近宗室"的说法,为"举大义而私之一家",非"五帝三王之道"(《读通鉴论》卷五第 188 页);吕留良则说柳宗元等人论封建,以为圣人"自为久存之计",乃"以私意窥测圣人";倘意不在为民、利天下,则唐的重藩镇,宋的重禁军,无非"私意"(《四书讲义》卷三九),与顾炎武也有论旨的不同。[②]

树藩屏,裂土分封,其功能通常被归结为"强枝叶而固本根"——这里的主词自然是人主、皇家。王夫之主张"散列藩辅",却以此为"公天下",即"王者无私以一人治天下";但其所谓"藩辅"非即封建之谓;"散列藩辅"不过是"重府权"以及专巡抚之任的另一种表达。他更具体主张"革分司",撤除"府"与天子的中间层次,使"事权重而战守专"(《黄书·宰制》第 508—509 页)。视督、抚以至郡县若"藩辅",前此已有此种见识。朱子说:"本朝鉴五代藩镇之弊,遂尽夺藩镇之权,兵也收了,财也收了,赏罚刑政一切收了,州郡遂日就困弱。靖康之祸,虏骑所过,莫不溃散"(《朱子语类》卷一二八第 3070 页),即以削藩镇与"州郡困弱"并论——州郡即藩镇。陆世仪说得更加明白:"夫今之藩臬诸司,当古方伯之职;今之县邑长,当古诸侯之职。古之诸侯治一国,征赋由己,政令由己,诛杀由己……今之县邑长,征赋由上,政令由上,诛杀由上。三年一易官如传舍,胥吏之属,多历年所,舞文罔法,相率为

---

① 解氏曰:"为今之计,异性不可封也。惟诸王所封之地,宜以一县令主治之,一循古者诸侯之制,择贤以辅,惟世子袭爵,其庶子十岁以上者,则于水陆都会、山川要害之处别封以一县,则贤能之人辅之。如此,则岁有封建,不过五六十年之间州县将尽为侯国,而天下诸侯皆陛下子孙矣,岂不万年磐石之固哉!"(同书卷一一)王学泰以"分封与府州县并行"为明太祖的制度创造(参看其《游民文化与中国社会》第 405 页)。

② 前此叶适就说过,"古人亲贤并建,所以为民也。夹辅一家,自为久存之计,此后人以私意疑之也。秦虽废其法,汉虽慕其名,存亡之实盖不在此"(《习学记言序目》卷二一第 303 页)。

奸……"(《桑梓五防》)陆氏开出的药方,即去短集长,"循今郡县之制,复古诸侯之爵,重其事权,宽其防制,久其禄位;有封建之实、无封建之名,有封建之利、无封建之害"(《思辨录辑要》卷一八)。① 李塨亦主张郡县"重权久任",以为"封建固不得复,而汉之故事,郡守得专生杀、操兵柄,有事直达天子",此意可鉴(《平书订》卷二)。上文所引李氏《存治编·书后》,说"戊寅,浙中得陆桴亭《封建传贤不传子论》,盖即郡县久任也,似有当"(按陆世仪,号桴亭)。也令人可知其时士人思路交叉、不谋而合的背后,确有信息的传输与思想的流通。以郡县主司之"专"(专权)制衡人主之"专",以县令的私其县(世官世禄、自辟掾属等)制衡君主的私天下,自以顾炎武主张最力,尽管目标亦如其宗室论,正在"无俾城坏"。② 其时批评人主"私天下"者,都或明或暗地涉及了何以"公"、与谁"共"的问题。据此未必不可以理解为士大夫借诸"公"的名义,表达了自身对于权力的要求。

正如其时论井田者所论往往是"均赋""均役"即赋役合理负担的问题,其时的封建论者,关注所在,通常是地方权限问题。明末的军事失败,严重地提示了郡县的军事地位。其时金声的书札中就曾批评"士大夫抵掌而谈国事,止知用兵而不知用民,止知重将领而不知重郡县"(《与尹宣子》,癸未,《金忠节公文集》卷五);此意他反复言之。同时吴应箕也说到"灭贼当重守令之责";他的经验根据是"江北诸郡县,其先破者,皆其守令之癃废者也,不则其贪残者也;稍能者则攻且不下,尤能者则杀且相当"(《兵事策·策六》,《楼山堂集》卷一〇)。正因在崩解中,"地方"的重要性凸显;"王纲解纽","治统"却被认为有可能

---

① 陆氏更为具体的设计,则如"郡邑之爵禄权位","悉如古封建","但当易传子为传贤",易世守为"久任";甚至主张许郡邑建立宗庙,行四时之祭,冠婚丧祭之礼亦在任举行,以示治家与治国之一;其他还有班爵制禄等一系列设想。陆氏显然不满足于模糊笼统的所谓"封建遗意",必使之体制化,如实现于"爵禄权位"。

② 顾氏与分权有关的思想还以其他形式表达。《日知录》卷八"乡亭之职"条曰"天下之治,始于里胥,终于天子","故自古及今,小官多者其世盛,大官多者其世衰"。同书卷一二"财用"条曰:"财聚于上,是谓国之不祥。不幸而有此,与其聚于人主,毋宁聚于大臣。"可以作为其郡县论的注脚。

赖地方维系。明末名臣范景文的奏章中说："今宇内眷眷，盖多故矣。羽书旁午，征调繁兴，户鲜宁居，家无安堵。所赖郡县得人，弹压抚摩，得以维持，合之成一太平也。"(《复调有司疏》，《范文忠公文集》卷一)黎遂球建议"以守、令为大将"，"听守、令以其粮饷募乡勇为兵，即以各守其地"(《上中兴十事疏》，《莲须阁集》卷三)。与范、黎同于明亡时殉节的吴麟徵生前则说，在当时的条件下，"监司、郡守、县令，此时相倚为命，得一良令，如得胜兵三千"(《与楚按某公》，《吴忠节公遗集》卷一)。一时论者力主扩张、强化郡县级地方政权的权限、职能，尤其增强地方的防御能力，守、令的军事责任得到了强调。其实此前戚继光就说过，"然目今足为天下缓急集事者，官莫如守令，兵莫如父子兄弟；而父子兄弟之兵，惟守令可以籍召"(《辨请兵》，《明经世文编》卷三四九)。① 明亡之际，郡县固然有望风溃解者，却也有坚守者；前者或者可以归之于"集权"的恶果，后者则启发了强化郡县权力的主张。无论由正面、负面，郡县的重要性都得到了证明。

拟守、令之于古诸侯，正德朝潘潢就曾说过，"郡守县令，即古侯伯子男之职"(《申明守令条格疏》，《明经世文编》卷一九七)。嘉靖朝屠仲律则说："保封域，固郊圻，全境安民者，守、令之任也"(《御倭五事疏》，同书卷二八二)。明末孙承宗由军事的方面说"令"(即县令)的职守："凡拥专城而为之师帅曰令。"(《赠梅谷钱明府台荐》，《高阳诗文集》卷一二)由存封建遗意说重守令，本来只是在比喻的意义上，不可便当真。屠氏所云"封域"，早已不适用于守、令：此土本非封邑，此民亦非其臣民。孙氏为表达其主张，也未免一厢情愿，将"令"的职权大大地扩张了。至于明清易代之际以"死封疆"责之地方官，也缘类似的混淆——将郡县制下的地方官、方面大员与其地的关系，混同于王侯与封国的关系。

---

① 明亡前曾灿致书万元吉，说："贼寇所以根伏者，由于郡县；所以猕发者，由于郡县；今日所以靖乱防变，亦必由于郡县。"(《上万年伯书》，《六松堂集》卷一一)魏禧也说"天下之乱，莫不始于州县"，批评明末"州县吏权太轻"，说明亡之际州县吏"叛降相继，闻风弃城守抱头窜伏以免者，往往而是"(《殉节录叙》，《魏叔子文集》卷八)。

至于上文所引关于方镇的议论,则有声辩的性质。关于唐的方镇之为制度的利病,所以议论纷纭,莫衷一是,似乎可以理解为,方镇标出了郡县制历史上"分权"所能抵达的边界、极限;方镇所履行的,逼近了"侯"的原始职能。"为什么大多数的封建之君都称作'侯'？原来侯是'射侯'的意思,'射侯'便是射箭的靶子……王在许多武臣里边选出几个最会射箭的命他们为侯,叫他们建国于王畿之外,替王守着四边的疆土……因为侯在畿外,所以他称作'边侯'。"(《周室的封建及其属邦》,《顾颉刚古史论文集》第二册第 330 页)有明国初屡兴大狱,在杀戮甚众的胡惟庸、蓝玉等狱中,曾膺封爵者多遭厄运。封侯在明代,有自始至终的极度敏感性。明亡前倪元璐有"立节镇"以"救时"的主张,张履祥在其《言行见闻录一》中记此事,就说:"然此事骇人,不得行,惟重抚臣权,亦节镇意也。"(《杨园先生全集》卷三一)由此看来,上文所引陆世仪"循今郡县之制,复古诸侯之爵"云云,当更其"骇人"的吧。直至南明朝,异姓王之封仍引致了激烈争论。在这一话题上,其时的士论也非一律。徐枋就不但不以汉高之"众建诸侯"而且不以唐之"强藩世继"为然(参看《居易堂集》卷九《封建论上》)。

有清一代,"封建"更成为禁忌性的话题,被人主用作文字狱的口实。吕留良、曾静一案,雍正上谕即曰:"大凡叛逆之人吕留良、曾静、陆生楠之流,皆以宜复封建为言,盖此种悖乱之人,自知奸恶倾邪,不容于乡国,欲效策士游说之风,意谓封建行则此国不用,可去之他国,殊不知狂肆逆恶如陆生楠之流,实天下所不容也。"(王先谦《东华录》雍正一五,《续修四库全书》史部编年类)①阎若璩《潜邱劄记》卷二:"东坡《秦论二》曰:'凡有血气,必争,争必以利,利莫大于封建。封建者,争之端而乱之始也。……近世无复封建,则此祸几绝,仁人君子,忍复开之欤！"(所引苏轼语见《论封建》一文,阎氏误记)与君主同一见识。雍

---

① 吕留良《四书讲义》:"君臣以义合……但志不同、道不行,便可去……只为后世封建废为郡县,天下统于一君,遂但有进退而无去就。嬴秦无道,创为尊君卑臣之礼,上下相隔悬绝,并进退亦制于君而无所逃,而千古君臣之义,为之一变。"(卷三七)钱穆以为"雍正所指摘,正是晚村此条所言之义"(《中国近三百年学术史》第 83 页)。

正应未见王夫之的如下论述。王氏以封建较之郡县为"仁",理由正是"君民之义绝,则负耒携耜以之于他国"而"不以叛为罪"(《诗广传》论《魏风·硕鼠》,《船山全书》第二册第362页),与吕留良所见略同。这无疑是一种别出心裁的"封建/郡县论",为顾炎武辈着想未及。由雍正所指斥,正可令人猜想封建论者的潜隐动机,未必无关乎士自身的生存——士大夫的生存空间,确也在相当大的程度上,系于体制,也系于君臣一伦。

由上文所引朱子语可知,郡县权轻,自昔已然。据陈寅恪考察,"中央政府之吏部夺取地方政府州郡县令自辟之权",始自后魏、北齐(参看《隋唐制度渊源略论稿》三《职官》)。也因而上文涉及的思路,非由明人始辟。张载就说:"今既未可议封建,只使守令终身,亦可为也。所以必要封建者,天下之事,分得简则治之精,不简则不精,故圣人必以天下分之于人,则事无不治者"(《理学理窟·周礼》,《张载集》第251页)。在此方向上,明清之际的论者也是在"接着说"。

《剑桥中国明代史》的编撰者以为明代政治中,有由自认为全能的开国皇帝的直接统治向分权制演变的趋势(参看牟复礼《导言》,中译本第4页)。"分权"的说法易致混淆。有必要区分不同动机、不同意义的分权。在本书所论的时期,郡县权轻既被归结为权集于上,又被归因于对郡县任用非专,即以多官分郡县之权(参看王夫之《黄书·任官》)。因而主张者既不满于人主的专权,也批评官僚机构事权的分散(即"一职而分官以领之,连衔以辖之")。权过"分"之害,由兵制的方面,也为论者所指斥。出于强化专制的需要而使事权分散以便于制衡(即互为牵制),经由此种分权以达致集权——有明一代的职官设置,打着"雄猜之主"政治性格的鲜明印记。王夫之说因"疑制深",制内制外不遗余力,人主不但"以一人敌天下之力",且"以一代敌数百年之力"(《黄书·任官》第525页),直接将批判的锋芒指向了"祖制"。

此外还应当说,即使明清之际有关分权的主张曾被作为清末民初改革者的思想资源,仍不便将不同内在逻辑的思想混为一谈。"封建"的主词本是"天下共主"。"共主"的存在及其地位,是不可讨论的。所可讨论的,只是"被封建"者,及"封建"的效应。一向不可讨论者,明清之际仍不被讨论。因而局部的特权,特许的有限的自主性,只能以不破坏现行体制为限。故上述有识之士的"识",毋宁说在于对"根本利益"的确认;较之琐琐小儒,他们更是由"王朝立场"出发的。然而如若"病"在宗法制本身,上述设计即不能不较之小儒所言,更像是空谈——只要看一看见诸正史野史的有关明代郡县、宗室状况的记载即不难知。

士人凭借明亡之后的特殊情势从事有关制度的设计,却不能不继续受制于历史条件与思想材料。也仍如前代,制度论必得凭借了旧有制度(不唯井田、封建)才能展开——汉的名田、北魏的均田、唐的藩镇、府兵,以至明的卫所——我们在此同样发现历史形式并未退出"现实生活"。这一时期制度论的意义更在批判。由上文所引议论,的确可以看出"限制君权"的思想在历史运动中积累的过程。黄宗羲的君主论、顾炎武的分权主张,尽管内在逻辑不同,也仍有交会。至于明清之际士人所更关心的制度病的救治,虽所开方剂各异,且疗效不可期,也仍然标出了其时的有关认识所达到的水准。即使论者的努力不过证明了他们所试图诊疗的政治病已不可能在体制范围内救治,不也是对于后代改革者的启示?[①]

三　代

明人的三代论直承宋代(关于宋人的三代论,参看余英时《朱熹的历史世界》上篇第一章"回向'三代'"),论旨却也如宋人,互有异同。某些论者强调"三代"作为制度的完整性、有机性。王夫之就反复论说"三代"诸要素间的结构性关系,所谓"必同条而共贯",不可"杂"。他

---

① 张灏据贺长龄、魏源所辑《皇朝经世文编》认为,"就儒家的'治法'而言,由宋明经世思想发展到《皇朝经世文编》,封建的理想逐渐消失。这种式微一方面固然代表清代中叶以后经世思想的重实际、重实效的趋势,是一种功效理性强化的表现,但也意谓着当时经世思想的批判精神日趋淡薄"(《宋明以来儒家经世思想试释》,《张灏自选集》第77页)。倘如此,似乎可以认为,本章所引言论,是汉、唐以降漫长讨论的尾声,甚至可能有某种"总结"的意义。

以为"封建也,学校也,乡举里选也,三者相扶以行,孤行则踬矣"(《读通鉴论》卷三第 125 页);还说,"封建者,井田之推也;学校者,封建之绪也。道参三而致一,故曰'一以贯之'也"(《诗广传》卷三第 390 页)。他一再说到不可抽取古代制度的一构件而杂于时政今制之中,"未有慕古人一事之当,独举一事,杂古于今之中,足以成章"(《读通鉴论》卷二一第 796 页);说"礼乐刑政……以一成纯而互相裁制",举百废一而百者皆病,废百举一而一不可行(同上第 797 页)。不唯论井田、封建,论乡举里选、寓兵于农,均持上述主张。[①] "三代"在此种想象中,是富于肌理感的整体。却也有全然不同的想象。李塨曾驳"封建、井田、学校,三者相资,一不行则皆不可行"(《平书订》卷二),说"井田不可与封建并论也。封建不宜行而井田必宜行也",同时以为不能"寓兵于农"(《平书订》卷七)——并不以为"三代"诸项不可单行。[②]

学校与封建、井田,同被作为"三代之治"的大纲要目。学校被认为的重要性,经典根据也正在关于"三代"的文献中。颜元《存治编·王道》:"昔张横渠对神宗曰:'为治不法三代,终苟道也。'然欲法三代,宜何如哉?井田、封建、学校,皆斟酌复之,则无一民一物之不得其所,是之谓王道。不然者不治。"(《颜元集》第 103 页)吕留良却说,"庠序学校,原只是井田中事","古之学校亦必待井田行而后可设,盖其规制义指,与井田相依,与今学校绝不相同"(《四书讲义》卷三四)。

构成想象中的"三代"的,井田、封建、学校外,尚有肉刑。王夫之说:"封建、井田、肉刑,三代久安长治,用此三者,然而小人无能窃也。

---

① 叶适认为井田不能单行,"……封建既绝,井田虽在,亦不得独存矣。故井田、封建,相待而行者也"(《民事下》,《叶适集·水心别集》卷二第 656 页)。本书所论的时期,颜元也说:"先王遗典,封建无单举之理。"(《存治编·封建》)

② 明初胡居仁说过:"君道在养民,井田不可不复古;教民之道在学,故学校当复古;兵民既分,食者众,生者寡,故寓兵之法必复古。三者复古,其余随时斟酌以适宜可也。"(《居业录》卷五,容肇祖《明代思想史》第 29 页)并不以为有必要统统复古。吕坤《呻吟语》卷五《治道》:"三代之法,井田、学校,万世不可废;世官、封建,废之已晚矣。此难与不思者道。"则"三代"诸构件非不可分拆,不妨由后世去取。明清之际的刘城则以为"三代圣王之制,至今不可易者",即"兵农合一"(《兵制论》,《峄桐集》卷五)——亦"独举一事"。在他看来,井田、封建"必不可复","兵农合一之制则不然"。

何也？三者皆因天因人，以趣时而立本者也。"（《读通鉴论》卷五第204页）他的论肉刑之不可复，所依据者也即他所坚持的"三代"的有机性、历史性（参看同书卷二第112—113页）。较之井田、封建、学校，肉刑似乎是更敏感的话题。陈亮就曾指摘"学道之君子"之"惓惓于肉刑"，尚不及"法家者流"的"仁恕"（《陈亮集［增订本］》卷四《问答》，第42—43页）。① 到本书所论的时期，陆世仪径说肉刑非古，"后世乃以肉刑与封建、井田并言，吾未敢信也"（《思辨录辑要》卷一七）。

本书上编"谈兵"一章已经说到，明清之际的兵制论，"通常也凭借了有关'三代'的制度论视野，以文献所提供的'三代'以前'兵民合''文武合'的图景，作为批评现行体制的根据"。明初叶子奇撰《草木子》，说："井田之法，非独为均田制禄而已，盖所以阴寓设险守国之意。故中原平衍，设立许多沟浍，许多阡陌，使车不得方其轨，骑不得骋其足也，岂非寓至险于大顺之中者乎？"（卷三下第56页）此意却未见有人继续发挥。

与"三代"有关的概念系统，因已具经典性而富于暗示，足以启发联想；使用过程中则有意义的衍生、增殖，往往负载、传递了所指之外的信息。这种语义的丰富性，自然是在反复的使用中达成的，其间"儒学"对于"三代"的经典化，无疑起了关键作用。儒学原典中的"三代"，经由儒学、经学建构，成为古代中国政治起源神话的一部分。这一被构造出来的有关"理想制度"的文本作为元文本——有关制度的讨论似乎必有此依据（或参照），才得以展开。而《孟子》《周礼》的"三代"论

---

① 张载说："肉刑犹可用于死刑。今大辟之罪，且如伤旧主者死，军人犯逃走亦死，今且以此比刖足，彼亦自幸得免死，人观之更不敢犯。今之妄人往往轻视其死，使之刖足，亦必惧矣。此亦仁术。"（《经学理窟·周礼》）陈亮则说："肉刑之兴，说者以为起于苗民，而尧参取而用之。'报虐以威'，盖将以戒小人，而非出于圣人之本心也。……而世儒之道古者，必以为井田、封建、肉刑皆圣人之大经大法，不可废也。……法家者流以仁恕为本，惟学道之君子始惓惓于肉刑焉，何其用心之相反也？"叶适也说："三代之肉刑也，其刑虽省，而一或行之，则其肢体残坏，至于终身，亦已甚矣，文王、周公盖相承而不能变。而论者则以为后世之刑不及上古之肉刑也，岂不痛哉！"（《国本下》，《叶适集·水心别集》卷二第650页）

述在后世的积极意义,尤在其作为时政批评的经典依据。却也由此,以世运为递降、下行的历史观,长时期地影响着制度论者的视野。

"自程颢有'三代之治顺理,两汉以下皆把持天下'之说(见《河南程氏遗书》卷十一),后来道学家便把'三代'与'汉、唐'发展为两个互相对立的历史概念。"(余英时《朱熹的历史世界》上篇第一章"回向'三代'"第187页)朱子以"天理—人欲"划分"尧舜三代"与"汉、唐",有与陈亮的著名辩论。明太祖也袭用儒者话头,说"三代而上,治本于心;三代而下,治由于法"(《明实录》附录五《皇明宝训·明太祖宝训》卷一);"三代而上,纯乎道德;三代而下,杂乎霸术"(同书卷四)。在士人的论述中,三代而上/三代以下是当代批评借以展开的时间坐标。吕留良说"三代以下,一治一乱",一再以"三代"与"汉唐以来"(或"三代以上""自汉以来")对比(《四书讲义》卷三三)。颜元则说:"吾每叹三代之良法,汉莫及焉;汉之良法,唐莫及焉;唐之良法,宋莫及焉;宋之良法,明莫及焉;盖气运治术之递降也如此。"(《习斋记馀》卷一《送张文升佐武彤含尹盐城序》,《颜元集》第404页)至于张履祥所说"国家三百年,'礼''乐'二字全阙。'乐'毋论已,礼亦不出秦、汉之间,三代之风邈矣"(《杨园先生全集》卷三九《备忘一》),又令人可感遗民之于故国批评之峻厉,失望之深刻。① 三代而上/三代以下的论述方式,方便了笼统。此种大判断,并不需要缜密的论辩作为支撑。却也因此,"三代论"成为使得某些重大问题得以讨论的平台,尽管不免如孔飞力在论及"寓兵于农"这一"乌托邦构想"时所说,有关的构想正是"当其在实践中变得越来越难以达到时,却越来越具有理论上的吸引力"(《中华帝国晚期的叛乱及其敌人》中译本第32页)。

见诸文献的"三代"作为理想化了的政教模型,为儒家之徒持久地

---

① 《日知录》卷一三"廉耻"条:"吾观三代以下,世衰道微,弃礼义,捐廉耻……"吕留良说,"三代以来因无王者,故虽有孔、孟、程、朱,不成名世"(《四书讲义》卷三三)。陆世仪以为"孔子而后有真学,周公以来无善治。汉、唐、宋竭力经营,只做得补偏救弊耳,三代规模全未梦见"(《思辨录辑要》卷一二)。颜元断然道:"三代后留心于天地之升降,生民之休戚,吾道之兴废者,曾未闻一人。"(《颜习斋先生言行录》卷上《三代第九》,《颜元集》第651页)

提供了诗意源泉以至信念支持。颜元说他想象中的"商、周前之人心宇宙,处处真气洋溢,人人真理布濩"(《习斋记馀》卷一《烈香集序》,《颜元集》第 409 页)。在上述想象中,所谓"三代之治",是包括了制度、社会生活面貌、文化氛围的完整意境的。此种意境的营造,毋宁说更出诸精神需求:以此寄寓理想,也赖此而保持对现实的批评态度。①甚至非必得有井田、封建等要件方为"三代";作为一种政治文化意境,凡被认为合于理想的,均不妨标"三代"之目。《年谱》记王艮与门下同游,"因论羲皇、三代、五伯事,同游未有以对。复游灵谷寺,与同游列坐寺门歌咏,先生曰:'此羲皇景象也。'已而龙溪至,同游序立候迎,先生曰:'此三代景象也。'已而隶卒较骑价,争优寺门外,先生曰:'此五伯景象乎? 羲皇、三代、五伯,亦随吾心之所感应而已,岂必观诸往古'"(嘉靖十五年丙申,《王心斋先生遗集》卷三。按龙溪,王畿)。正是基于类似的想象,刘宗周说:"与其貌而法三代之事,不若尚论三代之人而尚友之之为真。"(《复曹远思进士》,《刘子全书》卷一九)陆世仪也说:"窃见有宋诸大儒德业并隆,人已同治,或聚良友于山水之乡,或即所居为乡约之会,优焉游焉,盖无往而不得所为三代也。"(《水村读书社约序》,《桴亭先生遗书》卷三)在这种审美化的写意式的运用中,"三代"被作为文化符号,已出离了历史范畴。

此一时期却也正有论者,在文献不足的情况下,试图依据经验复原"三代"。王夫之一反成说,以为"三代沿上古之封建,国小而君多……而暴君横取,无异于今川、广之土司,吸龁其部民,使鹄面鸠形,衣百结而食草木……""则三代之民,其死亡流离于锋矢之下,亦惨矣哉!"(《读通鉴论》卷二〇第 746、747 页)他还说:"自邃古以来,各君其土,各役其民,若今化外土夷之长,名为天子之守臣,而实自据为部落,三王

---

① 侯外庐主编《中国思想通史》引黄宗羲《明夷待访录》中语,说黄氏所谓"三代"更系于前瞻,表达其"将来的信仰"、其梦想中的"新制度"(第五卷第 157 页)。墨子刻认为在"实然"与"应然"之间,"中国学者多半倾向以应然作为出发点,先谈理想,然后再谈如何实现此一理想。他们似乎认为,如果人能建构一个理想,就一定会有办法实现这个理想。我认为此一想法源于中国古代'三代'的观念,即是相信一种最高的理想曾在人类历史上(夏、商、周三代)完全实现"(《二十一世纪中国的路向》,《学术思想评论》第四辑)。

不能革,以待后王者也。"(同书卷一五第 585—586 页)精彩尤在"若今
化外土夷之长"云云。王氏不以"乐道古而为过情之美称"为然,说:
"使能揆之以理,察之以情,取仅见之传闻,而设身易地以求其实",尧、
舜以前,夏、商之季,未必如嗜古者所形容的那样美好,其时的民情,与
当下之经验并不相远("则尧、舜以前,夏、商之季,其民之淳浇、贞淫、
刚柔、愚明之固然,亦无不有如躬阅者矣")。"唐、虞以前,无得而详考
也,然衣裳未正,五品未清,婚姻未别,丧祭未修,狉狉獉獉,人之异于禽
兽无几也。""然则治唐、虞、三代之民难,而治后世之民易,亦较然矣。"
(同书卷二〇第 763 页)[1]王夫之上述论说的意义,非止于经由经验与
想象,恢复对上古史的常识态度,更在对于道德论眼界的否定,对于将
上古历史道德化的否定。"三代"之为道德意义上的理想世,由此而遭
遇了有力的质疑。凭借易代之际士人大大复杂化了的经验与思维方
式,王氏力图将"三代之治"放回其可能的历史环境,无论他是否做到
了这一点,他的上述言说对于相沿已久的神话论述,都具有颠覆性。当
然也应当说,更值得究诘的,是与"三代"有关的神话制作的动机;更值
得复原的,是"三代论"的初始以及后续的语境——正赖有后人所做的
卓有成效的工作。[2]

　　与王夫之声息相通的刘献廷也说:"古之诸侯,即今之土司也。后

---

① 王夫之还说过,"洪荒无揖让之道,唐、虞无吊伐之道"(《周易外传》卷五,《船山全书》第
一册第 1028 页)。顾炎武《音学五书序》却说:"三代之时,其文皆本于六书,其人皆出于
族党庠序,其性皆驯化于中和,而发之为音无不协于正。"(《顾亭林诗文集》第 25 页)与
王夫之的想象大异。

② 陈寅恪《隋唐制度渊源略论稿》:"周礼一书,其真伪及著作年代问题古今说者多矣,大致
为儒家依据旧资料加以系统理想化之伟作,盖托古改制而未尝实行者,则无疑义也。自
西汉以来,摹仿周礼建设制度,则新莽、周文帝、宋神宗,而略傅会其名号者则武则天,四
代而已。四者之中三为后人所讥笑,独宇文之制甚为前代史家所称道,至今日论史者尚
复如此。"(第 90 页)陈氏着重于对"宇文泰摹仿周礼创建制度之用心及其所以创建之制
度之实质"的分析,认为宇文泰"阳傅周礼经典制度之文,阴适关陇胡汉现状之实"(第 91
页),如兵制,即"实以鲜卑旧俗为依归",而"特取周官为缘饰之具耳"(第 127 页);而其
成功亦在"并非徒泥周官之旧文,实仅利用其名号,以暗合其当日现状,故能收摹仿之功
用,而少滞格不通之弊害"(第 92 页)。陈守实也以为北魏府兵乃"鲜卑兵制""游牧族兵
制"(《中国古代土地关系史稿》第 176 页)——正可注王夫之所谓"袭《周官》之名迹,而
适以成乎狄道者,宇文氏也"(《读通鉴论》卷末叙论四第 1181 页)。

第
六
章

井
田
、
封
建

之儒者,以汉、唐、宋之眼目,看夏、商、周之人情,宜其言之愈多而愈不合也。"(《广阳杂记》卷四第203页)前此朱子已有类似的猜想,说:"禹涂山之会,'执玉帛者万国'。当时所谓国者,如今溪、洞之类。如五六十家,或百十家,各立个长,自为一处,都来朝王。"(《朱子语类》卷五五第1312页)近人引据少数民族地区的考察材料,目的在证明井田制的还受制度确曾存在(参看杨宽《西周史》第189页注)。前此王夫之就说过,"户口定而田粮随之,今苗猺峒田犹存此制","盖远古之事,裔夷犹有存者"(《孟子稗疏》,《船山全书》第六册第63页)——据生产力水平相对低下的民族的现状推想"远古之事",暗合了近代科学的某种思路。依据于动荡年代的实地闻见(而非止纸面学问),衡之于理、势(而不只是文献对勘即考据方式),王夫之、刘献廷的上述论说,无疑有方法论的意义。

也有上述经验论所不能到达的层面。近人以为,即使那种"呆板的数字格式"不可能,井田说也仍然有其历史根据;如井田那样的"格式化固然不可能,但格式化的因素是存在的"(陈守实《中国古代土地关系史稿》第12页)。[①] 那种数字格式在审美活动中的渗透,更是毫不为其作为制度的现实性所妨碍;或许可以说,其最为成功的实现,正是在审美的方面——影响于有关"形式美"的经验,深刻到了无可比拟。这已经在本章讨论的范围之外。

论者所处的物质环境、经济状况,也不可避免地影响于他们有关"三代"的想象,甚至曲折地进入了制度设计。上文提到李塨关于田制的设想,包括了财富占有的数量指标。不唯此,李氏还主张强化对于基层的控制;他的目标,在经由官方禁制(包括抑富抑商),使社会的道德生活回归纯朴,返回相对均平且自给自足的封闭的小农社会(参看其《拟太平策》卷二)。在商品经济不发达的北方,李氏的政治设计,并非严格地以见诸文献的"三代"为蓝本。他不但将清初的历史情境、也将自己所处农业社会的生存状态,带进了有关的论述。在一个缺乏行政

---

① 陈氏说:"秦汉间阴阳五行术数的神秘主义,加上现实的某些因素的反射,形成一套数字的图案,渗透到各个部门。"(同书第3页)

效率的政权覆亡之后,李塨所想象的,是一个强势政权对于社会生活无所不至的有效操控。这种控制下的,不消说绝非乐土。

有趣的是,即使王夫之有如此清醒的对于"神话化"了的"三代"的经验论还原,其制度批评仍然隐约可见三代论的基本框架,也可证有关"三代"的言论积累之为制度思考的沉重负累。在井田、封建等话题上不苟同于时论的王夫之,也说:"谓井田、封建、肉刑之不可行者,不知道也。谓其必可行者,不知德也。勇于德则道凝,勇于道则道为天下病矣。"(《思问录内篇》,《船山全书》第十二册第 428 页)他还说:"君子所师于三代者,道也,非法也"(《读通鉴论》卷一九第 706 页)。王氏区分了井田、封建之为原则("道"),与其作为具体可行的制度,不但不取"不""必",即绝对意义上的否定、肯定,且试图超越"可行""不可行"的判断——实则与"存遗意"的说法并无不同。"复古"从来是古代史上制度改革要求借以表达的方式。"三代论"作为思想资源,预先规定了有关思考的基本方向。受制于经典论述又受制于既有、现行制度,这一时期士人的制度论,思路的因袭、重叠,令人感到了思维空间的逼仄,选择余地的有限。这是人的也是"思想"的命运。在这种情况下,你才会发现,某些论者(如颜元)不可避免地将"道"坐实于"法",将"方式"目的化了。

到本书所论的时期,法先王/法后王、法祖/以祖宗为不足法、复古/以古为不可复,业已成为任何有关制度的讨论中无可规避的选择。却也正是在上述制约中,置诸"时论"的背景之上,如黄宗羲说"法祖"之为人所假借(参看《明夷待访录·置相》),如王夫之说"一切之法""一概之论",仍然见出了超卓的识力。①

古代中国以职官考、历代制度考为专门之学,综核名实,考镜源流,

---

① 王夫之"说"必因时而取宜于国民",否则"三代之所仁,今日之所暴,三代之所利,今日之所害"(《读通鉴论》卷二四第 938 页)。他反复申说"利民者,非一切之法所可据为典要,唯其时而已"(同书卷二四第 939 页)。另见同书卷三第 123、125 页,卷二〇第 750 页,卷二一第 796 页,卷二三第 885 页,卷末第 1180 页)。基于丰富的当代经验,明清之际论"三代"而主张不泥古者,此呼彼应。陆世仪就以为"不可太泥古人成法",不必"拘拘然执一定之法"(《思辨录辑要》卷一九)。还说:"若今日则古法尽亡,必须制作,若泥述而不作一语,则拘牵顾忌,终不能复古治。"(同书卷二〇)

由此形成了制度研究的基本范式。有清一代发达的经学,使得以经典为依据的制度考古学臻于鼎盛。却也正是在清学的这幅背景上,以实践为目标的明清之际的制度论得以凸显,令人至今可感其不同于主流清学的目标意识,其批判性,其动机、动力,蕴涵其中的生动的人性内容。顾炎武声称"立言不为一时",说:"天下之事,有言在一时,而其效见于数十百年之后者",被顾氏作为例证的,就有魏司马朗的"复井田之议"。顾氏慨然叹道:"呜呼!天下之事,有其识者,不必遭其时,而当其时者,或无其识。然则开物之功、立言之用,岂可少哉!"(《日知录》卷一九"立言不为一时"条)法久必变。即遗民也未必不欲影响"变"的方向。万斯同将此期待表达得毫不隐晦,他说:"吾尝谓三代相传之良法,至秦而尽亡;汉、唐、宋相传之良法,至元而尽失。明祖之兴,好自用而不师古,其他不过因仍元旧耳。中世以后,并其祖宗之法而尽亡之。至于今之所循用者,则又明季之弊政也。夫物极则必变。吾子试观今日之治法,其可久而不变耶?"(《与从子贞一书》,《石园文集》卷七)处清初之世(即他所说的"今日")而为经世之学,目标何尝不在变"今日之治法"!

我们在这里又遇到了上编"经世·任事"一章所论的遗民与当世的关系。这种关系之复杂与丰富,是仅凭概念想象遗民者所无从索解的。

第七章 文 质

　　本章将分析明清之际士人与文/质这一范畴有关的论述,而不限于通常作为"文论"的狭义的文质论。这自然也因了其时士人的有关论说,依据已有的思想材料,涉及了远为广大的论域;而狭义的文质论也只有置诸那一论域,才有可能予以说明。处理这一部分材料,我所关心的,还有那一时期的士人经由文/质,对于他们处身其间的时代氛围的感受与描述。这种描述因发生在明清易代之际,而被赋予了严重的意味。士人凭借了文/质这一古老的范畴理解自己的时代,解释自身处境与命运,为这一论域注入了具体生动的生命内容。

　　本章也将涉及狭义的文质论,力图重现有关论述赖以进行的思想史的背景,呈现不同的论者(即如我以"文人""儒者"一类名目所标示的)间的交互影响与其间的差异。士人——尤其其中被目为"文人"的那一部分——对于部分地作为他们的存在方式的"文"的理解,他们与"文"有关的价值态度,是历史地形成的,也只有置诸历史线索中才有可能解释。

说"文"

　　明清之际关于文/质的论述,在诸多方面不能不是"接着说"。以当代学术为"支离"的刘宗周,强调文质同体,说:"文质同体而异情。质必有文,文乃见质,可合看不可相离。故曰:文犹质也,质犹文也。阴阳质也,而阴阳之变化则文也;孝弟忠信质也,而其所当然之理则文也;视听言动质也,而动容周旋中礼则文也。"(《论语学案三》,《刘子全书》卷三〇)王夫之说文质之不可分,犹象之于形,白马之白与马。在另一场合,他将文质的互为依存拟于阴阳。① 互为依存自然不意味着可以等量齐观。仍然有主从,正如形之于象,阳之于阴。但王氏区别于其他论者的,却又在非绝对主从,即如说"质以文为别""质待文生"(《尚书引义》卷六《毕命》,《船山全书》第二册第 412 页)。刘宗周也说:"人知文去而质显,不知文亡而质与俱亡也。"(《论语学案三》)即使文质有主从,在某种具体的历史情境中,文的重要性也可能大大提升(用当代人耳熟能详的话,即成为"矛盾的主要方面")——即使仍不足以翻转主从。

文质论提供了关于社会文化发展大势的描述方式。从来有作为历史观的文质论,即汉儒所谓的夏尚忠、殷尚质、周尚文——启示了"质文代变"的观念的关于三代更迭嬗变的图示,到本章所论的这一时期,依旧规范着士人关于历史文化演进形态的想象。② 王夫之说:"商、周之革命也,非但易位而已,文质之损益俱不相沿,天之正朔、人之典礼、物之声色臭味,皆惩其敝而易其用,俾可久而成数百年之大法。……革者,非常之事,一代之必废,而后一代以兴;前王之法已敝,而后更为制作……"(《周易内传》卷四上,《船山全书》第一册第 396 页)有关历史演进大势的判断,赖文/质这一对立范畴做出,深刻地影响了士人对社会文化及其深层变动的敏感,塑造了他们感知几微的能力。

有与文/质相异而又相关的诸种对立项的组合,未必由文/质衍生,使用中却未必没有文质论的隐隐制约。以文、实对举,实即实事、实功。

---

① 王夫之说:"离于质者非文,而离于文者无质"(《尚书引义》卷六《毕命》,《船山全书》第二册第 413 页)。"《离》谓之'文明'者,阴阳相错之谓文。阴,质也;阳,文也。"(《周易内传》卷二上《大有[乾下离上]》,《船山全书》第一册第 163 页)还说:"君子之道,时行时止,即质即文,而斤斤然周密调停,以求合于人情事理,则抑末而非本也。"(《周易内传》卷二下,同书第 214 页)

② 程颢曰:"三代忠质文,其因时之尚然也。夏近古,人多忠诚,故为忠。忠弊,故救之以质;质弊,故救之以文……"(《时氏本拾遗》,《二程集》第 414 页)陈亮却以忠、质、文循环之说为"汉儒之陋"(参看《策问·问古今损益之道》,《陈亮集[增订本]》卷一五)。叶适的说法是:"治天下国家,唐、虞、三代皆一体也;修身以致治,尧、舜、禹、汤、文、武皆一道也。周丰《表记》所言,乃有高下,后世相因,遂为忠、质、文之论,汉以后循环相救之说盛行于世。"(《习学记言序目》卷八第 112 页)

万镗在奏疏中说:"臣闻治天下之道有实有文,图切要而有益于国家谓之实,美观听而无关于治忽谓之文。""实"即指《大学》之所谓理财用人,《诗》《书》之所称安民讲武"等"切时要务"(《应诏陈言时政有裨修省疏》,《明经世文编》卷一五一)。焦竑则以"性命"与"事功"均之为"实",曰"性命事功其实也,而文特所以文之而已"(《与友人论文》,《澹园集》卷一二第93页)。以上表述中,文、实非但有主从、高下,且关涉有用无用的判断。文/行亦然。罗洪先主张"反躬实践",说:"一切智足以先人,言足以文身者,皆沮焉而莫之张喙,然后乃为还淳返朴之俗。"(《答戴伯常》,《念庵文集》卷三)[1] 王夫之所论文/情则不然。《诗广传》直可读作一篇"文情论",其中说:"天下之忧其不足者文也","君子之以节情者,文焉而已。文不足而后有法"(《诗广传》卷一,《船山全书》第三册第308页)。这里与文相对待的是"法"而非"情"。"文不足而后有法",此"法"系相对于"礼"的"法";"文"非即我们所理解的文学,而是礼文,礼仪文明。在此种论述中,文主法从,文较之于法,是更具有根本意义的政治设施。亦有约略相当于近世所谓"文法"者(见下文)。其他尚有文/言。明初苏伯衡说:"言之精者之谓文"(《雁山樵唱诗集序》,《苏平仲文集》卷五);方孝孺说:"言之而中理也,则谓之文"(《刘氏诗序》,《逊志斋集》卷一二)。李东阳的说法是:"夫文者,言之成章。"(《春雨堂稿序》,《明代文论选》第89页)焦竑曰:"言者心之变,而文其精者也。"(《文坛列俎序》,《澹园集·澹园续集》卷二第781页)则言、文亦有等第。[2] 其他与文质不无相关的两

---

[1] 清初颜元更将文、行的对立极端化,说:"孔子之书虽名《论语》,其实句句字字是行……唐、虞之史二典亦同。至《左传》便辞藻华巧,《孟子》便添些文气、文局。吾故曰'《左传》《孟子》,衰世之文也'。"(《四书正误》卷六,《颜元集》第238页)还说:"儒道之亡,亡在误认'文'字。试观帝尧'焕乎文章',固非大家帖括,抑岂《四子》《五经》乎! 文王'经天、纬地',周公'监二代'所制之'郁郁',孔子所谓'在兹',颜子所谓'博我'者,是何物事? 后世全误。"(《颜习斋先生言行录》卷下《学须第十三》,同书第669页)

[2] 叶适如下所谓"言""文"有别解,他说:"是自班固、傅毅以后方成流略,而竞以文名家,然虽总名为文,而不知前此数百年,士盖有意于立言而未专为文也。言之枝流派别散而为文,则言已亡,言亡而大义息矣。欧阳氏乃通以后世文字为言……而以立言为不如有德之默,不知文之不可以为言也。"(《习学记言序目》卷三七第547页)

项对立,尚有华/实、声/实以至言/事,即如"载之空言,不如见之行事"(《与人书》三,《顾亭林诗文集》第 91 页)。由上述搜罗极不完备的与"文"有关的两项对立以及举不胜举的涉"文"的构词,已足证"文"之一名关系项之多,有关的论述关联域之广——广到了几无边际。

当然,更与文/质相关、在某种特定场合近于二而一的,即文/道、文/理。刘宗周以为文质同体,其高弟黄宗羲则说文、道之"一":"文之美恶,视道合离;文以载道,犹为二之"(《李杲堂先生墓志铭》,《黄宗羲全集》第十册第 401 页)——主从依然分明。刘宗周追问陈梁(则梁):"因文见道否? 即文即道否? 言道并不言文否?"以为其间"阶级有数重",是逐级上升的,以"言道不言文"为更上之"阶级"(《刘子全书遗编》卷四,《刘宗周全集》第三册上第 430 页)。下文所引吕留良说"理胜于文则极治",也绝不以文、理作对等观。

在上述对立项的组合中,"道""理"以至"行""实"等较少歧义,而指涉范围不同、广狭至不可比拟的,则是"文"。明初宋濂说:"传有之,三代无文人,六经无文法。无文人者,动作威仪人皆成文;无文法者,物理即文,而非法之可拘也。秦汉以下则大异于斯,求文于竹帛之间,而文之功用隐矣。"(《曾助教文集序》,《宋濂全集·芝园前集》卷一第1167 页)他于此而勾画了"文"的意涵由广而狭——亦"文人"的角色化、"文"的文体化——的过程。他试图返回他所以为的原初语义的"文",说"吾之所谓文",乃"经天纬地之文";"凡有关民用及一切弥纶范围之具,悉囿乎文";说"余之所谓文者,乃尧、舜、文王、孔子之文,非流俗之文也"(《文原》,《宋濂全集·芝园后集》卷五第 1403、1404页)。流俗所谓文,亦文人之文、文章之文。《曾助教文集序》则说:"天地之间,万物有条理而弗紊者,莫非文,而三纲九法,尤为文之著者。"下文还将谈到,"三纲九法"之为文,尤足以彰显儒者的想象力。苏伯衡如下所谓"文",却更有包容性,将近人所谓"自然"与人文设施,一并包括在内:"天下之至文,孰有加于水乎?""大凡物之有文者,孰不出于自然,独水乎哉! 是故日月星辰、云霞烟霏、河汉虹霓,天之文也;山林川泽、丘陵原隰、城郭道路、草木鸟兽,地之文也;君臣父子、夫妇长幼、郊庙朝廷、礼乐刑政、冠婚丧祭、搜狩饮射、朝聘会同,人之文也,而莫非天下之至文也。"辞翰之为文，是不在其中的："奈何后世区区以辞翰而谓之文耶？"(《王生子文字序》,《苏平仲文集》卷五) 处在这段历史的另一端，明清之际，李颙说了类似的意思："经天纬地之谓文，非雕章绘句之末也"(《学文堂记》,《二曲集》卷一九)。他释"以文会友"之"文"，也说："文乃斯文之文，在兹之文，布帛菽粟之文；非古文之文，时文之文，雕虫藻丽之文。"(同书卷三七《四书反身录·论语下》)颜元也说："夫'文'，不独《诗》、《书》、六艺，凡威仪、辞说、兵、农、水、火、钱、谷、工、虞，可以藻彩吾身、黼黻乾坤者，皆文也。故孔子赞尧曰：'焕乎其有文章'。周公作谥曰：'经纬天地曰文，道德博闻曰文。'"(《四书正误》卷三,《颜元集》第 190 页) 凡此，强调的与其说在"文"是什么，毋宁说不是什么。所欲表达的，更是对文人、文事的鄙薄。以此大而形彼之小，以此重形彼之轻，以此"至文"形彼之"区区"(苏伯衡)。儒者往往用此种论式，以见诗文之"文"的无足轻重。而如颜元，出诸经世价值观，将文与行极端地对立起来，甚至以为"四书""五经"一类册籍，也不可言"文"——看似大此"文"，实则又不免小之。① 颜元甚至不惜危言耸听，说"儒道之亡，亡在误认一'文'字"，不但出自儒者的身份自觉，且有儒学内部批评的明确意识。但"经天纬地"毕竟非普通士人所能从事，亦非他们所敢自期；与他们更直接相关的，仍然不能不是可雕可绘的"文"。

有所谓"天文""人文"。《周易》："文明以止，人文也，观乎人文以

---

① 颜元说："吾辈能认取'焕乎'之文章是甚物事、是甚光景，则不惟八股帖括、八大家古文非文，虽'四书''五经'亦止记此文章之册籍，并不可言'文'矣。"(《四书正误》卷三,《颜元集》第198—199 页) 所用的是排除法，由对其他种"文"的抹煞、贬低而界定是"文"非"文"。他明确地表示自己所论非"文"的等级问题，而是性质问题(即是文非文)，阐说此意不厌重复。如说："文之一字，孔子以前未误。尧之文章，文王之文，孔子在兹之文，是经书文字乎？认'文'作经书文字，误自汉、宋耳。"(同上第 194 页)"古者不惟无帖括、八大家等文，并无汉宋注疏、章句、语录之文。文，《诗》、《书》、六艺耳。《诗》、《书》亦只是三物之谱……"(《四书正误》卷四,同书第 213 页)他所谓"文"固非文墨，当然更不是辞翰、文艺，即不是文人所谓的文，文人所从事的文。是、不是，斩钉截铁，不容有折衷的余地。而这"不是"正是颜元所着重表达的。颜氏说"文"，与其言"学"相通。他的说"文"，有当代理学、经学批评的明确的针对性。

化成天下。"王夫之释《周易》"贲"卦，说："天地之大文，易知简能……不待配合而大美自昭著于两间"；"《贲》之文饰，非天地自然易简之大美"（《周易内传》卷二下第213—215页），由此区分了"天地之大文"与人为的文饰、"人文而相杂以成章"之"文"，说，倘"饰于物而徒为美观，其为文也抑末矣"（同上第216页），尽管他以为人文化成，亦不可少。王夫之的友人方以智更有奇思妙想，他所说"两间森罗，无非点画"（《通雅》卷首之三《文章薪火》），更出于诗人的想象。他还说："莫非赋也，善言者必寓诸物，故古今之以寓而赋者，莫如庄子；古今之善赋事者，莫如太史迁。推而上焉，古今之善赋物者，莫如《易》。灿而日星，震而雷雨，森而山河，滋而夭乔，跂而官肢，触而枕藉，皆天地之所赋也。寓此者进乎赋矣。"（《余小芦赋序》，《浮山文集后编》卷二）不同于颜元等人，他不以文人之文、文墨之文与天地之大文作对立观，亦不以"经"（如《易》）与天地之大文作对立观。他关于后者的想象，毋宁说为文字（包括"经"文）所启发——而那又是何等瑰丽的想象！由文字书写之文到两间之大文，有方氏对于宇宙天地、生命世界生动的知觉，此知觉中人文与自然的生动关联。与"文"关联的，是如此匪夷所思、诡异奇妙的世界！

当其时江右魏礼也说："夫惟必以文而后谓之文者，其不文也甚矣。廊庙之轩冕黼黻，儒生之被服，耕者被襦而荷锄，椎髻，衣短后之衣，山人草服木冠，皆天地自然之文……"（《家谱则例》，《魏季子文集》卷一六）尽管也强调了此文非彼文（即文人、文事、文章之"文"），而以"耕者被襦而荷锄，椎髻，衣短后之衣，山人草服木冠"与"廊庙之轩冕黼黻，儒生之被服"均为"天地自然之文"，毕竟出于活泼的思理。"泛文"之泛，也正赖有此种活跃生动的想象力。上述意义上的"文"、与"文"有关的广阔浩淼的想象空间，已远在现代人的经验与能力之外。

更见儒家之徒的面目的，自然是"礼"之为"文"，"三纲九法"之为文。礼乃"天理之节文"。王夫之说："文与礼原亦无别……在学谓之文，自践履之则谓之礼，其实一而已。"（《读四书大全说》卷五，《船山全书》第六册第691页）关于"博文约礼"之"文"，李颙说："身心性命之道,灿然见于语默动作、人伦日用之常,及先觉之所发明,皆文也。"(《四书反身录·论语上》,《二曲集》卷三五)此文形之于"礼文"(即见诸典籍的礼仪规范),却不限于"礼文"。张履祥的说法是:"道之显者谓之文。圣人之道,不外礼仪三百,威仪三千而已。"(《答沈德孚》,《杨园先生全集》卷四)此所谓"文"固不限于具体的礼文,却仍赖礼文而条理化,赖礼仪行为为其表征。

针对儒者嗜说的"礼—文",亦正有逆向之论。江右魏禧就质问道:"谁谓《周礼》之虚文而可以捍强大耶?"(《魏叔子文集》卷二《鲁论》)该文后附彭士望语:"须知古今来文者必弱,强者不文。夏、商之少康、武丁,越之句践,绝无书本气习;南宋礼乐诗书,雍容坐论,不到厓门舟中授《大学》不止也。哀哉!""文者必弱,强者不文",确然是明清之际军事对抗之余的"文"论,或更应当读作士人于明亡后的愤激之语。即使此种论述也非出于偶然。顾炎武、吴梅村就曾做华夷风俗的比较(如《日知录》卷二九"外国风俗"条),甚至径将"夷俗"与其军事效应联系起来①,尽管不曾引出魏禧那种极端的结论。

既然无往而非"文",也就无往而无"文质"之辨——关涉政治、历史、社会、文化,以至更具体的文学艺术。"文"在不同情境、语境,不同的上下文中,被赋予了不同意涵。② 文/质还启发了一种观察人性、人物的眼光。《论语·八佾》有所谓"文质彬彬,然后君子"。文质的平衡被作为理想人格的条件。据此刘宗周说:"文胜则为伪君子,文亡则为

---

① 参看拙著《明清之际士大夫研究》上编第二章第一节第114—115页。嘉靖朝赵炳然说"中国长技尽属弥文"(《明经世文编》卷二五二《题为条陈边务以俾安攘事》),也基于夷—夏比较。上述差异在军事对抗中格外触目,"文"的意义,易于被由负面指认。战时对任军事者,有"宽其文法"的主张,认为宜"简节疏目",以发挥其主动性。"盖豪杰之士,率有侠气,不可绳捡……今呼甲胄之士如奴隶,而又舞文弄墨以密其防,欲勇敢之不变为怯弱,不可得也。"(王烨《陈肤见以赞修攘疏》,《明经世文编》卷二六三)矫枉之法,即"稍阔略文法"。

② 文、质的语义、语用,系于论域、语境。王夫之说礼有文质,略近于今人所说的形式—内容:"不废其朔,质也,而将其敬,不从其情,则文也;不违其时,文也,而致其爱,不蕲乎美,则质也。"(《宋论》卷一第37页)在以上表述中,文与质何为形式,何为内容,却又难以厘清。

真小人。"(《论语学案三》)张履祥也曾以文/质品鉴人物,如说吴与弼"质胜于文",方孝孺"文胜于质"(《备忘一》,《杨园先生全集》卷三九)——由此不也可证儒者的文质论关联域之广?

文/质:世运与文运

士人凭借了文/质这一视野,做有关历史趋向的大判断,也借诸文、质二分,表达尚不免朦胧的对于当世的总体感受,以至酝酿在社会生活中而未必能明确指认的"倾向""趋势"。他们用以判断的根据,就包括了自己所密切接触的文字(诗文等)。顾炎武说:"文以少而盛,以多而衰。……以三代言之,春秋以降之文,多于《六经》,而文衰矣。"(《日知录》卷一九"文不贵多"条)这里所说"文",泛指文章、文本。文章、文本大致可以计量;士人习为常谈的"文胜",尽管缺乏明确的数量指标,与顾氏所谓文之多,通常有关。但"文""质"孰胜一类关涉整体的判断,却仍然更系于直觉,诉诸文化敏感,难免于模糊、笼统。

"质文代兴"的观念,严重地影响了对于与文事、词章有关的风气、演进趋向的观察与感知。士人不但相信文章以"世运"为盛衰,且相信文章的盛衰足兆世运,自信有缘此觇世之盛衰、卜国之兴亡的能力。王夫之论《诗》,说:"《易》有变,《春秋》有时,《诗》有际。善言《诗》者,言其际也。寒暑之际,风以候之;治乱之际,《诗》以占之。"(《诗广传》卷四第458页)"故善诵《诗》者……即其词,审其风,核其政,知其世。"(同书第474页)"因《诗》以知升降,则其知乱治也早矣。"(第479页)他由"声诗"分辨治乱盛衰、风会所趋、世道人心,曰"驵侩之情,逐乎风化,殆乎无中夏之气,而世变随之矣"(同书卷一第303页),则显然赖于明亡之际的经验。吕留良以时文选家的眼光看"文运—世运",说:"文运之变,每视文理之胜负为盛衰。理胜于文则极治,平则盛,文胜则衰,纯乎文则乱。自治而盛也,文运长;自衰而乱也,文运促。成、宏以上,制科之文,理胜之文也;嘉、隆之间,文与理平之文也;万历以至启、祯,则文胜与纯乎文之文也。"(《吕晚村先生文集》卷五《五科程墨序》）不同于顾炎武的说文之多少,吕氏所说乃"文"内部文理间的平衡抑失衡,企图由此解释有明一代由"极治"而"盛"而"衰"的一段历史。颜元无暇分辨"声诗"中的"驵侩之情",而径直地断以"崇尚浮文"为明亡之因,说:"宋、明两代之不竞,陈文达一言尽之,曰:'本朝是文墨世界。'明太祖洞见其弊,奋然削去浮文,厘定学政,断以选举取士,可谓三代后仅见之英君;卒为文人阻挠,复蹈宋人覆辙,则庆、历学术之杂乱,启、祯国事之日非,皆崇尚浮文之祸也。"（《习斋记馀》卷六《阅张氏王学质疑评》,《颜元集》第 491 页。按陈文达,陈刚)①

　　文/质固然用之于当时的感知以及事后的推断,却更用于预测。到本章所论的时期,若干论者因感受到了政治空气的凛冽而有了与"文胜"有关的忧惧,其中以颜元的预感最有严重意味。他说:"天命方将取儒运而蹶之,秦人之祸已著,而沓沓者曾不知醒。吾之忧惧,何有已乎!"（《四书正误》卷六,《颜元集》第 231 页)对于他所以为的不祥之兆,反复言之,犹如枭鸣。② 其时士人对"文运"的预测中,似乎充满了危机感。与颜氏不相谋的施闰章,竟也想到了"嬴秦焚书之祸",将此祸归因于"文极而敝",以为自己所处的情势,就是"天下日竞于文,而文益敝"（《房枢部文集序》,《施愚山集》文集卷五第 89 页)。陈维崧也说到"五六十年以来",诗"调既杂于商角,而亢厉者声直中夫鞞铎,淫哇噍杀,弹之而不成声",恐因此而来"青丝白马之祸";以下王褒、庾信云云,自然暗指遗民,或有遗民倾向者（《王阮亭诗集序》,《湖海楼全集·文集》卷一)。悚然,栗然,由后人看来"文化复兴"的年代感知危机、凶险的预警,传递着大祸将至的消息。如果考虑到发生于其时的文字狱（如庄氏史狱),上述论者的预感又何尝夸张! 于是张履祥说:"今日文弊极矣,疑谓当救之以质行。质行者,非欲蔑弃典文,枝鹿椎鲁之谓。"（《与严颖生》,《杨园先生全集》卷四)在另一处解释了"质行":

---

① 夸张"文""辞"的作用,令文人与其"辞"承担国亡、道丧的责任,也是一种被普遍使用的修辞策略,只不过王夫之将何以然分剖得更为细致而已（参看《诗广传》卷四论《板》)。

② 颜元将衰、敝的征兆,归结为禅宗、训诂、帖括等。在颜氏的表达中,将要到来的祸患,更像是对于文化堕落的惩创,对儒者、士人堕落的惩创。

第七章　文　质

363

"天下文敝极矣,唯敦本尚实可以救之。"(同书卷三九《备忘一》)①"文胜"的危害,往往是由政治上估量的,救弊(反质)之举不能不与文化统制发生关系。

通常的文质论者以尚质为"正确"。涉此论域,甚至文人名士的议论也往往无异于时论。袁宏道就以为,"物之传者必以质,文之不传,非曰不工,质不至也"(《行素园存稿引》,《袁宏道集笺校》卷五四第1570页)。还说:"夫质犹面也,以为不华而饰之朱粉,妍者必减,媸者必增也。"(同上第1571页)而出于流行见解之外、逆反于普遍的思维惰性的,倒是有思想能力的儒者。黄宗羲《留书·文质》:"苏洵曰:'忠之变而入于质,质之变而入于文,其势便也。及夫文之变而又欲反之于忠也,是犹欲移江河而行之山也。人之喜文而恶质与忠也,犹水之不肯避下而就高也。'余以为不然。夫自忠而之于文者,圣王救世之事也;喜质而恶文者,凡人之情也。逮其相趋而之于质,虽圣贤亦莫如之何矣。"(《黄宗羲全集》第十二册第2页黄氏所引苏洵语,见《嘉祐集·书论》)像是怪论。黄氏以"喜质而恶文"为"凡人之情",不免出乎寻常经验之外,不明白黄氏何以界定此"质"此"文",其思理即难以洞悉。《明夷待访录》中未刊的《文质》篇,是由华夏文化丧失(夷狄化)的现实危机出发讨论这一传统命题的。其所谓"质",与下文将要谈到的王夫之所谓"质",所指相近。在他们的有关表述中,"质"固非高于"文"的价值;文即礼乐文化,质则反之。这里有易代过程中的文化破坏、华夏文明的危机所引出的忧思——潜隐在文质论的线索中的,是紧贴了时势的夷夏论。黄宗羲由制度(包括服制,与葬、祭、冠等有关的礼仪活动,以至燕饮等)之日损、日废,看政治设施、社会生活的日趋于质,说:"凡礼之存于今者,皆苟然而已。是故百工之所造,商贾之所鬻,士女之所服者日益狭陋。吾见世运未有不自文而趋夫质也。"(《留书·文质》)这种趋势的终点,即王夫之所谓的"夷狄""禽兽"。被认为尖

① 前此罗洪先就说过:"今世著书满家,甲可乙否,使人莫知取的。有圣人起,必将付之秦火,以反躬实践为先。一切智足以先人,言足以文身者,皆沮焉而莫之张喙,然后乃为还淳朴之俗。"(《答戴伯常》,《念庵文集》卷三)

锐的"君主论"刊之于《明夷待访录》而行世,《文质》则以钞本流传,其中的道理,后人未必能尽知的吧。君主论中的故明政治批判,与文质论之于时势的针对性——当其时自有人明白其间的玄奥。

其时僻处湘西的王夫之,却与黄宗羲遥相呼应,只不过未必能达于黄氏的听闻罢了。

在王夫之的以下论述中,文、质均属于历史范畴。"唐、虞以前,无得而详考也,然衣裳未正,五品未清,婚姻未别,丧祭未修,狉狉獉獉,人之异于禽兽无几也。"(《读通鉴论》卷二〇第763页)上文注引王氏释《周易》"大有"卦"离"之谓"文明"。"文明"的对面即"混沌"("禽兽")。"故吾所知者,中国之天下,轩辕以前,其犹夷狄乎!太昊以上,其犹禽兽乎!禽兽不能全其质,夷狄不能备其文。文之不备,渐至于无文,则前无与识,后无与传,是非无恒,取舍无据,所谓饥则呴呴,饱则弃余者,亦植立之兽而已矣。魏、晋之降,刘、石之滥觞,中国之文,乍明乍灭,他日者必且陵蔑以之于无文,而人之返乎轩辕以前,蔑不夷矣。文去而质不足以留,且将食非其食,衣非其衣……又返乎太昊以前,而蔑不兽矣。至是而文字不行,闻见不征,虽有亿万年之耳目,亦无与征之矣,此为混沌而已矣。"(《思问录外篇》,《船山全书》第十二册第467页)较之上述颜元、施闰章、陈维崧所表达的,这无疑是远为深刻的危机感。在黄宗羲、王夫之,文衰的主要表征,即礼失;存"文",则是存礼乐文化、"华夏文明"。"文去"(即礼失)埋伏着夏而变夷、人而禽兽的大危机、大变局。文质论之严峻,由此而抵达了极点。①

上文说到通常的文质论者尚质,王夫之却说:"圣人……于人也,用其质,必益以文";"圣人之道,因民之质而益焉者,莫大乎文。文者,圣人之所有为也"。"文"之功用大矣哉!人之异于草木,君子之异于野人,端在于此。这里有王夫之这样的儒者紧张关注的人禽之辨。

---

① 王、黄议论之合,另如王氏说"直情径行,礼之所斥也"(《俟解》,《船山全书》第十二册第487页),黄宗羲亦引子游所说"直情而径行者,戎狄之道也"(《留书·文质》),若合符节。黄氏该文说"天下之为文者劳,而为质者逸,人情喜逸而恶劳,故其趋质也,犹水之就下",也大异于常谈。

"故曰：'日用饮食，民之质也。'……因其自然之几而无为焉，则将以运水搬柴之质，为神通妙用之几，禽其人，圣其草木，而人纪灭矣。是以君子慎言质，而重言文也。"（《诗广传》卷三第390、391页）在另外的场合，他将"运水搬柴之质"以"朴"之一名形容。他所谓"朴"，也指未蒙教化的前文明状态。① 正是在上述意义上，他说："天下之忧其不足者文也。"（见上文）欲救成见之为偏蔽，王夫之往往有对于时论、俗论的逆反之论。② 上述议论中有他特有的犀利的洞见与偏见——却是王夫之才有的富于深度的偏见。他的有关论述与葛洪的论"质朴""雕饰"（《抱朴子》内篇《释滞》、外篇《钧世》等），意似近而理路实异。以世俗所称道的"质朴"为前礼乐文化或去礼乐文明的状态——倘若想到其时所谓的"夷狄之世"正在展开，王氏的上述论说，自可读作预警。当着右质左文已成常谈，王氏的逆反之论决非有意立异，他所表达的，是儒家之徒基于其文化立场的对于华夏文明陷落的深切忧惧。

至于作为一时代治象的"质"，大致指疏节阔目；犹之对于人的朴陋，对于政治设施，他的批评也针对了"疏""阔"。"禽兽不能全其质，夷狄不能备其文"，也即王氏所谓的"上古朴略之法"，其特征就包括了

① 他在《俟解》中说："若以朴言，则唯饥可得而食，寒可得而衣者为切实有用。养不死之躯以待尽，天下岂少若而人邪！"（《船山全书》第十二册第487页）他以为人之为人，"必于饥不可得而食、寒不可得而衣者"求之（同上第488页）。基于此，他激烈批评先秦农家之曰"勤"曰"朴"，导致尊卑上下秩序、礼乐文明的破坏（《四书训义》卷二九《孟子》五，《船山全书》第八册第329页）；将世俗所乐称的"朴实""率真"归结为"庶民"之为庶民，也即禽兽之为禽兽（参看《俟解》，《船山全书》第十二册第478—479页）。与庶民—禽兽相对的，自然是礼乐文化所赖以寄存的士林精英。

② 可资比较的，即如以下关于"朴"的议论。江右彭士望说："自朴散而为奇，奇散而为邪，邪散而为伪，伪散而为饥寒，饥寒散而为盗贼。"（《内省斋文集序》，《树庐文钞》卷五）魏礼也说："天下å朴久矣！朴者人之本，万物之根，世道治乱之源也。夫惟朴去至于尽，而小人盗贼弑逆恷报杀戮之祸害相寻矣。故世之治也必先反朴，而其乱必先之以浮靡巧诈言行乖戾以酝酿杀机……"（《答张一衡书》，《魏季子文集》卷八）陆陇其所一再标举者，乃"朴实"这一标准，无论文、人还是风气（《与陈蔼公书》，《陆子全书·三鱼堂文集》卷五）。孙奇逢则说："今之四礼虽云废矣，然天下无不冠不婚不丧不祭之人，名存而实在其中矣。"（《家礼酌序》，《夏峰先生集》卷四）对当代文化状况的估量与王夫之何其不同。

政治设施的简陋,礼仪文明的缺失,甚至"虎狼之父子,蜂蚁之君臣"(参看《俟解》,《船山全书》第十二册第479页)。王氏批评"托质朴以毁礼乐",说"所甚恶于天下者,循名责实之质朴,适情荡性之高明也。人道之存亡,于此决也"(《俟解》,同书第483页)。所论乃治道,亦人性。华夏文明的沦丧与人的失其为人,被认为互为因果。王氏曾有条件地肯定被他作为"申、韩"的对立物的"黄、老",即被作为苛暴滋扰的对立面的清静无为(参看本书附录《廉吏·循吏·良吏·俗吏》一文);但在本章所论的题目上,他却持守严格的儒家立场,不欲为黄老政治留一隙之地。可以认为这里标出了对于黄老的有限肯定的那条"限",倘逾此限即成荒谬。①

在王氏的论述中,与"质""朴"语义相关的,尚有"俭"。我曾在其他处分析王夫之以及颜元、魏禧的论"俭"(参看《廉吏·循吏·良吏·俗吏》)。儒者所批评的,是作为"礼"的删略的"俭"以及与此相关的作为政治气象的"俭"(而非常人因于贫窭的"俭")。儒者于此等微妙处,显示了其特殊的洞察力与文化敏感。因而此种"朴""俭",决非单纯以物质、财富含量标记,换句话说,更以文化品格标记。黄宗羲在其《文质》篇篇末引由余说秦缪公"俭其道",曰"由余之所谓道,戎狄之道也"。上述"朴""俭"(即礼仪形式的朴陋苟简、生存状态的鄙野、文化形态的粗糙鄙俗,等等),标出了"质"("文质"的"质")的限度。② 他们不苟同于对上古史的美化、理想化,尊重"文明"之为积累,将作为历史哲学的文质论,还原到具体的历史情境,以至生活世界——可以认为是

---

① 他说:"朴之为说,始于老氏,后世习以为美谈。朴者,木之已伐而未裁者也。已伐则生理已绝,未裁则不成于用,终乎朴则终乎无用矣……人之生理在生气之中,原自盎然充满,条达荣茂。伐而绝之,使不得以畅茂,而又不施以琢磨之功,任其顽质,则天然之美既丧,而人事又废,君子而野人,人而禽,胥此为之。""养其生理自然之文,而修饰之以成乎用者,礼也"(《俟解》,《船山全书》第十二册第486—487页)。"生理自然之文"故有"天然之美",尚待"琢磨""修饰"(不废"人事"),方成乎用。这里有儒家伦理所认为至为严重的"君子、野人"以至"人、禽"的界限。

② 但王夫之在《周易内传》中也说过,当着"时方竞于交饰之文,文有余则诚不足,固不如敦尚俭德者之安吉也"(卷二下第218页)。

礼学复兴的学术语境中的文质论。倘若想到易代之际大破坏之后，儒家之徒以文化修复为使命承当，遗民中的有识者以"存华夏文明"（亦抗拒"夷狄化"、禽兽化）为职志，即不难感到上述文质论被赋予的极端严峻性。

儒者文论中的"文"

文人固然好论文，文/质却从来更是儒者的话题，且所论不止于上文所说的作为历史观的文/质，作为治道的文/质，作为风俗论的文/质，也有近代所谓"文论"的文/质。尽管论者好说大文质，示人以其所谓"文"，不限于文辞之文，却依旧不免归结于狭义文质，也因此文此质关涉士人的日常行为，较之抽象的作为历史观的文/质，支持一种文化大判断的文/质，更有切身之感。

在较为初始的使用中，"文"就有了词章一义。子曰："弟子入则孝，出则弟，谨而信，泛爱众，而亲仁。行有余力，则以学文。"（《论语·学而》）朱子《集注》："文谓《诗》《书》六艺之文……"至于后世的儒者论文/道，以文为"言语文字之末"，自然也与孔子所谓"行有余力，则以学文"云云有关。①

儒者也并非都以文为"言语文字之末"。明清之际被后世视为大儒的王夫之、黄宗羲，就是长于论文且精于文事者。黄氏《明文案序》总结有明一代文事，气势恢宏。该文论"至情"、"至文"、文、文人，别辟一境界，说有"其人不能及于前代而其文反能过于前代者"——正宜于评论明代之文；还说"今古之情无尽，而一人之情有至有不至。凡情之至者，其文未有不至者也，则天地间街谈巷语、邪许呻吟、无一非文，而游女、田夫、波臣、戍客，无一非文人也"（《黄宗羲全集》第十册第18页），示人以不为通常的文论视野所囿的大眼界。黄宗羲纵论有明一

---

① 周敦颐《周子通书》："文所以载道，轮辕饰而人弗庸，徒饰也，况虚车乎！文辞，艺也；道德，实也……不知务道德而第以文辞为能者，艺焉而已。"（第39页）宋濂说："余讳人以文生相命。丈夫七尺之躯，其所学者独文乎哉？"（《文原》，《宋濂全集》第1403页）

代诗、古文的演变发展,王夫之《夕堂永日绪论外编》(《姜斋诗话》)则提供了考察明代经义演变的较为完整的线索。其《诗广传》于复杂的历史文化视野中论《诗》,缘《诗》而发为政治历史文化的大议论,尽管不免求之过深,思理却大非寻常经学家所能梦见。① 他批评韩、柳、曾、王之文"词不丰而音遽""噍削迫塞而无余"(《诗广传》卷一第344页),自有正是由"词章"一面的衡度,出诸精于文事者的眼光,虽大异于常谈,却不能不认为是独具一格的文论,与他本人关于历史文化的论述,有显然的一贯。②

从来有气象宽豁的儒者。下文将谈到陆世仪对"文人"不无轻蔑("不过一文人而已"),认为"吾人责大任重",太费心力于古文诗歌,即为"浪掷",对于他视为"末技"的诗文,却又反复谈论,未必就真的轻看。目标在"一洗向来学究之习,而成圣人大无外之教"(亦广圣学、圣道),他甚至主张"圣门从祀",当有"文学"一科,迁、固、李、杜、韩、柳、欧、苏,均宜从祀,尺度之宽,即黄宗羲、王夫之也未见得能认可。③ 孙奇逢更气象阔大,他引陆象山说"李白、杜甫、陶渊明,皆有志于吾道",曰"诗亦道也,艺亦道也,无物不有、无时不然者也。渊明三君子有志于道,所以为千古诗人之冠,具眼者自不独以诗人目之。离道而云精于诗、精于文,小技耳。虽有可观,君子不贵也"(《夏峰先生集》卷一三

---

① 《诗广传》生发,抽绎,引申,示人以论域之广,非寻常经学文字,亦非通常文论。仅由《诗》言,则不免求之过深。非"诂"《诗》,而是借《诗》阐发他本人的思想——尤其关于治道,关于"人道"。他由《诗》读史,读君臣父子夫妇,读风俗民情、"人心风会",亦因史而读《诗》,虽时有穿凿,却不失为特别的读法。

② 王夫之以为,"言愈昌而始有则,文愈腴而始有神,气愈温而始有力。不为擢筋洗骨而生理始全,不为深文微中而人益以警……刻露卞躁之言兴,而周、唐之衰巫矣"(同上第344—345页)——非止于关于"《诗》教"的常谈,此种诗论文论与他关于政治社会历史文化的议论逻辑贯通,也见出他的思想的一贯与彻底。

③ 陆世仪曰:"愚意圣门从祀,自及门七十子及周、程、张、朱具体大儒之外,皆当分为四科,妙选古今以来卓荦奇伟第一等人物,尽入从祀。如黄宪、文中子,此'德行'中人物也;张良、李泌,此'言语'中人物也;孔明、房、杜、韩、范、司马,此'政事'中人物也;迁、固、李、杜、韩、柳、欧、苏,此'文学'中人物也……"(《思辨录辑要》卷二一)他所列从祀圣门的庞大名单中,除"文学"外,尚有与"政事"(即"事功")有关的价值估量与人物评价;其间等第,下文将涉及。

《语录》）。尽管论文/道仍儒者口吻,毕竟没有颜元式的偏执。

王夫之爱古人而不薄今人,关于明代诗、诗作者,以至时文、时文写家的议论,甚至不止于"平情",非但不吝称许,且因激赏而有估价之过。如以为文徵明(徵仲)诗"轻秀"与孟浩然"相颉颃","而思致密赡,骎骎欲度其前"(《姜斋诗话·夕堂永日绪论内编》,《船山全书》第十五册第 828 页);曰"若刘伯温之思理,高季迪之韵度,刘彦昺之高华,贝廷琚之俊逸,汤义仍之灵警,绝壁孤骞,无可攀蹑,人因望洋而返;而后以其亭亭岳岳之风神,与古人相辉映"(同上第 831 页。按刘伯温,刘基;高季迪,高启;刘彦昺,刘炳;贝廷琚,贝琼;汤义仍,汤显祖)。他看重诗作者的才、情,诗的"势",不囿于文/道的眼界,使用的是一套较为复杂的分析工具。上述文字间播散出的,是对于"故明"的温暖的文化感情。当议论之时,王氏不以"儒者"自居,而以"文人"为"不足观",是大可相信的。由此也可知其人必不为偏见所囿,对文/质、文/道的见识,定与迂儒不同。

儒者文论,每有精粹之见;且正因了文化视野的广阔,有仅由"修辞"着眼者所见不能及。但"理学氛围"影响于一时代文论之深刻,毕竟不能忽略,尽管有关的现象已经人多所谈论。那种影响在本章所论的"关系"(即文/质、文/道、文/理)中,呈现得尤为集中。即如研究者已经注意到的,明代直至明清之际的文论对于理学家之文的极端推崇。黄百家引其父黄宗羲语,说方孝孺"不欲以文人自命,然其经术之文,固文之至者"(《明文授读评语汇辑》,《黄宗羲全集》第十一册第 155页)。黄氏比较宋濂与归有光,说归氏之学,"毕竟抪之易尽",宋濂"无意为文,随地涌出波澜,自然浩渺"(同上第 159 页)。"不欲以文人自命""无意为文",乃所以成其为至文——尽管黄氏本人被认为未脱文人气习①,却也不能免于对文人、文事的隐蔽的轻视。即上文所引黄氏

① 全祖望《答诸生问南雷学术劄子》批评黄氏"文人之习气未尽,以正谊明道之余技,犹留连于枝叶"(《鲒埼亭集》外编卷四四)。近人朱倓说黄氏之文"往往为感情所驱使,好为过实之言",其议论"褒贬任情,抑扬失实,即其纪事,亦有类此者"(《明季杭州读书社考》,《明季社党研究》第 231—232 页)。但由另一面看,学人而文人名士,岂不正作成了黄氏的丰富性?

的论"至情—文人",不也既张大了视野,又透露了儒家之徒贬抑文人时的隘?黄氏更称道王阳明文,说正、嘉之后,"文胜理消","即如阳明之文,韩、欧不足多者"(《李杲堂先生墓志铭》)。黄氏以方孝孺文为"至",张履祥则以朱子之文为"至",说"《左》《骚》《史》《汉》而下,诸大家虽文字卓然有不可及,然义理亦醇疵互见。……朱子之文,至大至博,至纯至粹……"(《训门人语三》,《杨园先生全集》卷五四)①由文/道衡度,陆世仪说:"欧、韩之文,皆与道相近,然而终隔一层者,以其志在为文,欲借道以传文,非借文以发挥吾道也。此际主客之分,自有毫厘千里之辨。"(《思辨录辑要》卷五)"志在为文",亦黄宗羲所不以为然的有意为文。倘依了陆氏,不可以"文"本身为目的,不可"有要好的意思在",不可"专尚才思",亦难乎为诗文矣。但在当时,即使长于为文且未必不刻意为文如黄道周者,也不免要以重道轻文为话头。比如他说:"文章于人,如华著树,烟霞著天,能于此处不黏心眼,则几于道矣。"(《与纪石青书》,《黄漳浦集》卷一九)但"无意为文""不黏心眼"云云,却又未必全属偏见,换一个角度,也可以读作精于文事者的内行话、经验之谈的吧。

理学家的诗作最为此一时期论者激赏的,宋儒即邵雍,明则陈献章。王弘撰论理学家诗,说邵雍《击壤集》"以诗作语录,前无古,后无今矣"(《山志》"邵康节诗"条,初集卷二第34页),也应系于学术旨趣:王氏治《易》,宜有此论。陆世仪以为作诗能合"兴观群怨"者,在明为刘文成、陈白沙,对陈尤推崇,尺度则是"合道理风雅为一"(《思辨录辑要》卷五。按刘文成即刘基)。关于陈献章诗的评价,这一时期的儒家之徒似有同然。张履祥也说:"昭代诸作者,愚以为当以白沙为宗,盖主于性情而不及律调。故其为诗,若风云变化,出奇无穷,有康节击壤之风,而温厚和雅过之,诚可继统三百。其余互有短长,未之及也。"(《答唐灏儒二》,《杨园先生全集》卷四)王夫之也说朱子之后,"唯陈白沙为能以风韵写天真"(《夕堂永日绪论内编》,

---

① 陆陇其也说:"粗言之,则韩退之、欧阳永叔之文已可谓见道;精言之,则必如洛闽、如洙泗,方尽乎道之妙,当尽乎文之妙。"(《与陈蔼公书》,《陆子全书·三鱼堂文集》卷五)

《船山全书》第十二册第839页)。①

　　陆世仪不止于以唐宋以降的著名文人与理学巨擘比较，他设置了更为复杂的价值坐标，说"王、杨、卢、骆之上，有韩、柳、欧、苏，韩、柳、欧、苏之上，有韩、范、富、欧阳，韩、范、富、欧阳之上，尚有周、程、张、朱及孔、孟在"(《思辨录辑要》卷五)，俨然等级序列。有趣的是，陆氏上述文字中的欧与欧阳均应指欧阳修。一时误书，倒证明了文人而名臣如欧阳修者，本不便简单地归类，也不足以支持有关"文人"的偏见。陆氏的原意却在以韩琦、范仲淹之类名臣的文章，置诸韩愈、柳宗元一流大文人之上——则"事功"之为价值尺度，也介入了关于"文"的评价。陆氏气象宽裕，见识通达，涉及有用无用，却也不出时论范围，引他人说"人之有文章，犹天地之有花草。若文章不藻丽，是花草无色也"，断然道："与其为花草，毋宁为五谷!"(同书同卷)②李颙的价值论中，更有赤裸裸的功利计量。他劝人勿为"诗文小技"，也说："与其为一时春华之王、杨、卢、骆，何如为千古卓荦之韩、范、富、欧。"(《答梁质人》，《二曲集》卷一七)也如论文/质、文/道的扬此抑彼、去此取彼，其时如陆、李等由价值观的偏至论诗文与事功，所见竟有如此者!③

---

① 《四库全书总目提要》关于陈献章，曰："其诗文偶然有合，或高妙不可思议。偶然率意，或粗野不可向迩。至今毁誉亦参半。王世贞集中有《书白沙集后》曰：'公甫诗不入法，文不入体。又皆不入题。而其妙处有超出法与体与题之外者。'可谓兼尽其短长。盖以高明绝异之姿，而又加以静悟之力。如宗门老衲，空诸障翳，心境虚明，随处圆通。辨才无碍，有时俚词鄙语，冲口而谈。有时妙义微言，应机而发。其见于文章者亦仍如其学问而已。虽未可谓之正宗，要未可谓非豪杰之士也。"(集部别集类《白沙集》)

② 陆世仪有"有用文人""无用之辞章"一类说法(同书同卷)。王源说"文"之功用，"而使人得之如药之可以疗病，如麻丝谷粟可以温、可以饱，如水沃焦而火可御寒也"(《复陆紫宸书》，《居业堂文集》卷六)。彭士望以"经济"尺度衡文，关心在虚/实及适用与否："故曰：文者虚器，诗者感兴之端倪，中无以实之，则必不适于用。"(《与胡致果书》，《树庐文钞》卷三)持此尺度，对唐、宋诗人文人均有不满。

③ 颜元持有用无用的狭隘尺度，对陶、韩、柳、李、杜、苏均不以为然。他说："渊明品节自高，然野酤放废之态，终不离晋室人物。"(《习斋记馀》卷六《读刁文孝用六集三卷评语》，《颜元集》第497页)"尝惜苏、柳仅以文名，李、杜猥以诗著，谓以大才用之无用也。"(《习斋记馀》卷三《寄祁阳刁文孝》，同书第430页)还说："若韩、柳猥以文名，李、杜仅以诗著，将在下而修身、齐家，仪风、式俗，在上而致治、拨乱，康济民命，安所用之?(转下页)

明太祖曾要求生员"毋徒尚文艺""徒以文辞为务"(《明实录·太祖实录》卷一四五)。到明亡前夕,孙承宗说:"臣读祖训,以典谟训天下,盖力斥杨、马浮藻,至曰:'士不究道德之本,不达当世之务,何裨实用!'夫实用者,高皇帝所谓'文'也。"(《应天乡试录后序》,《高阳诗文集》卷一一)明亡后继续此种议论,就有顾炎武如下广为人知的话:"君子之为学,以明道也,以救世也。徒以诗文而已,所谓'雕虫篆刻',亦何益哉!"(《与人书》二十五,《顾亭林诗文集》第 98 页)"凡文之不关于六经之指、当世之务者,一切不为。"(《与人书》三,同书第 91 页)还说:"窃以为圣人之道……其文在《诗》、《书》、三《礼》、《周易》、《春秋》……其所著之书,皆以为拨乱反正,移风易俗,以驯致乎治平之用,而无益者不谈。一切诗、赋、铭、颂、赞、诔、序、记之文,皆谓之巧言而不以措笔。"(《答友人论学书》,同书第 135 页)①

鄙薄词章、文人的不止儒家之徒,自居志士、豪杰者,往往也有此姿态。据孙奇逢说,他的友人鹿善继曾说"不欲使人名我为诗人","亦不欲使人名我为文人"(《北海亭集序》,《夏峰先生集》卷三)。江右彭士望不欲以"文人"自限,声称"文人之文与志士之文,本末殊异"(《与魏冰叔书》,《树庐文钞》卷二),尽管他本人并未脱文人面目。王源也自说其"文与世所谓文人者不类";甚至切齿道"文人者,士之贼",说"门户之祸,率起文人"(《复陆紫宸书》,《居业堂文集》卷六)。与魏耕一案有关的山阴张宗观(一名近道),"见诗人,则骂曰:'此雕虫之徒也。'"见友人朱士稚与人论诗,"亦骂不置",然而张、朱二位"实皆能

(接上页)以若彼之赋质聪颖,而区区就此,负苍天之笃降矣。"(《习斋记馀》卷三《寄陈宗文》,同书第 443 页)"子瞻佞佛之文,传笑千古,只因胸中原无吾道为宰耳。"(《习斋记馀》卷六《读刁文孝用六集十卷评》,同书第 505 页)颜氏对韩愈的批评,尚可参看《习斋记馀》卷六《评潮州谢表》。

① 李颙以是否"从事语言文字"为关系"立品",自说"生平未尝从事语言文字,亦绝不以语言文字待人"(《立品说别荔城张生》,《二曲集》卷一九)。至于李颙劝人勿学诗文,以诗文为"有害于道心"(同书卷一六《答友求批文选》),更属于极端的道学立场,即同时儒者也未必认同。张履祥以为从事语言文字而心有所系,就难免于"玩物丧志",说:"至如迁固叙事,甫白诗歌,兼治摈绝,俱不能无弊。先正有云:心无所系。一有所系,遂失其正。吾人读书,只以维持身心,研究事理。专用其心于此,则有玩物丧志之患。"(《答吴仲木》,《杨园先生全集》卷三)未必不也堂皇地辩解了自己的"不文"。

诗,乐府、古风尤绝伦"(孙静庵《明遗民录》卷二七第208页)。有益无益的价值判断,有用无用的效用估量,不妨一致;"志士"以诗与其"大志"不相容,也如迂儒的以词章与学道、成圣不相容。

当明清易代之际,文人与其文遭遇了来自文/道与有用/无用两个方向上的批评——儒者与自负经济者有时正是同一人。这里有其时的经世取向影响于衡文以至文事的例子。"明道"正是儒者认为的文的大用。方孝孺就说过:"凡文之为用,明道、立政二端而已。"(《答王秀才》,《逊志斋集》卷一一)明末徐光启更由效用而将文区分为"朝家之文""大儒之文""大臣之文"与"文士之文",以为文士之文不过"刻脂镂冰而已"(《焦氏澹园续集序》,《徐光启集》卷二第89页)。颜元、李颙等人更凭借了经世视野,将关于"文"的价值衡度中的功利标准推向了极端。

《明史》桂彦良传录有太祖与桂氏的如下对话。"帝曰:'江南大儒,惟卿一人。'对曰:'臣不如宋濂、刘基。'帝曰:'濂,文人耳。基峻隘,不如卿也。'"(卷一三七)语气间并不掩饰起自草莽的帝王对文人的轻视。到本书所论的时期,最足令人印象深刻的,当是顾炎武的一再引宋代刘挚所谓"士当以器识为先,一号为文人,无足观矣"。顾氏抱怨唐宋以下文人之多(《日知录》卷一九"文人之多"条),说自己一读上述刘挚语,"便绝应酬文字,所以养其器识而不堕于文人也"(《与人书》十八,《顾亭林诗文集》第96页。以下还谈到文章作与不作的标准);说"能文不为文人,能讲不为讲师,吾见近日之为文人、为讲师者,其意皆欲以文名,以讲名者也"(《与人书》二十三,同书第97页);说"凡今之所以为学者,为利而已,科举是也。其进于此,而为文辞著书一切可传之事者,为名而已,有明三百年之文人是也"(《与潘次耕札》,同书第166页)。明初大儒宋濂、方孝孺都曾对苏氏父子大表倾倒①,

---

① 宋濂说苏氏:"自秦以下,文莫盛于宋,宋之文莫盛于苏氏。"(《〈苏平仲文集〉序》,《宋濂全集·芝园续集》卷六第1575页)以下即对于三苏的赞美。方孝孺号称粹儒,语涉文/道,拘执甚于其师(宋濂),却以庄周之书、李白之诗、苏轼之文为"神"(参看其《苏太史文集序》,《逊志斋集》卷一二);另议说苏轼"魁梧宏博,气高力雄,故其文常惊绝一世,不为婉昵细语"(同书同卷)。至少在这种场合,并没有失却衡文的正常心态。

王夫之却极鄙苏氏，对此不惜一论再论①。对于苏氏父子的学术与心术，张履祥与王夫之有所见之同（参看《杨园先生全集》卷三九《备忘一》）。② 刘宗周门下，陈确是能文的一个，却也说"诗文小道"，若"沾尔求工，亦关系一生人品，于'文人'二字上更加不去，最是恨事"；还说"生平尚论古人，不能不遗憾于韩、苏二大家"的"人以文传"而非"文以人传"（《与吴仲木书》，《陈确集》第 74 页），口吻与迂儒无异；在此一点上，与张履祥同调。但王夫之、张履祥的排苏，却并非即在文/道的传统视野中，更关涉其时儒者关于"世道人心"的忧虑，不便笼统地斥为偏见。

由后人看去显系"偏见"者，也可能有非近人所能想见的复杂背景。即如其时论者（不限于"儒者"）不满于诗人的啼饥号寒。由《诗》的《邶风·北门》、陶潜的"饥来驱我去"，到杜甫的有关诗作，王夫之斥

① 王氏批评宋诗宋文，态度峻厉（参看《宋论》《姜斋诗话》）。他对于三苏的激烈批评，不全着眼于"辞翰"，往往别有旨趣（即如针对他所以为倾险的策士人格）。但他的批评又非无关于辞翰。即如他批评韩、柳、曾、王之文的"噍削迫塞"为"情淫"，对三苏的文字也有类似的说法。凭借特有的视野，不惟所见之三苏，且所见之元、白等，也不免大异于人（包括他儒），固有显然的偏见，深刻处却也有其他论者所不能到。

② 张氏另在书札中说："乃若苏氏之学，则原本于《国策》，其为学者之祸，甚于柳氏。柳氏词章而已耳，苏氏则诐淫邪遁，无所不至矣。神庙时世教方坏，蒙士四书一经，正文读竟，即读《国策》、庄、列、三苏文字，几种书作为举业以取世资，是以生心害政之祸，至今犹烈也。"（《与吴裒仲》，《杨园先生全集》卷一○）陆陇其也不以苏氏父子之文为然（参看其《天涛诗文叙》，《陆子全书·三鱼堂文集》卷九）。王弘撰却肯定朱子的论苏氏，其《书晦庵题跋后》说："朱子尝留心书画，此题跋三卷，持论极正，不作道学门面语。其跋陈光泽家藏东坡竹石，云：东坡老人英秀后凋之操，坚确不移之姿，竹君石友庶几似之。跋张以道家藏东坡枯木竹石，云：出于一时滑稽诙笑之余，初不经意，而其傲风霆阅古今之气，犹足以想见其人。跋与林子中帖，云：仁人之言，不可以不广，乃为刻石常平司西斋，盖于东坡三致意焉。世独知朱子论学排击东坡，而不知其赞美景仰固如此。余故特著之。古道渐衰，流风日下，后之讲学者独传得排击法耳，岂不可叹！"（《砥斋题跋》）可知王氏决不会苟同于王夫之、吕留良等人的排苏之论。前此徐渭曾批评朱子对苏轼持论之苛，说"朱老议论乃是盲者摸象，拗者品评，酷者苛断"，拟其人于"苛刻之吏"，"只是张汤、赵禹伎俩"（《评朱子论东坡文》，《徐文长佚草》卷二，《徐渭集》第 1096 页）。由《姜斋诗话·夕堂永日绪论外编》看，王夫之所以嫌恶苏氏，也因明代经义、古文学苏者之多，苏氏父子在有明一代影响之大。

之为"恶诗",以为似"乡塾师""游食客",态度激切,且以韩愈《进学解》《送穷文》的"悻悻然怒,潸潸然泣"为"不知道"(参看《诗广传》论《邶风·北门》、《姜斋诗话·夕堂永日绪论内编·四五》、《夕堂永日绪论外编·二七》)。① 钱谦益竟也说:"渊明乞食之诗,固曰'叩门拙言词',今乃以文词为乞食之具,志安得不日降,而文安得不日卑!"(《列朝诗集小传》第446页)关于韩愈,颜元也有类似的议论,说"论佛骨遭贬,此君子含笑入九原时也;只不能堪其孤苦贫穷,《表》中便盈幅媚气,与《送穷文》相表里,文公所以为文人之雄,非圣贤骨力也"(《习斋记馀》卷六《评潮州谢表》,《颜元集》第486页)。无关"诗艺",出乎常情,也出乎常人的阅读感受;此种批评尺度的背后,却不止有所谓"诗教",所关联的,更有那个严峻的时代与士大夫的尊严、品格有关的思考(参看本编《君主》章)。尽管涉及士对于贫、窘的态度,持论难免于道学气味。

　　无论其间有怎样繁复琐细的差异,你在检视宋元以降的文献时都不难发现,弃诗文而从事理学,通常被叙述为人生境界提升的过程。在诗赋、儒学间做非此即彼的选择,对词章的放弃,往往被作为"优入圣域"的条件,入道之始阶。至于粹儒所以"粹",更在祛除了文人气习。据说薛瑄就经历了"尽焚所作诗赋,究心洛、闽渊源"之一过程(《明史》卷二八二本传)。《二曲集》卷四五《历年纪略》,记顺治二年李颙"偶得周钟制义全部,见其发理透畅,言及忠孝节义,则慷慨悲壮,遂流连玩摹,每一篇成,见者惊叹。既而闻钟失节不终,亟裂毁付火,以为文人之不足信、文名之不足重如此,自是绝口不道文艺……"李氏本人也反复讲述此一过程。顾炎武对陆世仪说自己"少年时,不过从诸文士之后,为雕虫篆刻之技"(《与陆桴亭札》,《顾亭林诗文集》第170页)。对黄宗羲,也说"炎武自中年以前,不过从诸文士之后,注虫鱼,吟风月而已"(《与黄太冲书》,同书第238页)。许三礼记陈确,曰其人"自奉教

---

① 王氏诗论、文论(如《夕堂永日绪论》内外编、《南窗漫记》)中的文人,与其他论述(如《诗广传》)中的文人,又有不同。须将不同角度、旨趣的论述并读,才能知其人对有关人物(如陶、杜)的复杂态度。设若摘出若干字句,径以之为王氏的"杜甫论",则难免于误解。

戢山,一切陶写性情之技,视为害道而屏绝之"(《陈确集》首卷第 1 页)。朱鹤龄也自说"始而泛滥诗赋,既而黾勉古文,后因老友顾宁人以本原之学相勖,始湛思覃力于注疏诸经解,以及儒先理学诸书"(《与吴汉槎书》,《愚庵小集》卷一〇第 497 页)。吕留良则说:"某少时不知学,狎游结纳,无所不至。今始恨悔所作,不但侠邪浮薄,恶之不为,即豪杰功名词章技艺之志,皆刊落殆尽矣。""其所愿慕者,窥程朱之绪言,守学究之家当而已。"(《复黄九烟书》,《吕晚村先生文集》卷一)固有转向理学者,也有转向经学、考据学者——在顾炎武、朱鹤龄的表述中,并不做严格区分;但无论为何种意义上的转折,都经历了对文人伎俩的放弃。在理学之士,此种自述,更是一种意义严重的表白:似乎非有此一番觉悟,即不足为世所重。

此种舆论氛围,不能不影响于普遍的价值观。黄宗羲说:"近见修志,有无名子之子孙,以其父祖入于文苑,勃然不悦,必欲入之儒林而止。"(《论文管见》,《黄宗羲全集》第十册第 651 页)由此等处,可感那种价值论入人之深。耻为文人,不屑于词章,黄氏于此慨叹道:"呜呼!人心如是,文章一道,所宜亟废矣。"黄氏以王阳明为中兴有明文统的人物,不满于论者无视王氏之于"词章"的贡献,"谓文与道二,沟而出诸文苑"(《李杲堂先生墓志铭》)。文与道一,本是黄氏的信念;以为王阳明不应当被"沟而出诸文苑",却未必为其他王学中人所敢知。[1] 陈守实曾分析清明史馆将归有光由儒林传"黜入"文苑传一事:"儒林传序,原本为乔莱作。乔,宝应人。在史馆分得儒林传,与同馆人撰长编,以震川入儒林,颇以为深快。总裁大臣抑之文苑,同人咸以为惜。夫震川之入儒林或文苑,不必计论。溯其学术,震川出自魏校,校为崇仁学案中人,而好象山之说,与程朱异趣。则震川之由儒林而黜入文苑,亦与学术之偏好有关。"(《明史抉微》,《明史考证抉微》第 21—22 页)令人可知"儒林""文苑"在史事中之等第。至于"黜入"云云,则又可证

---

[1] 黄氏说:"第自宋以来,文与道分为二,故阳明之门人不欲奉其师为文人,遂使此论不明。"(《明文海评语汇辑》,《黄宗羲全集》第十一册第 98—99 页)即使推崇理学家之文,论者所持尺度也依然有别。

有关的偏见,近人竟也不免。章学诚说:"古今以来,合之为文质损益,分之为学业事功,文章性命。当其始也,但有见于当然,而为乎其所不得不为,浑然无定名也。其分条别类,而名文名质,名为学业事功,文章性命,而不可合并者,皆因偏救弊,有所举而诏示于人,不得已而强为之名,定趋向尔。后人不察其故而徇于其名,以谓是可自命其流品,而纷纷有人主出奴之势焉。"(《文史通义校注》内篇三《天喻》,第310页)本章所论的这一时期,此义似尚未为人道。①

　　儒者非不文、不能文,却确有非但不能文,且自豪于不文者。颜元就坦然自承其"诗文无能比于人"(《习斋记馀》卷三《寄陈宗文》,《颜元集》第442—443页)。薛瑄门人张鼎编其师文集(《薛文清集》),序引朱子赞程子"布帛之文""菽粟之味"二语为比,清四库馆臣以为"殆无愧词",曰:"考自北宋以来,儒者率不留意于文章。如邵子《击壤集》之类,道学家谓之正宗,诗家究谓之别派。相沿至庄昶之流,遂以'太极圈儿大,先生帽子高','送我两包陈福建,还他一匹好南京'等句,命为风雅嫡派。虽高自位置,递向提唱,究不足以厌服人心。刘克庄集有《吴恕斋文集序》曰:'近世贵理学而贱诗赋。间有篇咏,率是语录、讲义之押韵者耳。'则宋人已自厌之矣。明代醇儒,瑄为第一。而其文章雅正,具有典型,绝不以俚词破格。"(《四库全书总目提要》集部别集类《薛文清集》)或许薛氏之文果真当得"布帛之文""菽粟之味"而"无愧词","布帛菽粟"却往往被儒者用来辩护其不文。徐渭就曾讥讽道:"菽粟虽常嗜,不信有却龙肝凤髓,都不理耶!"(《与季友》,《徐渭集·徐文长三集》卷一六第461页)流播于坊间的讲义、语录,尤不文之甚。顾炎武即曾批评语录"不文",讲学先生从语录入门者"多不善于修辞"(《日知录》卷一九"修辞"条)。王夫之说:"语录者,先儒随口应问,通俗易晓之语,其门人不欲润色失真,非自以为可传之章句也。以此为文,而更以浮屠半吞不吐之语参之,求文之不芜秽也得乎?"(《姜斋诗

----

① 章学诚解释其《文史通义》之作,说"以为文史缘起,亦见儒之流于文史。儒者自误以谓有道在文史外耳"(《姑孰夏课甲编小引》,《章学诚遗书》卷二九第325页)。此义似乎也未见于明清之际士人言论。

话·夕堂永日绪论外编·一五》第849页)但也应当说,文质彬彬体现于人,即注重义理而兼擅词章——明清之际固不乏其人。后世所称大儒顾、黄、王,均可归入此类。其他尚有陈确等。这里或有必要重复地说明,文人、儒者的分类,本为了方便论说。如顾、黄、王等,岂是此种指称所能范围的?

理学语境中的文人文论

读明代、明清之际的文字,你不难注意到,衡文于理学语境,文人的口吻通常无异于儒者。

自扬雄说"雕虫篆刻""壮夫不为"(《扬子法言·吾子》),文人即袭此话头,以示志不在此,也成了一种常谈。《明史·文苑二》记唐寅,说寅诗文"初尚才情,晚年颓然自放,谓后人知我不在此,论者伤之"(卷二八六)。唐顺之不欲人以"文人"目之,鄙"文士雕虫篆刻"以为不足道,比文事于"隋侯之珠弹雀","耗精力于无所用",以词章求工为"诗文之障",说为文不如求道,辞赋徒以溺心,甚至较之道学而不废吟咏者,议论更有其激烈(参看《唐荆川文集》卷六《答皇甫百泉郎中》、同书卷四《寄黄士尚辽东书》、同卷《与陈两湖主事书》等),既有功利尺度,又杂佛学世界观——或许也正因其本是文士,更有"陷溺"的焦虑?[1] 当年茅坤即疑唐氏"本是欲工文字之人,而不语人以求工文字者"(参看同书同卷《与茅鹿门主事书》)。[2] 梁份曾引述唐氏之语曰:

---

[1] 以古文家名世的唐顺之,竟也自述其去彼取此,每自悔早年耗散精力于故纸间而不知返,以从事儒者"性命之学"为"归根复命",说"诗文末艺,与博杂记问,昔尝强力好之,近始自觉其如羊枣昌独之嗜,不足饥饱于人,非古人切问近思之义,于是取程、朱诸老先生之书,降心而伏读焉"(《与王尧衢编修书》,《唐荆川文集》卷五)。自谓"禀气素弱,兼以早年驰骋于文词技艺之域,而所恃以立身者,又不过自努力于气节行义之间,其于古人性命之学,盖殊未之有见也"(《寄刘南坦》,同书补遗卷二)。唐氏在出任军事前的一个时期,读程朱书而谈心性,静坐修身,"日用操练",身体力行"寡欲慎独"——正在其时儒学空气中。

[2] 唐氏辩解说自己"不语人以求工文字者,非谓一切抹杀,以文字绝不足为也,盖谓学者先务,有源委本末之别耳"(同札)。

"以大地为架所不能载者,此烟消草腐之物"(《怀葛堂集》卷二《问真堂诗集序》)),尽管其人可传者,无非此"物"。

文/质作为一种文学史的视野,影响于文人关于文事嬗递(质文代变)的想象,由来已久。在理学时代,文人为风尚所裹挟,更不免要以"道"与"文"权量轻重,论文/道、文/质,通常与儒者所见不殊。归有光就说:"夫道胜,则文不期少而自少;道不胜,则文不期多而自多。"(《雍里先生文集序》,《震川先生集》卷二第 26 页)还说:"以文为文,莫若以质为文。质之所为生文者无尽也。"(《庄氏二子字说》,同书卷三第 84 页。按归氏此篇所谓"文",非文辞之"文";所论乃泛文质)唐顺之说"文与道非二"(《答廖东雩提学书》,《唐荆川文集》卷五),意在强调道之为"本原"。屠隆则以为"道之菁英为文"(《刘子威先生澹思集序》,《白榆集》卷二,《明代文论选》第 265 页)。清初魏禧也说:"惟文章以明理适事,无当于理与事,则无所用文。故曰:文者,载道之器。"(《恽逊庵先生文集序》,《魏叔子文集》卷八)施闰章说:"文者,道之见于言者也。"(《陈征君士业文集序》,《施愚山集》文集卷四第 70 页)——足证"主流思想"的笼盖。

晚明文人与王学的关系已经人论说。[1] 数百年之后的今人,已难以体验王阳明的文字(!)对于文人的吸引力。与唐顺之并称古文大家的茅坤就说:"(唐宋)八大家而下,予于本朝独爱王文成公论学诸书,及记学、记尊经阁等文,程、朱所欲为而不能者……"(《唐宋八大家文钞论例》,《茅坤集·茅鹿门先生文集》卷三一第 834 页)还说当代文章自宋濂后"寥寥",独王阳明《论学》书及《兵略》诸疏,可谓千年绝调"

---

① 如马积高的《宋明理学与文学》。左东岭《王学与中晚明士人心态》一书也论到李贽的"心学因缘"、汤显祖的"心学渊源",冯梦龙、公安三袁与心学的关系(参看该书第四章)。该书还具体分析了嘉隆间著名文人唐顺之、王慎中、徐渭等与王学的关系。关于公安三袁、张岱与王学,夏咸淳《晚明士风与文学》也有论说(参看该书第 149 页)。章培恒、骆玉明主编《中国文学史》:"严格说来,所谓'唐宋派'的主脑人物王慎中和唐顺之,实际上是宗宋派——说得更清楚些,是道学派,因为他们真正推崇的,首先是宋代理学而不是文学。"(下卷第七编第三节"唐宋派及归有光"第 247 页)而王、唐所受当代思想的影响,主要来自王学,交游也大有王学中人。

（《谢陈五岳序文刻书》，同上卷六第 323 页）。此种议论，抽离其时的思想氛围，的确也无从解释。明代古文家与宋代之欧、苏等神情之不肖，于此或可窥见一二。上文已谈到儒者对"儒先"及当代大儒由"文"的一面的极端评价。这里应当说，表服膺于理学家的诗文，已成彼时风气，即知名文人也未必能外。陈献章尚止于以邵雍与杜甫并提（"子美诗之圣，尧夫更别传。后来操翰者，二妙罕能兼"），唐顺之竟以为"三代以下之文未有如南丰，三代以下之诗未有如康节者"（《与王遵岩参政》，《唐荆川文集》补遗卷三。按南丰，曾巩），以为邵雍诗已深入少陵之堂奥。以道学眼看诗文，所见不免如此。倘若将此种议论简单地读作"皈依"，未必合于实际；毋宁相信那是一种出自真诚的阅读体验，尽管大可作为文人自信力削弱之一证。明末汤显祖说："我朝文字，宋学士而止。方逊志已弱，李梦阳而下，至琅邪，气力强弱巨细不同，等赝文尔。"（《答张梦泽》，《汤显祖全集》诗文卷四七第 1451 页）由上文可知，王夫之看当代"文字"，尚不曾用了如此悲观的眼神。

　　明清之际的文人袭用上述评价尺度者，有关的言说，了无新意。屈大均宣称不屑于"徒为世之文人之文"，说"文人之文多虚，儒者之文多实"；而"天下至实者"即"理"，以朱子、张载为"集文事之大成"（《翁山文外》卷二《无闷堂文集序》）。屈氏以道学态度读《离骚》，引薛瑄、孙慎行等人语，以屈原为"善于形容道体"，"今徒以其善于骚些，惊采绝丽，为可直继风雅，抑何得末而遗其本也哉！"（《翁山文钞》卷一《三闾书院倡和集序》）见识之迂陋，有出儒者之下者。儒者（如黄宗羲、王夫之）衡文，尺度尚不至如是之狭。申涵光以为"真理学即真诗"（《马旻徕诗引》，参看《清代文论选》第 171 页）。据说其人晚年耽于理学，于词章不复措意——无非以为词章不足以归宿，理学才堪立命安身。凡此，自可作为主流学术影响于普遍价值取向的例子。唐顺之就说过，"唐、宋而下，文人莫不语性命，谈治道，满纸炫然，一切自托于儒家。然非其涵养畜聚之素，非真有一段千古不可磨灭之见，而影响剿说、盖头窃尾，如贫人借富人之衣，庄农作大贾之饰，极力装做，丑态尽露，是以精光枵焉，而其言遂不久湮废"（《与茅鹿门主事书》，《唐荆川文集》卷四）。唐氏笼统地说"唐、宋而下"，事实却是，宋、明文人同在理学氛围中,精神意气仍显然有别。文人文化在两代遭际之不同,也应与理学在其时的意识形态地位有关。当明清之际,情况又微有不同。谈迁《北游录·纪邮上》记吴梅村语:"先儒讲道学,尝浅视之,就其所撰著,往往文人所未逮者,理彻而不须辞而传也。"谈氏自说"闻之瞿然有省"(第86页)。出诸吴氏,是否可以认为与易代过程中遭遇的思想震荡有关,而不宜仅由"时尚""风会"解释?

在理学氛围依然浓重、经学复兴正演成风气的这一时期,能由"影响剿说"中突围而出、于"语性命、谈治道"的风气中自异其面目的,却又是被目为"名士"者——文人中的文人,一种带有"破坏"倾向的文人。此种文人往往根柢佛老,另有学术背景。即如方以智,论诗就出人意表。《通雅》卷首之三《〈诗〉说》:"《诗》者,志之所之也。反复之,引触之,比兴而已矣。世亦有知比者,未可以言兴也。兴之为比深矣,赋之为比兴更深矣。数千年之汗青蠹简,奇情冤苦,犹之草木鸟兽之名,供我之谷呼击节耳。何谓不可引故事?何谓不可入议论?何谓不可称物当名?何谓不可逍遥吞吐、指东画西、自问答、自慰解耶?故曰:兴于《诗》。何莫学夫《诗》。《诗》之广大配天地,变通配四时。惜乎日用而不知,虽兴者亦未必知也。水不澄,不能清;郁闭不流,亦不能清。发乎情,止乎礼义。《诗》以宣人,即以节人。老泉曰:穷于《礼》而通于《诗》。立礼成乐,皆于《诗》乎端之。《春秋》律《易》,言之者无罪,闻之者足以戒,皆于《诗》乎感之。道不可言,性情逼真于此矣。言为心苗,有不可思议者,谁知兴乎?知《易》为大譬喻,尽古今皆譬喻也,尽古今皆比兴也,尽古今皆《诗》也。存乎其人,乃为妙叶。何用多谈!"方氏大《诗》,广《诗》,泛《诗》——其人说《诗》,岂止内行,岂但没有儒者、学人式的迂陋!

即使上文一再提到的后世以"文"名而当时近"道"的文人,也并非一味袭用道学口吻。归有光就说过:"夫文章为天地间至重也。"(《保圣寺安隐堂记》,《震川先生集》卷一五第401页)[1]唐顺之也说:"自古

---

[1] 归氏以为"士大夫不可不知文",倘"知文","上焉者能识性命之情,其次亦能达于治乱之迹,以通当世之故,而可以施为为政"(《山斋先生文集序》,同书卷二第25页)。

文人虽其立脚浅浅，然各自有一段精神不可磨灭。开口道得几句千古说不出的语话，是以能与世长久，惟其精神亦尽于言语文字之间，而不暇乎其他，是以谓之文人。"(《答蔡可泉》，《唐荆川文集》卷七)即使仍不无关于文人的偏见("立脚浅浅")，却解释了其人经久的文化生命。其所谓"文人"，不过有偏至而已("惟其精神亦尽于言语文字之间")；经了他的界定的"文人"，又岂可鄙薄！与唐氏同时并称古文大家的王慎中也说："文虽末技，然人材美恶，风俗盛衰，举系于此，不得自为高阔，持重本轻末之说付之……本末原非两物，岂有不能为文，而可谓之为学者哉？"(《与蔡可泉》，《明代文论选》第175页)到本书所论的时期，钱谦益题纪映钟(伯紫)诗，用了夸张的态度，说"如其流传歌咏，广赉焦杀之音，感人而动物，则将如师旷援琴而鼓最悲之音，风雨至而廊瓦飞，平公恐惧，伏于廊屋之间，而晋国有大旱赤地之凶"(《题纪伯紫诗》，《牧斋有学集》卷四七第1549页)，尽管用了调侃的态度，却令人大可相信，即使在"理学时代"，文人对于其文的价值、功能，也未曾全然失却信念。

陈子龙对儒者论《诗》不表佩服，说："我观于《诗》，虽颂皆刺也。……后之儒者则曰：忠厚。又曰：居下位不言上之非，以自文其缩然。自儒者之言出，而小人以文章杀人也日益甚。"(《诗论》，《陈忠裕全集》卷二一)江右魏际瑞则表不佩服于儒者之诗，说："程、朱语录，可为圣为贤，而不可以为诗；程、朱之人，亦为圣贤，而作诗则非所长也。"原是一种事实，但在当时说出，未必不需要勇气。魏氏还说："语录无语录气，斯谓之佳，而况诗乎？"(《与甘健斋论诗书》，《魏伯子文集》卷二)其弟魏禧也认为儒者之文有七弊，即"晦重""烦碎""泛衍""方板""靡弱""重袭古圣贤唾余""每一开口，辄以圣人大儒为开场话头"(《日录·里言》，《魏叔子文集》)。其中"方板"及"袭古圣贤唾余""以圣人大儒为开场话头"，最是通病。黄端伯更直截了当地说"竖儒不能标胜于文，乃窜于理以自匿，鄙俚不韵，达者迁之"(《瑶光阁集》卷一《理学奇事记题词》)。前于此，祝允明对理学家的文字，就非但不表佩服，且大有讥评。汤显祖也曾说过，"世间惟拘儒老生不可与言文。耳多未闻，目多未见，而出其鄙委牵拘之识，相天下文章。宁复有文章乎"（《合奇序》，《汤显祖全集》诗文卷三二第1138页）。

陈洪绶发表过一篇通达之论，说自己赞同陈继儒（眉公）关于诗文与讽谏的见识，曰："若诗文有不关讽谏者当不刻，有关讽谏而不佳者刻无失，则世不传佳诗文矣。"仅以"讽谏"与否为衡度，即"不知古来诗文有以其品重而传，有其人不足传而文词绝妙，与六经诸子史不朽者"（《题花蕊夫人宫中词序》，《宝纶堂集》）——不同于寻常道学之见，也不同于世俗成见。即使其人"品"不足传，仍无妨于"文词"之传，且"与六经诸子史"同其"不朽"，则"文词"之传不传未必与"道"有关，甚至不必赖有唐顺之所谓的那一段"精神"。这种议论，确非道学中人所敢闻。陈维崧说："为经为史，曰诗曰词，闭门造车，谅无异辙。"（《词选序》，《湖海楼全集·文集》卷三）所谓"无异辙"，未必非意在为诗词争地位。相信"文"有其不依附于"道"的独立价值，汪琬不以为然于儒者所谓"文者载道之器"，质疑文、道关系的普遍适用性。他区分"为文有寄托"与"载道"，曰："夫文之所以有寄托者，意为之也；其所以有力者，才与气举之也，于道果何与哉？"（《答陈霭公论文书》一，《清代文论选》第240页）是否也可以认为透露了风气暗中转移的消息？① 理学语境中"文人"的思想贡献，自然不限于此。这一话题或有机会在其他场合继续展开。

文与学：经学复兴中的"文"论

明清之际的经学复兴，也在该时期的文论中留有显明的印记。即

---

① 汪琬表示，他关心的是文之工不工，而非"明道"与否（《答陈霭公书二》）。计东以为"文章必本于其境，境足以助其识，识足以明其理"（《曹颂嘉文集序》，《清代文论选》第249页）；其所谓"理"，已不限于理学所谓理。毛先舒说："诗之亡也，亡于理胜。非理胜之能亡诗也，以理言理，而情、景亡，并理亦亡，则诗从而亡。"（《青桂堂新咏引》，同书第188页）毛氏又说："文者，理也。而后世言理之文，每不足以为文者，知理以为文，而不知法以为文也。"（《文论二》，同书第190页）其所谓"法"，即后世所谓"文法"，结撰、修辞的技巧、手段。他所讨论的，是文之为文的条件。同篇说："《诗》云：'有物有则。'文理既立，法亦随生，此物必有则也。然则不知文之法者，其果于见理也哉？"（第191页）他说"圣人之立言与文人之修辞""固不侔"（《唐诗解序》，同书第194页）。

如"学"被作为了写作诗文的条件;而"学"首先即经学,在稍为宽泛的标准下,亦作经史之学。①

　　韩愈说"所谓先王之教者……其文:《诗》《书》《易》《春秋》"(《原道》),钱谦益则径指"六经"为"文之祖",且由此而推演出如下的类宗法秩序:"六经",文之祖;左氏、司马氏,"继别之宗";韩、柳、欧阳、苏氏以迄明代诸家,"继祢之小宗"(《袁祈年字田祖说》,《牧斋初学集》卷二六第826页)。也未必非意在为文人之文争地位,说明此"小宗"来历可靠,决非冒认——确也配合了尊经之为风气。甚至某一具体的文人的文字,也要经此确认。钱氏所撰归有光小传就说:"熙甫为文,原本'六经'。"(《列朝诗集小传》丁集中第559页)钱氏是自负其学,决不以"文人"自限的。他用别人的话,说茅坤的才气"殆可以追配古人,而惜其学之不逮也"(同书丁集上《茅副使坤》第405页);批评钟(惺)、谭(元春),说"以一言蔽其病曰:不学而已",学钟、谭者,"便于不说学而已"(同书丁集中《谭解元元春》第572页)。所持的批评尺度,在一时风气中。黄宗羲对钱氏之学却正有不屑,说其人"用'六经'之语,而不能穷经"(《思旧录·钱谦益》,《黄宗羲全集》第一册第374页)。黄氏也批评茅坤"但学文章,于经史之功甚疏"(《答张尔公论茅鹿门批评八家书》,《黄宗羲全集》第十册第172—173页);论侯方域文,也遗憾于其人"不多读书,未能充其所至"(《明文授读评语汇辑》,《黄宗羲全集》第十一册第186页);批评官抚辰"文有奇气而学无原本"(同上第187页)。上文说黄氏是儒者而能文者;在近代学术视野

---

① 经、史被认为有价值等级之别。张履祥说:"读书,学问之一事。就读书而言,经其本根,史其枝叶也。史至后代,尤枝叶之枝叶矣。大约三患均有:事失情实,一也;是非不足劝戒,二也;淫词芜说,三也……若司马《史》、两《汉书》,少壮常喜读之,今久不然矣。昔人所言鸿鹄所以高飞,六翮而已;若夫腹背毳毛,增一把不为多,减一把不为少。窃谓人诚有之,书亦然也。又况横议妄作,非特腹背毳毛之比而已。"(《与何商隐》,《杨园先生全集》卷五)足见其人见识之隘。但其人也有别种说法。如曰:"若夫经之与史,虽有缓急轻重之序,亦难截然分而为二。盖经以立其本,史以验其用,理则一也,宜乎并进其功。人之心思,本自灵通,固不可使其泛用,亦不可使之滞于一隅,局于一节二节也。"(同书卷一二《答姚攻玉》)或亦因人设教。

第七章　文　质

中,黄氏更宜于被目为"学人",如此论文,原是本色。① 被后世目为文人者,当其时多在"学"的一面奋力争胜,且衡文不出于时风众势之外。朱彝尊以为"文章不离乎经术",以此衡文,即见"西京之文,惟董仲舒、刘向经术最纯,故有文最尔雅";"南宋之文,惟朱元晦以穷理尽性之学出之,故其文在诸家中最醇"(《与李武曾论文书》,《曝书亭集》卷三一第393页)。还说:"今日诗家,空疏浅薄,皆由严仪卿'诗有别才,匪关学'一语启之。天下岂有舍学言诗之理?"(《棟亭诗序》,同书卷三九第484页。严羽《沧浪诗话》:"诗有别才,非关书也。诗有别趣,非关理也。")莫秉清《潘蕅臣诗草序》设为问答:"空疏者可以为诗与?博学者可以为诗与?曰:必博学哉!"(《清代文论选》第114页)涉及诗文与"学"、与经史,众口一辞,几无异论。

上文说到对理学家之文的极端推崇。这种评价也由尊经复古的风气中获得了支持。宋濂说"道在'六经'",他称颂周敦颐、程颢、程颐、张载、朱熹之文:"斯文也,非宋之文也……'六经'之文也。文至于'六经',至矣尽矣!"(《徐教授文集序》,《宋濂全集·芝园后集》卷一第1352页)宋氏一再引其先师黄潜关于文与经的说法,如曰"作文之法,以群经为本根,迁固二史为波澜……"(参看其《〈叶夷仲文集〉序》,《宋濂全集·翰苑别集》卷四第1028页)明初文论,承自宋、元,于此有其一致。贝琼以为"文"宜"根于经"(参看其《求我集序》,《明代文论选》第38页);苏伯衡亦主张为文当"根柢'六经',出入子史"(《郭璞集序》,《苏平仲文集》卷五),可见已是常谈、共识。"'六经'之文"乃文的最高典范——明末的有关论说,仍袭此口吻。黄宗羲引归有光语:"为文以'六经'为根本,迁、固、欧、曾为波澜",说"圣人复起,不易斯

---

① 黄氏的弟子万斯同说:"经者,文之源也;史即古文也","诚使通乎经史之学,虽不读诸家之集,而笔之所至,无非古文也"(《与钱汉臣书》,《石园文集》卷七)。方苞有类似说法(参看其《古文约选序例》)。以"六经"(或"五经")为文章之源,确也是成说。宋濂说"文本乎经",刘勰即有此论(《〈白云稿〉序》,《宋濂全集·銮坡前集》卷八第494页。按《文心雕龙》有《宗经》篇)。朱彝尊《答胡司皋书》(《曝书亭集》卷三三)即引颜之推、柳宗元、王禹偁的有关论说,以明其来有自。但"老调子"于明清之际重谈,仍凭借了经学复兴之为背景。

言"(《明文海评语汇辑》,《黄宗羲全集》第十一册第 116 页)。① 焦竑说"文之致极于经","舍经术而能文"即如"舍泉而能水,舍燧而能火,舍日月而能明",对此他以苏氏兄弟为例(《刻两苏经解序》,《澹园集·澹园续集》卷一第 750 页)。王夫之论苏轼,却尤不能容忍"轼亦窃《六经》而倚孔、孟为藏身之窟"(《宋论》卷一三第 296 页)。无论正反,都可证文人而借重《六经》、孔、孟,至韩、欧、曾、苏始成风气。文人所承,也即这一种传统。

王夫之有限地肯定了王安石的取士以经义代诗赋。② 经义取士作为制度影响于一时代文风、学风,无可比方。明末的有关论述,与党社运动中研讨制艺的风气,毋宁说更直接相关。应社课艺即宗尚"六经",有"五经应社"之选(参看朱倓《明季社党研究》、谢国桢《明清之际党社运动考》)。由此一角度看,文事与经学的关系,一定程度上是由朝廷功令认定的:作为应试文体的经义,无疑扮演了举足轻重的角色。科举制度对传统文人世界的颠覆与重构,是其所实现的社会/文化功能的一部分。至于发生在明清之际的经学复兴,经学、考据学显学地位的确立,也使文人与其文一道,经历了文化格局内部的结构性调整。依循上述线索,当可寻绎文人传统地位的丧失,是在怎样的政治、文化运作中完成的。

以上所引某些议论倘置诸其时的语境,又令人不难察觉以经学代理学,旨趣暗移的消息。同属谈"学"、谈"文"与"学",其间仍有或隐或显的区分,有有待辨识的细微差异。如王士祯所说为诗"根柢原于学问,兴会发于性情"(《突星阁诗集序》,《清代文论选》第 354 页),"性情"无论,即所谓"根柢",就包括了《风》、《雅》、楚骚、汉魏乐府诗、九经、三史、诸子,越出了"六经"、经史之学的范围。黄宗羲相信"若只

---

① 黄氏说:"文必本之'六经',始有根本。唯刘向、曾巩多引经语,至于韩、欧,融圣人之意而出之,不必用经,自然经术之文也。"(《论文管见》,《黄宗羲全集》第十册第 649 页)王夫之对于韩、欧,必不作如是观。

② 王夫之论取士以文赋、以经义,曰:"自隋炀帝以迄于宋,千年而以此取士,贵重崇高,若天下之贤者,无逾于文赋之一途。""于是而王安石之经义,虽亦末耳,而不伤其本,庶几华实兼茂之道也。元祐革新法,而并此革之,过矣。"(《读通鉴论》卷八第 324、325 页)

从大家之诗,章参句炼,而不通经、史、百家,终于僻固而狭陋耳"(《南雷诗历·题辞》,《黄宗羲全集》第十一册第 203 页)。不但有经、史,且有百家,开出的途径,已有广狭之别。王夫之以"必求出处"为"宋人之陋",说"尤酸迂不通者,既于诗求出处,抑以诗为出处考证事理"(《姜斋诗话·夕堂永日绪论内编》第 835 页)。由此可知,他关于"诗"与"学"的关系,所见必不同于时论。由他的诗话及对楚辞的诠释(参看其《楚辞通释》),可知决不会作出《日知录》论《湘君》那样的文字(该书卷二五"湘君"条)。钱谦益为陈继儒鸣不平,说"一二儒者,必欲以经史渊源之学,引绳切墨,指摘其空疏,而纠正其踳驳,亦岂通人之论哉!"(《列朝诗集小传》丁集下《陈征士继儒》第 638 页)

至于发生于此后历史时间中的演变,已非本章讨论的内容。可以相信理学语境与朴学语境中的文质论的不同;发生在其间的理学影响力的强弱变化,士人衡文尺度的调整,不消说是值得讨论的题目。

附录一 易堂三题

我曾以《易堂寻踪》为题,叙述以"易堂"自我命名的这一群体当明清易代之际的聚合与流散。本文则选取几个侧面,以此一群体为个案做"士文化现象"的分析——其时士人的用世与谋身,他们对于"幕宾"这一角色的评价及与作幕有关的经验,以及一时作为风尚的士人的豪杰向慕。我的意图在于由这一组特选的人物,看士大夫在历史剧变关头自我认同与追寻人生意义的艰苦努力。易堂或不足以作为其时士大夫的标本,却因了诸子僻处赣南,思理与东南人文荟萃之区互有异同,有可能作为某种意义上的标本。

关于易堂

明清之际赣南的所谓"易堂九子",即宁都魏氏兄弟魏伯子际瑞(善伯)、魏叔子禧(凝叔,亦作冰叔)、魏季子礼(和公)与他们的友人彭士望(躬庵)、邱维屏(邦士)、李腾蛟(咸斋)、林时益(确斋)、彭任(中叔)、曾灿(青藜)。被归入"易堂"者,上述诸子外,还有他们的门人子弟,如梁份(质人)、魏世杰(兴士)、魏世傚(昭士)、魏世俨(敬士),以及吴正名、任安世、任瑞等人。易堂是明清之际以避乱为机缘,有地缘、亲缘色彩的士人结社。九子中邱维屏为三魏的姐丈,曾、魏则互为婚姻;其他尚有彭任之女嫁李腾蛟之子,魏际瑞之女适彭任之子(魏伯子之女,一适曾氏,一适彭氏)。《宁都县志》卷六《人物·寓贤》林时益传,曰林氏避地宁都后,与三魏、李腾蛟、曾灿、彭任"为兄弟交,其子孙亦各以世次为兄弟"。可知除"亲缘"外,更有意结成类亲缘的关系。此种情况,自与战乱造成的地域分隔有关。易堂后人说:"吾前辈九先生,远者来自千里之外,聚处一堂,以真信诚笃教子弟……视朋友之父母子弟,如伯叔父母子弟,跪拜坐立,一若同姓,迄五十余年不少变。"(《答彭汝诚书》,《魏昭士文集》卷二)这样的结交当着乱世,自然有强化认同的功能。

关于九子的聚合及易堂始末,魏禧的《翠微峰记》、彭士望的《翠微峰易堂记》均有记述。名之曰"易堂",则在时尚中,尽管九子中除邱维屏外,并无《易》学修养。[1] 王夫之以为《易》在乱世的功用,尚在"宅心养气","永日俟命",不唯卜气运耳。易堂诸人讲"屯"卦于避乱之际,自合时宜。[2]

其时士人以避乱为因缘、取聚居形式的集结,著名者有北方孙奇逢倡首的双峰之盟,江南则应推易堂。大致同时的陆世仪亦欲邀集同志者于江村而未果。[3] 这一种士人的聚集,与有明一代大盛于南北的会社,有性质、功能、组织形式之别。同为具防卫功能的聚居者的群体,据彭士望的有关记述,较之孙奇逢等人崇祯年间的扫地而盟,易堂似规模小而组织严密。无论双峰还是易堂,都有临时性,有战时色彩,突出的是其生存的而非学术的意义。就中易堂的特殊之处在于,作为建立在

---

[1] 邱维屏(邦士)是易堂九子中以学术见称的仅有的一位,其造诣颇为魏禧等所乐道。禧说"余姊婿邱邦士天资高,于《易》数、历学及泰西算法不假师授,皆能造其微,桐城方密之先生叹为神人,所著历书未就而卒"(《历法通考叙》,《魏叔子文集》卷八)。方以智《游梅川赤面易堂记》也说,"邱邦士来语象数,有神解,因以研极望之"(《浮山文集后编》卷二)。

[2] 王夫之《搔首问》说到黄道周狱中算历,曰"亦宅心养气之善术";又说到文王羑里演《易》"亦未尝非此意也。特于义尤精,于道尤弘,六十四象,何尝以忧患之情见于辞,方是塞乎天地之间"(《船山全书》第十二册第637页)。彭士望《翠微峰易堂记》记易堂于乙酉之际始经营,丙戌诸子"始决隐计",丁亥冬"诸子言《易》,卜得离之乾,遂名'易堂'"(此文刊《彭躬庵文钞》卷五,《树庐文钞》有目而无文)。魏禧《论屯卦》一文后自记:"戊子、己丑之间,同诸子于翠微讲《易》,人日一卦。"(《魏叔子文集》卷二二)但禧对其时已时尚化的"患难读《易》"又不谓然,说"俨然以文王自处,殆失忠臣所用心矣"(同书《魏叔子日录》卷三《史论》)。

[3] 张履祥所拟《保聚事宜》,亦对战时乡村社会组织的设计(士民的防御共同体),并期其成为半永久性的组织。尽管当其时未见诸施行,仍可资考士人政治设计的能力及有关思路。

相互认同基础上的共同体,其成员在避乱、防卫中所建立的精神联系,即使在聚居形式解体后,仍作为精神象征发挥着作用。

明代江右有人文之盛。明初大儒吴与弼,与邓元锡、刘元卿、章潢,号称"江右四君子"(《明史》卷二八三)。吴与弼、胡居仁、罗钦顺、邹守益、聂豹、罗洪先、邹元标,均为儒学史上人物;其中邹元标等"理学名臣",学术事功俱有可观。震铄一时的江右人物,另有颜山农(颜钧)、何心隐(梁汝元)等。明末则有著名文人汤显祖,以及著有《天工开物》的宋应星。明清易代之际,姜曰广、李邦华、袁继咸、杨廷麟、黄端伯等著名"忠义",知不可而为,力图挽狂澜于既倒。以身殉明的,尚有长于辞翰的艾南英。钱谦益撰李邦华神道碑,说:"余惟吉州士大夫崇理学,厉风节,彬彬邹、鲁,邹忠介、李忠文其眉目也。"(《牧斋有学集》卷三四第1234页。按邹忠介,邹元标;李忠文,李邦华)另在《云南按察司佥事陈君墓表》中说:"谦益壮岁登朝事,友江右之君子,三十年来,推邹忠介、李忠文为眉目。二公者,芒寒色正,如五星之丽天",以下说"江右士大夫""江右人物""江右之声气""江右之士气",以为"江右之士气,关乎国运"(同书同卷第1236、1237页)。易堂魏禧、彭士望等既非名儒又非名臣,或不足与上述人物比肩,其人格的生成,却应赖有江右人文风土的滋养。①

"易代"这一事件,覆盖了不止一代士人的生活,并为他们的创造物涂染了颜色。易堂的构建固然赖有乱世,诸子的人生选择与命运,也无不关系时世,须由"易代"来解释。倘若意在考察"易代"之为历史情境深入士大夫人生的程度,以下题目无疑可以作为视点。

用世与谋身

易堂诸子中,易代之际有参与抵抗的经历的,似仅彭士望与曾灿。据彭氏《与方素北书》(《树庐文钞》卷一),他曾短暂地居官,为城守,

---

① 江右遗民有名于时者,易堂数子外,尚有陈弘绪(士业)、徐世溥(巨源)、王猷定(于一)、欧阳斌元(宪万)、宋之盛(未有)、谢文洊(秋水)等。

理讼事。在《与李元仲书》中，他说："甲申后，江南督师之起，望未尝不在其侧，所与游王侯将相以至布衣徒卒方外之士，其死者尝数百十人，而望卒未死。"（同书卷二。按李元仲即李世熊）"江南督师之起"云云，说的是他入史可法幕的一段故事。陆麟书《彭躬庵先生传》对此有记述。魏禧则谈到彭氏与杨廷麟的关系："乙酉，辟地宁都。会宁都土人大乱，躬庵应机部公召，护军西行。"（《彭母朱宜人墓志铭》，《魏叔子文集》卷一八。按机部即杨氏）曾灿也参与了杨廷麟组织的抵抗。《宁都县志》卷六《人物·隐逸》曾灿传，曰"顺治二年，杨廷麟竭力保吉、赣，应遴计闽地山泽间有众十万，俾灿往抚之。灿既行，而应遴病卒，赣亦破，乃解散去"（按曾应遴，曾灿父）。曾灿本人一再谈到自己的那段经历，引以为荣。① 魏氏兄弟中，伯子、季子均有性质较为复杂的政治经历，当其时最负盛名的魏禧，却像是只有"文字经世"的记录。其人不曾涉足仕途，却在与他人的游戏中"除拜"百官且"悉依国制"（参看《宿江尔慈药室出所次百官图占骰掷之除拜悉依国制激劝兼有复览佳诗率尔有作》，《魏叔子诗集》卷六），那心理颇堪玩味。以魏禧的思想性情，当此之际决非不欲有为，或者只是无下手处而已。梁份曾惋惜魏禧"生平事功，无从表见"，不得已而"见诸文字"。梁氏自说曾就禧"区画大事"，"意将见诸行事，使苍生实被其泽"，而禧亦能"因以不朽"（《哭魏勺庭夫子文》，《怀葛堂集》卷八），看来并无结果。当然，也因了系纯粹言论层面的"经世"，不曾被"事实"损伤，也无须经历现实政治中所不可避免的妥协、折衷。

那个天崩地坼的时代有太多故事，因而彭士望、曾灿的上述经历，当其时已不足以骄人。至于魏禧这样志在经世的士人，不能"见诸行事"毕竟是太大的缺憾。这多少也因了其时士人中常见的一病，即所悬目标太过高远，失却了施行的可能。易堂人物就不曾如陈瑚的在蔚

---

① 他自说"赣州之役，受知于清江杨相国。自分食人之禄，死人之事，丙戌、丁亥之间，几不免有杀身之祸，出亡在外，累及数年"（《答王山长》，《六松堂集》文集卷一四。按杨相国指杨廷麟；此王山长乃湘人）。同书卷四有五律《率四营兵援赣》。钱澄之也说曾灿曾"直造贼中，招抚四营数万众出。四营背盟，自相争杀，青藜复单骑入其军，抚定成盟而还，诚奇士也"（《在赣州与徐阆公书》，《藏山阁文存》卷二。按青藜即灿）。

村,从事地方社会的建设工作。据说明代曾有士人从事"下层经世"(参看王汎森《清初的下层经世思想》一文,台湾《大陆杂志》第九十八卷第一期)。三魏文集中绝少与"乡族"有关的文字;除有限的慈善活动外,几不出精英士大夫的圈子,对于民间以至宗教活动均似不曾稍深地介入。九子中关心乡村基层建设的,似乎唯有李腾蛟。李氏说:"今吾乡为瘠土,民为劳民,固未有不义者,然太邱家风、蓝田乡约,于士多人众之族,尤不可以不讲。"(《凝瑞先生七十一序》,《半庐文稿》卷一。按太邱,陈寔;蓝田,吕大钧、吕大临等)却也未闻李氏在此方面有何作为。

易堂是纯然士人的小规模的集合,以砥砺志行为目标。由彭士望的上述政治实践,以及下文将要谈到的魏际瑞、曾灿的作幕,可知易堂诸人所选择的作用于当代的途径,乃是经由"上层",属于顾炎武所说"依城堡而架椽"(见下文)。当其时着眼于民间社会,关注地方建设,从事宗法重建,以教化(被作为"复礼"的基础性工程)为己任的,更是儒家之徒。至于易堂诸子的选择,如我将要谈到的,也应基于有关成效(亦"功利")的估算。

这些人物值得注意的,不如说更是一再诉诸文字的用世冲动,对事功的渴欲。他们倒是以有关的表达,作成了一种特色。即如彭士望自说"不徒以独善自画,其于世教、人才、民生、国恤,须以为饥渴性命,磨励讲求,归之实用"(《与贺子翼书》,《树庐文钞》卷二);邱维屏曰彭氏"惟恐人洁身自了,忘却世界"(见同文附录)。还应当说,彭士望、魏氏兄弟,确也表现出了对世情的谙悉。魏禧《赠黄书思北游序》(《魏叔子文集》卷一〇)叙述其时江西、江南、扬州战乱灾荒中生民的苦况甚悉。其《赠宋员外榷关赣州叙》由榷关说关税之当革者,也显示出了对于政治利病的洞察力。尽管在事功的方面乏善可陈,他们彼此间却不吝称许,用了一种天真的态度。魏礼说其叔兄魏禧游东南,"诸君子咸谓先生(即禧)有古宰相才度,惜乎赍志以没也,然所著《左传经世》亦足征其用矣",竟借了他人之口,拟禧于房玄龄、李邺侯(《先叔兄纪略》,《魏季子文集》卷一五。按李邺侯,李泌)——正有那个时代的士人往往不免的夸张。

魏禧不事经学，唯一与经学似有关的著作，即魏礼上面提到的《左传经世》。禧对其这一著作颇自负，说"尝就正有道，谬许为二千余年所仅有"（《答汪舟次书》，《魏叔子文集》卷五）。文集收入了禧本人所撰《左传经世叙》，曰："禧少好左氏，及遭变乱，放废山中者二十年，时时取而读之，若于古人经世大用、左氏隐而未发之旨，薄有所会，随笔评注，以示门人。""读书所以明理也，明理所以适用也。故读书不足经世，则虽外极博综，内析秋毫，与未尝读书同。经世之务，莫备于史。"（《魏叔子文集》卷八）由该文看，所谓《左传经世》，即魏禧读《左传》的评注；其他有关的文字，尚有杂论二十篇、"书后"一篇、课诸生作"杂问"八篇。文集外篇卷二诸论，即应在其中。此卷卷首叔子有"余作'春秋列国论'十余篇，录其可仅存者六篇"云云，六篇当指《周论》《鲁论》《郑论》《晋楚论》《秦论》《吴越论》等。该卷尚有"春秋战论"八篇（"城濮"论等），及《兵谋》《兵法》两篇，均为借诸《左传》的谈兵之作。魏伯子之子魏世杰在其《左传经世钞跋》中，说禧经历"天下之大变大故"，其所阅历"无不于左氏相触发，以得古人深心大略于不言之表，然后知《经世》一书，非必于左氏得之，而特于左氏发之"（《魏兴士文集》卷四），可谓善读叔子；也可知《左传经世》一书于康熙十六年世杰死难之前，已具规模。但由魏礼书札看，此书并未于叔子生前"卒业"（《魏季子文集》卷九《答徐孝先》），因而礼曾谋"搜葺遗卷，补缀成书"（同书卷八《答李元仲书》）。另据魏礼之子魏世俲《与韩慕庐宗伯》，该书由世俲续完，约七八百页，其时尚未付梓（《魏昭士文集》卷二）。此书我搜求未得，或许并未传世。据收入文集的如上诸篇或可以猜想，所谓《左传经世》，是以《左传》为阐发对象的政治策略（包括军事方略）论，与兴起于其时的经典考辨，无论目标还是方法，均大异其趋。

《左传》向被作为谈兵之资。关于万历朝陈禹谟的《左氏兵略》，四库馆臣曰："其例取《左传》之叙及兵事者，以次排纂……非惟无关于《春秋》，并无关于《左传》，特借以谈兵而已。"曰崇祯朝曾益《左略》"专摘《左传》所言兵事凡五十六篇，每条标以名目。陈禹谟《左氏兵略》尚援引他书，疏通证解。此但摘录传文，益无可采矣"。曰宋徵璧

《左氏兵法测要》"节略左氏所纪兵事,而论其得失。春秋车战,事与后世迥异。徽璧引以谈兵,殊为不达时变也"(均见《四库全书总目提要》子部兵家类存目)。杨慎曾由文章的角度批评《左传》,说"左氏浮夸繁冗,乃圣门之荆棘,而后人实以为珍宝,文弊之始也"(《辞尚简要》,《明代文论选》第130页)。想必魏氏兄弟不作如是观。

由于明亡的刺激,在明清之际的一段时间,时务(天下利病、为政得失)几成士林的共同话题。黄宗羲的《明夷待访录》,王夫之的《读通鉴论》,顾炎武的《郡县论》《钱粮论》《天下郡国利病书》,吕留良的《四书讲义》等,即产出于此时的经典之作——即使当时并未行世。魏禧的治"《左》"学而以策略(政术)为考察对象,看似偏锋,却也可以置诸此一特殊时世来解释。至禧对于策略的偏好,不消说着眼于策略之为"政治"的直接性,易于满足功效期待:与诸子处"易代"的姿态一致。他的《左》学的那种策士式的"经世"思路,与我在下文中将要谈到的易堂诸子对"权""术"的态度、与明清之际士人的游幕之风,均密切相关。

以史论为政论,原是士人论政的传统形式;书生即"朝不坐燕不与",也无妨于借诸史事评论朝政得失。不在其位,不妨议论其政,不妨自我假定当其政。史论即往往被用于此种"假定"。顾炎武说:"引古筹今,亦吾儒经世之用。"(《与人书八》,《顾亭林诗文集》第93页)万斯同也说,倘留意于史学,"不但可以通史,并一代之制度,一朝之建置,名公卿之嘉谟嘉猷,与夫贤士大夫之所经营树立,莫不概见于斯,又可以备他日经济之用"(《寄范笔山书》,《石园文集》卷七)。论史而以"资治"为期待,毋宁说已成士人积久的信念。王夫之解释"资治",曰:"'资治'者,非知治知乱而已也,所以为力行求治之资也。"具体的途径,即"设身于古之时势,为己之所躬逢;研虑于古之谋为,为己之所身任";在他看来,倘能"取古人宗社之安危,代为之忧患,而己之去危以即安者在矣;取古昔民情之利病,代为之斟酌,而今之兴利以除害者在矣"(《读通鉴论》卷末《叙论》四第1181、1182页)。即运用"历史智慧",以"设身""研虑"的智力活动为中介,以"行己以无辱"(去危即安)、"力行求治"(兴利除害)为目标——由此统一了"知—行"。① 至于文人读史,往往即读其破绽,读其可疑,揣摩其可能性(或然),其非止一解,其策略得失之不易论定。明清之际以文人而雄于史论、策论的,吴应箕就是一个。至于易堂诸子,对史兴趣浓厚的非止魏禧,彭士望也自说其"手评司马光《资治通鉴》自周、秦迄五代二百九十四卷,《春秋》五传四十一卷"(《树庐文钞自叙》),可惜也未见刊行。

据《明史》,"守仁之门,从游者恒数百,浙东、江西尤众",其学"传山阴、泰州者,流弊靡所底极,惟江西多实践"(卷二八三)。易堂诸子与江右王学几无关涉,却未必没有受到风气的熏染;诸子的经世热情、豪杰向慕,他们所从事的道德修炼,都多少系于那一种流风余韵。对于王阳明,魏氏兄弟、彭士望更备极仰慕。他们服膺于王氏的,包括了事功与文字——与王氏在赣南的文治武功,自不无关系。魏禧曰:"阳明《别录》,有识者推服为古今文告第一。盖文成公平贼诸疏,及区处平服地方疏,其思虑精密,仁之至义之尽,虽圣人复起无以过,而文章雄肆巨丽,则又汉、宋以来文人所不逮。"(《四此堂摘钞叙》,《魏叔子文集》卷八)他为蔡懋德作传,批评"世儒之谈道学,其伪者不足道,正人君子往往迂疏狭隘弛缓,试于事百无一用,即或立风节轻生死,皎然为世名臣,一当变事,则束手垂头,不能稍有所济",作为对比的,即"王文成公以道学立事功,为三百年一人,洒北宋以来儒者之耻"(同书卷一七《明右副都御史忠襄蔡公传》)。彭士望不惜过甚其辞,说王阳明"其品为完人","一洗千百年儒者坐论迂疏之陋",倘得"柄用","则其治可侔伊、周"(《与谢约斋书》,《树庐文钞》卷一)。魏礼也有王阳明为"三百年来一人"。(《与邹幼圃书》,《魏季子文集》卷八)。

彭、魏既不自居道学,就往往言儒家之徒所不敢言、不便言。彭士

① 王夫之说:"所贵乎史者,述往以为来者师也。为史者,记载徒繁,而经世大略不著,后人欲得其得失之枢机以效法之无由也,则恶用史乎?"(同书卷六第225页)还说,"史之为书,见诸行事之征也,则必推之而可行,战而克,守而固,行法而民以为便,进谏而君听以从"(同书卷末《叙论》三,第1178页),更责之以实用功能。但周好《中国近代经世派与经世思潮研究》据此认为王夫之"是清代最早正式提出'史学经世'这个观念的人"(第36页),似乎根据不足。

望自说"生平最喜司马德操云'儒生俗吏不识时务,识时务者在乎俊杰'"(《莳刍别同学诸子》,《树庐文钞》卷一〇)。此意他一再说到。魏禧则如响斯应,且对上述司马徽(德操)语进一步解释道:"专言'俗吏'何也? 盖能审天下之大势,定天下之大变,用天下之大机,而后谓之'识时务'。彼循良贤能,所见不逾尺寸之间,所营不出绳墨之内,皆可以'俗吏'概之矣。"(《日录》卷三《史论》)与易堂(尤其魏礼)过从甚密的所谓"北田五子"中的陈恭尹(元孝),也说"儒生俗士,安识时务,识时务者在乎俊杰",还说他自己"常谓此十六字几可与'危微'数语并传"(《复八十老人祝石书》,《独漉堂全集·文集》续编)。这种话,岂是道学之士所能说得?

　　既如上文所说,诸子不取"下层经世",进入权力机构(仕)或辅助权势者(入幕),就被认定为作用于斯世的最有效的途径。这也可以解释即使格于"遗民"身份,魏氏叔季表达有关"仕"的价值态度仍不取折衷——无非基于对"直接性"的极端注重。在这一点上,他们与王夫之的见解似有同然。王氏曾一再强调"仕"作为士的选择的优先性。魏禧说倘若"人皆矜明哲",那么"衰世谁与易"? 他认为应当是"处者表风规,出者怀匡植"(《咏史诗和李咸斋》,《魏叔子诗集》卷四);说元结"古直清恬,其人其诗皆可敬,但不乐进仕意时时在口,不独有伤诗情,使人疑其胸中未广"(《日录·史论》)。在《诗遁序》中反复说"遁非君子所得已也"(《魏叔子文集》卷九)。可知其人不仕,正出于"不得已"。①

　　在上述题目上,魏礼的态度,与其兄无异,论说却更有其精微。如我已在其他场合引过的他的说"仕":"四十曰'强而仕'。夫'仕'者,非必受官服政也,有仕之道者皆是也。""仕也者,必能有施设于世,有

━━━━━━━━━━

① 易堂子弟魏世俲也说禧"非尚石隐",始终有用世之志(《勺庭伯父五十又一序》,《魏昭士文集》卷三)。魏禧议论有甚苛,有不甚苛,可联系于其思想主张解释。即如对于管宁,禧的评价即大异于王夫之,他说:"管幼安,哲士也,非义士也;可谓之辟地,不可谓之辟世。当汉祚倾危,不能如襄阳、南阳志匡王室,及曹丕既篡,中原无事,此正鲁仲连蹈东海之时,宁乃翻然率其族属以归。彼之高蹈辽东,但欲辟乱全身耳,与伯夷、太公待清之意异矣。"(《日录·史论》)王夫之之论管宁,见《读通鉴论》卷九。

补于生民,有济于君,夫然,虽未仕,有仕之道矣。"(《赠涂生尚崔四十序》)他还说:"贤者抱道而隐,必出而有所可见;其隐也,必有事。故《易》之'潜'曰:君子以成德为行,日可见之行也。"(《赵松雪所画陶迹跋》,《魏季子文集》卷一一)

其时遗民中自有关心时务、不甘枯槁者,但如魏氏兄弟这样志在用世且热切至此的,却也并不多见。全祖望《鲒抄》有所谓"士若不通今,何以知世务。士或过通今,行且败吾素"(《鲒埼亭诗集》卷八)——何况处乱世!"通今"、用世而能名节无亏,则难之又难矣。魏禧曾鼓动其门人熊颐出(非指出仕,而是出应世务),却又有逾限之虞,自说其欲进熊氏于"达节",却不乐见其"因而走俗",说其人"前当于介处求通,今更当于通处全介"(《与门人熊养及》,《魏叔子文集》卷七)。既不欲"独善"又不肯"濡染"(用了魏禧的说法,即"不袖手"也"不濡足")①,"通"而又"介"——他们为自己选择的处乱世之道,确有其难。但我猜想,这或许也因了寻求"通"(也作"达")、"介"间的平衡,更富于挑战性的吧。尽管易堂诸子所处地位,限制了他们的实际作为,并没有留下更为精彩的故事。

与当世的关系,是遗民生存的一大难题。易堂诸人的选择与对选择的辩护,也不免转在这根轴上。其实这些人物除李腾蛟、彭任外,并无洁癖;如魏礼、曾灿等人,更不甚拘形迹(上文提到的陈恭尹,也以不拘形迹见讥);或许倒是我自己将他们处境之难夸大了。彭士望在与张自烈的书札中说"心/迹",曰:"古今学术,惟心与迹之辨。其心如是,虽五就桀不失为伊尹,顾无如世独以迹绳君子耳。"(《与张苴山书》,《树庐文钞》卷三)魏礼也曾对人说:"人论君之迹而略其心,予知君之心而不泯其迹。"(《犀厓子墓志铭》,《魏季子文集》卷一四。按犀厓子即易学实,鼎革后应试)由曾灿《奉赠钱牧斋宗伯》的"诗书可卜中兴事,天地还留不死身"(《六松堂集》卷六),也可推知

---

① 魏禧说:"世事益不可恃,人才寥落,太平无期。志士于此袖手则不仁,濡足则不知,往往巡檐浩叹,自处无策也。然不袖手不濡足之间,正有不害为仁且知者。"(《与李元仲》,《魏叔子文集》卷七)他正欲自处于"不袖手不濡足之间"。

他关于"节操"问题的态度。凡此，均可注易堂中人易代之际的姿态。

对于诸子中尤为活跃的魏氏兄弟，时论未尝没有异议。施闰章《魏和公五十序》就叮嘱魏礼"摧壮心，养余年，优游一庐之中，讲道咏歌，毋雄谈负胜气、为好事者所指名。庶几雍肃孝友，全处士之义"（《施愚山集》第一册第177页），固然意在保全，却也含蓄地提示了遗民的处世之道，所针对的，应当是魏礼的干预时政，言地方利病。或也为了回应这类批评，彭士望说，如魏礼者，不甘于"伏处穷约"，出而为人"解患释纷"，固不能免于"虚与委蛇"，"非恒情之所能测"（《魏季子五十一序》，《树庐文钞》卷七）。宁取违拗"恒情"也不取独善——魏氏兄弟原是将其人生意义锁定在"求有用于世"之上的，为此而有所玷污也在所不惜（如魏伯子际瑞）。

如若能认定明清之际发生过所谓的"学术转型"，魏禧、彭士望的上述价值取向，所证明的则是士人当此际选择的多样性。当着理学仍系显学，佛学对士人（尤其遗民或有遗民倾向者）仍维持着相当大的吸引力，而考据之学正在兴起，易堂如彭、魏的自我定位，其所弃所取，是相当自觉的。他们（除邱维屏外）固非学问中人。彭士望更坦然自承其"独不喜章句碎细比栉，甚或讹字画音韵时有之"（《与方素北书》，同书卷一）。他们也非其时所以为的道学。魏禧答施闰章书，说："若夫性理之学，禧生平疏于治经，儒先之书，间一浏览，未尝专意讨索。"（《答施愚山侍读书》，《魏叔子文集》卷六）他们无意于学佛。对方以智，禧说自己"既不束身道学"，又"不好禅理"（同书卷一〇《送药地大师游武夷山序》）。魏礼也说自己兄弟"志不学佛"（《答友人书》，《魏季子文集》卷八）。易堂魏、彭的确没有宗教倾向，无论儒、释、道，因此而少羁束，却也因此而飘浮，像是缺少根柢。魏际瑞却又界定了另类的"道学"。他有《与人》一札，径说"某辈道学，闭门可以修斋诵经，开门亦可以杀人放火"（《魏伯子文集》卷二）；叔子于此击节道："奇险语。然是至理。若道学不能杀人放火，毕竟未曾致知格物。道固有当现魔王身而说法者，自古圣贤大儒皆有之，勿河汉斯言。"他无疑乐为此种道学。彭士望更界定了他所以为应然的"儒"；其所谓"明之儒"，即"明之名臣、正士"(《明儒言行录叙》,《树庐文钞》卷五)。他本人未必不自居于此种儒。同文批评道学"滞于理","不能通万物之情",亦切中肯綮。①

至于彭士望的说"虚—实",正在其时道学批评的语境中。他致书宋之盛,说:"天下五六十年,患虚病极矣。其下者不足言,文章、经义、名誉、气节,皆虚病也。"(同书卷二《与宋未有书》)对时代病的诊断,与其他有识者不谋而合。儒学中本有此一种反省角度。高攀龙就说过:"毕竟实病易消,虚病难补。今日虚证见矣……"(《高子遗书》卷四)其所谓"实",指"人伦庶物实知实践","虚"指"灵明知觉默识默成",是其所概括的儒学内的两种取向。黄道周称引施邦曜如下的话:"天下病虚,救之以实;天下病实,救之以虚。"(《王文成公集序》,《黄漳浦集》卷二一)金声则引王阳明语:"天下之乱,由虚文盛而实行衰也。"(《蒲圻曾成西父母文序》,《金忠节公文集》卷六)清初颜元好说"虚""实",即如说"实学实教""实习""实文""实行""实体""实用",说"为天地造实绩",说"宁为一端一节之实,无为全体大用之虚"(《存学编》卷一《学辨二》,《颜元集》第54页),说"实位天地、实育万物",其反面,即"虚浮"(《存学辨》卷一《上太仓陆桴亭先生书》,同书第48页)。颜氏认定"今日满天下都是个虚局"(《四书正误》卷六,同书第231页)——与彭士望所见症候差似。可知"虚—实"论亦其时"时论"之一种,只是"虚""实"的具体所指,仍不免人各不同罢了。

耐人寻味的是,大言经世的易堂中人,几乎全不涉及"财—利",竟也与道学相似。易堂魏禧、彭士望所不讳言的,是"事功"意义上的"功利",而非"财""货"那一种"利"。他们可以在预设前提下谈论"术"

---

① 易堂非严格意义上的学术群体;九子的学术取向非即一致。即彭、魏,对道学的态度也不免复杂。魏禧说过:"或问子于世间最敬何等人?曰:'敬真道学,甚于敬忠臣孝子。'最恶何等人?曰:'恶假道学,甚于恶乱臣贼子。"(《日录·里言》)他一再自说"愧不能学道"(《甘健斋轴园稿叙》,《魏叔子文集》卷八)。还说:"禧尝以谓忠孝之人有不道学者,未有道学而不忠孝者。"(同书卷一七《明右副都御史忠襄蔡公传》)于此又可感主流思想的强大影响力。

"权",在"理财"这一题目上,却毫无贡献。"财之于势,固英雄之所必资,而大圣人之所必用也,何可言无也?(《道古录》卷上,《李贽文集》第七卷第358页)——这种意思,也要李贽这等人物,才能坦然道出。可叹的尚不止此。其时志在经世者另有一种讽刺性,即往往不能自谋其身。与彭、魏同时的北方豪杰之士王源诉说其谋生的艰难:"士有非常之志而无所遇,不能躬耕服贾,则必精一艺为资身之策。"他自愧不能,"譬如钓鳌沧海,终年不得遇,坐视鲲鲤数千百辈经于前,不能垂竿下指,以致守饥坐困"(《送顾生序》,《居业堂文集》卷一五)。当然,这类人物谋生手段的匮乏,只是在现代人眼中才像是一种讽刺。在易堂的时代,不事生产乃士人的常态,而疏于谋生则被视为德行。在其时士夫的思想逻辑中,经世与谋生,非但属于不同的范畴,且有价值等级的悬绝。魏礼坦然说自己"少不理家人事,任其有无",于此效其父"余风"(《析产后序》,《魏季子文集》卷七)。魏禧说彭任"隐居,又不事生产,先人所遗田亩租税、出入征赋,及米盐细碎",皆其妻"主会计"(《彭母温孺人墓志铭》,《魏叔子文集》卷一八)。魏世俨说其外舅曾灿"数十年来,人所赠遗及家所故有,手挥掷白金万千百两。若肯以家人生事为念,丰富可甲于邑屋,莫之与京;乃今犹不免饥驱,奔走行旅,毕世两地,妻子皆有继日之忧"(《同蔡舫居祭外舅曾止山先生文》,《魏敬士文集》卷六)。这原是文人惯习,在曾灿,又系一种贵介习气。易堂诸人并非全无反省。曾灿就曾说到他们的朋友陈恭尹"擅计然之术,家有余财,不致俯仰失所,尤为吾党之所矜重",承认"我辈逐名者多而治生者寡"(《与陈元孝》,《六松堂集》卷一四)。①

其时的士大夫即使肯定"富强"作为国家目标,也有可能鄙夷个人的致富欲求。王夫之注重民生,主张富民("丰其生"),认为"善治民者,广生以息民"(《诗广传》卷一,《船山全书》第三册第351页);论"勤",却态度苛刻(《俟解》,《船山全书》第十二册第479页)——显然将国家目标与个人的财富追求区分了开来。对于士人的富家,论者乐

---

① 易堂中人所从事,除幕客外,多属传统职业,如塾师(魏禧、李腾蛟);彭士望于农事外,尚以"相地"谋生。就中倒是以力田种茶的林时益,最称从容。

于由能力、才具的方面欣赏，通常的解释是，其人不得大用（于朝廷），不得已而以余智饶其家。在有关的论述中，居家理财的能力，又往往被视为"政治才能"——治家与治国在性质上似无区分。清初李塨力田致富，招致非议，他为自己辩护道："非以求富也，聊以自守也。平生志欲行道，今年已迟暮，知无用矣。故遁迹田园，胼手胝足，则雄杰之余勇也……"（《李塨年谱》第161页）其友方苞也曾为其辩护（参看同书附录方氏《释言》）。前此唐顺之说过："古来磊落奇崛之士，多是歇手不下，如范蠡本非侠徒，亦非货殖，盖自以计然之策，不尽用于越，而发之居积盈缩阴阳予夺之间，以寄其驰骋不羁之气，与其弛张不穷之能而已，是所谓技痒者耶？"（《与与槐谢翰林》，《唐荆川文集》补遗卷二）说"歇手不下"，说"技痒"，也无非强调其人从事货殖，不过用经世之余智，乃不得已的发抒，本不以"货殖""居积"为目标。也只有做了如此诠释，范蠡才虽货殖而不失为奇士，否则就不能不是凡夫、鄙夫。清人咏明史人物，关于茅坤，有"治产空销范蠡才"句（严遂成《明史杂咏》之一《茅副使坤》，转引自张梦新《茅坤研究》第159页），意存惋惜。尽管修齐治平，有其一贯，"治产"亦关才智，且与"经世"同一才智，却仍然有等第之别。达则兼济，穷则独善。后者指的是修身，而非"善"其"生"。易堂彭、魏的有关见识也在此种视野中，他们将经世与经营自己的一份生活区分开来，前者才被认为是男子的事业，豪杰的用武之地。

我已在其他场合谈到，这一时期士人关于治生的思路，仍未失丰富性。针对以谋道与谋食作对立观，王夫之说："君子谋道不谋食，非求口实者。然养资于天下之物，岂有不求而自至者哉！求之有道，则谋食即谋道矣。"（《周易内传》卷二下，《船山全书》第一册第249页）颜元也说："今世之儒，非兼农圃，则必风鉴、医、卜，否则无以为生。盖由汉、宋儒误人于章句，复苦于帖括取士，而吾儒之道、之业、之术尽亡矣。若古之谋道者，自有礼、乐、射、御、书、数等业，可以了生。观孔子委吏，《简兮》硕人，王良掌乘可见。后儒既无其业，而有大言道德，鄙小道不为，真如僧、道之不务生理者矣。"（《颜习斋先生言行录》卷下《学问第二十》,《颜元集》第 695 页)①其时固然有大言经世而生计无着者,也有自负经济而又能用其才具于谋食者。陆世仪不以为然于"以经营为治生"②,顾炎武却正是长于此种"经营"者。据说顾氏在山、陕时,已有"仆从三人,马骡四匹","在山东章丘、山西五台和陕西华阴都有买地经营农田的踪迹"(《顾炎武新传》,《赵俪生史学论著自选集》第 323页)。顾氏《与潘次耕》一札说到"贷资本""应募垦荒"的事,赵俪生以为那是类似"民屯"的事业,只是顾氏记述简略,始末已不可考。稍前的徐光启,也非不事家人产的书生,对家中产业、收益,一一过问,颇有经营头脑(参看徐氏家书,《徐光启集》卷一一)。张履祥引蔡清语"儒者致用,尚欲经理一世,康济群生",说自己"数口之家,生计尝不办……才之疏劣,于此亦可见"(《愿学记三》,《杨园先生全集》卷二八)。实则他本人躬亲农事,对家中米盐琐事,亲自过问,且一再为友朋谋划生业。由其《补农书》等作看,他也的确有此能力。③

易堂中人也自有长于治生者。即使关于"王朝政治"的"理财"全无主张,涉及家族产业,魏礼却有相当通达的见识。他引孟子"有恒产者有恒心;无恒产者而有恒心,惟士为能",议论道:"故士者,一其恒而已。虽然,士亦何必无恒产也!……故自古有饥冻之贤者,而无饥冻之圣人。何则?生财者,道所本有,圣人之道备,用其道,不至是也。是以管子曰:仓廪实而知礼节,衣食足而知荣辱。此恒情也。圣人亦务其恒

---

① 颜元阐说"学也,禄在其中",曰:"此章之旨蒙尘,致使后世腐儒不思谋养身家之策,而甘心贫苦,徒务讲读著作,以孔子之言借口。"(《四书正误》卷四,同书第 222 页)他说孔子不废"利用厚生",说"六艺"足资自养——此义早经人道。黄绾即以"游于艺"为治生(参看其《明道编》)。

② 陆氏说治生以"俭"为根本,"若不识'俭'字,而反以经营为治生,何啻天壤!"(《思辨录辑要》卷一○)但也应当说,在"治生"一事上陆氏的见识并不迂陋。同书同卷说货殖,说治生,就有通达之论。

③ 张履祥好说治生。但张氏说治生一事"固不可已,然只有务本节用而已……外此,即商贾技术之智,儒者羞为"(《答张佩葱》,《杨园先生全集》卷一一)。这里有一条敏感的界限。张氏所主张的,是有节制、限度的治生,适度,适可而止,决非广开财源。由所引文字看,张履祥已不以"康济群生"与自谋生计作对立观,以为两者不妨系于同一"才"。但谋生而已,涉及致富,所见即未必有异于常谈。

而已。由是观之，士之有恒产者，亦士之幸也。"(《邱氏分关序》，《魏季子文集》卷七)他本人虽"少不理家人事"，且颇有仗义疏财的豪举，晚年却不忘为子孙置产业，在此一事上决不迁。尽管有谋生手段的匮乏，彭士望不但不讳言谋生，且言之坦然直率。他说南丰的程山诸子(谢文洊等)"日就穷苦，百端窘踬，家累仰俯，身羁城市，职务纷纭，应酬丛杂"，已有妨于学道，自己为他们"通盘打算"，"莫若先计食指，次粮税，次逋责"，不致"两误"(《复甘健斋书》，《树庐文钞》卷一)。

若本节题目中的"谋身"所指不限于谋生、谋稻粱，那么易堂诸子当其时正应当归为善于为此谋者。他们的及时避地翠微峰，即是明证。对此，我在《易堂寻踪》中述之已详。至于经世一端，却不那么易于措手。处清初而欲有作为于当世，除借诸(有清)当道的局部兴革，通常只能托诸空言，即真有屠龙之术也无所施为。魏禧自我解嘲，说："书生纸上经济，正如小儿画地作饼，亦自知其不可食，聊取快意。"(《与涂宜振》，《魏叔子文集》卷七)说："我辈学术都无实事可见，只得向纸上勘取。"(同书同卷《寄费所中》)其时有经济志且有其才而无所施为郁郁以终者，自不止易堂数人。与易堂同志者，大多有类似的遭遇。陆世仪说："措诸施行，万万无此事理。但欲存此一段议论，为吾辈梦想中羲皇耳。"(《答葑溪钦序三论思辨录书》，《论学酬答》卷四)王源屡叹"老成凋谢"，说"予怅然独立天荒地老，俯仰无聊，一无所成于天下，徒以文字表彰忠孝遗逸，而悲歌慷慨，呼天而莫之应"(《廖处士墓志铭》，《居业堂文集》卷一七)。还说自己"原非今日之人，事事不合时宜"(同书卷七《与程偕柳书》)。他序梁份的《怀葛堂集》，也说到份学无所用，"俯仰一无可为"(《梁质人文集序》，同书卷一三)。或许可以说，对于其时遗民"经世之学"所处情境，易堂的式微也不失为象征。

杨敏芳说言语乃"士君子不得志之事功"，赞许魏禧"尤长于论史"(《续论跋》，《魏叔子文集》)。魏禧说："为文当先留心史鉴，熟识古今治乱之故，则文虽不合古法，而昌言伟论，亦足信今传后——此经世、为文合一之功也。"又说："作文须先为其有益者，关系天下后世之文，虽名'立言'，而德与功俱见，亦我辈贫贱中得志事也。"(《日录·杂说》)——可知于此确有策略上的自觉。虽半是无奈，未必不也包含了自负。禧所撰经世之文,确也更是"文章"。《魏叔子文集》卷二后附魏伯子际瑞的评语,曰:"《兵谋》三十二段,使事七百三十五条,章法幻忽,反若尺寸关锁。《兵法》二十二段,直猎前篇,不别立格……"所评的也正是文章章法。"经世"是话题,兴趣却更在文字。这批"志士"的文集,随处可见的,无非文人面目。[1]

彭士望与魏氏兄弟,都志极高而言不免于夸,与孙奇逢、陆世仪、陈瑚一类脚踏实地的儒者,神情姿态迥然有别。魏禧兴趣所注,乃"人事"这一门"学问",所长在世情人心的洞察,所短在思理的入深。他的论文,十足文章家的态度,甚至馆师口吻;对于琐细的"技术性"的注重,亦应得之于帖括的揣摩研习,与黄宗羲的史家文论、钱谦益的文章大家文论,有眼界、见识的广狭高下之别。他的用文章家态度所作的"经世之文",不能不为才情所限,即由文章的角度看,也未必有怎样的成就,尽管当世颇负盛名。

但将志在"经世"者的徒以"言语"(文章)面世,仅仅看作讽刺,又像是过于简单或势利。易堂诸子所营造的人生境界,应当是其人贡献于其世的最重要的东西,尽管这份贡献因不能实体化,似乎消散在了时间中,但在"消散"过程中已将其积极影响散播于世,鼓舞、滋养了其时的士人,却又证明了"事功"价值的非绝对,"利"在斯世斯民的更广阔的可能性。在这种视域中,未曾据有思想史、文学史显赫位置的易堂诸子,自有其魅力在。

策士姿态

易堂诸子值得作为分析材料的,尚有他们与作幕(或类似作幕)有关的经历,以及可以读作"作幕辩"的大量论说。

---

[1] 易堂诸子的文字渊源(或者应当说,其所自承的"渊源")互有不同。魏禧所撰伯子文集序,说伯子"颇嗜漆园、太史公书"(《伯子文集叙》,《魏叔子文集》卷八)。其《季子文集叙》说季子"诗好汉、魏,文好周、秦诸子"(同上)。曾灿《魏叔子文集·序》:"邦士雅爱欧阳文忠,叔子爱苏明允。"(按欧阳文忠,欧阳修;苏明允,苏洵)各人的性情、为学取径之不同,也于此可见。

彭士望说其父曾"游名公卿间，倜傥画策而无所求，名籍甚"(《与魏昭士手简》，《树庐文钞》卷四)。他本人曾应史可法招，"以奇策进史公，请兴晋阳甲，用高、左夹攻，除君侧之恶"(《书欧阳子十交赞后》，《树庐文钞》卷九。按高，高杰；左，左良玉)，言不为用。其子亦曾作幕(参看《魏季子文集》卷九《与彭子载》、魏世俨《魏敬士文集》卷六《同兄弟祭彭西畴文》)。林时益则曾为其父"佐治"(所谓"子为父幕")。①魏际瑞先后以潮州总兵刘伯禄(即诸子所说的"潮帅")、浙江巡抚范承谟为幕主，尤为范氏所倚重。魏禧说，其兄在潮帅幕下，曾阻止滥杀、安戢百姓，"力全潮州一城数百万性命"；在浙抚幕中，则因荒政，"全活亦数百万"(《祭伯兄文》，《魏叔子文集》卷一四)。魏际瑞死于作幕，曾灿也以幕客而终其身，只不过较魏伯子幸运，得以善终而已。三魏之一的魏礼也有类似的经历。林时益诗集中，有《送魏和公入广州司李幕》一首(《朱中尉诗集》卷四。按魏和公即魏礼)。魏叔子《季弟五十述》记其季弟游琼州，曾为当局平乱画策——似乎游踪所至，偶一为之；到"东南乱起，赣郡文武大吏皆引重季，与季断大事，车盖尝填寓门，季亦因是为地方兴除大利害"(《魏叔子文集》卷一一)。魏禧《邱维屏传》，说"青州翟君以翰林院出知韩城，傲僻苛暴，独礼迎邦士讲《易》、数。邦士著《易》、数书偶乏纸，即用牌票纸背书之，翟君悉以锦轴装潢其草稿，敬事如师礼，而暴亦为少霁"(同书卷一七)，似略近于所谓的"文幕"。易堂门人也有入幕者。魏禧的门人鲍羹生(子韶)曾"客大将军幕府"，"佐大将军以镇吾江西"(同书卷一一《鲍生四十叙》)；由魏世俴《赠鲍子韶四十序》可知，鲍氏于甲寅、乙卯之际曾参与谋画(《魏昭士文集》卷三)。彭士望的门人梁份自说"载笔行役"，"以韦布之士，而王公大人相晋接，足取重于时"(《复伯兄书》，《怀葛堂集》卷一)。魏禧本人不曾作幕，却长于议论，下文将要引述的他的有关言论，不妨认为为诸子的上述选择做了意义论证。倘由较为严格的"遗民立场"看去，如魏礼、曾灿等人与魏际瑞，不过"入清"的时间以及"程度"有所不

① 《史可法集·附录》王之桢《跋史师相乞闲咏叙》："余在幕府，曾授奏议数十卷，命江与右、欧阳宪万分任雠较。"(第131页)可知林时益的知交欧阳宪万亦曾入史可法幕。

同罢了。诸"遗民录"的摈魏伯子于外而取曾灿,固然因了魏氏的曾经应试,取舍中也仍然不无标准的紊乱,于宽严之际,未知究竟如何权衡。①

魏禧《日录·里言》记其兄:"家伯子客燕都时,有按察使要之入幕,坚不肯往,谓所知曰:'刑名之事,吾未素学,此人命所系,岂可以骤习幸中,而苟富其利乎?'"可知魏际瑞在幕中所从事,非刑名钱谷。他所提供的,当是更传统的服务,即参与策划,贡献谋略。当时颇有人作幕而不屑于治簿书,不甘以刑名、钱粮师爷自限——也应当是"幕业"形成前那个时期的现象。② 我在下文中还将谈到,尚未充分职业化、专业化的幕客,其角色自任有别于此后的"钱粮师爷""刑名师爷"。即令明清易代,如魏伯子者,仍不免沿袭古老的价值尺度,不甘于"自我贬损",暗中以"治""平"为目标,而以刑名钱谷为胥吏所从事,认为出售谋略较之出售关涉钱谷刑名的"专业技能",更有助于保全尊严——古老的角色"策士""客卿",多半暗中支持了他们

---

① 有关"遗民"的甄别、资格厘定,可以魏际瑞、陆世仪、陆元辅、孙枝蔚为例。陆元辅与孙枝蔚的应试(按此试指"博学鸿儒"之试)策略相似,即"召试诡不入格,又多规切语,主者得之不敢献"(张云章《陆先生元辅墓志铭》,《碑传集》卷一三〇)。然而在录遗民者看来,应试与否,已足以决定其身份,游幕却无妨于其人之为遗民。这里有官方与私人之别:考试系官方行为,而幕客与幕主的关系则具有私人性质——显然有意忽略了入幕者所从事的系何种"事"。而从事"文幕"(如万斯同、顾祖禹、刘献廷等)较之"佐治",又像是更易于被时人、后人体谅。

② 清人张海珊区分了"孔孟之游"与"战国之士之游",不以后者为然(《游说》,《清经世文编》卷六)。明清之际被人以"战国之士之游"目之的,即游幕。有清一代,此种游发展了其职业性质,与明清间士有不同。易堂魏际瑞的游幕,以经世济民自期,这种道义感,是"幕业"中人所不必有的。张海珊引韩愈所谓"奔走形势之途,伺候公卿之门,足将进而趑趄,口将言而嗫嚅",此等人物,精神意气与战国之士已自不同;而明清间游幕者如魏际瑞,则多少令人想见战国策士的风采。颜元《送张文升佐武彤含尹盐城序》《送安平杨静甫作幕序》(《习斋记余》卷一),关于作幕,强调的也非其作为谋生手段,而是其作为"经世济民"的途径,所谓"佐政""佐治"。颜元高弟李塨"尝佐政桐乡、郿城,皆确有治绩。后为杨慎修敦请,如富平,吏民悦服,风俗焕然改观"(《李塨年谱》第209—210页)。方苞也说,李氏"尝为其友治剧邑,期年政教大行,用此名动公卿间"(同书附录第219页)。

的上述选择。倘若认为清代充分地职业化了的"幕宾"这一角色出现于明代，那么作为过渡，明清易代之际那一个军事对抗时期，易堂人物在幕中所扮演的，确也更近于传统角色的策士，或军幕中的幕僚。

至于魏际瑞在潮州总兵刘伯禄及南赣总兵哲尔肯幕中，所参与的纵非直接的军事行动，也是战时政治，如"抚"，如阻止滥杀，如处理关涉"民命"的善后事宜。其人即因受哲尔肯委派赴宁都与吴三桂部下韩大任议抚而遇害。不惟魏伯子，陆世仪于康熙十一年应江苏巡抚玛古之聘，顺治十八年应江西安义令毛如石之聘，均属佐理政事，所充任的，更近于高级幕僚，而非从事刑名、钱谷、文牍的幕宾。

魏禧自说"少好《左传》、苏老泉"（《与诸子世杰论文书》，《魏叔子文集》卷六）。① 苏洵《权书》开篇即言"术"："人有言曰：儒者不言兵。仁义之兵，无术而自胜。使仁义之兵无术而自胜也，则武王何用乎太公？"《权书》，兵书也，而所以用仁济义之术也。……然则权者，为仁义之穷而作也。"（《权书叙》，《嘉祐集笺注》第 26 页）最有争议的，或许是苏氏所谓的"谏"之术。其《谏论上》曰谏君"奚术而可"？回答是："机智勇辩如古游说之士而已。夫游说之士，以机智勇辩济其诈，吾欲谏者以机智勇辩济其忠。"（同书第 243 页）明太祖曾召博士赵俶于御前，命之曰："尔等一以孔子所定经书诲诸生，若苏秦、张仪由战国尚诈，故得行其术，宜戒勿读。"（黄佐《南雍志》卷一《事纪》，第 57—58 页）茅坤说苏氏兄弟"本《战国策》纵横以来之旨而为文"（《茅坤集·茅鹿门先生文集》卷三一《唐宋八大家文钞论例》第833 页）。还说苏洵的"经世之文"，"其议论多杂以申韩"（《唐宋八大家文钞》卷一一四，《老泉文钞》八）——王夫之正有见于此而憎之。王氏说："若苏轼谏臣论之类，师其说以为诡遇之术，君臣之义废，忠佞之

---

① 该篇说："吾好穷古今治乱得失，长议论，吾文集颇工论策。"自说策文"窃希贾长沙、李忠定"；对自己的这一种文字颇自负，甚至说"私自谓苏氏后恐无其偶"。

防裂矣。"(《读通鉴论》卷一二第 456 页)①魏禧却另有见识,其《书苏文公谏上后》说"谏之术",径曰"谏之术合于谖,则百举而百有功"(《魏叔子文集》卷一三。此卷诸《书苏文公……后》,多属"术"论、功效论),较之苏洵《谏论》更有其放肆。魏禧强调政治行为的有效性("有功"),公然主张谏君而动以利害:"人主有贪利而欲杀人者,必当为明不杀人而有利之实;有防害而欲杀人者,必当为设不杀人而无害之策,然后其情安而骛忍可回,不当徒以义理争也。"(《日录·史论》)②我读到的其时文献中,如易堂彭、魏的好谈权谋、王霸的,殊不多见,且谈论的态度坦率得近于天真。即使置于"王纲解纽"带来的"言论开放"的情境中,他们的这类言说也不免带有异端气味,有时竟像是在蓄意戏弄世俗的道德感情。但也应当说,王夫之、魏禧论"权""术",其预设本不同。前者假定"君""主"可与行道,后者则假定其"昏""骄""怠""懦""暴",不足喻以"道"。这里有儒、法两家政治论的不同前提——魏禧虽未正面肯定申、韩,由其思想逻辑,可知其

---

① 张自烈《评定苏明允论策序》也批评苏洵"谓小人有机,虽恶亦济",曰"机以济恶,是教天下后世以篡夺也"(《芑山文集》卷一一)。吕留良说其以为于陆九渊、陈亮外,"更当辟眉山之权术",以"江西顿悟""永嘉事功""眉山权术"为三大患(《吕晚村先生文集》卷一《答戴枫仲书》)。朱彝尊《与李武曾论文书》曰:"北宋之文,惟苏明允杂出乎纵横之说,故其文在诸家中为最下。"(《曝书亭集》卷三一第 395 页)陆陇其:"大抵圣人言术必归之道,苏氏之徒言道必归之术。"(《陆子全书·三鱼堂日记》卷三)陆氏《答某县令》:"弟尝谓本朝理学大明,而战国纵横之学,如三条四列,隐见起伏,铮铮于本朝者尚四人:苏老泉其巨擘乎?其次为李太白,其次为王雪山,其后为陈龙川……"(同书卷六。按王雪山,王质)上述评论无疑出乎政治方面的考量,关心尤在权谋说之于人心、士品。同时被目为粹儒的陆世仪却以为"论策自当学苏"(《思辨录辑要》卷五),所见显然不同。

② 明人中也另有欣赏苏氏上述议论者。《嘉祐集笺注·谏论上》"集说"录唐顺之《三苏文范》语:"老泉《谏论上》,可称千古绝调。道有道术,仁有仁术,术字善看亦无病。"(第 250 页)与魏禧同时的王源也以为"非术不足以成仁,非权不足以成义",主张"以权术行仁义而不为迂循,以仁义用权术而不任威刑",与禧所见略同。李塨即对此不以为然,曰"非治平之道"(王、李语均见《平书订》卷一)。

对申、韩的评价必与儒家之徒有别。①

即使在将"术"中性化之后,魏禧仍不能全然不顾及儒者追问不已的"心术",为此而一再界定用术的正当性,说术须"不得已而用","专意利人而用",如此才是圣贤,反之即是奸雄(《日录·里言》)。对于阴谋之害,魏氏也保有着警戒。甚至不惟保有对于"人心""心术"的关心,且因了入世之深,对于世情人心,别有一种洞察力。魏际瑞《杂说》有如下一段文字:"高平公曰:'黄老何以遂为申韩也?'魏子曰:'忍也。忍者必阴性,阴者必毒。故老子之言曰:"知其雄,守其雌。"太公之言曰:"鸷鸟将击,其势必伏;至人将动,必有愚色。"故太公之谋曰"阴符",而黄帝亦著为《阴符经》。其道则皆出于至忍而甚毒也。'"(《魏伯子文集》卷四)魏伯子《书叔子报雠议后》文末附彭士望评语,却偏说伯子该文"精险处似韩非阴符"(同书卷一)。或许可以认为,正因好之,对其复杂的意味,更有一份体验的深切的吧。魏禧说《阴符》原是"治世之书,后世则专以为兵书,而又施其用兵之术以用世,于是可使父母妻子同室而异心,可使曲室帏床森然有兵刀之状,白日之下魑魅飒起而搏人,卒之我不以此虞人,人亦以此虞我,我以一人虞人之众人,而人以众人虞我之一人,此固不旋踵之术也"(同书卷八《阴符昌言序》)。魏氏兄弟不一般地反对"阴谋术",所反对的,是阴谋术的不道德的运用,阴谋术(作为军事手段)在日用伦常中的移用。而将"术"中性化,强调其工具性,又未始非魏氏的言述策略,他谈论这一敏感话题的策略。②

----

① 理学之士为自己提出的任务,是"格君心",决非"势禁""利诱"。王夫之对申、韩,对谋略之士的嫌恶,出于儒者的人性洞察,与对健全、理想人性的理解与追求。至于王氏说人不可有"善谋"之名,则是一种世故谈(《读通鉴论》卷二八第1092—1093页)。

② 明太祖即说,"三代而上,治本于心;三代而下,治由于法";"本于心者,道德仁义","由乎法者,权谋术数",因而"择术不可不慎"(《明实录》附录五《皇明宝训·明太祖宝训》卷一)。明初大儒胡居仁甚至以为"《参同契》《阴符经》,朱子注之,甚无谓,使人入异端去"。还说:"《参同契》、《阴符经》皆能窥测造化之妙,盗窃造化之机,但不合他将来济一身之私,故违乎圣贤大中至正之道,反为学者心术之害。"(《居业录》卷三)尽管强调的更是适用范围,却突出地表现为对其影响于"心术"的警戒。

苏洵《权书·高祖》一篇,分析汉高祖刘邦之杀樊哙,全不涉及"仁义"一类范畴,着眼只在政治策略。魏禧不满于苏氏该文,正因嫌其揣摩而入于刻深——士大夫对于"倾险"的政治人格的警戒(为此宁忽略苏氏分析高祖的用心是否切中)。谋略即用智,却又忌用心刻深,其间的分寸不免微妙。由上面所引魏氏兄弟的有关议论,随处可感道德原则的潜在制约,故言说中有字斟句酌的紧张。与宋人如苏氏父子比较,又可以作为宋人、明人气象、意气不同之一例。① 其时有比三魏于三苏者。如禧等,其志固不在小,才识却不足以副之,与苏氏父子不可同日而语。当三苏的时代,理学尚非"统治的意识形态",甚至有"伪学"之禁,虽亦有文字狱,但"文人文化"光彩夺目,士大夫意气轩举,言论张扬;如苏氏父子,其精神风貌、思想视野、言论态度,非钱谦益、吴伟业等所能比拟,更无论魏氏兄弟。明代以程朱学为"官方哲学",借诸朝廷功令强行推广,虽"士习甚嚣",且有吕坤、李贽等富于批判精神的人物,但士类思想的"平均数"不高,一二有叛逆倾向者,备受压抑斫丧。彭、魏所承,即此"斫丧"之余。

叔子在致友人的书札中说:"虽至忠至孝,不能以无术而济。术者,君子所以成其仁,小人所以成其恶。"(《与友人》,《魏叔子文集》卷七)成仁成恶,在乎其人——于此也避开了关于"术"本身的道德论。"术"既可为君子亦可为小人所用,其被抽象化了的道德属性也就遭到

---

① 在文字间像是老于世故的魏禧,对世道人心向有特殊的关怀,甚至对"正人"的权术运用也持论严格。他由苏洵之论权谋,推究其心之残刻不情,曰:"吾尝读苏洵《辨奸》,深服其智,而惜其不幸不见用于时;及观《权书》高帝一篇,则幸其不用,其不幸而用,害将与安石等。孟子曰:所恶于智者,为其凿也。凿智之害,与阴贼险很同趣。"同文还说:"洵,贤者,工于文,智足以文其辨,其害于人心尤甚,故吾恶之。吾非恶智,恶其凿也。"(《书苏文公高帝后》,《魏叔子文集》卷一三)"智"而不可至于"凿",其间有何其精微的限度感! 对于他所倾服的古文大家欧阳修,他也批评其人的深文周纳而毫不容情。《书欧阳文忠论狄青劄子后》一文说欧阳修论狄青,"操纵出入之间似乎持平,而实深文巧诋,以中人于深祸,而自脱于小人,吾则以为险狠阴猾,若古小人害君子之术而又工焉者"(同书卷一三)。凡此,无不出于对人心的洞察力。"深文巧诋""阴贼险很",无疑是极其严重的批评。上文已说到,王夫之曾指出政争中的君子小人。"道"似不同而"术"不妨其同,魏禧所见正可作为一例。

附录一 易堂三题

411

了否定。① 魏禧的议论未必不基于有明一代的政治经验——即如君子小人"智术常出于一"。儒者慨叹道术之裂、义利之裂,其实官僚政治中从来有任"术"的一路,申、韩不过被派定了担当原型而已。至于叔子以为在政治斗争中,君子不妨有小人之术以便制胜,也仍如一贯的着眼于功效。② 儒学经典关于"为政",关心向在"治道"、大政方针,苏氏、魏禧的兴趣,却更在"治术"及其功能(手段—功效)。僻处赣南的魏禧或非蓄意引发辩论,但将其上述言论置诸同时士论中,却不难读出其论辩性质。在叔子,那未必不是有意的姿态。他曾说:"古今学术自大圣贤而下,不能无所偏至。"(同书同卷《与甘健斋》)对此他像是很坦然。

　　魏禧曾对门人说,"人无智术,不可济世全身,然最易堕入邪僻,反

<hr />

① 魏际瑞《陈平论》(二)说:"陈平佐高帝定天下,皆以阴谋取胜,平亦自谓吾多阴祸。夫阴则何害之有!为君讨贼,为父报雠,为天下除残去暴,吾之术则阴,而吾心可正告于天下,阴则何害之有!"(《魏伯子文集》卷五)亦道他人所不敢道。《日录·里言》说"君子得小人之术,则不可制;小人得君子之道,亦不可制。教人者甚不可不使君子知小人之术,而慎无使小人通君子之道也";《日录·史论》也说"君子小人异于黑白,而智术常出于一。是故小人无君子之术则难久,而君子无小人之术则易制"——非惟"术","道"也中性化了,因而可为小人所"通"。刘宗周的门弟子恽日初对此大不以为然,曾与魏氏兄弟往复辩难(参看《逊庵先生稿》)。其实叔子之前,苏洵《衡论·远虑》即已说过:"夫君子为善之心与小人为恶之心,一也。君子有机以成其善,小人有机以成其恶。有机也,虽恶亦或济;无机也,虽善亦不克。"(《嘉祐集笺注》第81页)李贽也说:"汉文有汉文之术数也,汉高有汉高之术数也,二五帝伯又自有二五帝伯之术数也。以至六家九流,凡有所挟以成大功者,未尝不皆有真实一定之术数。惟儒者不知,故不可以语治。"(《晁错》,《焚书》卷五第203页)

② 易堂人物肯定"功利""事功"的价值态度,也在明清之际的风气中,只是表达更有其强烈而已。魏禧尚有区分,说"功利伤教害义者当辟,功利有益于名义者不当辟"(《日录》卷一《里言》),彭士望则径说:"隆、万以来,则道学伪;启、祯以来,则文章、气节、操守伪;独事功不可伪耳。"(《与方素北书》,《树庐文钞》卷一)彭氏还说自秦、汉以迄于宋,"经义、气节、旷达之徒,文章之士,其清言创行,皆足以惊骇耳目,爽心悦志,顾反不如刑名、富强、智谋、才武之有济于世。盖天下为虚美所误,从来旧矣"(同书卷六《送熊养及叙》)——强化的表达中有着对流行思想的破坏冲动。魏礼之子魏世傚竟说:"礼者利也,圣人因人情之利而道之者也。"(《书苏文公礼论后》,《魏昭士文集》卷四)三魏子弟宜有此论。

以杀身毒世者。……予尝谓'智''术'二字,必须无愧'忠厚光明'四字,然难言矣"(《日录·里言》)。易堂后人魏世杰引叔子语,也说"人必有智术以自全,然反足以杀身毒世而无难者,盖智者,君子所不得已而用",固不可用于"非僻",也不可用于"寻常日用之间"(《左传经世钞跋》,《魏兴士文集》卷四)。反复提示的,无非有关问题的极端的道德敏感性。魏伯子也曾发挥此义,在《书叔子忠厚光明以用术论》中道:"昔阮籍有言:礼非为我而设。夫所以不为我设者,正以我之所为无往非礼,而后不必责我以礼也。故惟我辈之礼,尤不可以斯须去身。是故人惟不贪也,而后可取;惟不滥也,而后可予;惟无适无莫也,而后可执;惟确乎其不可拔也,而后可权。夫不揣其本而齐其末,然后放僻邪侈,无所不为也。"(《魏伯子文集》卷一。此乃全文)这一番申明极有必要——又是对于"偏至"的自我救正。

魏禧所论的"术",包括了近代所谓战术。战争是非常情境的政治;军事谋略本通于政术。上文引魏禧说他自己"少好《左传》、苏老泉"。苏洵曾借《史记》为箸以筹之(参看《嘉祐集笺注·谏论上》"集说"储欣语),魏禧也未始非借箸——借诸《左传》的权术、谋略论,谈兵机利害,策略得失。[1] 所看重的,仍然是其立见成效的直接性。欲收功于当世,自然也有来自时局的压力。即使明既亡,战争也依然在魏禧处身的环境中继续,魏氏仍在"战时"这一情境中。但"战时"只是一部分背景。上述现象仅仅用了士人对"危亡"的反应来解释,显然是不够的。近人夏咸淳以李贽《藏书》的"智谋名臣"为"史家之创体"。明末更有"智书"的流行——或许可以理解为"智"之为价值的提升。[2] 此"智"特指智谋、智计,关涉政治,与今人所言"智慧",非即同义。也如易代之际的其他一些现象,本文所论,也有必要置诸发生于一个更长时

---

[1] 叔子《日录·杂说》曰:"余撰左氏《兵谋》、《兵法》,或问《左传》兵法与孙子异同何如?曰:'《左传》是孙子注脚。'"亦可见其旨趣所在。

[2] 明末"智书"的流行,夏咸淳以为发端于李贽《藏书》的"智谋名臣"一门;之后则有孙能传《益智编》、樊玉衡《智品》、冯梦龙《智囊》、张岱《琯朗乞巧录》等(《晚明士风与文学》第127页)。该书说:"在中国思想文化史上,象晚明学者文人这样重视智慧、智谋,赞扬人的灵智、机智、才智、巧智,颇为罕见。"(第130页)

段的过程中来认识。

与"术"相关的话题，尚有"权"。与"权"相对待的，即"经"。经/权亦如下文将要谈到的王/霸，是儒学（以至不限于儒学）的传统论题。王阳明曰："夫权者，天下之大利大害也。小人窃之以成其恶，君子用之以济其善，固君子之不可一日去，小人之不可一日有者也。欲济天下之难，而不操之以权，是犹倒持太阿而授人以柄，希不割矣。"（《上杨邃庵阁老》，《王阳明全集》卷二一第 820—821 页）①刘宗周《论语学案·"未可与权"章》释"权"，较之王氏，就稳妥得多。刘氏的说法是："权者道之体也。……汉儒反经合道之说诚非，朱子谓'权之于经，亦须有辨'亦非也。天下有二道乎？"曰："经者权之体，权者经之用，合而言之，道也。"令人可感"粹儒"的谨严——不为世俗所谓"权变"留一线缝隙。《孟子·尽心下》："君子反经而已矣。"朱子《孟子集注》："经，常也，万世不易之常道也。"关于粹儒不以为然的"反经合道"，王夫之有一番明达的议论："汉儒反经合道，程子非之，谓权者审经之所在，而经必不可反。于道固然，而以应无道之世，则又有不尽然者。母后之不宜临朝，岂非万世不易之大经乎？谢安以天子幼冲，请崇德皇后临朝摄政，灼然其为反经矣。王彪之欲已之，而安不从。彪之之所执者经也，安之所行者权也，是又反经之得为权也。"（《读通鉴论》卷一四第 509 页）同书其他处涉及"权"，却持论严厉。即如说："制天下有权，权者，轻重适如其分之准也，非诡重为轻、诡轻为重，以欺世而行其私者也。"（卷二〇第 736 页）另如说"言治者而亟言权，非权也，上下相制以机械，互相操持而交售其欺也"（同卷第

---

① 嘉靖亦以为王阳明"用诈任情，坏人心术"（《明实录·明世宗实录》卷九八嘉靖八年二月）。陆陇其引应捴谦语，以为王阳明之功"谲而不正"（《王学考序》，《陆子全书·三鱼堂文集》卷八）。朱学中人排王的一大障碍，即其事功（"功业赫赫"），故必借重道德论，方能做致命的一击。却也不尽然。王弘撰，学程朱者也，对王阳明的政治才具、事功却不吝称道，说："阳明有牧民御众之才，经术权谋互用，故能卒树伟伐。盖国家之桢干，谥曰文成不虚也。"（《山志》初集卷五第 133 页）

767 页）。此之谓"机权"。① 张履祥说："治天下国家以大知,不以机数。"（《备忘一》,《杨园先生全集》卷三九）说"君子反经而已矣,权亦只是经也,而世之学者,好为达权通变,经不足守之说",以此为"近代之好为异论"之一例（同书卷二《答陈乾初》）。此种"异论"于明末清初,确也有点甚嚣尘上,以致黄宗羲也愤然道："世苦于贫,多不持士节,三三两两相习于机械之途,以苟得为才。"（《万公择墓志铭》,《黄宗羲全集》第十册第504页）

儒者一向严于经权之辨,无论好财货还是好机事,均被粹儒视为卑污,作为士习败坏的明证。在这一敏感的话题上,魏禧也不惜冒犯普遍的道德感情,径自抵达时论所能容忍的极限处。他不但欣赏王阳明的"能通权达变以合于道"、李纲的"敢于……为反经合道之事"（《读宋李忠定公集》,《魏叔子文集》卷二二）②,且公然主张岳飞抗命,理由是"忠武（按即岳飞）一日为纯臣,则举朝忌之杀之;忠武一日为叛将,则举朝畏之尊之"（同书卷一《宋论》）——在涉及"忠"否的大关节目上,竟也以为不妨为达功效而用术行权。其季弟魏礼则一再说到为纾民困不妨借当事之力,曰"田畴亦借魏师去其所居乡之害"（《李檀河八十序》,《魏季子文集》卷七）。此例他曾反复运用——由本节的论题,是

---

① 王夫之说苏洵之《权书》乃"乱之首,亡之囮"（《诗广传》卷四第444页）;说"权势二字",乃苏洵"谲诈残忍,以商鞅、韩非、尉缭为师,贼道殃民之大恶",可惜的是,以"严气正性,大节凛然"的陈子龙,竟也学此口吻（《姜斋诗话·夕堂永日绪论外编》,《船山全书》第十五册第866页）。明清之际大儒中,王夫之对士的政治人格有一贯的关注。论政治斗争中的用"机权",王氏说："涉大难,图大功,因时以济",未必"非委曲以用机权者不克","以机权制物者,物亦以机权应之"（《读通鉴论》卷二一第804页）。他强调行权之为不得已,曰："审经以为权,权之常;反经以行权,权之变;当无道之天下,积习深而事势违,不获已而用之,一用而不可再者也。故君子慎言权也。"（同书卷一四第510页）并未放弃儒者的原则立场。

② 关于王阳明,关于苏氏父子,关于宋代名臣李纲,魏禧所见均与王夫之大异。其《读宋李忠定公集》曰："余尝推宋李忠定公为汉以来第一人。"（《魏叔子文集》卷二二）王氏由文人诗文,批评其视为一种文化气象的"穷乞",与魏禧的论"俭",虽旨趣不同,亦有微弱的呼应;由此及于政治气象（雍容、中和）、生命意识（不戕贼生机）,思路不无相接。虽王、魏不曾相谋,且在思想史上非属同一等级,仍不妨认为提供了可资比较的思想材料。

否可以读作对于作幕(亦"借当事之力")的正当性的辩护？魏世俨不愧为易堂子弟，论经—权较其叔父更有斩截，说"权也者，经之至也"(《赠吴子政迁墓祖坟序》,《魏敬士文集》卷三)。

术、权之外，王/霸是另一儒家之徒聚讼纷纭的题目。《孟子·梁惠王上》:"仲尼之徒无道桓、文之事者。"《荀子·仲尼》:"仲尼之门人，五尺竖子，言羞称乎五伯。"桓谭《新论·王霸》:"孔氏门人，五尺童子不言五霸之事者，恶其违仁义而尚权诈也。"①陈亮却以为由孔子称许管仲的说法看，所谓"孔氏之门，五尺童子皆羞称五伯"，并无根据，"观其语脉，决不如说者所云"(乙巳春答朱元晦书之二,《陈亮集[增订本]》卷二八第349页);俗论所谓"杂霸","其道固本于王也"(甲辰秋答朱元晦)。还说:"孟子之论不明久矣，往往返用为迂阔不切事情者之地。"(乙巳春答朱元晦书之一)

到本文所论的这一时期，尽管"仲尼之门，五尺童子羞称五霸"(亦作"宋儒三尺之童，羞称五霸")云云，依然被作为话头，也如关于经/权，士人的论说已有了诸种显然或微妙的差异。②刘宗周以为杂霸、功利乃当面的大敌(《人谱杂记一》,《知几篇》后记);在其弟子黄宗羲那里，杂霸、功利，与"吾儒"即非绝不相容。黄氏也不以"杂"为然③，却另有出诸实际计虑的折衷之论:"王者未必不行霸者之事，而霸者不能有王者之心，就如汉唐之治，当其太平之时，民自欢虞，终不免于杂霸。

① 朱、陈争王/霸，乃理学史上一公案。朱子《孟子集注·梁惠王上》:"董子曰:'仲尼之门，五尺童子羞称五霸，为其先诈力而后仁义也。'亦此意也。"董仲舒语见《春秋繁露·对胶西王篇》。

② 刘宗周由功利辨"王霸"，曰:"事求可，功求成，便是霸术。"(《会录》,《刘子全书》卷一三)陆世仪则说:"管仲虽曰霸术，然其霸处在心术，至于作用，则犹近正。"(《思辨录辑要》卷一八)前于此，李贽更说孟子的王霸之辨"舛谬不通甚矣"(《儒臣传·孟轲》,《藏书》卷三二)。

③ 他说:"余尝谓丈夫出而用世，无论学术之醇疵，所最忌者杂耳。申、韩、管、商之学，专用记数，行之未尝不效。诸葛孔明以纯王之质，稍参霸术，即习坎心亨，而行不尚。今日之为愚儒不必言矣。顾有志当世者，本以计数为家当，而胸中一二书本未化，欲润色其行事之纤毫，则未有不败者也。"(《东庐记》,《黄宗羲全集》第十册第133页)其尤以为不然的，是用"计数"而以儒学为缘饰。

三代之治,即其末也,故家遗俗,流风善政,尚有王者气象。后世之民,但有啼号愁惨,求欢虞亦无矣。王者吾不得而见之,得见霸者斯可矣。"(《孟子师说》卷七,《黄宗羲全集》第一册第 152 页)即使声明了系不得已而求其次。王夫之则说:"邵子分古今为道、德、功、力之四会,帝王何促而霸统何长?霸之后又将奚若邪?泥古过高,而非薄方今以蔑生人之性,其说行而刑名威力之术进矣,君子奚取焉?"(《读通鉴论》卷二〇第 764 页。另参看其《读四书大全说》卷九)他对齐桓、晋文有区分,并不对"五伯"做一概之论(参看《诗广传》)。颜元则直截了当地说:"孔门五尺童子羞称五霸,谁氏之言乎?老孟救时之言,误死宋人矣。明儒云'以富强为仁义',少有知觉,惜亦未能改宋家老儒故辙也。"(《四书正误》卷三,《颜元集》第 181 页)[1]颜元质疑宋儒的王霸论,虽未出王—霸二分的视野,毕竟欲为折衷;其所谓"豪杰",即此折衷的人格体现。当其时,将经/权、道/术、王/霸二分相对化,即有助于打开新的论域——当然,能否"打开",另是一回事。

　　注重功利、效用,易堂彭、魏的论王/霸,与其论术,论经/权,逻辑有其一贯。绝非其时儒者梦想所及的,是魏禧的"周礼论"。叔子径说周恃"典礼"而卒"弱而不振",比"周言典礼"于"清谈治国",以之为"亡"之道(《魏叔子文集》卷二)。同卷《鲁论》也说"谁谓《周礼》之虚文而可以捍强大耶?"文后附彭士望语:"须知古今来文者必弱,强者不文。夏、商之少康、武丁,越之句践,绝无书本气习;南宋礼乐诗书,雍容坐论,不到厓门舟中授《大学》不止也。哀哉!"魏禧论宋(《宋论》上、下),对"宋之立国在忠厚","宽仁"以至于"养奸"颇有批评,与王夫之

---

[1]　颜氏《四书正误》也说:"'仲尼之门五尺童子羞称五霸',不知出自何人,载在何书?而宋儒遂拾残沈以文其腐庸无用之学。试观吾夫子极口称桓公之正而不谲,重辞赞管仲之仁,全以扶周室救苍生为主,又不特叹美之而已也。……作《春秋》一书,实自谱其用焉。……予尝言霸业便是让王业一等事功,霸佐便是下王佐一等人品。"(同书卷四第 217—218 页)"某妄谓《春秋》是夫子借事、文事迹,谱其为东周手段。"(《习斋记馀》卷六《读刁文孝用六集三卷评语》,同书第 499 页)颜元上文后有李塨注:"'五尺之童羞称五霸'出自《春秋繁露》。然《孟子》亦有言仲尼之徒无道桓、文之事者。"颜旁批曰:"仲舒正是汉之程、朱。刚主欠思。"可知颜、李所见之歧异,与问题的敏感性。

等所见不同。禧似乎主张强势政治,与以仁—暴比较宋、明,着眼处有别。彭、魏的谈论圣贤—豪杰,也基于上述思理;或不过借了王/霸的题目,辩护其豪杰向慕。魏禧即说豪杰"霸功救世",或"不得不参以智数刑名"(《日录·里言》)——以此为其权谋济世(详见下文)解嘲。彭、魏显然非以"圣贤"而是以"豪杰"自期,并以此与同志者相期许。彭士望《复甘健斋书》后附魏禧评语,曰:"予尝谓后人做事须居王伯之间,盖王不全底于纯,霸不大害于义,方是三代以下本领。"(《彭躬庵文钞》卷一。按"后人"即"三代以下"人)彭氏与"程山"诸子往复论辩,所论除程朱陆王外,也涉及经/权、王/伯,由此见出与江右另一群体取向之不同,学术路径的歧异。

在理学语境中,"纯""杂"(魏禧所谓"不全底于纯",亦即"杂霸"),关涉天理/人欲之辨。易堂人物在这一敏感话题上,即使未能推倒成见,另树一义,也务取上文所说的折衷。易堂彭、魏的说"王霸",是他们的事功—经世论的一个具体的言说角度,即以对"霸"的肯定,肯定"事功"之为价值。彭士望心目中的"伯功",乃如庞士元、诸葛亮之所建树(《复甘健斋书》,《树庐文钞》卷一);魏禧则认为诸葛亮"杂霸",杂则杂矣,未尝害义(参看彭氏文后魏禧评语)。其时与彭、魏思路相接的另有其人。刘献廷就说:"苟非迥出人情之外,必不能成大计。若夫王道本人情之言,为天下人言之也。"(《广阳杂记》卷三第136页)彭、魏处在理学氛围中,思路却往往与理学脉络无涉,尽管未必算得上"异数",在同时期的思想图景中,也自有特殊性——尽管不必夸大了这一点,毕竟其时的语境,即使不便说"鼓励",也容忍了彭、魏的上述言说。

魏氏兄弟在时人眼中,应属"饶谋略"的一类。叔子为伯子文集撰序,说伯子"人情当世之故,深炼熟识,入于毫芒"(此文作于魏际瑞生前)。伯子书札中分析世情人心者,也足证其人入世之深,谋虑之周;他的史论、人物论,亦能见出其善于揣摩情势、制定策略。他的《书叔子报雠议后》(《魏伯子文集》卷一)等文,确也十足的策士本色(伯子的文字也要到此等处始见警策)。魏际瑞或许确系幕府人才,魏禧的有关才具却未经证实。不同于他的兄长,尽管好谈谋略,乐于参与筹划,禧在资质上更是诗人而非政治家。看待其时士人的自我想象与实际的错位,适用于一种幽默态度。关于他的这位兄弟,魏际瑞就说:"凝叔(按即魏禧)谈智术,何乃太忠厚!"(《读凝叔和公诗文有作》,《魏伯子文集》卷七)另在《答平叔》中说苏轼文"最有本心","其好言权术,则正是其所少,如赵佗称帝,聊以自娱耳"(同上卷二),都属于洞见人心之言。

马基雅维里的《君主论》是一公然谈政治谋略的书,公然到了"无耻"的程度。古代中国的谋略之谈以先秦为集中,到马氏在世的这一时期(相当于明成化至嘉靖初年),已成禁忌。从来有能说而不能做的,也有能做而不能说的。后一种"不能",多半因触犯了公众的道德感情。政客未必谈谋略却必用谋略,魏禧的谋略谈却更是"话题"。由他的文集看,其人似也曾身处危境,只是那情节令人无从确知罢了。[①]世事洞明,人情练达,而不足以保身:不惟叔子,伯子亦然。也可证魏氏兄弟的世故谈、权术论,"言论"而已。

无论有无行动能力,都无妨魏禧倾倒于王夫之所深恶痛绝的那一种策士作风;他所谓的"《左传》经世",即策士式的"经世"。禧长于议论,风发泉涌,少所顾忌,往往能道他人所不能、不敢道;分析史案每有发见,足证其人的机智,对世态人性的洞悉——确也像是出诸策士的那一种智慧。春秋战国时代的游说之士、纵横之术,影响于后世士大夫的角色选择与人生理想之深刻,由易堂人物可得一证。汉以后的幕府(幕僚),明以降的幕宾、幕友,均可溯其原型于此。"《左传》时代"游士的以谋略佐治,作为士的一种生存方式、行为方式,不但扩大了士的政治参与的可能性,且在制度更革无由的情况下,提供了对于官方政治的有效补充。

明亡之际的豪杰之士所乐于称道的,确也是张良一流的王佐之才。

---

① 《日录·里言》插有魏氏族人石床语,提到魏禧"生平反构一二大难,几几有杀身丧家之虞";还说禧"每与人有身家性命之仇怨,从此不自敛晦,吾恐将来尚有意外也"。以为禧宜"痛自敛抑"。魏石床所说,由魏禧的诗中或可得一点消息:"我幼习醇谨,处女人相比。后敢犯大难,强御无畏葸。攫彼忮人心,恶名自兹起。"(《赠温闻衣五十》,《魏叔子诗集》卷四)未知其所谓"大难",是否即与同里强宗的墓地之争?

阎尔梅(古古)的后人记阎氏"过张子房纳履处,徘徊吊之";他本人也被时人目为"当今张子房"(阎圻《文节公白耷山人家传》,《阎古古全集》)。张良一流人物对后世士类的吸引力,自然在其可期的功利达成(以至功效立见);对于热中世务的士人,这不能不是极大的诱惑。黄宗羲对吴梦寅所从事的"游侠政治",以"不得已"言之,慨叹道:"嗟乎!其才本足以用世,顾束之一乡,君又不甘自附于闭眉合眼之徒,不得已溢而为此,夫岂其志之所存乎?"(《赠编修弁玉吴君墓志铭》,《黄宗羲全集》第十册第 422 页)所下的那个"溢"字,颇有意味。此"溢"固然指其人剩余精力才具之所"溢",亦未始非正常的政治介入渠道之所"溢"——不为官方政治所吸纳,即"溢"而为民间。易堂中人正在上述风气中。上文提到的林时益《送魏和公入广州司李幕》一诗,关于魏伯子,有"贾彪雨雪正西行"句(《朱中尉诗集》卷四)。① 凡此,均可资考易堂人物的自我角色设计与意义确认。既然如此富于用世的热情且热衷于谋划,非但不讳言且乐道权、术,易堂彭、魏为他们的救世冲动寻找出路,舍游幕几无他途。

赵翼《陔馀丛考》"幕府"条曰"幕府始于战国时","但古所谓幕府,指将帅在外之营帐而言,而官吏牙署,未有称幕府者"。后世称衙署为幕府,始见于《后汉书·班固传》(卷二一第 414 页)。有明一代,既有军幕,亦有衙署之为幕府。丁元荐《西山日记》记王阳明幕下奇士:"王文成幕下有一布衣,上虞许璋也。擒赣州诸盗,平宸濠,大都藉其谋。文成不敢屈以官爵,馈遗亦不受。隐居山中,文成屏驺从往候之,清谈竟日。蔬食菜羹,泊如也。"(卷下《高隐》)于慎行《谷山笔麈·筹边》:"万历甲申,长安有七子之目,万历辛卯,长安有八犬之目,皆时相入幕之宾也。"(卷一一第 128 页)即使非"军幕",也仍然更是服务于军事需要的幕府。万历朝陈于陛批评其时"宾僚游士,出一言而曳绮履珠;星相卜技,挟一刺而簋金传食"(《披陈时政之要乞采纳以光治理

---

① 《后汉书》卷六七:"延熹九年,党事起,太尉陈蕃争之不能得,朝廷寒心,莫敢复言。彪谓同志曰:'吾不西行,大祸不解。'乃入洛阳,说城门校尉窦武、尚书霍谞,武等讼之,桓帝以此大赦党人。李膺出,曰:'吾得免此,贾生之谋也。'"

疏》,《明经世文编》卷四二六)。可知此种人物的活跃。

到了明将亡,士人之游幕者,想到的似乎首先是数百年前的文天祥幕府。《张苍水集》第一编《徐允岩诗序》通篇谈论幕府、谋士,说自己幕中人物,与文天祥幕府之士杜架阁辈,"古今若出一辙"。① 即使到了亡国之后,文天祥与其幕下士,也仍然是遗民的话题。明遗民所乐道的谢翱,就曾一度入文天祥幕。黄宗羲说,"文丞相幕府之士,《宋史》既以之入忠义传矣,好事者又为《幕府列传》,附之丞相之后以张之"(《都督裘君墓志铭》,《黄宗羲全集》第十册第482—483页),也以所记裘氏拟之于杜架阁诸人。黄氏另在《纪九峰墓志铭》中说,"邓光荐为文丞相幕府传,僚将宾从,牵联可书者六十余人,其散见于宋末元初各家之文集者,残山剩水之间,或明或没,读者追想其风概,累嘘而不能已者,又不知凡几。"(同书第505页。按纪九峰即纪五昌,钱肃乐幕府中之一人)——均为了引出当代话题,述说当代幕府人物。明亡之际,差堪比拟于文天祥幕府的,即史可法幕府。不惟彭士望,名动一时的阎尔梅,也曾一度在史氏幕中。对于彭氏的这一段经历,易堂中人并不避讳,毋宁说是引以为荣的。

同属易堂,魏际瑞的游幕,性质全然不同。他的所游,乃清人幕府。② 据彭士望《与罗周师中翰书》(《树庐文钞》卷四。按罗即罗京),魏际瑞在范承谟幕中,曾为"抚军差官"。魏伯子早逝,易堂九子中有更长的游幕经历的,当属曾灿,且其人易代前后的角色选择,竟有一贯——由明亡之际的参杨廷麟幕,到清初的为幕宾。只是由"易代"这

---

① 该文说:"……迄宋,则不复有参军记室之制矣。而文丞相开府南剑,乃广罗英俊,置之幕中。即润江从亡,尚有杜架阁周旋患难间,至于国亡身殒;而王炎午、谢皋羽之徒,或操文以祭,或登坛而哭,斯以见文山之知人能得士矣。"以下说自己幕下徐氏,"回视杜架阁辈,古今若出一辙"。同篇还说:"我明选举既行,荐辟遂废。一命必由铨衡,三事莫敢幕置。士之磊磊落落者,不得志而散游公卿间,仅堪媲于西园之宾,而不敢跻乎东阁之吏,亦功令然也。"(《张苍水集》第12—13页)

② 魏际瑞《时务对》《用人对》(《魏伯子文集》卷六)等策论,预期对象即有清当道,语义甚明。《用人对》为汉族士大夫争地位,说:"夫天下既一家矣,文武满汉,何所分别而轻重之乎?"可证其所自处的位置。

一事实、尤其由遗民的角度看去，其人前后所事，不便相提并论而已。著名遗民陆世仪的情形与此相似。陆氏弘光朝曾参军幕，清初亦入幕佐治，就行为方式而言，也不妨认为有其一贯。① 被后世指为遗民而清初游幕者，曾灿、陆世仪决非仅有之例。陆氏即曾道："何意鹅湖登座客，半为莲幕捉刀人。"（参看陆允正所述《行实》）魏际瑞在范承谟幕中时，其时的著名志士、名遗民吴钮（稽田），也在范幕（参看彭士望《与罗周师中翰书》）。研究遗民清初的政治参与，游幕自然是不应忽略的一个方面——不仕清而从事实际政务或提供咨询（如陆世仪、曾灿），不仕清而参与官方主持的文化工程（如万斯同的参明史局，顾祖禹、刘献廷的参《大清一统志》局）。

"幕业"固然是在有清一代作为职业兴盛起来的②，却凭借了明清易代作为机缘。上文提到魏禧的门人鲍夔生。据魏礼说，鲍氏"每当隙会，不屑屑迂谨绳矩，所与游皆当世伟人，草莽里巷之夫或不敢仰视。崛起困穷之中，掉臂轩眉，名噪天下，其意气之壮，可谓盛矣"（《鲍子韶墓志铭》，《魏季子文集》卷一四）——正世俗所艳羡的"名幕"气派。贫寒之士能尔，应当说是拜"乱世"之赐的吧。王夫之大不满于荀悦的说"三游"，对其人的说"游侠""游说"却无异议。明清之际入幕者，往往兼"游说""游侠"而有之，与有清一代职业化了的幕宾，有精神意气的不同。阎尔梅入史可法幕，谋不为用，弃去，后"过故垒旧所行营处，叹曰：'使听予言，安至此哉！竖子固不足与计事'"（阎圻《文节公白耷山人家传》）。此种神情，即非职业幕客所能想见。而传统角色的"幕

---

① 陈瑚《尊道先生陆君行状》："如石（毛如石）之官也，以君（按即陆世仪）行，比至，则明政刑，正风俗，锄奸宄，君相助之力居多"（《桴亭先生遗书》）。陆氏之子允正《显考文学崇祀乡贤门人私谥文潜先生桴亭府君行实》："吴淞娄江久塞，大中丞马公条议疏浚，题捐帑金十四万，檄府君佐于公董其事，府君实左右之。既成，作《淘河议》《决排说》《建闸议》。秋九月，马公祐具书币聘府君为公子师。入幕后，痛陈江南一切利弊。"（同书）据佚名《研堂见闻杂录》（亦题《研堂见闻杂记》），张能鳞校士吴中，"遍行搜括"，其"修辑宋儒书而布之梓"，却由陆世仪助之成（《烈皇小识》第281—282页）。

② 关于明末清初导致幕府制度恢复的条件，参看福尔索姆《朋友·客人·同事》一书第二章，中译本为中国社会科学出版社出版。

僚"，与幕业化了的"幕宾""幕友"，其中介，或许即本文所论这一时期魏际瑞等人身任的幕客。

魏禧《伯子文集叙》说魏际瑞"变乱以来"，"记室、幕府日多"(《魏叔子文集》卷八)，"变乱"所指，应为"三藩之变"。发生在那个事件中的对幕客的需求，或也提供了刺激此"业"发展的动力。幕府对于人才的要求，则有助于造就"幕府人才"。顾炎武引朱熹批评陆游的"能太高，迹太近，恐为有力者所牵挽"警诫李因笃(《答子德书》，《顾亭林诗文集》第74页)。"能高"而"迹近"，正应当是理想的幕府人才。却要到晚一些时候，才有人谈论为幕之道，试图规范幕客的职业行为。这已不属于本文所要讨论的内容。

幕客在明清之际政治中的作用，也可征诸易堂中人的有关论说。魏禧《宋渐堂四十初度序》是一篇"幕客论"。禧说，他由某高僧处得知，"天下之势将在客"，以下说"名藩巨镇"权重，"而文告奏对之词，机事之谋，则不得不寄其权于客"，却又申明"僧所谓'客'，非游士也"，显然不欲人混淆了战国时代的"游士"与其所谓"客"。但其对"客"的肯定，仍隐隐依赖于有关战国时代的记述。其所谓"客"，主要应指其时"名藩巨镇"("帅")的幕府，而非"方面之文吏"的幕宾。他说："方今天下太平，其势终不得不右武，故将帅之权常重，帅重而帅之客不得轻。"(《魏叔子文集》卷一一)①虽属因人设辞，其对于魏伯子所事，未尝不作如是观。军幕对于士人的吸引力本不难想见。为幕主画战守策，其角色尤近于战国时代的策士，较之平世的衙署，确也更有可能激发士夫的热情。事实是，有清一代以至近代，此种以战国时代的策士为原型的角色从未绝迹，而军幕中的幕僚，在如曾国藩、左宗棠一流人物的幕中，依然发挥着重大作用。

我已在其他场合论及士人的敢于任事。明中叶后的游幕之风，固

---

① 同文中魏禧说："余窃尝欲求所谓'客'者交之，而不可旦暮遇也。"也可知其所谓"客"有严格的标准，非即寻常幕客。禧刻画游士、幕客，每见生动，如《赠程穆倩六十叙》(同书同卷)；即写陆贾，也别有一份体贴欣赏。魏氏并无入幕的经历，其所认同的，应是那一种积极入世的态度，与对事功的追求。

不免缘于生存方面的计虑，与其人的能"任"、敢"任"，未始没有关系。有明一代布衣之士积极的政治参与，无疑构成了明亡之际士人政治活动的一部分背景。幕府本是"仕途"外之"经济"。科举一途既不可能吸纳更多的人才，幕府就几乎成为希图用世者的仅余的选择。就明末清初而言，倘若既不取"举义"式的"用众"，又不取儒者的以复礼自任，欲以个人而作用于当世，除了入仕或作幕，的确也别无他途。

　　但陆世仪、曾灿毕竟是遗民！陆、曾等人游清人幕而未见黜于"遗民录"，令人可据以推想明亡之际仍保有对于故国的归属感的士人，被时论、(当时以及后世的)士论所允诺的选择余地与限度；说得更明白一点，也就是，在不失对故明的"忠诚"的条件下，他们被允诺了以怎样的身份、方式，从事与新朝有关的活动。在那个流行苛评酷论的时代，或许可以由此察觉到些许人情的体贴的吧。同时，遗民传状对有关情节的蓄意规避，又提示了问题仍具敏感性。士人清初的游幕，由传统的公/私分际，获取了某种合法性。彭士望曾于弘光朝短暂地接受过任命，竟也自说"从未一入公门"(《复高学使书》，《树庐文钞》卷四)：或许意在强调他从事政治的私人因缘(包括与史可法、杨廷麟的个人关系)。私人委任与受职朝廷(公门)，一向被认为有着原则性的区分——亦士人素所注重的一条界限。何况在清初之世！遗民依据与幕主关系的私人性，辩护了自己的选择，同时又由"私人性"中感知了自我贬抑(下文将要谈到的"依人"之不堪，即依此私人)。这种矛盾心理，魏伯子、曾灿的有关言说中亦有透露。

　　更有力的辩护仍然来自渊源儒家的士的"经世"传统。板荡之余，民生凋敝。彭士望、魏氏兄弟将魏伯子的"应世"，由为"天下生民"的一面做了解释，以为功虽不在社稷(故明)，却在民生。而"民生"确也是那个大破坏时代的重要主题。王夫之作于晚年的《读通鉴论》，正据此而有条件地肯定了一向被了"篡"的恶名的刘裕；黄宗羲也曾称许与其同门(刘门)而仕清的姜希辙的"事功"(即救荒、定乱等)。在其时的传状文字中，"安戢流亡"、"保全乡梓"、为地方兴利除害等等，确也成了对于游幕的惯常的辩护。钱谦益《冯亮工六十序》，曰冯氏"以博士弟子从事中丞幕府"，"常引大体，多所匡正"，其具体事例即有平反冤狱、阻止滥杀等(《牧斋有学集》卷二二第906页)。另一篇《李秀东六十寿序》，则曰李氏"不获建高牙、树大纛自致风云，而卒能托附知己，借箸幕府，以发摅其蕴藉"，其有功于时，也在"推广德意，夺民庶于剑芒刀尖之下而与之项领"(同书卷二三第918页)。在清初特定情境中，"安辑黎庶"尤其值得积极的意义认定。

彭士望自记其山中夜读王猷定《浙江按察司狱记》，"时寒夜，毛骨森竖，鬼欲攫人，涕縻缠不可断"，于是疾起呼伯子之子，令钞之寄其父(《与魏善伯书》，《彭躬庵文钞》卷三)。此时魏伯子际瑞应在浙抚范承谟幕中；而身在山中的彭氏，则指望能经由伯子及其幕主兴利除弊。魏禧的门人鲍婴生"客大将军幕府"，禧撰《鲍生四十叙》，也希冀鲍生"善佐大将军，以休江西千数百里之民"。魏礼所撰墓志铭曰鲍氏其人"先后以儒服运筹策军门十余年，所至能相与有成功，救被难民妇，全活者甚众"(《鲍子韶墓志铭》)。在我读来，这类文字毋宁说更加提示了当其时的游幕，是一种有待辩护的选择，以及选择过程中士人向传统资源寻求意义支撑的挣扎。

易堂诸子的文字，还暗示了其他隐蔽的动机。魏礼记魏禧鼓动熊颐出应世务，熊颐之父熊兆行亦支持其子入幕："辛亥，寿州夏公人伭走书币聘颐，颐有难色，君(按即熊兆行)喜曰:淮阳北顾襟喉，金陵门户，汝山居守约，宜出游以广其固。' 颐遂行。"(《明兵部职方司主事熊君见可墓志铭》，《魏季子文集》卷一四)着眼在其地的军事意义，像是出于"一旦有事"的计虑。这类文字，的确启人以与复明有关的策动、谋划的想象。同文记颐父熊兆行临终，"徐引颐手，诵'家祭毋忘告乃翁'二语而瞑"。由此看来，其时志士之入幕，其动机除了"义安元元"，还应有尝试策反、等待时机以图恢复等等。尽管语意隐晦，闪烁其辞，仍然令人相信这是魏禧鼓励他人"应世"的一部分根据。在明亡后的一个短暂时期，也要有此志，方可称"志士"，与纯粹的"策士"有别。这类目标意识，更足以将明清之际士人的游幕，与有清一代作为谋生手段——以幕宾这一角色的职业化为条件——的游幕区分开来。

然而事实是，即使真的有上述"初衷"，也仍不免要在时间中改易。由后人看去，这也是遗民、准遗民命运之沉痛者。事实确也是，愈到后来，"弭乱""恢复"一类动机愈失去了根据，有关选择的道义色彩不能不渐形模糊。

对于其时士人的游幕之风，舆论并不一律。鹿善继曾在孙承宗幕中，说"幕下亦自有一种游气可厌"（《张苍庵武隽序》，《认真草》卷一五。按鹿氏任职兵部，为孙氏幕僚，非游幕之士），应得之于贴近了的体察。清初陆陇其竟有类似的观察，陆氏告诫其侄，说："大概作幕者，自有一种气习，若稍或渐染，便非儒者气象。"（《与用中侄》，《陆子全书·三鱼堂文集》卷七）王夫之极鄙"怀椠倚门，投身戎幕之策士"（《宋论》卷一第 35 页），对幕府之为制度，持严厉的批评态度，以"将帅不得荐幕士，督府不得用参谋"为"拔本塞源之一道"（《读通鉴论》卷二五第 959 页）。在《搔首问》中，他对谢榛、孙一元、王稚登、沈明臣、徐渭等人之"遨游王公贵人之门"极鄙之，以为"总以落魄故，转此一局以谋温饱，不足数也"（《船山全书》第十二册第 626 页）。为王氏所鄙的，毋宁说是"策士人格"，即"心胥史之心，学幕宾之学"，以揣摩而求"诡遇"；他说，"士莫恶于揣摩天下之形势而思以售其所欲为"（《宋论》卷四第 132 页）；以为以策问取士，足以败坏士风士习。王夫之最所关心的，是"游"所导致的士的品质的败坏，士的"丧吾"亦即"丧品"。对于苏洵所乐道的"游说之士"，他既不以"说"为是，尤不以"术"为然。"术"对于用术者的人格损伤，更是儒者的话题，其中有儒者基于特有的文化敏感关于人事的洞察，自有其深刻性。张履祥《训门人语三》："徐敬老论及近日为幕客，或远游者，曰：'凡出去最易坏人。'先生（按即张氏）曰：'此恐先坏了然后出去也。'"（《杨园先生全集》卷五四）他说："近世居官恶劳，辄延幕客，书生不安贫，辄求为幕宾，官方、士行，安得不两败！"（《备忘二》，同书卷四〇）陈洪绶有长诗《幕下客》，刻画幕客的无耻下劣，以客制主，当有原型。顾炎武力阻其门人潘耒"游于贵要之门""自侪于狎客豪奴"；举某人为例，说坐馆乃"前人坠阱之处"（《与潘次耕札》，《顾亭林诗文集》第 167、168 页）。吕留良对"作宦"与"处馆"进而对"书馆"与"幕馆"做职业评估，说："此不必讲义理，只与论利害，则作宦之危，自不如处馆之安；宦资之不可必，自不如馆资之久而稳。惟幕馆则必不可为，书馆犹不失故吾。

一为幕师,即于本根断绝。吾见近来小有才者,无不从事于此,其名甚噪,而所获良厚,然日趋于闪烁变诈之途,自以为豪杰作用,不知其心术人品至污极下,一总坏尽,骄谄并行,机械杂出,真小人之归,而今法之所称'光棍'也。"(《与董方白书》,《吕晚村先生文集》卷四)

我更感到兴趣的,是游幕于明清易代这一特殊时期,魏际瑞、曾灿的心态,包括他们所经历的自我认同的危机。限于阅读范围,我不知当幕业之为"业"成熟之后,是否还有如下文所引魏际瑞、曾灿这样痛切而富于深度的职业经验的表达。在他们那里,最不堪的,是"依人"。魏际瑞说"一路依人看冷暖,深山怜尔自寒温"(《寄内》,《魏伯子文集》卷八);向其弟诉说"到处依人归未得"(同卷《登永平城晚眺有怀两弟》);因与曾灿"彼此依人"而同病相怜(同卷《泊沛湖有怀曾止山》)。曾灿的表达更有其激切,说自己"龌龊依人,佣身庑下"(《与吴留村》,《六松堂集》文集卷一四),曰"乃知稻粱谋,使人无独立"(诗集卷二《崇德县有万鸦巢城东古寺感赋》)、"贫贱难自由"(同卷《寓宝安闻魏和公赴海南却寄》)。尽管顾炎武也自说"不能不依城堡而架椽,向邻翁而乞火"(《与杨雪臣》,《顾亭林诗文集》第139页),说"所至之地,虽不受馈,而薪米皆出主人"(《答人书》,同书第205页),毕竟境遇不同。无论"安辑黎庶"还是"保全桑梓",似乎都不足以抚慰贫贱"依人"的伤痛,何况如魏禧所说,魏伯子虽为浙抚范承谟所倚重,其言论见诸实施的,也不过十之一二(《东房奏对大意跋》,《魏叔子文集》卷一二)。不自我作主,在士夫,竟有如此严重的意味!因而魏伯子、曾灿的诉说,非寻常怨嗟可比。其实做官又何尝"独立""自由"?只不过幕友之于主官的近于人身依附的关系,使上述感受愈加直接也愈加尖锐罢了。

曾灿还说,"笔耕毗陵郡幕,身为人役,如鹰在绦"(《与曹秋岳先生书》,《六松堂集》文集卷一一)。所谓"笔耕",即从事簿书、刑名("日役簿书,阴与桁杨犴狴为伍")。曾氏于此多所牢骚,又与其时关于胥吏的评价态度有关。令他难堪的,除了"身比胥吏之伍",也在"佣身人役,操作取直"(同卷《上龚年伯书》)。与幕主间的雇佣关系,令曾灿这样的幕宾极为不适,痛感人格的被贬低——不但贬低为士人所不齿的胥吏,且贬低为佣工。当着后世所谓的"幕业"尚未成其为"业",在魏际瑞、曾灿那里最严重的,是尊严而非待遇(即薪酬)问题。易堂人物的如上经验表述,作为幕业形成之初士人的反应,对于探究中国"前近代"知识人的心态,无疑有其研究价值——即使有关的言说不具备既有思想史框架内的重要性。

老杜曾自说"朝扣富儿门,暮随肥马尘。残杯与冷炙,到处潜悲辛"。尽管情境不尽同,仍略近于魏伯子、曾灿所诉说的"旅食"的况味。到本文所论的这一时期,士人的"旅食",无非处馆,无论"书馆"(也称"师馆")抑"幕馆"。而"依附"这一事实,决非刻意制作的身份符号(无论"宾""友"乃至"师")所能掩盖。士人所嗟叹的,即在一种虚假"平等"中,自主性的丧失。即使志在经世者不免于因人成事,在敏感如魏、曾者,上述处境也不能不损害了目标的庄严性。毋宁说,当着"幕业"尚未成熟之时,幕宾以其寄生性、依附性,将士的实际地位、处境,士与权力机构、权势者的关系象征或隐喻化了。

曾灿长于刻画作幕的辛酸,曰"投人未语颜先改"(《六松堂集》诗集卷六《毗陵访友不遇归舟独酌感赋》),"逢人亦自憎"(卷四《初到德清县即事》),说的是自己;"踵阶却彷徨,主人色先沮"(卷二《偶兴》),则是所见的对方。他甚至自说"觅食同鸡鹜,呼名任马牛"(卷五《张桥题壁》)——久于作幕,曾灿将为人役使的屈辱感,表达得淋漓尽致。士人在这类题目上,往往不惜过甚其辞,但曾灿的羞耻、屈辱之感,决不像是出于造作。

游幕于明清之际,在有遗民倾向的士人,职业痛苦之外,另有一重道义上的痛苦——这里自然指游清人幕。由遗民的角度看过去,作幕不能不是临界处的冒险,那风险不止在"丧吾",更在丧失其为"遗民"。依照通行于遗民社会的规范,与"当事"的交接,即意味着与"当世"的交接。曾灿曾说"半生空结三千客,一错难销十六州"(《六松堂集》诗集卷七《苏署长至次桑楚执韵》)。结客固为救明之亡,"错"则在终于成了清人的入幕之宾。如上文已经说到的,这里有一条"质"的界限。遗民中确有"守身如玉"、杜绝与当道的"交接"者;也应有此对照,易堂人物辩解伯子时,使用了一个严重的说法——"自污",尽管在他们的表达中,说"自污"略如佛徒之说"舍身饲虎"。此种不洁之感,难免复杂化了魏际瑞、曾灿们的心情。① 由忠臣幕僚到清人幕客,发生在其间的,是道义目标的丧失。"依人"已自不堪,何况所依乃清人!

"易代"极度复杂化了的士人道德处境,不能不令敏感的士人有选择的艰难。刘城《汪思诚传》记史可法曾于甲申冬,"撰书辞、具马币招余即幕",自己却"逡巡未去"。同文还说,"昔谢翱已尝入幕,而自处可考,君子许之。余则怅然不足于心,以为终不若纯一之慷慨殉公,为得其正也"(《峄桐集》卷一〇)——即史可法幕,也仍使得于进退出处之际自律特严如刘城者如此踌躇,魏际瑞、曾灿清初的入幕,所承受的伦理压力可以想见。即令不限于遗民角度,上述行为也自有其严重意味——由游离于权力机构,到与权力结合。应博学鸿词之召的李因笃,就自惭其"早自放废,而又好游于大人",以至出处失据(《先母田太孺人行实》,《续刻受祺堂文集》卷四)。

彭士望、魏禧辩护魏伯子的入幕,对曾灿却持论严厉。其实魏际瑞本人已不能自安。他曾回答"然则君子亦谋食乎"的一问,说:"君子之谋食也,食焉而已,无他谋焉,免死而已矣。周之亦可受也。"(《杂说》,《魏伯子文集》卷四)邱维屏则说伯子虽不得已而"出膺世务",却不忍见同堂之友有所点污,"吾人有稍露影徇迹于城市者,子则为之怃怅叹息而不已"(《众祭魏善伯父子文》,《邱邦士文钞》卷二)。如果说魏际瑞的作幕,尚可以家族之保全以至为乡梓纾患难等等解释,那么曾灿清初的游幕四方,即其本人也不讳言为稻粱谋了。张云章所撰《陆先生元辅墓志铭》中说:"先生念己于前朝未有禄仕,出亦无害,而以贫故糊口四方,亦非不义之粟。故以礼来聘者,先生不之拒。"(《碑传集》卷一

---

① 入清人幕固为名节所关,曾仕"先朝"与否,在当时的人看来,仍有所区分。弘光朝曾灿受委为兵部职方司主事,还曾受杨廷麟命监军。因有此一命,其游幕即为魏礼所痛斥。魏礼《与友人书》一札,说那友人"叨膺先朝一命","至于入幕求食,干请以自资,仰贵人鼻息,名节扫地,大足伤心"(《魏季子文集》卷八)。由魏礼之子魏世俨《祭妻弟曾嘉初文》(《魏敬士文集》卷六),可证此"友人"即曾灿。见诸曾氏文集的致时贵书札,营求幕席,或乞请资助钱财,辞情确也不免卑下(如《与吴留村》一札,《六松堂集》文集卷一四),无怪乎令他的易堂同仁所不齿。

三〇）到了这个时候，游幕者已无须揭橥"民生"一类堂皇的名义，如陆氏者，就坦然自承其应聘为生存所需。但易堂同仁却仍然将曾氏的游幕描述为"乞食"。魏禧即说曾灿"或自课耕以食其所获，或浮沉乞食于江湖"（《曾止山诗序》，《魏叔子文集》卷九）。关于孙枝蔚，也用了"乞食"的说法（同卷《溉堂续集叙》）。曾灿本人也说，"数年困于江湖，即衣食一节，仰面乞哀，几非人类"（《与钱驭少》，《六松堂集》文集卷一四）。其人晚节之颓唐，也应缘于此的吧。

曾氏康熙二十七年死于京师。《六松堂集》胡思敬跋："甲申之变，青藜尝从杨文正起兵保赣。文正既殉，乃橐笔四方，碌碌依人者几二十载。观其与周计百、丁泰岩、吴留村、丁雁水、王山长、刘映藜诸笺，晚节颓唐，亦可悲矣。予初欲削去集中书牍二十余首，用存易堂家法。岁莫返里，宛平刘剑伯来局襄校，匆匆检付手民，遂忘其事。越岁再检视之，则书已告成矣。把玩再三，盖不能无憾云。"（按青藜即曾灿，杨文正乃杨廷麟）胡氏本欲为贤者讳，亦用心良苦，作为后人，我们只能庆幸曾氏诸札的终未削去。无论曾灿还是陆世仪，都提供了遗民在时间中销磨的例子。陆氏由处"桴亭"而充当高等幕僚，其间的变化过程——尤其细节——已无从寻索。"历史生活"的丰富性总不能免于时间中的流失，我们只能满足于拣拾若干碎屑而已。

同为"客"，"幕客""清客"也有分别，或许即鲁迅所谓的"帮忙"与"帮闲"；前者通常为幕中不可少之人，而后者则有可能是多余之一人。当然，"帮忙"者也不妨"帮闲"。① 此外，文幕与武幕及州郡幕似也有

---

① 尚小明《学人游幕与清代学术》中说："……顺治统治期间遗民学者轻易不会出游幕府，即使生计困顿，他们也宁愿'游客'以养，并藉此保持气节，而不愿'游幕'为生，从而招致'忠义之士'的非议。"（第 14 页）同页注 2："从清初有关史料的记载可以看出，'游客'与'游幕'是两个不同的概念。'游客'一般是指为友人（不在官场）之客，游幕则指为官员之客。例如，顾炎武一生屡次'游客'，但从不'游幕'。此类事例在生活于顺、康之际的明遗民当中颇多。"其时士人所见，也不尽同。李因笃游幕，自说"丈夫具有血气，游客万不可为，入幕虽卑，犹自食其力，舍彼就此，亦云恶取其轻者耳"（《复顾先生》，《续刻受祺堂文集》卷三。按顾先生即顾炎武）。由"自食其力"与寄生着眼，确也是另一种比较。此札诉说游幕之不得已，冀得顾氏之谅解，可与顾氏致李书札互参。

别。① 对于刘献廷、顾祖禹等人的入《大清一统志》局,像是并无多少疑论。

易堂后人为生计所困,不免步其父执曾灿的后尘。魏礼的长子魏世俲就自说"万事猬集,田赋米盐,支吾内外,皆服劳于俲之一身",以致去就之际,不能不大费踌躇(《答周盛际先生书》,《魏昭士文集》卷二)。有遗民倾向的魏世俲终于没有应试,说"宁浮沉隐见,规方作圆,强与富贵人周旋",为此不得不违拗性情,自说"初学欢笑,如芒刺负背,二三年后,渐不为苦"(同书卷三《析产序》)。直到世俲们生存的这一时期,士人的生存手段,依然如此缺乏! 我也因此宁愿相信,明清之际如曾灿、魏世俲一流的游幕者,未见得真的有他人所悬揣的关涉道德、精神的大苦痛——尽管曾氏有上文所引的表达。当其时"生存"的主题,委实太严峻了。

幕宾在清初,确已是士人的一种营生。其实即策士、幕僚,何尝不是"营生"! 唐顺之笔下的游戏幕者,即以发策奇中"撼贵珰老将,而出其橐中之金"(《郑君元化正典序》,《唐荆川文集》卷六)。王艮也说过:"有为行道而仕者。行道而仕,敬焉、信焉、尊焉可也。有为贫而仕者。为贫而仕,在乎尽职,会计当、牛羊茁壮长而已矣。"(《语录》,《王心斋先生遗集》卷一)可知并不以"为贫而仕"为不正当,只是以为另有其道而已。"会计当""牛羊茁壮长"(《孟子·万章》),正属于成熟中的幕业的重要内容,也是幕宾的主要职任。

入仕与入幕、游宦与游幕风味之不同,还系于从事者与人主、幕主的不同关系。魏际瑞、曾灿的文字为研究此一时期幕府的宾主关系、幕宾心态,提供了生动的材料。幕府宾主间,从来有"礼遇"以至"知遇",即如明人所艳称的胡宗宪之于徐渭。徐氏在胡幕,据说"幕中有急需,夜深开戟门以待",将吏对胡"莫敢仰视",渭则"角巾布衣,长揖纵谈"(《明史》卷二八八)。有徐氏的这份幸运者,自然不多。黄宗羲曾说到

---

① 李因笃所游,或即文幕。王弘撰《山志》"李天生"条,说李因笃"从陈祺公于塞上,日事博综,九经诸史,靡不淹通。祺公视为畏友,投契之深,有同骨肉",李氏"以是无内顾忧,而益肆力于学"(初集卷三第64页)。

嘉靖间周述学在胡宗宪幕，"多所擘画，其功归之主者，未尝引为己有"（《周云渊先生传》，《黄宗羲全集》第十册第 547 页）。"功归之主者"，被认为是幕府中人应当具有的"职业道德"。① 魏礼《答鲍子韶》称许鲍氏"间关周旋"于其幕主"牢落危疑之际"，"不相弃捐"（《魏季子文集》卷九）。这"不相弃捐"，无疑也被作为了幕宾应有的操守——在这一种表述中，此后幕业所强调的契约关系，显然尚未充分发展。无论身处幕中者作何感想，人们都乐于欣赏上述古老风味。

收在《魏伯子文集》中的《家书》，意在使家人释念，故于作幕之"甘苦"，偏在说"甘"。如曰："吾既有贤主人而日供我以粱肉，衣我以缯帛，我乃自究夫兴革损益经世之务，知刑名钱谷之政，寄平日好善恶恶利物济民之心，闻朝廷四方之故；及其巡历，则又资舟车、具干糇，而我乃悉览名山大川、城郭都市、土俗民情，不费一物，所得已多……"（卷二）——未必不是作幕诱人的一面，多少可以解释此"业"对于士类的吸引力。同书中《答方大师》一札则说"苦"，曰："四年京国，碌碌依人，疲累欲死。俯仰身世，为足自悲。""身若无柁之舟，随风南北，又如蚁行磨上，欲西反东。他人名利，我无一与，而人步亦步，人趋亦趋。"（同卷）——更应属肺腑之言；所刻画的，无非寄生、依附的悲哀。"他人名利，我无一与"——即黄宗羲称美周述学的"功归之主者，未尝引为己有"——何尝是其人心之所甘！② 魏际瑞对作幕的滋味知之甚深，其《施予论》《自立论》（同书卷五），命题、立意，都像是与幕宾这一角色

---

① 陈澧《山阴汪君墓表》："古有幕职无幕友。今之幕友，其人非官也，所为之事则官事也……其所为皆官事，其名归于官，而幕友遂湮没不彰也。"（《东塾集》卷六。按汪即汪鼎）

② 魏伯子另在《杂说》中痛陈作幕的伤痛："魏子曰：'归与，归与！'或曰：'何以哉？'魏子曰：'吾闻夫居大人之门者，虽贵而亦贱也；不为立制待泽于人者，虽富而亦贫也；受指使观颜色，人以为贤而安之者，虽荣而亦辱也。受人之恩而不报，是以其身为禽兽；受人之恩而必报，是以其身为牺牲……"魏氏为范承谟幕宾，自说所言"莫不听"，却仍有如许的牢骚！同文说他自己作幕的原则："大人之贤者，吾安吾分而进之以理义；其非贤者，吾安吾分而称之以事功，不敢为徒食也。"非择人而事，而是对不同的主人提供不同的服务。由他的诗中"正言悟主终难合"（《署中碧林亭作》）、"国士而今意渐灰"（《示闽督使者》，均见《魏伯子文集》卷八）云云，可知上述原则也仍然不能使他减却挫折之感。曾灿也有类似的沉痛经验，他致书龚鼎孳，说即有贤主人，也"疑情未免。瞻踪顾影，动见牵制"，"瞻颜色为语默，视跬步为进止。怀疑不释，懔若惧罪。饮酒而甘，不敢谋醉"（《上龚年伯书》）。

直接或间接相关,令人可以想见游幕对于其人心理刻写之深。曾灿竟也有《施与》篇(《六松堂集》文集卷一一)——以幕宾的身份论"施与"之道而非"辞受"的原则,耐人寻味。清初唐甄有《善施》篇说施舍的艺术,见出对人情的体贴。"君子之处贫士,惠非难,不慢为难。""慢者,非礼文之疏,饮食之薄也。共揖不失,其睹若无;问答不失,其语若忘;是慢也。"(《潜书》上篇下,第82页)施之以其道(即"不慢"),是之谓"善施"。这里有士夫心理极其敏感脆弱、极易受伤害的方面。凡此,均可资考"幕友制"形成中士人的生存状况与心态。

但这仍然只是问题的一个方面。上文所引魏伯子的说法,已道出了作幕的种种便利。较之伯子所说更其重要的,无疑是士人经由游幕施政经验的获取,以及基于此的对于当代政治的参与。当着曾灿向当道贡献其幕中积累的与刑名有关的经验,未尝不示人以自信(《与丁雁水观察书》,《六松堂集》文集卷一一)。① 关于"庭鞫""定谳",如曾氏所分析的种种,非亲与其事、老于幕中者,不能如是之谙悉。曾灿是易堂九子中最有名士气者。文人、名士未见得不通世务,未必不谙练政事。如曾灿,其人的实际政治经验,应较空谈"经世"的魏禧丰富的吧。由他的上述文字看,有关阅历也应有助于思路的缜密。至于他的牢骚怨望,不妨看作士人常态;其人的生活状态,未必即如所形容。

上文已经提到魏际瑞作幕而辞刑名。冯辰、刘调赞《李恕谷先生年谱》记李塨,有"先生以商政则可,专司一事则不可"云云。前于此,金声奉命监申甫军,就声称"虽军旅非所当与,不敢不勉……至于钱谷会计、簿书出入,素所未习,欲勉不能"(《据实奏报疏》,《金忠节公文集》卷二)。② 更前于此,叶适即以士学钱谷、刑狱为"自贬而求容于世"(参看《士学上》,《叶适集·水心别集》卷三)。上文已引王艮所说

---

① 游幕者的人生目标、其所仪型不妨互有不同。魏际瑞在诗中写幕中生活,一再提到杜牧、徐渭(如《幕中春日》,《魏伯子文集》卷八)。失意仍不失自负,床头捉刀人,则是曾灿屡用的譬喻。

② 看金氏此一时期奏疏,其人亦陷于徐光启式的困境,督军、筹饷,处处拮据——亦因职权不明,整个官僚机构运转失灵。士大夫固鄙"钱谷会计、簿书出入",此等事确也非人人应素习全能。

"为贫而仕,在乎尽职,会计当、牛羊茁壮长而已矣"。王氏的那段文字,意在区分"为贫而仕"与"为行道而仕",在他看来"乘田委吏,牛羊茁壮,会计当,尽其职而已矣。道在其中而非所以行道也"(《王心斋先生遗集》卷一《语录》)。"官""吏"之别尤严于明代;到本文所论的这一时期,士人的贱视钱谷刑名,也因贱视胥吏——已演成根深蒂固的偏见。① 魏际瑞说:"自朝廷重资格,百年、数十年间,士大夫读书成进士者,其视吏员杂职,虽殊才异能,贱之如足下尘土,不足践藉。"(《送燕客顾龙川序》,《魏伯子文集》卷一)贱其人,亦贱其所事。士既以"不习吏事"为荣,势必自限了处理实际政务(尤其有一定技术性的政务,如计财、理讼等)的能力。王充如下等第论,在千余年中几无变动:"文吏以事胜,以忠负;儒生以节优,以职劣";"然则儒生所学者,道也;文吏所学者,事也。……儒生治本,文吏理末;道本与事末比,定尊卑之高下,可得程矣"(《论衡·程材》)。

与对于"吏事"的偏见相关的,尚有关于"专才"的偏见。魏禧曾论人才不应以"专才"为限,曰:"考核人才,绳以六曹之职,如学兵者考其韬略,学刑者考其律例,最为切实不浮。然天下之才,有未必能专精一曹,而独能明于国家兴除之大故,强弱之大势,断非常之事,定卒然之变……"(《日录·杂说》)易堂中人志在用世,其自居即非"专才",他们孜孜于寻访、造就的,也无非是处乱世而能"断非常之事,定卒然之变"的特殊人才。至于魏禧本人,他关于此种人物的想象,应即以他所神往的"《左传》时代"的策士为蓝本。

《颜氏家训·杂艺》以为"算"之为"术","可以兼明,不可以专业"——在相当长的时间里,是士人中普遍的思路。于是我们看到了如下景象:一方面,算学作为知识与技能,日益广泛地运用于政治,方面大吏与其他官员幕下储备了大批精于财计的人才;另一方面,这种人才又无从因其所拥有的上述"专业知识",经由"正途"谋得在官僚机构中的位置。这也是"前近代"的尴尬之一种。幕宾的身份的暧昧性,是由中国"传统社会"晚期的政治体制所造成的,有关知识(如算学、律法)

---

① 关文发、颜广文《明代政治制度研究》:"真正严格区别官与吏也还主要是在明代。"(第231页)

的处境也要部分地由此来解释。

　　无论关于"吏事"还是关于"专才"的成见，都将因清定鼎后的局势以及有清一代幕府制度的发展而缓慢地改变。事实上由宋至元，书生的价值观已发生着变动。据王学泰《游民文化与中国社会》，元代士人为"解决衣食之资"，"博得一饭"，即不避一游。这里有书生因应时势的自我调整。到了明代，论者更有思路之转。王阳明就说过，"簿书讼狱之间，无非实学；若离了事物为学，却是著空"（《传习录》下，《王阳明全集》卷三第95页）。[①] 明末黄道周批评其时的朝臣无"远大之猷"，"序仁义道德，则以为迂昧而不经；奉刀笔簿书，即以为通达而知务"（《明史》卷二五五本传），也可以为风气的转移佐证。即使普遍的知识状况不可能一朝改变，与"技艺"有关的成见、偏见也仍然在校正中。徐光启说算学之为"理财之臣"所亟当习（《条议历法修正岁差疏》，《徐光启集》卷七）。陆世仪说开河计算土方，"算之之法必立开方，用句股，须善算者方知。儒生莅官，目不识算，能不为吏书所欺乎？"（《思辨录辑要》卷一五）这类表述的重要性，就在于使长期以来被鄙为"小道"的知识技能，由"为政"的方面获取了价值论证。至少到本文所研究的时期，"为政"这一角度依然具有十足的权威性，因而上述价值论有可能成为普遍的知识状况改变的契机——尽管终于不过是"契机"。但成熟过程中的幕业毕竟提供了条件，使某些士人被压抑了的才具得以施展。梁份就称道其时名幕的长于布算，曰"李震亨谓士苟精一艺，以推及物之仁，虽不仕于时，犹仕也"（《江湾司李巡检传》，《怀葛堂集》卷五）。

　　《明史》说："明季士大夫，问钱谷不知，问甲兵不知。"（卷二五二）此种笼统的说法自不能解释士人正是在"明季"所展示的用世才能。明季士大夫固有不知甲兵者，亦有好谈兵且号称"知兵"者；有

---

① 唐顺之说士类之于世务，深中其病。他说："大凡少年高志之人，于事未必备尝，故病于疏。文藻雅逸之士，多不奈烦，至以簿书狱讼为涸溷，故或病于华而无实。而谪官迁客，纵不怨尤，又往往以简旷不事事为得体，故或病于惰窳而苟禄。"（《答蔡判官可泉书》，《唐荆川文集》卷五）

不知钱谷者,亦有善财计且以此为谋生手段者。至于明清之际士人的胥吏论,则不仅指向制度缺陷,也指向了士夫自身,包含了士关于自身知识、能力的缺陷的反省(即如士人在处理行政事务方面的无能)。明中叶以降士人的游幕,固不免为生计所驱迫,由积极的方面,也不妨看作对传统偏见的校正,尽管有关的实践尚没有可能导致制度的更革,甚至不足以革弊。我在其他处已谈到了儒者的欲广儒学,士人自我扩充的愿望——上述愿望未必不也经由游幕部分地得到了实现。

幕宾在事实上承担了战国、秦、汉由"文吏"(职业官僚)所承担的一部分行政职能;在权力机构内部未实现充分的功能分化的条件下,以专门知识对体制及其运作实行了有效的补充。而职业化的幕宾角色的生成,却又因发生在"中华帝国"的晚期,其意义已不以此为限。宫崎市定认为,"农村里的业主这一中间阶级,和商业上的经纪人,政治上的胥吏,可以说是使中国近世的士大夫成为士大夫的三大支柱,同时也是使中国近世社会具有特色的因素"(《宋代以后的土地所有制形态》,《宫崎市定论文选集》上卷第 174 页)。在我看来,"政治上的胥吏"更宜于代之以本文所论的幕宾。幕宾不同于由朝廷领取俸禄的官员的,在其不分享权力;不同于"政治上的胥吏"的,则在脱出了(或部分地脱出了)人身依附。尽管幕宾之为角色,其功能在王朝的政治运作中不具有决定性,却显然联系于社会、政治、经济生活中发生着的深刻变动并作为其表征。

在其时的社会生活中更具有征兆意义的,毋宁说是令曾灿感到痛楚与屈辱的契约关系的发展。由其时的士风批评,也可感"交易"这一种商业性关系在社会生活中像是无所不在的渗透。幕宾作为官僚(或官僚机构)的雇员,是其时的准"工薪阶层"。士的上述生存方式,影响于士人的自我意识以至其"职业观念""职业心理",均有考察的价值。传统的以人情维系、以个人间的信赖为基础的关系,代之以契约、雇佣关系,也应置诸"宗法制解体"这一历史过程中认识。当然,减却了对于权力者的人身依附,并非即获致了近代意义上的"独立"与"自由"。

马克斯·韦伯说:"一切国家都可以这样进行分类:看它原则上是依靠那些个人拥有行政工具的僚属,还是依靠那些同行政工具'分离'的僚属。"(《以政治为业》,《学术与政治》中译本第59页)还说:"16世纪时,在较先进的国家,专业官吏在战争、财政和法律这三个领域取得了明确的胜利。"(同上第68页)大致同一时期的中国,上述情境并未出现,只不过具有较高知识水准且非人身依附的专业人才(幕宾),部分地取代了素质较差且人身依附的专业人才(胥吏)。但这一变动是否仍然可以视为由"依靠那些同行政工具'分离'的僚属"向"依靠那些个人拥有行政工具的僚属"的演变,认为近代国家的行政管理形式,正在循自己的路径产生?在明代中国,一方面,治人/治法的古老争论仍在继续;另一方面,对有关的专业人才的需求,刺激了幕宾这一角色的生成。在体制尚无可能经历重大更革的情况下,经由服务于幕主,幕宾作为无官、吏之名的行政人员,部分地承担了——当然是间接地,甚至是匿名地——帝国行政,的确是明清时代的特殊现象,并将其遗产留在了近代以降的历史中。据说明清之际有"经世"之为"思潮"。清初士人的游幕,似乎又可以视为传统经世之学式微的征兆。"幕学"的发展,幕业的成熟,岂非传统儒家的"经世"向职业政治转化的表征?

有清一代,幕业、幕学发展,道光间贺长龄、魏源等纂辑《皇朝经世文编》,名幕汪辉祖的文字即有多篇收录。清人韩振说:"内掌曹郎之事,以代六部出治者,胥吏也;外掌守令、司道、督抚之事,以代十七省出治者,幕友也。"(《幕友论》,《清经世文编》卷二五)①幕业在其发展中由正面与负面施加影响于士的塑造,这一过程中继续发生着士的自我丧失,因而魏际瑞、曾灿们的怨嗟,即使在此后的时间里,也并未失去意义。魏伯子、曾灿也仍然不便看作"最后的策士",只不过他们以自己

---

① 葛士濬《皇朝经世文续编》卷二三"吏政"八即与"幕友"有关的文字。幕友也有等级之别。张仲礼《中国绅士》关于清代幕府,说:"一般而言知县的幕友是下层绅士,封疆大吏的幕友常常是上层绅士。"还说:"总督、巡抚和其他官吏幕下的幕友也可被保举出任官职。"(中译本第31—32页)

的政治实践证明了"《左传》时代"已不可能复活，那一时代的游士、策士早已成为了历史的陈迹。

附记：近年来关于游幕、幕府、幕宾的研究渐成规模。钱穆曾说，有清一代，"前有李恕谷（即李塨），后有包慎伯（包世臣）、周保绪（周济）、魏默深（魏源），与实斋（章学诚）皆以游幕而主经世"（《中国近三百年学术史》第九章注）。近代颇有知名之士有游幕经历者，曾国藩幕中的郭嵩焘、左宗棠、李鸿章、薛福成等人外，另如张之洞幕府中的辜鸿铭（辜氏有《张文襄幕府纪闻》）。孟森则曾在郑孝胥幕。商鸿逵遗著《述孟森先生》（孟森《明清史论著集刊续编》）曰："先生早年游幕四方，一度作幕广西龙江兵备道署。北莅哈尔滨，留心观察地方，注意开发经济。先生与南通著名实业家张謇交谊甚厚，为其亲近幕友，平生喜谈实业即系受其影响。"我感到兴趣的，更是游幕这一人生选择之于士人的人格塑造。本文所论的明清之际，"幕业"尚未成形，游幕者的角色意识亦与此后不同；由易堂人物的有关言说，却仍然可以令人窥见"幕府人格"形成的早期历史。此外令我感到兴趣的，是"传统角色"在现代社会中的存在及存在方式。即如"策士"这一角色，迄今仍未绝迹。不惟策士，其他一些极古老的角色，也并未死去。"历史"就此活在我们的生活中。

豪杰向慕

我已一再强调了我所研究的现象所赖以发生的时势，这里却应当说，如此强调并非总有助于达到复杂性。即如士大夫在这一时期的豪杰向慕，与一个相应时期中的理学话语，就不无关系。这也解释了表达上述向慕的，非止浪漫好奇的文人。儒学语境中的"豪杰"，或应追原于《孟子》。被本文所论这一时期士人所一再称引的，就有孟子所谓"待文王而后兴者，凡民也。若夫豪杰之士，虽无文王犹兴"（《孟子·尽心》）。与"豪杰"语义相通的，尚有"大丈夫"："居天下之广居，立天下之正位，行天下之大道。得志与民由之，不得志独行其道。

富贵不能淫,贫贱不能移,威武不能屈,此之谓大丈夫。"(《孟子·滕文公》)①《孟子》所谓"豪杰""大丈夫",对于下文中有关的论述,应当具有"原型"意义。上述儒家经典话语,因其表达之豪迈,对于士人,有十足的感染力。黄宗羲说:"天生豪杰,为斯世所必不可无之人,本领阔大,不必有所附丽而起。一片田地,赤手可以制造,无论富贵与不富贵,皆非附丽也。"(《陈夔献五十寿序》,《黄宗羲全集》第十册第662页)李颙引程颢诗"富贵不淫贫贱乐,男儿到此是豪雄"(按该诗即《秋日偶成》),说:"孟子,圣贤而豪杰也。学孔于百家并兴之日,倡道于干戈杀伐之世,气魄作用,挺特宏毅,遏人欲于横流,援天下于既溺,论者谓功不在禹下,吾无间然。"(《四书反身录》,《二曲集》卷四一)

道学中人所谓豪杰,不免以合"道"与否为首要衡度,即如强调其人的勇于求道、传道,与世俗所谓豪杰(即如绿林响马式的豪杰、江湖豪杰),根柢不消说不同。道学所许为豪杰者,正是道学中人。在理学语境中,有理学价值观的广被,以至其时士人的豪杰想象,普遍浸染了道学色彩。唐顺之就曾对人说,倘能"以康济斯世者康济此身,以除戎攘寇手段用之惩忿窒欲、克己复礼之间",即"古之所谓真正英雄"(《与胡柏泉参政》,《唐荆川文集》补遗卷二)。儒者所谓"英雄""豪杰"自有面目,本不欲与世俗见识混同。王夫之辨勇/力,就不欲人以儒者的大勇混同于匹夫之勇,说"子之语大勇曰:'虽千万人,吾往矣。'是何等震动严毅,先人夺人,岂谈笑举鼎之谓哉?"(《读四书大全说》卷三,《船山全书》第六册第535页)证人社的会讲中,有人以为"豪杰建立事业,从勋名起见",刘宗周就说:"不要错看了豪杰。古人一言一动,凡可信之当时、传诸后世者,莫不有一段真至精神在内。此一段精神,所谓诚也。"(《会录》,《刘子全书》卷一三)在他看来,"稍涉名心",即不诚,也

---

① 高攀龙支持在湖州乌程推动均田均役的乡绅朱国祯,对朱说:"年丈以地方役事,冒群讥众讪,毅然为小民造命,此大丈夫所为。"(《答朱平涵》,《高子遗书》卷八上)此大丈夫之"大",乃大境界、大精神力量。同札说"吾辈学问,以眇尔六尺,为太极作个骨子"。

就无从建立事业。①

但儒者的豪杰想象，与世俗想象又未必全无关涉。士大夫的英雄情结与世俗民众的江湖向往之间，一向没有太远的距离。邵雍被许为"振古之豪杰""风流人豪"②，也因了其人的特立独行与非凡气质，为腐儒、琐琐小儒不堪比拟。黄宗羲笔下的泰州学派中人，即以世俗眼光看去，也无疑是豪杰，或可名之曰"豪杰儒"。《明儒学案·泰州学案》："山农游侠，好急人之难。赵大洲赴贬所，山农偕之行，大洲感之次骨。波石战没沅江府，山农寻其骸骨归葬。颇欲有为于世，以寄民胞物与之志……"（第703—704页。按山农，颜山农；赵大洲，赵贞吉；波石，徐樾）岂不类史传中游侠之士所为？③ 无论在儒者还是俗众，"豪杰"无不是综合了精神、意气、能力等等的评价；儒者欣赏于其所谓"豪杰"者，无非是那种发扬蹈厉的精神状态，强毅果决的意志力量，与此相对的，则是为他们所鄙的"拘""陋""琐"……

明清之际的士人大有倾慕陈亮其人者。因豪杰气概为人倾倒的，尚有王阳明。金声就说："若夫豪杰之士，虽无文王犹兴。若读文成书而不兴起，则并不得谓之凡民矣。"（《与程希吕》，《金忠节公文集》卷三）明末清初的论者所言豪杰，确也多属陆、王一派。陆、王之学令人印象深刻的，是欲望释放中的自我扩张，自我人格的放大，由此而致的精神发越、恢张，以及进取性。陆世仪引陆象山语："此是大丈夫事，幺么小家相者，不足以承当。""大世界不享，却要占个小蹊径，大人不做，

---

① 颜元也说他所激赏的豪杰之士，无不"志道学而兼经济"，于此方见英雄本色。在他的理解中，不惟圣贤与豪杰，而且"忠孝恬退之君子"与豪杰也非不相容（《泣血集序》，参看《习斋记馀》卷一）——在其时的历史情境中，他们可能正是同一个人。傅山也以为"澹泊乃见豪杰"（《佛经训》，《霜红龛集》卷二五），还说"英雄乃能高"（按"高"指"高士"，语见《钞高士传题辞》，同书卷一六）。凡此，又与遗民作为"类"的存在不无关系。

② 参看《宋元学案》卷一〇《百源学案》下，《黄宗羲全集》第三册第564、571页。程颢说邵雍"真风流人豪也"（《时氏本拾遗》，《二程集》第413页）。

③ 耿定向也说何心隐"其学学孔，其行类侠"，"倾万金之产了不惜，犯三公之怒以为欣"（《耿天台全书》卷一二，转引自容肇祖《明代思想史》第226页）。李贽称道王艮及其徒，曰"心斋真英雄，故其徒亦英雄也"（《为黄安二上人三首·大孝》，《焚书》卷二第80页）。

却要为小儿态,直是可惜。"(《思辨录辑要》卷一)如陆世仪这样有豪杰气的儒者,期大有造于天下后世,本人通常也气象阔大。他倾倒于陆象山的,正是陆氏所谓"大丈夫""大人"的"大"。陆氏以为"陆象山人物甚伟,其语录议论甚高,气象甚阔,初学者读之,可以开拓心胸","令人感发兴起,志于圣人之道"(同上)。①

对于明清之际士人的豪杰向慕,有明一代的名士文化,也参与构成了一部分背景。其时与"豪杰"有关的言说,令人不难读出文人式的夸张。文人处平世力图脱弃凡近,到了世乱时危,往往自以为负王霸大略,抵掌世务,刺刺不休。黄宗羲说自己的朋友陆符(文虎)"胸怀洞达,热心世患,视天下事以为数著可了,断头穴胸,是吾人分内事"(《陆文虎先生墓志铭》,《黄宗羲全集》第十册第339页)。夏允彝记其时云间名士陈子龙"少好奇负气,迈激豪上,意不可一世",与李雯"慨然以天下为务,好言王伯大略,曲儒陋士,聚而非之,顾盼豁如也"(《陈忠裕

---

① 其《论学酬答》也说:"昔朱子有言:每见陆子静之徒气质可畏,吾党诸贤虽能谨守,却又振立者少,此无他,聪明才智之士恶拘束而畏躬行,故每乐趣于顿悟机锋一路,以自取快,至于谨愿笃行者,虽趋向不谬,而其才气又往往不能过人,此正学之所以常衰也。"(卷三《答如皋吴白耳书》)对同一现象,颜元的解释不同。他说:"陆、王之学,为之甚难,莫道陆之得王不易,虽传之失真如龙谿诸人,资性亦不多见;以其直见本心,百善俱集,非中人可能……朱学种种反此,中人尤乐入,故必兴。然显功倍多,而隐害倍甚也,其谁知之!"(《阅张民王学质疑评》,《习斋记馀》卷六,《颜元集》第490页)他说朱子"耗费有用精神,不如陆、王精神不损,临事尚有用也"(《存学编》卷三《性理评》,同书第87页)。其时有经世取向者,往往对王学有偏好。王源《与朱字绿书》(《居业堂文集》卷七)为王阳明辩,与易堂同其臭味,且其时"举世若狂,以诋姚江为风气",而"源尝以为孟子殁后千数百年,全体大用才堪王佐之儒,惟诸葛忠武、王文成两人而已"(其人接近颜李之学后,关于理学的议论有变化)。傅山非道学,但其同情于王学,是无疑的。关于王阳明,朱鹤龄也以为"自来有用道学,无逾先生者"(《阳明要书序》,《愚庵小集》卷七第315页)。近人陈守实的说法是:"姚江之学,主'心物一体''知行合一',故讲学之馀,不废事功。阳明江右之勋,既震烁史乘,门弟子课诵外,辄好抵掌言事,欲有所施为。而明之季世,权珰迭乘,天下拑口,莫敢谁何。英俊沉下僚,以讲学为标榜。及其末流,横侠而为任侠、为谲怪,如颜山农、何心隐辈,言道术者病之。然其有才气,有血性,能有所施于事,不甘默默以老,与程朱派之风痹漠不关心于时事者,固大异其趣。明亡后,为抗清之举,前仆后继,不顾成败利钝,亦惟大江南北王学盛行之流域为最烈。盖其勇动之气,激昂淋漓之致,学说有以植其基也。"(《明史抉微》,包遵彭主编《明史考证抉微》第12—13页)

全集》卷首《各集原序·陈李倡和集》夏允彝序）。明亡之际，且无论陈子龙、李雯这样的文人，即号称大儒者，也不免在此时风众势中。

儒家之徒的有关论说的特别之处还在于，他们每以"圣贤""豪杰"对举，以标记成德的两个阶段或两种境界。圣贤、豪杰，无疑即道德等第；但论者所强调的不在此。于"圣贤""豪杰"间，他们有时竟不讳言自己的兴趣更在后者。颜元与孙奇逢道不尽合，其好说"豪杰"则略同。这里有他们的思想所共有的实践品格。在他们的言说中，"豪杰"实乃"圣贤"之流亚，是不尽完善（即尚不"粹"）的圣贤。圣贤不世出，而豪杰则是患难时世所可期的；似折衷、不得已而求其次，却出于极现实的考量。陈亮曾对朱子说，他以为"后世英雄豪杰之尤者，眼光如黑漆，有时闭眼胡做，遂为圣门之罪人；及其开眼运用，无往而非赫日之光明，天地赖以撑拄，人物赖以生育"（乙巳秋复朱元晦书，《陈亮集[增订本]》第352页）。李贽也说："盖英雄之士，不可免于世而可以进于道。"（《为黄安二上人三首·大孝》，《焚书》卷二第80页）"不可免于世"，豪杰与圣贤于焉区分——强调的也是豪杰人格的现世性。吕坤的如下说法，也涉及了上述微妙的区分："圈子里干实事，贤者可能；圈子外干大事，非豪杰不能。"后者"苟利天下，文法所不能拘；苟计成功，行迹所不必避"（《品藻》，《呻吟语》卷四之四）；此外更有"圈子以上人"，只是太稀见罕有，只能退而求其次。这类有缺陷的人物，或也正因其缺陷而属于斯世的吧。孙奇逢说："圣贤无时不可做，显晦穷达，总不必问。豪杰即有不能济事之时，然无不可见之心"（《语录》，《夏峰先生集》卷一三）。他的如下表述尽管含蓄，意思却是明白的，他说："观人之法有三：于人之所不敢为者，而孟浪为之，此虽过当，然其气不靡；于人之所不堪受者，而俯首受之，此虽隐忍，然其气不躁；有情虽不容已，势必不能赴，而宛转图维，务求其达，此虽委折，然其气更雄。此三者，不可以观无心胸之庸人，而可以观有血性之男子。"（同书卷一四《语录》）"宛转图维""委折"，亦"不可免于世"。颜元在其《存性编》中，针对程、朱所谓天命之性/气质之性（亦作义理之性/气质之性），一再论"偏""偏胜"，说"偏不可谓为恶也，偏亦命于天者也"，说"全体者为全体之圣贤，偏胜者为偏至之圣贤"，有全体之圣，亦有"一节之圣"

（《颜元集》第10、31页）。"偏"即不全，亦即不粹。对豪杰的肯定是将其人的"不粹"甚至有"疵"也估量在内的。如李贽，如颜元，暗中欣赏的，未必非此"不粹"。在有关圣贤/豪杰的上述言说中，论者将"豪杰"作为了现世可望达成的目标，可期寻访到的人格。那人物、人格即使不粹，也不失为伟观、人间胜景——儒者由此表达了超脱凡庸的渴望。

其中更有些论者，不惟不以圣贤、豪杰作对立观，且以为他们不妨是二而一的。黄道周就不以宋儒剖"道德"与"豪杰"而二为然，说"豪杰之与儒者，均之可为圣人"（《万历四十有六年乡试策·正学第二》，《黄漳浦集》卷九）。李塨更断然道："圣贤英雄，原是一人，绝非后世迂阔腐儒所得假冒。"（《李塨年谱》第93页）前此唐顺之就曾引朱子所说"豪杰而不圣贤者有之，未有圣贤而不豪杰者也"（《答喻吴皋御史》，《唐荆川文集》补遗卷二）。到本文所论的这一时期，王夫之重申此义，说"有豪杰而不圣贤者矣，未有圣贤而不豪杰者也。能兴即谓之豪杰。……震其暮气，纳之于豪杰而后期之以圣贤，此救人道于乱世之大权也"（《俟解》，《船山全书》第十二册第479页）。凡此，关心与其说在圣贤、豪杰的等第，不如说更在肯定"豪杰"的道德价值。颜元强调圣贤的豪杰品性："人必能斡旋乾坤，利济苍生，方是圣贤。"（《颜习斋先生言行录》卷下《教及门第十四》，《颜元集》第673页）"能斡旋乾坤"，非豪杰而何！

上面的论述中隐蔽着如下经典命题：不得中行，必也狂狷。圣贤/豪杰与圣/狂、中行/狂狷，隐隐对应。在道学，其间区分即在天理—人欲上。"圣"纯是天理，"狂"即掺杂人欲。豪杰确也多属狂狷之士。狂狷的对面乃是乡愿。豪杰志在"利济民生"，追求奇节伟行，以此区别于所谓"乡党自好之士"。孙奇逢即曰："所谓抵挡流俗，必豪杰之士。""无瑕可攻，无非可刺，乡愿所以乱德也。有过即改，有善即迁，豪杰所以证圣也。"（《夏峰先生集》卷一三《语录》）

问题的敏感性更在于，圣贤—豪杰之为人格，在理学语境中，不但被认为与天理/人欲，且有可能与王/霸、义/利等范畴对应或相关。豪杰的不"粹"，或因其不免于"杂霸"（以及嗜动、多欲）。肯定"豪杰"，自不免以接纳上述严重的缺陷为前提。这种接纳倘以其时士人的经世取向作为背景,也就不难解释。明亡前后,有论者致力于校正与"事功"有关的偏见,由是"无用"成了迂儒的别名,而被视为"迂""腐"的对立物的,即豪杰人格。明清之际抵抗运动中的风云人物,确也原非"小廉曲谨之士"。全祖望所撰张煌言年谱,说张氏"少好黄白之学,尝绝粒运气,困殆几毙;已而游于椎埋拳勇之徒,抗鼎击剑,日夜不息;忽又纵博,无以偿所负,则私斥卖其生产……"(《张苍水集》附录第 204页)你不难看到,借诸圣贤—豪杰这一题目,其时的论者的确使复杂的人事经验得以表达。

于此也就有了歧异。清初吕留良指斥"功利",态度激切,说:"天下妄作苟取之徒,动以豪杰自命,曰成大事者不顾小节,此为作用权变……圣贤门下岂有靡所不为之豪杰哉?"(《吕晚村先生四书讲义》卷三七)刘宗周也称说豪杰,却又道:"凡人门面阔大者,多不易持守,亦甚留心世道,而不免太热,恐有枉尺直寻处。"(《答叶润山》,《刘子全书》卷一九)你不能不承认,此种判断,得自于久经磨砺的人性洞察力。

既成风尚,即不免于鱼龙混杂。易堂子弟魏世俨说其时"久习兵革,弃礼义之守而务通变之用,以为圣贤不足法,惟以豪杰自命,至于流而忘反,身名俱殒者,皆不可胜数"(《拙轩子卢孝则三十又一序》,《魏敬士文集》卷三)。孙奇逢被时人许为豪杰,他本人却不以豪杰自命,说:"志欲覆天下而力不能庇一室,何必勉为慷慨激昂之行也!"(《夏峰先生集》卷一三《语录》)[1]而时论对于"庸"与"奇",也往往两称之。孙奇逢说鹿太公较之古来节侠(应指"节侠故事")为"中情而近理"(同书卷九《乙丙纪事跋》。按鹿太公为鹿善继之父),也应因鹿氏非时尚中人的吧。

豪杰不妨粗豪,粗豪却未见得即豪杰。朱熹曾说陈亮"才高气粗"(《朱子语类》卷一二三)、"血气粗豪"(《答陈同甫》,《朱子大全集·文集》卷三六),李贽则说:"异哉,堂堂朱夫子,反以章句绳亮,粗豪目亮,

① 魏裔介撰《夏峰先生本传》:"世徒见征君乙丙之间急于友难,以节侠目之;人见其讲学于百泉之上,以为追慕姚、许;见其接引公卿大夫暨田夫野老,油油然无倦色,谓其和而不流——此讵足以尽知征君耶?"(《夏峰先生集》)

悲夫！士唯患不粗豪耳，有粗有豪，而后真精细出矣；不然，皆假矣。"
（《名臣传·陈亮》，《藏书》卷一六第288页）但李贽毕竟未经历明末之
世，否则关于"粗豪"的见解，与以下诸人未见得不同。傅山就以为"混
目冒躁之士者曰'粗豪'；'粗'非'豪'也，果'豪'矣，必不粗也"。"局
面大而精气英者，伊何人哉？天下之事以粗而败者往往，焉有真英雄而
粗疏者！'粗'之一字，不学无术之人自喜之称也。然而且有琐屑自便
之夫，借之为欺人之具矣。"（《杂记三》，《霜红龛集》卷三八第1053、
1054页）鹿善继也说："世不乏豪杰之概，而按其指归，只成卤莽。"
（《答友人问边事书》，《认真草》卷一四）颜元亦不取似豪杰者，说自
"儒运之降"，"塞天下庠序里塾中"的"白面书生"，"率柔脆如妇人女
子，求一腹豪爽倜傥之气亦无之。间有称雄卓者，则又世间粗放子"
（《习斋记馀》卷一《泣血集序》，《颜元集》第399页）。① 尽管不免于似
是而非，因了"患难"这一种具体情境，被明清之际的士人作为人格类
型的"豪杰"，仍不能不是"豪强"之辈——连同此辈所难免的"粗"，亦
即孙奇逢所谓的"疏旷"。②

在士夫，豪杰向慕本来也根源于某种无能无力之感，关于自身
"弱"的意识。基于此种意识的"豪杰论"，理应读作特定角度的士文化
批判，士的自身省察赖以展开的形式。他们欣赏"有血性之男子"（《夏
峰先生集》卷一四《语录》），于此所表达的，毋宁说是对人性力度，对粗
粝、雄强的男性人格与男性力量的渴慕。黄宗羲状写泰州学派中人
"赤手搏龙蛇""掀翻天地，前不见有古人，后不见有来者""赤身担当，
无有放下时节"（《明儒学案·泰州学案》）云云，亦褒亦贬；即说"其

---

① 颜元表达对近世人才的失望，说："奈近世之为圣贤者必庸腐，无干才、无豪气；而为豪杰
者非粗，则诈，天理心术绝不可倚信。世焉得志道学而兼经济者，一慰某望哉！"（《哭汤
阴李宁居》）

② 孙氏说："士大夫与其谨密，毋宁疏旷。谨密者饰边幅、修节文，乡党自好之士而已。其伎
俩原止（原作'上'，据中华书局版改）于此，一投以艰难盘错之会，识胆俱裂，立见窘迫。
历观古来能办事者，决非小廉曲谨之士。孔文举、陈元龙、张齐贤、陈同甫辈，宁有取焉。
若圣贤豪杰，则广大中更饶精微，又不可以此论也。"（《夏峰先生集》卷一三《语录》。按
孔文举，孔融；陈元龙，陈登）

害",亦自令人神旺。在黄氏看来,非惟道学,学问中未必无"豪杰",甚至古文、时文中也未始无豪杰。黄氏论文即有以"豪杰"称许者(参看《明文授读评语汇辑》,《黄宗羲全集》第十一册第155、157页)。孙奇逢也说:"学问之道,非有通天彻地精神,乌能升堂而入室!"(《夏峰先生集》卷一三《语录》)你由此又不难察觉一种价值观的弥漫。①

论豪杰者往往本人也长于作豪语。颜元说:"我为转一世之人,必不为一世之人所转,我为转数世之人,必不为数世之人所转。"(《习斋记馀》卷六《韩会状论》,《颜元集》第517页)何等的气魄!孙奇逢的大气魄、大胸襟,更每每见诸文字。他也曾说:"彼不能持世而转于世者,何足为有无重轻哉!"(《夏峰先生集》卷一四《语录》)孙奇逢最为人称道的豪举之一,即当天启阉祸,于营救罹难诸人,挺身担当。他对儿子说:"风波之来,固自不幸,然要先论有愧无愧,如果无愧,何难坦衷当之。此等世界,骨脆胆薄,一日立脚不得。"(《示奏儿》,同书卷一)确系豪杰口吻,像是非其人则不能道。另一北方人士傅山,说"英雄之情,磊砢不常"(《钞高士传题辞》,《霜红龛集》卷一六第473页)。他本人的文字即有雄豪气象,每于行文似谨慎处,透露其血性男子抑郁磊落之情怀。

孙奇逢、颜元甚至不止于向慕,他们不惜躬亲寻访,以作养人才自任。孙奇逢说:"要做个千古真豪杰,会须根寻尧舜周孔之心,尽脱世网,直证性初,方有个安身立命之地,方有个宇泰收功之期——当于何处索得此人!"(《夏峰先生集》卷一三《语录》)急切之情溢于言表。颜元孜孜于寻访"异色人物",说"忠孝恬退豪迈英爽有其一焉,仆愿执鞭,况兼善乎"(《泣血集序》)。他自说其"身游之地,耳被之方,惟乐访忠孝恬退之君子,与豪迈英爽之俊杰,得一人如获万斛珠,以为此辈

尚存吾儒一线之真脉也"（同上）。① 他竟亲赴中州"阅人"（参看《颜元年谱》第 75 页。按孙奇逢也有"观人"的说法）。当其时亟亟于寻访的，尚非止孙、颜数人。戴名世《赠僧师孔序》，曰师孔以"当世儒者龊龊无可当意"，"尝北至幽州，南抵金陵，以及江、淮、闽、越，所至辄阴求豪杰奇士"（《戴名世集》卷五第 141 页）。陆世仪也自说"留意于天下之人才"，"二十年中，无日不以求友为念"，以人才为饥渴，孜孜寻求能"担荷斯道"者（《答江上沙介臣请执贽书》，《桴亭先生遗书》卷二）。甚至钱谦益也自说其"以偷懦迟缓蚩蚩横目之民，而访求天下雄骏奇特非常之人"（《黄甫及六十寿序》，《牧斋有学集》第二三卷第 916 页）。② 上述"寻访"之为姿态，其象征意义或许大于实际意义，毋宁看作借诸行动的言说，表达的是对某种人格、人格力量的期盼，对于人的主动性、人尚未开发的潜能、尚未被认识的可能性的呼唤。

士大夫对于当世的人才状况常有不满。明末士人对嘉、隆人物啧啧称羡，唐顺之却说他所见其时的学士大夫，"类多朴椒拘谨牵陋守常之习，而少廓落跅弛可属重事之气"，因而有"才难之叹"（《与万两溪吏部》，《唐荆川文集》补遗卷三）。明亡前夕金声也慨叹着"鄙夫既不足以与有为，而小丈夫又不足以与大有为"（《洪简臣文序》，《金忠节公文集》卷六）。黄宗羲对士的平庸化不胜感慨，以之为衰世之征兆，说"大道既蒙，小儒成艺。遂使庸人，充满斯世"（《赠编修弁玉吴君墓志铭》，《黄宗羲全集》第十册第 423 页）。他们所期待的，既然是能力挽狂澜以至撑拄宇宙的大英雄、命世豪杰，也就认定此种人物非大破常格才有

---

① 王源《颜习斋先生传》说颜元"自幼学兵法，技击驰射阴阳象纬无不精，遇豪杰无贵贱，莫不深交之"（《居业堂文集》卷四）。颜氏驳那种以为"射御粗下人事"的说法，曰"喜精恶粗，是后世所以误苍生也"（《学辨一》，《存学编》卷一，《颜元集》第 51 页）。陆世仪《书淮云问答后》自说"弱冠以来，渐日放废，泛滥诗文，旁及元释，间从一二豪勇习击射兵战之法"（《桴亭先生遗书》卷六）；后虽学道，但由其人学术言论可知，起点之不同，确也所关非细。

② 孙承宗记左光斗广咨博访，"箧常有策，疏天下豪杰主名，日为条次，曰：精神在此"（《明都察院左佥都御史赠右副都御史太子少保浮丘左公墓志铭》，《高阳诗文集》卷一七）。鹿善继《与宋谳寰书》也说自己"百念可灰，怜才一念，老而转热"（《认真草》卷九）。其《与范梦章书》曰"扶持世道，以爱惜人才为肯綮"（同卷）。

可能出现。因而所谓"才难",不止指人才稀缺,且指格于常例,不足以洗发豪杰之精神,以及用违其才等等。救弊之方,即破格用人。所破之格,包括了平世所悬的德行标准;具体而言,即不惜用"有疵""不粹"。天启初年任职枢曹的鹿善继,即说"此时专收长枪大剑,原非细论名检之时,别是一副作用";同札说到此种"长枪大剑"之豪杰,"素负跅弛,必乏乡曲之誉"(《与邹静长书》,《认真草》卷一二)。① 在此一题目上,甚至君臣间也难得地有了思路的相接。黄宗羲说崇祯因"取士之弊","为拔贡、保举、准贡、特授、积分、换授,思以得度外之士"(《明夷待访录·取士上》,《黄宗羲全集》第一册第 14 页)。即使与取士有关的制度病,不可能经由"破格"得以疗治,其时的"广人才论"却足以破隘,破琐琐小儒的狭窄眼界,示人以较为宽裕的对待人才的态度。在这种氛围中,清初号称"粹儒"的张履祥,竟也说:"夫跖之徒惜溺于利耳,以之为善,抑亦可称豪杰之士矣,视众人虚生虚死,何啻什百与千万耶!"(《杨园先生全集》卷二五《问目》。按跖即所谓盗跖)

　　我曾在《明清之际士大夫研究》下编第三章中,写到遗民心事,即如期待奇迹发生。顾炎武五古《秀州》,有"我愿乘此鸟,一见仓海君。异士不可遇,力士难再得"云云。赵俪生解此诗,说仓海君尝得力士为铁椎,重百二十斤,"此诗显然是表白亭林北游之初,曾有博浪椎击的企图,不过后来逐渐淡漠下来而已"(《清初明遗民奔走活动事迹考略》,《赵俪生史学论著自选集》第 306 页)。赵氏同篇引陈芳绩(亮工)《秋日怀涂中先生诗》,有"见说鸡鸣出函谷,而今谁是鲁朱家"等句(按

---

① 万历年间徐光启就已经主张"令在京诸臣,各举所知,不论大小官员士庶及罪废人等,但有文武材略,乃至绝技巧工,开具所长,今应作何录用,各送堂官,咨送吏兵二部"(《辽左阽危已甚疏》,《徐光启集》卷三第 107—108 页),以为权宜之计。他天启年间一再上疏,要求"大破常格,尽除宿弊"(《台铳事宜疏》,同书卷四第 186 页)。孙承宗则说:"今天下不破拘挛之论,谋不深;不超泥古之格,力不大。"(《贺刁诚如以户部郎再视北平饷事序》,《高阳诗文集》卷一二)明亡前钱谦益称道范仲淹、张浚的"汲汲于网罗人才",曰:"范仲淹在政府,收天下之士,不考其素,苟可用者,虽狂猖无行之徒,亦自效于下风。而仲淹亦躬为诡特之行以振起之。"(《向言下》,《牧斋初学集》卷二四第 784 页)前于此,王阳明就说过:"夫求才于仓卒艰难之际,而必欲拘于规矩绳墨之中,吾知其必不克矣。"(《陈言边务疏》,《王阳明全集》卷九第 287 页)

先生即顾氏）。可见顾炎武的心事未必不欲人知晓。同一时期的魏禧为号称"大铁椎"者作传，说："子房得力士，椎秦皇帝博狼（按应为'浪'之误）沙中，大铁椎其人与？"（《魏叔子文集》卷一七）傅山自说"岑寂中每耽读刺客游侠传，便喜动颜色，略有生气矣"（《杂记三》，《霜红龛集》卷三八第1049页）——更像是唯恐其心迹不明。屈大均《同杜子入秦初发滁阳作》，亦有"平生一匕首，为子入秦来"等句。上文说到寻访。寻访这样的"异士"、"力士"、刺客游侠，无疑是语意尤为严重的表达，出诸无可遏抑的激情。① 清人刘源《凌烟阁功臣图》自序，说自己"偶览陈章侯精墨妙笔，不以表著忠良，而顾有取于绿林之豪客，则何为者也！"（《陈洪绶集·附录》。按陈章侯即陈洪绶）陈氏而在，怕是不便回答的吧。

方以智撰《任论》，说"六行之教，任居一焉。侠者，任之靡也"（《曼寓草》中，《浮山文集前编》卷五），对班固的论"侠"不谓然，未始非意在挑战犬儒、庸人的人生态度。② 当此之时的任侠，多半系以史传人物为范本的摹写，与其说有明确的政治图谋，不如说沿用一种既有的文化符号，为精神、意志的表达；但其背后的"英雄情结"，则古今无二。陈亮致书朱熹，说："自古力足以当天下之任者，多只一个两个，便了一世事。"（《又壬寅夏书》，《陈亮集[增订本]》卷二八第335页）钱谦益也说："余尝谓海内多故，非纤儿腐儒可办。得一二雄骏奇特非常之人，则一割可了"（《黄甫及六十寿序》）。由后世看去，似乎更宜于作为士人浪漫情怀之一证。

无论刺客游侠还是绿林豪客，都不具备神性，是世俗社会中的英雄，俗世所可期待的英雄。轻死重气，不欺然诺，且不拘文法，不避形

---

① 陈确略近于寓言体的《东溟寺异人记》一篇，值得玩味。该篇以南方遗民期待中的北方豪杰为叙述对象，结局为众豪杰投水而死，或许可以读作对此种期冀的最终放弃。

② 方以智批评其时"人不好义"、士不敢任（甚至"从不以一事自任"），由社会需求的方面辩护"侠"。他以"任侠"区别于"游侠"，曰："先王之政教息，上失其道，无以属民，故游侠之徒以任侠民。慕其风声，延颈愿交者，接毂填门。其人因得藉势作奸……擅主威而干国纪，盖'任侠'之教衰，而后'游侠'之势行。"同文还说："知有身，则不知有义，波靡至此，举世皆肉而无复骨矣。"方以智、王夫之之论每有呼应，论游侠即一例。

迹、偏胜，有癖、有疵，易堂彭、魏所向慕的，未必不是这种有缺陷的"圣贤"。尽管魏禧曾写过"大铁椎"，彭、魏所好的，却更是鲁仲连，而非荆轲、豫让之流；他们期待中的豪杰行径，也更是排难解纷——既非刺客式的匹夫之勇，也非绿林式的有组织的对抗。这又基于他们本人的角色自任。"三藩之变"中魏际瑞因抚韩大任而遇害，曾灿《过聊城县追悼魏伯子》云："当时吾友去，亦似鲁连情。"（《六松堂集》诗集卷五）彭、魏的门人梁份，亦有当今鲁连的称誉，自谦道对此"不敢当，亦不敢不勉"（《与李中孚书》，《怀葛堂集》卷一）。当此乱世，"为人排患、释难、解纷乱而无所取"的鲁连式的人物，无疑合于普遍的期待。顾炎武悼归庄，说其人"平生慕鲁连，一矢解世纷"（《哭归高士》，《顾亭林诗文集》第 392 页）。孟远《陈洪绶传》也说陈氏"时时为排难解纷，多所拯救，人比之鲁仲连焉"（《陈洪绶集·附录》）。可惜此类事实，因触时忌，记述往往语焉不详。论及子贡、鲁仲连，彭士望说："士君子伏处穷约，不幸值危乱，出为人解患释纷，要必以奇节抒其正气，非恒情之所能测，而其虚而委蛇与为无涯者，史册有所不能载。"（《魏季子五十一序》，《树庐文钞》卷七）①在清定鼎之后，向慕豪杰者不能不目标暗移，即如不再继续期待颠覆；易代过程中的破坏仍在继续，他们企图承担的，确也只能是拯救、扶助，以至于弭平（战乱）。诸子为魏际瑞的辩护，所用的也是致"太平"的名义；辩护者无不将其人"出"的理由，设在弭乱止杀上，像是有意避开了是谁在杀、弭何种"乱"。

由上文可知，易堂诸人有关寻访、造就豪杰的言说，正在风气之中。

魏禧尤其将"求友""造士"视为道义责任，一再渲染那种不便明言的紧迫性，即如说"求友、造士，二者为尤大而急"（《与富平李天生书》，《魏叔子文集》卷五。按李天生即李因笃）。魏禧不曾如他的兄长与季弟，走作幕的一途，而将经世目标的实现，寄托在了寻访、造就人才上，自说壬癸之际"毁形急装，南涉江、淮，东逾吴、浙，庶几交天下有道一

---

① 彭氏并不一般地肯定"战国纵横之士"，同文即说："汉儒明经而不能用，战国纵横之士能用而不知反经，皆为邪慝。"其所乐道的，是鲁仲连而非苏秦、张仪。由此也可感这一时期理学氛围的笼盖。

二人,遭逢昭烈,则德公可以入鹿门而不返"(同书卷六《上郭天门老师书》)。据说"交四方贤士以自立,是叔子最得意语"(同书卷一八《通判谢君墓志》后附汪玉仲语)——将"寻访"这一动作做成了自己的标记,未必不出自刻意。遗民往往以"不入城市"作为拒绝新朝的姿态,魏禧却一再有东南之行,且公然辩护自己在城市中的流连。他与李腾蛟唱和,说:"隐当为太公,不当为伯夷。择地钓渭水,乃为西伯师。德公处襄阳,诸葛侨隆中。既当都会地,亦多豪杰从。但使处孤僻,时务安得通!"(《咏史诗和李咸斋》,《魏叔子诗集》卷四)当其时有孙无言其人,一再声称将遁迹山林,遍征诗文,却滞留扬州,以致舆论哗然。魏禧为孙氏辩解,用的也正是上述理由。他煞有介事地嘱咐孙氏"于屠沽贾炫中,物色天下非常之人"(《与休宁孙无言书》,《魏叔子文集》卷六);自说"廿年来,好交天下士,然不能交行伍屠沽,此间失却无数真才"(卷七《答友人》),似乎真的相信"诚得一二人用之,而吾事毕矣"(卷二《栾盈论》)。魏氏兄弟不满于曾灿的游食,曾氏为自己辩解,所用的却是大致相似的理由。他说自明亡之际因受知于杨廷麟而参与军事后,"区区之心,徒窃负于每食不忘之义,于是浪迹江湖者四十余年,思一愿结智谋英略之士而不可得"(《谢昼也诗序》,《六松堂集》文集卷一二)。[1] 魏禧一再说他期待中的人物宜有所担荷,必要时"若手足之捍头目"(《魏叔子文集》卷六《答翟韩城书》)。彭士望也说其人"一旦处事变之穷",当能"倜傥画策、定非常、解纷难,互相持于不败"(《送王若先南游叙》,《彭躬庵文钞》卷五)。曾灿则说此种人不但能料事、应变,且"筋骨足任天下之劳事"(《再上钱牧斋宗伯书》,《六松堂集》文集卷一一)。其时的南方之士中,易堂诸子确也是耽溺于此一话题者,以至王源以为魏禧的下述豪语值得他向李塨转述:"考古以证今,阅事以察理,求友以大其身,造士以使身之不死。"(参看《李塨年谱》

---

① 曾灿对此,一再谈论。即如说其"浪游三十年,欲阴求天下之奇士不可得"(同卷《石濂上人诗序》);自说"生平耽结客"(诗集卷四《丙辰七月廿四病中不寐口占送吴子政返武林并寄河渚诸子》)。还在诗中说:"今古无长策,全凭用伟人。文章可经国,豪杰岂谋身。笛已归华夏,椎终报乱秦。世间英俊士,多半在风尘。"(诗集卷五《与侄俨偶论天下事当以用人为急作此勖之》)

第113页。王源另在《复蔡静子书》中引禧此语,见《居业堂文集》卷六)易堂诸子被后人视为遗民中致力于恢复的志士,其根据多少也在上述那种富于暗示的表达方式的吧。明亡之际及其后的一段时间,类似的寻访,确也被作为不甘于明亡的一种姿态。但对此求之过深,也会流于穿凿。即魏禧所谓"吾事毕矣","吾事"何事?彭士望所谓"可属大事"(《赠北田四子序》,《树庐文钞》卷六),究系何事?彭、魏既不曾明言,不若保存多种解释的可能性。① 如上文所说,这些话更宜于被作为激情发抒,因而如下的事实并不即减损了这一姿态的意义:彭、魏所"长养成就"的,不过几个子弟门人,梁份、魏世傚兄弟,以及所谓的"冠石子弟"。无论成效若何,上述努力在魏禧、彭士望,都出自真实的心理需求:他们需要处在寻找中,需要认为自己处在寻找中,借此体验生命之重。可以确信的是,那一番豪杰寻访诗意化了魏禧、彭士望本人的人生,至今文字间的一片热诚,仍扑面袭人。

依据他们本人的说法,易堂诸子中,明亡前确曾从事于结客的,应当是彭士望、林时益。彭氏说自己早年曾"倾家急难,借躯报仇","任侠为狡狯";明末"益结友,言兵事及经济可实用者,为阁十楹,居四方之客"(《与方素北书》,《树庐文钞》卷一)。林时益也曾奉父命与"奇材剑客、四方负异奇杰士"游(李萱孙《朱中尉诗集·叙》)。对于彭、林所谓的"结客",战国时代的阴养死士、汉李陵的荆楚剑客,想来都会是蓝本。但他们却未必希望别人做此种联想——魏禧对于"植党",持严厉的批评态度(参看其《栾盈论》)。他们所欲"结"之"客",非所谓的"死党",而是可与"有为"、尤其可与共患难的伙伴。纵然如此,"结客"当此际,仍不能不是富于强烈暗示的动作,绝非没有风险。曾灿致

---

① 魏禧说自己所求之友,乃"以当世自任,负匡济真才""负文武大略者"(《与富平李天生书》),彭士望也有"立天地之大常,定古今之大变"云云(《送熊养及叙》,《树庐文钞》卷六),或与"三藩之变"中江右的情势有关(参看拙著《易堂寻踪——关于明清之际一个士人群体的叙述》)。魏禧《日录·里言》插入魏礼语:"……收拾奇士,消弭祸乱,不独君相有权位者之责,匹夫有志,在在可为。吾兄题《水浒》云:'君不择臣,相不下士,士不求友,乃在于此。'真微言伟论。人何可无此一副心胸在!"所引魏禧语,见禧诗集卷一《读水浒》三首。

书徐乾学，即说"舍亲生平结客，亦欲游大人以成名"，而"好事者遂从而排挤之"，即以"结纳"为罪案（《与徐健庵》，《六松堂集》文集卷一四）。但无论彭还是林、曾，都未曾像祁六公子那样，为结客支付"投荒万里"的代价①；或者也因了他们本来就更是在敷演故事，沉湎于其中的浪漫趣味，并不如祁公子们的认真。

到本文所论的时期，"任侠""结客"，风味已然古老，证明了当其时意在恢复、救亡者实际手段以及想象力、表达方式的匮乏。"好奇"原是文人癖性。当明亡前夕，结客也不免是一种名士行径。刘城说吴应箕于明末"好奇计画策，门杂进武夫介士，身钓奇度务，不复经生自处"（《吴次尾先生传》，《峄桐集》卷一〇。按吴次尾，吴应箕）。还说"吾观次尾负王霸之略，希世度务，磊落恢奇，盖其人在王猛、祖逖、郭元振、张建封之间"（《贵池二妙集》附录卷二刘城《丙丁诗序》）。黄宗羲记查遗（逸远）当明亡之时，"思得所谓奇材剑客者而友之"，"厄屯之歌，铅筑之声，杂然出于四壁"（《查逸远墓志铭》，《黄宗羲全集》第十册第367页）。作为对京城陷落的最初的反应，甚至大儒刘宗周也在风气中，曾"招集勇敢技能之士"，"下至贩夫贾竖靡不接引"（刘汋所撰刘宗周年谱）。你未见得能弄清楚他们是否真的相信当此之时也如战国秦汉，需要的是锥埋啸聚的敢死之士，甚至鸡鸣狗盗之徒。

到了恢复无望，"造士"背后的目标意识，不能不暧昧、模糊。这暧昧、模糊在魏禧，未必非出自有意——固然因了不便明言的动机，也应出于对目标的现实性的疑虑。魏禧的江淮之游，仅据有关的文字材料，不但不能为其人从事反清秘密活动提供确证，倒是令人看到了叔子的

---

① 据全祖望《祁六公子墓碣铭》，祁彪佳的两个公子理孙、班孙兄弟"自任以故国之乔木，而屠沽市贩之流，亦兼收并蓄"，"复壁大隧，莫能诘也"，班孙终因藏匿亡命（魏耕）而遭戍（《鲒埼亭集》卷一四）。魏禧、彭士望并无此种豪举，也不曾遭此困厄。魏氏兄弟豪杰自命，却又极其富于"保全"这一种智慧。魏禧现身说法，向处境凶险的方以智之子传授这种智慧，所讲述的正是三魏的生存策略（参看其《同林确斋与桐城三方书》，《魏叔子文集》卷五）。魏禧的先几而多谋善断，也表现在这种场合。至于魏际瑞的选择，也未尝不为保全。他戒勉甘京勿轻蹈死地，说"君子藏器待时而动"，"时有所未至，则君子蠖屈"（《与甘健斋》，《魏伯子文集》卷二），未始不可以读作夫子自道。

文人积习。彭、魏那种大事张扬的寻访,多少也因了无害——那更是言说、姿态;且当着"定乱"被作为了目标,与当道的意图未见得相左。彭、魏确也像是有意避开与"目标"有关的追问,即如为谁、为何种目的造就人才,以何种身份、处何种位置造就人才,等等。或正因了目标的暧昧,不能不反复申说,辞情激昂。困扰了易堂诸子的,是遗民—用世这一矛盾、遗民身份与经世目标间的矛盾。缠绕易堂人物的那个伦理的结,不是他们凭借豪情所能解开的。

有明一代王学中的豪杰之士,江右本不乏其人;任侠尚义,以结客为事的人物,就有何心隐。陈弘绪说,何心隐尚有门人吕光午,"浙之大侠也,其人与文之奇,不减心隐。心隐尝以金数千畀光午,使走四方,阴求天下奇士。光午携赟𫭼,衣短后之衣,挟健儿数辈,放浪江湖,穷九塞,历郡邑。所至凡缁衣黄冠与夫商贾驵侩、佣夫厮养以至椎剽掘冢之流,备一节之用,擅一得之长者,皆籍记而周旋之。以故心隐所识奇士,尽于海宇"(《答张谪宿[宿]书》,《何心隐集》附录第138—139页)。何心隐本人则曾在京师"辟各门会馆,招来四方之士",以至"方技杂流,无不从之"(《明儒学案·泰州学案》)。易堂诸子与上述人物间并无精神联系,也绝没有他们的那种平民精神,尽管上文已经说到,彭士望、魏氏兄弟,对王阳明极其倾倒。魏禧的主张向"屠沽贾炫""行伍屠沽"寻访异人,与何心隐及其徒不过有行为之似。何心隐自说其目的在"聚英才以育之","将使英才布满于下以待上用"(《又与艾冷溪书》,《何心隐集》卷三第66页),魏、彭所谓"造士",无论情境还是目标,均已大异。他们的漫游寻访以至结客,与其看作政治举动,不妨如实地作为诗式行为;借诸这一动作,努力提升人生境界,成效更在对于"有意义的人生"的追求——尽管正是"意义",不能免于暧昧。

不妨承认,彭、魏的有关表达确也富于感染力。经了那种表达,"求友""造士"俨然具有了某种宗教意味。自感衰暮,晚年的彭士望更汲汲于寻访,如恐不及。他自说其"胸中之日皎火热,饥渴人才,直是死去千年,都不灰烬"(《与谢约斋书》,《树庐文钞》卷二);说"晚得一士,暮闻一言,不能待旦"(同书卷三《与曾庭闻书》)。其《门人宋岸先诗序》曰"予晚与魏凝叔、和公益嗜士,类中风狂走,不择远近"(同书卷六。按魏凝叔即魏禧,和公即魏礼);说自己对才士"如鞠子弟之秀","若好色孺慕之不可解于心"(同卷《送熊养及序》);说"吾侪老矣,恃佳少年以续此命"(《与谢约斋书》)。由上文可知,大致同一时期,儒家之徒也孜孜"寻访",且目标明确,访求的是堪任弘道、传道重任者——即寻访"圣徒",于此实现儒学存亡继绝的使命。① 颜元欲"存吾儒一线之真脉",彭、魏的说法则是"薪传"。如魏禧说"庶几火尽薪传,身死无恨"(《与袁公白》,《魏叔子文集》卷七)。彭士望也自说"不徒以独善自画","即不能见之行事,亦当托之于书,散之于人,寄其薪尽火传之志"(《与贺子翼书》,《树庐文钞》卷二);说死不足畏,"但生平火传之志,不见白于天下后世,并不及见斯世奇伟人,以少慰其须臾缓死之意,身即死目不得瞑"(《与曾庭闻书》)。至于所"传"者何,却也未见明确的申说——或许只是一种不免抽象的志士的精神?但由他们各自的描述看,撑持"儒运"的豪杰,与弭乱捍变以至图谋恢复的豪杰,其所以为"豪杰"者,神情却又非全然不同。无论救世、"转世"、"转移风气"、"担荷圣道",都要求骨力强劲,必要时甚至凌厉飚发。因而不妨认为,颜元、陆世仪与易堂彭、魏,学、道不尽同,精神品质却有其相近;他们所领受的使命各异,神情则有同一的庄严,均令人可感对斯世斯民的责任,兼济、普渡的大誓愿。

上文说到士人的说"才难"。易堂彭、魏的以寻访为姿态,却基于对于人才的乐观。魏禧自己"尝观分崩之际,其人才每为特盛"(《十国春秋序》,《魏叔子文集》卷八)尽管不过一介布衣,论当世人才却如数家珍,推许扬挖,不遗余力。他还说:"每见穷乡愚人,倡优下贱,不由学习教训,常有至性勃发,超古绝今,即本人亦不自知其所以然,只不如此便过不得,可见天地生机,触处涌出⋯⋯仔细体认,胸中有无限活泼生动之趣。"(《日录・里言》)"至性勃发"的印象,则得之于其时与

---

① 颜元称许刁包"交人便望以担荷道统,一种赤心,使人拱额! 其亟为程、朱撑持门户,真有笃信守死之气"(《习斋记馀》卷六《读习文孝用六集三卷评语》,《颜元集》第498页)。陆世仪则要求其所寻访的人才有如下庄严承诺:"果能终身从事、百折不回、以斯道为己任"(《答江上沙介臣请执贽书》)。

"节义"有关的传闻。其弟魏礼也说:"夫人才之盛,莫盛于春秋、三国、五胡之际,以其乱也。故曰:天下无害灾,虽有圣人,无所施其才。盖治平者,所以保全天下之庸人,而变乱者,所以开发智力学识之士。是惟乱可以见才,亦惟因乱可以造才。"(《李檀河八十序》,《魏季子文集》卷七)话说得不免天真,却可以用来注释易堂诸子之于当世的文化信念。黄宗羲说贞下起元,钱谦益说富有日新,都基于类似的信念。同一时期关于人文盛衰,论者几于言人人殊——固然各有其评估尺度,也各有"近距离"所造成的限囿。

易堂人物所成功刻画的豪杰之士,毋宁说更是他们本人。彭、魏自我界定为"志士"。"志士"亦语义模糊;但也惟此,它有可能包容巨大的热情与想象,被赋予足够的诗意。彭士望《复门人梁质人手简》自说"少小被《藏书》《水浒传》纵惯为劣性,鼓炽狂焰,到处焚灼,适自焦枯,竟成孤兀,老不能休。年来稍改毛发,然忍过一发,如十尺之堤,横遏河海,当其溃决,愈不能制,虽稽天沉陆,亦复有所不顾。属有天幸,未至杀身"(《树庐文钞》卷四)——正可谓豪杰性成,且意气至老不衰。魏礼《先叔兄纪略》,说魏禧"多奇气,论事每纵横雄杰,倒注不穷。事会盘错,指画灼有经纬,思患预防,见几于蚤,悬策而后验者十尝七八。义之所在,即撄祸患勿少恤"(《魏季子文集》卷一五)。魏禧则自说"于天性骨肉中颇不可解,外此则一腔热血亦欲一用,非用于君,则用于友。悠悠泛泛无所用之,又安能禁宝剑沉埋之恨"(《复六松书》,《魏叔子文集》卷五)。由此也可知诸子的结交,基于性情、气类之合,绝非偶然。

上文已说到彭、魏等人由作养门人子弟,具体实践其"造士"。易堂的子弟门人,确也示人以豪杰之士的风采,随处可感师长一辈的陶养熏染,可以作为诸子魅力之一证。魏礼之子魏世俨说其兄世傚"少有奇气","性勇往,于义当为,则奋不顾身,有得于吾严君之意"(《送长兄下江南序》,《魏敬士文集》卷三)。彭士望门下的梁份尤有豪杰气,且耐劳苦,"为人魁奇,好奇计,多立义声。居山,率乡人十数御千余贼,贼不敢犯。身临行阵,自诩为知兵,性又畏流俗人知,后乃衣短衣、策匹马,游几遍天下"(汤中《梁质人年谱》)。更有耸人听闻者,据乾隆三十年刊本《南丰县志》,梁氏的外舅谢进(退思)死于盗,"份闻变,即奋往杀盗,刳其心肝,祭毕而后瘗进"(卷二六《人物》)——这等豪举,决非其易堂前辈所能为。当明清易代之际,敢杀,勇于复仇,被公认为豪杰的一种表征。

也如同时的儒家之徒,易堂中人与"豪杰"有关的话题,亦在当代文化批评——尤其理学批评——中展开。魏禧说宋儒"厌薄儒术,而才智瑰伟之士,翕然去之,故往往迂疏而不足以成功也"(《日录·史论》),应和了颜元的有关议论。① 如实地说,这本属于其时的"时论",易堂诸子的有关言说并不具有深刻性,只不过系于性情,别有一种感染力而已。

易堂诸子不甘以"文人"自限,却始终未脱文人面目。梁启超《中国近三百年学术史》说,"他们专以文辞为重,颇有如颜习斋所谓'考纂经济总不出纸墨见解'者。他们的文章也带许多帖括气,最著名的《魏叔子集》,讨厌的地方便很多。即以文论,品格比《潜书》《绎志》差得远了"(第283页)。易堂中人以"志士"自负,他们对于当世的影响,却首在文字,甚至以文字而招厌,不免像是一种讽刺。魏禧在当时,确是以文章名家的。彭士望说其时禧"文名大震","一时巨公尊宿或云数百年所未见"(《魏兴士文序》,《树庐文钞》卷六)。魏氏对其文字也颇自喜,他的《论世堂文集序》说:"人之能载万物者,莫如文章。"(《魏叔子文集》卷八) 又说"平时好为卓荦不羁之文"(同卷《黄从生时文序》)。对李因笃说:"仆生平耻为虚言伪说,好以文章刻画古今之事。如《留侯论》《左传经世叙》,与郭、李二书,熊、黄两门人字说,皆仆志趣所在。"(《与富平李天生书》) 比较起来,彭士望的文章辞气凌厉处,有不可一世之概,尤不愧为豪杰、志士之文。他对魏禧说:"盖文人之文与志士之文,本末殊异。""即文字写生处,亦须出之正大自然,最忌纤佻,甚或诡诞,流为稗官谐史。"(《与魏冰叔书》,《树庐文钞》卷二)正

① 颜元说:"宋家一代腐气误人,非大豪杰不能脱。脱之者岳鹏举、胡翼之、韩平原三人而已,王荆公则受染大半矣。"(《朱子语类评》,《颜元集》第297页。按胡翼之即胡瑗,韩平原即韩侂胄) 颜元以其时北方的豪杰之士(如李明性、陈国镇等)为腐儒的对立物,以为其人非"宋明诸儒所得般流","迥非宋明间人物"(参看《习斋记馀》卷七《公奠李隐君谥孝悫先生文》《祭李孝悫文》《哭涿州陈国镇先生》等)。

可自注他自己的文字。钱谦益曾引用他人关于"文人之文章"与"豪杰之文章"的说法,曰:"豪杰之文章,云蒸龙变之气,遇感即发,宁容较深浅、商工拙于其间耶?"(《顾太史文集序》,《牧斋初学集》卷三〇第903页)易堂彭、魏的豪杰文章,却颇费经营,决不吝"商工拙于其间",也不失为有趣的现象。

即使真豪杰,也未必能敌时间的销磨。王源就曾感叹道:"於戏!天下魁奇非常杰士,激烈消磨于患难,穷饿老死者,何可胜数!"(《张采舒诗序》,《居业堂文集》卷一四)清定鼎后的时世,不能不使易堂彭、魏的有关言说、姿态渐成讽刺。彭士望晚年自说他所物色的"海内俊杰","死亡略尽"(《赠北田四子序》)。阎圻所记阎尔梅事,尤有悲凉意味:"山人之卒也,素所结客无至者。"(《文节公白牟山人家传》,《阎古古全集》。按山人即阎尔梅)方以智在《结客赋》中也不胜怆然:"秋风发兮草木衰,人生结客兮少年时。黄金尽兮故人去,世无知己兮将安归?"(《稽古堂初集》,《浮山文集前编》卷一)①倒是张履祥下面的话,说得很冷静:"古人云:山泽未必有异士,异士未必在山泽。噫!山泽犹未必,况声闻下哉!予故于今日之士,虽未敢一旦褰裳,而亦何敢重茧以追之也!"(《与友人》,《杨园先生全集》卷九)彭士望、魏禧、阎尔梅、方以智之所为,在"《左传》时代"之后,令人约略想到了那个著名的西班牙骑士堂吉诃德,或许也包含了时代错误?

---

① 方氏此作旨在批评其时士风,说"天下奔走,维执(按通'势')而已矣;天下熙攘,维利而已矣";鉴于"流俗之儇薄,人情之蛰毒",当"择而后交",不可效战国四公子之结客,因已"非其时矣"。

附录二 廉吏·循吏·良吏·俗吏
—— 明清之际士人的吏治论

清官·廉吏

"清官"一名,或起于民间,正史无此类别;为合于规范的官员所设,有"循吏"之目。无论清官抑循吏,大都属于通常所说的"好官",只不过"循吏"乃士夫熟悉的名目,民间更乐道"清官"。小民的期待,在政治清明;没有普遍的廉洁即无清明。"清官"强调在"廉","廉"即此种类型人物的首要标记。王夫之说,"唐多才臣,而清贞者不少概见"(《读通鉴论》卷二二,《船山全书》第十册第 830 页)。清贞者多且"清贞"作为尺度的重要性的提升,应当与宋元以降理学的兴起同步。

酷吏未必廉(如杜周),却也未见得不廉。吏酷而清,如郅都、赵禹(《史记·酷吏列传》)。司马迁自说其酷吏列传中,"其廉者足以为仪表,其污者足以为戒"(同上)。汉代酷吏郅都,清廉,敢"面折大臣","行法不避贵戚";张汤,"内行修","钼豪强并兼之家","下户羸弱",则欲与轻平(同上)。王夫之对司马迁不表佩服。司马迁的设"酷吏"一目,动机复杂,由具体的叙述看,着眼往往也正在心性,与后来的王夫之的兴趣,并非没有契合之处。

到本文所论的这一时期,"廉"作为士、民对于官员的共同期待,由来已久。李因笃说:"国家以六计课群吏,而总冠之曰'廉'。"(《方伯穆公廉仁颂并序》,《续刻受祺堂文集》卷一)李塨以为"士之贡也必首以孝,官之升也必首以廉"(《拟太平策》卷一)。至于"清官"一名见之于官方文件,则如清顺治九年向全国学校颁布的学规(即《卧碑文》),有"生员须立志求学,必为忠臣清官"云云(《清文献通考》卷六九《学校考》七)。

明末清初的知名之士中，不乏清官，无论其人为儒者为文人。据袁中道说，李贽"为士居官，清节凛凛"（《李温陵传》，《珂雪斋集》卷一七第725页）。汤显祖则"为邑吏有声，志操完洁，洗濯束缚"（邹迪光《临川汤先生传》，《汤显祖全集·附录》）。赵南星立朝风裁凛然，王夫之《搔首问》记其轶事："先征君在都下，见赵梦白先生为冢宰，揭榜于门曰：'本部既不要钱，如何为人要钱！'"（《船山全书》第十二册第629页）刘宗周家居，"布袍粗饭，乐道安贫。闻召就道，尝不能具冠裳"（《明史》卷二五五本传）。年谱记崇祯三年刘氏出都，"中官守门者见行李萧然，相顾叹曰：'真清官也！'"吴麟徵居"刑官"有告士民书，态度严正，其所谓"一介不取，壁立千仞"（《闽署拮示》，《吴忠节公遗集》卷二），决非空言。《明史》施邦曜传："或馈之朱墨竹者，姊子在旁请受之。曰：'不可。我受之，即彼得以乘间而尝我，我则示之以可欲之门矣。'性好山水，或劝之游峨眉，曰：'上官游览，动烦属吏支应，伤小民几许物力矣。'其洁己爱民如此。"（卷二六五）此种人物，岂不正合为我们当代的官员作模范？

明清间舆论所欣赏的，往往是"极致"的清。《明史》列传每有"贫不能殓"一类字样；"釜鱼甑尘"云云，则是士人惯用的形容。似乎在其时人们的眼中，非如此即不足以言"清"。唐顺之所记唐侃，"居常清苦自刻，及为州县，未尝一日携妻子数千里外，独与一二垢衣村仆相朝夕，而饭蔬羹豆，榻茅以居，有寒士所绝不堪者"（《唐郎中嘿庵墓志铭》，《唐荆川文集》卷一〇）。上文提到的吴麟徵，自说"做官十一年，一贫如洗"（《寄从叔名区》，《吴忠节公遗集》卷二），叹息着"廉吏真可为而不可为也"（同卷《寄禀伯兄秋圃》）。

下文要谈到所谓"循吏"。《史记》所传循吏之"循"，固然指"循法"，也未必非指循上（上级官员以至中央、皇上）。民间所乐道的清官（亦民间所普遍认可的好官），如上文已经说过的廉洁之外，其特征却正在打击权贵豪强，必要时不惜有限度地"犯上"。有明一代最著声名的清官，无疑是海瑞，与包拯并称清官型范。《明史·海瑞传》状写海瑞之"清"，曰"布袍脱粟，令老仆艺蔬自给"，"葛帷敝篑，有寒士所不堪者"。在包拯、海瑞，"清"也是他们"摧抑""打击"豪强的资本、资格。

官员道德人格的重要性，在此种场合有强烈的体现。李颙说"海公风力绝俗，固非吾人所敢望"（《司牧宝鉴·牧政往迹》，《二曲集》卷二八）。对包、海颇不以为然的王夫之，也说过："水以清冽而寒为美；推之于人，则洁己而有德威者。""无私之心，人所共凛，则除苛暴而无所挠屈。诸葛孔明曰：'澹泊可以明志'，冽寒之谓也。"（《周易内传》卷三下，《船山全书》第一册第393页）我在下文将要谈到，王氏关涉清、廉的文字中，埋设了仁/暴一种尺度；王氏决非无条件地欣赏"冽寒"。

于是就有人来提示"清"的限度。罗洪先说："譬之戒贪者，止当去贪之心，不当以避金为事；避金尚未免有贪心在，非所谓荡荡平平之道也。"（《奉谷平先生》，《念庵文集》卷二）所惩在"贪"，而不必"避金"，正针对了极端的道德论。凭借透辟的思理也凭借丰富的人事经验，儒者于此，往往辨析入于精微。王夫之主张不"责人以所难能"（《诗广传》卷二，《船山全书》第三册第356页）。他引严起恒（秋冶）语："谓廉吏者冰心蘗操。但使不贪，亦何至吞冰茹蘗耶？"（《搔首问》，《船山全书》第十二册第631页）①

评价官员而由行政效率着眼，有所谓"能员"。"能"不被作为衡量官员的首要标准，更非唯一标准。"能"未必"廉"。顾炎武说："今之贪纵者，大抵皆才吏也。"（《日知录》卷一三"除贪"条）"廉"且"能"固然好，倘二者不能兼，士论以及民间舆论宁舍"能"而取"廉"。于是也就有了对于"廉"之一名的假借。《明史》卷三〇八温体仁传："体仁辅政数年，念朝士多与为怨，不敢恣肆，用廉谨自结于上，苟苴不入门。然当是时，流寇蹂畿辅，扰中原，边警杂沓，民生日困，未尝建一策，惟日与善类为仇。……其所引与同列者，皆庸材，苟以充位，且藉形己长固上宠。……帝以为朴忠，愈亲信之。……而体仁专务刻核，迎合帝意。"温氏的柔佞伎刻，正所谓大奸似忠，且利用了崇祯对于"廉谨"的喜好以售其奸欺。下文将要谈到的论者有关廉谨—刻核的言说，未始不也依据了这一类人事经验。

---

① 王氏曾批评"暗用申、韩之术"的儒者，"辱荐绅以难全之名节，责中材以下以不可忍之清贫"（《读通鉴论》卷二二第827页）。

在明末党争的情境中，不同政治派别的人物非即以贪、廉划分。阉党中有不贪的士大夫，东林中亦有贪黩者。明亡后王夫之仍在说："曾见魏党中有一二士大夫，果然不贪。他只被爱官做一段私欲，遮却羞出倖门一段名义，却于利轻微，所以财利蔽他不得；而其临财毋苟得一点良心，也究竟不曾受蔽。"（《读四书大全说》卷一，《船山全书》第6册第398页）

对于道德人格的境界不厌其渴求的士人，不欲以"一节"自见。慷慨殉明的金声生前就说过："余所闻先辈言，士大夫廉介仅如妇女守身，虽曰大节失之，固夷于辱人贱行，而仅而能全，亦必不可以为盛德，不可以毕能事。"（《重建南漳鲁侯永慕祠记》，《金忠节公文集》卷八）以为对于"廉介"，宜平常视之；值得追求的价值目标，固在彼而不在此。柳宗元的《四维论》就曾驳《管子》以"礼义廉耻"为四维，以为"廉与耻，义之小节也，不得与义抗而为维"。

至于士人的清而至于不情，通常也为薄俸这一官方政策所迫成。《明史·食货志》有"自古官俸之薄，未有若此者"云云。明末贺逢圣曾抱怨说："官禄较古制不及二十之一，设遇参罚事故，终年失望，而六曹书吏并无丝毫代耕之资，夫大小官吏案牍纷繁，十倍于古，延募办公纸笔饭食之类，百无一有，束手缚足，圣贤莫措"（《答奉天学台征耗羡议》，《贺文忠公集》卷一）。明亡前夕，黄淳耀仍在主张"量加守、令之禄以养其廉"，说："吏之威爱，皆本于廉，廉则不可以不养也。古太守禄二千石，县令禄六百石，今守、令之禄，财及古者四之一耳。"（《策》，《陶庵文集》卷八）黎遂球也主张"优有司之禄入"，说以其时"邑令之俸钱"，"其势亦不能不多取之民"（《莲须阁集》卷三）。范景文则说自己做官而靠其父供养，曰"宦邸所需，取诸室中，一米一薪一丝枲，府君日有赍、月有供，无至乏绝"；他本人"唯饮官中水"（《先君仁元公行述》，《范文忠公文集》卷六）。禄不足以自养，何况"养廉"！倘没有范氏的那份家业而欲"廉"，就只有忍饥的一途了。上述贺、黄、黎、范，其后均以忠臣殉明。明既亡，王夫之犹追论不已，在《噩梦》中谈到核吏宜严而俸禄宜厚，曰"孟子言'君之视臣如犬马，则臣视君如国人。'养犬马者犹必充其刍豢，而官俸勿论多少，皆实支三石，折绢折钞，则尽名有而实无"（《船山全书》第十二册第565页）；将贪墨归因于"俸入不堪",而不一味责难个人品行。另一名遗民陆世仪也说:"欲兵之精,不如省兵而增粮;欲官之廉,不如省官而增俸。"(《思辨录辑要》卷一二)①

明初太祖惩贪,手段之残忍,史所罕有,剥皮而外,另有"枭首""墨面文身挑筋去指""挑筋去膝盖""剁指""刖足""阉割""枷项游历"直至"族诛",穷极了关于酷刑的想象。这位据说曾经孤寒的布衣天子,于此表达的,正是民间对于贪官的仇恨与惩创渴望。虽惩于目前,却仍不足以戒其后。据说明中叶以降,贪风大炽,黄白之献,暮夜之投,几成风气。张居正就曾说:"自嘉靖以来,当国者政以贿成。"(《答应天巡抚宋阳山论均粮足民》,《张太岳集》卷二六第317页)②崇祯十五年,任都察院左都御史的刘宗周拟《责成巡方职掌以振扬天下风纪立奏化成之效疏》(未上),关于"风宪犯赃",说:"今天下皆知吏之墨,而不知察吏者之墨,以墨治墨,将何令之从?"(《刘子全书》卷一七)据孙承宗说,其时的士竟会因了清而"畏人":世之浊已至此极!③金声对其时贪官、廉吏的处境,有精彩的分析。他说,因了其时惩创不力,"贪官虽偶不可为而终可为",廉吏则"偶可为而终不可为"(《寿尹惺麓先生》,《金忠

---

① 黄仁宇《十六世纪明代中国之财政与税收》中说,16世纪后期的明代,"还没有一个县能够留存300两以上的白银以供每年的薪俸"。"一个知府,作为超过100万人口的民政长官,每年的俸禄是银62.05两,这还不够养活一个小的家庭。一个知县每年的俸禄是银27.49两,这要大大低于皇帝一天36两白银的配给"(中译本第237页),自不足以养廉。海瑞致仕后,也曾接受馈赠,"其中至少一次馈赠之重足以购买一片墓田",馈赠者"素有贪名"(同书第415页)。清初的改革措施,就包括了将"首领官的俸禄补贴——火耗也制度化,称之为'养廉'银"(第427页)。关于薄俸的后果,参看该书第57—58页。拙著《明清之际士大夫研究》上编第一章第一节对此也有分析。

② 《日知录》卷一三"贵廉"条:"自神宗以来,黩货之风,日甚一日,国维不张,而人心大坏,数十年于此矣。"同书卷一二"俸禄"条:"今日贪取之风,所以胶固于人心而不可去者,以俸给之薄,而无以赡其家也。"钱穆《国史大纲》:明代"官吏恃俸,绝不足自活,势必至于贪墨。及明之中叶而风渐盛,严嵩当国而大炽。……隆、万以下,无缺不钻,无官不卖。缙绅家高甍大厦,良田美池,并一切金宝珍玉,歌舞宴戏,皆以非分非法得之"(第703页)。何炳棣认为明代中期以后的贪污横行,与欧洲白银的涌入中国有关(参看《明初以降人口及其相关问题》中译本第16页)。

③ 孙氏说:"士贪而畏人,犹有众清也;士至于清而畏人,几无独清。"(《贺邑博周圣峒先生擢守云龙序》,《高阳诗文集》卷一二)

节公文集》卷七）。崇祯朝廷对,刘氏说选将、择督、抚的首要标准是"文官不爱钱,武官不惜死"(《召对纪事》,《刘子全书》卷一七《恭承圣谕感激时艰敬矢责难之谊以图报称疏》附)。"不爱钱""不惜死"本应是"底线"的,到此时却已不易得。文臣固然贪赃无忌,武将的贪黩货赂更其公然,以至鹿善继以职方巡关,虽一再峻拒,三令五申,武将仍馈赂不止(参看《认真草》卷一三《示诸将》《答诸总戎书》)——想必那些武夫已不信有真廉吏。即使朝夕不保的南明小朝廷,也贪赂如故。钱肃乐写隆武朝景象,有"书帕满街,请托盈路"云云(《谏内戚宦官典兵与政整肃纪纲以救万民疏》,《四明先生遗集》)。似乎真的只能借诸"易代",才能救此颓风。

海瑞曾主张"严贪吏法"(《启刘带川两广军门》,《海瑞集》第437页)。[1] 明末范景文也主张以"法"治贪,说"持一'廉'为对证,不若拈一'法'字"(《直抉吏治病源疏》,《范文忠公文集》卷二)。他主张"断馈遗",在南京兵部尚书任上饬戒下属,说:"不惟暮金暗投,大犯清议,即有常例交际,亦玷官箴。""当此人情营竞,私意窥觇,故必冷面似铁,执法如山,姑息情缘,尽行祛戢。"要求下属"息交绝游以防关通"(《饬属疏》,同书卷四)。[2] 上述论者无不以为处衰世、乱世宜用重典,宁猛宁苛,而不可有一丝姑息。明亡后的王夫之,却另有思路,说"抑贪劝

---

[1] 批评朝廷惩贪不力,如嘉靖朝霍韬《天戒疏》(《明经世文编》卷一八六)、《论内外官铨转资格疏》(同书卷一八八)、徐陟《奏为恳乞天恩酌时事备法纪以善臣民以赞圣治事》(同书卷三五六)、陈以勤《披哀献议少裨圣政疏》(同书卷三一〇)等。张居正主张将守、令中"贪污显著者,严限追赃,押发各边自行输纳",以为"实边之一助"(《陈六事疏》,《张太岳集》卷三六)。

[2] 黄仁宇说:"官方的稽核仅仅是对那些登记在案的项目,而绝大多数的腐败行为都是与私派、对民间税收代理人勒索和各种贿赂有关。监察官员们只揭露出一些当时被认为十分过分的事情,他们决不会试图依据法律条文来判断每一种行为。例如,在16世纪,官员们'礼'尚往来不再被认为是非法。相形之下,很少有人明确因被控贿赂而受到处罚。一般来说,当一位官员被控犯有受贿时,只是因为行贿者或受贿者已经由于更严重的罪行而受到了指控。换言之,指控贿赂主要用于显露政治上的问题,而不是经济问题本身。"(《十六世纪明代中国之财政与税收》中译本第367—368页)他同时认为,较之"各个层次的制度性的缺陷","官僚个人的渎职和腐败"是第二位的(同书第428页);这种渎职与腐败也应置诸有明一代制度(如财政、税收制度)的复杂结构中分析。

廉"之道以"王政"为标的,不应一味"酷""严"(参看《噩梦》,《船山全书》第十二册第 570—571 页),主张依是否"枉法"及"枉法"情节之轻重为定罪依据,且区分"箪牍饮食"与"箕敛渔猎"等不同情境、情节,持论不但与顾炎武,且与他本人写于明亡前的《黄书》,也有了不同。①

对于太祖惩贪,近人孟森的评论是,惟太祖"所刑皆官吏,而非虐民,斯为承大乱之后,得刑乱重典之意,虽非盛德事,而于国本无伤,亦且深有整饬之效"(《明清史讲义》第 60 页)。还说:"太祖之好用峻法,于约束勋贵官吏极严,实未尝滥及平民,且多惟恐虐民……"(同书第 70 页)但明初大狱,牵染所及,非"勋贵官吏"的士大夫尚多;族诛所及,自然还有大批人犯的妻小及族人。动辄诛杀万余人、数万人,株连蔓引,固非"虐民",却不能不说虐士大夫。孟氏似乎将如此严重的事件太过轻描淡写了。孟森的结论是:"非有真实民权,足以钤束官吏,不能怨英君谊辟之持法以慑其志也。刑乱国,用重典,正此之谓。"(第 72 页)孟氏的上述史论,自宜置诸其时语境——20 世纪前半期关于民权、法制等的思考——中来读解。

也如温体仁假"廉"以行其奸,明中叶后的党争情境中,"追赃"作为口实,竟也被"奸人"所利用。"奸佞"借此倾陷"正人",天启阉祸中杨、左诸人的遭遇最是显证。不惟杨、左,其他如得罪了魏忠贤的廉吏万燝,即被"诬以赃贿三百"(《明史》万燝传)。直至永历朝,政敌治所谓"五虎"的罪,所用仍然是追赃的手段。甚至大顺政权存在的短暂时间,解决财政问题竟也用了"追赃"的名义。于此"惩贪"早已变了味道。天启阉祸之前,归有光就说过:"今世欲污蔑士大夫者,度其他不能为害,惟以贿,则无全者矣。"(《乞休申文》,《震川先生集》别集卷九第 932 页)他以归安李知县为例,证明对于"清强忤俗"的清官,不止有"奸民"讦告,且士人亦以"点污"为能事。一方面是极度的腐败、贪墨,

① 《黄书》编成于顺治十三年、永历十年。该书主张严刑峻法以惩贪墨,说"承贪乱之余,不以刑辟整绝之,未有能齐壹天步,柔辑茕独者也"(《船山全书》第十二册第 529 页)。顾炎武的有关主张,参看《日知录》卷一三"除贪""贵廉"诸条。清人以为顾氏稍杂申、韩,诸条或可为佐证。《日知录集释》卷一三"秦纪会稽山刻石"条黄汝成案:"先生颇取秦法。其言政事,急于综核名实,稍杂申韩之学。"

一方面是苛核(对官)、暴虐(对民)。暴政不足以肃贪，适足以虐民，且为奸佞所借口——士人所处情势之复杂，像是已无过于此的了。也应在此种背景上，以清廉著称的刘宗周，以为即惩贪亦宜保全大臣的尊严，说古人较今人厚道，"古者大臣有坐不廉而废者，不曰'不廉'，而曰'簠簋不饰'，其礼遇臣下，类如斯矣"(《面恩陈谢预矢责难之义以致君尧舜疏》，《刘子全书》卷一五)。

惩贪之外，打击豪强，也是明初的官方政策。《明史·食货一》关于太祖初政，曰"惩元末豪强侮贫弱，立法多右贫抑富"。有明一代最为人所知的清官海瑞，即不但以"廉"，且以勇于"打击"见称。或者说，更足显示海瑞的清官本色的，尚非自待之苛，而是"右贫抑富""锄强扶弱""不畏强御"。海瑞自说"凡讼之可疑者"，"与其屈贫民，宁屈富民"，事涉财产争端，"与其屈小民，宁屈乡宦"，以此为"救弊"(《兴革条例·刑属》，《海瑞集》第117页)。为民间所称誉的清官，除了敢于搏击势家豪强外，往往也敢于抵制不合理的政令。"不畏强御"，就包含了这方面的内容。"不畏"的对立面，即脂韦取容，奉迎、阿附上官。

《明史》本传说海瑞"意主于利民，而行事不能无偏"，记述中有了相当的保留。该传曰其人"素疾大户兼并，力摧豪强，抚穷弱。贫民田入于富室者，率夺还之。徐阶罢相里居，按问其家无少贷。下令飚发凌厉，所司惴惴奉行，豪有力者至窜他郡以避。而奸民多乘机告讦，故家大姓时有被诬负屈者"。还说其人晚年上疏，"举太祖法剥皮囊草及洪武三十年定律枉法八十贯论绞，谓今当用此惩贪"，"劝帝虐刑，时议以为非"——不难令人想到汉代的酷吏。酷吏之"酷"，在敢于诛杀。《汉书·酷吏传》记田延年，"其治务在摧折豪强，扶助贫弱。贫弱虽陷法，曲文以出之；其豪桀侵小民者，以文内之"。明清人批评海瑞者，未必不以此为类，甚至不无蓄意的暗示。

曾经有过一个时期，论者不承认清官"意主于利民"，对于海瑞一流人物的作为，由其效应的"缓和阶级矛盾"，而断言清官政治的"欺骗性"。针对于此，赵俪生说，由洪熙、宣德到嘉靖、万历，"一些不同地区中不同等级的官吏"，不约而同地在各自管辖的范围内，力图调整田土赋税纠纷，"这证明有一度人们说官吏从来没有好的、或者说'清官'比'赃官'还坏、或者说统治阶级从来不可能进行什么'调节'或'调整'",是无视历史事实的(《中国土地制度史论要》,《赵俪生史学论著自选集》第180页)。① 当然,对清官的打击豪右、抑制兼并,应做个案分析,不宜于一概而论。"打击"背后的利益关系,也无疑有其复杂性。②

对于清官的打击豪右、抑制兼并,古人另有异议。明末凌义渠说,"壹志强项锄击树威者,吏非不称能,而民之受之者,恩与怨往往相半"(《代寿马邑侯太孺人七十序》,《凌忠介公文集》卷一)——只是何恩何怨,语焉不详。王夫之的如下说法更出人意表。他说:"小民之无知也,贫疾富,弱疾强,忌人之盈而乐其祸,古者谓之罢民。……酷吏起而乐持之以示威福,鸷击富强,而贫弱不自力之罢民为之一快。"(《读通鉴论》卷四第 161 页)他激烈批评汉代赵广汉以刻核邀民誉,由赵氏越过千年而直接指向海瑞、包拯,说"褊躁以徇流俗之好恶,效在一时,而害中于人心"。他说为治的功效应在"中和涵养之化",而非"罢民"一时之快意,且对此一论再论(《读通鉴论》卷四第 161—162、168 页)。此种批评角度与他的戾气说正有其一致。③

海瑞、包拯介于史家所谓的"循吏""酷吏"之间,非上述名目所能描述。民间指其人为"清官",王夫之并未用此一名;他的以海、包并论,却显然参考了民间的评价,只不过好恶大异于民间而已。其时的权

---

① 赵氏列举有明一代的清官,周忱、况钟外,仅《明史》有传的,即有孙原贞、顾鼎臣、王恕、欧阳铎、王仪等等,还有万历年间山东曹县的县官王圻、孟习礼等更低一级的人物,以为他们均参与了上述"调整"(同书第 207 页)。

② 宫崎市定认为,由于土地的分散、零碎化,宋以后"佃户建立共同战线对地主进行抗租运动的事件"较少,"而有势力的地主联合起来对政府进行抗粮运动的事件倒很多。在这时候佃户当然是帮助地主"(《宋代以后的土地所有制形态》,《宫崎市定论文选集[上卷]》第 165 页)。上述情况下清官的打击豪右、抑制兼并,所代表的更是"国家利益"。

③ 他不惜极而言之,说:"嗜杀人,自在人欲之外。盖谓之曰'人欲',则我为人之所欲也,如口嗜刍豢,自异于鸟兽之嗜荐草。'爱之欲其生,恶之欲其死',犹人欲也;若兴兵构怨之君,非所恶而亦欲杀之,直是虎狼之欲、蛇蝎之欲。此惟乱世多有之,好战乐杀以快其凶性,乃天地不祥之气,不可以人理论。此种人便声色货利上不深,也是兽心用事。推而极之,如包拯、海瑞之类,任他清直自炫,终为名教之罪人,以其所嗜者在毛击也。"(《读四书大全说》卷八第 898—899 页)王夫之的戾气说的深刻处在向内,对于政治作用于心性的检视。但向内与向外本不可分割。他所主张的"静民气",未必也适用于"阶级分析"。

豪势要武断乡曲，王氏何尝不知！他甚至感知了那戾气——《黄书·大正》就提到了"贼害怨咨之气偏结凝滞"（《船山全书》第十二册第528页）。也正因此，他的上述议论基于一贯的逻辑。

如上文已经说过的，廉吏未必不"酷"——王夫之的包拯、海瑞论，强调的正是其"酷"。[①] 王夫之评论唐代名臣，曰"宋璟清而劲，卢怀慎清而慎，张九龄清而和"（《读通鉴论》卷二二第830页），均不止有一"清"，兼有足以丰富其人格的其他美德；且"清而不激"，以此异于"孤清而不足以容物""置国计民生于度外，而但争泾渭于苞苴竿牍之间"的"汉、宋狷急之流"，自然也异于包拯、海瑞（同上第830—831页）。王氏以为为政宜"宽然有余"，断言"廉吏以廉自标举，气矜凌物、苛刻待下者，其晚节必不终"；"真能廉者"不如是（《搔首问》，《船山全书》第十二册第630—631页）。在一个被认为极端腐败的时期之后，王夫之仍发为上述言论，而不惜违俗忤众，必有所不容已。

士人由其经验相信，清而至于极端，有可能残刻不情（即"廉"而"酷"）。孟子有所谓"不忍人之心""不忍人之政"（《孟子·公孙丑》）。"不忍人"未必即"仁人"，"忍人"却必定是酷吏。至于王夫之，他的关心，毋宁说更在长期效应，即"害中于人心"，政治苛酷导人心于暴戾，终至于"率兽食人，人相食"。这里有儒者对于"世道人心"的深远之虑。[②]

---

① 《论语·公冶长》"子张问仁"。张岱于此说，"忠""清"未可以言"仁"（《四书遇·论语·忠清章》第142—143页）。它们确也属于不同范畴。

② 在王氏，"中和"不止于抽象原则，作为理想的世界图景，正由普遍的关系中抽绎而出。他一再谈到《乐》《诗》的政治文化功能，如曰："盖涵泳淫泆，引性情以入微，而超事功之烦黩，其用神矣。"（《夕堂永日绪论·序》，《船山全书》第十五册第817页）前于此，归有光就曾不满于"刚者"的"好愎而自用"，"直者"的"矫激而忘物"，"严者"的"凌谇尽察而无所容"（《送王汝康会试序》，《震川先生集》卷九第192页），而以"忠恕"为说，以为"诵《诗》三百而可以授之政者，非徒以博物洽闻之故也。盖涵濡于三百篇中，而其气味与之相入，则和平之情见，而慈祥恺悌之政流矣"（同上）：与王夫之的说法先后呼应。王夫之对于诗赋取士的正面评价，关心也在长期的政治、文化效应。黄宗羲论学校的政治功能，即包括了养成"诗书宽大之气"（《明夷待访录·学校》）。但王夫之比较科试用书义、词赋之利弊，写作时间稍前的《噩梦》（参看《船山全书》第十二册第569页），与写于晚年的《宋论》，立论有所不同——由此一端，或也可窥其人思想演变的轨迹。

作为儒者,王夫之的忧虑确有根本的性质:固然基于儒家视同生命的"秩序",也基于儒家的政治理想。他的海、包论确也要置诸相关的论述中,其逻辑才能厘清。王氏强调"王道本乎人情";以"协于人情"作为达成"中和"的条件,以为"绝己之意欲以徇天下,推理之清刚以制天下",适足以破坏上述意境。① 由此他批评世俗所艳称的"正人",说"儒者任天下事,有一大病,将平日许多悲天悯人之心,因乘权得位,便如郁火之发于陶,迫为更改,只此便近私意,而国体民命,已受其剥落矣"。"今人粗心,说'害不除,利不可兴'者,都是一往之气。天下大器,自非褊衷所能任。"(《读四书大全说》卷六,《船山全书》第六册第792—793 页)与他本人对于"气矜""气激"不厌其烦的批评一致。由此看来,他的批评海、包的激情,由明亡过程中"暴民"对于缙绅的洗劫,固然可以得一解释(寻究根源,他不免令海、包一流人物承担了诱民施暴的责任),却只是一个方面的解释,且是比较不那么重要的方面。王夫之每有对于时论、士论的逆反之论,那些议论逻辑一贯,严整、自洽,思理透彻,与蓄意立异、故作惊人之论者,自不在同一境界。

也应当说,仅就"海瑞论"而言,王夫之的说法当其时并非绝无仅有。海瑞本是有争议的人物。王弘撰《山志》"海忠介公"条引陆伯生《樵史》:"海中丞公瑞开府江南,意在裁巨室,恤穷间,见稍偏矣。卒之讼师祸猾乘机逞志,告讦横起,举三尺而弁髦之,遂成乱阶。诸大姓皆重足立,三吴刁悍风自此而长。"对此王弘撰亦以为然,说"为政之道,贵识大体,使忠介当国,吾不知其竟何如也"(二集卷二第 200 页)。《明史·海瑞传》所云,当依据于此种议论。为政持大体,不矜苟察,原是服官处事的一份智慧,亦俗间所谓的"大事清楚,小事糊涂"。但上述议论的旨趣已不限于此。

明末忠臣凌义渠就说过,"至洁之名,可以自绳,而不可以绳下"。

① 王氏说:"王道本乎人情。人情者,君子与小人同有之情也。"(《四书训义》卷二六,《船山全书》第八册第 90 页)"孟子所言之王政,天理也,无非人情也。人情之通天下而一理者,即天理也。非有绝己之意欲以徇天下,推理之清刚以制天下者也。"(同卷第 120 页)"若犹不协于人情,则必大违于天理。"(《四书训义》卷二一,《船山全书》第七册,第 935 页)

凌氏主张当道对于下民，不违其天，保存其"天之生趣""人所自苟之生意"。王夫之称道唐卢怀慎"清而慎"，凌氏于"清""勤"外也标一"慎"字，说"清而不敢留清之痕，勤而不敢举勤之事"，不可自恃其"清""勤"（《清慎勤论》，《凌忠介公文集》卷一。同卷《崇化论》亦批评苛核）。"清"者往往"介"。崇祯所说刘宗周的"清执"，与"清介"义近。刘汋撰刘宗周年谱录遗，却引胡琳（璞完）语，说："他人清而矫，刘公清而真；他人清而刻，刘公清而恕。"因此清而无通常清官所难免之病。孙承宗记一以"廉"自律的县令，说"时尚严急，吏方务为刻深应功令，公独持汉吏悃幅"（《宪副梦岩王公传》，《高阳诗文集》卷一七），廉而不至苛酷（"严急""刻深"）。与凌氏先后殉明的贺逢圣也说："极治之朝，太和元气盖满宇宙间，其民精神肌髓怡愉融泄，若春风之中物，相与氤氲而不自知。"（《送林紫涛公祖按竣还朝序》，《贺文忠公集》卷三）此种议论发出在以"苛察""尚综核"著称的崇祯治下，固有明确的针对性；而警戒着"清"而至于不情，则得之于士类中发达的人伦识鉴。敏感的士人所警戒的，是"清""廉"名义下的残刻不情。士人将他们对于"心性"的一贯关切，引入了对政治人才的品骘评鉴，由更广阔的"政治文化"视野看去，固有其合理性以至深刻性。①

儒家之徒向有此一种思路。叶适引《后汉书》宋均传中宋氏语："吏能弘厚，虽贪污放纵，犹无所害，至于苛察之人，身或廉法，而巧黠刻削，毒加百姓，灾害流亡之所由而作"，像是"非常异义可怪之论"，叶氏竟以为"旨意弘雅"（《习学记言序目》卷二五第353页）。② 本文所

---

① 明亡后继续此种议论，朱鹤龄讲过李迁梧的下述故事："尝于邑绅吴太守（崐）饮，见以一银船注酒，酒满则帆张，意颇善之，吴举以为赠，公受而日以供饮。迨去任出境，仍缄还之。君子曰：公之却银铛，廉吏所能也。若其始加直受，想见其为人，盖坦易近情，非皦皦以清鸣者。"周安期（永年）曰：熊恭简公生平清节，一介不取。其巡抚云南，平蛮公宴之日，乃受金花彩段，或者疑之。次年还朝，召有司领贮库，始知公不欲以清病人也。李公之事与熊公绝相类。"（《安丘李公传》，《愚庵小集》卷一五第712—713页）以为人所难及。

② 叶适读《魏志》和洽传，说"和洽贫至卖田宅，而言'古之大教在通人情'，所谓不以格物者也。又言'勉而行之，必有疲悴'。'疲悴'二字，深得其要"（《习学记言序目》第386页）。这里也直接间接地涉及了"清"的道德含义，以及实践"清"（所谓"砥砺廉隅"）应设的限度。

论的这一时期,相似的议论也正出诸儒者、"正人"之口。黄宗羲就说,"今之人往往去思于贪吏",乃因"阘茸之辈""于事多所更定,然而不近人情,御下如束湿,不若贪吏之在上,其情犹易测也"(《王讷如使君传》,《黄宗羲全集》第十册第601页)。① 陆陇其以廉洁称,却记其父之语,曰"贪与酷皆居官大戒,然贪而酷人皆知恶之,若自恃廉谨而刻以绳人,人慕其风节,竞相仿效,祸不可言矣"(《先府君圹记》,《陆子全书·三鱼堂文集》卷一一)。在上述论者看来,非但"清"有境界之别,且致清、廉亦自有道,非一味刚、猛者所能,其间几微,确也非老于官场、深于世故人情者则不能知。②

儒家之徒警戒于人的心性的残与畸,及其影响于一时代的政治气象、社会氛围,原属于根本之虑。古代中国人丰富的人事经验(尤其与政治有关的经验),士大夫那里发展到极致的人伦鉴识,都参与了士人有关的思考与论说。在某些方面,他们的辨析确也入于精微。但太祖式的惩贪尽管被证明了不足以救治制度病,上述针对"心性"的议论,在明末的情境中,却像是蓄意避开了对于直接而严重的政治危机的回应,未始不可以作为明末儒者由"外王"转向"内圣"的一种证明——当然问题仍然没有如是之简单。也应针对了上述议论,顾炎武说:"《后汉书》称袁安为河南尹,政号严明,然未尝以赃罪鞠人,此近日为宽厚之论者,所持以为口实。乃余所见,数十年来,姑息之政,至于纲解纽弛,皆此言贻之敝矣。"(《日知录》卷一三"除贪"条)

作为顾氏所说"姑息"之论的一部分背景的,是一些士人对于明末政治的如下总体感受,他们借了现成的一名,将此感受概括为"申、韩"。其时所谓的"申、韩",固非泛无所指,而明末的一段时间,朝廷言论中的"申、韩",往往径直指向了崇祯。大儒刘宗周奏疏批评崇祯"治

① 上文所引袁中道《李温陵传》说李贽"本狷洁自厉、操若冰霜人也,而深恶枯清自矜、刻薄琐细者,谓其害必在子孙"。孙承宗说自己"闻贿败,不闻清败"。其以清败者,必其好洴人以自洁,抑或悻悻焉执一'清',为世人不可几及之行"(《贺邑博周圣嵋先生擢守云龙序》,《高阳诗文集》卷一二)。

② 上述议论甚至非为士人所专。崇祯曾针对黄道周辨"清""廉",说:"清固美德,但不可傲物遂非。且惟伯夷为圣之清,若小廉曲谨,是廉,非清也。"(《明史》卷二五五黄道周传)

术尚刑名"，"尚综核"，"求治太急，用法太严，布令太烦"；有"诏旨杂治五刑，岁躬断狱以数千，而好生之德意泯"云云（刘汋所撰年谱，崇祯九年）；指责崇祯"以重典绳臣下"，"朝署中半染赭衣"，"以煅炼为忠直"，"苍鹰乳虎之辈且接踵于天下"（《敬陈祈天永命之要以回厄运以巩皇图疏》，《刘子全书》卷一五）；说"邪臣遂日导陛下以申、韩之术，致讼狱繁兴，犯者日众，传染海内，遍是杀机。兵刑交毒，上干天和，无岁不罹灾沴"（同书卷一七《微臣不能以身报主敬竭报主之心终致主于尧舜疏》）。到了弘光朝，他还说崇祯尚刑名，"杀机一动，杀运日开，遂至怨毒满天下而不可救"（卷一八《再陈谢悃疏》）。张履祥也说："大都本朝制度，重法不重道。有王者作，必能修正之。"（《杨园先生全集》卷三九《备忘一》）黄道周的章疏，也要崇祯"反申、商以归周、孔，捐苛细以崇惇大"（《明史》本传）。①

被指为"申、韩"者，亦有所谓的"正人"——与关于"气矜""刻核"的批评在同一方向上，作为士文化检讨，或许是有关议论中更具深度的部分。在万历朝的奏疏中，刘宗周就说过："顾宪成之学，朱子也，善善恶恶，其弊也必为申、韩，惨刻而不情"；固可救王学之病，却惧"一变复为申、韩，自今日始"（《修正学以淑人心以培国家元气疏》，《刘子全书》卷一四）。我曾分析过明清之际士人的"戾气论"。上述申、韩论正在有关的论述逻辑中。被以"申、韩"命名的政治病亦时代病，被认为根源于为政者的心性。正直而矫激而暴戾，确也每每见于刘宗周的那个时代，如明末张采、祁彪佳。为政的刻核与那一时期儒者自虐式的道德自律，毋宁说根源于同一语境。刘宗周本人的严于疾恶，也未必不在他所批评的风气中。天启年间，刘氏是主张杀熊廷弼之一人；弘光朝，是主张重处路振飞之一人——确可谓气象森严。② 但也应当说，固然

---

① 同时孙奇逢却说："主上果于杀戮，一日刑溃逃将吏三十余人，未必非中兴之机。"（《复范质公》，《夏峰先生集》卷一）此前吕坤就说过："申、韩亦王道之一体，圣人何尝废刑名、不综核！"（《治道》，《呻吟语》卷五）

② 刘氏在崇祯、弘光朝一再主张严惩"丧师失地""弃城逃溃"；甚至以为"伪命南下，徘徊顺逆之间"者，"尤当显示诛绝"（《恸哭时艰立伸讨贼之义疏》，《刘子全书》卷一八），未见得不"尚刑名"。

有正人为申、韩，而上述洞见人心之言，却也非正人且儒者则不能道。

在王夫之的论说中，"申、韩"也更是一种缺陷人格、病态文化。他一再批评"后之儒者，恶恶已甚，不审而流于申、韩"（《读通鉴论》卷四第160页），说"后世之为君子者，十九而为申、韩"（同书卷二二第828页），其直接的依据就应当是故明党争中"正人"的严于疾恶（"严刻""苛细"），包拯、海瑞一流人物的"悁疾"（同书卷七第256页）。尽管王氏也说老子之教"流为兵家之阴谋、申韩之惨刻"（《周易内传》卷二上，《船山全书》第一册第169页），比较了宋代所谓"君子"的虔刘其民，却以为"黄、老之不尚刑者，愈于申、韩远矣"（《宋论》卷一四第324页）。① 他更直截了当指宋的"君子儒"（亦理学儒）为申、韩，指其人以"主敬"的名义鞭笞天下②，说"有宋诸大儒""以儒者而暗用申、韩之术"，他们"疾败类之贪残，念民生之困瘁，率尚威严，纠虔吏治，其持论既然，而临官驭吏，亦以扶贫弱、锄豪猾为己任，甚则醉饱之愆，帝帏之失，书簏之馈，无所不用其举劾，用快舆论之心"（《读通鉴论》卷二二第827页），似乎以上述政治病（亦时代病）为理学兴起后特有的症候——也应当作为儒学内部批评。只是受制于所处情境，不惟王夫之，同时的其他论者也不得不凭借了有限的资源，在黄老/申韩间做非此即彼的选

---

① 王夫之以为王者宜"有其土若无其土"，"有其民若无其民"（《读通鉴论》卷一九第710页），对汉代文、景两帝多所肯定。但他又说"无为者，治象也，非德体也"（《读四书大全说》卷四，《船山全书》第六册第596页）——他毕竟是儒家之徒。他说："老氏以慈为宝，以无为为正，言治言学者所讳也。乃若君子之言，曰宽、曰简、曰不忍人、曰哀矜而勿喜，自与老氏之旨趣相似而固不同科。"（《读通鉴论》卷二二第827页）他本人的主张"简"（参看同卷第828页），未必不有取于老氏。王夫之对老氏的有限肯定，在"治道"范围内；至于其他层面关于老庄与吾儒分辨之严格细密（即如追究至于权术背后的心术），固非他人所能及（参看《诗广传》卷四论"皇矣""文王有声""泂酌"）。

② 王夫之说："为君子儒者，亟于言治，而师申、商之说，束缚斯民而困苦之，乃自诧曰：'此先王经理天下大公至正之道也。汉、唐皆有之，而宋为甚。'"（《宋论》卷二第75页）他激烈批评"外儒术而内申、韩"，"以己之所能为，而责人为之，且以己之所不欲为强忍之，而以责人；于是抑将以己之所固不能为，而徒责人以必为。如是者，其心恣肆，而持一敬之名，以鞭笞天下之不敬，则疾入于申、韩而为天下贼也，甚矣！"（《宋论》卷三第94页）论宋而曰"圣王居敬之道""持一敬之名"，其所谓"外儒术而内申、韩者"，所指即宋（以及宋以降）的理学之士。以论宋而论明，王氏所刻画，未必不以切近的经验为根据。

择。由此也可证《老子》作为政治哲学影响之深远。①

　　王夫之于明亡后说败亡之征，有"法愈苛，威愈亵"云云（《搔首问》，《船山全书》第十二册第641页）。他提到了贺逢圣的一段故事："贺对扬先生自内阁谢病，驰驿归里，门庭朴隘，无爽儒素。自题壁联云：'水静无波，人静无事。'当崇祯间，内外交棘，危亡在目，而欲以无事静处之，故议者以此短公。"王氏并不苟同时论，说"使能如公以无事静镇之，若王茂弘之安辑江东，犹救得一半，则短公者亦不知而妄议也"（同书第637—638页。按王茂弘，王导）。"无事"的反面，即"滋事""苛扰"——通常也包括了非必要的更革兴作。归有光就曾说过："今之治民，务扰之以为能，夫岂识老氏'烹鲜'之喻乎？"（《乞休申文》，《震川先生集》别集卷九第931页）——何况已经到了如顾炎武所说"兴一利便是添一害"的时候！（《与人书八》，《顾亭林诗文集》第93页）

　　申韩/老氏，也是王夫之思考包拯、海瑞这一种政治人格的基本框架。王氏的基于"人理"以及经验层面上的人性洞察，避免了囿于清官/墨吏两项对立做非此即彼的选择，隐现在他的论说的背景上的，却另有老氏/申、韩的两项对立。王夫之凭借了逆向思维，对成见、成说的质疑，强调了"仁"等理念的根本性质，却不免在提示成见中的盲点时另有其盲。他的包、海论以及引老氏以抵拒申、韩，都不免另有遮蔽，由此而为儒家的理想政治在现实世界中的处境，提供了一种例证。其实海瑞也自有苦衷，他说"水清无鱼，治去太甚，别是一道"，只是格于情势，不见得总能实行罢了（《启史方斋琼州知府》，《海瑞集》第418页）。即使真到了如王夫之所说，不但"文法之吏"，且"廉吏"亦不足以止奸（参看王氏所引宗均之论，《读通鉴论》卷七第256页），当着贪酷肆行，胥吏为害，你也不能不认为海瑞的姿态未可非议。王夫之由"邀民誉"

---

① 共同的经验使不相谋的士人达到了相近的结论。刘献廷《广阳杂记》："蔡瞻岷曰：治天下必用申、韩，守天下必用黄、老。"（卷一第21页）熊开元说："余惟今天下尽用商韩矣，饰说者以为时事如病痹，参著尝剂未足取殊功，正使孔孟复生，势必改弦，曲从名法。吁，是何言也！"（《三国鸿文序》，《鱼山剩稿》卷五第422页）对症之药，亦不出黄老："黄老谓善爱天下者不治天下，故一持以清净。后世能率繇其道，虽至今长不乱可也。"（同卷《曾成西文集序》第412页）

的角度批评世俗所谓清官,由"贫疾富,弱疾强"论小民之称誉清官,均归为动机论、社会心理论,并未追究及于无知小民(他所谓"罢民")乐道清官的更深层的社会原因。

王夫之等人的上述议论,当其时不是所谓的"主流论述",而是相对于主流的异议。

乱世用重典。每当世乱,即有对"严刑峻法"的吁求,企图经由镇压的手段达至太平,使世臻于"治"。① 明亡之际号称名臣以至忠臣者,气象不无森严。张履祥《言行见闻录》(一)记明末名臣祁彪佳:"崇祯间,祁世培先生以御史巡视苏松常镇,所至警贪墨,锄豪右,理冤抑,剔弊政,惩奸胥。……先生以浙人巡行南国,官箴民隐既罔弗知,又其心事光明磊落,遇物如快刀健斧,无不立断,庶政一张。贪吏解印绶去,豪猾敛戢,百姓乐业,奸民谓之'剥皮察院'。盖数十年来所未有也。"(《杨园先生全集》卷三一)② 钱肃乐崇祯朝为太仓知州,"以朱白榜列善恶人名,械白榜者阶下,予大杖。久之,杖者日少"(《明史》卷二七六本传)。儒家之徒主张以礼乐善俗,而非以政刑劫民,通常实行的,却正是"以王道儒术缘饰申韩之治"。应当承认,当着王朝衰败到无可施救,也像是非凌厉飚发则不足以振刷。③

上文说到凌义渠于"清""勤"外标一"慎"字。王夫之对其时公认

---

① 王源主张严刑峻法。颜元、李塨均主张复肉刑(实则肉刑从未废止),李塨且引荀子语,以为"知治之言"。他说:"《礼》曰:治乱国用重典;而妇人之不忍,腐儒之好生,皆不足语于圣人之道者矣。"(《平书订》卷一三)

② 祁彪佳以严于执法著称。黄宗羲《思旧录·祁彪佳》说祁氏为苏松巡按,"悉取打行火囤之流杖杀之,列郡肃然"(《黄宗羲全集》第一册第344页)。《清史稿》沈国模传:"山阴祁彪佳以御史按江东,一日,杖杀大憝数人,适国模至,欣然述之",沈国模瞠目对祁氏说:"世培(祁氏字),尔亦曾闻曾子曰'如得其情,则哀矜而勿喜'乎?"后祁氏对人说,自己每一"虑囚",必念沈氏言,"恐仓卒喜怒过差,负此良友也"(卷四八〇儒林传)。可知即使到了危机时刻,沈国模这样的儒者,也仍然不欲放弃对于"仁"这一儒学的核心理念的坚守。

③ 所谓"杂用霸、王",在叶适看来,只是"不能自名其为何术"的姑且之说(《习学记言序目》卷二一第301页)。叶氏说:"'信赏必罚。综核名实',申韩之法术兼用之矣。宣帝所以能称治而无大患者,以其主于爱民故也。然当时人主不能自名其为何术,姑曰'杂用霸、王'而已,至班氏父子正色言之,而百世之下,皆以王道儒术缘饰申韩之治,虽卓然豪杰者尚未能知,而况于改之乎!"(同书同卷《汉书一》第301页)

的道德规范如"勤"如"俭",更有大不同于公论的辨析。① 他辨"俭"之义,竟以"违物以行其俭固之志"为"凶道"(《周易内传》卷四下,《船山全书》第一册第477页),说"王道之裁成民物,非故为损抑以崇俭陋"(同上第474页)。他肯定"俭"之为个人道德,以为"天下之悔皆生于侈汰,自处约,则虽凶而无耻辱"(第477页),同时以为不可将此个人道德混同于治道:"乃自居之约,可谓之贞;处物之吝,强人情以所不甘,则不顺天理之正,不可以为贞矣。"(第473页)更认为"约"不必作为君人者的个人道德;倘其人"终日乾乾夕惕若",能"先立其大者",则无妨富贵。最要不得的,是"绝人理而刍狗天下"。② 在他看来,儒者修省,不妨力求绝去私欲,为政却不宜拂戾普遍人情:王夫之将此区分得很清楚。倘推广那一种个人道德越出了限度,"俭道"即"戎狄之道"。黄宗羲也以由余所谓"俭其道"为"戎狄之道"(《留书·文质》。由余"俭其道",参看《史记·秦本纪》)。在儒者,这的确属于根源性的追究,似"异义可怪"而不失警策。③

---

① 王夫之释"俭",说"人君患不广大,人臣患不节俭。节者,节以其度;俭者,俭于其度之外"(《诗广传》卷二,《船山全书》第三册第358页);又说人臣患不节俭,"言其不僭也,非言其细也"(同上第382页),辨析入于精微。其他尚可参看其《唐风·蟋蟀》(同书第364页)。

② 《思问录内篇》:"舜之饭糗茹草,若将终身。及为天子,被袗衣,鼓琴,二女果,若固有之,以处生死视此尔。终日乾乾夕惕若,故无不可用也。先立其大者以尽人道,则如天之无不覆,地之无不载,近取诸身、饮食居处,富贵贫贱,兼容并包而无疑也。非此而欲忘之,卑者不可期月守,高者且绝人理而刍狗天下,愈入于僻矣。"(《船山全书》第十二册第404—405页)取气象宽裕,不取鄙固俭啬,于此王夫之的议论也有其一贯。仲长统以为"君子居位为士民之长,固宜重肉累帛,朱轮驷马,今反谓薄屋者为高,藿食者为清",叶适对此评论道:"人主所以处士大夫与士大夫所以自处不同,统之言,施之人主可也。"(《习学记言序目》卷二五第358页)论《诗·国风》,叶氏说:"衣裳车马,廷内钟鼓,所以乐也;知忧,所以节乐也。且积其忧而不知所以乐,礼文政事皆废矣,将焉用之! 孟子所谓为貉之道者欤! 不然,其征死欤!"(同书卷六第68页)

③ 这也非即公论。李颙尚"俭",说"三代之天下经费俭,俭则恒足;三代以后之天下经费奢,奢则不足"(《四书反身录·大学》,《二曲集》卷二九)。顾炎武关于节用、俭,与王夫之所见亦有不同(参看《日知录》卷一二"财用"条附录顾氏读隋书篇)。但也应当说,顾氏同书卷一三"俭约"条所说,是为臣者(尤其宰相)的个人德行("以俭率人"),而非国之典礼。张履祥由尧、舜说勤俭之于治道,旨趣与王氏大异。他说:"自古未有正直而不由节俭者,不节俭必不能正直。"(《备忘四》,《杨园先生全集》卷四二)贫士的经验,宜乎有此。

明中叶以降，撙节的要求，往往直接针对人主、皇室。对此王夫之不可能不知。陆世仪以为治生尚"俭"(《思辨录辑要》卷一〇)，朝廷典礼却不然："崇祯中，四方多事，朝廷议节省之道，凡朝觐、庆贺、宾兴、贡举，以及乡饮优免之类，悉从俭薄。"陆氏推究礼意，以为其他尚有可节省之处，即使亡国在即，上述种种因系"朝廷大体所关"，也"不可褒也"(同书卷一六)。① 可知王夫之的论"俭"，确有所针对的具体事实。倘若将王氏关涉"俭"这一伦理范畴的议论，与有关明太祖身体力行"节俭""俭约""俭朴"的记载(参看孟森《明清史讲义》第32—33页)对照，大有意味。这份思理透彻的儒者所特具的敏感，确非琐琐小儒所能有。既不以"俭"为绝对的道德尺度，王夫之的所谓"豫达其情以为之节宣"的原则，无疑也适用于官员。他说守、令的优闲暇豫无妨于治，以宋初为例，状写此种政治的意境，曰："禾黍即登，风日和美，率其士民游泳天物之休畅，则民气以静，民志以平。里巷佻达之子弟，消其嚣凌之戾气于恬愉之下，而不皇皇然逐锥刀于无厌，怀利以事其父兄，斯亦平情之善术也。"(《宋论》卷三第95页)王氏将他的逻辑推演到了远为广阔的方面——广阔的生活世界与人的情感世界。即如普遍人生中的"有余""无余"。② 在他看来，致人死的非止饥寒。"窳国无暇民，窳民无暇日"；"是以时未至于呴风和日、美草佳荫之下，不给于斯须之欢，其愈于死也无几。故曰：'救死而恐不赡'，非但其饥寒之谓也。"(《诗广传》卷一，《船山全书》第三册第304页)生存须有余裕(即"暇")；人的生存之道于此与"治道"相通——"终岁勤苦"之民，"未有

---

① 朱鹤龄不主张以俭啬救奢，说："夫风会日趋于奢，而过损必激为汰。""是故雕玑玩好，吾不禁人主之所欲，而但著为则焉，使之不责有于所无，不悉索以为富，如是已尔。"(《禹贡长笺序》，《愚庵小集》卷七第288页)颜元则说："然今天下之趋于奢者衣食间耳；至于起居、进退、日用、周旋、冠、昏、丧、祭、宗庙、会同之仪节，则率从苟简，士君子亦不免焉。仆窃谓宜翻吾子'宁俭'之案，崇曾子'国俭示礼'之道。"(《习斋记馀》卷六《读刁文孝用六集十一卷评语》，《颜元集》第507页。《论语·八佾》："与其奢也，宁俭。")

② 王夫之说"裕于用天下而天下裕"(《诗广传》卷三，《船山全书》第三册第436页)。他说："道生于余心，心生于余力，力生于余情。故于道而求有余，不如其有余情也。古之知道者，涵天下而余于己，乃以乐天下而不匮于道；奚事一束其心力，画于所事之中，黻黻以昕夕哉？"(《诗广传》卷一，《船山全书》第三册第301页)

可用者也"(同上)。尽管王夫之在这里提示的,仍然是古老的原则,即治人者宜逸道使民;倘若"治"到了使民了无生趣,则是治人者的失败。士大夫(尤其居官在位者)的个人境界,也因此为治效所关。作为理想人格的"裕""宽""硕",有助于规模弘远,器局阔大(参看《诗广传》卷一论《考槃》,第336页)。甚至由此可以相信,尽管王夫之的避居猺峒被认为艰苦卓绝,他本人却未必即如刘宗周等人似的刻苦自励。他对于"物质生活"的态度毋宁说是宽裕的。

在这一方向上思路相近的,也另有其人。即如魏禧。《魏叔子日录》卷三《史论》:"刘向曰:'民苦则不仁。'苏轼曰:'士大夫宣力之暇,亦欲取乐。汉宣帝诏曰:郡国擅为苛禁,禁民嫁娶不得具酒食相贺,召废乡党之礼,令民亡所乐。盖佚乐者,凡人之情也。纵之则荡,绝之则槁,皆不可久长之道。故为政者民间风俗非大害于义,大伤于财,亦姑从其所欲,毋概以礼法相绳。''令民亡所乐'一语,真所谓荡佚简易之政也。"其弟魏礼也说:"圣人之'俭',谓中节者约而不侈,所以为俭也",非"一以朴陋为俭"。为政者尤其如是。"公孙宏布被脱粟,辕固曰:公孙子毋曲学以阿世。"(《书丘敏斋论晏子》,《魏季子文集》卷一一)与王夫之的主张不无相通。[1] 但王夫之的思理仍不可重复。即如他的说"俭"之于"贪","勤"之于"暴"[2],在通常以为相反、相异处发现相成、相乘,确也像是非王氏则不能道。

王夫之每于成见、共识处别有洞见,于习焉不察处开出另一思路,揭出不为人察觉的隐蔽的逻辑。一个思想活跃的时代,其标志之一,即

---

[1] 在"俭德避难"这一遗民社会中流行的话题上,魏礼也不苟同时论。张履祥说:"声名不可太高,交游不可太广,进取不可太锐,亦藏器待时、俭德避难之义也。"(《答徐文匠》,《杨园先生全集》卷九)——这也是其时遗民关于"俭德避难"的较为通行的解释。魏礼却说:"《易》曰:君子以俭德,而朱文公训为'敛'。愚窃谓'俭德'故妙义,亦何必'敛'乎!"(《朱容斋八十一岁赠言序》,《魏季子文集》卷七)至于魏礼的不以"敛"为然,宜联系于三魏有关"欲"的思想来解释——亦可自注其处鼎革之际的姿态。

[2] 他的说法是:"言治者之大病,莫甚于以申、韩之惨核,窜入于圣王居敬之道,而不知其病天下也……俭之过也则吝,吝则动于利以不知厌足而必贪。勤之亟也必烦,烦则责于人以速如己志而必暴。俭勤者,美行也;贪暴者,大恶也;而弊之流也,相乘以生。"(《宋论》卷三第93页)

在多向度的思考；即使某一方向上的思考不免于偏颇，在该时期的思想格局中，仍可能有其特殊的意义。

循吏·良吏

由上文可知，"廉吏"非即"循吏"；"廉"与"循"属于不同范畴。正史体例，于"循吏""酷吏"之外，又有"良吏"之目。《晋书》就有"良吏列传"，而无循吏、酷吏传。《史》《汉》《晋书》之后的正史，有设循吏、酷吏列传者（如《北史》《北齐书》《隋书》《新唐书》《金史》），也有设良吏、酷吏列传者（如《魏书》《旧唐书》），另有只设良吏或循吏列传者（如《宋书》《梁书》《南史》《宋史》《元史》《明史》）；不在上述诸例，《南齐书》设"良政列传"，《辽史》则有"能吏列传"。其中用"良吏"（而非"循吏"）之目者，《晋书》之外，尚有《宋书》《魏书》《梁书》《旧唐书》《元史》等。诸书对所谓"良"，有解释上的差异。至于《晋书》所传良吏，或取其"廉"，或取其"能"，甚至取其"机辩"、善谈论，标准宽泛，与《汉书》《后汉书》的传循吏确有不同。

"循吏"无疑被正史的纂修者作为"良吏"之一种。循、良二名往往并用。《汉书》指称循吏，用了一"良"字："泯泯群黎，化成良吏"；还说"及至孝宣……是故汉世良吏，于是为盛，称中兴焉"（《循吏传》）。到本文所论的时期，孙承宗说："汉人曰：小民安田里而无嗟叹，与我共此者，惟良二千石。故论吏曰'循'曰'良'。夫良吏者，其心良也。"（《贺王明府申之恭承纶命序》，《高阳诗文集》卷一二）李因笃也一再将他以为的循吏拟于"古之循良""西汉循良"，而"重农桑、礼髦士、恤宾客、敦高年""培文教""纂县志、建社学、聚保甲、延乡耆、增河堤、瘗枯骨、清奸狴"等等，则是他所以为的"循良"的标准行径（《续刻受祺堂文集》卷一《咸宁黄明府传》）。[1]

---

[1] 余英时说，宋明儒者不但以兴学为要务，且躬亲讲学；任治民之官"以'师'而不以'吏'自居"，"直接继承了汉代循吏的传统"（余英时《士与中国文化·汉代循吏与文化传播》第213页）。批评者所谓"以儒术饰吏治"，时尚的方式即讲学。"饰"之一字，足为传神写照。

无论《史》《汉》"循吏"均非仅由其作为"酷吏"的对立物而界定，"良吏"与"恶吏"、民间所谓的好官与坏官，却显然是对立的两极，且不同于循吏、酷吏，不具有严格的类型意义。"循吏""酷吏"有《史》《汉》所设标准，民间所谓"好官"，官家所称"良吏"，却像是有因人因时的不同。桓宽《盐铁论·申韩》："今之所谓良吏者，文察则以祸其民，强力则以厉其下，不本法之所由生，而专己之残心。"——这所谓"良吏"，实乃酷吏。

　　如已经论者反复论说的，《史》《汉》所谓循吏，面目本不尽同。《汉书·循吏传》有"没世遗爱，民有余思"云云，说宣帝时循吏，"所居民富，所去见思，生有荣号，死见奉祀"；"民誉"被作为了入选该传的一部分依据。司马迁却明言《史记》所叙"循吏"，"不伐功矜能，百姓无称"（《史记·太史公自序》）。① 《汉书·循吏传》说其所传循吏"居以廉平，不至于严，而民从化"。其中黄霸说得明白："凡治道，去其泰甚者耳。"王夫之的黄老/申韩论中，已包含了他对于循吏的评价。上文所引他的描述，有时正是所谓循吏。王氏对司马迁并不佩服（参看其《读通鉴论》）；他有关循吏的描述，却糅合了《史》《汉》：吏治宽缓，节目疏略，治繁剧而镇之以静，且"不伐功矜能"。这后一点在王氏非同小可。他说汉代著名循吏赵广汉"专乎俗吏之为，而得流俗之誉为最"（《读通鉴论》卷四第 168 页）；对黄霸、韩延寿也有相当的保留。对于循吏的"伪饰"、邀誉，他确能洞见情伪。"流俗之毁誉"不可徇，王氏持论于此有其一贯（参看拙著《明清之际士大夫研究》上编第一章第三节）。他的评价海瑞、包拯，也拒绝考虑百姓的称誉。不妨承认，当其时而为世道计虑深远者，正以不苟同民间立场而显示其"特识""独见"。

---

① 《史记·循吏列传》所传循吏，以"奉职循理"（亦作"奉法循理"）为标志，取义在不尚"威严"，即不"酷"；"不教而民从其化"。所传如石奢、李离，奉法而已，并无亲民爱民的事迹。余英时《汉代循吏与文化传播》一文说，司马迁所谓"循吏"，是指文、景时代黄老无为式的人物，"因循"即《史记》"循吏"之"循"的确诂（《士与中国文化》第 155 页）。叶适曾对司马迁的《循吏传》大不以为然，曰："后世之治终不能反之正者，自迁之为《循吏传》始"，说司马迁所谓"奉职循理亦可以治"乃末论而非"本论"（《习学记言序目》卷二〇第 291 页）；对《史记》的酷吏传更其不满（参看同书第 292 页）。

你大可相信《史》《汉》对于后世官评影响之深刻,却也由"后世"随处可辨《史》《汉》循吏的不同型范。据《宋史》,欧阳修"知开封府,承包拯威严之后,简易循理,不求赫赫之名,京师亦治"(卷三一九本传)。该传还说其人"凡历数郡,不见治迹,不求声誉,宽简而不扰,故所至民便之",近于《史》所称循吏。有明一代循吏之得民誉,以及世俗的艳称此等故事,由《明史·循吏列传》可见一斑。此种民意表达如此之普遍、强烈,假借、伪造即不可免(据同传,宣宗朝即有"作奸"者)。也有人不忍博"廉""能"之名,以为"近名必立威,立威必殃民"者,明初循吏方克勤就是一位;另有段坚"私淑河东薛瑄,务致知而践其实,不以谀闻取誉"(《明史·循吏列传》)。地方政治,无非"抚字"与"催科"。善拊循其民,政平讼理,就是好官。在这一点上,士夫与小民所见未必不同。孙承宗认为好官本平常,"不贵以可喜可愕之政"(《雄县王令公遗爱碑》,《高阳诗文集》卷一八)。鹿善继释"循",说:"吏何以循,使人安居乐业之外,无循也。"(《为杜氏诸生送王邑侯之南仪部序》,《认真草》卷一五)

宽恤民力,省刑,最是良吏循政。与宽、省相反,即猛、繁(亦作"烦")。到明末,良吏、好官,尤在恤刑。赋税向为朝廷功令所急,亦州县官考绩的首要项目。当其时徭役繁兴,追呼敲扑,岁毋宁日。尽管酷吏所以"酷",不限于此,但这一种"酷",却是草民以血肉之躯承受的。民苦催科,他们最所关心的,是那个官是否苛暴,能否在催科时少一点鞭笞敲扑,断狱时不滥用刑罚、草菅人命。[①] 而在其时的士人看来,造成明亡前夕的社会动荡,催科滥刑,是直接的原因。黄端伯就曾说:"天下之蠢蠢思动也,赋役重而刑罚烦也。功令严则督责急,督责急则

---

① 正德朝潘潢说:"今郡邑日夜从事,唯急催科,严勾摄、征夫马、饰厨传、钩隐炫奇、纳交要誉,以为首务";"且如追征租税,慢令致期,专以督逋及限为能;剖决词讼,则文致人罪,以苛刻取名"。"而风纪之司,举刺得失,亦常以此为次,求才于事迹多少之中,考成于法度难为之外。"(《申明守令条格疏》,《明经世文编》卷一九七)黄仁宇说:"税收定额制度是明代基本的政策,唐、宋时代从来没有像明代这样僵硬地执行这一政策。"(《十六世纪明代中国之财政与税收》中译本第56页)却又说:"事实上,高压手段在当时是一种必不可少的征税手段。"(同书第192页)

鞭朴繁，民不聊生，遂激而为盗。"(《喻中丞启事》，《瑶光阁集》卷二)
金声也说："大刑用甲兵，小刑用刀锯鞭朴。今边不能以甲兵挫敌，而
内之能以刀锯鞭朴挫其民者，天下皆是也……直谓民无如我何耳，噫，
又安知其一旦不更猛于敌而烈于兵乎!"(《举边才足兵饷议》，《金忠节
公文集》卷一)清初阎若璩不满于其时守令的"不问抚字，专于催科"，
犹指为"明末之陋规"(《守令》，《清经世文编》卷一五)。

当此之际，"循吏"固然意味着见诸记述的一系列举措，却更是"视
民如伤"的那种情怀。左懋第崇祯朝为陕西韩城令，岁大饥，自说"见
沟壑之瘠，恨不自割肌肉以啖之"(《自韩城再寄亲友书》，《左忠贞公文
集》卷二)。也正出于此种情怀，崇祯初年范景文说"抚之之方"，以"与
民休息为第一义"(《革大户行召募疏》，《范文忠公文集》卷二)——其
时范氏正以右佥都御史巡抚河南。

但也应当说，在"催科"这一题目上，职任不同的士夫主张亦有不
同。孙承宗以大臣督理边务，深知军饷问题的极端严重性。在他看来，
其时固然有催科严急者，也有以"逋负"邀誉者："乃屯租既多诡没，而
郡邑习抚字之虚声，又辄以逋负见风裁。"(《洮河济军仓记》，《高阳诗
文集》卷一八)他以为"朝廷有必不可不举之政，百姓有必不可不念之
苦"，居官为政，既不可"屈民而逢上"，又不可"抗公而邀民"(同书同
卷《保定府太守嘉祥高公去思碑》)——由此可知实际处置的不易。①
不难想见，到了这个时候，身为守、令以至抚、按者，于缓急宽严间，已几
无腾挪之余地，任其事者有了确定其道义、道德立场的困难。既要"急
公"，又要"急民命"；严则为民厉，宽也不免会有邀"民誉"的嫌疑。②
"父母官"夹在朝廷与草民之间，也夹在官守、职掌与良心之间，其情确

---

① 前于此而任军事之责的谭纶，有相近的议论。他抱怨"今有司以姑息而猎名，监司以宽大
为得体，上下废弛，逋负日多"，认为"宜敕该部申明祖宗征粮法例，在有司以任内征粮
之分数为贤否，在监司以任内督粮之分数为殿最"；"其或以修举职业，督责稍严，遂致
怨谤者，抚、按宜加体察，举刺一本至公，则任事任怨，自有其人，而吏治蒸蒸起矣"(《论
理财疏》，《明经世文编》卷三二二)。

② 何炳棣的《明初以降人口及其相关问题》也提到"隐匿登记土地"、抵制"地额"的增加，被
视为循吏行为(参看该书中译本第141—145页)。

有可悯。当然,这还不过是其时关涉"政治伦理"的诸多难题之一种。①
但无论如何,在如明末清初这样的危机时刻,循吏毕竟构筑了朝廷与小
民间的缓冲地带,承担了"消弭乱萌"的功能。

　　使"农若不知有吏"即所以为循吏(鹿善继《为杜氏诸生送王邑侯
之南仪部序》,《认真草》卷一五),不像官的官才是好官,士夫与草民于
此所见未必不同。民间期待无疑也参与了对好官、良吏的塑造。归有
光自说其宰吴兴,"三岁在县","小民宴然不知有官府"(《乞休申文》,
《震川先生集》别集卷九第929页)。②《列朝诗集小传》记归有光为长
兴知县,"用古教化法治其民。每听讼,引儿童妇女案前,刺刺吴语,事
解立纵去,不具狱"(丁集中第559页)。钱谦益毕竟大手笔,"刺刺吴
语"即如颊上三毫,颇足传神;亦可知为官湖州而用吴语(非官话),足
成特色,值得特为点出。

　　民间关于"好官"的想象从来有更单纯的性质,标准也更简单、明
确,即如亲民。被认为"亲民"的官,为政宽大之外,其所以"亲",甚至
体现在与民空间距离的接近上。汉代循吏召信臣,"躬劝耕农,出入阡

---

① 清初陆陇其在嘉定县令任上,"以催科不力罢黜"(参看其《嘉定县加编录序》,《陆子全
书·三鱼堂文集》卷八)。他本人却另有说法,说"私心窃惧者,世俗不谅,谬以陇其为过
于宽厚,有误催科;此言流传,功名之士遂将以'宽厚'为殷鉴,其害非细。其实陇其于催
科,较之他邑不大相远,核其民欠,尚少于他邑,特劝谕多而敲扑少,其迹类于纵弛耳"
(同书卷六《上座师张素存先生》)。另在《答同年顾苍岩表叔》一札中,有"催科之事,势
不能全缓,须使百姓洞然见我恻怛之意,然后急之而不怨,所谓信而后劳"云云(同卷)。
欲兼顾催征(尽职)与抚字(安民),即所谓的官箴民隐,亦一种政治艺术。除为民请命的
奏疏、条陈外,陆氏的循吏心迹,见诸他在县令任上所拟文告,有"安民"、关心"民瘼"的
具体思路,不惟对民聊示"德意"而已。那境界,确非一"廉"或"循"所能概括。何炳棣
《明初以降人口及其相关问题》举清初"不仅廉洁而且积极同情百姓的省级和地方官
员",即举于成龙及汤斌、陆陇其为例。
② 归氏《与徐子言》一札曰:"常怪吾吴中宰县者,坐贵之甚,几与民庶隔绝,颇不然之。故
为县,一切弛解。虽儿妇人,悉至榻前与语。每日庭中尝千人,必尽决遣而后已。不为门
户阑入之禁。至所排击,皆大奸。"(同书卷七第885页)他显然颇自得于其平易,曾反复
状写形容,如在同卷《与沈敬甫》中。至于《乞休申文》,毋宁读作一篇述职文字,令人可
知一个循吏之于职事,其所以"循",循吏为其"循"支付的代价以至循吏在王朝政治结构
中扮演的角色,其在朝廷与小民间的讽刺性处境。

陌"(《汉书·循吏传》)。《明史·周忱传》记其人"暇时以匹马往来江上,见者不知其为巡抚也"。嘉靖朝庞嵩,"岁时单骑行县,以壶浆自随"(《明史·循吏列传》)。李颙说吕坤知襄垣县,"躬亲讲劝,专务德化,政暇即单骑巡行阡陌,督耕课农,树艺桑麻,疏渠凿井,纤悉靡忽"(《四书反身录·论语》,《二曲集》卷三八)。李因笃记明末某循吏,说其人"时时策款段行阡陌间,一卒负壶飧,随所诣与田畯相劳苦,望者不知为太守也"(《南大司空二太公传》,《续刻受祺堂文集》卷一)。在民间期待中,"亲民"要借诸上述姿态,才更容易被小民感知——尽管父母官以劝课农桑为首要政务,诸种亲民姿态,未必不与完成国家下达的赋役指标有关。王源《李孝悫先生传》记李塨父李明性早年曾有做亲民官的志向。李氏设想中的亲民官,"农时布衣羸马,一二平头自随,踏行阡陌,诩勤警惰,与父老量晴雨,教子弟以孝弟忠信;讼立谳决,谕以和以忍;访抱道高士而造其庐,酌壶觞,商政治,归而庭署肃然,高歌虞夏"(《居业堂文集》卷四)。凡此,都足以证明与循吏有关的记述入人之深。

评价官员,草民的关注所在,仅在其人是否恤民,无暇欣赏其"风流""乐易"。于此士类鉴赏吏之为"良",也就表现出了更精致的品味。归有光《道难》篇记蔡国熙,曰:"吴故大郡,先生独常从容于吏治之外,有春风沂水之趣。"(《震川先生集》卷四第99页)为政而"春风沂水",欣赏的是政治意境与其人人生意境的合致。因此名士、山人无妨为良吏。《宋书》顾觊之传,说顾氏为山阴令,"理繁以约,县用无事,昼日垂帘,门阶闲寂"(卷八一)。文人、名士尤长于营造、欣赏此种意境。据《明史》,屠隆为知县,时召名士饮酒赋诗游山,"以仙令自许","然于吏事不废,士民皆爱戴之"(《文苑》四)。[1] 袁宏道为知县,"听断敏决,公庭鲜事。与士大夫谈说诗文,以风雅自命"(同上)。士民对于上述诸人的爱戴,无非因了政刑清简,气象宽裕。"名士气"适所以成其"清

---

[1] 钱谦益《列朝诗集小传·屠仪部隆》记屠隆"令青浦,延接吴越间名士沈嘉则、冯开之之流,泛舟置酒,青帘白舫,纵浪泖浦间,以仙令自许"(丁集上第445页。按沈嘉则,沈明臣;冯开之,冯梦祯),钱氏对此颇不谓然。

简""宽裕"。出入风月场、放浪形骸的冯梦龙,钱谦益以"晋人风度汉循良"称道之(《冯二丈犹龙七十寿诗》,《牧斋初学集》卷二〇第713页)。在有关事例中,其人的政治实践与其他文化行为,为官行政与别种人生场合,似截然划分;实则名士、循吏,不妨看作同一人不同的人格侧面。① 学术自学术,诗文自诗文,为官行政,固有其轨辙——又令人隐隐可感廉吏、循吏型范的制约。不妨认为,"名士—循吏"诸例,尤其令人可感士人对于"官箴"的尊重。无论儒者文人,在执行公务时,遵循的是官场固有的规范,即名士也像是不难于收摄、自律。由此可以想见官员身份对于士人的严重意味,其制约、规范士人言行的力量。此外也不难看到,如屠隆,如袁宏道、冯梦龙,与《史记》《汉书》所传循吏均神情不似。到本文所论的这一时期,良吏、循吏作为类型在时间中的衍生,使得其内涵大大地丰富与复杂化了。

耽于审美的士人,培养了如下的鉴赏能力,即鉴赏呈现于"官僚机构"中的优雅姿态。王夫之说杨应震"慈和坦易","郡庭旧畜二鹤,风日暄美,则飞鸣对舞。公题廨额曰'鹤舞清风',其风味可想矣"(《搔首问》,《船山全书》第十二册第630—631页)。刘献廷记其清初所见,说"予寓汉上时,汉阳令张寿民招饮,竹箸瓦杯,寥寥五簋。庭中黄菊粲然,二白鹤饮啄于其侧,叔度清风,萧然可乐"(《广阳杂记》卷四第200页)。为士类所乐赏的名士型的官,也是一种不像官的官,不"做"官的官,可喜更在风致。借用了傅山的话,杨氏张氏即所谓"韵士"。王夫之所欣赏的,未必非其人的"韵"。有此风味,也就保障了不至成为面目可憎的官僚。范景文《送余侯内召诗叙》曰:"余每览古人所谓'治行高等',大率以鸣琴之化,身不下堂,而庶事就理。"(《范文忠公文集》卷六)"叔度清风",好整以暇,似无关"吏治",却又不然。在王夫之、刘献廷、范景文,那正是一种与政治意境相通的文化意境,非下文将要谈到

---

① 由上文即可知,文人名士不但可能是循吏,且是清官。屠隆记茅坤,说茅氏"在丹徒廉甚,尺帛寸缕不以入署。姚孺人布素浣濯,萧如也。已,召为仪部郎,检橐装,仅十六金耳"(《明河南按察司副使奉敕备兵大名道鹿门茅公行状》,《茅坤集》附录一第1351页)。袁中道说其兄宏道去吴时,"贷而后装"(《吴表海先生诗序》,《珂雪斋集》卷一〇第466页)。

的"俗吏"所能知。

上文已经说过，《史》《汉》所传"循吏"，并非仅由其作为"酷吏"的对立物而界定。这里更应当说，"循"与"酷"无论作为官员的人格侧面还是作为政治行为，并非总能断然区分。从来有所谓的"宽猛相济"，儒家之徒也深谙于此。被作为对立物的循吏与酷吏既功能互补，实际政治中亦不免绞缠纠结，甚至角色重叠——曾被近人描述为统治阶级的"两面性""反革命的两手"（胡萝卜与大棒）。明初的重要政治家刘基即说"为政，宽猛如循环"（《明史》卷一二八本传）。有明一代的著名循吏宣德朝江南巡抚周忱，与同样著名的苏州知府况钟，将上述"两面"人格化了。周忱为人"乐易"，"一切治以简易"，"每行村落，屏去驺从，与农夫饷妇相对，从容问所疾苦，为之商略处置"（《明史》本传）。况钟则"刚正廉洁"，为政"纤悉周密。尝置二簿识民善恶，以行劝惩。又置通关勘合簿，防出纳奸伪。……锄豪强，植良善，民奉之若神"（《明史》本传）。同传记其莅任之初，"立捶杀数人"——正是海刚峰一流人物。诸"簿"之设，自与其人"起刀笔"而精于钱谷一类行政事务有关。周忱与民如家人父子，民视况钟却如神：既期待俗世权威的安抚，又赖强势人物为庇护，亦专制政治下小民不得已的选择。① "相济""互补"，权力机构的两种职能的角色化，毕竟造就了不同的政治人格，可以纳入类型学的分析。其中的循吏更由"正史书法"而标准化、类型化，经由示范而得以衍生——发生在"生活"与书写中，过程一致，又互为因果。

最后还应当说，对于被士人书写的循吏事状大可不必都信以为真。有所谓的"官箴民瘼"。官员作为君民间的中介，以"事治民安，上下交邕"（孙承宗《保定府太守嘉祥高公去思碑》）为职任。任职朝廷或地方的官固然要向朝廷负责，却更要经由其所治之民评判。清议乡评，通常

---

① 即上文写到的归有光，也自有另一面。王锡爵《明太仆寺寺丞归公墓志铭》记归氏为湖州长兴县令，"大户鱼肉小民者，按问无所纵舍"（《震川先生集》别集附录第 980 页）——当其时也要有此一面，才足称循吏。《明史·文苑三》归氏传，亦曰"大吏令不便，辄寝阁不行。有所击断，直行己意"，因此为大吏所恶。

即承担了评判的任务。① 而民间评价，往往经由士夫得以表达，表达中不免有几成常套的夸张渲染，以致令人莫辨真伪。其他尚有关于神应的故事——士夫于此，趣味与草民也不无相通。"民意"从来不难假借。遮留攀号固有可能出于雇募，"去思碑"之刻也未必非由授意。但也确有"攀辕遮道"，有"去思"。黎遂球记刘映薇以刺史镌级，太仓士民"攀而号者，泪如雨，声如雷，往来奔告，擎捧香烛，如烟如电。有以石塞城门者；有群而舁刘子之尊人，奉之梵刹中，跪而语诉者；有扣藩使者之门而入围之数重，使必为言之，务得留刘子无食言乃散出者"（《赠太仓知州刘子序》，《莲须阁集》卷五）。即使在打了折扣之后，也仍可相信所谓"所居民富，所去见思"（《汉书·循吏传》），同时想到草民实施干预的手段的匮乏，他们的无力与无奈。

俗吏·吏治

对于"清官""良吏"，士、民的判断不难一致，"俗吏"一名，却通常不为小民所知，系专由士人使用的名目。"俗"否涉及流品，更属于文化判断，出于士流精致的文化区分、对文化差异的敏感（以及文化偏见）；而小民的关心只在"良""恶"，俗与不俗，非所计也。

贾谊《治安策（陈政事疏）》："夫移风易俗，使天下回心而乡道，类非俗吏之所能为也。俗吏之所为务，在于刀笔筐箧，而不知大体。"②由后世看，贾氏的说法实在影响深远，后人所沿用的，正是上述关于"俗吏"的界定。《日知录》卷九"京官必用守令"条："明代纶扉之地，必取

<hr>

① 尽管古代中国有发达的官僚体系，"行政伦理"却像是伦理系统中始终未得充分发展的部分。考察官员，也缺乏一套可操作的规范，官评依赖于乡评，舆论被作为重要依据。王夫之所激烈批评的"邀誉"，也应因了民誉为计吏所关。

② 王先谦补注引周寿昌云："刀笔以治文书，筐箧以贮财币，言俗吏所务在科条征敛也。"余英时说："通西汉一代，名臣奏议凡涉及吏治的问题几乎无不持儒家教化之说。对于只知奉行朝廷法令以控制人民的地方长吏，议者一概斥之为'俗吏'。"（《士与中国文化·汉代循吏与文化传播》第175—176页）他以为"'俗吏'和'酷吏'事实上是属于同一类的，不过程度有别而已"（第176页）。

词林,名在丙科,始分铜墨。于是字人之职轻,而簿书钱谷之司,一归之俗吏矣。"李颙录真德秀谕僚属语,评论道:"教化有司急务,而俗吏每多忽之,簿书之外,漫不关怀,其政可知。"(《司牧宝鉴》,《二曲集》卷二八)

于上文所论"廉吏""循吏""良吏""俗吏"诸名外,尚有"能吏"一名。能吏未必即被目为俗吏,却未必不被目为俗吏。上文已经提到,能不必廉;考察官员的"治""行",即处理政务的能力、绩效,与个人的品德、操守,着重往往在后者。倘其人既"廉""循"而又"能",固是稀有人才;若不能兼,则宁取廉、循而不"能"。到了世乱时危,却可能走另外的极端,思能吏干员而不避申、商。

至于"俗吏",乃极鄙之称。出诸士人,"俗学""俗吏",均为含义严重的贬斥——他们很明白"俗"之一字的分量。到本文所论的时期,金声说郡守、县令困于朝廷功令,倘想不为俗吏,"或高自标举,能跳簿书外,稍弄翰墨,无自琐琐,斯为韵耳"(《读因清舆记跋》,《金忠节公文集》卷八)。可见脱"俗"之不易。上文说到的名士姿态,未尝不是被逼出来的。并无所谓"雅吏","雅"也非所以衡量"吏",金声上述"韵"却略近于"雅"。不惟"弄翰墨",讲学论道,亦所以避"俗"。据说茅坤为丹徒令,"特耻为俗吏,孳孳然以兴俗、约法、便民为务,间则聚生徒,与之解经问难,不辍寒暑"(《茅坤集·丹徒纪事》,《茅坤集》第789页)。但吏而不俗,毋宁说更系于其人的资禀以及教养。清代龚自珍就曾说,必"真书生"乃不至为"俗吏"(《送夏进士序》,《龚自珍全集》第164—165页)。这层意思,也应当在今人的意想之外。

也如"循吏","俗吏"的语义也有延展以及因时势的变化。[①] 孙承宗在《保定府太守嘉祥高公去思碑》中说:"今天下俗吏之病,不在急趋功令,而在愚天下以功令之急,乃至附上行私,更借下以罔上。"(《高阳诗文集》卷一七)针对的是当前的事实。至于魏禧将"循良贤能"统统

---

① 在士人的有关言说中,"俗吏"所指并不严格,凡所鄙之吏,即可谓之。海瑞说:"今人做官自有俗套,论做官别有一俗论。"(《启岑小谷给事》,《海瑞集》第428页)其所谓"俗"未必即指"簿书期会"。

归之为"俗吏"(《魏叔子日录》卷三《史论》))①,更溢出了贾谊的界定之外,系于对"明亡"的极端反应。

贾谊界定"俗吏",以为其人之为"俗"不止因了所事惟"刀笔筐箧",也在"不知大体",不能"移风易俗,使天下回心而乡道"。对俗吏的鄙视,于此也暗含了对但知奉行朝廷功令的态度。"吏道"有关"知大体"的要求并无不当,成为问题的,是士论对"行政技术"、对"专才"的轻视。这里有士文化传统中根深蒂固的偏见。② 所谓"刀笔筐箧",即作为"行政技术"而由胥吏承担的簿书、刑名、钱谷等。

到本文所论的时期,与"俗吏"一名有关的成见、偏见也遭遇了质疑。前此王阳明就说过:"簿书讼狱之间,无非实学;若离了事物为学,却是著空。"(《传习录》下,《王阳明全集》卷三第95页)黄宗羲对当世儒家之徒的批评中,就包括了将"留心政事者""目为俗吏"(《赠编修弁玉吴君墓志铭》,《黄宗羲全集》第十册第421页);批评其时的所谓"儒者","类以钱谷非所当知,徒以文字华藻,给口耳之求"(《瘦庵徐君墓志铭》,同书第447页),将与胥吏有关的政治弊害,归因于儒者的无能。他径说:"文章政事,原非两途。欧阳之文章,正从夷陵簿书中而出,慎勿认以为俗事也。"(《与郑禹梅书一》,《黄宗羲全集》第十一册第81页。按欧阳即欧阳修)顾炎武也引《宋史》言:欧阳永叔与学者言,未尝及文章,惟谈吏事,谓文章止于润身,政事可以及物"(《日知

---

① 魏禧说:"吏才有五,一循吏,二廉吏,三能吏,四滑吏,五俗吏。"以为"循良贤能"均为"俗吏","审天下之大势,定天下之大变,用天下之大机"者,惟俊杰为能(同上)。魏氏将"知大体"之"大体"解释为"经国远猷""天下大计",从而将"俗吏"的所指扩大了。

② 归有光说:"常以谓人材之于世,其具有不同。苟以受命效职,不过文书、狱讼、食货、兵戎、河渠之事,其治办往往亦多可观。然此特自秦以来所谓吏事而已。古之所谓大任于天下,要以读书学古,识治务知大体为先,有非俗吏之所能者。是以不屑于文书、狱讼、食货、兵戎、河渠之事,而可以无所不通。"(《赠阳曲王公分守太仓序》,《震川先生集》卷九第203—204页)唐顺之《赠宜兴令冯少虚序》,说"俗吏之所必为",乃"清笕库、察狱讼,注意于刀笔筐箧之间";而"俗吏之所不能为",则在"为百姓根本计虑"(《唐荆川文集》卷七)。

录》卷一九"文人之多"条）。① 颜元也以类似口吻，指摘宋儒"指办干政事为粗豪，为俗吏；指经济生民为功利，为杂霸"（《朱子语类评》，《颜元集》第 266 页）；其高弟李塨则说士子"一旦出仕，兵刑钱谷渺不知为何物，曾俗吏之不如"（《存治编序》，同书第 101 页）。陆陇其则以陆象山如下事迹书之壁间以自儆：象山知荆门军，曰："簿书目数之间，此奸贪寝食出没之处。""故于钱谷事综核不遗"（《书座右》，《陆子全书·三鱼堂文集》卷四）。

崇祯朝刘宗周在奏疏中说："嗟乎！今天下无吏治矣！"（《责成巡方职掌以振扬天下风纪立奏化成之效疏》，《刘子全书》卷一七）②陆世仪如下所谓"吏治"，指的却是以吏为治，他所说的"自秦以吏为师，始有所为吏治。汉复以萧何继之，于是'吏治'二字至今习以为固然，莫能破其局者，皆自变封建为郡县始"（《思辨录辑要》卷一八），不免混淆了秦、汉的文吏、文法吏与后世的胥吏。③ 但以为有明一代吏治的大关节目在于治吏的，却非止陆世仪。《明夷待访录》有《胥吏》篇，《日知录》有"胥吏"条（卷八），吕留良《四书讲义》有胥吏论（卷三九）。由明清之际胥吏论之集中，所论的不谋而合，可以得知此一问题被关注的程度。近人邓广铭说："宋朝的家法之一，是'不任官而任吏，不任人而任法'。其所以'不任官而任吏'，就是因为，既然制定了繁密的条法，只须有一个熟悉这些条法的'吏'照章办事就可以了……"陈亮的有关批评，是"当时浙东学派中人大都具有的共同认识"（《陈龙川文集版本

---

① 《宋史》欧阳修传记其人贬夷陵，"学者求见，所与言，未尝及文章，惟谈吏事，谓文章止于润身，政事可以及物"。所谓吏事，应泛指地方政务；但由同传所记修躬亲案牍看，也正包括了狭义的吏事。全祖望《跋杨文懿公家讯后》亦曰欧阳修与人言，"多及吏事，不谈文章，则吏事亦学也"（《鲒埼亭集》外编卷三三）。

② 据《明史·循吏列传》，有明一代自洪、永下逮仁、宣，"吏治澄清者百余年"；而此一时期（直至正统）则"民淳俗富，吏易为治"。

③ 王充《论衡·程材》所谓"文吏"，非即后世的胥吏，"儒生"也非即有儒学背景的官员。其所谓文吏、儒生，均为将相的属员，只不过职能不同：辅助处理具体政务与辅佐"修德""立化"。但由王充所描摹，其时的文吏确可视为后世胥吏的原型；后世关于"胥吏人格"的基本印象（如无操守，如"狎"），此时已然形成。该篇说"文吏更事，儒生不习"，"世俗共短儒生"；后世的士夫却以不习吏事为清高——可知"价值观"在时间中的转移。

考》,《陈亮集[增订本]》)。① 由顾炎武的下述文字看,他所面对的,是
与陈亮的时代大致相似的情境,即人主既"尽一切之权而收之在上",
"权乃移于法",不能不"多为之法以禁防之",其结果是天子之权寄之
胥吏(《日知录》卷九"守令"条)。② 既不能破此"吏治",官(主要指地
方官)的职责,即不能不在治史。严以治史,宽以待民,使"民怀其惠,
吏畏其威",才是好官、良吏。也因此,海瑞的限制官吏侵渔的手段,为
陆世仪称道不置(《思辨录辑要》卷一六)。

　　针对与胥吏有关的制度锢疾,论者开出的救病之方,更在以士取代
胥吏。黄宗羲即主张"欲除簿书期会胥吏之害,则用士人"(《明夷待访
录·胥吏》)。陆世仪说倘以士人为吏,"所谓吏者,非今之吏也,盖古
之所谓大夫也"(《思辨录辑要》卷一八)。魏禧亦以为"今宜仿古,使
孝廉、明经、茂才皆得补六部、督抚、郡县之吏,优其礼文,开以仕路",
仿效汉法,吏员"率用士人,以诗书礼义之徒,兼明法练事之学"(《杂
问·二十》,《魏叔子文集》卷一九)。王源也主张以生员为书办,使士
"治事如吏"(《平书订》卷六《平书·取士》)。李塨更以为"治天下有
四大端,曰仕与学合,文与武合,官与吏合,兵与民合"(《平书订》卷
三);其《拟太平策》也说"《周礼》仕学不分、文武不分、兵民不分、官吏

────────────

① 陈亮说:"汉,任人者也;唐,人法并行者也;本朝,任法者也。天下之大势一趋于法……"
　他本人是倾向于任人的,说:"闻以人行法矣,未闻使法之自行也。"(《策·人法》,《陈亮
　集(增订本)》卷一一第 124 页)另文中说:"汉以法付之人者也,唐人法并用者也,本朝则
　专用人以行法者也。"(《策问·问古今损益之道》,同书卷一五第 173 页)叶适也批评不
　任人而任法,以为"不任人而任法之弊,遂至于不用贤能而用资格耳"(《上殿劄子》,《叶
　适集·水心别集》卷一五第 835 页)。

② 顾炎武说"今夺百官之权,而一切归之胥吏",那么"柄国者胥吏而已"。还说"秦以任刀
　笔之吏而亡天下,此固已事之明验也"(《日知录》"胥吏"条。按《史记·张释之传》记释
　之曰:"秦以任刀笔之吏",致"天下土崩")。同条引谢肇淛说明代户部绍兴出身的胥吏
　的夤缘为奸。陆世仪一再谈到"清官不出吏手"(《思辨录辑要》卷一八)。清官尚且如
　此,遑论不清之官。到得"天下之事一决簿书",也就变成"胥吏世界"矣(同卷)。钱穆
　《国史大纲》:"至元以下,执政大臣多由吏进。中州小民粗识字能治文书,得入台阁共笔
　劄,积日累月,可致通显。"(第七编第三五章第 639 页)"吏、士分途始于明。天下有以操
　守称官者矣,未闻以操守称吏者。……胥吏为害,明、清两朝为烈。然明制乃激于元之重
　用胥吏而矫枉过正者。"(第 703 页)

不分,而上之君师不分。此所以致太平也"(卷三)——不出"分—合",非此即彼,亦思路受制于经典与现行制度之一证。关于仕/学、文/武、兵/民、君/师,我已在其他场合论及;李氏所谓"官吏不分",具体即指以士人任吏事。

狱讼钱谷,考成所关;簿书期会,亦守、令职分内事;不为此务,也就无怪乎胥吏上下其手,售其奸欺。洪武四年太祖谓中书省臣曰:"或言刑名钱谷之任,宜得长于吏材者掌之。然吏多狡狯,好舞文弄法,故悉用儒者。"(《明实录·明太祖实录》卷六四)到了本文所论的时期,陆世仪却批评士人有关的行政手段的匮乏,说"儒生莅官,目不识算,能不为吏书所欺乎?"(《思辨录辑要》卷一五)由此看来,以士人任吏事,非但关涉铨政,且赖有学校、科举之为制度的更革。陆氏以为士人未入官时,养于学校,"自学古论道之外,凡当世之务,俱宜练习"(同书卷一八)。王源所设想的分科取士,其中有"刑罚""理财"等科,原为胥吏、幕宾所专(《平书·取士》)。凡此,也被论者表述为返回有明初制(《续文献通考》卷四七《学校一》:洪武五年,命国子生于诸司习吏事)。①

有偏见,也就有补偏之见。事实是,从来就有不鄙吏事且亲力亲为的官员。如上文已提到的欧阳修。明代知名人士中亦有不避吏事者。唐顺之以右通政会同胡宗宪经画兵务,自说其"平素未习案牍,然不敢不尽心焉。虽军书旁午之时,一牌一票,悉是自行起稿,吏书人等止是誊写抄录,并无一字干与,及一应听断,悉是本司自行主张,并无采问左右之言……"(《唐荆川文集》外集卷三)其不假手幕僚、书手,躬亲案牍,尽管意在杜绝内外交通,也令人可以想见其人处理"案牍"的能力。祁熊佳撰祁彪佳《行实》,记祁氏"履任,僚属士绅皆以先生贵介,且弱冠掇第,不悉民隐,而豪猾舞文,可隐而欺也。及视事数月,民风利弊,狱情钱谷,无不洞若观火,迎刃立解,一时惊异叹服"(《祁彪佳集》卷一○第235页)。钱谦益所撰李邦华神道碑,说李氏"精强坚密,通晓吏事"(《牧斋有学集》卷三四第1205页)。其时的人们相信,精通吏事方

① 即使有关的制度设计未能在现实中实现,缓慢的变化仍在发生着。置诸上述背景下,明中叶至有清一代"幕业"的发展,既是观念变动的结果,也未必不同时是变动之因。

能治吏(著名之例,就有嘉靖朝的循吏徐九思),有关吏事的看法仍不免在官吏二分的视野中。"通晓吏事"属于别才,未必被认作官员的本分。

而在以士人任吏事这一题目上,同一时期论者的思路也仍有歧异。王夫之尽管主张由士人理租、庸①,却不以掾史用士流为然;他以为胥役不可少,甚至以士人之不屑为"簿书期要""刑名钱谷工役物料"为理所当然(《读通鉴论》卷一七第632—633页)。作为背景的,是在一些士人那里极为严格的流品清浊之辨。不欲以士流从事"簿书期要",也因相信事胥吏之所事足以败坏人格。以"吏"为不洁,其他有识者亦然。《日知录》卷八"都会吏"条原注就有"儒者操行清洁,非礼不行。以吏出身者,自幼为吏,习其贪墨。至于为官,性不能改"云云②,尽管明代亦自有由吏进身、并无不洁的官员,如赫赫有名的况钟。③ 士人上述与流品有关的成见,未必不关涉制度文化的强大传统,即如王夫之所论"充军",得之于诸种相沿已久、习焉不察的制度性细节的不断提示。即如惩罚违规生员而"罚为吏""充发吏"(参看《日知录》卷一七"生员额数"条)。④

当然,刘宗周所嗟叹的"天下无吏治",所指不止于此。守(太守)、令(县令)的权限、地位,是另一被集中谈论的题目。孟森谈到过明初若干强项的县令的敢于"触忤贵官",依恃的是"朝廷之能执法",因而"多能为民保障"(《明清史讲义》第71页)。由文献看,到本文所论的这一时期,县令的品质以及精神意气,与明初早已不可同日而语。至于县令之权,不惟绝不能拟于"古诸侯",较之汉代,轻重也大不侔。值得

---

① 王氏说唐代刘晏"所任以理租、庸者,一皆官箴在念之文士,而吏不得以持权"(《读通鉴论》卷二四第901页)。

② 同书卷一七"通经为吏"条却又批评严别流品不利于吏的"陶镕""作成"。

③ 明亡前夕,吴麟徵尚以为"宜仿宣宗用况钟故事"(《明史》卷二六六)。清初魏际瑞由况钟说到南光禄卿蔚能,说蔚能"亦自吏起,三十余年,未尝持一裔归私家"(《送燕客顾龙川序》,《魏伯子文集》卷一),亦可证吏未必即"墨"。官、吏并无道德人格的绝对区分。胥吏的夤缘为奸,是制度后果,未必其人原即卑污。

④ 关于王夫之论充军,看本书上编"谈兵"章。王氏追究的,是体现于刑法的对于"军"根深蒂固的歧视。

注意的是,即使到了明亡之后,出于惯性,守、令之当重,仍然更由军事方面着眼。陆世仪以为对于守、令,宜崇其体貌,专其委任,使自行辟召僚属,自行调度兵食(《思辨录辑要》卷一三)。自行调度兵食,即有鉴于明亡而云然。

明清对抗中地方政权的解体,刺激了有关守、令在权力结构中的地位、功能的思考。殉明的凌义渠生前就曾想到,倘若其时"有知民疾苦良二千石十数人,落落然参错天下,为朝廷分忧,为百姓救患"(《吴兴太守陆公血谱序》,《凌忠介公文集》卷二),又当如何。[①] 凌氏并无奢望,不过"良二千石十数人"而已——可见对于其时地方政治的失望。孙承宗说:"今天下三事九列多攒糜于不可为,而独郡邑守令似无一不可为",因前者"三日不仰明纶,有仰屋叹耳",守令则"拥专城,南面一方,其令甲所便,可力为之,即令甲所不便,可意为之。故古人重守令于相,谓'相近天子守令近民'。然相或不必得于天子,而守令可尽行于民"(《贺冀西渠以部郎擢守恒阳序》,《高阳诗文集》卷一二)。他还说县令"宵兴一念,昼及民矣;朝画一议,夕奏效矣"(同书同卷《赠梅谷钱明府台荐》);虽属应酬文字,不可过于当真,但说可为不可为,未始没有真实的感慨于其间。明亡后接续这一话题,王夫之说:"封建废而权下移,天子之下至于庶人,无堂陛之差也,于是乎庶人可凌躐乎天子,而盗贼起。"(《读通鉴论》卷八第 328 页)救弊之途,则在强固守、令这一中间层次,即"安守令也有体,严守令也有道"(同书卷七第 288 页)。[②]

---

① 《汉书·循吏传》引汉宣帝语:"庶民所以安其田里而亡叹息愁恨之心者,政平讼理也。与我共此者,其唯良二千石乎!"汉制"二千石"即太守。陆世仪说:"治天下须用得几个县令;好县令古诸侯也。"(《思辨录辑要》卷一八)还说:"朝廷设官甚多,惟州县为亲民之官。昔汉宣帝谓与我共天下者,其惟良二千石乎?今则共天下者,惟良有司而已。"(同书卷一三)

② 钱穆说明清两代"管官的官多,管民的官少。县官才是亲民官,府、州以上,都是管官之官。管民的官不仅少,而且又是小"(《中国历代政治得失》第 122 页)。明中叶之后,管民的官不只少而小,且素质普遍低下(参看顾炎武《日知录》卷九"知县"条。据同条,令之不得其人,非始于明代)。据李文治说,明代"王公贵族,固然依势横行,州县官吏莫敢诘问;而乡宦之权,也'大于守令,莫敢谁何'"(《论清代前期的土地占有关系》,《李文治集》第 182 页)。

认为宜慎守、令之选，"隆"其"体貌"，专其委任，以及久任（"重迁转"），使自辟掾属——其时士论在上述题目上，也有不谋之合。[①] 诸多"不谋而合"，固然可证资源的共享，也提示了资源的匮乏。事实是，守、令久任的主张，班固的时代就有。汉宣帝就以为"太守，吏民之本也，数变易则下不安，民知其将久，不可欺罔，乃服从其教化"（《汉书·循吏传》）。魏禧也说，如州县官宜久任、长官得自辟其属等，唐卢怀慎、陆贽即已言之（《日录·史论》）。

久任的要求，原基于"人在政举，人去政息"这一事实。王夫之也说，"《经》文明言人存而后政可举，亡其人，则政虽布在方策而必息"（《姜斋诗话·夕堂永日绪论外编》，《船山全书》第十五册第 855 页）；却正据此而质疑久任，说问题不在久与不久，而在所任何人："久任得人，则民安其治；久任失人，则民之欲去之也，不能以旦夕待，而壅于上闻。故久牧民之任，得失之数，犹相半也。"（《宋论》卷二第 69 页）所谓"壅于上闻"，指的是"州县之吏去天子远，贤不肖易以相欺"——即王夫之也仍然不能绕开那个古老的争论，即任人还是任法。

《礼记·中庸》："为政在人。"刘宗周的挚友刘永澄曾说："天下无必可行之法，亦无必不可行之法。苟心乎利民，无论条鞭，即设法亦仁术也；苟心乎自利，无论设法，即条鞭亦贪泉也。"（《答赵念莪书》，《刘练江先生集》卷六，转引自《梁方仲经济史论文集》第 362 页）虽了无新意，却是世代的经验之谈；无论法之良恶，"顾行之之人何如耳"。徐光

---

① 李承勋《重守令疏》以朝廷重守令的承诺为"虚言"，曰重守令即宜使责专任久，不但知府，州县亦应久任（《明经世文编》卷一〇〇）。张孚敬有《重守令疏》，曰："近来因重内官而轻外任，至如郎中科道等官，一有知府之命，如同贬谪，非惟人轻视之，而自视亦轻甚矣。"（同书卷一七八）潘潢也说："方今守令选卑，正坐选任太轻，选序太数，旌举太滥，体貌太卑，职务太弛。"（《申明守令条格疏》，同书卷一九七）据嘉、隆间陈以勤的有关奏疏，当其时"久任之法，亦略已修举"（《披哀献议少裨圣政疏》，同书三一〇）。崇祯七年乡试黎遂球《守令策》，仍有重守令、久任等主张（《莲须阁集》卷一）。崇祯十五年刘宗周《敬循职掌条列风纪之要以佐圣治疏》（《刘子全书》卷一七）亦有久任之议。至于李塨所主张的"久任责成"，非止于守令，而是任官的原则，即恢复"唐虞水火工虞终身一官之法"（《拟太平策》卷一）。不同于时论，王夫之对府、州辟召僚属的主张不以为然（《读通鉴论》卷二一第796—798页），也不以省官为"清吏治"的必要条件（参看《宋论》卷一）。

启引古语"有治人，无治法"，说"非谓法可废也，谓有法、必得人而后行也"（《钦奉明旨条画屯田疏》，《徐光启集》卷五第257页），也是实实在在的经验之谈——即良法美意，其成效亦系于其人；况法久弊滋，甚至法立弊生呢。张履祥说："为民上者，'奉法'二字亦足以残民。"（《问目》，《杨园先生全集》卷二五）依据的更是他所身历目击的事实。法的被玩，法的敝坏，法的为酷吏所用，是太普遍的现实，不能不导致对于"法"的根深蒂固的不信任。无怪乎顾炎武《天下郡国利病书》所采录的各地志书，"不约而同地做出'有治人，无治法'的论断"（参看《赵俪生史学论著自选集》第284页）。顾氏本人则说"科条""法令"，乃"败坏人材之具，以防奸究，而得之者什三；以沮豪杰，而失之者常什七"（《日知录》卷九"人材"条）。"有治人，无治法"，强调的是执法者个人品质的极端重要性。在制度变革无由的情况下，吏治清明的希望也不能不寄于其人。①

却也有（且一向有）看似相反之论。黄宗羲《明夷待访录·原法》就说，"论者谓有治人无治法，吾以谓有治法而后有治人"；倘有是法，"其人是也，则可以无不行之意；其人非也，亦不至深刻罗网，反害天下"（《黄宗羲全集》第一册第7页）。其人的"是""非"不可取必，赖有是法之为制约。前此吕坤也说，"任人不任法，此惟尧舜在上，五臣在下，可矣。非是而任人，未有不乱者"（《呻吟语》卷五《治道》）。对于其时有识者关于治人/治法的不同主张，最方便的解释，是对于所谓"治法"界定之不同。但事实却是，差异并没有那么大。② 黄宗羲《原法》所谓"法"，固然包括了根本大法（即"先王之法"，如井田、封建），

---

① 黄仁宇《十六世纪明代中国之财政与税收》："……上层制定的财政法案无法与下层的具体情况相适应，中央集权的愿望超出了当时的政府实现这种愿望的技术手段。作为其结果，帝国的法律必须进行调整，地方上进行改动与变通成为必要"，以致"对规定程序的背离成为一种通行的做法"（中译本第3页）。州县官员的重要性也可由这一方面说明。未被"权限"认可的"背离""改动"与"变通"，不能不系于其人（州县官）。

② 张灏说："宋明儒者所谓的'治法'，不仅限于有关官僚政体的制度规章。它是指所有的外在客观的规章制度，不论后者是否与官僚制度直接有关。"（《宋明以来儒家经世思想试释》，《张灏自选集》第75页）

由其表述看,也未必不包括具体的制度规章、科条律令。

至于治人治法孰为先后,多少有点像鸡生蛋蛋生鸡。制度固然赖由人制定,人也要由制度作养而成。其间的纠结缠绕,已非那个古老命题所能描述。① 即如顾炎武的说铨选(《日知录》卷八"停年格""铨选之害"条),主张废法任人,也不能不是在两弊间的选择。"增重尚书之权"更像是一种赌博。对于士子,这里的区别只在于,"任法"即命定于上下其手的胥吏(具体执法者),"任人"则将命运委之于尚书(更委之于对尚书有任用权的皇帝)——皇帝的明否与尚书的贤否,却从来是不可期必的。明清间人看似彼此冲撞的说法,所呈现的毋宁说更是论述的困境,是问题没有可能在事实上解决——也不便仅仅归因为"历史条件"。为一种完满的"解决"所必需的条件,似乎至今也尚未被提供。只是在近代语境中,黄宗羲的主张才具有了高于其他相关论述的意义。

其时最具有思想能力的王夫之,也不免为成局所困。他试图在更高的层次上讨论同一问题,避免在治人/治法、任法/任人间做非此即彼的选择,即如说"治天下以道,未闻以法"(《读通鉴论》卷五第 193 页),"法无有不得者也,亦无有不失者也。先王不恃其法,而恃其知人安民之精意"(同书卷二一第 797 页)。② 王夫之毕竟注意到了如下诸种差

---

① 因此有种种折衷之论。陆世仪在上文所引言论外,还说过:"有治人无治法,此言虽是,然后世每每借此为言,废法不讲,则非也。"(《思辨录辑要》卷一二)王夫之也既相信"法不可以治天下",又说决不可以无法(《读通鉴论》卷三〇第 1152 页)。只是以为法宜"画一",而以长者司刑狱(同书卷三第 121 页);律宜简,且"斩然定律而不可移"(同书卷四第 159 页)。至于他的所谓"法宽而任鸷击之吏",不如"法严而任宽仁之吏"(同书卷三第 120 页),关心更在执法者的心性(而非法的完善),与他本人的"申韩论"一致。张岱的说法较有意味,他说:"圣人之精神,离法而寄于法者也。离法则法活矣,不离法则法死矣。"(《四书遇·孟子·井田章》第 422 页)而李贽的如下极端主张,却似乎未再见于本文所论这一时期的文献。李贽说:"君子以人治人,更不敢以己治人者,以人本自治;人能自治,不待禁而止之也。若欲有以止之,而不能听其自治,是伐之也,是欲以彼柯易此柯也。""既说以人治人,则条教禁约皆不必用。"(《道古录》卷下,《李贽文集》第七卷第 372、373 页)

② 他说:"治国之道,须画一以立絜矩之道",而"絜矩必自穷理正心来"(《读四书大全说》卷一,《船山全书》第六册第 437 页)。又说:"民之所好,民之所恶,矩之所自出也。有絜矩之道,则已好民之好,恶民之恶矣。""君子只于天理人情上絜著个均平方正之矩,使一国率而繇之。"(同上)就此论题言,不免空洞。

异——"此之所谓利者,于彼为病;此之所欲革者,彼之所因";"律吕在,而师旷之调,师延之靡也。规矩在,而公输之巧,拙工之桡也"(《宋论》卷一二第 279、275—276 页)——在差异中思考治法与治人,从而将问题相对化也复杂化了。由利益关系而言,王氏的主张本不难理解,问题在于"利益"并非唯一、终极的解释。关于治人／治法的旷日持久的争论,正面意义在于,有助于防止将问题的一个方面绝对化,迫使人们寻找治人、治法二者间的平衡。这一过程迄今仍在继续。

征引书目

《船山全书》第一册,岳麓书社,1988。

《船山全书》第二册,岳麓书社,1988。

《船山全书》第三册,岳麓书社,1992。

《船山全书》第六册,岳麓书社,1991。

《船山全书》第七、八册,岳麓书社,1990。

《船山全书》第十册,岳麓书社,1988。

《船山全书》第十一册,岳麓书社,1992。

《船山全书》第十二册,岳麓书社,1992。

《船山全书》第十五册,岳麓书社,1995。

《船山全书》第十六册,岳麓书社,1996。

《黄宗羲全集》第一册,浙江古籍出版社,1985。

《黄宗羲全集》第二册,浙江古籍出版社,1986。

《黄宗羲全集》第十、十一册,浙江古籍出版社,1993。

顾炎武《日知录集释》,中州古籍出版社,1990。

　　《顾亭林诗文集》,中华书局,1983。

《刘子全书》,董玚编,道光甲申刻本。

戴琏璋、吴光主编,钟彩钧编审《刘宗周全集》,台湾"中央研究院"中国文哲研究
　　所筹备处,1996。

黄道周《黄漳浦集》,道光戊子刻本。

　　《榕坛问业》,《影印文渊阁四库全书》子部儒家类,台湾商务印书馆,1986。

《杨园先生全集》,道光庚子刊本。

《杨园先生全集》,中华书局,2002 年

《陈确集》,中华书局,1979。

孙奇逢《夏峰先生集》,畿辅丛书。

　　《日谱》,光绪甲午序刊本。

李颙《二曲集》,光绪三年信述堂刊本。

　《二曲集》,中华书局,1996。

陆世仪《思辨录辑要》,正谊堂全书。

　《桴亭先生遗书》,光绪乙亥刻本。

　《论学酬答》,小石山房丛书。

　《桑梓五防》,棣香斋丛书。

　《复社纪略》,《续修四库全书》史部杂史类,上海古籍出版社,2003。

《颜元集》,中华书局,1987。

李塨《拟太平策》《平书订》,颜李遗书。

　《恕谷后集》,畿辅丛书。

潘平格《求仁录辑要》,《续修四库全书》子部儒家类。

吕留良《吕晚村先生文集》,同治八年序刊本。

　《吕晚村先生四书讲义》,《续修四库全书》经部四书类。

陆陇其《陆子全书》,康熙四十八年刊本。

《明儒学案》,中华书局,1985。

《宋元学案》,《黄宗羲全集》第三、四、五、六册,浙江古籍出版社,1992。

周敦颐《周子通书》,上海古籍出版社,2000。

《张载集》,中华书局,1978。

《二程集》,中华书局,1981。

《朱子语类》,中华书局,1986。

《朱子大全集》,康熙戊辰宝翰楼刊本。

《陆象山全集》,中国书店,1992。

《陈亮集(增订本)》,中华书局,1987。

《叶适集》,中华书局,1983。

叶适《习学记言序目》,中华书局,1977。

王柏《鲁斋王文宪公文集》,续金华丛书。

方孝孺《逊志斋集》,四部丛刊初编集部。

《宋濂全集》,浙江古籍出版社,1999。

胡居仁《居业录》,丛书集成初编,1936。

《陈献章集》,中华书局,1987。

《王阳明全集》,上海古籍出版社,1992。

王艮《王心斋先生遗集》,宣统庚戌东台袁氏刻本。

王畿《龙溪先生全集》,光绪八年重刊。

黄绾《明道编》,中华书局,1959。

《何心隐集》,中华书局,1960 年。

罗洪先《念庵文集》,《影印文渊阁四库全书》集部别集类。

吕坤《呻吟语》,《吕新吾先生遗集》,吕慎高重刊。

　　《去伪斋集》,道光七年开封府署刊本。

高攀龙《高子遗书》,陈龙正编,民国十一年无锡图书馆据光绪无锡本重刊本。

冯从吾《冯少墟集》,中国西北文献丛书·西北文学文献,兰州古籍书店,1990。

邹元标《愿学集》,《影印文渊阁四库全书》集部别集类。

胡直《衡庐精舍藏稿》,《影印文渊阁四库全书》集部别集类。

焦竑《澹园集》,中华书局,1999。

李贽《焚书、续焚书》,中华书局,1975。

　　《藏书》,中华书局,1959。

　　《李贽文集》,社会科学文献出版社,2000。

苏伯衡《苏平仲文集》,四部丛刊初编集部。

唐顺之《唐荆川文集》,江南书局据明嘉靖本重刊。

《茅坤集》,浙江古籍出版社,1993。

茅坤《唐宋八大家文钞》,《影印文渊阁四库全书》集部总集类。

《李开先集》,中华书局,1959。

《徐渭集》,中华书局,1983。

归有光《震川先生集》,上海古籍出版社,1981。

《袁宏道集笺校》,上海古籍出版社,1981。

袁中道《珂雪斋集》,上海古籍出版社,1989。

《汤显祖全集》,北京古籍出版社,1999。

钱谦益《牧斋初学集》,上海古籍出版社,1985。

　　《牧斋有学集》,上海古籍出版社,1996。

　　《列朝诗集小传》,上海古籍出版社,1983。

　　《钱牧斋全集》,上海古籍出版社,2003。

《吴梅村全集》,上海古籍出版社,1990。

《明太祖集》,黄山书社,1991。

《海瑞集》,中华书局,1962。

张居正《张太岳集》,上海古籍出版社,1984。

徐贞明《潞水客谈》,《续修四库全书》史部政书类。

戚继光《止止堂集》,光绪十四年山东书局重刊本。

《徐光启集》,上海古籍出版社,1984。

《农政全书校注》,上海古籍出版社,1979。

孙承宗《高阳诗文集》,崇祯元年序刊本。

　　《车营百八叩》,畿辅丛书。

孙传庭《白谷集》,乾坤正气集。

卢象昇《卢忠肃公集》,施惠重刊,李庚校,光绪三十四年重修板刊本。

鹿善继《认真草》,畿辅丛书。

史可法《史忠正公集》,畿辅丛书。

　　《史可法集》,上海古籍出版社,1984。

金铉《金忠洁公集》,乾坤正气集。

金声《金忠节公文集》,道光丁亥嘉鱼官署刊本。

《祁彪佳集》,中华书局,1960。

范景文《范文忠公文集》,畿辅丛书。

倪元璐《倪文正集》,乾坤正气集。

吴麟徵《吴忠节公遗集》,乾坤正气集。

黄淳耀《陶庵文集》,乾坤正气集。

　　《陶庵全集》,乾隆辛巳刻本。

黄端伯《瑶光阁集》,乾坤正气集。

凌义渠《凌忠介公文集》,乾坤正气集。

刘理顺《刘文烈公集》,乾坤正气集。

贺逢圣《贺文忠公集》,乾坤正气集。

左懋第《左忠贞公文集》,乾坤正气集。

王道焜《王节愍公遗集》,乾坤正气集。

钱肃乐《四明先生遗集》,乾坤正气集。

黎遂球《莲须阁集》,乾坤正气集。

江天一《江止庵遗集》,乾坤正气集。

张煌言《张苍水集》,中华书局,1959。

陈子龙《陈忠裕全集》,嘉庆八年刊本。

　　《陈子龙诗集》,上海古籍出版社,1983。

刘城《峄桐集》,《贵池二妙集》,贵池先哲遗书,1920 年刊本。

陈瑚《蔚村三约》,棣香斋丛书。

傅山《霜红龛集》,山西人民出版社,1985。

徐枋《居易堂集》,1919 年上虞罗氏刊本。

方以智《通雅》,康熙丙午立教馆校镌。

　　《浮山文集前编》《浮山文集后编》,《四库禁毁书丛刊》集部,北京出版

　　　社,2000。

　　《方子流寓草》,明末刻本,《四库禁毁书丛刊》集部。

黄宗会《缩斋文集》,上海古籍出版社,1983。

钱澄之《藏山阁文存》,龙潭室丛书。

张自烈《芑山文集》,豫章丛书。

阎尔梅《阎古古全集》,北京中国地学会,1922。

张尔岐《蒿庵集　蒿庵集捃逸　蒿庵闲话》,齐鲁书社,1991。

熊开元《鱼山剩稿》,上海古籍出版社,1986。

王馀佑《五公山人集》,康熙乙亥刻本。

李清《三垣笔记》,中华书局,1982。

　　《南渡录》,浙江古籍出版社,1988。

王弘撰《山志》,中华书局,1999。

　　《砥斋题跋》,小石山房丛书。

吴应箕《楼山堂集》,《贵池二妙集》,贵池先哲遗书,1920 年刊本。

屈大均《翁山文钞》,商务印书馆,1946。

　　《翁山文外》《翁山诗外》,宣统庚戌上海国学扶轮社刊本。

　　《翁山佚文辑》,广东丛书。

《归庄集》,上海古籍出版社,1984。

姜埰《敬亭集》,光绪己丑山东书局重刊。

冒襄《巢民文集》,如皋冒氏丛书。

恽日初《逊庵先生稿》,清末恽氏家刻本。

陈洪绶《宝纶堂集》,康熙乙酉序刊本。

王猷定《四照堂集》,豫章丛书。

万斯同《石园文集》，四明丛书。

朱鹤龄《愚庵小集》，上海古籍出版社，1979。

杜濬《变雅堂遗集》，光绪二十年黄冈沈氏刊本。

魏禧《魏叔子文集》，《宁都三魏文集》，道光二十五年刊本。

魏际瑞《魏伯子文集》，《宁都三魏文集》，道光二十五年刊本。

魏礼《魏季子文集》，《宁都三魏文集》，道光二十五年刊本。

魏禧《兵迹》，民国胡思敬辑豫章丛书，民国南昌豫章丛书编刻局刊本。

彭士望《树庐文钞》，道光甲申刊本。

《邱邦士先生文集》，康熙五十八年刻本，易堂藏板。

林时益《朱中尉诗集》，豫章丛书。

李腾蛟《半庐文稿》，豫章丛书。

曾灿《六松堂诗文集》，豫章丛书。

彭任《草亭文集》，民国十三年重排本。

魏世杰《魏兴士文集》（《梓室文稿》），《宁都三魏文集》附集之一。

魏世俲《魏昭士文集》（《耕庑文稿》），《宁都三魏文集》附集之二。

魏世俨《魏敬士文集》（《为谷文稿》），《宁都三魏文集》附集之三。

宋惕《髻山文钞》，豫章丛书。

《易堂九子文钞》，道光丙申刊本。

梁份《怀葛堂集》，民国胡思敬校刊本。

陈恭尹《独漉堂全集》，1919年序刊本。

潘柽章《国史考异》，包遵彭主编《明史考证抉微》，台湾学生书局，1968。

张岱《四书遇》，浙江古籍出版社，1985。

孙枝蔚《溉堂集》，上海古籍出版社，1979。

毛奇龄《毛西河全集》，毛览辉等重辑，萧山书留草堂藏板。

施闰章《施愚山集》，黄山书社，1992。

姜宸英《姜先生全集》，光绪十五年毋自欺斋冯氏刊本。

李因笃《受祺堂文集 续刻受祺堂文集》，道光十年刊本。

杜登春《社事始末》，昭代丛书。

《戴名世集》，中华书局，1986。

孙承泽《春明梦余录》，古香斋鉴赏袖珍本。

阎若璩《潜邱劄记》，光绪戊子同文书局刊本。

王源《居业堂文集》，道光辛卯刊本。

邵廷采《思复堂文集》，浙江古籍出版社，1987。

陈维崧《湖海楼全集》，乾隆乙卯浩然堂刊本。

朱彝尊《曝书亭集》，国学整理社，1937。

　　　　《静志居诗话》，人民文学出版社，1990。

潘耒《遂初堂文集》，康熙间刻本。

唐甄《潜书》，中华书局，1963。

全祖望《鲒埼亭集》，四部丛刊初编集部。

袁枚《小仓山房诗文集》，上海古籍出版社，1988。

《戴震文集》，中华书局，1974。

赵翼《陔馀丛考》，商务印书馆，1957。

钱大昕《潜研堂全书》，光绪十年长沙龙氏家塾重刊。

章学诚《文史通义校注》，中华书局，1983。

　　　　《章学诚遗书》，文物出版社，1985。

江藩《国朝汉学师承记·国朝宋学渊源记》，中华书局，1983。

焦循《论语通释》，《续修四库全书》经部四书类。

俞正燮《癸巳存稿》，商务印书馆，1957。

《龚自珍全集》，上海人民出版社，1975。

《魏源集》，中华书局，1976。

陈澧《东塾集》，光绪壬辰刊本，菊坡精舍藏版。

沈垚《落帆楼文集》，吴兴丛书。

陈立《白虎通疏证》，光绪元年淮南书局刊本。

王先谦《东华录》，《续修四库全书》史部编年类。

《谭嗣同全集》，中华书局，1981。

康有为《长兴学记》，中华书局，1988。

李滋然《明夷待访录纠谬》，宣统元年排印本。

《贾谊集》，上海人民出版社，1976。

荀悦《两汉纪·汉纪》，中华书局，2002。

《韩愈文选》，人民文学出版社，1980。

《柳宗元集》，中华书局，1979。

《元稹集》，中华书局，1982。

《嘉祐集笺注》，上海古籍出版社，1993。

《苏轼文集》，中华书局，1986。

王应麟《困学纪闻》，商务印书馆，1959。

吴自牧《梦粱录》，知不足斋丛书。

张瀚《松窗梦语》，上海古籍出版社，1986。

王世贞《弇山堂别集》，中华书局，1985。

于慎行《谷山笔麈》，中华书局，1984。

王士性《广志绎》，中华书局，1981。

沈德符《万历野获编》，中华书局，1997。

丁元荐《西山日记》，康熙己巳先醒斋刊本。

朱国祯《涌幢小品》，中华书局，1959。

宋应星《天工开物》，吉林人民出版社，1999。

《徐霞客游记》，上海古籍出版社，1987。

赵南星、冯梦龙等《明清笑话四种》，人民文学出版社，1983。

谈迁《北游录》，中华书局，1981。

刘献廷《广阳杂记》，中华书局，1957。

南园啸客《平吴事略》，《荆驼逸史》。

佚名《研堂见闻杂录》，《烈皇小识》，上海书店，1982。

王应奎《柳南随笔 续笔》，中华书局，1997。

夏仁虎《旧京琐记》，北京古籍出版社，1986。

查继佐《罪惟录》，浙江古籍出版社，1986。

徐鼒《小腆纪传》，中华书局，1958。

计六奇《明季南略》，中华书局，1984。

孙静庵《明遗民录》，浙江古籍出版社，1985。

《宁都县志》，清郑昌龄等修纂，乾隆六年刊，台湾成文出版社有限公司印行。

刘汋撰刘宗周年谱，《刘子全书》卷四〇。

姚名达《刘宗周年谱》，商务印书馆，1934。

庄起俦《漳浦黄先生年谱》，《黄漳浦集》。

洪思等撰，侯真平、娄曾泉校点《黄道周年谱》，福建人民出版社，1999。

黄炳垕撰，王政尧点校《黄梨洲先生年谱》，《黄宗羲年谱》，中华书局，1993。

苏惇元纂订重编《张杨园先生年谱》,《杨园先生全集》,中华书局,2002。

吴骞辑,陈敬璋订补《陈乾初先生年谱》,《陈确集》,中华书局,1979。

汤斌等编《孙夏峰先生年谱》,畿辅丛书。

李塨撰,王源订《颜习斋先生年谱》,《颜元年谱》,中华书局,1992。

冯辰、刘调赞撰,陈祖武点校《李恕谷先生年谱》,《李塨年谱》,中华书局,1988。

唐鼎元《明唐荆川先生年谱》,武进唐氏民国二十八年刊本。

梁启超《饮冰室合集》,上海中国书局,1936。

　　《中国近三百年学术史》,复旦大学出版社,1985。

《鲁迅全集》,人民文学出版社,1981。

周作人《风雨谈》,岳麓书社,1987。

　　《中国新文学的源流》,岳麓书社,1989。

陈垣《明季滇黔佛教考》,中华书局,1962。

孟森《明清史论著集刊》,中华书局,1959。

　　《明清史论著集刊续编》,中华书局,1986。

　　《明清史论著集刊正续编》,河北教育出版社,2000。

　　《明清史讲义》,中华书局,1981。

容肇祖《明代思想史》,齐鲁书社,1992。

侯外庐等《中国思想通史》第四卷,人民出版社,1960。

　　　　《中国思想通史》第五卷,人民出版社,1956。

　　　　《船山学案》,岳麓书社,1982。

顾颉刚《史林杂识(初编)》,中华书局,1963。

　　　《顾颉刚古史论文集》,中华书局,1988。

陈寅恪《隋唐制度渊源略论稿》,中华书局,1977。

　　　《柳如是别传》,上海古籍出版社,1980。

谢国桢《明清之际党社运动考》,中华书局,1982。

　　　《顾亭林学谱》,商务印书馆,1957。

吴晗《读史劄记》,三联书店,1979。

吴晗、费孝通等《皇权与绅权》,上海观察社,1948。

嵇文甫《晚明思想史论》,东方出版社,1996。

《赵俪生史学论著自选集》,山东大学出版社,1999。

张舜徽《中国史论文集》,湖北人民出版社,1956。

李洵《下学集》,中国社会科学出版社,1995。

《明史食货志校注》,中华书局,1982。

郑天挺《明清史资料》,天津人民出版社,1981。

白寿彝《中国交通史》,上海书店,1984。

罗尔纲《师门五年记》,三联书店,1995。

钱穆《中国近三百年学术史》,中华书局,1986。

《朱子学提纲》,三联书店,2002。

《中国历代政治得失》,三联书店,2001。

《国史大纲》(修订本),商务印书馆,1996。

牟宗三《从陆象山到刘蕺山》,上海古籍出版社,2001。

〔美〕牟复礼、〔英〕崔瑞德编《剑桥中国明代史》中译本,中国社会科学出版
社,1992。

余英时《士与中国文化》,上海人民出版社,1987。

《论戴震与章学诚》,三联书店,2000。

《朱熹的历史世界》,三联书店,2004。

何炳棣《明初以降人口及其相关问题》中译本,三联书店,2000。

〔美〕孔飞力《叫魂——1768 年中国妖术大恐慌》中译本,上海三联书店,1999。

《中国帝国晚期的叛乱及其敌人——1796—1864 年的军事化与社会
结构》中译本,中国社会科学出版社,1990。

〔美〕艾尔曼《从理学到朴学——中华帝国晚期思想与社会变化面面观》中译本,
江苏人民出版社,1995。

黄仁宇《十六世纪明代中国之财政与税收》中译本,三联书店,2001。

唐德刚《晚清七十年》,岳麓书社,1999。

〔美〕史华慈《儒家思想中的几个极点》,《学术思想评论》第四辑,辽宁大学出版
社,1998。

〔美〕墨子刻《二十一世纪中国的路向》,《学术思想评论》第四辑。

《宫崎市定论文选集》(上卷),商务印书馆,1963。

〔日〕沟口雄三《中国前近代思想的演变》中译本,中华书局,1997。

《中国的思想》中译本,中国社会科学出版社,1995。

〔日〕冈田武彦《王阳明与明末儒学》中译本,上海古籍出版社,2000。

《日本学者研究中国史论著选译》,中华书局,1993。

马克斯·韦伯《学术与政治》中译本,三联书店,1998。

〔美〕K. E. 福尔索姆《朋友·客人·同事——晚清的幕府制度》中译本,中国社会科学出版社,2002。

萧公权《中国政治思想史》,台北中国文化大学出版部,1985。

张仲礼《中国绅士——关于其在十九世纪中国社会中作用的研究》中译本,上海社会科学院出版社,1991。

黄进兴《优入圣域——权力、信仰与正当性》,陕西师范大学出版社,1998。

《张灏自选集》,江西教育出版社,2002。

王汎森《清初思想中形上玄远之学的没落》,台湾"中央研究院"《历史语言研究所集刊》第六十九本第三分,1998;《日谱与明末清初思想家——以颜李学派为主的讨论》,台湾"中央研究院"《历史语言研究所集刊》第十九本第二分,1998;《明代心学家的社会角色——以颜钧的"急救心火"为例》,《刘钦仁教授荣退纪念论文集》,台湾稻乡出版社,1999;《清初的下层经世思想》,台湾《大陆杂志》第九十八卷第一期,1999;《清初的讲经会》,台湾"中央研究院"《历史语言研究所集刊》第六十八本第三分,1997;《明末清初的一种道德严格主义》,台湾"中央研究院"历史语言研究所编《近世中国之传统与蜕变——刘广京院士七十五岁祝寿论文集》上册;《明末清初思想中之"宗旨"》,台湾《大陆杂志》第九十四卷第四期,1997。

龚鹏程《游的精神文化史论》,河北教育出版社,2001。

钟彩钧主编《刘蕺山学术思想论集》,台湾"中央研究院"中国文哲研究所筹备处,1998。

王尔敏《经世思想之义界问题》,台湾《近代史研究所集刊》第十三期。

周昌龙《良知与经世——从王龙溪良知经世思想看晚明王学的真貌》,《学术思想评论》第十辑,吉林人民出版社,2003。

李泽厚《经世观念随笔》,《中国古代思想史论》,人民出版社,1985。

陈来《明嘉靖时期王学知识人的会讲活动》,《中国学术》第四辑,商务印书馆,2000。

阎步克《士大夫政治演生史稿》,北京大学出版社,1996。

《梁方仲经济史论文集》,中华书局,1989。

陈登原《中国田赋史》,上海书店,1984。

陈守实《中国古代土地关系史稿》,上海人民出版社,1984。

　　《明史抉微》,原载《国学论丛》一卷四号,收入包遵彭主编《明史考证抉微》,台湾学生书局,1968。

傅衣凌《明清封建土地所有制论纲》,上海人民出版社,1992。

　　《明清农村社会经济》,三联书店,1961。

《李文治集》,中国社会科学出版社,2000。

李文治《明清时代的封建土地所有制》,《经济研究》1963年第8、9期。

杨宽《西周史》,上海人民出版社,2003。

伍丹戈《明代土地制度和赋役制度的发展》,福建人民出版社,1982。

钟祥财《中国土地思想史稿》,上海社会科学出版社,1995。

朱倓《明季社党研究》,商务印书馆,1945。

尚小明《学人游幕与清代学术》,社会科学文献出版社,1999。

吴震《明代知识界讲学活动系年》,学林出版社,2003。

王学泰《游民文化与中国社会》,学苑出版社,1999。

吴霓《中国古代私学发展诸问题研究》,中国社会科学出版社,1996。

邓志峰《王学与晚明的师道复兴运动》,社会科学文献出版社,2004。

左东岭《王学与中晚明士人心态》,人民文学出版社,2000。

夏咸淳《晚明士风与文学》,中国社会科学出版社,1994。

马积高《宋明理学与文学》,湖南师范大学出版社,1989。

朱建强《明代人口流动与社会变迁》,河南大学出版社,1997。

章培恒、骆玉明主编《中国文学史》,复旦大学出版社,1996。

蔡景康编选《明代文论选》,人民文学出版社,1993。

王运熙等主编、王镇远等编选《清代文论选》,人民文学出版社,1999。

任道斌《方以智年谱》,安徽教育出版社,1983。

汤中《梁质人年谱》,商务印书馆,1932。

冯其庸、叶君远《吴梅村年谱》,江苏古籍出版社,1990。

关文发、颜广文《明代政治制度研究》,中国社会科学出版社,1995。

陈谷嘉、邓洪波主编《中国书院制度研究》,浙江教育出版社,1997。

毛礼锐、沈灌群主编《中国教育通史》第三卷,山东教育出版社,1987。

周德昌主编《中国教育史研究·明清分卷》,华东师范大学出版社,1995。

杨正泰《明代驿站考》,上海古籍出版社,1994。

王毓铨《明代的军屯》,中华书局,1965。

徐海松《清初士人与西学》,东方出版社,2000。

毛佩奇、王莉《中国明代军事史》,人民出版社,1994。

李浴日选辑《中国兵学大系》，台湾世界兵学社，1957。

张梦新《茅坤研究》，中华书局，2001。

周妤《中国近代经世派与经世思潮研究》，广东人民出版社，1999。

包遵彭主编《明代经济》，台湾学生书局，1968。

　　　　《明代政治》，台湾学生书局，1968。

胡晓真主编《世变与维新——晚明与晚清的文学艺术》，台湾"中央研究院"中国
　　文哲研究所筹备处，2001年修订一版。

方祖猷《黄宗羲与甬上弟子的学术分歧——兼论蕺山之学的传播与没落》，香港中
　　文大学《中国文化研究所学报》第二十二卷，1991。

徐新照《明末两部"西洋火器"文献考辨》，《学术界》2000年第2期，安徽合肥《学
　　术界》杂志社。

庄吉发《清代奏折制度》，台北"国立故宫博物院"，1979。

《明实录》，台湾"中央研究院"历史语言研究所校印。

《明会要》，中华书局，1998。

《四库全书总目》，中华书局，1983。

马端临《文献通考》，商务印书馆，1936。

《续文献通考》，商务印书馆，1936。

《明经世文编》，中华书局，1962。

《清经世文编》，中华书局，1992。

贺长龄辑《皇朝经世文编》，台湾文海出版社，1972，沈云龙主编《近代中国史料丛
　　刊》。

葛士濬《皇朝经世文续编》，台湾文海出版社，1972，沈云龙主编《近代中国史料丛
　　刊》。

盛康辑《皇朝经世文续编》，台湾文海出版社，1972，沈云龙主编《近代中国史料丛
　　刊》。

黄佐《南雍志》，台北伟文图书出版有限公司，1976。

《国朝先正事略》，岳麓书社，1991。

《清史稿》，中华书局，1977。

《清史列传》，中华书局，1987。

《清代碑传全集》，上海古籍出版社，1987。

后　记

　　我的起始于上个世纪 90 年代初的关于"明清之际的士大夫"的研究,因了这部书稿的完成,有可能告一段落,尽管某些具体方向上的研究,还将在一段时间中继续。写这部"续编"在我,是一段艰难的经历,这不但因了论题本身的难度,也因了"状态"在时间中的变化。一位北大的研究生在以我为题的作业中,谈到她阅读本书以论文形式发表的个别章节时的印象,说续编较之正编,有"论述策略的调整",这种策略即"更加注重对于外围材料的搜集,兼采其他研究者关于时代背景与历史源流的诸种'外部研究',使得文章更具有某种坚实的支撑与深远的语境"。我却不禁要想象这年轻人读到那些文字时的失望。她很可能有更大的期待,尤其在研究的方法、路径方面,而本书所提供的,远不能使她满足。

　　仍有必要对本书的内容及我的意图做概略的说明。

　　本书的上编刻意避免以"士风"标目,出于对那种过分追求同一性、不惜为此而剪裁"事实"以就成见的概论式的论述方式的怀疑。我当然明白自己无以避免"概论",无以避免化约。似是而非,笼统,模糊影响,根源于我们的认识方式与认识能力,也根源于表达的困境,无从逃避。但也因有上述警觉,此编各章更用力于"分析",并力图保存现象、趋向的丰富性。我当然明白绕开"士风"这概念,并非就能绕开如下质疑:被你选中了作为分析对象的现象隐含了怎样的"量"的因素,以至获得了你所认为的重要性的? 我只能说,对于上编所示的那些现象的敏感,固然生成在个人的经历、经验中,也一定受到了既有论述的提示、暗示。

　　不以"士风"标目,也因了有关"晚明士风"的已有论述,难以为我个人的阅读经验所印证。这里涉及的,并非真实与否的问题。对于那一以及任一历史时代,找到相当数量的材料支持某种并非轻率的判断,都并不困难。我和其他研究者不过基于不同的期待、依据不同的材料、由不同的方面试图接近那一时期;我们的所得或许可以互为补充:不是在达成"完整"的意义上,而是在复原历史生活本有的丰富性的意义上。即如王汎森先生所谓的"道德严格主义",与通常关于"晚明士风"的诗意描述即不免大相径庭。也正是种种"犯冲的色素",以及无穷无尽的中间色,使得我们的历史想象大大地复杂化了。由此不也证明了"总体描述"的不无意义?任何一种出于严肃意图的确有依据的描述,都有可能包含了"真相";更有意义的是,这种描述将作为质疑的对象,引出更多的发现。

作为本书所处理的一部分材料的,有明末"任事"者的文集。那些人物中有易代之际的所谓"忠义"(忠义/遗民):孙承宗、鹿善继、孙传庭、史可法、金声、金铉、范景文等等。较之临难之际的表现,在本书中我更关心他们任事时的动力与姿态。那些人物尽管文采风流不足以映照一时,其人的志节、心迹,却自有动人之处。任事者的言论,自然方便了对明末政治的考察;我所关心的,也仍然更是言说的人,是言说者的思路、态度、方式,以至透露于言论的性情。我由自己的意图出发读彼时的论政文字,读出的确也更是其人。"经世文编""名臣奏稿"读之不足,即更向文集中寻访——文集对于我的目的,依然有着不可替代的价值。《皇明经世文编》宋徵璧所拟《凡例》,说"藏书之府,文集最少",慨叹于当代文献的湮灭无闻,即"名公巨卿"的文字,亦不能"尽备","如韩襄毅、徐武功,皆本吴产,襄毅疏草,武功文集,访其后人,竟未可得"(按韩襄毅,韩雍;徐武功,徐有贞)。如此看来,即使我所搜检的文集未见得罕见,对于这一种材料的运用,也有利于保存文献的吧。

在"经世·任事"这一题目下,我试图分析明末清初士人的经世取向,危机时刻承当事任者的姿态与情怀;分析经世取向在著述中的体现,诸种论政文体的运用,掩蔽于此种文体的士人心迹;分析士人在清初这一敏感时期所遭遇的与经世取向有关的伦理难题。于此我尝试着探究的,可能是与正编不同以至看似相反的面向。那本书论及易代过程中巨大的道德压力下可不死的死,此章置于正面的,却是士人的知不可而为。景观的不同不过系于看取的角度——那个历史时代是经得住由各个方向察看的。

"谈兵"本是志在"经世"的士人的具体动作。选择这一动作进行分析,多少因了它的戏剧性,却也出于对古代中国文士与兵事的关系的兴趣。我试着说明支持士人谈兵的诸种条件,包括制度条件;在讲述文臣文士对于明末军事的参与时,涉及了王朝权力结构中的文/武、介入军事、担当军事责任的文士所实际经历的文武冲突;我感到兴趣的,还有那一时期由火器的军事运用所激发的制器热情;最后,则是其时士人与兵事有关的伦理思考——在我看来,此中正有那一时期所提供的富于深度的思想。

在"游走与播迁"这一题目下,我试图分析士人在明清之际的常态及非常态的流动,推动了此种流动的诸种因素,士人的流动与"易代"这一事件的关联,展开在"流动"中的士人命运。"师道与师门"一章所清理的,有其时士人言说中的"师"之一名,师道与师门,讲学以及官学与私学,等等。在我看来那一时期与座主/门生有关的言论,尤有分析的价值。师弟子对于界定士之为士,从来有其重要性。明清之际的有关言说,更包含了士对自身处境的紧张关注,大动荡之余伦理修复、人格重建的努力。

"明清之际"是一个起止不明确的时段。我继续利用"之际"之为界域的模糊性,以便伸缩自如;在做具体分析时,兴趣却更在此"际"的明代一方,力图缘此上溯,为此际寻求解释。我知道当我所分析的现象发生时,不但有明二百余年,且此前的全部历史都参与其间。我远不能穷尽有关现象的远缘以至近因。但我仍在这一方向上尽了努力。面对我所选取的现象,我所强调的,依然是"明清易代"这一历史情境的特殊性,际此世变的人及其选择。易代关头的经世取向,势必有不同于平世;谈兵亦然。士夫从来有性质、目标不同的游走,"播迁"这一种流动,则以"鼎革"之际为甚。"师道""师门"虽古已有之,我的关注却更在意涵特殊的师道论述,与乱世师门。

由正编延伸,续编仍然以其时的儒家之徒(以及儒学影响下的士人)的著述作为主要的材料来源。上文说到已有的关于"晚明士风"的描述不能为我的阅读经验所印证,多少也应因了我所选来阅读的文献。支持文学史(以至文化史)关于"晚明士风"的描述的,主要是文人诗文与笔记,而我从事这项研究,却更倚重儒家之徒的文集;尽管"儒者""文人"的类型划分,用于其时的士人,难免不削足适履。

上编中的大部,已有关于"话题"的讨论,只不过进入了下编,话题更为传统而已。黄子平在为那本《明清之际士大夫研究》所写书评中,提到思想史研究通常想到的是"启蒙"这个惯用词,"或'君主观''封建论'等与政治思想或制度创新有关的'传统'话题;赵园却有意无意避开了这些套路,直探'戾气''节义''用独'等更具'精神气质'又与历史语境密不可分的话题"(《危机时刻的思想与言说》,刊《二十一世纪》)。我却及时地以此书证明了自己并不能拒绝"传统话题""套路"的诱导,尽管明知某些题目被认为的重要性,是经由一再的论说而生成的。

本书写作中的艰难,部分地也因了话题的"传统"。那些话题的确有太过漫长的历史,有待于做近乎无穷的追溯,限于学力,我却只能大致以"有明一代"为限——即此也难免于挂一漏万。但我仍然要说明,我的兴趣不在观念史,不在为有关的思想清理出一条"演进"的线索,而在言论者的旨趣,隐蔽在言论背后的动机,那些思想、言说与"明清之际"的关系,思想的历史内容以及个人经验内容。为此我努力避免先入之见,避免一意向"前近代"为"近代思想"寻找本土源泉。我更希望做到的,是让言论回到其被言说的历史情境,无论我能在何种程度上(以至能否)做到这一点。也因此在处理如"君主""井田、封建"这类思想史的题目时,我的方式不可能是严格思想史的。这固然限于能力,也系于旨趣。这种研究的局限是一望可知的。比如不能解释一种思想何以能由普遍认识中拔出,何以突破了"历史条件"的限制;也难以解释有相似经历的个人间思路的不同(以至相左)。对于明清之际士人的君主论,我感到兴趣的,更是士经由君/臣一伦的自我界定,他们对"臣"对"士"的伦理地位的阐发;井田论作为对于深刻的社会危机的回应，令我动心的，则是明中叶以降士人的均平吁求，士人中的优秀者超越"阶级利益"拯饥济溺的热忱；"文质"一章则着重讨论士人与"文"有关的想象，他们——尤其儒家之徒——对于"辞章"的态度，作为有可能继续展开的文人/儒者论的张本。

本书写作期间应邀完成了一本小书《易堂寻踪——关于明清之际一个士人群体的叙述》（江西教育出版社，2001 年），附录中的"易堂三题"，是借诸易堂的由若干角度的论述，与正文的某些章节有呼应。至于《廉吏·循吏·良吏·俗吏》一篇，则像是"非常异义可怪"之论。在我看来，即使涉及"廉""清"的敏感话题，也仍然有讨论的余地——问题的别一方面，问题间的别一种关联，士人有关此一问题的"另类"见解，那见解背后的思理、经验背景，以见彼时思想材料之丰富，士人思路之纷歧，思想空间之恢阔。由此一端，不也可闻"众声喧哗"？分辨其时的不同声音，始终是我致力的方面，何况那另类见解的确富于深度！

我曾在正编的后记中提到"是否正是'思想史'（有时即等于'理学史'）的既定格局，限制了对'思想'的整理，使得大量生动的思想材料因无从纳入其狭窄的框架，而不能获取应有的'意义'"。还说"引起我兴趣的，通常更是一些像是未经系统化的思想材料，甚至为一般思想史弃而不用的材料"。其时如王夫之这样的儒者，其思想固非理学所能框限。关于王氏，侯外庐说，"他的直接传统，在我看来，已经不是理学……影响了他的学说的人，实在不完全是张载"（《船山学案》第 8 页）。还说："船山为颠倒理学的头足者，理学的外表甚浓，而其内容则洗刷干净。"（同书第 22 页）对侯氏上述论断，我不能置一辞，想说的却是，我自己迄今为止的明清之际士大夫研究，倘没有王夫之和他的那些"非常异义可怪"之论，即使还能进行，面貌也将相当不同。

所拟书名"制度·言论·心态"中的"制度"不免夸张。书稿中的薄弱部分应即"制度"。这里的"制度"，或许更宜于读作意向——探究制度对于人（士大夫）的塑造，确是我的部分意图。涉及"制度"的材料，多半是作为言论、话题分析的，关心既在"士风"赖以造成的制度条件,却更在士人对有关制度的诠释,他们的制度批评,即作为话题的制度论。令我自己也略感意外的是,因了"求知"与"求解"的渴望,那些制度文献,竟也读得津津有味。

在有了一定的积累之后,阅读也即比较、辨析——真正的学术工作于焉展开。即使原来以为枯燥的题目,也会渐饶趣味。也就这样一点一点地艰难推进,对象的轮廓渐次显现,其层次肌理俨若触摸可及;由此及彼,由近及远,版图于是乎扩张。进入愈深,也愈有深入的愿望,随着问题的日益明确,线索日见清晰,反而加剧了求知求解的紧张,对象在感觉中愈见茫茫无涯际,计划中阅读的书单不断伸长,于是痛切地感到了精力衰退中的力不从心。至于本书引文的密匝,固然因论断之难,也为了存"言论",冀稍近于"真相"。谢国桢在其《明清之际党社运动考》的自序中说,最初为使读者"不感枯燥","有时文章也不免稍为煊赫一点",后来修订时"感觉所谓'煊赫'的地方,总归于不忠实,遂把他删去了,仍抄录原文以存真相"。我不敢自信"存真相",只能说存文献的原貌。

我的这项研究自始就不曾以"完整性"为追求。这不仅因了穷尽对象之不可能,也因了我一向较为狭窄的视野与关注范围。我往往是被一个个具体的认知目标所吸引,被由一个目标衍生出的另一个目标所推动,被蝉联而至的具体"任务"所牵系;在工作中我的快感的获得,通常也由于向这些具体目标的趋近,是似乎终于抽绎出了现象间的联结,是发现了言论间的相关性;错综交织的"关系"如网一般在不意间张开,这背后无穷深远的"历史",似渐渐向纸面逼来……我明白这是一些渺小的属于一己的快乐,但它们切切实实地润泽了我的生活。

在这过程中,聊可作为休憩的,是与较具文学意味的材料的遭逢——披沙拣金,偶遇奇文,精神未始不为之一振;尽管那些文字,通常为"文选"所不收。黄宗羲说,"有平昔不以文名,而偶见之一二篇者,其文即作家亦不能过"(《钱屺轩先生七十寿序》,《黄宗羲全集》第十册第 653 页)。可惜的是未能采集,事后竟无从追索,否则可辑为一编的吧。

我也依旧为"人物"所吸引,为人物光明俊伟的气象所吸引,为他们正大的人格所吸引，时有触动、感动，以至感慨不已。即使在关于"明清之际士大夫"的研究结束之后，那些人物，那些问题，仍将在我的念中。它们已成为我的生活的一部分，亦如"中国现代文学"一样无从割舍。与这些不同时段的"知识人"同在的感觉，是学术之于我的一份特殊赐予，我珍视这种感觉。我也曾设想在京城及周边地区搜寻明清之际士大夫的踪迹。即使遗痕全无，也无妨站在"实地"，遥想其时情景，追寻那些痕迹被"岁月的潮水"冲刷的过程。但我的所长，或许只在凭借文字的想象与重构；寻踪的设想，多半只是设想而已。

本书的大部分章节，在正编的写作中，题目已约略生成。该书完稿至今的七年里，经了持续的积累，才有了续编所呈现的面貌。这是一段漫长的行程。某些章节曾一再调整，甚至有大幅度的改写。力有不能及，于是处处见出挣扎。偶尔翻看正编，竟也暗自惊讶，想到这些文字倘若写在一些年后，不知还能否如此"挥洒自如"。较之正编，续编更避免过度的"介入"。这既与年龄、写作状态有关，也出于自觉的约束。依然有不自信——不自信于对材料的掌握，不自信于对文本的解读与判断。"不自信"有效地抑制了议论的冲动。当然，向史学的学习，也参与造成了上述态度，尽管这态度不便用"客观"来形容。

改稿到最后，是 2005 年夏最热的一段日子。偶尔由电脑屏幕望向窗外，看到的是满树桐叶森然的绿。世道、人心都变化得太快，时过不久，即成怀念。即如我，就怀念初入"明清之际"的那段时间，怀念那时感受到的极新鲜的刺激，与人物及其思想蓦地遭遇时的震撼。章学诚说："夫学有天性焉，读书服古之中，有入识最初，而终身不可变易者是也。学又有至情焉，读书服古之中，有欣慨会心，而忽焉不知歌泣何从者是也。功力有余，而性情不足，未可谓学问也。性情自有，而不以功力深之，所谓有美质而未学者也。"（《文史通义校注》内篇二《博约中》第 161—162 页）"学"是可以在时间中积蓄的，"性情"却难免于时间中的磨损。庄子曾说自己"贫也，非惫也"（《庄子·山木》）。我个人近年来的状况，却正宜用一"惫"字形容。回想初入"明清之际"、撰"戾气"诸篇之时，已恍如隔世。读者诸君倘能由此书的文字间读出这种

"惫",或能有一份体谅的吧。

本书写作过程中,继续得到陈平原、夏晓虹夫妇与贺照田等朋友的支持与鼓励。意外地收到了台湾"中央研究院"文哲所惠赠的《刘宗周全集》,以及王汎森先生的系列论文的复印稿,令我有无以为报的惭愧。我还应当感谢社科院及文学所的图书馆,它们的藏书与借阅条件,使这项研究成为可能。

2005 年 8 月